国际商务管理（第2版）

王文潭 ◎ 著

首都经济贸易大学出版社
Capital University of Economics and Business Press
·北京·

内容简介

第二次世界大战之后，随着科学、技术和国际分工的发展，关贸总协定(GATT)、国际货币基金组织(IMF)、世界银行(WORLD BANK)等国际经济组织的建立以及以欧盟为代表的各种区域经济一体化组织的建立，国际商务活动变得日益频繁和重要。特别是20世纪80年代以来，随着科学技术的迅猛发展、国际分工的日益深化以及国际经济合作的蓬勃发展，国际商务合作已经成为当代世界经济发展中一种不可阻挡的趋势和浪潮。1995年1月1日正式建立的世界贸易组织(WTO)更是为全球国际商务活动的发展奠定了制度基础和发展平台。

中国在改革开放之后也开始融入世界经济体系，特别是1992年社会主义市场经济体制发展方向的确立和2001年加入世界贸易组织，一方面使中国市场成为全球市场的一个重要组成部分，另一方面也为中国企业走向世界市场，开展国际商务活动奠定了制度基础。

经过改革开放30年的发展，2008年中国已经成为世界第三大经济体、第二大贸易体、接受外国投资最多的发展中国家和新兴的对外投资来源国。随着中国企业自身实力的提高和中国国内市场竞争的日益加剧，越来越多的中国企业开始走上国际化经营的道路，今后一段很长的时间内，中国企业的对外贸易、投资将会取得巨大发展，企业的国际商务活动也会更加频繁、深入。

与国内经营活动相比，国际商务活动所面临的市场环境更加复杂，业务活动所受到的影响因素和不可控因素更多，经营风险更大，涉及资金更多，一旦决策失误，损失也更大，因此国际商务活动对企业经营能力的要求更高。

国际商务管理学是一门建立在经济学、管理学、国际贸易理论和实务、商务沟通理论、市场营销学等一系列经济、管理理论基础之上的应用学科。

国际商务管理学的研究对象是国际商务活动的环境、业务活动过程及其规律性，强调国际商务活动的事务层面，即展开各项国际商务活动的程序，在内容上具有综合性、应用性、实践性和程序性的特点。

本教材的编写目的是，在掌握国际商务相关知识的基础上，培养学习者充分认识国际商务活动的复杂性、特殊性，并学会在具体的国际商务环境下全面、系统地应用所学知识，自始至终完成国际商务全部活动的能力。

本书主要介绍当代国际商务环境、国际商务业务的程序、国际商务业务活动的类型和国际商务管理决策等四个方面的知识。按照内容的不同，本书划分为绪论、国际商务环境、国际商务项目流程、国际商务业务类型和国际商务管理决策等5个既相对独立又密切相关的专题。

　　本书在兼顾相关理论的同时特别强调了课程内容的实践性、应用性，而不是侧重于一般理论的介绍。在内容的编排和组织形式上，本书与传统的以基本理论和知识介绍为主的教材存在一些明显的不同，尽量靠近国际商务管理活动的实际业务程序、方法和管理决策，以便学习者能够更好地学以致用。为了使读者能够更加深入、细致、逼真地理解和掌握国际商务活动的特殊性和业务手段，本书中采用了大量的数据资料、案例和实例。

　　除了作为教材，本书也可供国际商务人员阅读、参考。

　　由于国际商务管理学属于一门新兴的学科，同时国际商务管理理论和实践也处于蓬勃的发展过程中，本书无论在内容和编写形式上难免存在一定不足之处，欢迎读者提出意见和建议，以便在修订时改正。

编者的话

本书的主要特点是强调了学习内容的实践性、应用性，要求学习者在学习了经济学、管理学、金融学、财务管理学、市场营销学、国际贸易学、商法等课程之后，能够结合国际商务管理的具体环境和具体业务综合运用各方面的知识和方法，而不是侧重于上述一般理论的介绍。为了达到上述目标，本书在论述过程中采用了大量真实的案例和事例。

为了方便学习者使用，按照课程所涉及内容的不同，本书将所有章节分为绪论、国际商务环境、国际商务项目流程、国际商务业务类型和国际商务管理决策等五个既相对独立又密切相关的专题，共计16章。

绪论包括"第一章 国际商务管理概论"一章，重点介绍了国际商务、国际商务管理的内涵和范围，以及国际商务发展的历程与当代国际商务的特征。

专题一国际商务环境包括"第二章 国际商务的全球化环境"和"第三章 国际商务的国别环境"两章，重点介绍了国际商务活动所面临的全球环境和国别环境的复杂性。"第二章 国际商务的全球化环境"介绍经济、政治、技术、文化等四个方面的全球化趋势和发展特征。"第三章 国际商务的国别环境"介绍各国和地区在经济、政治、技术、文化等四个方面的差异。

专题二国际商务项目流程包括第四章至第七章，重点阐述了典型的国际商务项目所经历的5个重要步骤，即国际商务交易对象的寻找和评估、国际商务项目调研与评估、国际商务谈判、国际商务合同的签订与履行、国际商务纠纷的处理。这些内容属于国际商务管理人员的必备知识。

专题三国际商务业务类型包括第八章至第十一章，重点介绍了国际贸易业务、国际技术引进业务、国际工程承包业务等具有明显不同的业务形式在经营特点、形式、业务程序或经营策略等方面的知识。这部分内容属于国际商务相关业务人员的基本业务知识。

专题四国际商务管理决策包括第十二章至第十六章，重点研究了国际市场的进入模式与组织决策、国际市场竞争战略、国际营销管理、国际生产管理、国际商务财务管理等国际商务主要管理决策方面的问题。这些内容是企业国际商务决策和管理中不容忽视的基本问题。

由于本课程的综合性、应用性比较强，学习者在使用过程中应尽可能联系各门专业课程的知识并结合具体的国际商务活动加以分析、理解和应用。

目 录

绪论 国际商务管理概论

第一章 国际商务管理概论 / 2
　　第一节 国际商务管理的内涵和特征 / 2
　　第二节 国际商务发展的历程与当代国际商务的特征 / 7

专题一 国际商务环境

第二章 国际商务的全球化环境 / 12
　　第一节 经济全球化 / 13
　　第二节 支持经济全球化的主要国际经济贸易组织 / 40
　　第三节 政治全球化 / 64
　　第四节 技术全球化 / 68
　　第五节 文化全球化 / 75

第三章 国际商务管理的国别环境 / 83
　　第一节 国际商务的经济坏境 / 83
　　第二节 国际商务的社会文化环境 / 122
　　第三节 国际商务的政治法律环境 / 143
　　第四节 国际商务的技术环境 / 166

专题二 国际商务项目流程

第四章 国际商务交易对象的寻找和评估 / 176
　　第一节 寻找国际商务交易对象 / 176
　　第二节 交易对象的考察和评估 / 181

第五章 国际商务调研与项目评估 / 185
　　第一节 国际商务项目调研 / 185
　　第二节 国际商务项目评估 / 203

第三节　国际商务项目评估报告和商业计划书编写　/ 207
　　　第四节　国际商务项目的管理和执行　/ 211
　　　第五节　国际商务项目的招投标业务　/ 213

第六章　国际商务谈判　/ 221
　　　第一节　国际商务谈判概述　/ 221
　　　第二节　国际商务谈判的组织　/ 224

第七章　国际商务合同的签订与履行　/ 244
　　　第一节　国际商务合同的磋商与成立　/ 244
　　　第二节　合同的履行、转让、变更、终止、解除和违约责任　/ 249
　　　第三节　国际商务合同的主要条款　/ 255

第八章　国际商务争议的处理　/ 258
　　　第一节　国际商务争议产生的原因和类型　/ 258
　　　第二节　解决国际商务争议的原则　/ 260
　　　第三节　解决国际商务争议的方法　/ 261

专题三　国际商务业务类型

第九章　国际贸易业务　/ 272
　　　第一节　国际货物销售合同的基本内容　/ 272
　　　第二节　贸易术语　/ 299
　　　第三节　进出口合同的履行　/ 306
　　　第四节　国际贸易融资　/ 318
　　　第五节　其他贸易方式　/ 321

第十章　国际技术贸易业务　/ 333
　　　第一节　国际技术贸易概述　/ 333
　　　第二节　国际技术贸易的形式　/ 338
　　　第三节　国际技术转让立法及限制性条款　/ 347
　　　第四节　国际技术转让战略与策略　/ 351

第十一章　国际工程承包业务　/ 359
　　　第一节　国际工程承包的基本概念与特点　/ 359
　　　第二节　国际工程承包合同的类型　/ 361
　　　第三节　国际工程承包合同的基本内容　/ 364
　　　第四节　国际工程承包行业和中国对外工程承包发展概况　/ 367

专题四　国际商务管理决策

第十二章　国际市场进入模式和组织决策　/382
　　第一节　国际市场进入模式　/382
　　第二节　国际商务组织决策　/391

第十三章　国际商务竞争战略　/401
　　第一节　企业竞争战略概述　/401
　　第二节　国际竞争战略　/406

第十四章　国际营销管理　/410
　　第一节　国际市场产品管理　/410
　　第二节　国际营销的价格管理　/415
　　第三节　国际市场渠道管理　/419
　　第四节　国际营销促销决策　/432

第十五章　国际生产管理　/441
　　第一节　内部生产与外部采购　/441
　　第二节　生产地点选择　/446
　　第三节　国际原材料供应系统的管理　/450

第十六章　国际商务财务管理　/452
　　第一节　国际商务财务管理概述　/452
　　第二节　国际投资决策　/453
　　第三节　国际投资筹资决策　/454
　　第四节　国际货币管理决策　/457
　　第五节　跨国资金转移和外汇风险管理　/460

主要参考文献　/465

后记　/468

绪论　国际商务管理概论

本部分包括"第一章　国际商务管理概论"一章。本部分的主要内容是介绍国际商务、国际商务管理的内涵和范围，以及国际商务发展的历程与当代国际商务的特征。其目的是帮助学习者对于国际商务管理活动的内涵、外延、特点有一个全面、深入的认识和了解。

第一章

国际商务管理概论

我们正处于一个经济全球化的时代,当今世界各国在经济、技术方面的合作和交流日益频繁,世界经济的全球化趋势日益明显。2012年世界经济总量约为71.71万亿美元,同年世界货物贸易额(世界出口总额)达到了18.3万亿美元,后者相当于前者的25.5%。也就是说,在2012年,全球超过1/4的经济产出是通过货物出口实现的,如果加上同年4.3万亿美元的世界服务贸易额,则全球近1/3的经济产出是通过国际市场实现的。

在这种背景条件下,越来越多的企业主动或者被动地以各种形式参与到全球商务活动中。当今,不仅发达国家的众多企业将国际市场作为自己经营的主要舞台之一,而且发展中国家的很多企业也开始走向国际市场。这样,就使得国际商务活动在形式上和内容上都获得了很大的发展,国际商务管理活动的重要性也日益突出起来。本章着重介绍国际商务管理的内涵、特征和发展过程。

第一节 国际商务管理的内涵和特征

一、国际商务管理的内涵

(一) 国际商务的含义

所谓国际商务,是指不同国家或地区的企业之间所进行的有关商品、服务、技术、生产要素、知识产权等方面的交易、合作或交流活动。

(二) 国际商务活动的形式

国际商务活动的形式多种多样,概括起来可以分为三大类,第一类是国际贸易,即进出口;第二类是对外直接投资;第三类是技术贸易。

1. 国际贸易。国际商务活动的最基本形式是国际贸易。国际贸易是指各国或地区之间商品和劳务的交换活动。

按照交易对象的不同,国际贸易可以分为货物贸易与服务贸易两大类。

(1) 货物贸易。货物贸易也称为商品贸易、有形贸易,是指各种有形商品的贸易。

货物贸易活动由来已久。早在公元前2000多年以前,地中海沿岸的各个奴隶制国家之间就开始了对外贸易活动;在中国的夏商时代,黄河流域的商品贸易也十分发达。不过,奴隶社会和封建社会对外贸易活动的主要目的是互通有无,交易商品主要局限在一些奢侈品上,如各种宝石、装饰品、丝绸、香料、茶叶,规模和范围都很有限。

进入资本主义社会,商品生产成为占据主导地位的生产方式,机器大工业不断扩展的结果是形成了发达的国际分工体系。国际分工的不断扩展和深化,为广泛的国际商品交换提供了现实的基础,现代化交通运输和通信工具把世界连接为统一的世界市场。资本主义时期的国际贸易同以往的国际贸易存在明显的不同:前资本主义时期的国际贸易局限于一个特定的地理范围,表现出区域贸易的特征,而资本主义时期的国际贸易则突破了特定区域的限制,表现出全球性的特征;前资本主义时期的国际贸易往往局限于某些特定的商品,不具备一般的代表性,而资本主义时期国际贸易的商品几乎无所不包,具有很强的代表性。因此,严格说来,真正意义上的国际贸易或称世界贸易,是在资本主义生产方式确立之后才产生和发展起来的。

(2)服务贸易。服务泛指不以实物形式而以提供活劳动形式来满足他人的某种需要。服务劳动生产出来的产品称为服务商品。服务贸易指不同国家或地区之间互相提供服务的经济交换活动。

资本主义社会的国际贸易不仅包含了几乎一切有形的商品货物,而且进一步扩展到无形的服务领域。

服务商品与有形商品比较有自身的特点:①生产与消费同时进行;②价值与使用价值的转移分离;③提供活劳动与货币的交换,而不是物与货币的交换。

世界贸易组织(WTO)的《服务贸易总协定》(GATS)规定,服务贸易包括四种方式:①从一国境内向任何其他国家境内提供服务,即"越境提供"(cross-border supply),如在一国境内通过电信、邮政、计算机网络等手段实现对境外的外国消费者的服务;②在一国境内向任何其他国家的服务消费者提供服务,即"境外消费"(consumption abroad),如在一国境内向外国消费者提供旅游服务;③通过任何在其他国家境内的商业存在提供服务,即"商业存在"(commercial presence),如在其他国家境内的本国律师事务所、银行分支机构提供的服务;④一国自然人在任何其他国家境内提供的服务,即"自然人流动"(prensence of natural persons),如一国的工程技术人员在另一方境内提供服务。

按部门划分,《服务贸易总协定》的"服务部门参考清单"将服务贸易分为商业性服务、通信服务、建筑服务、销售服务、教育服务、环境服务、金融服务、卫生服务、旅游服务、文化和娱乐服务、交通运输服务和其他服务等12个类别。

2. 对外直接投资。对外直接投资(foreign direct investment,简称FDI),是指企业以跨国经营的方式所形成的国际资本转移。一般认为,对外直接投资是一国投资者为取得国外企业经营管理上的有效控制权而输出资本、设备、技术和管理技能等无形资产的经济行为。

对外投资活动最早产生于资本主义发展初期,但从16世纪上半叶至19世纪上半叶,对外投资活动的发展一直比较缓慢,在规模和对世界经济的影响力方面都比较小。进入19世纪下半叶,以19世纪70年代电力的广泛应用为标志的第二次科技革命大大地促进了社会生产力的发展,垄断资本主义企业为了获得廉价的原材料和市场资源,开始大规模进入其他国家市场,极大地促进了对外投资活动;20世纪50年代以后,以原子能、电子计算机、微电子技术、航天技术、分子生物学和遗传工程技术的广泛应用为主要标志的第三次科技革命极大地提高了人类的生产力水平,同时第二次世界大战以后相对稳定、开放的国际经济环境也促进了世界各国的经济联系,在诸多因素影响下,对外投资活动迅速发展;20世纪80年代以后,以微电子、生物技术为代表的科技革命日益加深,同时伴随着企业生产与组织形式的巨大变革,在此背景下,对外直接投资和国际商务已经成为越来越多企业生存的必需选择。

3. 技术贸易。技术贸易即通过许可贸易、特许经营、技术咨询、工程承包、合作经营等非资产交易形式进行的对外经营活动。

在资本主义社会,随着企业经营组织、经营形式的日益专业化,国际商务活动的范围进一步超出了货物和服务的范围,一些新型的国际商务活动不断涌现,许可贸易、特许经营、技术咨询、工程承包、合作经营都已成为国际商务活动的重要内容。

4. 三大类国际商务活动之间的区别与关系。第一类国际商务活动以货物和服务的交换为主要特征;第二类国际商务活动以现金或实物投资为主;而第三类国际商务活动则主要是以知识产权、管理经验等无形资产作为投资对象。

第一类国际商务活动是第二类和第三类国际商务活动的基础;第二类国际商务活动则是当代国际商务活动的核心和决定力量,第一类和第三类国际商务活动往往是由第二类国际商务活动引起的;第三类国际商务活动则常常是第一类和第二类国际商务活动的延伸。

(三)国际商务管理的内涵

1. 国际商务管理的内涵。国际商务管理是指在从事国际商务活动过程中寻找、分析、评价有利的市场机会和不利的市场风险,做出相应决策并加以实施的一系列管理过程。

2. 国际商务管理的分类。从国际商务管理的主体方面来分析,国际商务管理可以分为微观国际商务管理和宏观国际商务管理。

(1)微观国际商务管理。所谓微观国际商务管理,是指某个企业或企业集团从自身利益角度出发,在从事国际商务活动过程中寻找、分析、评价有利的市场机会和不利的市场风险,做出相应决策并加以实施的一系列管理过程。具体来讲,微观国际商务管理就是围绕企业国际商务活动产生的相关事务,包括企业的国际战略、策略和经营管理、市场开发拓展技巧,以及如何遵守、规避国际规则等具体行为和活动。

(2)宏观国际商务管理。所谓宏观国际商务管理,是指一国的政府或行业主管部门,从一国整体利益角度出发,对在外国从事经营活动的本国企业的经营活动所进行的限制、引导、帮助等各种活动。由于国际商务活动的特殊性,在国际市场开发某一市场机会常常不是一个单个的企业所能够承担和完成的,需要政府强有力的支持和企业间的合作。例如,在1991年的科威特战争、2002年的阿富汗战争和2003年的伊拉克战争中,美国政府都扮演了主导性角色,随后在这些地方的战后经济重建过程中,一大批美国公司特别是与美国政府关系密切的公司获得了巨额的商业合同。另外,由于国际市场高度的风险性和竞争性,开发某一市场需要众多企业的合作,这种合作如果缺乏政府的宏观协调也是很难实现的。

宏观国际商务管理的范畴也就是对外经济管理的范畴,微观国际商务管理也就是企业国际化经营的范畴。本课程所介绍的国际商务管理以微观国际商务管理为主,在宏观国际商务管理方面的介绍主要包括国际商务的政治法律环境和国际商务的国际协调。

二、国际商务管理与国内商务管理的异同

国际商务管理与国内商务管理之间既存在相似性也存在明显的差异性。

(一)国际商务管理与国内商务管理的相似点

国际商务管理与国内商务管理的相似性体现在都是在从事商务活动过程中寻找、分析、评价有利的市场机会和不利的市场风险,做出相应决策并加以实施的一系列管理过程,管理过程在项目上大同小异,管理过程的目的都是取得利润或经济效益。

国际商务管理是商务管理从国内到国际的延伸,国际商务管理的基本理论、手段、技巧与国内商务管理基本相同。

(二)国际商务管理与国内商务管理的不同点

两者的主要区别在于市场范围不同:国内市场通常同质性比较高,而国际市场则是由多个国别市场构成的,同质性比较低。因此,国际商务管理的核心和实质是认识国际商务活动所面临的东道国多种多样的经济、社会文化、政治法律和技术环境的差异,并领会这些差别对国际商务活动的影响,在此基础上采取有针对性的各种经营战略、手段和技巧。

国际商务管理与国内商务管理在具体管理过程中的差异主要体现在以下几个方面:

1. 从事国际商务活动要比国内商务活动困难得多。这主要表现在:

(1)语言不同。各国语言差别很大,当今国际商务活动中最通行的商业语言是英

语,但英语在世界上很多地方的使用还不普遍。

(2)法律、风俗习惯不同。各国往往在法律、风俗习惯、宗教信仰等方面存在很大差别,给国际商务活动顺利进行带来了困难。

(3)商务活动的障碍多于国内市场。为了争夺市场,保护本国产业和市场,各国往往采取各种关税壁垒与非关税壁垒来限制外国企业和外国产品进入本国市场。

(4)市场调查困难。为了开拓国外市场,从事国际商务的企业必须了解国外市场动态、合作对象的资信状况,这些资料的获得是很困难的。

(5)交易接洽困难得多。这主要因为各国存在比较大的空间距离,接洽费用和时间消耗比较大。

(6)纠纷处理困难。国际商务活动缺乏共同的法规和管理机构,一旦出现贸易纠纷,不易顺利解决。

2. 国际商务活动要比国内商务活动复杂得多。这主要表现在:

(1)各国的货币与度量衡差别很大。除了折算问题,货币还存在汇兑风险。

(2)商业习惯复杂。

(3)海关制度及其他贸易法规不同。

(4)国际汇兑复杂。各国外汇管制制度不同,汇率制度和汇率变动也各具特点。

(5)货物运输和保险手续复杂。

3. 国际商务活动风险大。这主要表现在:

(1)信用风险。国际商务活动业务周期往往较长,在此期间买卖双方的财务状况可能发生变化,危及履约。

(2)商业风险。在国际商务活动中,由于市场环境的变化,国际商务项目的赢利和风险水平会发生变化,从而给企业带来额外的风险。国际商务合作伙伴在经营策略、经营方针、经营重点上的变化也可能改变他们对合作项目的投入,给企业带来额外的风险。

(3)汇兑风险。在国际商务中,交易双方必有一方要以外币计价,如果外汇汇率不断变化就可能带来汇兑风险。

(4)运输风险。国际贸易运输距离远、时间长,运输方式复杂,有时还涉及不同运输方式的联运,在运输过程中商品损坏、丢失的风险很大。

(5)价格风险。国际商务活动周期长,在买卖双方签约之后、履约之前,商品价格可能发生较大的变化,不同于交易双方原来的预期。

(6)政治风险。各国的政策法规不断修改,甚至有些国家还会发生政变,导致经营环境发生根本性改变,使贸易双方处于不利地位。

鉴于国际商务与国内商务的以上不同点,经营国际商务要具备一定条件,即:远大的眼光,良好的商业信誉;各种专业理论与知识;灵通的商业情报;雄厚的资金和完备的组织机构。

第二节 国际商务发展的历程与当代国际商务的特征

一、国际商务发展的历程

本节所讲的国际商务发展的历程是指进入资本主义经济之后的现代国际商务发展的历程。现代国际商务发展的历程可以划分为如下三个阶段:

(一) 贸易主导阶段

这一般指20世纪60年代以前。第二次世界大战以前,各国市场的分割比较严重,还没有形成统一的国际市场。大多数企业都把经营活动局限在一个特定的国家地域范围内,国际市场只是作为国内市场的补充,企业主要以国内消费者为销售对象,同时少量在国际市场销售国内市场上的同类产品。企业国际商务活动的主要形式是国际贸易。第二次世界大战以后,发达国家开始重视国际市场,根据不同国家的需要,组织国际商务活动,但仍以贸易活动为主。

(二) 投资主导阶段

这一般指20世纪70年代。该时期日本、西欧经济发展迅速,与美国一起进行大规模海外投资,把国内市场和国际市场作为一个整体看待,侧重于发现国际市场机会,往往采取在东道国投资、生产和销售的形式。

(三) 全球商务阶段

这一般指20世纪80年代以后。这一时期由于科技的迅速发展,各国市场的同质化趋势加强,全球对外直接投资急剧增加。在这种情况下,国际商务进入全球商务阶段。在这一阶段,企业的商务活动突破国家(地域)的界限,通过对技术、资源、资金、人才的国际比较,按照资源配置最优化的原则,采取投资、生产、合作等方式,生产出最完整的产品去满足世界市场各国消费者的需要。

课程案例 1—1

海尔集团的国际化过程

海尔集团是世界第四大白色家电制造商、中国最具价值品牌。海尔在全球建立了29个制造基地,8个综合研发中心,19个海外贸易公司,全球员工总数超过5万人,已发展成为大规模的跨国企业集团,2008年海尔集团实现全球营业额1 220亿元。

海尔集团在首席执行官张瑞敏确立的名牌战略指导下,先后实施名牌战略、多元化战略和国际化战略,2005年底,海尔进入第四个战略阶段——全球化品牌战略阶段。创业24年的拼搏努力,使海尔品牌在世界范围的美誉度大幅提升。2008年,海尔品牌价值高达803亿元,自2002年以来,海尔品牌价值连续7年蝉联中国最有价值品牌榜首。海尔品牌旗下冰箱、空调、洗衣机、电视机、热水器、电脑、手机、家居集成等19个产品被评为中国名牌,其中海尔冰箱、洗衣机还被国家质检总局评为首批中国世界名牌。2008年3月,海尔第二次入选英国《金融时报》评选的"中国十大世界级品牌"。2008年6月,在《福布斯》"全球最具声望大企业600强"评选中,海尔排名13位,是排名最靠前的中国企业。2008年7月,在《亚洲华尔街日报》组织评选的"亚洲企业200强"中,海尔集团连续五年荣登"中国内地企业综合领导力"排行榜榜首。海尔已跻身世界级品牌行列,其影响力正随着全球市场的扩张而快速上升。

据中怡康时代市场研究有限公司统计:2008年,海尔在中国家电市场的整体份额达到26.2%以上,依然保持份额第一;尤其在高端产品领域,海尔市场份额近30%,其中,海尔在白色家电市场上仍然遥遥领先。在智能家居集成、网络家电、数字化、大规模集成电路、新材料等技术领域也处于世界领先水平。"创新驱动"型的海尔集团致力于向全球消费者提供满足需求的解决方案,实现企业与用户之间的双赢。

截止到2008年,海尔累计申请专利8 795项,其中发明专利2 261项;2008年,集团申请专利912项,其中发明专利525项,平均每个工作日申请2项发明专利。在自主知识产权的基础上,海尔已参与15项国际标准的制定,其中3项国际标准即将发布实施,这表明海尔自主创新技术在国际标准领域得到了认可;海尔主持或参与了192项国家标准的编制、修订,其中8项获得了国家标准创新贡献奖,制定行业及其他标准439项。海尔是参与国际标准、国家标准、行业标准最多的家电企业。

在创新实践中,海尔探索实施的"OEC"管理模式、"市场链"管理及"人单合一"发展模式引起国际管理界高度关注。目前,已有美国哈佛大学、南加州大学、瑞士IMD国际管理学院、法国的欧洲管理学院、日本神户大学商学院等专门对此进行案例研究,海尔"市场链"管理还被纳入欧盟案例库。

2009年,海尔实施全球化品牌战略进入第四年。海尔将继续发扬"创造资源,美誉全球"的企业精神和"人单合一,速决速胜"的工作作风,深入推进信息化流程再造,建立从以用户为中心的信息化流程,搭建全球化运营的物流、资金流、信息流网络,创出中华民族自己的世界名牌!

讨论题目:
1. 海尔集团的发展经历了哪些阶段?
2. 海尔集团国际化发展的推动力是什么?

二、当代国际商务的特征

第二次世界大战后,科学技术进步的速度加快,经济出现全球化趋势,跨国公司

获得了空前发展,国际商务发展表现出如下趋势:

(一)生产活动国际化

第二次世界大战以前,国际分工主要表现为不同国家在不同产业部门的国际分工与交换;第二次世界大战后,国际分工深入到行业内部不同产品之间,甚至是同一产品生产过程的国际分工与交换。进入21世纪,世界范围内出现了明显的垂直分工体系,北美、西欧、日本成为全球研发(R&D)的中心,而中国内地、爱尔兰、墨西哥、东欧地区、东南亚地区则成为中低技术产品制造的中心。

(二)国际贸易对企业经营的重要性空前增长

第二次世界大战后国际贸易增长速度远远高于同期世界经济增长率,全球国际贸易额(进出口之和)与世界总产出的比值,1950年为16.4%,1999年约36%,2007年则达到了51%。能否成功占领国际市场成为决定一些大型企业经营成败的重要因素。

(三)国际商务活动所需要的需求环境逐渐形成

随着经济、技术的快速发展和世界经济全球化发展趋势的加强,各国消费者的生活与消费方式逐渐趋同化,这就为企业的全球化扩张创造了良好的外部环境,出现了很多全球品牌,如可口可乐。

(四)无形商品和无形贸易在国际商务活动中越显重要

20世纪60年代,世界主要发达国家的经济重心开始转向服务业,产业结构呈现出"工业型经济"向"服务型经济"转型的总趋势。美欧大多数工业发达国家在工业达到较高发展水平后,都相继加快了服务业的发展,使社会经济逐步进入更多依靠服务业的新增长阶段,即形成了以服务业为主导的"三二一"经济结构。目前,全球服务业增加值占国内生产总值(GDP)的比重达到60%以上,主要发达国家达到70%以上,即使是中低收入国家也达到了40%以上的平均水平。2012年中国服务业占国内生产总值(GDP)的比重为44.6%,明显偏低,且发展速度低于第二产业的发展速度。2012年世界服务贸易额为4.3万亿美元,占同年世界商品贸易出口额的23.5%。

(五)生产经营跨国公司化

第二次世界大战后,跨国公司发展异常迅速,在世界经济中的地位和作用不断加强。联合国贸易和发展会议(UNCTAD)公布的《2008年世界投资报告》显示,2007年全球79 000家跨国公司及其790 000家国外分支机构仍在继续进行海外扩张,其FDI股本2007年达15万亿美元。贸发会议估计,2007年跨国公司的销售总额为31万亿美元,是当年世界出口额的2.25倍,比2006年增长21%。其全球分支机构2007年产值占全球GDP的11%,雇员达8 200万人。跨国公司外国子公司的销售额和产品出口额,分别占全球GDP总值和世界货物贸易出口总额的1/10和1/3。2008年,全球最大的跨国公司美国沃尔玛公司的销售额为3 787.99亿美元,超过了很多国家的国内生产总值。

（六）世界经济区域集团化

主要经济贸易集团有欧盟、北美自由贸易区、东盟、南美洲共同市场等。这些区域集团对内取消或者降低关税和非关税壁垒，对外则实行一定的贸易限制，呈现出贸易自由化和贸易保护主义并存的局面。以欧盟为例，集团内出口额占总出口的比重，1970年为59.5%，1980年为61.0%，1990年为66.0%，2008年为71.4%，显示出明显的上升趋势，与此同时，集团外出口占总出口的比重则不断下降。这种区域化发展趋势对区域内企业国际商务活动的发展创造了新的机会，同时对区域外企业的国际商务活动制造了新的障碍。

（七）贸易和投资壁垒逐步拆除

在平均关税水平不断下降的同时，贸易保护主义主要表现在非关税壁垒层出不穷，其主要目的在于减缓国内的失业压力。1929~1933年间的大危机前后，出于保护本国市场的需要，许多国家建立了难以逾越的贸易和投资壁垒，致使世界生产下降了1/4，贸易下降了1/3。第二次世界大战以后，西方各国在关贸总协定（GATT）的主导下进行了八轮关税减让谈判，使发达国家工业品关税平均降到3.9%，发展中国家平均降到13%。在关贸总协定主持下，投资协定（TRIMs）和知识产权协定（TRIPs）等一批协定的签署大大改善了国际投资环境。

专题一 国际商务环境

国际商务环境具有不同的范围和层次。从范围上讲,分为经济环境、社会文化环境、法律环境、技术环境。从层次上讲,分为全球化环境、国别环境。

我们当今所处的时代,表现出明显的全球化特征,各国的政治、经济、文化、技术在很多方面相互影响、相互融通,从而营造出了一些基本的国际商务环境特征。同时,不同的国家和地区在国际商务环境方面又体现出不同的特征。

本专题包括"第二章 国际商务的全球化环境"和"第三章 国际商务的国别环境",第二章侧重介绍全球化在经济、文化、法律、技术等方面的各种表现,第三章侧重介绍各国在经济、文化、法律、技术等方面的国别差异。

通过本专题的学习,你将会认识到国际商务活动所面临的全球环境和国别环境的复杂性,并领会这些差别对国际商务活动的影响。本专题属于本课程的基础知识,也是帮助读者认识国际商务管理与国内商务管理活动差异的关键内容。

第二章

国际商务的全球化环境

"全球化"这一概念主要包含两种含义:其一,是指全球各个不同地域、不同民族、国家在发展过程中所呈现出的相互关联、相互依赖的发展趋势;其二,是指当前人类社会发展过程中出现的一种状态,即在全球市场、国际分工的基础上形成的世界各国的发展相互依存的态势。在某种意义上可以说,全球化是人类历史发展过程中的一个整体的转型时期。一方面,由于世界市场的形成和国际分工的发展,广大的第三世界国家正日益被纳入(或主动地融入)其中,从而形成了世界范围内的传统农业文明向现代工业文明的转型;另一方面,在这一发展过程中世界各个不同的国家也日益被整合为一个密切联系的整体——全球社会之中,也就是说,正处于由独立的民族国家的发展向全球社会发展的转型过程中。对于全球化的发展过程,我们必须进行具体的分析。

全球化意味着经济、政治、技术和文化活动跨越了国界,世界上某一个地区的事件、决定和活动能够对距离遥远的地方的个人和共同体产生影响。从这个意义上说,它体现了跨区域的相互联系、社会网络和权力范围的扩大,以及距离遥远的行动产生影响的可能性。这种全球化的发展也有其逐步发展的过程。虽然处于不同地域的人类共同体之间的相互联系古已有之,但真正把不同人类共同体密切地联系在一起却是近代以后的事。正是地理大发现和资本主义大工业的发展,开启了全球化进程。另一方面,新航路的开辟打破了各民族、国家之间相互隔绝的状态,使其被纳入到同一人类视野之中。因此,亚当·斯密认为,美洲的发现、经由好望角前往东印度群岛的航道的发现,是人类历史上所记载的最伟大的、最重要的事件。正是从此时起,世界历史从各民族孤立的发展逐步走向相互联系和相互依存。另一方面,资本主义大工业的发展则为各民族、国家之间的联系提供了物质基础和动力。资本主义"不断扩大销路的需要,驱使资产阶级奔走于全球各地。它必须到处落户,到处开发,到处建立联系……资产阶级,由于开拓了世界市场,使一切国家的生产和消费都成为世界性的了。不管反动派怎样惋惜,资产阶级还是挖掉了工业脚下的民族基础。"[①] "过去那

---

① 马克思,恩格斯. 马克思恩格斯选集[M]. 1卷. 北京:人民出版社,1972:254.

种地方的和民族的自给自足和闭关自守状态,被各民族的各方面的互相往来和各方面的互相依赖代替了。物质的生产如此,精神的生产也是如此。各民族的精神产品成了公共的财产。民族的片面性和局限性日益成为不可能。于是多种民族的和地方的文学形成了一种世界文学。"①。因此,全球化进程必将由经济领域走向政治和文化领域。之所以如此,就在于这三个方面是密切联系的统一体,它们共同表征着人的生存方式。

全球化已经作为一种任何国家、组织、个体都无法回避,也无法控制的重要现象而存在。它包括经济全球化、政治全球化、技术全球化、文化全球化等四个主要的方面。

本章将重点介绍企业国际商务的全球化环境。

第一节　经济全球化

一、经济全球化的含义

经济全球化(economic globalization)是当今世界经济发展的重要趋势。"经济全球化"这个词,最早由特·莱维于1985年提出,但至今没有一个公认的定义。国际货币基金组织在1997年发表的《世界经济展望》中,曾对经济全球化下过这样的定义:"全球化是指跨国商品与服务交易及国际资本流动规模和形式的增加,以及技术的广泛迅速传播使世界各国经济的相互依赖性增强。"

这里我们将经济全球化定义为:各国的货物、服务、资本、技术和人员等商品和生产要素跨越国界在全球范围内大规模、高速度地流动,世界各国、各地区之间经济上相互联系与依存、相互渗透和扩张、相互竞争和制约的程度日益加深,并不断向纵深发展的态势、进程和趋势。

经济全球化是生产力和国际分工向高级阶段发展的必然结果,生产力和国际分工的高度发展,要求进一步跨越民族和国家疆界。经济全球化作为一种客观存在的过程,正如约翰·邓宁(John D. Dunning)所断言的,"除非有天灾人祸,经济活动的全球化不可逆转"。世界贸易组织首任总干事鲁杰罗(Renato Ruggiero)也曾经说过,"阻止全球化无异于想阻止地球自转"。面对经济全球化趋势,任何国家,特别是广大发展中国家只能是接受它、适应它,在此前提下充分考虑到本国的现实情况和可能的问题,善于抓住机遇,勇敢迎接挑战,才能确保在经济全球化的汹涌潮流中立于不败之地。

---

① 马克思,恩格斯. 马克思恩格斯选集[M]. 1卷. 北京:人民出版社,1972:255.

二、经济全球化的发展历程

经济全球化并非一种全新现象,从近代资本主义与市场经济体制产生以来,经济全球化的进程就已经开始了。只是自20世纪80年代中期以来,特别是冷战结束后,经济全球化得到了进一步的有力推动和迅速发展,为世界所瞩目。

近代以来,经济全球化的发展大体经历了四个快速发展阶段:

(一)第一阶段,15~16世纪

这一时期的地理大发现,促进了东西方之间的商品交换,以货物贸易为主体的世界市场逐步形成。地理大发现导致西欧商业产生革命性变化,贸易商品和数量急剧增加,美洲的金银、烟叶、玉米,西印度的咖啡和蔗糖,印度的棉布,非洲的黑奴成为新的贸易对象。这一阶段的主要特征在于,地理意义上的全球市场逐步形成。

(二)第二阶段,19世纪后半期到20世纪初期

1850~1875年间,蒸汽机广泛应用于海洋和陆地运输;19世纪最后30年,出现了以电和内燃机为代表的第二次科技革命。科技的发展极大地促进了世界经济和贸易的迅速发展。18世纪初期从英国旅行到印度需要18~20个月,到19世纪中叶只需要2~3个月。1875年至1914年间,国际金本位制维护了国际汇率的稳定,降低了国际贸易风险,刺激了进出口贸易的稳定发展。20世纪初期,跨国公司开始在海外的自然资源和交通运输领域进行直接投资,使得各国之间的对外经济交流在形式上迈上了新的台阶。

(三)第三阶段,20世纪50年代到70年代

两次世界大战导致之前的经济全球化进程被暂时遏制。20世纪50年代以后,第三次科技革命爆发,原子能、电子计算机、微电子技术、航天技术、分子生物学和遗传工程技术等新兴技术广泛应用,迅速提高了世界产出水平。同时,第二次世界大战以后,贸易自由化发展迅速,形成了相对稳定、开放的国际经济环境。在上述因素推动下,国际贸易特别是制成品贸易增长迅速,跨国公司对外直接投资的规模日益扩大。

(四)第四阶段,20世纪80年代之后

20世纪80年代末90年代初苏联、东欧剧变,第二次世界大战以后形成的东西方两大阵营在政治和军事上的对抗基本消除,计划经济国家经过体制变革逐渐融入全球市场经济体系中,宣告了"两个平行市场"时代的结束。市场经济原则在全球范围内得到普遍认同和确立,包括中国在内的许多发展中国家也开始从计划经济或混合经济向市场经济过渡,使得世界上在市场经济条件下生活的人口由25%骤增到90%以上,世界市场得到统一,形成了真正意义上的全球市场。经济全球化是以市场经济体制的全球化为基础的,没有市场经济体制的全球化也就没有生产要素国家间

的自由流动,也就谈不上真正意义的经济全球化。正如1992年联合国前秘书长加利在联合国日致辞中说的:"第一个真正的全球化时代已经到来。"

目前,市场经济体制已成为不同制度和不同层次国家的共同体制,真正形成了世界性的无所不包的统一的世界市场,从而为经济全球化奠定了制度性基础。

20世纪80年代以后,以微电子、生物技术为代表的科技革命日益加深,创造了更为广阔的全球消费市场。为了占领全球市场和降低经营成本,跨国公司对外投资活动蓬勃发展,通过收购兼并、战略联盟等形式,向全球生产经营一体化转变,形成了全球范围内从资源配置、生产、流通到消费的多层次、多形式的经济交织和融合,使全球经济形成一个不可分割的有机整体。

三、经济全球化的表现

全球化发展迅速,表现在金融全球化、生产全球化、贸易全球化、科技全球化和经济信息化等几个方面。在这个发展进程中,新科技革命和生产的高度社会化为经济全球化提供了物质条件,国际贸易的高度发展为经济全球化提供了现实基础,国际金融的迅速发展成为经济全球化的重要推动力,国际相互投资的发展加速了经济全球化的进程,经济信息化加速了信息的流动。

(一)生产全球化

生产全球化是经济全球化的主要特征,也是推动经济全球化的主要动力。

生产全球化包含两个方面的含义。一是以跨国公司为主体的单个企业的国际化生产向纵深推进,其跨国经营的分支机构在数量上和地域上极大地扩展,在组织安排和管理体制上超越国界。二是借助跨国公司及其分支机构间的多种形式的联系所建立起来的以价值链为纽带的跨国生产体系。

生产全球化是通过国际分工的不断细化和深化,使社会分工在更大范围内进行,从而使产业结构在更大范围内得以调整,资源在更大范围内实现最佳配置,给世界经济带来巨大的分工利益。20世纪90年代以来,生产全球化主要表现在以下三个方面:首先,国际分工进一步向广度和深度发展。从广度上讲,参与国际分工的国家和地区已遍及全球;从深度上讲,国际分工越来越细,已由过去单一的垂直型分工发展为垂直型、水平型和混合型多种分工形式并存的新格局。另外,国际分工的形态也呈现出多样化,不仅有生产资源型分工,而且生产工序型和零部件生产专业化型分工日益增多。其次,国际直接投资迅速发展。国际直接投资是一种深层上的通过投资设厂,在生产领域里、在生产过程中把各国经济联系起来的方式。1960年国际直接投资额仅680亿美元,到1996年,国际直接投资额发展到32 330亿美元。20世纪90年代以来,国际直接投资增长速度在各项国际经济指标中是最高的。如20世纪90年代的前7年中,国际直接投资的平均增长率为11.8%,而世界贸易的平均增长率和世界GDP的平均增长率则分别为7.7%和3.7%,远不及国际直接投资的增长速度。国际资本流动规模的迅速扩大,成为贸易之外联系世界各国经济的另一重要纽带。

生产全球化从根本上来看,是一场以发达国家为主导、跨国公司为主要推动力的世界范围内的产业结构调整。从20世纪60年代以来,跨国公司得到迅速发展,跨国公司的发展促进了生产全球化的发展,成为经济全球化的主要力量。

这些跨国公司进行跨越国家和地区界限的生产和经营,实施全球范围内最佳资源配置和生产要素组合,在为发达国家谋取最大利益的同时,也极大地促进了经济全球化的发展。

课程案例2-1

国际商业机器公司的PC机

1987年,美国销售的国际商业机器公司(IBM)的个人计算机(PC机)的大部分组件实际上是在国外生产的。从表2-1中我们可以看出,一台个人计算机的制造成本是860美元,其中625美元的零部件是在美国以外制造的(其中有230美元是由美国在海外拥有的工厂制造的)。尽管所有这些零部件都可以在美国生产,但如果在美国生产将导致很高的成本和价格。

表2-1 IBM个人计算机的制造成本在美国和其他国家的分布

全部制造成本				$860
在美国之外的制造成本			$625	
美国拥有的工厂的部分		$230		
外国拥有的工厂的部分		$395		
制造成本的分布				
黑白显示器	韩国	$85		
半导体	日本	$105		
半导体	美国	$105		
电源	日本	$60		
打印机	日本	$160		
软盘驱动器	新加坡	$165		
磁盘驱动器组装	美国	$25		
键盘	日本	$50		
机箱和总装	美国	$105		
全部制造成本		$860		

资料来源:《美国的高科技危机》,《商业周刊》1985年3月11日,第56~57页。

讨论题目：
1. 为什么 IBM 公司将 PC 机的生产分布在多个国家？
2. 在什么条件下这样做是有利的？

（二）贸易全球化

贸易全球化是经济全球化的重要特征。

从贸易增长速度看，第二次世界大战后是世界贸易史上增长最快的时期。1840~1870 年全球贸易增长率只有 5.8%，1870~1900 年是 4%，1913~1938 年是 0.9%，而 1950~2000 年，国际贸易的年均增长率达到 9% 左右。第二次世界大战以来，国际贸易总量和规模不断扩大。据统计，1950 年世界商品贸易额仅为 610 亿美元，到 1970 和 1990 年则分别为 3 120 亿美元和 31 870 亿美元。20 世纪 90 年代冷战结束后，贸易自由化发展更加迅猛。1998 年，全球货物贸易额达到 54 148 亿美元，服务贸易额达到 13 263 亿美元。2012 年，世界货物贸易额 18.3 万亿美元，世界服务贸易额 4.3 万亿美元。正如世界贸易组织总干事鲁杰罗于 1996 年 5 月 10 日在斯德哥尔摩发表讲话时说的，"经济全球化是被贸易发展推着走的一列高速火车"。

从国际贸易与世界生产增长速度对比看，据国际货币基金组织的统计，1982~2000 年，国际贸易的年均增长率为 5.8%，GDP 的增长率为 3.3%，前者是后者的 1.76 倍，国际贸易的增长速度远远高于世界生产的增长速度。其中，1997~2000 年的 4 年之间，国际贸易年平均增长率为 6%，而同期的世界 GDP 平均增长率仅为 3.3%。国际贸易的进一步增长又将有力地推动经济全球化的发展。

从组织制度看，1994 年 4 月 15 日，关贸总协定乌拉圭谈判，确定成立世界贸易组织（WTO）。世界贸易组织的成立不仅标志着一个规范化、法制化的世界市场的形成，而且标志着世界贸易自由化的程度达到了一个新阶段。

（三）金融全球化

金融全球化是经济全球化的高级形式。20 世纪 80 年代以来，由于各国对国际流动限制的放松，使金融资本在世界范围内的发展成为可能。随着信息技术手段的进步，金融全球化发展更加迅速，金融市场急剧膨胀。

发达国家的金融市场经过上百年甚至数百年的发展，已形成较为成熟的体系。发展中国家 20 世纪七八十年代以来也越来越强烈地意识到资金融通对于经济发展的重要意义，努力推动金融市场的建立和发展。

目前，无论是资本的流量、流速，还是交易的范围都达到了空前的规模，资本流动实现了全球化。经济全球化的发展使金融进一步自由化。

20 世纪 90 年代以来，随着现代电子技术和通信手段的飞速发展，尤其是随着各国对资本流动管制的解除和"电子货币"（信用卡）的流行，货币的国际交换和流动的规模日益扩大,使经济信息资源在全球迅速、准确地传递,这大大推动了金融市场的发展。根据美国市场研究机构 Greenwich Associates 的一份调查报告显示,2007 年全球外汇市场成交量大增 36%,达到 100 万亿美元。金融全球化已成为经济全球化的核心内容。

(四)科技全球化

科技全球化指各国科技资源在全球范围内的优化配置,这是经济全球化最新拓展和进展迅速的领域,表现为:先进技术和研发能力的大规模跨国界转移,跨国界联合研发广泛存在。以信息技术产业为典型代表,各国的技术标准越来越趋向一致,跨国公司巨头通过垄断技术标准的使用,控制了行业的发展,获取了大量的超额利润。

科技全球化的核心内容主要包括三个方面:一是科技研究开发资源的全球配置,即按照比较优势原则在世界范围内配置研究开发资源,以求得研究开发产出的最大化;二是科学技术活动的全球管理,即不仅研究开发的组织形式是向全球开放的,而且各国均须在统一的制度框架和标准下,按照共同的国际规则进行科技成果的交易并为科技成果的持有者提供知识产权保护;三是研究开发成果的全球共享,即在一定的规则和条件下,科技研究成果的应用是全球性的,科学技术知识的溢出和扩散成为世界经济中的一个重要现象。这三个方面相辅相成,互相促进,共同构成了科技全球化浪潮的主旋律。其中,研究开发资源的全球配置又具有根本性的重要意义,直接影响到科学技术活动的全球管理和研究开发成果全球共享的规模和程度。

科技全球化与经济全球化之间是一种相辅相成的关系,技术发展既受到全球化的驱动,又是全球化的关键推动器。一方面,科技全球化本身就是经济全球化发展到一定阶段的产物,是经济全球化的一个重要组成部分。因为随着人类社会资源利用水平的提高,各国经济的发展越来越依赖于科学技术发展的速度、方向及其规模。在这种情况下,在 20 世纪上半叶还被视为经济增长外生变量的科学技术逐步演变成为经济增长过程的内生变量了,科学技术知识本身也成了直接避免在激烈的国际经济竞争中落后于竞争对手的关键因素,不仅各国政府大幅度增加研究开发支出,而且企业在研究开发活动中也扮演着越来越重要的角色。从某种意义上说,当今世界科学技术知识的任何进步都是各国政府或者民间有意识地进行研究开发活动的结果。人类社会经济增长方式的这一重大转变表明,科学技术知识作为一种决定一国企业乃至整个国家经济发展方向的战略资源越来越具有重要意义,一国经济的发展水平不仅仅取决于本国的科学技术知识供应状况,而且取决于整个世界范围内的科学技术知识供应状况,这在客观上就要求人们以全球眼光来看待和把握人类科学技术的发展趋势,在全球范围内寻求科学技术知识的供应并保护自身的科学技术收益不被侵犯。不论是跨国公司的海外研究开发活动,还是世界知识产权组织以及"与贸易有关的知识产权条约"等知识产权相关机构或规则的确定,都代表了人类社会在促进科学技术发展方面所做出的巨大努力。

另一方面,科技全球化又对经济全球化起着推动和深化的作用。这是因为,不论一国在科学技术发展方面具有怎样雄厚的实力,它都必须参与到科技全球化浪潮之中,以便准确地把握其发展的方向与基本趋势,而这又进一步加强了各国之间的技术联系与经济联系,从而促进了经济全球化的深入发展。技术不仅使这些事件得以发生,而且它自身也是一种竞争工具,因为创新和成功地采用新技术是在国际市场上获得成功的关键。经济合作与发展组织成员国的一项研究表明,自20世纪80年代初以来,包括技术许可、专利和商标出售、技术专家和智力服务在内的技术交易增长了大约3倍以上,而且通过设备进口而获得技术知识的重要性也呈不断增强趋势。不仅如此,科技全球化还促进了国际竞争的扩大和深化。由于企业之间乃至国家之间的竞争是建立在知识资源的基础之上的,而知识的无国界性和无限供应性以及非独占性这三个特点又决定了未来的知识经济必然是一种全球经济。在这种情况下,国际竞争的焦点不再是各种生产活动的最终产品,而是各种知识活动的成果,竞争的战线已经前移到产品的研究开发阶段乃至基础研究阶段,国家或者企业的竞争优势是建立在其研究开发能力以及技术创新能力的基础上的。在许多情况下,市场竞争的结果甚至在研究开发阶段就已经决定了。这说明,国家之间、企业之间竞争的核心阵地已经不再仅仅是产品和服务领域了,而且已经前移到了科学技术研究阶段、在研究开发的主攻方向的选择阶段以及在对用以进行技术创新的科学技术成果的筛选阶段。在这种情况下,竞争成败与否并不仅仅取决于有形的产品和服务,而更多地取决于国家和企业选择研究开发的主攻方向、研究开发资源的有效配置等方面的能力。这样一种竞争势必是全球范围的、全方位竞争,其激烈程度是难以想象的。

从性质上说,由于科技全球化的直接动因是以跨国公司生产和经营国际化为主要推动力的经济全球化浪潮,它直接服务于跨国公司的全球经营战略,服务于跨国公司的全球利益。因此,科技全球化主要是由西方发达国家及其跨国公司所主导和操纵的,由科技全球化所引起的国际科技结构变化也主要有利于西方发达国家而不利于发展中国家。对于发展中国家来说,至少在短时期内,科技全球化更多地表现为一种挑战而不是机遇。但是,这并不意味着我们必然要拒绝或者反对科技全球化浪潮,因为不仅研究开发的溢出效应也使发展中国家能够分享一部分科技全球化收益,而且有一部分发展中国家有可能通过积极参与科技全球化进程而缩小与发达国家之间的科学技术差距。

(五)经济信息化

20世纪90年代以来,随着现代科技的加速发展,信息化已成为经济全球化的一个显著特征,信息产业在一些发达国家已取代传统产业而成为支柱产业。信息化对经济的影响,可以从1997年4月美国政府公布的报告《浮现中的数字经济》(The Emerging Digital Economy)中得到启发。报告中提到到1997年底,美国和加拿大参与在线购物的人数从6个月前的470万人增加到1 000万人,到2002年,电子商务将达到3 000亿美元的规模,世界信息产业的产值将超过1万亿美元。信息产业的飞速发展也改变了传统制造业、商业、金融业的生产组织方式和经营方式。这一切使全球经济活动的速度越来越快,规模越来越大。

课程案例2—2

走向世界的英国炸鱼配土豆条

炸鱼配土豆条在英国是一种四季皆宜的大众食品。约克郡奎斯利(Guiseley)的哈里·拉姆斯登(Ram Lamsden)公司以提供优质炸鱼配土豆条享誉英国。截止到1994年,该公司在英国拥有8家分店,年销售额1 000万英镑(约合1 600万美元),还有4家分店计划开业。在英国最热闹的度假小镇布莱克浦(Blackpool),哈里·拉姆斯登公司的年销售额达到150万英镑(230万美元)。不过,该公司的经理们并不满足,他们想使哈里·拉姆斯登公司成为全球化企业。

1992年该公司在香港开设了首家跨国餐厅。这家餐厅的经营模式与奎斯利的餐厅相同,大部分菜单品种包括黑斑鳕都是从英国进口的。餐厅可以供200人用餐,也可以提供外卖。公司财务总监查德·泰勒说:"我们用英式快餐的方式推销产品,结果是非常成功的。"在两年的经营中,香港分店的营业额已经与布莱克浦店相当。更有意思的是,最初光顾香港分店的顾客一半是在香港的英国人,而现在超过80%的顾客是华人。看来,哈里·拉姆斯登公司很成功地迎合了香港人的口味。

受香港店成功的鼓舞,哈里·拉姆斯登公司已经在都柏林(爱尔兰首都)、墨尔本(澳大利亚著名工商城市)、新加坡、吉达(沙特阿拉伯首都)、特纳里费(西班牙著名工商城市)和东京开设了加盟连锁店。不过其最大的目标是日本市场。为了试探一下市场,1994年春哈里·拉姆斯登公司在东京代八木公园开设了一家临时店。小店提供500份撒上盐、浇上醋的炸鱼配土豆条以试探日本人是否喜欢这种食品。尽管日本消费者传统上排斥油腻食品,但他们显然喜欢这种快餐。除了墨尔本的分店,其他分店很快都获得了盈利。

截止到1997年,公司已经开了33家分店,其中7家在海外,年营业额680万英镑,利润150万英镑。公司董事长约翰·巴恩斯说,哈里·拉姆斯登公司的目标是成为世界上炸鱼配土豆条的第一品牌,公司短期的回报虽然主要在英国,但等到英国市场饱和再转向世界可能会栽跟头,应该提前摸索经验。他还说,汉堡、比萨饼和炸鸡是大公司的天地,他们选择炸鱼配土豆。开始大家对他的话持怀疑态度,但现在他越来越受到尊重,因为公司的经营情况越来越好,正准备在泰国和印度尼西亚开设分店。

讨论题目:

1. 你认为哈里·拉姆斯登公司将其炸鱼配土豆条业务扩展到其他国家和地区的

基础是什么?

2. 你认为哈里·拉姆斯登公司海外分店的主要顾客应是在英国之外的英国人还是当地人?为什么?在各个阶段都相同吗?

3. 你认为哈里·拉姆斯登公司将其炸鱼配土豆条业务扩展到其他国家和地区时要坚持其原有风味还是要做适当改良?

4. 约翰·巴恩斯认为转向国际市场应该提前摸索经验,你同意吗?为什么?

四、经济全球化的推动力

经济全球化的主要推动力有三个方面,即科技发展、跨国公司的发展与贸易和投资的自由化。

(一)科技发展

科技发展是经济全球化的物质基础,特别是20世纪以来,信息技术和运输技术的巨大进步,有力地推动了经济全球化的发展。

1. 信息技术的发展

(1)信息技术的含义。现代信息技术(information technology,简称IT),是以微电子和光电技术为基础,以计算机和通信技术为支撑,以信息管理和处理技术为主体的技术系统的总称,是一门综合性的技术。商务印书馆2001年修订版《新华词典》将信息技术定义为:"信息技术是指利用电子计算机和现代通信手段获取、传递、存储、处理、显示信息和分配信息的技术。"它主要是应用计算机科学和通信技术来设计、开发、安装和实施信息系统及应用软件。电子计算机和通信技术的紧密结合,标志着数字化信息时代的到来。

信息技术的应用包括计算机硬件和软件,网络和通信技术,应用软件开发工具等。计算机和互联网普及以来,人们日益普遍地使用计算机来生产、处理、交换和传播各种形式的信息(如书籍、商业文件、报刊、唱片、电影、电视节目、语音、图形、影像等)。

具体来讲,信息技术主要包括以下几方面技术:

①感测与识别技术。感测与识别技术的作用是扩展人获取信息的感觉器官功能,包括信息识别、信息提取、信息检测等技术。这类技术的总称是"传感技术"。它几乎可以扩展人类所有感觉器官的传感功能。传感技术、测量技术与通信技术相结合而产生的遥感技术,更使人感知信息的能力得到进一步的加强。

信息识别包括文字识别、语音识别和图形识别等。通常是采用一种叫做"模式识别"的方法。

②信息传递技术。信息传递技术的主要功能是实现信息快速、可靠、安全的转移。各种通信技术都属于这个范畴。广播技术也是一种传递信息的技术。由于存储、记录可以看成是从"现在"向"未来"或从"过去"向"现在"传递信息的一种活动,

因而也可将它看做是信息传递技术的一种。

③信息处理与再生技术。信息处理包括对信息的编码、压缩、加密等。在对信息进行处理的基础上,还可形成一些新的更深层次的决策信息,这称为信息的"再生"。信息的处理与再生都有赖于现代电子计算机的超凡功能。

④信息施用技术。信息施用技术是信息过程的最后环节,它包括信息控制技术、显示技术等。

(2)信息技术的发展。人类进行通信的历史已很悠久。早在远古时期,人们就通过简单的语言、壁画等方式交换信息。千百年来,人们一直在用语言、图符、钟鼓、烟火、竹简、纸书等传递信息,古代人的烽火狼烟、飞鸽传信、驿马邮递就是这方面的例子。现在还有一些国家的个别原始部落,仍然保留着诸如击鼓鸣号这样古老的通信方式。在现代社会中,交通警的指挥手语、航海中的旗语等不过是古老通信方式进一步发展的结果。这些信息传递的基本方式都是依靠人的视觉与听觉。

19世纪中叶以后,随着电报、电话的发明,电磁波的发现,人类通信领域产生了根本性的变革,实现了利用金属导线来传递信息,甚至通过电磁波来进行无线通信,使神话中的"顺风耳"、"千里眼"变成了现实。从此,人类的信息传递可以脱离常规的视听觉方式,用电信号作为新的载体,由此带来了一系列的技术革新,开启了人类通信的新时代。

1972年以前,电视、传真技术主要用于新闻、出版、气象和广播行业,机械扫描向电子扫描转变,除代替电报和用于传送气象图、新闻稿、照片、卫星云图外,还在医疗、图书馆管理、情报咨询、金融数据、电子邮政等方面得到应用。1980年后,传真技术向综合处理终端设备过渡,除承担通信任务外,它还具备图像处理和数据处理的能力,成为综合性处理终端。静电复印机、磁性录音机、雷达、激光器等都是信息技术史上的重要发明。

1946年,美国宾夕法尼亚大学的埃克特和莫希里研制出世界上第一台电子计算机。电子元器件材料的革新进一步促使电子计算机朝小型化、高精度、高可靠性方向发展。20世纪40年代,科学家们发现了半导体材料,用它制成晶体管,替代了电子管。1948年,美国贝尔实验室的肖克莱、巴丁和布拉坦发明了晶体三极管,于是晶体管收音机、晶体管电视、晶体管计算机很快代替了各式各样的真空电子管产品。1959年,美国的基尔比和诺伊斯发明了集成电路,从此微电子技术诞生了。1967年大规模集成电路诞生了,一块米粒般大小的硅晶片上可以集成1 000多个晶体管的线路。1977年美国、日本科学家制成超大规模集成电路,30平方毫米的硅晶片上集成了13万个晶体管。微电子技术极大地推动了电子计算机的更新换代,使电子计算机显示了前所未有的信息处理功能,成为现代高新科技的重要标志。

为了解决资源共享问题,单一计算机很快发展成计算机联网,实现了计算机之间的数据通信、数据共享。通信介质从普通导线、同轴电缆发展到双绞线、光纤导线、光缆;电子计算机的输入输出设备也飞速发展起来,扫描仪、绘图仪、音频视频设备等,使计算机如虎添翼,可以处理更多的复杂信息。20世纪80年代末多媒体技术的兴起,使计算机具备了综合处理文字、声音、图像、影视等各种形式信息的能力,日益成为信息处理最重要和必不可少的工具。

当前信息技术的发展主要表现出如下特征:

第一,高速、大容量。速度越来越高、容量越来越大,无论是通信还是计算机发展都是如此。

第二,综合化,包括业务综合以及网络综合。

第三,数字化。这主要表现在:一是便于大规模生产。过去生产一台模拟设备需要花很多时间,模拟电路每一个单独部分都需要进行单独设计、单独调测。而数字设备是单元式的,设计非常简单,便于大规模生产,可大大降低成本。二是有利于综合。每一个模拟电路其电路物理特性区别都非常大,而数字电路由二进制电路组成,非常便于综合,要达到一个复杂的性能用模拟方式往往综合不起来。现在数字化发展非常迅速,各种说法也很多,如数字化世界、数字化地球等,而搞数字化最主要的优点就是便于大规模生产和便于综合这两大方面。

第四,个人化。这主要体现在信息处理的可移动性和全球性上。一个人在世界任何一个地方都可以拥有同样的通信手段,可以利用同样的信息资源和信息加工处理的手段。

2. 运输技术的发展。交通运输是指利用交通工具完成人员或货物的空间位置移动的生产经营活动过程。根据交通工具的不同,现代交通分为公路运输(汽车运输)、铁路运输、航空运输、水路运输和管道运输5种运输方式。交通运输业是国民经济的重要组成部分,对国民经济和社会发展起着至关重要的作用。

(1)公路运输的发展。公路运输(road transportation)是在公路上运送旅客和货物的运输方式,是交通运输系统的组成部分之一,主要承担短途客货运输。现代所用的运输工具主要是汽车,公路运输一般即指汽车运输。

在古代社会,人们采用人力和牲畜作为车辆的动力,运输能力受到极大限制。1885年以内燃机为动力的汽车的出现,标志着道路交通工具进入了新的历史阶段。公路运输初期主要承担短途运输业务。第一次世界大战结束后,基于汽车工业的发展和公路里程的增加,公路运输不仅成为短途运输的主力,并且进入长途运输的领域。1932年,德国修建了世界上最早的高速公路。第二次世界大战结束后,公路运输发展迅速。欧洲许多国家和美国、日本等国已建成比较发达的公路网,汽车工业又提供了雄厚的物质基础,促使公路运输在运输业中跃至主导地位。发达国家公路运输完成的客货周转量占各种运输方式总周转量的90%左右。

(2)铁路运输的发展。铁路运输(railway transportation)是一种陆上运输方式,以两条平行的铁轨引导火车行走。

火车和铁路作为人类征服自然的伟大成果之一,最先出现在产业革命的故乡英国。第二次世界大战后,以柴油和电力驱动的火车逐渐取代蒸汽火车。20世纪60年代起,多个国家均修建了高速铁路。而货运铁路亦连接至港口,并与船运合作,以货柜运送大量货物以大大降低成本。根据国际铁路联盟(International Union of Railways;缩写 UIC,为法文 Union Internationale des Chemins de fer 的缩写)的统计,截止到2009年5月,有148个国家或地区建有长短不一的铁路(包括非客运铁路),35个国家或地区没有铁路。铁路里程最长的是美国,为226 427公里(2007年);其次是俄罗斯,为84 158公里(2007年);中国排名第三,为79 685公里(2008年);铁路里程最短的是梵蒂冈,为0.852公里(2001年)。

铁路运输是一种非常有效的陆地交通运输方式。如果配置得当,铁路运输可以比路面运输运载同一重量客货物时节省50%至70%的能源消耗。而且,铁轨能平均分散火车的重量,使得火车的载重力大大提高。铁路运输具有安全程度高、运输速度快、运输距离长、运输能力大、运输成本低等优点,且具有污染小、潜能大、不受天气条件影响的优势,是公路、水运、航空、管道运输所无法比拟的。

(3)航空运输的发展。航空运输(air transportation),是指使用飞机、直升机及其他航空器运送人员、货物、邮件的一种运输方式。

实现航空运输的物质基础主要包括航路、航空港、飞机和通信导航设施等。航路是根据地面导航设施建立的走廊式保护空域,是飞机航线飞行的领域。航空港是民用飞机场及有关服务设施构成的整体,是飞机安全起降的基地,也是旅客、货物、邮件的集散地。飞机是主要载运工具。机型选用根据所飞航线的具体情况和考虑整体经济技术性能而定。通信导航设施是沟通信息、引导飞机安全飞行并到达目的地安全着陆的设施。

飞机的诞生,是20世纪最重大的发明之一。1903年12月17日,美国莱特兄弟驾驶他们制造的飞行器进行了首次持续的、有动力的、可操纵的飞行。20世纪30年代,民用运输机出现。第二次世界大战结束后,在世界范围内逐渐建立了航线网,以各国主要城市为起讫点的世界航线网遍及各大洲。20世纪60年代以来,世界上出现了一些大型运输机和超音速运输机,逐渐推广使用涡轮风扇发动机。著名的机型有前苏联生产的安-22、伊尔-76,美国生产的C-141、C-5A、波音-747,法国生产的空中客车等。

航空运输具有快速、机动的特点,是现代旅客运输,尤其是远程旅客运输的重要方式;同时,也是国际贸易中贵重物品、鲜活货物和精密仪器运输所不可或缺的。

根据国际航空运输协会(International Air Transport Association,IATA,简称"国际航协")对190个成员国的统计,2008年,全球定期航班运送旅客约22.9亿人次,货运吨数达到4 190万吨。

(4)水路运输的发展。水路运输(waterborne transportation)是以船舶为主要运输工具、以港口或港站为运输基地、以水域(海洋、河、湖等)为运输活动范围的一种载运旅客和货物的运输方式。

港口是航运的起点和终点,船只的补给、旅客的上下、货物的装卸和船舶的检修都在这里进行。一个港口周转货物和旅客的能力,即每年有多少货物和旅客在这里集中起来用船舶运往外地,又有多少货物和旅客运到这里的能力,称为港口的吞吐能力。

根据航行水域的性质,水运分为海运和河运两类。海运按其航行范围和运距,又分为沿海海运、近洋海运和远洋海运;河运按其航道性质与特点,又分为利用天然河流的一般内河水运、使用人工开挖的运河水运,以及利用水面宽阔的湖泊与水库区水运。

1946 年,美国货车司机马尔科姆·麦克莱恩发明了集装箱,此后广泛应用于汽车、铁路、轮船和飞机运输上,使全球运输业发生了革命性的变革。集装箱运输(container transportation)是将多种多样的杂货集装于具有统一长、宽、高规格的箱体内进行运输。这些集装箱既可以装船利用水路运输,也可通过铁路、公路运输,中途更换车船不必把货物取出,可以提高装卸效率,有利于机械化操作,消减繁重的体力劳动,减少货物的损失,简化繁杂的手续,加快车船的周转,降低运输成本。同时,集装箱运输可做到从发货人的仓库直接送到收货人的仓库,不必利用中转仓库,实行"门到门"的运输服务。

水运至今仍是世界许多国家最重要的运输方式之一。与其他运输方式相比,水运具有如下特点:①受自然条件的限制与影响大,即受海洋与河流的地理分布及其地质、地貌、水文与气象等条件和因素的明显制约与影响。②开发利用涉及面较广。如,天然河流涉及通航、灌溉、防洪排涝、水力发电、水产养殖以及生产与生活用水的来源等;海岸带与海湾涉及建港、农业围垦、海产养殖、临海工业和海洋捕捞等。③对综合运输的依赖性较大。河流与海洋的地理分布有相当大的局限性,水运航线无法在广大陆地上任意延伸,水运的充分开发利用,要与铁路、公路和管道等运输方式配合,并实行联运。

水路运输的技术经济特征是载重量大、成本低、投资省,但灵活性小,连续性也差,较适于担负大宗、低值、笨重和各种散装货物的中长距离运输,其中特别是海运,更适于承担各种外贸货物的进出口运输。

现代水路运输的突出优点是通过能力大,运费低,节省燃料。例如,一条密西西比河相当于 10 条铁路,一条莱茵河的运载能力抵得上 20 条铁路。此外,修筑 1 千米铁路或公路约占地 3 公顷多,而水路运输利用海洋或天然河道,占地很少。

(5)管道运输的发展。管道运输(pipeline transport)是用管道作为运输工具的一种长距离输送液体和气体物资的运输方式,主要用于由生产地向市场输送石油、煤和化学产品,是统一运输网中干线运输的特殊组成部分。就液体与气体而言,凡是在化学性质上稳定的物质都可以用管道运送。

当前管道运输的发展趋势是:管道的口径不断增大,运输能力大幅度提高;管道的运距迅速增加。

在五大运输方式中,管道运输有着独特的优势。在建设上,与铁路、公路、航空相比,投资要省得多。在油气运输上,管道运输有其独特的优势,首先在于它的平稳、不间断输送。对于现代化大生产来说,油田不停地生产,管道可以做到不停地运输,炼油化工工业可以不停地生产成品,满足国民经济需要;二是实现了安全运输。对于油气来说,汽车、火车运输均有很大的危险,国外称之为"活动炸弹",而管道在地下密闭输送,具有极高的安全性。三是保质。管道在密闭状态下运输,油品不挥发,质量不受影响。四是经济。管道运输损耗少、运费低、占地少、污染低。

管道运输的主要不足体现在灵活性差上。管道运输不如其他运输方式(如汽车运输)灵活。除承运的货物比较单一外,它也不容随便扩展管线,难以实现"门到门"的运输服务。对一般用户来说,管道运输常常要与铁路运输或汽车运输、水路运输配合才能完成全程输送。

(二)跨国公司的发展

跨国公司是通过对外直接投资,在国外设立子公司和分支机构,从事生产、销售或其他经营活动,以获取垄断高额利润的大型私人垄断组织。

跨国公司是对外直接投资发展到一定阶段的必然产物。对外直接投资是一国投资者为取得国外企业经营管理上的有效控制权而输出资本、设备、技术和管理机能等无形资产的经济行为。国际货币基金组织(IMF)将对外直接投资定义为"在投资人以外的国家(经济区域)所经营的企业中拥有持续利益的一种投资,其目的在于该企业的经营管理具有有效的发言权"。世界银行则认为,国际直接投资是指向东道国企业提供一定数量的融资,从而能够直接参与企业管理过程的外国投资。而联合国贸易与发展会议(UNCTAD)则在 IMF 和经济合作发展组织(OECD)的基础上将对外直接投资定义为"反映一经济体的企业、居民(直接对外投资者或母公司)在其他经济体的企业、居民中的持续利益和控制力的一种包含长期关系的投资"。

跨国公司不同于第二次世界大战前的国际垄断同盟,它是由一国的垄断组织或者以一国的垄断组织为主建立起来的。其特点是:第一,它在国外设立子公司。这些子公司的业务活动在整个公司中占有重要的地位。第二,它以"全球战略"出发来安排自己的经营活动。第三,它在组织上实行高度集中的管理体制。第四,跨国公司资本更雄厚,技术更先进。

跨国公司作为国际垄断组织的主要形式,是经济全球化的主要载体和承担者。它凭借其资金、技术以及管理方面的优势,进行全球范围内的最佳资源配置和生产要素组合。跨国公司迅猛发展,成为推动经济全球化的主要载体。跨国公司的全球经营战略,大大推动了生产的跨国组合、国际贸易的繁荣及国际投资的增加,尤其是出现了南北间资金的双向流动,这已成为一种不可忽视的各国间相互连接的合作纽带。

跨国公司是世界经济发展到一定历史阶段的产物。跨国公司自1600年英国的东印度公司创办问世以来,其兴起和发展大体上经历了三个阶段:17世纪初到1914年第一次世界大战爆发前,是其诞生和发育阶段。1914年到20世纪70年代初,跨国公司步入成熟阶段,重要标志是已经从单中心迈向多中心结构和多业交叉结构。20世纪70年代以后,现代跨国公司开始进入大发展时期。

跨国公司的发展一方面在一定时期和一定程度上促进了某些地区生产力的发展,促进了生产的国际化和资本的国际化,对世界经济的发展起到了积极作用;另一方面,跨国公司的对外投资,控制原料产地、商品市场,加深了国家之间、地区之间、部门之间的经济发展的不平衡,甚至控制了当地的国民经济,对世界经济的发展又起到了阻碍作用。

跨国公司对全球经济的影响主要体现在以下三个方面:

1. 跨国公司的生产国际化促进了国际分工的深化。跨国公司对生产经营实行全球性战略安排,把别国的市场和资源纳入其全球性的安排之中。为了实现其全球经营战略,许多跨国公司把本国的跨国公司变为世界范围的总公司,在全球范围内设置生产基地和销售机构,建立国际商务信息网络,构建全球研究开发体系,积极参与国际经济合作与竞争。在实施全球经营战略的过程中,跨国公司积极推进海外公司本地化,以赢得所在国政府和公众的认可和支持,提高企业的知名度和竞争力;推进经营资源国际化,促进经营管理知识、技术专利、营销方法、融资渠道、信息网络和管理组织等经营性资源向所在国转移,提高当地管理人员掌握和运用本公司经营资源的能力。为了以科技进步支撑世界各地工厂的生产,跨国公司大力推进研究开发国际化,在国外设立研究开发基地,聘用国外科技人才,与国外科研机构合作,在当地把生产和科研结合起来。例如,美国通用电器公司(GE)业务遍及世界100多个国家和地区,拥有员工315 000人,2007年销售收入1 766亿美元,其中40%来自于美国以外。目前,通用电器在中国建立了30家企业,包括在上海建立全球研究中心,总投资近15亿美元,拥有近8 000名员工,其下属的医疗系统集团、塑料集团、动力系统集团和飞机发动机集团销售收入都在行业处于领先地位。

2. 跨国公司的内部贸易促进了经济全球化的进程。跨国公司与子公司、子公司与子公司之间生产专业化和协作化程度较高,形成了诸生产要素的内部买卖,不仅加强了国际经济技术的合作与交流,而且使得跨国公司内部的贸易数额不断增加,从而促进世界贸易规模不断扩大。

国际贸易的发展,为经济全球化进程提供了动力。目前,跨国公司已成为国际贸易的主体。跨国公司开展的国际贸易,不仅使货物和资源跨国界流动日益增强,而且也使不同国家市场和生产日益变得更加相互依存,经济资源如商品、资本、劳动力、信息、技术等通过国际贸易超越国界被重新配置的范围越来越广。实际上,全球最重要的工业和第三产业都已纳入跨国公司的一体化国际生产和流通服务之中。近些年跨国公司的国际性贸易迅速发展,贸易规模和领域不断扩大,促进了全球和一些地区生产、消费的发展。2008年跨国公司的销售额从1980年的30 000亿美元增加到310 000亿美元,是国与国之间贸易总额的2倍,跨国公司海外附属企业货物出口占世界货物出口的1/3。跨国公司实行的全球贸易策略,既拓展了自己的发展空间,又有力地促进了全球市场体系的形成,推动了经济全球化的发展。

目前,跨国公司已成为推动国际贸易的重要力量。一些发达国家对外贸易增长较快,一个重要原因是跨国公司发挥了重要作用。一些大型跨国公司根据企业面临的国际合作与竞争环境,进行大规模的国际化生产,生产能力不断提高,为开展国际贸易奠定了雄厚的物质基础。跨国公司实行跨国跨地区的全球性经营,开展多领域的对外贸易,促进国际贸易规模的扩大。比如,合并后的普惠,已在全球PC市场排名第一。普惠具有明显的优势,拥有领先的技术、创新的产品和可靠的质量。普惠把拥有巨大增长潜力的亚太地区作为市场竞争的主要地区,不仅将使这一地区的贸易规模扩大,而且随着投资、生产、研发、销售的力度加大,也将大大地促进这一地区经济贸易的发展。

3. 跨国公司在全球范围内掀起的兼并收购浪潮,加快了经济全球化的步伐。跨国公司之间的兼并、收购以及战略联盟,是20世纪后期经济全球化的重要特征,是国际经济激烈竞争的产物和结果。相当数量的跨国公司在国外不断新建、扩建子公司,兼并和收购国外企业,并向国外子公司提供必须的生产设备、原材料和半成品,大大带动了国内产品和技术的出口。

为了在全球市场谋求发展壮大,跨国公司利用自身的优势,采取整体收购、重组控股收购、增资控股收购以及股票认购收购等多种并购方式,在国外大力开展兼并、收购业务,不断实行产业整合,扩大经营规模。兼并、收购和战略联盟,不是企业间的单纯业务交易,而是一项有关企业战略、文化、人员以及数据信息等资源的全方位整合。通过兼并、收购,使被兼并、收购的企业的法人地位、治理结构、文化理念和管理机制、业务方向等都发生了根本性变化。跨国兼并、收购是跨国公司获得别国有形和无形资产及竞争战略优势的最迅速、最有效的手段。实际上,跨国公司是推动国际化生产的国际型企业。国际生产的扩张和格局,在很大程度上是由跨国公司的兼并、收购推动的。日益发展的跨国兼并和收购,扩大了跨国公司的经营规模,推动了全球经济结构的调整和重组,提高了相关产业和产品的关联度,加快了各国经济参与经济全球化的进程。

(三)贸易和投资的自由化

1. 贸易的自由化。贸易自由化(liberalization of trade)又称"对外贸易自由化",是指世贸组织各成员在货物、服务和与贸易有关的投资要逐步实现自由化,即各成员方保证履行世贸组织负责实施管理的乌拉圭回合和以后世贸组织成员达成的协议与协定,逐步降低关税,减少贸易壁垒,消除国际贸易中的歧视待遇,扩大货物、服务与贸易有关的投资方面的准入度。

在国际贸易领域,尽管长时间以来人们针对一国究竟应当推行自由贸易政策还是保护贸易政策存在着观念上的较大分歧,但从总体趋势上来看,消除关税与非关税壁垒、倡导贸易自由化已逐渐成为了一国政府在参与国际贸易活动当中努力奉行的贸易政策取向。早在20世纪前半叶,人类社会经历了1929～1933年经济大萧条和先后两次世界大战的沉重打击。其间,各主要经济体纷纷祭起"保护主义"的大旗,争相大幅度提高关税,并采取外汇限制、数量限制等各类"奖出限入"的政策手段,目的在于挽救岌岌可危的经济,同时筹备资源以应付战争。不难想象,这种相互报复性质的"关税大战"其结果必然是全球国际贸易和国际金融秩序极端的混乱无序。

第二次世界大战尚未结束之前,美国首先提出了"贸易自由化"的主张,倡议在全球范围内建立一个以实现贸易自由化为目标的国际贸易组织。1947年4月,联合国经济和社会理事会针对国际性的贸易组织所举行的第2次筹备会议通过了《国际贸易组织宪章》草案,同时为了尽快进行关税减让谈判,与会的23个国家代表还根据该草案的有关关税的条文汇编成一个文件(即关税与贸易总协定,GATT),并谈判达成一项《临时适用议定书》,于1948年1月1日临时生效。尽管性质上属于一项临时性的国际贸易协定和规则,但GATT在生效后所存续的47年时间当中,却表现出了很强的生命力,这一方面体现为越来越多的国家和经济体成为该协定的缔约成员,参与国家的贸易量在全球贸易总量当中的比重快速上升;另一方面是在1947年至1995年期间,GATT先后共主持了8轮多边贸易谈判,对推进成员体相互之间消除贸易壁垒、倡导贸易自由化和维护国际贸易秩序作出了巨大的贡献。

在GATT所主持的8轮多边谈判当中,关税壁垒的削减问题几乎是一个恒久不变的主题。在前5个回合,削减关税成了谈判的唯一论题,与会国家之间的分歧似乎并不明显;只是从第6回合("肯尼迪回合")开始,与会代表们才将反倾销、非关税壁垒、"框架"协议、服务贸易、知识产权以及争端解决机制等问题陆续搬上谈判桌。随着谈判议题范围的扩大,与会国家之间的"口角"也随之升级。其中,第8回合(乌拉圭回合)谈判是GATT历史上规模最为庞大、议题最为广泛、进展最为艰难的一次多边谈判,经过长达7年的时间,作为谈判的最终参加方的117个国家和地区于1994年4月15日在摩洛哥的马拉喀什签署了包括21个领域45个协议在内的最后文件。

GATT成立之后,通过数十年的不懈努力,发达国家工业品的平均关税税率已由20世纪40年代末期的40%下降至2005年的4%以下,广大发展中国家平均关税下降的幅度也十分可观。

与此同时,非关税壁垒也大幅度减少。非关税壁垒,又称非关税贸易壁垒,是指一国政府采取除关税以外的各种办法,来对本国的对外贸易活动进行调节、管理和控制的一切政策与手段的总和,其目的就是试图在一定程度上限制进口,以保护国内市场和国内产业的发展。非关税壁垒大致可以分为直接的和间接的两大类:前者是由海关直接对进口商品的数量、品种加以限制,其主要措施有:进口限额制、进口许可证制、"自动"出口限额制、出口许可证制等。后者是对进口商品制订严格的海关手续或通过外汇管制,间接地限制商品的进口,其主要措施有:实行外汇管制,对进口货征收国内税,制定购买国货和限制外国货的条例,复杂的海关手续,烦琐的卫生安全质量标准以及包装装潢标准等。

  乌拉圭回合第一次真正突破了原有协定仅限于货物贸易领域的情况,就服务贸易、与贸易相关的知识产权和投资措施等一些"新领域"的议题展开了多边谈判,并最终签署了《服务贸易总协定》(GATS)、《与贸易有关的投资措施协议》($TRIM_s$)和《与贸易有关的知识产权协议》(TRIPs)等重要文件,这标志着 GATT 所管辖和监督的领域更为广泛全面,在全球贸易当中发挥的作用也越来越重要。

  1995 年 1 月 1 日正式成立的世界贸易组织(WTO),不仅继承了 GATT 的基本原则,而且还根据国际贸易领域出现的新问题、新情况对原有的规则予以修正和扩充,致力于建立一个完整的包括货物、服务及与贸易有关的投资和知识产权等内容的更具活力、更持久的多边贸易体系。

  2. 投资的自由化。所谓投资自由化,是指放宽或废除国际资本交易的各种限制,使资本在国家间自由地流动。与贸易自由化相比,投资自由化是经济全球化的一个更高阶段,只不过直到 20 世纪 70 年代末,投资自由化才作为一种观念和政策出现,并逐渐在世界范围内展开。

  国际投资源于 19 世纪上半叶资本主义国家的资本输出,即国际投资的最初表现形式为资本输出。英国是世界上最早进行资本输出的国家。早在自由竞争资本主义时期,英国就开始向国外输出资本。不过,大规模的国际投资始于 19 世纪 80 年代。

  第二次世界大战后外国直接投资对经济发展的重要性越来越大,FDI 成为各国经济联系中不可或缺的组成部分。20 世纪 70 年代,发达国家逐步减少金融管制,促进了资本的国际流动。20 世纪 80 年代,越来越多的发展中国家开始吸引外资,引进外国技术。由于发展中国家金融自由化的发展,国际金融交易中的各种限制大为放宽乃至被废除,发展中国家的国际金融业务迅速发展和扩大了。以此为基础,发展中国家的国际资本交易及其自由化也同时发展起来,世界范围内的对外直接投资流量以前所未有的速度增长。目前,发展中国家在资本自由化方面所采取的主要措施是:第一,既允许国内的金融机构和企业通过发行海外债券、股票上市等形式,在国外筹措资金或运用资金,也允许境外金融机构和个人参与国内的证券投资,从而促进和扩大资本的国内外流动;第二,放宽外汇管制,允许外资银行在国内开展境内金融业务,并通过实现本国货币的自由兑换,实现外汇自由化;第三,扩大对外开放,引进外国直接投资,发展对外直接投资。

  20 世纪 90 年代以来,发达国家和发展中国家都放松了金融管制,国际投资的障碍不断减少。1994年,乌拉圭回合贸易谈判达成的《与贸易有关的投资措施协议》(Trade-Related Investment Measures,缩写TRIMs)规定,当地成分要求、贸易外汇平衡、进口用汇限制、国内销售限制等都属于禁止使用的投资措施,必须取消。

进入21世纪,国际投资自由化进程又有了新的发展。联合国贸易和发展会议(UNCTAD)公布的数据显示,2007年全球海外直接投资达18 333亿美元,同比增长30%,创历史最高。受全球金融危机影响,2008年全球海外直接投资额同比减少21%,为14 491亿美元。

五、经济全球化对世界经济发展的影响

(一)经济全球化对世界经济发展的总体影响

实践表明,经济全球化加速了世界经济的发展和繁荣,并将继续影响21世纪世界的经济和政治格局。经济全球化过程对世界经济产生着重大影响,主要体现在以下几个方面:

1. 经济全球化促进了世界贸易、就业和投资的增长。

2. 经济全球化增加了世界各国经济运行的风险。特别是金融全球化的发展,国际资本流动方式发生巨大变化,金融工具不断创新,使国际资本流动规模增大、速度加快、投机色彩加重。这对于一些经济结构性矛盾突出、体制上有缺陷、金融监管不力、过早开放金融市场的国家和地区造成了严重冲击。

3. 经济全球化过程使世界各国贫富差距拉大。发达国家及其跨国公司是最大的受益者,发展中国家的收益依然有限,在国际经济出现波动时,往往会受到很大冲击并付出沉重的代价。经济全球化首先带来的是对发展中国家民族经济的冲击,而且这种冲击是建立在不平等关系基础之上的。一方面,国际经济组织(世界贸易组织、国际货币基金组织、世界银行等)都掌握在发达国家手中,为世界经济运转所制定的各种原则、制度和秩序都是由它们制定的。另一方面,西方发达国家所拥有的经济、技术和管理优势,是发展中国家远不可及的。因而经济全球化中获益最大的当然是社会生产力高度发展的发达国家,而经济和技术相对落后的发展中国家尽管具有一定的中长期利益,但在近期或较长的时间内,是很少或很难受益的,甚至可能受到很大的损害和冲击,如许多民族企业亏损或倒闭等。虽然经济全球化客观上能导致全球物质财富的增加,但在市场化的过程中,竞争是首要法则,它在创造高效率的同时,必然导致财富越来越向少数国家或利益集团集中,导致贫富差距的扩大。据世界银行统计,1983年高收入发达国家的人均GDP是低收入发展中国家的43倍,到了2008年变为69倍,社会分配更加不公平。

4. 国家经济主权逐渐弱化是经济全球化过程的直接影响。随着经济全球化过程的推进,国际性经济组织日益完善,作用加强,国际经济规则也日趋规范。

5. 经济全球化使世界市场实现真正一体化,某些商品全球性的过剩也成为可能。

6. 经济全球化加剧了国际竞争,增加了国际投机因素和国际经济行为的风险,各国经济安全随时受到挑战,面临考验。经济全球化过程中还会出现繁荣和危机的连锁反应,引起世界性的经济波动。

纵观全局,经济全球化对世界各国经济发展是利大于弊。在欧洲和北美,全球化使工业发展恢复了活力,提高了许多行业承受更大竞争压力的能力。在亚洲,全球化预示着前所未有的高速经济增长和高度的出口竞争时期的到来。在拉丁美洲,全球化标志着经济发展途径从内向型向外向型的急剧转变。在非洲,虽然自由化进程还不如其他地区走得远,但全球化至少为其进一步的发展定下了一个基点。可见,参与经济全球化进程能使国家、企业和其他经济主体抓住新的机遇并从中获利。经济全球化业已成为不可阻挡的历史潮流。值得注意的是,当今世界的经济全球化已超越纯经济形态,它的基本内涵已扩展到更加广泛的领域和层面,包括环境污染的全球化、移民的全球化、犯罪活动的全球化、传染疾病的全球化、毒品买卖的全球化,等等。这些问题的最终解决,必须依靠世界各国采取联合行动,共同做出努力。

联合国前秘书长加利早在1992年联合国日致词时说:"第一个真正的全球性的时代已经到来。"然而,经济全球化的推动,总需要有规则去加以规范,约束参与者的行为,而规则的制定是以实力为基础的。所谓规则,总是体现不同的利益,现有"国际游戏规则"主要反映了发达国家的基本愿望和利益。对包括中国在内的发展中国家而言,当今的"国际游戏规则"大体可分为三类:一是其规则是合理的,在现阶段就可以接受,并按其规则行事。二是其规则尽管是合理的,但在经济发展的现阶段,马上接受尚有困难,将分阶段逐步接受和采纳。三是其规则是不合理的,有害于发展中国家的经济安全和经济利益。对此,不仅不能接受,而且要加以反对,通过建立国际经济新秩序去加以修正。发展中国家应依据对规则的判断和选定,制定在经济全球化进程中的具体行动和政策,既要适应经济全球化的趋势和潮流,又要十分注意防范和化解经济全球化带来的种种风险并提高国际竞争力,以促进世界和各国经济的共同发展和繁荣。

(二)经济全球化对发达国家经济发展的影响

发达国家由于在资金、技术、市场和经营管理等方面占据绝对的优势地位,成为经济全球化最早的和主要的推动者,同时是最大的受益者。

1. 经济全球化对发达国家的积极影响。经济全球化从根本上说,是一场以发达国家为主导、跨国公司为主要动力的世界范围内的产业结构调整,不但涉及一些产业的整体转移,更重要的是同一产业的一部分生产环节的转移。特别是在投资和贸易开放度大的欧美国家,正在经历从工业经济向知识经济的过渡,从而给经济带来了强劲的发展势头。

经济全球化为资源在全球范围内的优化配置提供了新的有利条件。作为全球经济组成部分的各个国家,可以发挥自己特有的优势,在国际经济交往中实现优势互补,在这一过程中,发达国家凭借科技上的优势和雄厚的资本实力,要比发展中国家获得更大的收益。

以美国为首的发达国家为了占领更多的国际市场份额,获得更大的利益,极力推行贸易全球化政策。发达国家凭借其政治上的优势和经济上的垄断地位,使国际商品价格长期较大幅度地背离国际商品价值。发达国家极力抬高可以垄断的工业制成品价格,压低发展中国家的农产品和初级产品价格。

经济全球化的主要载体是跨国公司,目前世界上的绝大部分跨国公司的母国都是发达国家,跨国公司在实施跨国投资经营战略时,总是以自己的经营发展战略为依据来制定和规划全球生产布局,以使生产活动更加有利于发达国家。

2. 经济全球化对发达国家的挑战。一般认为,经济全球化对于发展中国家来说是一柄双刃剑,其实,经济全球化对于发达国家在具有积极作用的同时,也给发达国家带来一些挑战。

(1)经济全球化进一步激化了世界各国的利益冲突。在全球化进程中,发达国家的跨国公司是世界生产活动的主要组织者,它们通过资本输出和国际贸易,不断扩大再生产,掠夺发展中国家的资源,剥削发展中国家的劳动力,全球化使财富更加集中在发达国家手中,造成了富国与穷国的差距进一步拉大,发展中国家愈加贫穷,没有经济能力购买发达国家的先进技术和产品,发达国家也就失去了发展中国家广阔的有潜力的市场,反过来也将制约发达国家自己的经济发展,乃至使其生产过剩而出现经济危机,若对这一趋势听之任之,必将带来全球范围内的动荡。

经济全球化必然加剧美国与其他国家之间的矛盾。冷战结束后,美国成为世界上唯一的超级大国,具有经济、军事和科技的绝对优势。但由于资本主义的固有矛盾仍然存在,资本主义的经济危机并未消失,知识经济所特有的非垄断性和技术创新的高成本,使美国难以长期保持技术上的全面垄断和绝对优势。美国为了建立以自己为主导的单极世界秩序,企图建立"美国化"的全球化,在全球化时代,"美国化"的全球化受到来自欧盟、日本、中国、俄罗斯及第三世界国家中新兴工业化国家的挑战。近年来,在经济领域,美国与欧盟、日本之间的贸易摩擦不断增加,便是有力的例证。

(2)经济全球化激化了发达国家内部的利益冲突。由于发展中国家劳动力、原材料等初级产品价格相对低廉,产品成本低,发达国家便纷纷到发展中国家投资兴业,以获得更大利润,发达国家的资金和技术不断加速流向发展中国家,这势必造成了发达国家的大批工人失业,全球化同样使发达国家的工人贫困化和被边缘化,造成发达国家的阶级矛盾加剧。

同时,由于发达国家科技文化的进步和物质生活的优裕,使越来越多的发展中国家人员流向发达国家。经济全球化为全球人员流动提供了便利的条件,劳动力市场出现了自由竞争趋势。发达国家一方面需要面对非法移民、跨国犯罪等社会问题;另一方面,移民剧增必然会增加发达国家基础设施的压力,增加人口增长压力,从而加剧发达国家内部诸如种族、文化、贫富分化等矛盾。

（3）经济全球化加大了发达国家经济波动的风险。经济全球化使各国经济同世界经济的联系更为密切，各国国内经济的稳定将不仅取决于本国国内因素，更大程度上要受到国际因素的巨大影响。随着国际贸易和服务贸易的不断扩大，其他国家尤其是主要贸易伙伴的经济状况如通货膨胀、金融危机等将通过国际经济的传递机制影响到本国。如果本国的经济结构存在某些类似隐患，这些经济波动就不可避免地会在国内出现。即使本国经济不存在问题，也会因为心理因素的作用而使经济发生一定程度的波动。

经济全球化使全球资本流动量大大增加，流动速度加快，大批资本转移也使发达国家的金融市场面临挑战，甚至会酿成金融危机，如1995年英国巴林银行倒闭，曾引起发达国家股市的普遍动荡。1997年的东南亚金融风暴，美国道-琼斯指数一日之内曾猛跌15%以上。1999年初，巴西金融形势剧烈动荡，美国股市也大幅震荡。2008年席卷全球的金融危机，更是使全球主要发达国家经济出现了负增长，经济一片萧条。在经济全球化进程中，经济联系更加密切，发展中国家染上了"伤寒"，发达国家也会"得感冒"、"打喷嚏"。

（三）经济全球化对发展中国家经济发展的影响

经济全球化进程并非一帆风顺，它所带来的收益也没有广泛地扩散到发展中国家。对于广大发展中国家而言，经济全球化是一把"双刃剑"，具有二重性：既是发展机遇，又是严重挑战。一方面，经济全球化为发展中国家参与世界经济、吸收发达国家的资金、技术和先进管理经验，充分发挥"后发优势"并最终赶超发达国家提供了机遇，带来了前所未有的利益；另一方面，经济全球化也可能给发展中国家带来风险甚至灾难，对发展中国家的主权、经济安全、价值观念提出了挑战，稍有不慎，就可能为经济全球化付出沉重代价。

1. 经济全球化给发展中国家带来的机遇。第二次世界大战以来，发展中国家纷纷实行市场经济体制，逐步融入经济全球化进程，发生了翻天覆地的变化，各项经济指标均有明显改善。发展中国家的人均GDP、科研开支、吸收的外国投资均得以大幅度增长。20世纪80年代以来，东亚的发展中国家和地区经济增长迅速，与发达国家的经济差距缩小。如韩国的人均GDP由1980的1 750美元显著增长到2007年的19 690美元。2008年，受全球经济危机影响，全球FDI比创纪录的2007年减少21%，但总额依然达到14 491亿美元。其中，发达国家为8 401亿美元，减少32.7%；发展中国家为5 177亿美元，增长3.6%；经济转轨国家为913亿美元，增长6.2%。发达国家和发展中国家及经济转轨国家的此消彼长使FDI在全球的份额分布发生明显变化：发达国家份额从68.1%下降至58%；发展中国家从27.3%上升到35.7%；经济转轨国家从4.7%上升至6.3%。

发展中国家利用经济开放程度的提高，使贸易投资自由化，获得了过去难以得到的先进技术、管理经验、资本、市场、资源和其他有利条件,实现了经济"赶超梦想"。特别是经济全球化带来的国际分工大发展、产业大转移、资本大流动和技术大外溢,对于发展中国家弥补国内资本、技术等生产要素缺口,实现产业升级、技术进步、制度创新和整个经济起飞都是非常有利的。因此,经济全球化为发展中国家提供了前所未有的发展机遇。这主要反映在以下几个方面:

第一,经济全球化为发展中国家提供了更多吸引外资的条件和机会。据联合国贸易和发展会议(UNCTAD)初步统计,2008年发展中国家吸引外资达5 177亿美元,比上一年增长了3.6%。吸引外资规模的扩大无疑有助于解决发展中国家的资金短缺问题。

第二,经济全球化为发展中国家的资本外投创造了有利的外部环境和条件,使其对外直接投资规模不断扩大,增长迅速。发展中国家的对外直接投资额从1980年的几乎为零,已发展到2004年的830亿美元。根据《2006年世界投资报告》的统计,2005年全球外国直接投资连续第二年增长,达到9 160亿美元,比上年增长21%,其中,仅发展中国家跨国公司对外直接投资额就达到了创纪录的1 200亿美元。2006年全球外商直接投资流量超过了1.2万亿美元,其中发展中国家的对外直接投资金额已经占到全球总投资额的17%,即2 040亿美元。

第三,经济全球化带动了世界范围内经济与技术开发区以及保税区和自由贸易区等多种形式自由经济区的发展。各类经济区为数达230多个,遍及世界70多个国家和地区,且主要分布在发展中国家。这些自由经济区不仅成为吸引外资的"载体",而且对解决这些国家的就业问题发挥了积极作用。有资料显示,由于上述经济区的发展,近10年间发展中国家的就业人数年均增长率提高了14%以上。

第四,经济全球化使世界范围内的产业结构调整进一步深化,步伐加大。发展中国家可以利用这个契机,遵循立足现实与着眼未来的有机统一,主动协调好世界范围产业结构调整和国内产业升级的关系。既要继续引进发达国家技术比较先进的劳动密集型产业,充分发挥比较优势,增加国内就业,扩大出口,完成工业化进程;又要利用经济全球化提供的机会,加大对发达国家先进技术的引进和学习,发展一批高新技术产业,特别要在某些关键环节上占据优势地位,抢占未来竞争的战略制高点,加速国内现代化进程。

第五,经济全球化促进了发展中国家跨国公司的发展,使其在世界市场的竞争力逐渐增强。有些跨国公司的发展甚为迅速,已从贸易活动深入到国际生产领域和高科技领域,并开始参与国际市场的竞争,向发达国家的跨国公司提出了挑战。当然,从总体上说,发展中国家跨国公司由于起步较晚,目前发展水平较低,普遍投资规模较小,生产规模不大,且产品多属于技术含量低的劳动密集型产品。但从发展趋势看,由于经济全球化为发展中国家提供了在更广泛的领域内积极参与国际竞争的机会,发展中国家跨国公司更积极地活跃在世界经济舞台上的时代指日可待。

然而,这些好处在发展中国家中也是不均衡的。

新兴工业经济体及部分发展中国家经济基本面较好,市场发育较为健全,并实施改革开放政策,顺应了经济全球化的潮流,因此受益明显,与发达国家的经济差距有不同程度的缩小。2001年11月20日,高盛证券公司首席经济学家吉姆·奥尼尔在发表的一份题为《全球需要更好的经济之砖》(The World Needs Better Economic BRICs)中首次提出"金砖四国"(BRICs)一词。"金砖四国"是指巴西(Brazil)、俄罗斯(Russia)、印度(India)和中国(China)四个重要国家,由这四个国家英文首字母组成的"BRIC"一词,其发音与英文的"砖块"非常相似,故这四国被称为"金砖四国"(BRICs)。2003年10月,该公司在题为《与BRICs一起梦想:通往2050年的道路》(Dreaming with BRICs:The Path to 2050)的全球经济报告中预言,BRICs将于2050年统领世界经济风骚,其中:巴西将于2025年取代意大利的经济位置,并于2031年超越法国;俄罗斯将于2027年超过英国,2028年超越德国;如果不出意外的话,中国可能会在2041年超过美国而成为世界第一经济大国,印度可能在2032年超过日本;BRICs合计的GDP可能在2041年超过西方六大工业国(G7中除去加拿大),这样,到2050年,世界经济格局将会大洗牌,全球新的六大经济体将变成中国、美国、印度、日本、巴西和俄罗斯。高盛的这份经济报告,使中国、印度、俄罗斯、巴西四国作为新兴经济体的代表和发展中国家的领头羊受到世界更多的关注,由此BRICs(译称"金砖四国")的称谓便风靡世界。2005年12月1日,高盛发布的新报告《BRICs有多稳固》(How Solid are the BRICs?)称,BRICs看起来确实比其他发展中国家(无论大小)的进步要快。高盛由此调整预测:中国将在2040年超过美国(比2003年的预测稍快一些),而印度将在2033年超过日本(比早先的预测稍慢一些,原因是日本的经济状况有所改善)。2008年5月14日至16日,在俄罗斯叶卡捷琳堡举行了首次"金砖四国"外长会议。会议期间四国外长就国际经济和金融状况、能源安全和环境问题、裁军和不扩散核武器问题、国际贸易以及国际组织改革问题进行了广泛讨论。"金砖四国"外长会晤结束后将签署联合声明,表明四国在世界发展和国际安全迫切问题上的统一立场。2009年6月16日,中国、巴西、俄罗斯、印度"金砖四国"在俄罗斯叶卡捷琳堡举行了首次领导人会议,中国国家主席胡锦涛、俄罗斯总统梅德韦杰夫、巴西总统卢拉、印度总理辛格出席。

与"金砖四国"强劲的发展势头形成对照的是,经济全球化对最不发达国家造成了巨大冲击,使其越来越被"边缘化",难以在经济全球化进程中找到自己的位置。特别是随着经济全球化的加速发展,发达国家通过技术转让、投资和贸易自由化,向发展中国家转移污染技术和产业,导致这些发展中国家环境问题日趋恶化,社会成本负担日趋加重。此外,各国经济相互依存、相互渗透的加深,虽有助于约束国际冲突,加强互信与合作,但同时也使发展中国家容易受到各种经济波动的影响,遭受到种种风险的冲击。

2. 经济全球化对发展中国家的挑战。世上从来没有"免费的午餐",经济全球化作为一柄"双刃剑",在推动发展中国家经济发展的同时,也带来了许多负面影响。随着金融自由化,发达国家在向发展中国家投资和转移产业及技术时,往往逼迫发展中国家实行自由市场经济,开放金融市场,由于发展中国家普遍存在金融体系不完善、金融监管经验不足等缺陷,一旦出现金融风险,深受其害的便是发展中国家。同时,作为制定经济全球化规则的国际货币基金组织、世界银行、世界贸易组织等,始终被发达国家所操纵,在制定经济全球化规则和各项制度时,往往更有利于发达国家,从某种程度上说,全球化规则只是发达国家国内规则在世界的延伸。

除了少数发展中国家和地区(如东亚部分国家和地区),大多数发展中国家是经济全球化的被动参与者,是不自觉地被卷入的对象,在经济全球化中处于"边缘化"地位,它们面临的更多的是挑战和风险。

在经济全球化浪潮中,发展中国家由于在企业规模、效率、技术水平和研究开发能力方面都无法与发达国家相竞争,因而造成跨国公司的品牌和产品充斥发展中国家国内市场,导致民族品牌消失;跨国公司操纵和控制了众多发展中国家的支柱产业和市场,抑制了民族工业的自主发展;发展中国家大量引进外资,造成国内通货膨胀压力增大并面临汇率风险和偿债风险,对西方国家的巨额债务支付成为许多发展中国家经济发展的严重障碍,经常引发经济与社会动乱;全球化还会导致发展中国家人才外流,特别是熟练人才和高级技术人才,跨国公司往往在东道国用高薪雇用现成的人才而不注意在当地实施培训计划,从而使发展中国家遭受教育经费支出和不能使用已培养人才的双重损失。发展中国家民族企业由于竞争力不强,在激烈的市场竞争中倒闭,致使大量工人失业,如果社会保障系统不健全,必然产生一些社会不稳定因素,引起社会的动乱。

世界银行于2007年4月30日发表的《世界发展指数》承认:"经济全球化的某些因素已使最贫穷国家受到损害,使富国和穷国之间巨大差距的扩大面临着更大的风险。在一个不能打破贫国周期且越来越不平等的世界中,集中于工业化国家占世界人口1/6的人却垄断了全球近80%的收入。与此同时,居住在63个发展中国家占世界人口60%的人,仅得到世界收入的6%,人均每天不足2美元。"世界银行2007年4月15日在华盛顿发表的2007年《世界发展指数》报告指出,全球2004年每天生活费不足一美元的极度贫困人口已降到约9.85亿,而1990年全球极度贫困人口则达12.5亿。报告说,全球每天生活费不足两美元的贫困人口也在不断下降,估计2004年为26亿。报告认为,经济持续增长是推动发展中国家贫困人口快速下降的主要原因之一。但报告发现,在过去10年里,减贫速度并非始终或者在各地都与收入增加同步。在有些国家和地区,由于缺少就业机会、教育水平有限或健康状况不佳,贫困人口未能收获经济增长的成果。

人们都还记得,在经济全球化和自由化的压力下,泰国过早地、过度地开放金融市场,撤掉了所有自我保护的屏障,结果导致一场严重的金融危机,然后很快发展成亚洲金融危机,还导致了俄罗斯金融危机和巴西金融危机。正如马来西亚一位前副总理所说的:"索罗斯使40年如一日,一直致力于发展本国经济的东南亚国家的经济毁于一旦。"

以上这些资料表明,对于发展中国家来说,经济全球化带来的挑战更是严峻,发展中国家在与发达国家分享经济全球化带来的部分利益的同时,却承受着经济全球化所带来的负面效应甚至对本国经济的严重冲击。

3. 发展中国家的对策选择。在充分认识到经济全球化所带来的机遇和挑战之后,对广大发展中国家来说,更为重要的问题是:面对经济全球化这一不可逆转的历史潮流,各国又该如何做出自己的战略选择。

长期以来,发展中国家的民族工业机器设备、技术工艺落后,生产效率、管理水平低下,在汹涌的全球化趋势面前,面临着一系列严峻的考验:面对跨国公司强强联合抢夺全球市场的挑战,发展中国家以什么去应对?面对不断开放的金融市场中如"洪水猛兽"般的国际游资,发展中国家的金融系统该怎样应对?面对全球经济结构大调整和技术不断升级,发展中国家目前业已形成的"小、散、低、同"的经济结构应该如何改造?面对知识经济的来临和"新经济"的出现,广大发展中国家又该如何迎头赶上?面对经济全球化所带来的对"国家主权的侵蚀"和国家经济安全的影响,作为相对弱势群体的发展中国家政府又如何应对?等等。

这些问题的解决与否,直接决定着发展中国家参与经济全球化的成败,最终将影响到各国经济现代化的实现与否。

对于经济全球化趋势,发展中国家无论谴责或者回避它都是没有用的。发展中国家在参与经济全球化的过程中,必须审慎对待,不可盲从。各国要从战略的高度,全面考虑本国的经济现状,综合平衡各方面的关系,权衡利弊,制定适合本国国情的参与战略和对策选择。

许多学者强调,发展中国家应采取的对策是,趋利避害,寻求发展,首先是把自己的事情办好。发展中国家要切实加强自身的发展与进步,不断提升本国的综合实力,包括发展教育,培养人才,提高科技水平,改革观念和体制,积极与国际接轨。针对经济全球化给发展中国家带来的一系列冲击和风险,有学者提出建立新的经济金融秩序与制度,防止或降低世界经济、金融不稳定因素造成的冲击,在地区范围内,考虑创建地区性货币基金组织等应对之策。

越来越多的学者指出,国际组织应更多地考虑发展中国家的利益,发达国家有责任帮助发展中国家。而发展中国家也应加强团结合作,维护自身的利益,推动对旧的不平等的国际规则和制度的改革,建立国际经济新秩序。

发展中国家参与经济全球化应正确处理好以下五大关系:竞争与合作的关系,遵守"游戏规则"与维护国家主权的关系,长远利益与眼前利益、局部利益和整体利益的关系,市场开放与保护民族工业的关系,经济发展与经济安全的关系。

在正确处理好以上关系的同时,发展中国家应从以下几方面来进行战略选择:第一,迎接经济全球化的挑战,参与到经济全球化当中去;第二,维护国家经济主权,保证经济安全;第三,大力推进国内经济结构的战略性调整;第四,经济区域化和集团化是发展中国家应对经济全球化的有效途径。

（四）经济全球化对中国经济发展的影响

1. 经济全球化为中国经济发展提供了前所未有的机遇。尽管各国学者们对经济全球化作过多种概括和解说,有赞成也有反对,但经济全球化是社会生产力和科技发展的客观要求和必然结果,已是不可逆转的历史趋势。随着经济全球化的推进,加速了生产要素在全球范围内的自由流动和优化配置,促进了各国之间的相互联系和相互依赖,为社会主义国家打破思想禁锢、促进价值观念变革、扩大对外开放、利用世界资源、发挥"后发优势"快速发展提供了难得的历史机遇。中国改革开放的30年,就是逐步参与经济全球化的30年,在经济全球化中,中国是少数几个赢家之一。中国经济在经济全球化大潮中采取了正确的经济政策和政治导向,持续保持高增长率,综合国力不断增强。经济全球化为中国的经济发展提供了前所未有的机遇,主要表现在以下方面:

(1) 经济全球化为中国有效利用国内外两种资源提供了有利条件。经济全球化实现了资源世界范围内的优化配置,使世界各国紧密地联系在一起。整个世界形成了"你中有我,我中有你"的错综复杂的格局。作为全球经济组成部分的各个国家,都可以发挥自己的优势,使各国优势在全球密切交往中实现互补。在经济全球化过程中,中国在市场规模和劳动力成本等方面的优势进一步凸显出来,有利于中国调整和优化产业结构。贸易和投资自由化有利于中国克服国内资源和市场的约束,有效利用国内国外两个市场、两种资源,在参与中发展壮大。

(2) 经济全球化促进了中国企业的发展,使其在世界市场的竞争力逐渐增强。经济全球化有利于提高国际合作的质量,促进中国与世界的经济技术交流,许多跨国公司纷纷落户中国并在中国各地建立了子公司,使得中国企业能够直接接触到最先进的技术和管理经验,同时也刺激了中国企业规模和水平的发展,并为在中国建立富有活力的社会主义市场经济体制提供了良好的机遇。

(3) 有利于中国利用发达国家的先进技术、资金及管理经验。经济全球化的发展,为现实中的社会主义国家吸收外资,引进国外先进的科学技术、管理经验,加速实现产业升级、技术进步、制度创新和经济发展,利用后发优势赶超工业化国家,缩小与发达国家的差距,实现跨越发展,实现社会主义现代化目标提供了有利时机。许多国家正是充分利用国内、国外两种资源和国内、国际两个市场,才促使本国经济健康快速发展的。亚洲"四小龙"的腾飞以及中国目前的发展成就已充分证明了这一点。美国或欧洲国家的长处在于研发创新,但却不擅长生产与制造,人力资源充沛及人力素质精良的中国就成为这些国家的重要生产选择基地。利用这些条件,就能加快中国工业化和现代化发展的步伐,逐步缩小与其他发达国家的距离,改变自身贫穷落后的面貌。

(4)经济全球化为中国进行人才交流提供了更加宽阔的市场。众所周知,21世纪是知识经济的时代,各种人才交流增长的速度将超过货物和资本的增长速度,人力资本将成为最有价值的资本。随着中国经济的长足发展和有关吸引人才政策的出台,中国对世界人才的吸引力越来越大。中国引进人才的力度和数量继续增加,与此同时,中国也派出了大批优秀人员出国深造,学习别国先进的科学技术及管理经验,这为中国的现代化建设注入了新的力量。

2. 经济全球化对中国的国内产业和市场将造成一定的冲击。经济全球化把中国的国内市场和国际市场联结为一体,通过封闭市场来保护中国产业的做法越来越不可能。随着外国商品的大量涌入,中国的国内产业将面临外国相关企业的冲击。过去,中国通过贸易保护的办法建立了门类繁多、体系齐全的国内产业,这些产业中的大多数都不具有国际竞争力,开放国内市场后所受到的外来冲击将是巨大的。

中国成为世界贸易组织成员国后,随着中国国内市场开放程度的不断提高,国内产业所受到的冲击将会越来越大。经济全球化并可能诱发中国国内的金融风险。金融全球化是经济全球化的重要方面,在金融全球化浪潮中,国际资本流动的速度大大加快。在流动的国际资本军中,短期资本即"游资"占有很大的比重。这种国际资本的最大特点是投机性强,它以很快的流动速度出入于各国的资本市场,在给各国带来巨大的资金供给的同时,也给各国的金融和经济带来了巨大冲击。

3. 经济全球化将加大中国经济波动的风险。经济全球化使中国经济同世界经济的联系越来越紧密,每天都发生着中国与世界之间的商品和生产要素的大规模流动。通过这种日益密切的经济联系,中国在影响着世界,世界也在影响着中国,世界市场的风吹草动必然也会影响到中国经济的稳定性。2008年全球性的金融危机,就使中国经济遭遇了严重的挑战。

第二节 支持经济全球化的主要国际经济贸易组织

经济全球化的发展,离不开制度环境的支持。一些国际经济贸易组织会对其成员国的贸易制度和做法产生重大影响。例如,世界贸易组织(以下简称"世贸组织")是有关国际商务活动最重要的一个国际贸易组织,其成员方必须严格履行世贸组织协议规定的义务,并按照世贸组织的规则处理贸易争议,这无疑保证了国家商务环境的稳定性。本节重点介绍世界贸易组织(WTO)、国际货币基金组织(IMF)、世界银行(World Bank)、经济合作与发展组织(OECD)、国际商会(ICC)、国际标准化组织

(ISO)和其他主要国际性标准组织。

一、世界贸易组织

(一)世界贸易组织的由来

世界贸易组织(World Trade Organization,缩写 WTO),成立于 1995 年 1 月 1 日,其前身是关税及贸易总协定(General Agreement on Tariff and Trade,缩写 GATT)。

第二次世界大战后,美国经济在全球处于领先地位,为了借助自己的经济优势称霸世界,同时也为了长期保持霸主地位,美国提出了建立国际货币基金(International Monetary Fund,缩写 IMF)、国际复兴与开发银行(International Bank for Reconstruction and Development,缩写 IBRD,又称世界银行,World Bank)和国际贸易组织(International Trade Organization,缩写 ITO)的主张,试图从国际金融、国际投资和国际贸易等方面进行对外扩张。

国际货币基金组织和国际复兴与开发银行的成立都很顺利,而国际贸易组织的成立则遇到了障碍。《国际贸易组织宪章》没有被有关国家的国会批准,导致国际贸易组织无法建立。但在国际贸易组织的筹建过程中,为了尽快进行关税减让谈判,美国等 23 个国家于 1947 年 10 月 30 日在日内瓦签署了一个称为《关税及贸易总协定》(以下简称"关贸总协定")的贸易协定,并于 1948 年 1 月 1 日正式生效。中国也是这个协定的缔约国。

在此后的 40 多年时间里,由于国际贸易组织无法成立,关贸总协定就临时承担起发起和组织关税减让谈判的职能。它的主要任务是推动全球双边和多边关税减让,促进生产要素的自由流动和制定国际贸易规则。40 多年来,关贸总协定在维护国际贸易秩序、推进贸易自由化和促进国际贸易的发展等方面作出了贡献。

20 世纪 80 年代以来,世界经济和贸易取得了巨大发展。产业结构的调整特别是服务贸易的迅速发展,需要有新的覆盖面更大的规则及相应的国际组织来协调;投资以及知识产权的国际保护,需要有更权威的机构来调节与仲裁。在这种新情况下,关贸总协定在法律地位、职能范围、管辖内容和运行机制方面的局限性,使它的作用难以进一步扩展。因此,关于建立世界贸易组织的呼声和建议自关贸总协定实施以来从未中断过。

1995 年 1 月 1 日,世界贸易组织正式成立,以取代关贸总协定,其总部在瑞士日内瓦。世贸组织是世界上最大的多边贸易组织,是多边贸易体系的法律和制度基础,是乌拉圭回合贸易谈判成果的结晶。截至 2009 年 5 月底,世贸组织共有 151 个成员方,成员的贸易量占世界贸易的 95% 以上。世贸组织与世界银行、国际货币基金组织被并称为当今世界经济体制的"三大支柱"。

(二)世贸组织的宗旨、目标及法律地位

1. 世贸组织的宗旨。世贸组织的宗旨是:提高生活水平,保证充分就业,大幅度

和稳定地增加实际收入和有效需求;扩大货物和服务的生产与贸易;按照可持续发展的目的,有效利用世界资源,保护环境,并以不同经济发展水平下各自需要的方式,加强采取各种相应的措施;积极努力,确保发展中国家,尤其是最不发达国家在国际贸易增长中获得与其经济发展需要相称的份额。

2. 世贸组织的目标。世贸组织的具体目标是:建立一个完整的、更具活力和永久性的多边贸易体制,以巩固原来的关贸总协定为贸易自由化所作的努力和乌拉圭回合多边贸易谈判的所有成果。为实现这些目标,各成员应通过互惠互利的安排,切实降低关税和其他贸易壁垒,在国际贸易中消除歧视性待遇。世贸组织协议的范围包括从农业到纺织品与服装,从服务业到政府采购,从原产地规则到知识产权等多项内容。

3. 世贸组织的法律地位。世贸组织是一个独立于联合国的永久性国际组织,在法律上与联合国等国际组织处于平等地位,具有法人地位。与其前身关贸总协定相比,世贸组织在调解成员间争端方面具有更高的权威性和有效性。

（三）世贸组织的基本职能

世贸组织的主要任务是通过实施市场开放、非歧视和公平贸易等原则,来达到推动实现世界贸易自由化的目标。

世贸组织的基本职能包括:管理并执行多边贸易协定;为多边贸易谈判提供讲坛;寻求解决贸易争端的途径;监控各国贸易政策以及加强同其他参与全球经济决策的各国际机构的合作。

（四）世贸组织的组织机构

世贸组织的组织机构主要包括部长会议、总理事会、分理事会、次一级专门委员会及临时性机构、总干事和秘书处等。世贸组织的最高决策权力机构是部长大会,至少每两年召开一次会议,可对多边贸易协议的所有事务作出决定。部长大会下设总理事会和秘书处,负责世贸组织日常会议和工作。总理事会设有货物贸易、服务贸易、知识产权三个理事会和贸易与发展、国际收支、行政预算三个委员会。秘书处设总干事一人。

1. 部长会议(The Ministerial Conference)。部长会议是世界贸易组织的最高权力机构和决策机构,是由世界贸易组织成员方的部长组成,取代关贸总协定的缔约方全体大会。部长会议至少每两年召开一次,有权对该组织管辖的重大问题作出决定。

2. 总理事会(The General Council)。总理事会是在部长会议下设的一个机构,由所有成员方的代表组成,定期召开会议。总理事会在部长会议休会期间,行使部长会议的职权和世界贸易组织赋予的其他权力,负责监督各项协议和部长会议所作决定的贯彻执行,总理事会下设若干附属机构分管有关协议或有关事宜。总理事会还可视情况需要随时召开会议,自行拟定议事规则,履行其解决贸易争端的职责和审议成员的贸易政策职责等。总理事会还下设贸易政策核查机构,它监督着各个委员会并负责起草国家政策评估报告。对美国、欧盟、日本、加拿大每两年起草一份政策评估报告,对其他最发达的16个国家每4年一次,对发展中国家每6年一次起草一份政策评估报告。上诉法庭负责对成员间发生的分歧进行仲裁。

3. 分理事会。在总理事会下分设三个分理事会:①货物贸易理事会(Goods Council),负责世贸组织货物贸易协议的贯彻执行;②服务贸易理事会(Service Council),监督执行服务贸易总协议(GATS)的贯彻执行;③知识产权理事会(TRIPs Council),监督与贸易相关的知识产权(包括冒牌货交易)协议(TRIPs,Trade-related Intellectual Property-rights)的贯彻执行。此外,总理事会下还建立若干负责处理相关事宜的专门委员会,如贸易和环境委员会、贸易与发展委员会、国际收支委员会等相对独立的机构。

4. 秘书处(the Secretariat)。世界贸易组织在日内瓦设有秘书处,负责处理日常工作。它由部长会议任命的总干事领导。

5. 总干事(the Director-General)。总干事是世界贸易组织的最高行政官,其权力、职责、服务条件和任期由部长会议通过规则确定,目前世界贸易组织总干事的任期为4年,可以连任。总干事有权指派其所属工作人员。在履行职务中,总干事和秘书处工作人员均不得寻求和接受任何政府或世界贸易组织以外组织的指示,各成员方应尊重他们职责的国际性。现任总干事为法国人帕斯卡尔·拉米(Pascal lamy),他于2005年9月1日就任世界贸易组织总干事,2009年4月获连任。

(五)世贸组织的基本原则

1. 非歧视原则。非歧视原则(non-discrimination)是总协定最为重要的原则,是通过最惠国待遇原则和国民待遇原则体现出来的。

(1)世贸组织的最惠国待遇(most-favored nation treatment)原则是指世贸组织成员方给予其他任何一个成员方的产品的优惠待遇,应立即无条件地给予原产于或运往所有其他成员方的相同产品。最惠国待遇原则适用的范围包括:①关税及有关费用。一切与进出口商品有关的关税和费用,均适用最惠国待遇原则。除关税外,这些费用还包括进口附加费、海关手续费、领事发票税等。②进出口有关的国际支付转账所征收的关税和费用。③征收上述税费的方法。④与进出口相关的所有规章与手续方法。⑤与进出口商品有关的国内税或其他国内费用的征收。⑥任何影响进出口商品在进口国国内销售、购买、提供、运输、分销等方面的法律、规章及要求等。

世界贸易组织法律框架下的最惠国待遇具有普遍性、互惠性和无条件性的特点。

最惠国待遇原则存在这样一些例外:①历史性安排。这主要体现在《1947年关税与贸易总协定》附件1至附件6所列国家和关税领土之间所实施的优惠待遇。②发达国家对发展中国家提供的单方面优惠,如根据普惠制、《洛美协定》和《加勒比海盆地安排》,发达国家对发展中国家单方面提供的优惠贸易安排。③区域经济一体化组织安排。为了保护非区域安排成员方的贸易利益,关贸总协定对建立区域安排限定了严格的条件,规定区域安排的成员方必须消除影响他们之间几乎所有贸易的关税和其他壁垒;这种区域优惠安排不应导致对其他成员方实施新的贸易壁垒。④一般性例外。如为保障人民及动植物的生命、健康与安全而采取的措施,为保护知识产权以及防止诈骗而采取的必要措施等。⑤国家安全例外。⑥关贸总协定允许采取的其他措施,如反倾销、反补贴、保障措施及争端解决机制授权下的报复措施等。

(2)国民待遇原则(national treatment)是指世界贸易组织的任一成员方在本国市场上对来自其他成员方的进口产品,在从其入境到被最终消费的整个过程中给予的一切待遇不应低于本国的同类产品。其适用范围包括:①国内税和其他国内费用。②影响产品国内销售、推销、购买、运输、分配或使用的法令、条例和规定。③对产品的混合、加工或使用须符合特定数量或比例要求的国内数量限制条例。

国民待遇原则的例外包括:①政府采购。政府采购是指政府日常消耗品的商品采购,而不是为了商业性的再出售,也不能用于商业性再出售商品的生产。②特殊补贴。向国内生产者提供补贴,目的在于改善环境、消除自然环境污染、鼓励生产者向特定地区或产业投资。③差别运费。差别运费的使用必须纯属基于运输工具的经济使用而与运输的产品的国别无关。④电影片。成员方可以规定一年内国产电影片的商业性放映时间在所有电影片放映时间中的最低比例;放映限额的限制、放宽和取消,须经过谈判确定而且遵守最惠国待遇原则。

2. 减让与关税保护原则。由于关税是一种间接税,并且具有非歧视性、透明化、公开化及稳定性的特点,因而关税是多边贸易体制借以调整各成员方贸易关系的基本手段。而关税减让与关税保护原则是为了促进贸易的自由发展,同时意识到各成员方有保护国内产业免受外国竞争的意愿,因而在世界贸易组织的框架内,一方面通过谈判来削减关税,另一方面又规定关税是世界贸易组织所允许的唯一的保护方式。

在国际货物贸易的多边谈判中,关税减让的基本原则有三:①在互惠的基础上实现关税减让;②非歧视性地征收关税;③直接降低关税并约束关税。

3. 禁止数量限制原则。任何成员方除征收关税和其他税费外,不得设立或维持配额、进口许可证或其他措施以限制或禁止其他成员方领土的产品的输入,或者禁止或限制向其他成员方领土输出或销售出口产品。

该原则存在诸多例外,如为防止或缓和成员方的粮食或其他必需品的严重缺乏而临时实施的禁止出口或限制出口;出于特定目的对农渔产品实施的进口限制(通过免费或低于现行市场价格的办法,将剩余产品供国内某些消费阶层消费以消除相同的本国产品的暂时过剩);为了维护对外金融地位和保障国际收支平衡;发展中国家为了保障国际收支或建立特定工业;意外情况,如因意外情况的发生或因一成员方承担本协定义务而产生的影响,使某一产品输入到该成员方的数量大为增加,对该国相同产品或与它有直接竞争关系的产品的国内生产造成重大的损害或产生重大威胁时,该成员方在防止或纠正这种损害所必需的程度和时间内,可以对上述全部产品或部分产品暂停实施其所承担的义务,或者撤销或修改减让等。

4. 透明度原则。各成员方一切影响贸易活动的政策和措施都必须及时公开,以便于各成员方政府和企业了解和熟悉。海关有关规定,影响货物销售、分配、保险、仓储等国内的法规以及政府机构之间缔结的影响国际贸易政策的规定都必须及时公开。不公布的政策不得实施。各成员方应维持并尽快建立司法的、仲裁的法庭和程序,并向所有成员方提供有关调查程序的详细材料。

5. 公平贸易原则。公平贸易原则是指通过消除各成员方对贸易活动的人为干预及其带来的扭曲,维护自由市场的原则,促进各成员方生产者之间的公平竞争。GATT1994和《服务贸易总协定》都强调成员方政府不得对出口商品实行补贴,也不允许成员方企业向外国倾销商品。为了抵消补贴或倾销对进口国的产业造成的损害,《1947年关税与贸易总协定》的第6条、第16条允许进口国政府采取征收反补贴税或反倾销税等措施来维护公平竞争原则。当然,为了防止进口国滥用此类措施,世界贸易组织也要求各成员方在使用此类措施时必须遵守世界贸易组织的有关协议。

6. 磋商调解原则。从世界贸易组织的争端解决机制来看,磋商、调解始终贯穿其中。争端解决机构的正式建议或裁决也不具有强制力。设立争端解决机制的目的,主要是通过争端的解决来平衡各成员方之间的权利与义务。

7. 允许实施例外和保障措施原则。允许例外和保障措施原则是指在某种特殊的条件下,世界贸易组织成员方可以不履行已承诺的义务,对进口实行一些紧急的保障措施,如提高关税、实施数量限制等。可能实施例外条款的情形包括:防止或缓解出口成员方的粮食及必需品的严重匮乏;缓解严重的国际收支赤字和急剧增长的贸易逆差;因承担义务而出现的严重损害或严重损害的威胁;维护国家安全;维护知识产权;贸易集团之间的优惠等。《1947年关税与贸易总协定》第19条规定:"如果因意外情况的发展或因一缔约国承担本协定的义务而产生的影响,使某一产品输入到这一缔约国领土的数量大为增加,对这一领土内相同产品或与它直接竞争产品的国内生产者造成重大的损害或产生重大的威胁时,这一缔约国在防止或纠正这种损害所必需的程度和时间内,可以对上述产品全部或部分地暂停实施其所承担义务,或者撤销或修改减让。"然而,例外和保障措施在实施条件、手段和期限等方面都有严格的限制。

8. 发展中国家优惠待遇原则。在多边贸易体制中,给予发展中国家优惠待遇经历了一个较长的过程。在《1947年关税与贸易总协定》的第18条中只是提及"只能维持低生活水平,经济处于发展初级阶段的缔约国"在关税减让和数量限制方面有一定的酌处权,并未用"发展中国家"这一概念。经过发展中国家的努力,在肯尼迪回合谈判中,总协定增补第四部分"贸易与发展",确立了非互惠原则,即所谓"发达国家与发展中国家之间的非互惠安排"。然而,发达的缔约国常将这种优惠待遇原则作为临时的例外情况加以实施。为此,在1979年东京回合谈判中达成了《关于差别和更为优惠待遇、互惠及发展中国家的进一步参与》的决议,确立了"授权条款"(enabling clause),为发展中国家享受优惠待遇奠定了法律基础。在乌拉圭回合中,由于广大发展中国家的共同努力,使得发展中国家优惠原则得到了更广泛、更全面的体现,其内容涉及《建立世界贸易组织协定》、《1994年关税与贸易总协定》、《农产品协议》、《补贴与反补贴措施协议》、《与贸易有关的投资措施协议》、《反倾销协议》、《与贸易有关的知识产权协议》、《服务贸易总协定》、《卫生与植物检疫措施协议》、《贸易技术壁垒协议》等,主要体现在较低水平的义务、最大努力承诺、较长过渡期和提供技术援助等方面。

二、国际货币基金组织

(一)国际货币基金组织的由来

国际货币基金组织(英文名称为the International Monetary Fund,简称IMF),是政府间的国际金融组织,是由各主权国家参加的国际金融机构。

1944年7月1日,为了建立一个经济合作框架来避免20世纪30年代的大危机再次出现,45国代表在美国新罕布什尔州布雷顿森林镇召开的联合国国际货币金融会议(即布雷顿森林会议)上通过了《联合国货币金融会议最终决议书》、《国际货币基金协定》、《国际复兴开发银行协定条款》等三个文件,这三个文件合称《布雷顿森林协定》。

1945年12月27日,参加上述会议的29国政府签署了《布雷顿森林协定》,正式成立了国际货币基金组织。该组织1947年3月1日开始办理业务,总部设在美国的华盛顿。同年11月15日,国际货币基金组织成为联合国的一个专门机构,但在经营上有独立性。截止到2009年5月底,IMF已有185个成员国。

(二)国际货币基金组织的宗旨和业务活动

1. 国际货币基金组织的宗旨。国际货币基金组织的宗旨是:

(1)作为一个常设机构在国际金融问题上进行协商与协作,促进国际货币合作。

(2)促进国际贸易的扩大和平衡发展,促进和保持成员国的就业、生产资源的发展和实际收入处在高水平。

(3)促进国际汇兑的稳定,在成员国之间保持有秩序的汇价安排,防止竞争性的货币贬值。

(4)协助成员国在经常项目交易中建立多边支付体系,消除妨碍世界贸易发展的外汇限制措施。

(5)向成员国临时提供普通资金,使其纠正国际收支的失调,而不采取危害本国或国际繁荣的措施。

(6)依据以上目标,缩短会员国国际收支不平衡的时间,并减轻其程度。

2. 国际货币基金组织的业务活动。国际货币基金组织的工作主要有三项。

(1) 监管。监管涉及追踪各国和全球经济和金融发展情况,提出政策建议,其目的在于预防危机。

(2) 提供贷款,即向遇到国际收支困难的成员国提供临时贷款,目标在于矫正潜在的问题。

(3) 技术援助,即向成员国提供专业领域的援助和培训。

自1945年成立以来,IMF一直在国际金融领域发挥着至关重要的核心作用。

(三) 国际货币基金组织的组织机构

国际货币基金组织由理事会、执行董事会、总裁和业务机构组成。

1. 理事会(the Board of Governors)。理事会是国际货币基金组织的最高权力机构,由各成员国派正、副理事一名组成,其任免由会员国政府决定。理事通常由各国的财政部长或中央银行行长担任。副理事只有在理事缺席时才有投票权。国际货币基金组织每年秋季召开一次理事年会。按惯例,年会每3年在美国以外的地方举行一次。必要时可以召开特别会议。当出席会议的理事投票权合计数达到投票权的2/3以上时即符合法定人数。

理事会的主要职责是:决定基金组织的份额规模和特别提款权的分配,批准接纳新成员国,决定成员国退出基金组织,以及国际货币基金组织协定和附则的修改。

2. 执行董事会(Executive Board)。理事会下设执行董事会,执行董事会是基金组织负责处理日常业务工作的常设机构。执行董事会负责向理事会提出年度报告,与会员国进行讨论,并随时对会员国重大经济问题以及国际金融方面的重大问题进行研究。

执行董事会由24名执行董事组成,这些执行董事由任命或选举产生。其中,美国、日本、德国、法国、英国等5个份额最大的国家由任命产生,无须选举。其余19名执行董事名额由其他成员国按照地区划分为19个选区,通过选举产生。中国、俄罗斯、沙特阿拉伯三个国家各自成为一个单独选区。执行董事任期2年。每名执行董事可以指派一名副执行董事,在执行董事缺席时,带行表决权。执行董事会根据业务的需要经常召开会议,当出席会议的执行董事投票权合计数不少于总票数的1/2时即符合法定人数要求。执行董事会很少通过正式的投票作出决定,而是通过成员间的协商一致达成共识。

执行董事会推选总裁,负责基金组织的业务工作。截止到2003年5月,国际货币基金组织的机构包括非洲、亚太、欧洲Ⅰ、欧洲Ⅱ、中东、西半球等6个地区部门和融资、货币和金融体系、国际资本市场、对外关系、财务、法律事务、政策发展和回顾、研究、人力资源、秘书、统计、技术和一般服务等13个职能部门,另外还设有国际货币基金学院、非洲联合学院、维也纳联合学院、新加坡培训学院、欧洲办公室、日内瓦办公室、亚太办公室、联合国办公室等机构。

3. 国际货币金融委员会(International Monetary and Financial Committee, IMFC)。国际货币金融委员会成立于1999年9月30日,作为取代临时委员会的一项措施。临时委员会全称为理事会国际货币体系临时委员会(the Interim Committee of the Board of Governors on the International Monetary System),成立于1974年。这一变化的目的是进一步加强理事会的这一基本咨询委员会的职能。另外,明确引入了委员会成员预备会议的条款。国际货币金融委员会每年举行两次会议,即每年9月或10月基金年会前的会议和每年3月或4月的春季会议。与临时委员会类似,国际货币金融委员会的职能是向理事会就一些重大问题提出报告或建议,如对国际货币和金融体系的管理和调整措施的监管(包括调整过程的操作)、全球货币流动性的进展、向发展中国家提供资金、提出修改基金组织协定或处理威胁金融体系的动荡的建议等。

国际货币金融委员会的24名成员同理事会的24名理事相同,代表所有基金组织成员国,一般是各国的财政部长或中央银行行长。一些国际组织如世界银行以观察员的身份参加国际货币金融委员会的会议。

4. 发展委员会(Development Committee)。发展委员会的正式名称是基金组织与世界银行关于向发展中国家转移实际资源的部长级联合委员会(The Joint Ministerial Committee of the Boards of Governors of the Bank and Fund on the Transfer of Real Resources to Developing Countries)。该委员会成立于1974年10月,职能是就关键发展问题和促进发展中国家经济发展所需要的金融资源问题向基金组织与世界银行的理事会提出建议。发展委员会的24名成员同理事会的24名理事相同,代表所有基金组织成员国。在过去30多年时间里,发展委员会已经将其建议范围从传统的发展问题扩展到贸易和全球环境问题。发展委员会通常与国际货币金融委员会同时同地举行会议,也是一年两次。

5. 总裁(Managing Director)。总裁是基金组织的最高行政长官,负责管理基金组织的日常工作。总裁由执行董事会推选,任期5年。总裁可以参加执行董事会会议,并兼任执行董事会主席,但平时没有投票权,只有在执行董事会进行表决双方票数相等时才可以投决定性一票。总裁下设副总裁协助工作。现任总裁克里斯蒂娜·拉加德(Christine Lagarde)是法国人,于2011年7月1日就任国际货币基金组织第十一任总裁。

(四)国际货币基金组织的资金来源和成员国的权利

国际货币基金组织的资金主要来源于成员国缴纳的基金份额、借款和信托基金三个方面。

1. 基金份额。基金份额是基金组织资金的主要来源。基金份额在性质上类似于股份公司的股金,成员国一旦缴纳后就成为基金组织的财产。各成员国的基金份额由该组织根据各国的国民收入、黄金和外汇储备、进出口贸易额等几项经济指标计算确定。截止到2013年12月31日,国际货币基金的份额总数为23 8118.0亿特别提款权(按2013年9月10汇率换算约合3 090亿美元)。

为了弥补资金的不足,1969年,该组织创设了一种称为"特别提款权"(special drawing rights,简称SDRs)的货币(记账)单位,根据成员国的份额按比例分配,作为国际流通手段的一个补充。成员国的特别提款权,可作为货币储备,也可用于向其他成员国购买外汇,解决本国的国际收支逆差。成员国有义务提供经济资料,并在外汇政策和管理方面接受该组织的监督。作为一种全新概念的国际储备货币,"特别提款权"对于稳定和发展国际货币体系发挥了重要作用。目前所有188个成员都参加了特别提款权计划。

表2-2所示为国际货币基金组织份额最大的十个成员。

表2-2 国际货币基金组织份额最大的十个成员

国 家	份 额		投票权	
	百万 SDRs①	百分比	票 数②	百分比
美 国	421 22.4	17.69	421 961	16.75
日 本	156 28.5	6.56	157 022	6.23
德 国	145 65.5	6.12	146 392	5.81
英 国	10 738.5	4.51	108 122	4.29
法 国	10 738.5	4.51	108 122	4.29
中 国	9 529.5	4.00	95 996	3.81
意大利	7 882.3	3.31	79 560	3.16
沙特阿拉伯	6 985.5	2.93	70 592	2.80
加拿大	6 369.2	2.67	64 429	2.56
俄罗斯联邦	5 945.4	2.50	60 191	2.39

①截止时间:2013年12月31日。
②投票权在一些特定问题上有所变化。

2. 借款。一些会员国承诺必要时向基金组织提供借款。目前IMF主要有两个借款来源,一个是GAB(the General Arrangements to Borrow)项目,一个是NAB(the New Arrangements to Borrow)项目。

GAB项目于1962年设立,11个工业国政府或中央银行向基金组织提供资金,即美国、德意志银行、日本、英国、法国、意大利、瑞士国民银行、加拿大、荷兰、比利时、瑞典央行。1962~1983年间该项目总借款为63.44亿特别提款权,1983~2008年间总借款为170亿特别提款权。

NAB 项目于 1998 年设立，GAB 项目中的 11 个国家或中央银行和其他 15 个基金组织成员的政府或中央银行（澳大利亚、奥地利、智利中央银行、丹麦、芬兰、香港金融管理局、韩国、科威特、卢森堡、马来西亚、挪威、沙特阿拉伯、新加坡、西班牙、泰国），总计 26 个基金组织成员的政府或中央银行向基金组织提供资金。见表 2-3 所示。

两个项目资金来源合计达到 340 亿特别提款权（约合 500 亿美元）。

表 2-3 NAB 参与成员和借款额

参与成员	数量（百万特别提款权）	参与成员	数量（百万特别提款权）
美　国	6 640	西班牙	665
日　本	3 519	奥地利	408
德意志银行	3 519	挪　威	379
英　国	2 549	智利中央银行	340
法　国	2 549	丹　麦	367
沙特阿拉伯	1 761	科威特	341
意大利	1 753	芬　兰	340
瑞士国民银行	1 540	香港金融管理局	340
加拿大	1 381	韩　国	340
荷　兰	1 302	卢森堡	340
比利时	957	马来西亚	340
瑞典央行	850	新加坡	340
澳大利亚	801	泰　国	340
总　计①	34 000		

①由于四舍五入，总计数与各成员数字之和未必相等。

3. 信托基金。国际货币基金组织严格限制黄金的使用，但在特殊情况下可以出售黄金或接受成员国以黄金形式来支付资金。国际货币基金组织于 1976 年决定，将按照市价出售黄金所得到的利润作为信托基金，向最贫穷的会员国提供信贷。截止到 2008 年底，国际货币基金组织共持有 1.034 亿盎司（3 217 公吨）黄金，价值约 830 亿美元，是世界上第三大黄金持有机构。

4. 成员国的权利。成员国的主要权利是按所缴份额的比例借用外汇，即有权按照所缴份额的一定比例借用外汇。成员国在国际收支发生困难时可以动用自己的份额，并可从基金组织借用相当于份额一定倍数的资金。例如，按照备用和扩展安排，一个成员国现在每年可以借相当于份额 100% 的资金，累计可以借相当于份额 300% 的资金。特殊情况下还可以增加。特别提款权的分配也是按照基金份额比例分配的。

同时,份额还决定了成员国在基金组织的投票权和相应义务。按照基金组织的规定,每个成员国拥有 750 张基本票,每缴纳 10 万特别提款权基金份额增加 1 票,两者相加即为该成员国的投票权。各理事和执行董事投票权的大小取决于他所代表的成员国投票权的多少。美国在基金组织的份额最大,为 421.224 亿特别提款权(占全部份额的 17.69%),对应的投票权为 421 961 票(约占全部投票权的 16.75%)。

一般来说,理事会和执行董事会的大多数决定只要有简单多数票通过即可,但重大问题则需要获得总投票权 80%~85% 的多数才能通过。由于美国在基金组织的投票权超过了 15%,因此美国对很多重大问题具有否决权。

(五)中国与国际货币基金组织的合作

中国是国际货币基金组织的创始国之一,但 1980 年以前,新中国的席位被台湾占据,一度中断了在国际货币基金组织的活动。1980 年 4 月 7 日,国际货币基金组织执行董事会通过决议,恢复了中华人民共和国在国际货币基金组织的合法席位。我国随即按规定缴纳了份额,并委派了正、副理事参加理事会。1980 年以来,中国代表参加了国际货币基金组织和世界银行年会。中国在国际货币基金组织单独选派执行董事,并且是国际货币金融委员会和发展委员会的成员。

我国目前同英国、法国、德国等主要发达国家一样,是国际货币基金组织执行第八条第 2,3,4 项条款义务的成员国,即避免限制经常性支付、避免施行歧视性货币措施、允许兑付外国持有的本国货币。

我国自 20 世纪 80 年代初以来推行了一套全面的经济改革战略,以便为无通货膨胀的持续增长奠定基础,实现中国经济与世界经济更全面的接轨。实现货币的可兑换性及进一步的贸易自由化是这一战略的重要组成部分。国际货币基金组织在多方面参与了我国的经济改革。首先,国际货币基金组织对我国进行了多次贷款,用于弥补我国的国际收支逆差,促进改革进行。其次,国际货币基金组织始终保持与中国对话,与中国进行磋商,承担其对所有成员国所承担的咨询服务。最后,国际货币基金组织还在中国进行了一个广泛的技术合作项目,包括定期培训计划和举办研讨会。合作的重点是加强宏观经济政策的基础,包括财政制度改革和经济统计。正是在国际货币基金组织帮助下,中国成功地在 1996 年实现了人民币经常项目下的可兑换性。国际货币基金组织帮助中国进一步开发间接政策手段,建立健全法律体系。国际货币基金组织提供的支持还包括帮助中国建立一个强大的数据库,使经济信息更好地传播。

2001 年和 2006 年中国两次在国际货币基金组织增资。2001 年 2 月 5 日,国际货币基金组织理事会投票通过了关于中国特别增资的决议,将中国在基金组织的份额由原来的 46.872 亿特别提款权(约合 61 亿美元),提高到 63.692 亿特别提款权(约合 83 亿美元),占全部份额的 2.98%,从而使中国在基金组织的份额位次由原来的第

11位提高到了第8位;增资后,我国在基金组织的投票权为63 942票,约占全部投票权的2.94%。2006年9月18日,国际货币基金组织(IMF)投票通过一项决议,中国在基金组织的份额提高到80.901亿特别提款权,占全部份额的3.72%,投票权提升至3.66%。2011年3月3日,中国在基金组织的份额进一步提高到95.295亿特别提款权,占全部份额的4.00%,投票权提升到3.81%。

三、世界银行

(一)世界银行的由来和构成

世界银行(World Bank)的全称是国际复兴开发银行(the International Bank for Reconstruction and Development,IBRD),是负责长期贷款的国际金融机构。世界银行是根据1944年美国布雷顿森林会议上通过的《国际复兴开发银行协定》于1945年12月27日成立的,总部设在美国首都华盛顿,1946年6月25日开始办理业务,1947年11月15日与国际货币基金组织一起成为联合国的一个专门机构,但在经营上有其独立性。只有国际货币基金组织的成员才可以加入世界银行。截止到2013年12月底,世界银行已有187个成员。

自1944年成立以来,世界银行已从一个单一机构发展成为一个由五个联系密切的发展机构组成的集团,即国际复兴开发银行(世界银行)、国际开发协会、国际金融公司、多边投资担保机构、国际投资争端解决中心。习惯上将"世界银行"用来统指国际复兴开发银行和国际开发协会。

国际开发协会(International Development Association,IDA)在世界银行履行其减贫使命方面起着重要作用。国际开发协会的援助对象是世界上最贫困的国家,向它们提供无息贷款和其他服务。国际开发协会的主要资金来源是较富裕的成员国,也包括部分发展中国家的捐款。

国际金融公司(International Finance Corporation,IFC)通过为私营部门提供投资资金,为政府和企业提供技术援助和咨询服务,促进发展中国家的经济增长。国际金融公司联合私人投资者向发展中国家的商业性企业提供贷款和股本融资。按照公司宗旨,国际金融公司的经营属于商业性营利行为,从成立以来还没有出现过亏损。

多边投资担保机构(Multilateral Investment Guarantee Agency,MIGA)成立于1988年,是世界银行集团最年轻的机构,1990年签署第一笔担保合同。多边投资担保机构的宗旨是通过向外国私人投资者提供包括征收风险、货币转移限制、违约、战争和内乱风险在内的政治风险担保,并通过向成员国政府提供投资促进服务,加强其吸引外资的能力,从而促使外国直接投资流入发展中国家。多边投资担保机构也协助政府传播有关投资机会的信息。

解决投资争端国际中心(International Center for Settlement of Investment Disputes,

ICSID)通过调停或仲裁的方式协助解决外国投资者与东道国之间的投资争端。

截止到 2009 年 5 月底,各机构拥有成员数见表 2-4。

表 2-4 世界银行各机构拥有成员数

国际复兴开发银行(IBRD)	188
国际开发协会(IDA)	172
国际金融公司(IFC)	184
多边投资担保机构(MIGA)	180
国际投资争端解决中心(ICSID)	158

世界银行与国际货币基金组织是联合国、也是当今世界最具影响力的两大多边金融机构。这两个组织的宗旨是向成员国提供经济援助,但在业务上又各有分工,互相配合。

(二)世界银行的宗旨和业务范围

世界银行在成立初期的宗旨是致力于第二次世界大战后欧洲经济的复兴,而后才转向全球性的发展援助,即为成员国生产性投资提供长期贷款和技术援助。

根据世界银行的宗旨,其主要业务活动是,对发展中成员国提供长期贷款,对成员国政府或经政府担保的私人企业提供贷款和技术援助,资助它们兴建某些建设周期长、利润率偏低,但又为该国经济和社会发展所必需的建设项目。该行的资金来源于成员国缴纳的股金、国际金融市场的借款以及发行债券和利息收入。

世界银行向发展中国家提供低息贷款、无息信贷以及赠款,以支持其发展教育、卫生、基础设施、交通等项事业。国际复兴开发银行侧重帮助中等收入国家和信誉良好的贫困国家,而国际开发协会则侧重帮助世界上最贫困的国家。60 多年来,世界银行已向 140 个国家的上万个项目提供了 3 000 多亿美元的贷款。

2008 年,世界银行为发展中国家的 279 个项目提供了 236 亿美元资金,并利用其自身的财务和/或技术力量帮助这些国家从事减贫工作。

目前,世界银行参与了 1 800 多个项目的建设,这些项目几乎涉及所有部门和发展中国家。同时,这些项目的内容很广泛,如在波黑提供小额信贷、在圭亚那提高艾滋病预防意识、在孟加拉国支持女童教育、在墨西哥改进保健服务提供、帮助东帝汶开展独立后重建工作、帮助印度古加拉特省在灾难性地震后开展重建工作等。

20 世纪 80 年代以来,世界银行的业务范围发生了很大改变。1980 年,电力部门贷款占到世界银行全部贷款的 21%,2002 年下降到只有 5%。卫生、营养、教育和社会保障项目在世界银行贷款中所占比例从 1980 年的 5% 上升到 25%。80 年代初期,世界银行不得不面对更多的宏观经济和债务重组问题,80 年代后期世界银行开始更多地关注社会和环境问题。

(三)世界银行的组织机构

世界银行的组织机构由理事会、执行董事会、行长和业务机构组成。

1. 理事会。理事会是世界银行的最高权力机构,由各成员国派正、副理事一名组成,其任免由会员国政府决定。世界银行的成员国就是世界银行的股东,拥有最终决策权。每个成员国委任一名理事和一名副理事来行使其职责,副理事只有在理事缺席时才有投票权。理事通常由财政部长或计划部长等官员担任,他们在每年秋季召开的世界银行年会上碰面,决定世界银行的重大政策问题,接纳新成员国或暂停成员国资格,决定法定股本的变更,确定国际复兴开发银行净收益的分配,批准财务报表和预算。

2. 执行董事会。理事会下设执行董事会,执行董事会是世界银行负责处理日常业务工作的常设机构。由于部长们每年只开一次会,所以理事的大部分权力都下放给执行董事会。世界银行集团的每个成员国政府都由常驻在华盛顿世界银行总部的一名执行董事代表。拥有股份最多的五个国家——法国、德国、日本、英国和美国各任命一名执行董事,其他成员国分别由经过各国分组(或选区)选举出的19名执行董事代表。中国、俄罗斯联邦和沙特阿拉伯等部分国家形成单一国家选区,而其他国家联合成多国选区。这24名执行董事通常每周开两次会来监督管理世界银行的业务,包括批准贷款和担保项目、新的方针政策、行政预算、国别援助战略以及借款和财政决策。

3. 行长。执行董事会推选行长,负责世界银行的业务工作。行长担任执行董事会主席,并负责世界银行的全面管理。世界银行的行长按照传统由拥有股份最多的国家美国的公民担任,行长任期为5年,可以连任。行长下设副行长协助工作。目前的行长是韩裔美国人金墉(Jim Yong Kim),2012年7月上任,任期5年。

(四)世界银行的资金来源

国际复兴开发银行利用国际资本市场筹集发展资金,国际开发协会则依靠较富裕的成员国政府的捐款。

国际复兴开发银行的贷款约占世界银行年贷款额的3/4,其资金几乎全部筹自金融市场。世界银行作为世界上最审慎和管理最保守的金融机构之一,在世界各地发售三A级债券和其他债券,发售对象为养老基金、保险机构、公司、其他银行及个人。世界银行对借款国的贷款利率反映出其筹资成本,贷款的还款期为15至20年,在开始偿还本金前有3至5年的宽限期。

世界银行的资金里有不到5%是成员国在加入世界银行时的认缴股金,成员国政府根据其相对经济实力认购股份,但只需缴纳认购股份额的一小部分,未缴纳的余额为待缴股金,留待世界银行亏损严重无力兑付债券时缴纳,这种情况从未出现过。这种有保障的资本金只能用于偿付债券持有者,不能用于支付行政开支或发放贷款。按照世界银行规定,未偿和已支付的贷款余额不得超过资本金和储备的总和。

国际开发协会与国际复兴开发银行的目的相同,都是为了促进增长和减轻贫困,不过国际开发协会采取的是无息贷款(称作国际开发协会"信贷")、技术援助和政策咨询的方式。国际开发协会信贷约占世界银行贷款总额的1/4。借款国须支付不到贷款额1%的手续费用于行政支出,规定还款期为35至40年,宽限期为10年。

国际开发协会每3年补充一次资金,有近40个国家捐款。捐款国不仅包括法国、德国、日本、英国、美国等工业国,也包括阿根廷、博茨瓦纳、巴西、匈牙利、韩国、俄罗斯、土耳其等发展中国家,其中有些国家曾一度是国际开发协会的借款国。

国际开发协会的资金是以与国际复兴开发银行相同的审慎、保守和小心的方式进行管理的。和国际复兴开发银行一样,国际开发协会信贷从未出现过拖欠现象。

(五)中国与世界银行的合作

中国是世界银行的创始国之一,但1980年以前新中国在国际货币基金组织的席位被台湾占据,中断了在世界银行的活动。1980年4月7日,国际货币基金组织执行董事会通过决议,恢复了中华人民共和国在国际货币基金组织的合法席位。随后,1980年5月15日,世界银行执行董事会决定恢复中华人民共和国政府在世界银行的代表权。中国在世界银行单独选派执行董事。在世界银行中,中国认购股份占总份额的2.87%,投票权占总票权的4.42%,居第三位。

1981年,世界银行向中国提供第一笔贷款用于支持大学发展项目。20多年来,中国和世界银行之间的关系已发展成为成熟和重要的合作伙伴关系。目前,财政部是世界银行在中国开展业务活动的主要对口部门,承担着"对外窗口、对内归口"的职能作用。2011财年,世界银行对华承诺贷款累计达到392亿美元。中国是迄今为止世界银行贷款项目最多的国家。中国也是执行世界银行贷款项目最好的国家之一。世界银行对华贷款覆盖了我国除西藏和台湾以外的所有省、市、自治区,遍及国民经济的各个部门,基础设施项目(交通、能源、工业、城市发展等)占贷款总额的一半以上,其余为农业、教育、卫生、环保、供水等项目。世界银行已成为我国利用外资的一条重要渠道,在我国利用国外中长期优惠资金方面占有突出的地位。除引进资金外,另一方面我国在与世界银行的合作中还通过技术援助、政策咨询和培训等活动,引进了先进的技术和管理经验,并为我国培养了一批各领域的人才。

随着世界政治经济格局的变化,以及我国综合国力和改革开放的深入,我国与世界银行的合作需要超越过去形成的以利用贷款资金为主的合作关系,转向加大发挥我国作为世界银行重要股东国的作用,为我国的政治、经济和外交战略全局服务。

四、经济合作与发展组织

(一)经济合作与发展组织的由来和成员国

经济合作与发展组织(Organization for Economic Co-operation and Development,缩写OECD),简称经合组织,是一个由工业化国家组成的从事经济和社会发展政策研究的政府间国际经济组织。

经济合作与发展组织的前身为1948年4月成立的欧洲经济合作组织（Organization for European Economic Co-operation,OEEC），其主要目的是协调第二次世界大战后欧洲经济的恢复工作和管理美国根据马歇尔计划提供的援助。1960年12月14日，加拿大、美国及欧洲经济合作组织的成员国等20个国家签署公约，决定成立经济合作与发展组织。1961年9月30日，该组织在法国巴黎正式宣告成立并开始工作，总部设在法国巴黎，工作语言为英语和法语。经合组织最初有20个创始成员国：奥地利、比利时、加拿大、丹麦、西班牙、美国、法国、希腊、爱尔兰、冰岛、意大利、卢森堡、挪威、荷兰、葡萄牙、联邦德国、英国、瑞典、瑞士、土耳其。20世纪六、七十年代，日本（1964）、芬兰（1969）、澳大利亚（1971）、新西兰（1973）先后加入；进入90年代，墨西哥（1994）、捷克（1995）、匈牙利（1996）、波兰（1996）、韩国（1996）和斯洛伐克（2000）相继加入。2010年，智利、爱沙尼亚、以色列和斯洛文尼亚加入。目前，经合组织成员总数为34个，经合组织成员在世界经济中占有十分重要的地位。

（二）经济合作与发展组织的宗旨

经合组织的宗旨是：维护成员国的财政稳定，确保成员国经济的高速持续增长，保证充分就业，提高人民生活水平，促进世界经济的发展；促进成员国和非成员国经济充分合理地发展，在多边非歧视原则的基础上，遵循国际贸易规则，扩大世界贸易。

经合组织是工业发达国家制定经济和社会发展政策的"智囊机构"，其最重要的作用就是为各成员国提供一个探讨、发展和完善经济及社会政策的论坛，从而促进成员国政府之间的直接合作。

（三）经济合作与发展组织的组织及其附属机构的职能

经合组织总部设在巴黎，机构有理事会、执行委员会、秘书处和辅助机构等。理事会是各个委员会中的最高决策机构，由各成员国的代表组成，负责制定总政策；执行委员会由理事会每年选派14个成员国的代表组成；秘书处负责处理日常事务。秘书处下设12个业务司局，共有2 000多名工作人员，其中包括700多名资深的经济学家、科学家、律师，他们的主要工作就是根据各专业委员会或工作组的要求，对宏观经济、贸易、金融、环境等领域的政策问题进行分析研究，为各成员国制定相关政策及开展相互审议提供技术支持和服务。经合组织下设200多个专业委员会和工作组，由各成员国政府有关部门的高级决策人员组成，负责审议有关经济政策以及工业、农业、贸易、金融、能源、科技、教育、环境等各种经济、社会领域的具体问题。该组织还设有发展援助委员会，包括17个成员国和欧洲经济共同体委员会，负责协调向发展中国家提供官方发展援助。该组织内还有若干自治机构，其中最重要的机构有国际能源署、核能署、发展中心和教育研究与改革中心。

经合组织自1961年成立以来，其工作重点始终是放在加强其成员国内部之间的政策协调上。进入90年代，该组织改变了传统的工作方法，开始积极地发展同非成员国,特别是一些"富有活力的非成员经济体"的关系,目的在于通过对话与合作,谋求在世界经济发展中发挥更大的作用。据了解,目前经合组织已与50多个非成员国家和地区开展了对话合作活动,其中中国、俄罗斯、巴西、印度和印度尼西亚被称为"五大国",是经合组织对话合作的重点对象。

经合组织的主要活动是对当今世界经济和社会发展的各个领域进行前瞻性研究并提出政策选择,包括数据采集、(定量)分析、政策研究和建议,为各成员国和其他国际组织的政策制定提供依据;通过定期审议各成员国的经济社会发展状况和实施的政策,保证经济和社会的协调发展;与非成员国家开展对话和合作。

经合组织每年出版500多种出版物,包括:《经合组织活动》(秘书长年度报告)(Activities of OECD)、《经合组织消息》(News from OECD)(月刊)、《经合组织观察家》(The OECD Observer)(双月刊)、《金融统计》(Financial Statistics)、《经合组织经济调研》(Economic Surveys by OECD)、《外贸统计》(Foreign Trade Statistics)(月刊)、《经合组织经济展望》(OECD Economic Outlook)(半年一期)等,均为英、法文。

经合组织成员普遍认为,经合组织的研究成果具有前瞻性和很高的参考价值。长期以来,经合组织各成员国在制定本国政策时大量借鉴了经合组织的研究成果,许多国际组织在制定政策时也经常与经合组织广泛交换意见。因此,经合组织在西方发达国家的经济和社会发展中发挥了十分积极的作用。

经济合作与发展组织所执行的职能和任务的范围是相当广泛的,其中包括搜集与发布有关成员国的统计资料,从事基础研究和政策分析以及实施理事会规定的正式政策等。

总之,在当今相互依赖的世界里,经济合作与发展组织成了各国政府间大量必须协调活动的一个国际清理中心。

(四)中国与经合组织的政策对话合作情况

中国目前不是经合组织的成员国。中国作为观察员参与了经合组织的两个委员会:科技政策委员会和财政事务委员会。1995年7月,我国与经合组织正式建立了政策对话和合作关系。1995年10月,该项目正式启动,双方在宏观经济监测与分析、统计、税收、环境、农业、竞争政策、金融部门改革、公司法人治理、外商直接投资政策、教育、社会保障、劳动力市场政策、公共预算管理、产业技术政策、中小企业政策、部门政策(如钢铁、造船、海运)等众多领域积极开展直接的对话合作活动。2005年4月,中国正式签署了经合组织(OECD)/亚洲开发银行(ADB)亚太地区反腐败行动计划。截止到2008年底,中国有超过24个国家部门和机构正在与OECD相关专家进行覆盖19个政策领域的会谈,这些专家来自OECD不同的理事会以及那些在OECD与非成员国合作框架内的成员国。中国商务部是OECD的官方焦点,但是每个政府部门或机构都和它的OECD相应部门展开直接合作。与经合组织的合作有力地推动了中国的经济改革进程。中国和经合组织将进一步加强联系,中国已经宣布将寻求参与更多的经合组织委员会。

通过与经合组织的对话合作,学习和借鉴其成员国的成功经验,有助于我国社会主义市场经济建设的发展;同时通过了解发达国家经济和社会发展的最新动态、发展趋势和政策走向,可为我国及时做出必要的应对措施和对策创造条件。此外,我国还可利用与经合组织合作的机会,积极宣传我国的改革开放政策和所取得的成果,为我国经济更好地融入世界经济创造良好的国际环境。因此,我国有关部委对与经合组织的合作持十分积极的态度,并希望双方今后的合作能进一步得到扩大和加强。经合组织各成员国则通过对话和合作项目对中国这个全球经济重要参与者加深了了解。

除中国内地外,中国的台湾、香港和澳门地区与经合组织之间也存在合作关系。香港是经合组织贸易、贸易与环境、企业与竞争、多边投资协议、金融市场、金融统计、政府公债管理委员会或工作(专家)组的观察员。中国台湾和澳门地区均不是经合组织的成员,也不是其下属专业委员会或工作组的观察员,只是参加经合组织举办的多边对话活动。

五、国际商会

(一)国际商会的由来和宗旨

国际商会(The International Chamber of Commerce,ICC)成立于1919年,在法国巴黎设有国际秘书处,第一任会长是前法国商业部长克莱门特。国际商会同时接纳国家委员会和单个企业为其会员。国际商会发展至今,已拥有来自130多个国家的成员公司和协会,其中有84个国家委员会。国际商会是全球唯一的代表所有企业的权威代言机构。通过国家委员会,国际商会直接与各国政府建立联系。

国际商会的宗旨是通过促进贸易和投资为世界贸易服务。国际商会以贸易为促进和平、繁荣的强大力量,推行一种开放的国际贸易、投资体系和市场经济。

(二)国际商会的组织机构

国际商会的组织机构包括理事会、国家委员会、执行理事会、会长、秘书长、委员会、仲裁院和犯罪服务机构等。

1. 理事会(Council)。国际商会世界理事会是国际商会的最高权力机构,每年召开两次会议,代表除了国家委员会以外,10个来自没有国家委员会国家的会员也被邀请参加理事会的工作。

2. 国家委员会(National Committees and Groups)。国家委员会在各自国家代表国际商会向国际组织和政府提出建议。

3. 会长和执行理事会(The Chairmanship and Executive Board)。理事会选举会长,任期两年。理事会还选举执行董事会,负责国际商会政策的实施。执行董事会有15~30名成员,任期3年,每年年底更换1/3。

4. 特别任务小组(Special Presidency Group)。特别任务小组负责就世界商业发展的长期战略问题向国际商会会长和执行理事会提出建议。

5. 秘书长(Secretary General)。秘书长负责领导国际秘书处并与各国国家委员会一起完成国际商会的工作项目,秘书长由会长提名,执行理事会推荐,最后由理事会任命。

6. 委员会(Commissions)。会员公司和商业协会可以通过参加各种委员会来发挥自己的作用。国际商会的16个委员会包括银行技术、金融服务和税收、竞争法、知识产权、电信和信息技术、航空和海洋运输、国际投资体制和贸易政策等各个方面的500多位专家,负责制定政策和规则、审查国际组织和各国政府的动议、准备提交给国际组织和各国政府的商业建议。

7. 国际商会仲裁院。国际商会属下的国际仲裁院设立于1923年,是全球主要仲裁机构之一,它为解决国际贸易争议起着重大的作用。

8. 国际商会犯罪服务机构(ICC Commercial Crime Services)。20世纪80年代初期,国际商会在伦敦建立了3个反对商业犯罪的机构,即国际海事局(the International Maritime Bureau)、假冒情报局(the Counterfeiting Intelligence Bureau)和商业犯罪局(the Commercial Crime Bureau)。1998年建立了电子犯罪局。国际商会犯罪服务机构负责协调上述机构的活动。

(三)国际商会的地位和作用

1. 制定商业规则和标准。这主要体现在国际商会仲裁院和国际商会制定的各种商业规则上。国际商会仲裁院是全球主要仲裁机构之一,1999年以来每年受理的新案件超过500件。由于国际商会的成员公司和协会本身从事国际商业活动,因此它所制定的用以规范国际商业合作的规章,如《托收统一规则》、《跟单信用证统一惯例》、《国际商会2000国际贸易术语解释通则》等被广泛地应用于国际贸易中,并成为国际贸易不可缺少的一部分。1936年,国际商会制定了《国际贸易术语解释通则》,其最新版本Incoterms2000于2000年1月生效,是通行全球的国际贸易术语。《跟单信用证统一惯例》(UCP600),最早于1933年制定,最近的修订本于1994年1月生效,2002年增加了一个处理电子单证或部分电子单证的补充文本,是各国银行进行信用证融资的规则。国际商会是电子商务自我约束方面的先驱,其有关广告和市场营销方面的规则经常反映在各国的立法和专业机构的规则中。1979年国际商会成立了世界商法研究院,研究有关国际商务的法律问题。

2. 促进全球经济增长和繁荣。这主要表现在:国际商会支持多哈回合谈判,并向世界贸易组织提出商业建议;国际商会在各国政府处理知识产权、运输政策、贸易法律和环境问题时提出自己的意见;国际商会领导人在各种媒体表达有关贸易、投资和其他商业问题的立场;每年国际商会会长与"八国峰会"的东道国政府领导人会晤,对商业问题提出建议;国际商会是联合国和其他机构的商业伙伴。

3. 传播商业专门知识。这主要表现在：在联合国有关可持续发展、发展融资和信息社会的峰会上提供帮助；与联合国贸易与发展会议（UNCTAD）一起帮助最贫穷国家吸引外国投资，建立了投资咨询理事会；为非洲发展新伙伴计划提供帮助；两年一次的世界商会大会为各国商会提供一个全球论坛。

4. 倡导国际商务。这主要表现在：国际商会在各国政府作出影响公司战略的决定时发表意见；制定国际上广泛接受的商业准则；向联合国和世界贸易组织等机构提出商业建议。

（四）中国国际贸易促进委员会及其与国际商会的合作

中国国际贸易促进委员会（简称中国贸促会）成立于1952年5月，是由中国经济贸易界有代表性的人士、企业和团体组成的全国民间对外经贸组织，英文名称为China Council for the Promotion of International Trade，英文缩写为CCPIT。经中国政府批准，中国贸促会1988年6月组建了中国国际商会（China Chamber of International Commerce，英文缩写为CCOIC）。贸促会各地方分会、支会也相继组建了"中国国际商会"的各地方分会、支会。

1986年，中国国际贸易促进委员会以国家委员会名议申请加入国际商会，经过8年多的谈判和努力，1994年11月，国际商会第168次理事会正式通过决议，同意中国加入国际商会并组建国际商会中国国家委员会。1995年1月1日国际商会中国国家委员会在北京正式成立，包括中国国际商会在内的171家工商组织、经贸团体及企业作为创始会员，中国国际商会作为主席单位。该委员会秘书处设在中国国际商会，负责处理日常工作。

从1988年起，中国贸促会开始建立行业分会，以促进有关行业进出口贸易，增进国内外同行业间的经济技术交流与合作。这样，中国的贸促事业就既有地方机构，又有行业机构，从而形成了纵横交错的工作网络。

目前，中国贸促会、中国国际商会已同世界上180多个国家和地区的400多家商会、工商联合会、外贸协会和其他经贸组织保持着联系，与上百个国家与地区的对口组织签署了合作协议，并同一些国家的商会建立了联合商会；同时，中国贸促会还在多个国家和地区设有驻外代表处。

中国贸促会的附设机构包括中国国际经济贸易仲裁委员会（中国国际商会仲裁院）、中国海事仲裁委员会、中国海商法协会、调解中心、海峡两岸经贸协调会、国际商会中国国家委员会秘书局、国际保护工业产权协会中国分会秘书处、国际许可证贸易工作者协会中国分会秘书处。

六、国际标准化组织和其他主要国际性标准组织

（一）国际标准化组织

国际标准化组织的全称是 International Organization for Standardization，简称 ISO

(ISO 并不是首字母缩写,而是一个词,它来源于希腊语,意为"相等")。ISO 是一个全球性的非政府组织,是目前世界上最大、最有权威性的国际标准化专门机构。它的前身是 1928 年成立的"国际标准化协会国际联合会"(简称 ISA)。1946 年 10 月 14 日至 26 日,中、英、美、法、苏等 25 个国家的 64 名代表集会于伦敦,正式表决通过建立国际标准化组织。1947 年 2 月 23 日,ISO 章程得到 15 个国家标准化机构的认可,国际标准化组织宣告正式成立,总部设在日内瓦。截止到 2009 年 5 月底,ISO 有成员 161 个,分为会员、通信会员和用户成员。ISO 是联合国经社理事会的甲级咨询组织和贸发理事会综合级(即最高级)咨询组织。此外,ISO 还与 600 多个国际组织保持着协作关系。

ISO 的宗旨是在世界上促进标准化及其相关活动的发展,以便于商品和服务的国际交换,在智力、科学、技术和经济领域开展合作。

其主要活动是制定国际标准,协调世界范围的标准化工作,组织各成员国和技术委员会进行情报交流,以及与其他国际组织进行合作,共同研究有关标准化问题。ISO 的工作领域涉及除了电工、电子标准以外的所有学科。

ISO 已经发布了 9 200 个国际标准,如 ISO 公制螺纹、ISO 的 A4 纸张尺寸、ISO 的集装箱系列(目前世界上 95% 的海运集装箱都符合 ISO 标准)、ISO 的胶片速度代码、广泛用于信息技术领域的开放系统互联(OS2)系列和有名的 ISO9000 质量管理系列标准。ISO 颁布的标准中广为人知的是 ISO9000 和 ISO14000 两大系列。ISO9000 系列为质量管理体系标准,目前 ISO9000 系列一共有 17 个标准。ISO14000 系列为环境管理体系,其标准号从 14001 至 14100,共 100 个标准号,统称为 ISO14000 系列标准。它是顺应国际环境保护的发展,依据国际经济贸易发展的需要而制定的。目前正式颁布的有 ISO14001、ISO14004、ISO14010、ISO14011、ISO14012、ISO14040 等 5 个标准,其中 ISO14001 是系列标准的核心标准,也是唯一可用于第三方认证的标准。

1978 年 9 月 1 日,我国以中国标准化协会(CAS)的名义重新进入 ISO。1988 年起改为以国家技术监督局的名义参加 ISO 的工作,后改为以中国国家标准化管理局的名义参加 ISO 的工作。

(二)其他主要国际性标准化组织

1. 国际电工委员会。国际电工委员会的全称是 International Electrotechnical Commission,简称 IEC。IEC 于 1906 年在英国伦敦成立,是世界上成立最早的非政府性国际电工标准化机构,是联合国经社理事会(ECOSOC)的甲级咨询组织。目前 IEC 成员国包括了大多数的工业发达国家及一部分发展中国家。这些国家拥有世界人口的 80%,其生产和消耗的电能占全世界的 95%,制造和使用的电气、电子产品占全世界产量的 90%。

IEC 的宗旨是促进电工标准的国际统一,电气、电子工程领域中标准化及有关方面的国际合作,增进国家间的相互了解。

IEC 和 ISO 是当今世界上两个最大的国际标准化机构。

2. 美国电气电子工程师学会。美国电气电子工程师学会的全称是 Institute of Electrical and Electronics Engineers,缩写 IEEE。IEEE 于 1963 年由美国电气工程师学会(AIEE)和美国无线电工程师学会(IRE)合并而成,是美国规模最大的专业学会。它由大约 10 万名从事电气工程、电子和有关领域的专业人员组成,分设 10 个地区和 206 个地方分会,设有 31 个技术委员会。IEEE 的标准制定内容有电气与电子设备、试验方法、元器件、符号、定义以及测试方法等。

3. 国际电信联盟。国际电信联盟的全称是 International Telecommunication Union,缩写 ITU。国际电信联盟于 1865 年 5 月在巴黎成立,1947 年成为联合国的专门机构。ITU 是世界各国政府电信主管部门之间协调电信事务的一个国际组织,它研究制定有关电信业务的规章制度,通过决议提出推荐标准,收集有关情报。ITU 的目的和任务是:维持和发展国际合作,改进和合理利用电信设施,促进技术设施的发展及其有效运用,提高电信业务的效率,扩大技术设施的用途,尽可能使之得到广泛应用,并协调各国的活动。

4. 美国国家标准学会。美国国家标准学会的全称是 American National Standards Institute,缩写 ANSI。美国国家标准学会是非赢利性质的民间标准化团体,但它实际上已成为美国国家标准化中心,美国各界标准化活动都围绕它进行。通过它,使政府有关系统和民间系统相互配合,起到了沟通政府和民间标准化系统的桥梁作用。ANSI 协调并指导美国全国的标准化活动,给标准制定、研究和使用单位以帮助,提供国内外标准化情报;同时,又起着行政管理机关的作用。

5. 英国标准学会。英国标准学会的全称是 British Standards Institution,缩写 BSI。英国标准学会(BSI)是世界上最早的全国性标准化机构,它受政府控制但得到了政府的大力支持。BSI 不断发展自己的工作队伍,完善自己的工作机构和体制,把标准化和质量管理以及对外贸易紧密结合起来开展工作。BSI 的宗旨是:为增产节约努力协调生产者和用户之间的关系,促进生产,达到标准化(包括简化);制定和修订英国的标准,并促进其贯彻执行;以学会名义,对各种标志进行登记,并颁发许可证;必要时采取各种行动,保护学会利益。

6. 德国标准化学会。德国标准化学会的全称是 Deutsches Institut fur Normung,缩写 DIN。DIN 是德国的标准化主管机关,作为全国性标准化机构参加国际和区域的非政府间标准化活动。DIN 是一个经注册的私立协会,大约 6 000 个工业公司和组织为其会员。目前设有 123 个标准委员会和 3 655 个工作委员会。DIN 于 1951 年参加国际标准化组织。由 DIN 和德国电气工程师协会(VDE)联合组成的德国电工委员会(DKE)代表德国参加国际电工委员会。DIN 还是欧洲标准化委员会、欧洲电工标准化委员会(CENELEC)和国际标准实践联合会(IFAN)的积极参加者。

7. 法国标准化协会。法国标准化协会的全称是 Association Francaise de Normali-

sation,缩写 AFNOR。1926 年,法国标准化协会成立。它是一个公益性的民间团体,也是一个被政府承认,为国家服务的组织。1941 年 5 月 24 日法国颁布的一项法令确认 AFNOR 接受法国政府的标准化管理机构——标准化专署指导,按政府指导开展工作,并定期向标准化专员汇报工作。AFNOR 负责标准的制定、修订工作,并负责宣传、出版和发行各项标准。

(三) 标准化认证的作用

"认证"(certification)一词的英文原意是一种出具证明文件的行动。ISO/ IEC 指南中对"认证"的定义是:"由可以充分信任的第三方证实某一经鉴定的产品或服务符合特定标准或规范性文件的活动。"举例来说,对第一方(供方或卖方)生产的产品甲,第二方(需方或买方)无法判定其品质是否合格,而由第三方来判定。第三方既要对第一方负责,又要对第二方负责,不偏不倚,出具的证明要能获得双方的信任,这样的活动就叫做"认证"。

第三方的认证活动必须公开、公正、公平,才能有效。这就要求第三方必须有绝对的权力和威信,必须独立于第一方和第二方之外,必须与第一方和第二方没有经济上的利害关系,或者有同等的利害关系,或者有维护双方权益的义务和责任,这样才能获得双方的充分信任。通常,第三方的角色由国家或政府的机关直接担任,或者由国家或政府认可的组织去担任,这样的机关或组织就叫做"认证机构"。

企业标准化认证的作用体现在以下几个方面:

1. 强化品质管理,提高企业效益,增强客户信心,扩大市场份额。国际标准反映了国际先进水平,它具有技术的先进性、完整性和实用性。通过采用国际标准能及时了解国际上先进的生产技术,有利于企业确定科技攻关方向,有计划、有步骤地改进设计、工艺、配置检测手段,有目标地进行技术改造和设备更新,促进企业管理水平的提高,建立正常的生产秩序,确保产品质量的不断提高。

2. 获得了国际贸易"通行证",消除了国际贸易壁垒。许多国家为了保护自身的利益,设置了种种贸易壁垒,包括关税壁垒和非关税壁垒。其中,非关税壁垒主要是技术壁垒,技术壁垒中,又主要是产品品质认证和 ISO9000 品质体系认证的壁垒。特别是在世界贸易组织内,各成员国之间相互排除了关税壁垒,只能设置技术壁垒,所以,获得认证是消除贸易壁垒的主要途径,有利于开拓国际市场,扩大产品的出口。

3. 节省了第二方审核的精力和费用。在现代贸易实践中,第二方审核早就成为惯例。但第二方审核存在很大的弊端。一个需方通常从许多供方进货,第二方审核无疑会给需方带来沉重的工作负担。另一方面,需方也需支付相当的费用,同时还要考虑派出或雇佣人员的经验和水平问题,否则,花了费用也达不到预期的目的。通过认证可以排除这样的弊端。因为作为第一方的生产企业申请了第三方的认证并获得了认证证书以后,众多第二方就不必再对第一方进行审核,这样,不管是对第一方还是对第二方,都可以节省很多精力或费用。

4. 有效进行产品品质竞争。国际贸易竞争的手段主要是价格竞争和品质竞争。由于低价销售的方法不仅使利润锐减,如果构成倾销,还会受到贸易制裁,所以,价格竞争的手段越来越不可取。20 世纪 70 年代以来,品质竞争已成为国际贸易竞争的主要手段,不少国家把提高进口商品的品质要求作为限入奖出的贸易保护主义的重要措施。实行标准化的品质管理,可以稳定地提高产品品质,使企业在产品品质竞争中永远立于不败之地。

5. 有效地避免产品责任。各国在执行产品品质法的实践中,由于对产品品质的投诉越来越频繁,事故原因越来越复杂,追究责任也就越来越严格。尤其是近几年,发达国家都在把原有的"过失责任"转变为"严格责任"法理,对制造商的安全要求提高很多。例如,工人在操作一台机床时受到伤害,按"严格责任"法理,法院不仅要看该机床机件故障之类的品质问题,还要看其有没有安全装置,有没有向操作者发出警告的装置等。法院可以根据上述任何一个问题判定该机床存在缺陷,厂方便要对其后果负责赔偿。但是,按照各国的产品责任法,如果厂方能够提供 ISO9000 品质体系认证证书,便可免赔。

6. 有利于国际经济合作和技术交流。按照国际经济合作和技术交流的惯例,合作双方必须在产品(包括服务)品质方面有共同的语言、统一的认识和共守的规范,方能进行合作与交流。品质体系认证正好提供了这样的信任,有利于双方迅速达成协议。

第三节 政治全球化

一、政治全球化的含义

当代的"全球化"是全方位的,其中包括"政治全球化"。今天的政治生活中,政治全球化已经成为任何一个政治行为主体都不得不承认、也不得不面对的重要事实。

政治全球化是指,基于当代经济全球化的发展,随着各国政治交往范围的日益扩大和深入,各国政治生活也随之遇到了越来越多的相关性问题,在一定程度出现了各国政治生活的共同性,导致国际政治和国内政治相互渗透、国际组织和国际协调力量所起作用越来越大的趋势。

二、政治全球化的表现

(一)各国政府所具有的军事意义减弱,经济和社会意义增强,行为模式趋向一致

几千年来,在各国为了各自的利益处理相互关系时,军事攻击一直是最有力、最有效果的手段。在一个以简单体力劳动和土地为最主要生产要素的时代,只要条件

具备,使用军事手段对外征服,对于每个国家都具有莫大的诱惑力。在这种局面下,即使那些相对安分守己的国家,也都要加强军备,以防他国入侵。

但是,随着市场化的生产和贸易把越来越多的人越来越深地网聚进分工协作的体系之中,分工协作的生产体系和充满积极性、创造性的复杂劳动成为最主要的生产要素,而且这两大要素只有在自愿结合的人际关系的背景之下才能充分发育。这时,军事战争不仅会破坏这两大要素,更会破坏自愿结合性的人际关系。这样,即使仗打赢了,得到的也是一个严重受损的生产力,而且在军事占领之下,以后生产力也难以发展。人们越来越发现:一个地区或一个国家通过和其他地区、其他国家进行分工协作的市场交换,由此带来的净收益,要大于对其他地区进行军事征服所带来的净收益。在这种情况下,军事手段的价值越来越低。即使某个国家的军事力量很强,完全具有对他国发动军事征服的可行性,也不愿意使用,因为这样做失大于得。而那些军事力量较弱的国家,因为意识到其他国家即使军事力量较强也不愿意攻击自己,所以这方面的担心也就减弱了。越深地融入国与国之间工商业分工协作的网络,这种国际关系的态势就表现得越明显。所以,罗伯特·克班(Robert O. Keobane)在《力量和相互依赖》(Power and Interdependence)一书中指出:"在发达工业国中,对遭受军事攻击的恐惧正迅速消退,而对于遭到相互之间军事攻击的恐惧,实际上已经不存在了。法国已经放弃了戴高乐奉行的全面防御理念,加拿大对美国最后一次作战计划已经距今半个多世纪了,英国和德国也不再感到相互之间存在军事威胁。上述国家之间的关系有时也会十分紧张,但不再有谁会想到用军事手段去解决问题。"军事价值的减弱,使得国与国之间越来越倾向于使用理性和相互协商的方式来处理相互关系,这为国与国之间的政治合作建立了坚实的基础。

今天,各国政府在政府目标、政治结构、政治方案等方面日益表现出一致性,都认为政府应该对以下社会生活负责:教育、卫生健康、经济和财政的管理、福利政策、退休津贴、环境保护、减少贫困。而且所有政府都在一定程度上肯定民主、人权、平等、自由等社会价值。这些一致性为各国政府进行沟通与合作提供了坚实的平台。有来自三方面的推动力使得这些一致性得到加强:本国民众要求政府尽到上述责任;当某政府达不到上述要求时会受到来自国际社会的压力;如果某政府由于力量有限而完不成上述目标会得到来自国际社会的帮助。

(二)各国政府自我决策的空间缩小,政府间合作增强

在全球化尚未出现的时代,一国政府在进行决策时,只需要去和国内的各种社会力量博弈,而且由于具有控制性力量,因此拥有较大的自我决策的空间。

当全球化的程度越来越加深时,一国政府就不仅要和本国的社会力量博弈,还要和国际上的社会力量博弈,特别是,本国的社会力量现在经常和国际上的社会力量联结起来,这些社会力量既包括经济层面的,也包括社会其他层面的,比如环境保护、女权运动、劳工组织、体育协会等。这样,政府自我决策的空间就缩小了,它必须同时考

虑来自国内国外各个方面的利益、力量、意见和态度。在全球化之下,各国的国门都打开了,很多跨越国境的活动出现了。虽然这并不意味着国境的消失,各国政府仍然是国际事务方面最重要的组织,但已不是唯一的组织。全球化的浪潮缩小了各国政府行为决策的空间,而各种国际组织、国与国之间的条约、地区性合作、非政府组织等的作用则越来越大。

当各国间的联系不断加强,当各个公司、银行和贸易联盟不断展开跨国活动,一国的政策就不可避免地会影响到其他国家,各国政府发现越来越难以将国内政策和国外政策区分开来。这就要求各国政府不断加强相互间的合作。这体现在国际安全、经济合作、环境保护、打击跨国犯罪等众多领域。其中,最主要的是在经济层面。一方面,各国的经济规则必须一致,都必须纳入到市场经济的轨道上来,各国政府不约而同地越来越感到和"国际惯例"接轨的重要。另一方面,在面对一些共同的经济问题时,比如经济不景气、全球股市下跌等,要采取合作行动共渡难关。

(三)国际组织的作用日益加强

当各国政府自我决策的空间缩小时,其一部分的管理决策职能转移到了国际组织;当各国政府不断加强相互合作时,一部分的合作职能也转给了国际组织。

国际组织包括两类,即政府间组织和非政府组织。

政府间组织是各国政府之间组成的合作组织,现在共有大约700多个,包括联合国、世界贸易组织、国际货币基金组织、世界银行、世界劳工组织、世界气象组织、联合国难民署、世界粮农组织、世界卫生组织、国际电讯组织、国际邮政组织、国际标准组织等。这些形态多样的国际组织在不同范围、不同领域为国际社会所面临的各种问题提供了交换意见和寻求解决方法的场所。

其中,联合国是最具代表性的,它是超国家组织的最高形态,是由各个国家组成的,但却不代表任何一个国家的特殊利益。它力图为了人类共同利益而制定推广一系列统一规则,并使各国的特殊规则能遵从这些共同规则。联合国宪章坚决反对军事征服,规定世界各国必须尊重每一个国家的主权和领土完整。联合国以自己的行为影响制约各国政府的行为方向,引导它们加强相互合作。联合国及其下属的各种组织是国际组织中势力最大的,其工作既满足了社会生活全球化的要求,也推动着全球化的进程。联合国及其下属的各种组织致力于在全球传播一致性的政治理念、社会观念,力图确立若干对世界各国人民都具"合法性"的价值观念,这在男女平等、人权、消除种族歧视、民主政治、不使用童工、保护难民、保护世界文化遗产、新闻自由等方面已取得了很大进展。联合国的具体职能是:预防、缓解和制止一些地区的冲突,在一定程度上缓和国际紧张局势;制定和完善国际法,以统一规范各国的行为;为国际社会提供伸张正义的讲坛,从而限制和控制冲突的升级;加强和促进各国在各个社会领域的交流和合作。虽然联合国对各国政府没有强制约束力,但其目前具有的影响力和约束力已经令任何国家都不得不认真对待。它力图寻找和建立各国之间的共同利益,并使各国的特殊利益融进这些共同利益。

非政府组织指国际民间组织。据统计,第二次世界大战前,非国家组织仅有 500 多个,而目前已达 3 万余个,著名的有绿色和平组织、国际红十字会、牛津大赦国际组织、国际奥林匹克委员会、世界野生动物基金会、国际人权组织等。

经济全球化引发了社会生活各个层面的全球化,这些全球化的活动已经进入了组织化阶段,这一点正通过日益发展的国际组织表现出来。它们在超出民族国家的层次上展开自己的工作,致力于建立国际性活动的框架,促进各种社会生活的要素在全球范围内的整合。当各国寻求互相合作时,它们会给予强有力的帮助;当一些国家的政府机构缺乏与他国相应机构的沟通时,它们会提供信息和渠道;当一些政府忽略了某些国际性合作活动的重要性时,它们则会给予警醒和推动。比如,1972 年的世界环境大会使得各国政府把环境问题摆到了更为重要的地位;1974 年的世界粮食大会推动各国合作,以解决世界粮食短缺问题;1975 年联合国特别大会提出建立国际经济新秩序,使得各国向这个方向迈进了一大步。

所有这些国际组织,都是以民主、平等、自愿的原则组织起来的,而且都不具备对各国政府的强制约束力。各国政府可以遵守各国际组织的决议和要求,也可以不遵守。但是,当一国的经济生活及其他社会生活越来越深地融入国际网络之中,当世界各地人民的福祉越来越相互依存,各国发现,在越来越多的情况下,遵从要比不遵从对自己国家更有利。

(四)政治价值的普世化

从价值观念形成和影响的区域来看,可以将价值划分为区域价值、民族价值和全球价值。全球价值是一种超越了狭隘的民族国家的界限,被各种不同社区、文化和宗教的人们所逐渐接纳、公认的普世价值准则和价值理念。政治全球化意味着各国之间在政治价值和政治制度上的认同趋向一致。

经济全球化特别是市场经济的全球化,促使那些与之相适应的政治价值和政治评判标准的全球化。诸如民主和民主化、宪政、法治、自由、平等、人权、公平、正义等。这些政治价值逐步成为普世性的价值规范和人们公认的政治评判标准。随着民主政治已经成为世界潮流,并且成为人类政治发展所追求的目标,政治全球化的价值体系首先表现在以自由、平等为核心内容的民主价值的认识趋同和以保障自由、平等、人权为核心内容的民主制度的普世化。

政治全球化的核心内容就是全球民主化。或者说,在这些普世价值成为评价各国政治制度优劣主要标准的情况下,各文明走向民主化将成为大势所趋,尽管各国民主化道路和民主制度的具体形式不尽相同。随着全球化的深入发展,这种民主化的发展将表现在诸如全球社区、全球责任、全球治理、世界性社会以及世界政府等的建构方面。

三、政治全球化的障碍因素

（一）各国政治、经济发展的不平衡

人们在谈论国际协调力量及其作用的重要性时，往往强调世界是相互联系的整体，但也不能忽略世界各国之间的矛盾与分歧。当代世界并不完全是一个相互依存的体系，而是存在着两个各具特点的体系：西方体系内部是相互依赖关系；南北之间至少在一定范围内是单方面依赖关系（即南方依赖于北方）。西方体系内部的关系是相对平等的，因而是相互依赖关系；南北之间的相互关系是不平等的，是单方面的依赖。

在经济全球化和政治全球化的过程中，始终充满着相互矛盾的运动态势：联合与分离、合作与竞争、控制与自行其是、相互妥协与各执己见、理解宽容与歧视敌视。但是，随着全球社会生活的向前推进，相互协作与共同发展正日益成为我们这个地球村的基本色调。

（二）美国的全球霸主地位仍在延续

在国际经济政治关系中具有重要影响的国际货币基金组织、世界银行、世贸组织等均为发达国家特别是美国所控制。它以强大的经济实力为手段，试图把世界上大多数国家乃至联合国纳入符合它的利益的国际政治模式中。冷战结束后，在新一轮的"政治全球化"浪潮中，这种状况并未得到根本改变。发达国家集团（如"北约"）或是绕开联合国单独行动，搞所谓"人道主义干涉"；或是百般阻碍联合国有利于世界进步的改革；或是在联合国发号施令、坐而论道，压制发展中国家发表自己的意见；等等。在一定程度上，政治全球化主要是以美国等发达国家的价值观念和运行模式为蓝本制造出来的，实际上成了"美国化"。

我们必须注意到以下三个问题：其一，"政治全球化"不仅是"政治一体化"，还包含着各种形式的冲突和对抗；其二，对国际协调力量的作用不能估计过高，对其发展前景也不能过于乐观，至少在可以预料到的将来，国际组织还不可能在国际政治关系中起主导作用；其三，对国际组织的性质和国际协调力量的作用不能简单地统而概之，总的说来，国际组织和国际协调力量的发展将继续出现曲折复杂、一波三折的态势。引起这种态势的原因是多方面的，但其中一个最为根本的原因就在于少数发达国家为了自身的利益而操纵和控制国际组织。

第四节 技术全球化

一、技术全球化的含义

技术全球化是指在当今政治经济全球化的世界中，受全球市场和企业技术战略推动,工业活动出于技术需要而表现出国际化的发展趋势,即不同民族国家之间不再为了垄断技术优势而单独开发关键技术,而是合作开发关键技术,以维持经济的持续增长。

按照这种观点,随着高技术企业的日益全球化,企业和技术的民族性日渐式微,那种仅仅支持"国内"企业的技术政策已经过时,技术创新主要受全球市场力量的推动,而很少受到政治和民族界线的限制和干扰。

二、技术全球化的基本内容

从技术发展角度看,技术全球化包括以下三个方面的基本内容:

(一)技术发展在全球化过程中起着重要的促进和推动作用

在前现代时期,手写技术、航海交通、印刷机发明推进了商业活动的简单全球化形式发展。现代时期以来,报纸的兴起、火车和铁路运输的发展和莫尔斯电报技术构成了全球化历史的一块重要里程碑。1858年赛勒斯·费尔德的跨越大西洋的电报电缆架设取得成功,标志着全球网络的开端。19世纪末期赫兹、麦克斯韦、马可尼和特斯拉等人发明的无线电通信技术则开辟了一个新的全球化时代。到了20世纪50年代,喷气飞机和电视推动全球化迈出了新的更大步伐,1957年人造地球卫星的成功发射更成为全球化历史的重要步骤。20世纪70年代以后的跨洋光缆为快捷、可靠和便利的全球网络提供了稳定的通路,为全球化时代的到来奠定了基础。然而,只有数字技术才真正造就了今日的全球网络。

(二)全球范围的技术研究开发日趋明显

研究开发活动是一种智力创新活动,需要大量信息资料和实验设备,因此研究开发机构大都设在发达国家和地区,依靠先进的实验室,充足的研究经费,吸引一流的科学家,从事研究开发活动。但现在实验室与实验室之间、大学与大学之间完全可以打破这种局限,按照项目组件进行重组。而且由于交通和通信技术的发展,特别是信息网络的发展和普及,即使经济欠发达国家和地区也可及时获得世界一流的技术信息和成果,并通过网络进行交流和讨论,因此有些发达国家开始在其他国家开办研究开发中心,从事创新活动,以期利用当地的人才和知识资源,适应日益激烈的高速变化的全球性竞争。在这种情况下,一项科学项目可以吸引全世界各地有兴趣的科学家参与其中,并能够在全球范围展开研究。这不仅为具有丰富智力资源的发展中国家和地区在国际竞争前沿开展研究开发活动提供了机遇,也为发达国家自身的研究开发开辟了巨大空间。

(三)技术生产和服务的全球格局正在形成

研究开发的全球化促使跨国公司将其技术知识生产和供应活动从母国转移到其他国家和地区,而跨国公司的全球性研究开发活动反过来刺激和推动了跨国公司的全球市场开拓。发达国家跨国公司的技术总会通过一定贸易渠道转移到发展中国家,从而形成一种技术互补关系,如波音公司客机的全部零部件,是由包括美国在内的 100 多个国家的 6 450 家企业协作生产的。跨国公司不仅在全球范围开拓传统产品市场和技术市场,而且还扩大到了服务领域,包括电信、金融和管理服务。如美国、德国、日本等国家的企业借助国际并购、直接投资、战略联盟等手段建设自身的全球性服务网络。

三、技术全球化与技术民族主义的关系

(一) 技术民族主义的含义

所谓技术民族主义(techno-nationalism),是指这样一种政府公共政策,即瞄准战略性产业(通常是指高技术产业),给予多种政府支持,如进口限制、出口补贴、研究开发补贴、研究开发税收优惠、外国对内直接投资控制、知识产权保护、政府资助研究开发计划等等,所有这些支持都仅仅是针对国内企业(即本国公民拥有的企业),目标是加强国内企业在世界市场上对抗国外对手的产业竞争力。

技术民族主义是一个近两个多世纪才产生的现代问题,而且各民族国家越是交往频繁,经济技术发展越是日益国际化,技术民族主义问题就越是突出。早在 19 世纪工业革命时期,就有人认为技术的急速发展本质上是反民族主义的,技术发展必然产生某些力量促使各个民族在互相依赖的环境里生存,因而提出用国际主义、世界主义取代民族主义;到了 20 世纪和 21 世纪,特别是近 20 多年,随着技术全球化趋势的日益明显,更有人提出用全球主义取代民族主义。但历史并没有证明这种理想的、盲目的乐观主义的合理性,因为即使在技术全球化的今天,民族国家作为最有效的现代政府和政治形式,仍然为技术经济发展和国际竞争提供着安全保障,而且世界各技术行为主体的发展不平衡乃是世界经济发展的金律,当技术实力雄厚的国家强调技术全球化和主权观念过时时,其他许多国家(包括一些发达国家)仍然特别珍视自己的国家和主权利益。

(二) 技术的本土化特征

桑德罗·蒙特雷索从技术空间发展的国家和民族特质,描述了技术的本土化(techno-localization)特征:

1. 技术地域性(techno-territoriality)。尽管全球化技术(如通信和信息技术)大大降低了交通和运输成本,但生产活动的实际定位,即生产者和用户的物理距离仍然是一个关键问题。新的知识或者技术创新的生产和应用是一个同当前经济系统密切相关的因素,知识的内在本质影响着相应地理边界的实际形式。按照其内在本质,技术知识可以分为两大类:显性知识或符号化知识(codified knowledge)和隐性知识或默许知识(tacit knowledge)。如果技术创新的实现和扩散完全依赖于符号化知识,即不受民族国家背景影响,技术地域性就具有全球特征。但当考虑默许知识在创新过程

的关键作用时,技术地域性的本土特征是显而易见的。与符码化知识不同,默许知识无法以非人的、独立于背景的手段(如文件、计算机等)进行存储和传递。由于人与人之间的接触、实际的技术示范和物质的交易有利于隐含知识的传递,因此必须恢复技术地域的空间向度。就此而言,技术地域具有民族或者亚民族特征。在国家战略方针得到同一地域的某些关键部门的配合和支持时,可以通过信息共享和反馈建立起重要而有效的技术带,如工业区、技术圈、区域创新系统和其他具有集聚效应的技术创新中心。

2. 技术主权性(techno-sovereignty)。技术主权是一个同国家最为密切相关的因素,它具有双重特征:一方面,技术主权涉及参与创新的、民族的、超民族的和亚民族的公共控制结构平衡;另一方面,技术主权与民族的和超民族的科技政策范围和目标相关。前者声称民族国家正在融化于超民族的全球化现象中,但有两个同技术相关的问题需要考虑:一是拥有技术决策权力和责任的国际组织是由或多或少表达国家需要和利益的中央政府代表构成的,因此国家利益不会简单融于国际利益中,相反还可能分化国际利益;二是国际水平的创新制度(包括标准、规则和规范)协调会强调而非冲淡各中央政府见解之间的差异。国际竞争压力使追求国家利益和目标更加复杂,国家政策在适应新的世界秩序方面显得更加重要。

3. 技术公民性(techno-citizenship)。技术公民性是指技术创新机构的目标、战略和绩效对所属国家的贡献程度。任何一个国家都面临着生存、安全、发展等方面的挑战,在某些科学技术领域(特别是具有战略价值的技术领域)争取国际领先地位是应对这些挑战的重要手段。从这个意义上讲,拥有特定技术的企业或其他组织对所处的国家就有了一定的社会责任。这一点对于民族企业、政府和其他公共机构(主要是大学和研究所)而言是显而易见的。即使它们会参与到国际创新合作、联合风险投资和合作协议之中,提高自己所在国家的技术水平也是一个重要的追求目标。但在涉及跨国公司时,技术公民性问题就比较复杂了,因为跨国公司的母公司与子公司可能分处不同国家,这时我们可以认为跨国公司在不同国家的子公司分别扮演着不同的技术公民角色。例如,美国通用汽车的中国子公司实际上也承担着发展中国汽车工业技术水平方面的责任。

4. 技术民族性。技术民族性是指技术同特定民族的知识、文化和意识形态之间的关联性。任何技术的发展都具有历史传承性,一个国家和民族长期形成的知识体系、文化传统和意识形态必然会影响到其技术发展的方向,导致解决技术问题的不同文化风格,即技术发展的"路径依赖"和"内部锁定"。例如,中国在长期的农业发展中,高度重视精耕细作,发展出了高水平的人工耕作技术,节能环保;而西方国家的农业则长期处于粗放的生产模式中,进入工业社会之后发展为工业化的农业生产模式,高度依赖农业机械,既不节能也不环保。又如,西方国家比较重视技术创新和保护知识产权,企业具有比较强的创新意识和动力;

而中国相对不够重视技术创新和保护知识产权,企业具有比较强的模仿和学习意识,而自主创新意识和动力则相对较弱。

(三)技术全球化和技术民族主义的关系

技术全球化和技术民族主义显然属于两种极端的理论情形,并经常会进入某种技术全球化与反技术全球化的"囚徒困境"之中。但任何民族国家实际的技术空间发展都是两种理论和政策的综合:有些方面是技术民族主义或技术本土化的,而有些方面则同技术全球主义或技术全球化相一致。关于两者的关系,学者们的看法存在相当大的差异。有人认为,尽管经济学的基本原理促使各个民族国家采取技术全球主义的态度,但技术民族主义并未因此而消退,因为诸如国内较低竞争力产业发展之类的政治诉求要求抵消外国民族的"不公平"目标政策,至于决策者也不太愿意改变既有的技术政策。还有人声称,有些民族国家(如日本和其他东亚国家)在内部多奉行技术民族主义,而其他国家(如美国)则坚持市场导向,更注重技术全球主义。但更多的人则在技术全球主义与技术民族主义之间摇摆不定:当一个民族国家在面对外国激烈竞争时,技术民族主义就会增长;而在经济繁荣期间,技术全球主义就会活跃一时。这种争论不一而足,难有定论。为了理清两者的关系,需要考察一下技术空间发展的实际情形。

毫无疑问,我们不应低估技术的全球化冲击。目前,技术贸易数量急速增长,外国直接投资研究开发增长,来自外国的专利申请和向外国的专利申请有增无减,不同民族的企业之间的战略联盟迅速膨胀,所有这些都表明了技术全球化空前的发展速度、规模和发展深度。但技术全球化毕竟只是一枚硬币的单面,作为这枚硬币的另外一面——技术本土化在今天的国际政治经济中的重要地位也在不断提升。如果说技术全球化是跨国界的技术扩散的话,技术本土化就是特定地理区域的技术积累。美国硅谷的微电子技术就是以本土化的方式发展起来的,它作为半导体和计算机技术的圣地而威名远扬,吸引了越来越多的世界一流企业和工程师入盟其中,成为当今技术全球化的中心。美国其他技术本土化地点还有曼哈顿的硅街(互联网络相关技术)、明尼阿波利斯的医街(医疗设备技术)和波士顿的128号公路区域(信息技术)。日本的筑波科学城、台湾地区的新竹、印度的班加罗尔和中国的中关村也都是这样的技术本土化区域。

技术全球化和技术本土化的共生演变主要还在于技术的本土化发展方式可以在国际或者全球水平上运作。技术的默许知识无疑使企业运作和工程实施只能在某一个地点或者区域进行,企业之间和产业之间的协同也要求企业、消费者、大学、政府机构、思想库、职业培训机构和贸易协作机构在特定地点的地理集聚,形成具有国际竞争力的簇群效应,吸引无数的海外公司。另外,多数技术创新扎根于国家创新系统,一国在某一技术领域领先,就意味着它在该技术领域拥有一个比别国更好的国家创新系统。应该说,这些因素既是技术本土化的推动力量,也是技术全球化的持久竞争优势所在。在历史上,德国化工技术具有相当的竞争力,这种竞争力直到今天仍然保持下来,因为有许多外国化工企业都在德国建立了研究开发机构。英国的生物技术、美国的航空技术和信息技术、印度的消费电子和计算机软件技术,均以本土化为基础发挥着重要的全球性影响作用。

技术全球化与技术本土化的共生演变主要表现为以下四个方面:

1. 尽管流行的技术全球主义认为技术全球化正在创造一个"没有国界的世界",并使以地理概念为基础的民族国家失去意义,但几乎所有主要的民族国家或地区却都在推进国界或区域内的技术创新。克林顿在1993年组阁时曾经宣布了他的技术政策计划,声称"投资技术即是投资美国未来",并鼓吹产业技术(如信息技术等)在未来数十年中将日益成为经济增长和国家繁荣的关键动力。到20世纪90年代中期,日本也为21世纪的科技政策确立了新的"科技立国"目标,提出了科技基本计划。欧洲则关注区域创新实力的提高,在每个国家追求自身技术政策的同时,实施了某些大规模的泛欧洲计划。其中尤里卡计划目前吸引了26个国家,目标是针对美国和日本,加强欧洲在高技术市场上的竞争力。1996年,马来西亚启动多媒体走廊计划,试图把马来西亚建设成为亚洲的技术轴心,目的是使马来西亚到2020年成为最高级工业化国家之一。1995年中国台湾启动了亚太行动中心计划,目标是把台湾建设成为亚太地区的"高技术岛"。1996年中国"九五"计划强调要推动信息和通信技术,2001年"十五"计划更是瞄准社会信息化建设。

2. 在技术民族主义那里,政府被认为是"优胜者精选"和领导技术创新方向的领头羊,而技术全球主义则强调,只有私人部门才能在全球市场竞争中有效地促进技术创新,但私人企业和政府的创新角色实际上是同时存在并相互依存和合作的。在发达国家,私人部门承担着技术创新计划,但政府的作用并未因此而取消,而是发挥着新的作用,并表明公共部门与私人部门之间"合伙"的意义越来越重要。合伙在日本政府资助的产业研究开发项目中发挥着整体的效力。1975～1981年间的超大规模集成电路计划就是由政府和私人企业共同出资进行的,它帮助日本半导体制造商追赶IBM、得克萨斯仪器和摩托罗拉等美国巨头。20世纪80年代早期,日本公私合作研究开发的成功导致了美国范式的转型,美国政府开始被迫支持非军事技术研究开发。1987年,美国政府和半导体企业创建Sematech(半导体制造技术)组织,成为美国商用技术研究开发历史上第一个公私成本共担计划。"合伙"一词在克林顿组阁的技术政策计划中成了一个流行术语,克林顿政府曾经自夸高级技术计划(ATP)是美国公私合伙的一个成功范例。自1997年开始,ATP计划已经接受3 000多个申请,资助了352个项目,产业界和政府已经共同投资了23亿美元的研究开发经费。欧洲的尤里卡计划也采取了公私部门之间的成本分担形式,它从1985～1995年总共投资145亿欧洲货币单位,650多个项目,涉及2 400个企业和1 100家其他组织或者机构。就中国而言,技术创新的主体长期以来一直由公共部门(大学、科研院所)和国有企业承担,但随着经济体制改革向纵深发展,也出现了公私合营的技术创新趋势。

3. 在技术民族主义那里,所有政府的支持只是针对"国内"企业和机构,但今天有许多政府资助项目已经国际化,即允许外国研究开发实体的限制性参与。美国ATP计划的专利申请不仅来自美国的企业,而且来自美国资助的外国企业(即非美国公民拥有或者控制的以美国为基础的企业)。1997年,大约29个已经完成或者正在启动的ATP项目,有23家参与企业属于来自12个国家的受美国政府资助的外国企业。这些外国企业都符合美国政府资助项目的条件,如合作研究开发协定(ARADA)和能源部提出的某些研究开发项目条款等。日本在技术政策上长期以来以"封闭"著称于世,但近年来却声称日本研究开发系统要向国际社会开放。日本政府资助的研究开发项目有些已经把外国企业纳入其中,如新阳光计划等项目吸引了来自美国、加拿大等其他外国企业和研究机构的参与。欧洲ESPRIT(信息技术研究开发战略计划)曾吸收IBM和富士两大IT巨头,20世纪80年代后期以来,尤里卡计划的某些项目也允许外国企业参与。马来西亚把外国高技术企业的参与看做是其多媒体超级走廊计划成功的关键。诸如IBM和惠普这类世界巨头的主管们加入马来西亚政府的咨询委员会,有228家企业签订合同投资多媒体超级走廊计划。

4. 技术全球主义希望培育国际合作的气氛,技术民族主义倾向于使国际冲突恶化,实际的情形却是冲突和合作机会并存,技术全球化需要越来越多的国际规则制定和政策协调,也即技术全球化需要以技术本土化为基础。随着企业、科学家、工程师和研究机构的跨国界交流日益增多,国际规则制定与政策协调的呼声日高,以确保研究开发人员和相关机构拥有一个比较自由和公平的全球商业环境。为此,各国政府不断承诺,要通过双边和多边协商,推进本国企业全球范围的技术创新。

技术全球化与技术本土化的共生演变表明,将技术全球化和技术本土化看作两种互为冲突力量的观点已不再适合于理解今天一切民族国家技术政策的变化特征。各国实际的技术政策乃是一种混合体,但绝不是随意加入民族主义和全球主义的各种矛盾因素的混合体,而是一种包含各种互补因素的混合体。这种混合体作为一个整体是民族国家对今日国际政治经济根本变革的一种应对。这就是美国洛杉矶国际研究协会成员阿茨喜·亚玛达所称的新技术民族主义。

新技术民族主义同技术全球主义和技术民族主义的区别在于:技术全球主义以全球市场为动力,启动技术全球化杠杆,通过开放进行国际合作,确保全球利益;技术民族主义以政府选择为先导,认为总是存在国际冲突,因此采取封闭政策,力图阻止全球化力量,防止技术的全球化流动,确保国家利益;新技术民族主义则认为合作和冲突并存,通过有条件的开放政策,采取私人主动创新和公私合伙创新途径,启动技术全球化的杠杆,确保国家利益。显然,新技术民族主义是以技术全球本土化为现实基础来取得民族国家在国际政治经济秩序中的合法性或合理性,并影响国家技术政策和企业技术战略选择。

第五节　文化全球化

一、文化全球化的含义

文化全球化是指在全球经济、文化交流日益发展的情况下，世界各国之间的影响、合作、互动愈益加强，使得具有共性的文化样式逐渐普及推广成为全球通行标准的状态或趋势。全球化不仅是经济领域，它渗透到思想、文化、科技、政治等各个领域，改变着人类生活和地球面貌。全球化表明人类社会正在进入全球社会时代，全球社会呈现出相互依存、共同发展的局面。"人类共同体"、"地球村"变得更为真切而成为一种现实的社会存在，这种"全球社会"是整个人类文明的新阶段，是人类的生产活动、经济活动乃至社会文化活动的必然归宿。

二、文化全球化的发展历程

全球化并不是一种新现象。自人类社会产生以来，各种不同的文化一方面在独立发展，另一方面也在不断相互渗透和影响。世界上存在不同的国家和文化，这些不同的国家和人民在政治、经济活动的发展过程中不可避免地会对其他国家和民族的文化有所接触和了解。古代埃及文明、巴比伦文明、希腊文明、罗马文明、印度文明、中国文明、阿拉伯文明都曾在世界范围内产生过重大影响。在中国广为流传的中国鉴真大师东渡日本、玄奘法师西天取经和意大利人马可·波罗中国游历的故事都是这种文化交流的例证。15世纪美洲新大陆的发现，把东半球和西半球联在一起，使人类第一次知道彼此之间确实同住在一个不可分割的地球上，揭开了人类社会全球交往的序幕。

在古代社会，由于缺乏了解与沟通，同时为了争夺有限的自然资源和显示自己的崇高地位，不同文明之间也会经常发生冲突和战争。这种情况至今依然存在，例如主要信仰印度教的印度和主要信仰伊斯兰教的巴基斯坦之间的冲突，塞浦路斯希腊族和土耳其族之间的冲突，以色列和巴勒斯坦的冲突，在非洲广泛存在的不同部落和种族之间的冲突，西班牙政府与巴斯克分离主义者之间的冲突。美国学者塞缪尔·亨廷顿在1996年出版的《文明的冲突》一书中认为，21世纪的冲突将发生在几个主要的文明如西方文明、伊斯兰文明和中国文明之间。

但在当今社会，随着不同国家、不同文化之间不断加深了解与融合，世界各国的文化正在表现出更多的包容性与多重性。在现代国家之间，已经很少存在文化与国家的严格的一一对应关系，绝大多数都是多种文化的混合体，如加拿大文化就包括三个重要的分支，即盎格鲁文化、魁北克文化和美洲土著文化。即使在人们通常认为的某种文化内部也可能存在不同的分支，如阿拉伯世界的逊尼派和什叶派。

20世纪60年代以来发展迅猛的流行文化潮流更加促进了各国文化的融合。流行文化在很多方面有助于人们克服文化交流的障碍。很多流行文化如时装、电影更多的是利用形象的画面、色彩来表现的,国际企业的企业标志和商品广告也是如此,这就大大克服了过去人们了解其他文化所要跨过的语言障碍。对于世界各地的人来说,享受可口可乐和比萨饼并不一定要懂得外语。尽管某些产品或服务是通过语言来提供的,如美国的乡村音乐和流行歌曲,但是声音语言比起书面语言更容易接受,世界各地的人们同样可以欣赏它们。

随着经济全球化趋势的日益加强和互联网等沟通技术的发展,世界各国文化的融合和变迁趋势更加明显。日益先进和廉价的运输和通信技术、互联网的崛起、贸易量的激增、跨国公司的发展、全球品牌的出现,都使得不同文化之间的接触和交流更为便利和频繁。现在,越来越多的文化得到世界各地人们的理解和接受,一个全球化的文化环境正在逐渐形成,"越是民族的,越是世界的"这一文化理念正被越来越多的人接受。

全球文化环境的形成,有力地推动了国际商务活动的发展。全球化前各地人民的生活方式、文化观念各自不同,而伴随着经济交往范围的扩大和交通通信状况的改善,现在已经形成全球范围的信息流动。各国人民从未像今天这样能了解到本国之外那么多其他人民的生活方式,他们现在知道了别国人民在消费什么产品、在如何安排自己的生产生活、使用的是什么样的思维方式。这种信息流扩大了各地人民的视野,增强了他们对生活的选择,提高了他们提升跨越当下生活状态的动力和能力。在这种信息流动之初,人们不知道它带来的是各地生活方式的更加多样化还是更加一致化,因为对这种信息流如何接受、如何反应,是由各国人民自主决定的,在一开始,没有人能预计到这种反应会是什么样的。而当这种世界性的信息传播持续了几十年,人们发现,它使各国人民生活方式、文化观念中一致性的成分增多了。这种一致性首先表现在生产和消费上,后来逐渐深入到思维逻辑、行为模式、价值观念领域。宗教可以说是各地不同文化的最集中体现,但即使是宗教也体现出某种寻求一致性的趋向,这以1993年在芝加哥召开的世界宗教大会为标志。人类历史上第一次,来自几乎所有宗教的6 500多名代表聚集一堂,并发表联合宣言,建立全球伦理,其要旨是:尊重每个人的尊严、自由和平等;人是目的,是权利的主体;诚实、公平、宽容,相亲相爱。

在文化的交流和接触过程中,各国的商务文化也在悄悄地发生变化。例如,原本个人主义流行的欧美国家的企业也在向东方文化靠拢,强调集体主义和团队精神。而东方国家如日本、韩国、新加坡、中国也在强调西方所崇尚的创新精神和独立性。

三、文化全球化的主要推动力量

（一）通信和交通领域的新技术革命

通信和交通领域的新技术革命有力地推动了文化产品的生产、传播、接受及各种文化的交流。如信息和图像的数字化、卫星传播和远程电话、新电缆和光纤技术以及全球互联网，使文化生产和传播的形式跨越了民族文化和民族国家的界限，实现了"即时性"的传递和接受。如今，信息交换已日渐变成瞬间之事；卫星电视使得所有主要的新闻广播评论员有可能向全世界每一个角落的观众进行即时转播。这种即时（real-time）文化联系以一种截然不同的历史形式使当代文化全球化具有直接性、即时性和广泛性的特点，形成了文化全球化的当代形态。

（二）媒体行业大型跨国公司的发展

当代文化传播的中介，已由少数精英、知识分子转变为大型媒体所支持的国际交流渠道。例如，美国好莱坞、CNN、默多克新闻集团、微软公司旗下的各种媒体业务等大型文化、媒体集团的全球化扩张，对文化的全球传播产生了重大影响。

以默多克新闻集团为例。基思·鲁珀特·默多克（Keith Rupert Murdoch，1931～）1952 年回到澳大利亚经营其父濒于破产的《阿德莱德日报》；1956 年收购《珀思星期日周刊》；1960 年买下《悉尼每日镜报》和《悉尼日报》；1964 年创办《澳大利亚人报》；1969 年控制英国《世界新闻》周刊和《太阳日报》；1973 年购入美国《圣安东尼奥新闻》和《星报》；1976 年先后收购《纽约邮报》和纽约杂志公司；1981 年购入英国《泰晤士报》和《星期日泰晤士报》以及所属三份周刊，从而控制了英国 30% 的报纸发行量；后又买下美国的《芝加哥太阳时报》，并控制在电影和新闻界中有影响的华纳通信公司。默多克还是安捷航空公司董事长、美国出版公司董事长、城市邮报出版公司董事长、国际新闻有限公司董事长；1981 年任泰晤士报业控股有限公司副董事长，1982 年 1 月任董事长；1984 年任路透社持股有限公司经理；后任澳大利亚默多克新闻公司总经理。20 世纪 90 年代，默多克又在美国建立了与哥伦比亚广播公司（CBS）、全国广播公司（NBC）、美国广播公司（ABC）三大电视网比肩而立的电视传媒王国——福克斯电视网（FOX）。

大型跨国媒体集团的发展大大促进了各国文化的交流和融会，提高了文化全球化的速度、广度和深度。

（三）以商业和娱乐为主要形式的商业化大众文化的兴起和流行

流行文化以多种方式影响和培养着人们的生活方式。流行文化是如此流行，以至于世界各地的人都希望了解它，接近它，这就大大克服了人们对其他文化本能的排斥心理。流行文化导致的多种媒体在短时间内对某一事件和现象的多方位、多视角的报道，使得人们能够快速跨越文化的障碍。

现在无论是在报纸杂志,还是在音乐、广播、影视、网络上,以商业和娱乐为主要形式的大众文化产品到处可见。在西方,大众文化消费的同质性主要存在于青年人中,同时,正快速传播到发展中国家。如美国在英国电影市场占据的主导地位,给英国电影制造商带来的影响就是英国生产的电影越来越难销售。美国"泰坦尼克号"等大片在中国的放映,常常赢得很高的票房收入。

课程案例2-3

日立公司企业文化的变化

日立(Hitachi)公司是日本著名的公司,创立于1911年,2000年销售额达到了718亿美元,接近于日本国民生产总值的2%,名列《财富》全球500强第23位。

公司创始人鲇川义介是典型的日本人,每当有新员工加入,鲇川义介都要对他们进行关于"和为贵"的教育。最初在日立公司,管理人员和工人穿同样的工作服,员工彼此之间相互信任,员工可以免费住在公司的宿舍里,员工不论在工作中还是在生活上都相互依赖。在决策中采取集体协商制度,管理层在决策前要不厌其烦地征求下级的意见,在用人制度上实行终身就业制。

随着日本经济的崛起和经济全球化的发展,日立公司也在悄悄发生着变化。收入的提高使得员工不再像过去那样在生活上依赖公司和同事,个人生活变得日益多样化,相互信任和和谐的同事关系所依赖的基础开始松动。在决策制度和用人制度上也发生了变化,不再强调一致决策和终身就业。同时,随着公司业务的国际化,日立公司越来越重视对其他文化的学习和适应。1991年,日立公司甚至建立了一个部门来培训经理们学习其他文化。现在的日立公司非常重视选派员工到海外公司接受较长时间的在职培训,并开始引进一些国外的管理人才,鼓励员工像欧美的员工一样发挥个人更大的主动性和创造性。

讨论题目:
1. 你认为日立公司原来的经营模式有哪些优缺点?
2. 你如何看待日立公司企业文化的变化?

四、文化全球化与民族文化的冲突与整合

(一)文化全球化与民族文化的冲突

当代各国文化一致性成分的增多并不表示差异性的消退,今天世界各地的人们,在语言、宗教、服装、风俗习惯、男女关系的模式、对生命意义的看法等方面仍存在种种不同。但这些不同对各国进行经济、政治、文化交流与合作所起的阻碍作用越来越小。东方文化的代表中国和西方文化的代表美国,在经济政治上的合作、交往越来

多。而信奉伊斯兰教的印尼和信奉佛教的泰国早已在经济政治上结成紧密的同盟。这正是文化全球化的体现。

不过,各国间的文化分歧依然存在,因文化差异而导致的文化冲突有时表现得还相当激烈。当前,文化全球化进程导致的冲突主要有以下几种表现:

1. 文化全球化进程中,"文化霸权主义"与"民族文化"的冲突。文化全球化不等于文化"一元化"、"一体化",更不等同于"文化殖民化"与"文化霸权"。但文化全球化是一个历史过程,是世界各民族文化在文化全球化进程中实现新的组合和构建,形成新的文化全球化体系的过程。因此,文化全球化是一个正在生成而尚未完成的文化形态,又是一个蕴含着新的矛盾和冲突的全球文化体系。"文化霸权主义"与"民族文化"的冲突在当前尤为突出。美国《华盛顿邮报》曾发表一篇题为《美国流行文化渗透到世界各地》的文章,认为美国最大的出口产品不再是地里的农作物,也不再是工厂制造的产品,而是批量生产的流行文化,如电影、电视、音乐、书籍和电脑软件。一些西方社会学家声称,美国流行文化的传播是"长久以来人们为实现全球统一而作出的一连串努力的最近的一次行动"。

法国为了维护其大国地位,也非常注意争夺文化上的优势。在1993年举行的乌拉圭回合贸易谈判中,法国会同加拿大等国提出了"文化例外"的主张,认为文化产品有其特殊性,不能与其他商品等同起来,任其自由流通。而且,法国和欧共体其他国家一道拒绝美国关于欧洲取消对美国影视产品的"配额限制"和"自由贸易"的要求。

2. 文化全球化进程中,外来文化与本土文化的冲突。文化全球化意味着各种文化平等交流,融合互补机会的增多。但是,在文化全球化的进程中也会导致外来文化与民族本土文化之间的矛盾和冲突。文化全球化不会消除不同民族的文化差异,也不可能解决原有文化发展上的不平衡。这一方面由于文化力的强势与弱势,在文化交流中的主动与被动,在文化传播技术上的先进与落后等方面的差异,会导致文化交流在事实上的不平等,甚至出现文化入侵和文化殖民主义现象。另一方面,害怕和拒斥文化交流,固守本土文化,以仇视的心态面对外来文化,也会引发本土文化与外来文化之间的矛盾和冲突。近年来在国内外学术界颇有影响的塞缪尔·亨廷顿的"文明冲突论"和爱德华·萨伊德的"东方主义"以及受其影响我国反西化思潮中激进的后殖民文化批评派的观点,都有失之偏颇之处。要科学地说明文化全球化进程中外来文化与本土化之间的对立统一关系,就应摒弃以自我为中心的妄自尊大心态,克服无视其他文化体系,睥睨一切外来文化的自恋情结,抓住文化全球化这一契机,既吸纳多元文化中对民族本土文化有用的精华,又强化民族本土文化的精神价值,使民族本土文化在与外来文化的交流融合中获得发展机遇,增强民族本土文化向外辐射的能力和抵御外来不良文化的能力。

3. 文化全球化进程中,网络文化与民族文化的冲突。随着网络技术、网络传播的发展,一方面加快了文化全球化的进程,扩大了文化全球化的领域与范围;另一方面,也给各国的民族文化带来一些挑战。这种冲突和挑战具体有三个层面的表现：

(1) 网上语言层面的"文化战"，非英语国家感到有必要捍卫本国的语言文化。如法国政府提出要在互联网上捍卫法语文化。法国政府新近公布了一项方案，按照这一方案，电子邮件(E-mail)一词将禁止使用，而要使用 courrier-electronique (电子信函)。在中国，网上维护本国语言问题也已经引起了人们的关注。中国数字图书馆工程早在1998年8月就已开工。此工程的开工是鉴于中文虽是世界上使用最多的语言之一，但在互联网上，英文信息占97%，法文占2%，中文只占千分之几。如果再不主动占领制高点，我们可能丧失一切机会和权利。

(2) 网络传播技术层面产生的对民族文化的挑战。在技术层面上，网络传播源自美国，是现代工业和信息技术发展的产物。如果说，技术是属于生产力范畴，是价值中立的；那么，技术的社会应用则是有价值取向的。网络传播技术尤其如此。在信息社会，网络传播技术实际上是一种信息控制和文化资源商品化的战略性技术。因此，网络技术从其诞生起就由一种国家行为所推动，并首先应用在军事和政治生活领域。在社会文化领域，网络传播及其背后庞大的传媒联合体通过控制彼此之间交流的渠道，并塑造出通过网络传送的文化内容，而对世界上其他地方的人产生影响。人类历史上从来没有出现过这种全面控制人类交流的先例。拥有涵盖全球的通信网络的跨国传媒公司，正在世界各地挖掘当地的文化资源，并把它们作为文化和娱乐产品而重新包装。这样，在网络时代，文化资源被商品化了，它不再只是一种人文涵养，而成为一种"快餐式"的消费品；文化的神圣感被剥离了，只剩下文化商品经营者手中的利润。

(3) 在驱动网络传播的价值观层面对民族文化的冲击。在价值观层面上，网络传播是与西方的全球化模式相辅相成的。西方的全球化模式，首先是资本主义市场经济的一体化，并由此而形成所谓的民主、自由、平等、法治的政治制度和文化价值观念。这种全球化模式，带有明显的意识形态性和美国色彩。以美国为首的西方资本主义国家自以为占据了人类精神生活的制高点，从而向欠发达地区倾销它们的精神文化产品和价值观，网络传播就是它们最为有效的倾销渠道。同时，它们又利用好莱坞电影等娱乐业生产的文化产品，在网络上传播世俗生活方式和实用主义价值观念，使处于非西方文化影响下的网民"无意识"地认同和接受西方的价值观，进而怀疑和否定自己民族的文化。网络传播所载送的西方文化产品和价值观念，也在即时地动摇着人们既有的生活方式、行为准则，从而造成人们价值标准的混乱和精神困惑。

(二) 文化全球化与民族文化的整合

文化全球化进程一方面给一国民族文化的发展带来种种挑战，另一方面，民族文化也在融入文化全球化的进程，不断更新自己的文化样式，实现新的融合，民族文化在文化全球化进程中所实现的更新与融合，就是一种整合。整合，不是要民族文化在文化全球化进程中抛弃自己的"民族性"，而是要在新的全新文化实践中，在新的文化全球化体系的建构中,提升民族性(特色),体现"世界性"。

第一,在融入文化全球化的进程中,在与世界不同文化主体的合作中,奉献民族特色,促进全球文化新体系的建设。面对文化全球化的客观发展趋势,每一民族只有自觉融入文化全球化,相互在文化全球化进程中加强合作,奉献自己民族文化的特色,才能建设好全球文化新体系。

第二,在文化全球化进程中,维系民族文化,抵制"文化霸权主义"和"文化殖民主义",对"全球场"中的文化实现平等、公正的整合目标。

面对文化全球化进程中的"文化霸权主义"或"文化殖民主义",文化整合的有效方法就是积极维系民族文化,以消除"全球场"中文化发展的不平等、不公正,保证和实现"全球场"中新文化体系的建设。维系民族文化,最根本的就是要维护文化主权,反对"文化霸权"。文化主权是指现代民族国家将本民族的习惯、信仰和价值观念上升为国家意志,意味着对本民族文化所拥有的最高和独立的权利和权威。文化主权所认同的文化观念来自于民族文化传统,它不排斥外来文明,而是要求对外来文化观念的吸收立足于本民族国家的诠释,并有利于本民族文化的发展。

第三,在文化全球化的进程中,自觉地实现民族文化现代化的转换,以扬弃民族文化中不适合文化全球化的消极、落后的东西。

文化全球化是随着现代化在全球的推进而凸显的。发展中国家一般都还处于现代化的"边缘"或"过程中",其民族文化在适应"现代化"、体现"现代性"方面还有种种不足与不适应。在这种情况下,民族文化的发展就应在文化全球化中积极自觉地实现向"现代"的转换,这也是一种文化整合。发展中国家的民族文化能否在21世纪获得新生与发展,关键在于能否实现自身的现代化转换。要实现文化的现代转换,必须首先处理好转换的历史向度问题。在文化全球化浪潮中,发展中国家可以说是处于前现代、现代、后现代三个历史向度的交汇处。前现代的东西仍在潜移默化地影响着现代化的步伐;在前现代的影响尚未得到有效清理的时候,后现代的思潮又随着全球化的浪潮汹涌而来。这三种东西交织在一起,大大增加了文化转换的难度:一方面是文化发展中前现代因素与现代因素的紧张;另一方面是后现代因素与现代因素的紧张。

第四,在文化全球化的进程中,在整合传统文化与现代化、外来文化与本土文化的关系中,对民族文化进行综合创新。在文化全球化进程中,各国特别是发展中国家遇到的最直接的矛盾和问题就是如何对待传统文化与现代化、外来文化与本土文化的关系。实际上,传统虽然形成于过去的时代,但它却有着历史的传承性。传统总是存在并借助人们的生活方式而保留在现实生活中。从当代现实的高度来重新考察传统文化,就更容易把握民族文化是怎样从远古的萌芽一步步发展到现今的样态的,更易于把握历史传统中的某种必然性。一切文化都是时代精神的体现。所谓弘扬传统文化,实质上是要弘扬当前的时代精神,促进文化的现代化。

综上所述,文化全球化是当今世界文化发展中的一种客观趋势,文化全球化本身则是一种历史进程。文化全球化不等同于"文化殖民化"或"文化霸权主义","文化殖民化"或"文化霸权主义"是当今文化全球化中一个突出的全球文化发展不平衡现象。在文化全球化进程中,必然会提出民族文化的保护和发展等问题,任何民族只有积极融入文化全球化,在文化全球化中创造自己民族文化的新特色,向世界奉献民族文化新特色,才能共同构建全球文化新体系。

第三章

国际商务管理的国别环境

第二章介绍了国际商务的全球化环境,本章则重点介绍国际商务活动中所面临的差异化的国别环境。

第一节 国际商务的经济环境

在第一章我们已经提到,由于各国之间在许多方面存在差异,因而国际商务管理要比国内商务管理复杂得多。其中,经济环境的差异是对国际商务管理活动产生最大影响的因素。国际商务管理的经济环境包括经济体制的类型、市场容量的规模、国家或地区经济特征、区域经济一体化的发展等多方面的内容。其中,经济体制的类型反映的是经济制度方面的差异,市场容量的规模、国家或地区经济特征、区域经济一体化的发展反映的是经济发展水平的差异。这些差异对开展国际商务活动的收益、成本和风险都有着深远的影响。

一、经济体制的不同类型

经济体制是指一个国家或地区制定并执行经济决策的各种机制的总和,包括生产、分配、流通、消费的组织形式,权限划分,管理方式,机构设置等整个体系。参与经济活动的各个方面、各个单位、每个个人的地位和他们之间的利益关系,就是通过这样的体系表现出来的。经济体制除了指整个国民经济的管理体制外,还包括各行各业如农业、工业、商业、交通运输等各自的管理体制,此外各个不同企业的企业管理体制也属于经济体制的范围。

经济体制的不同也就决定了不同国家在资源配置基本手段和形式上的差异。在国际商务管理过程中,我们把经济体制划分为四种主要的类型,即市场经济、指令经济、混合经济和国家指导经济。

(一)市场经济

在纯粹的市场经济中,根本没有政府参与,经济系统中的个人或企业本着自身利益最大化的原则做出与自身有关的所有经济决策。消费者决定提供多少劳动和其他生产要素,选择购买和消费什么样的产品;企业决定生产什么产品,使用什么要素进行生产。换句话说,所有的经济决策都是由当事人分散做出的。在这种经济体制下,社会生产活动的数量和种类是由供求关系决定的,而价格体系的变化则传递着供求关系方面变化的信息。如果供给超过需求,则价格下降,生产者减少生产;如果需求超过供给,则价格上升,生产者增加生产。

纯粹的市场经济在现实中是不存在的,我们通常所说的市场经济国家或地区是指那些经济市场化程度比较高、主要依靠供求关系和价格调节生产和需求的国家或地区。一些国际研究机构从事这方面的研究并向公众提供这方面的数据。一般来说,中国香港、新加坡、美国都属于经济市场化程度比较高的经济体,是公认的市场经济体制。而德国、法国、英国等欧盟国家和日本的经济市场化程度处于中等水平,严格讲德国、法国、英国等欧盟国家属于后面讲的混合经济,日本则属于国家指导经济。不过,一般情况下,如果不做严格的划分,后面这些国家也被称为市场经济国家。

市场经济体制良好运行的关键因素是价格机制要起作用,也就是说,价格要能够完全、迅速、自由地变动。如果价格是固定的或呆滞不变的,企业与消费者各自独立做出的决策就会不一致。因此,在市场经济体制中,政府的一个重要职能就是反垄断,防止个别处于垄断地位的企业或企业集团通过限制供给的方式来操纵价格。政府可以通过反垄断法来限制企业的垄断行为,鼓励竞争。

(二)指令经济

指令经济是与市场经济完全对立的一种经济体制,也称为计划经济。在纯粹的指令经济中,一国或地区的商品和服务的数量和价格都是由政府计划制定的。实行指令经济的基本出发点是政府能够直接按照国家整体的利益进行投资和生产,克服纯粹市场经济的缺陷。但是在实践过程中,指令经济存在着一些很难克服的缺陷,表现在:由于现代经济的复杂性,制订计划所需要的信息收集和分析成本非常高,导致高昂的管理费用和官僚主义;不合理的价格体系经常导致资源的低效甚至无效使用;平均化的分配制度往往导致企业和个人缺乏改进产品和服务的动机。

20世纪下半期,在很多社会主义国家或具有社会主义倾向的政府领导的国家中都带有指令经济的色彩。虽然现在很多过去实行指令经济的国家都放弃了指令经济体制,但这种经济的印痕却很难在短期内完全消除。

(三)混合经济

混合经济是指既有市场调节,又有政府干预的经济。混合经济是介于市场经济与指令经济之间的一种经济体制。在混合经济中,一部分是国有制和政府计划机制,另一部分是私有制和市场机制。在这种经济制度中,决策结构既有分散的方面又有集中的特征;相应地,决策者的动机和激励机制可以是经济的,也可以是被动地接受上级指令;同时,整个经济制度中的信息传递也同时通过价格和计划来进行。

在混合经济中,政府可能会对以下领域进行调控:

1. 通过税收、补贴或直接控制价格来调控商品和投入的相对价格。
2. 通过收入税、福利支出或直接控制工资、利润、房租等来调节相对收入。
3. 通过法律、直接提供产品和服务、税收、补贴或国有化调控生产和消费的类型。
4. 通过使用税收和政府开支、控制银行借贷和利息、直接控制价格和收入、干预汇率等措施来调控失业、通货膨胀、经济增长和国际收支不平衡等宏观经济问题。

在混合经济中,通过市场机制的自发作用,经济社会解决生产什么和生产多少、如何生产和为谁生产的基本问题,而在市场机制出现错误时,则通过政府干预以促进资源使用的效率、增进社会平等和维持经济稳定和增长。

混合经济可以看作市场化程度较低的市场经济体制。混合经济在西欧相当普遍,法国、意大利和瑞典都可以划为混合经济。在这些国家,政府对那些它们认为实行私有制不能使社会利益最大化的部门进行直接的干预或经营。

(四)国家指导经济

国家指导经济指国家在企业经济活动中起着重要指导作用的经济体制类型,在这种经济中政府通过产业政策指导私营企业的投资活动以及通过其他规定指导企业从事符合国家目标的商务活动。

指导经济不同于混合经济,国家并不将私有企业收归国有,而是对私有企业进行培训和指导,使私有企业根据国家产业政策的目标进行投资。

产业政策的基本政策工具是利用财政和金融优惠措施鼓励私有企业在政府倡导的行业进行投资。通常的财政优惠措施包括对特定的投资项目或投资者(如外国投资者或在某些特定投资领域)减税、免税、提高直接或间接补贴。减免税的范围包括所得税、销售税、增值税、进出口税。补贴包括加速折旧补贴、投资或再投资补贴、对所得税的专项抵扣、对社会保障的专项抵扣、对劳动力训练的拨款、工资补助、对土地或某些设施的捐赠、对电力和供水成本的减免等。金融激励措施是对某些特定用途的项目和工程提供金融支持,如提供优惠的贷款或贷款保证。

日本和韩国是公认的国家指导经济,日本更是最早采用国家指导经济体制的国家。例如,20世纪70年代初期,日本通产省(MITI)将半导体工业确定为国家重点发展的目标产业,因此日本政府对日本半导体公司的研究与开发(R&D)投资给予补贴,利用行政压力劝说一些日本公司进入半导体工业,同时通过对进口商品和外国直接投资设置贸易壁垒和障碍的形式使得日本半导体公司免遭外国公司的竞争。

国家指导经济的优势是比较有利于贯彻国家的产业政策,如第二次世界大战后的日本和韩国都通过国家指导经济体制有效实施了国家的产业政策,发展起了自己的优势产业。国家指导经济的劣势是如果不能有效处理好政府与市场的关系并建立对政府的监督机制,有可能使政府干扰市场的运行,并滋生腐败。

课程案例3-1

韩国:强烈的国家干预主义的成功

许多人认为,韩国的经济增长是市场导向型的,是对国际市场开放的结果。但是有一些研究人员认为,这一亚洲"小龙"经济奇迹的背后,是强烈的国家干预主义,其特征是:国家有意识地大量提供关税保护和补贴,国家人为控制利率和汇率对投资进行管制,用"胡萝卜加大棒"的政策控制工业。相对价格被有意识地制订在"错误"的水平上,其目的是产生并获得不断变化的竞争优势的收益。韩国领导人认为,将相对价格调整到正确的水平,可能会带来短期的效率,但会导致经济长期的"贫血症"。

韩国的发展战略基本上是一种实用主义的反复试验法,它以两方面的任务为基础:一是出口增长;二是通过保护使一些幼稚产业成熟起来。韩国在20世纪50年代尝试进口替代政策,但是不太成功,因此60年代初鼓励出口尤其是制成品的出口成为韩国的一个基本政策。韩国为直接和间接的出口商实施了详细的出口退税政策,提供给出口商的鼓励措施包括直接税收减免、优先获得进口许可证及优惠利率等。

韩国首先选择了低技术产品为侧重点,这些产品所要求的技能与本国已有技术之间的差距不大。这一做法有一石二鸟之效:它鼓励企业"边干边学",并使韩国企业对外国技术的依赖程度降低。在20世纪60年代初,韩国的目标产业包括水泥、化肥和石油精炼。在60年代末和70年代初,重点转向钢铁和石化工业;而在70年代末,转向船舶、资本货物、耐用消费品及化学工业。80年代末和90年代,电子和其他装配产业受到韩国的重视。

这些产业政策在每一阶段都引起争论。赞成者指出了它们带来的最基本结果:1955~1991年间,韩国人均GDP增长了6倍。而批评者则认为,如果没有这些政策,韩国的经济增长会更迅速。确实,现在回过头来看,并不是每项决策都是对的。例如,在经历了1973年石油价格剧涨之后,石化工业的投资看来是一个失误,但是任何人都不会预计到这种价格的上涨。无论如何,韩国70年代的这些技术投资和另外一些技术投资使得韩国的石化企业实现了技术升级,缩小了与发达国家的差距。

讨论题目:

1. 不同经济体制的国家的政府在促进本国经济发展和开展国际商务活动方面有

什么差异?

2. 韩国的经济体制属于哪一种类型?
3. 韩国政府的国家干预经济政策可能蕴涵着什么风险?

（五）转轨经济

转轨经济并不是经济体制的一种类型,而是指处于从一种经济体制向另一种经济体制过渡过程中的经济体,一般来说是指处于从指令经济或混合经济向市场经济过渡过程中的经济体。

早在20世纪80年代初期,撒切尔夫人在英国执政时期就掀起了一股"私有化"浪潮,使得英国经济开始从混合经济向市场经济转化。其主要措施一是大量出售国有企业,二是放松政府对企业经营活动的管制。随后,亚洲、拉美和西欧的一些国家,如印度、巴西、法国也开始了这一进程。特别是在20世纪80年代后期和90年代初期,原来的苏联、东欧国家和中国等一些国家逐渐开始改革极端的指令性经济体制,向市场经济体制过渡。

转轨经济的特殊性在于旧的经济制度已经被打破,而新的经济制度还没有完全建立起来。除了英国、法国等少数发达资本主义国家在经济转轨之前市场经济体制比较完善外,其他大多数转轨经济国家的市场经济体制都很不完善,那些指令性经济国家更是缺乏完全市场经济体制经验。

转轨经济一方面给从事国际商务的企业提供了新的市场机会,另一方面也给从事国际商务的企业带来了更大的不确定性和风险。

二、经济发展水平的差异

在分析国际商务管理的经济环境时,除了要分析不同国家或地区的经济体制,还要分析不同国家或地区经济发展水平的差异。在这方面,主要包括三个问题,即市场容量的差异、国家或地区经济的特征、经济联盟组织的发展。

（一）国家或地区市场容量

分析一个国家或地区的市场容量主要要看三个方面:人口、收入和经济发展阶段。

1. 人口。分析人口主要看人口总量、人口增长和人口分布。

人口总量往往制约着商品需求总量的多少,特别是决定生活必需品需求的首要因素。根据联合国人口基金会《2013年世界人口状况报告》,截至2013年底,世界总人口将达到71.62亿,其中11个人口超过1亿的国家在2013年的总人口为43.126亿,占世界人口的60.2%。表3-1显示了2013年世界上人口最多的24个国家及其人口数量。其中,发达国家人口约为12.53亿,约占全球人口的17.5%。

表 3-1　2013 年人口最多的 24 个国家

位次	国家	人口（百万）	位次	国家	人口（百万）
1	中国	1 385.6	13	埃塞俄比亚	94.1
2	印度	1 252.1	14	越南	91.7
3	美国	320.1	15	德国	82.7
4	印度尼西亚	249.9	16	埃及	82.1
5	巴西	200.4	17	伊朗	77.4
6	巴基斯坦	182.1	18	土耳其	74.9
7	尼日利亚	173.6	19	刚果（金）	67.5
8	孟加拉国	156.6	20	泰国	67.0
9	俄罗斯联邦	142.8	21	法国	64.3
10	日本	127.1	22	英国	63.1
11	墨西哥	122.3	23	意大利	61.0
12	菲律宾	98.4	24	韩国	49.3

资料来源：联合国人口基金会《2013 年世界人口状况报告》

人口增长则预示着市场规模变动的趋势。一般来说，随着收入水平的上升，人口增长率呈现下降的趋势。预计 2010～2015 年间，全世界人口年均增长率为 1.1%，其中发达国家人口增长率是 0.3%，发展中国家人口增长率是 1.3%。全球平均每个妇女生 2.5 个孩子，发达国家只有 1.7 个，发展中国家为 2.6 个。

人口分布指人口地理分布的密度和集中度。它直接影响到企业的营销成本和销售量，在人口密集的地方通常人均营销成本较低，销售额也会比较大。表 3-2 列出了部分国家或地区的人口密度。

表 3-2　部分国家或地区人口密度列表

国家或地区	人口	面积（平方公里）	密度（每平方公里人口）
新加坡	4 425 720	692.7	6 389
中国香港	6 898 686	1 092	6 317
中国台湾	23 037 031	36 188	636
韩国	48 422 644	98 480	491
荷兰	16 407 491	41 526	395
比利时	10 364 388	30 528	339
日本	127 417 544	377 835	337
印度	1 080 643 880	3 287 590	328

续表

国家或地区	人口	面积（平方公里）	密度（每平方公里人口）
以色列	6 276 883	20 770	302
越南	83 535 576	329 560	253
英国	59 553 800	244 820	243
德国	82 431 390	357 021	230
巴基斯坦	162 419 946	803 940	202
意大利	58 103 033	301 230	192
瑞士	7 489 370	41 290	181
中国	1 306 313 812	9 596 960	136
捷克	10 241 138	78 866	129
泰国	65 444 371	514 000	127
印度尼西亚	241 973 879	1 919 440	126
丹麦	5 432 335	43 094	126
波兰	38 635 144	312 685	123
葡萄牙	10 566 212	92 391	114
斯洛伐克	5 431 363	48 845	111
法国	60 656 178	547 030	110
匈牙利	10 084 000	93 030	108
奥地利	8 184 691	83 870	97
土耳其	69 660 559	780 580	89
西班牙	43 209 511	504 782	85
希腊	10 668 354	131 940	80
埃及	77 505 756	1 001 450	77
马来西亚	33 953 136	329 750	72
墨西哥	106 202 903	1 972 550	53
伊朗	68 017 860	1 648 000	41
南非	44 344 136	1 219 912	36
美国	295 734 134	9 631 418	30
巴西	186 112 794	8 511 965	21
瑞典	9 001 774	449 964	20
芬兰	5 223 442	338 145	15

续表

国家或地区	人口	面积（平方公里）	密度（每平方公里人口）
新西兰	4 035 461	268 680	15
阿根廷	39 537 943	2 766 890	14
挪威	4 593 041	324 220	14
沙特阿拉伯	26 417 599	1 960 582	13
俄罗斯	143 420 309	17 075 200	8
加拿大	32 805 041	9 984 670	3
澳大利亚	20 090 437	7 686 850	2
全世界（仅计算土地）	6 525 170 264	148 940 000	43.8

国家人口密度列表（表3-2）是以人/每平方公里为单位。下列面积包括内陆水域面积（湖、水库、河）。人口数为2005年7月估计数，非独立土地也包括在表内以供参考、比较。

资料来源：维基百科（en：List of countries by population density，en：List of countries by population，en：List of countries by area）

当前世界人口发展中存在的主要问题是：

第一，人口增长压力巨大。在1997~2013这16年中，世界人口增长率已呈下降趋势，预计到2050年，全球人口将从现在的67亿增长至92亿。但由于基数庞大，全球每年增加的人口数量仍很可观，新增人口的95%都在发展中国家。按照这一趋势发展，到2050年，发达国家人口将停留在12亿左右，而发展中国家将达到80亿。

第二，发达国家和发展中国家人口增长不均衡。现在发达国家的主要问题，一是生育率已经低于人口再生的水平。日本等国人口的绝对数量已经开始下降。二是人口的老龄化，目前全球已有50个国家进入老龄化社会。为弥补劳动力不足、社会负担加重等问题，许多发达国家正努力吸收新移民。

发展中国家的人口情况也各不相同。中国、巴西等23个发展中国家，已经进入生育率下降的阶段，但由于人口基数大，人数还在增长。同时，它们也将面临人口老龄化的问题。一些最不发达国家生育率还是太高，平均每个妇女生育5个孩子。艾滋病泛滥影响这些国家，特别是南部非洲国家的人口数量。《2008世界人口状况报告》指出，估计到2050年，印度人口将达16.58亿人，超过中国同年的14.08亿人，成为世界人口第一大国。印度一名妇女平均育有3.9个子女，受教育程度高的家庭一般有2至3个孩子，而贫困家庭一般有7至8个孩子。鉴于印度生育无序，联合国人口基金会将其称为"缺乏人口控制的典型"。

第三，人口年龄结构不合理。目前全球人口结构呈菱形，即老人和孩子少，中青年多，其中十几岁年龄段的人口最多，大约有13亿。这预示着接下来的10年，全球人口仍面临一个生育高潮。只有该年龄段的人晚婚晚育，把生育高潮分散拉长，才能减少其负面影响。有人甚至把这一问题提高到与世界和平直接有关的程度。不过从目前的情况来看,全球人口发展的前景仍相对乐观。

2. 收入。单纯的人口规模并不能准确代表市场规模的大小,必须同时考察收入情况。收入分析包括三个常用指标:人均国内生产总值、国内生产总值、收入分布情况。

2012 年全球 GDP 为 72.44 万亿美元,人均 GDP 约 10 000 美元。根据人均 GDP 的差异,世界各国和地区可以分为三大类,即高收入国家、中等收入国家和低收入国家。根据 2006 年世界银行国家分类标准的数据,人均 GDP 低于 875 美元为低收入国家,人均 GDP 在 876 至 3 465 美元区间为中低收入国家,人均 GDP 在 3 466 至 10 725 美元区间为中高收入国家,人均 GDP 大于 10 726 美元为高收入国家。中国 2006 年人均 GDP 为 2 010 美元,属于中低收入国家行列。

世界市场的主体是高收入的发达国家市场,即北美、西欧和日本。占世界人口 1/6 的高收入国家占了全球收入的 80%,而占世界人口 1/3 以上的低收入国家只占全球收入的 3.6%。发展中国家虽然平均收入较低,但由于人口众多,也有一些比较大的市场,如中国、巴西、印度。表 3-3 列出了 2012 年全球经济规模最大的 30 个经济体。

表 3-3 2012 年全球经济规模最大的 30 个经济体

位 次	经济体	国内生产总值(GDP,亿美元)	人均 GDP(美元)
1	美国	162 446	51 749
2	中国	82 271	6 091
3	日本	59 597	46 720
4	德国	34 281	41 863
5	法国	26 129	39 772
6	英国	24 718	39 093
7	巴西	22 527	11 340
8	俄罗斯	20 148	14 037
9	意大利	20 147	33 072
10	印度	18 417	1 489
11	加拿大	18 214	52 219
12	澳大利亚	15 324	67 556
13	西班牙	13 230	28 624
14	墨西哥	11 781	9 749
15	韩国	11 296	22 590

续表

位次	经济体	国内生产总值(GDP,亿美元)	人均GDP(美元)
16	印度尼西亚	8 780	3 557
17	土耳其	7 893	10 666
18	荷兰	7 706	45 955
19	沙特阿拉伯	7 110	25 136
20	瑞士	6 312	78 925
21	瑞典	5 238	55 041
22	挪威	4 997	99 558
23	波兰	4 898	12 708
24	比利时	4 833	43 372
25	中国台湾	4 740	20 374
26	奥地利	3 947	46 642
27	南非	3 843	7 508
28	委内瑞拉	3 813	12 729
29	哥伦比亚	3 696	7 748
30	泰国	3 660	5 480

资料来源:世界银行。

除了国内生产总值和人均国内生产总值,一个国家内部的收入分配情况也很重要。例如,印度虽然总体收入水平很低,但由于两极分化比较严重,家庭收入在1 400美元以上的中产阶级有1亿多人口,并主要生活一些大中城市,相对比较集中,也成为吸引外国生产者和投资者的一个重要市场。

 小资料

基尼系数和收入分配

基尼系数(Gini coefficient)是意大利经济学家基尼(Corrado Gini,1884~1965)于1912年提出的,是衡量收入差距的一个数量化指标,也是国际上用来综合考察居民内部收入分配差异状况的一个重要分析指标。基尼系数以家庭为衡量单位。其经济含义是:在全部居民收入中,用于进行不平均分配的那部分收入占总收入的百分比。基尼系数最大为"1",最小等于"0"。前者表示居民之间的收入分配绝对不平均,即100%的收入被一个单位的人全部占有了;而后者则表示居民之间的收入分配绝对平均,即人与人之间收入完全平等,没有任何差异。但这两种情况只是在理论上的绝对

化形式,在实际生活中一般不会出现。因此,基尼系数的实际数值只能介于 0～1 之间。

按照国际标准,基尼系数低于 0.3 为收入分配非常平均;在 0.3 到 0.4 之间是比较合理;0.4 到 0.5 是收入差距较大;0.5 以上是收入差距悬殊。收入不平均意味着落后国家也可能存在一个收入较高的消费群体。一般来说,发达国家的基尼系数比较低,特别是北欧国家都低于 0.3,属于收入分配比较平均的国家,而发展中国家基尼系数则比较大,南美基尼系数尤其大。

表 3-4 是联合国发展署《2007/2008 人力发展报告》所列出的部分国家的基尼系数。

表 3-4　2007 年部分国家基尼系数

国　家	基尼系数	国　家	基尼系数
丹麦	0.247	波兰	0.345
日本	0.249	澳大利亚	0.352
瑞典	0.250	英国	0.360
捷克	0.254	意大利	0.360
挪威	0.258	新西兰	0.362
斯洛伐克	0.258	印度	0.368
匈牙利	0.269	葡萄牙	0.385
芬兰	0.269	以色列	0.392
德国	0.283	俄罗斯	0.399
奥地利	0.291	泰国	0.420
保加利亚	0.292	伊朗	0.430
埃塞俄比亚	0.300	土耳其	0.436
巴基斯坦	0.306	尼日利亚	0.437
荷兰	0.309	菲律宾	0.445
韩国	0.316	墨西哥	0.461
加拿大	0.326	中国	0.469
法国	0.327	马来西亚	0.492
孟加拉	0.334	阿根廷	0.513
爱尔兰	0.343	厄瓜多尔	0.536
印度尼西亚	0.343	巴西	0.570
希腊	0.343	南非	0.578
埃及	0.344	哥伦比亚	0.586
越南	0.344	玻利维亚	0.601

资料来源:联合国发展署《2007/2008 人力发展报告》

讨论题目：
1. 影响一个国家收入分配的因素有哪些？
2. 收入分配上的差异会对市场需求产生什么影响？

3. 经济发展阶段。不同国家的经济发展水平不同，在生产、消费上表现出不同的特点。一个国家经济发展水平不同，国民收入高低不同，对产品的需求就会有很大差异，从而对国际商务的各个方面都会产生影响。就消费品市场而言，一般来说，经济较发达的国家偏重于强调产品款式、性能及特色，对广告与营业推广手段运用较高，市场竞争表现为品质竞争多于价格竞争；而经济发展水平较低的国家，则侧重于产品的功能与实用性，产品推广以人际传播居多，消费者对价格较为敏感。就工业品市场而言，经济发达国家着重于投资虽大却能显著提高劳动生产率的、自动化程度较高的设备；而经济相对落后的国家困于资金短缺，通常只能选择价值不太高、简单易操作的设备。显然，对不同经济发展水平的国家，市场营销策略需要有所不同。

从国际商务的角度看，世界各国可以分为四种主要的类型：

(1) 自给自足经济。这种经济以农业为主，从事国际商务活动的能力非常有限。

(2) 原料出口经济。这种经济以生产、出口某种或某几种自然资源为主，对一般生活用品进口需求较大。

(3) 工业化过程中经济。这种经济制造业迅速发展，对一些生产资料需求较大，有一定出口，积极参与国际商务活动。

(4) 工业化经济。这种经济工农业高度发展，是商品和资金主要输出国，也是发展中国家的主要出口市场。

（二）国家或地区经济特征

国家或地区经济特征是指除反映市场潜量的指标以外，反映国外市场经济最本质的那些因素，如自然条件、基础设施、商业基础服务能力、城市化、宏观经济稳定性、对外经济活动基本特征等。

1. 自然条件。一个国家的自然资源包括矿产、水利、土地、地形、气候等一切实际及潜在的财富。自然资源情况会影响到一个国家经济发展的潜力、水平以及市场供求变化的特征。地形直接影响企业的分销成本，同时恶劣的地形条件可能造成市场的分割，不利于企业营销。气候一方面影响消费需求的特征，另一方面也影响着很多农产品供给的数量和品质。

2. 基础设施。这主要指交通运输、能源供应和通信条件。交通运输包括公路运输、铁路运输和空运。在一个高度分工和专业化的世界经济体系中，交通运输条件直接影响着营销活动的经济和时间成本。能源供应是企业开展经济活动和消费者进行消费行为的基础条件。一方面，企业生产经营过程中需要不同类型的能源，如电解铝的生产需要大量消耗电能;另一方面,很多产品的消费、使用过程需要消耗大量能源,如汽车需要燃油、家电需要电力。通信条件则直接影响着信息交流的效率和容量,在一个高度信息化的社会,信息已经成为企业和消费者最重要的资源之一,因此通信条件的高低也就在客观上制约着生产和消费活动的种类、规模,如网络营销就是通信条件高度发展的产物。

3. 商业基础服务能力。商业基础服务包括金融服务、广告服务、分销服务(批发、零售)、中介服务、咨询服务。一个国家或地区的商业基础服务能力直接影响着企业营销决策的水平和各种营销手段能否快速、经济、有效的运用。

4. 城市化。城市化是国家经济活动的重要特征之一,作为政治、经济、文化活动相对比较集中的地点,城市在基础设施、经济发展水平、收入水平、商业基础服务能力、消费模式方面明显高于农村地区,是企业市场营销的重点地区。一个国家或地区城市化程度越高,市场规模也往往越大。城市化往往用城市人口占总人口的百分比来表示。随着国家收入水平的提高,城市化的程度也越高。特别需要指出的是,目前发达国家的城市化已经达到了很高水平,进展缓慢,提供的新市场机会比较少;相反,低收入国家和中等收入国家城市化水平较低,正处于快速城市化过程中,提供的新的市场机会比较多。

表3-5则显示了一些国家2007年城市化的程度。从中可以看出我国的城市化进程远远低于与我国经济发展水平类似的国家,快速城市化是目前我国市场发展的一个重要特征。

表3-5 2007年部分国家城市人口占总人口的百分比

国 家	城市人口百分比	国 家	城市人口百分比
低收入国家		高收入国家	
印度	29	法国	75
印度尼西亚	66	美国	81
尼日利亚	50	日本	66
巴基斯坦	36	英国	90
埃及	65	新加坡	100
中等收入国家		全世界	50
巴西	85	发达国家	75
墨西哥	77	发展中国家	44
俄罗斯	73	最不发达国家	28
中国	42		

资料来源:联合国《世界城市发展展望2007》。

世界银行近日发布的《全球化世界中的城市：治理、绩效与可持续发展》研究报告预测，到2020年全球城市化率将达55%，国际化程度将会直接影响到城市的治理效果。

城市治理的问题与国际化程度和技术水平密不可分。研究显示，治理良好的城市可能趋向更加国际化，而国际化程度较高的城市可能也治理得比较好，同时技术与全球化之间也有着密切的联系。技术可以改善治理，并且减轻要求政府提高基础设施服务效率的压力。因此，技术被认为有潜力提供增强"话语权"的有利环境，以及增加"选择权"的竞争环境。

作为发展中国家，我国目前也在进行着大规模的城市化建设。2007年中国的城市化率为42%，本世纪中叶将达到75%左右的目标。分析指出，如果每年增加1%的城市化率，就意味着每年超过千万的农村人口转移到城市。而发达国家的城市化率已达到较高水平，2000年美国的城市化率就已经达到81.5%，日本的城市化率超过64.5%，而2000年中国的城市化率仅为36%。

2003年，中国城市人口总量为世界的17%，居世界第1位。从比率指标来看，中国城市人口占总人口的比重在《世界发展指标2005》统计的151个国家中居第107位；中国第二、三产业就业量在《国际统计年鉴2005》统计的32个国家中居最后一位。综合比较，中国城市人口呈现双重性：中国城市人口总量居第1位，城市人口比率指标居第70位。

5. 宏观经济稳定性。宏观经济稳定性包括经济增长的速度和稳定性、物价稳定性、国内劳动力的供给与需求、对外收支情况等。

经济增长的速度和稳定性是决定一个国家长期经济发展方向和商业经营机会的核心指标。

物价稳定性主要体现在通货膨胀率上。通货膨胀指价格总水平相当程度的普遍而持续地上涨的现象。通货膨胀率是反映经济状况和金融政策的综合指标。通货膨胀对经济的不利影响表现在，由于物价持续上涨，企业成本持续上升，同时商品投机行为增多，对正常的生产经营活动形成冲击。与通货膨胀相对应的是通货紧缩，指价格总水平相当程度的普遍而持续地下降的现象。通货紧缩对经济的影响也主要是不利的，因为价格下降会导致消费者持币待购，企业缩减投资。因此，良好的经济环境应是价格稳定，既没有通货膨胀，也没有通货紧缩。由于所统计的商品范围不同，通货膨胀率有多种衡量方式，如GDP缩减指数、批发价格指数、零售物价指数、居民消费价格指数等。我国以前采用零售物价指数，从2000年开始采用居民消费价格指数。一般来说，各国通常都会有不同程度的通货膨胀。发达国家通货膨胀率一旦超过3%，国内经济就可能受到很大损害；而对大多数发展中国家而言，10%以下的通货膨胀率通常都是可以接受的。

国内劳动力的供给与需求对企业的长期投资活动有重要影响。如果劳动力供给不足,则会出现劳动力成本急剧上涨或无法获得足够劳动力的问题。

6. 对外经济活动基本特征。对外经济活动基本特征主要包括对外贸易和国际资本流动两个方面。

一个国家的对外贸易水平反映了一个国家在全球分工体系中的地位和作用,也决定了一个国家的对外支付能力和对外经济的长期稳定性。如果一个国家的企业无法获得所需的外汇或本国货币汇率大幅波动,对经营活动的影响是很大的。

国际资本流动分为资本流入和流出两个方面。影响一个国家经济前景的主要是资本流入即外国投资状况。国际性企业在某一市场的数量、规模、业务性质和范围在一定程度上反映着当地投资环境的好坏。一个国家外国投资很少,可能说明:①该市场较难进入,如印度对外资进入限制很多;②是一个很好的市场机会;③该市场无利可图,如大部分非洲国家。表3-6列出了2012年全球流入和流出外国直接投资较多的20个经济体。

联合国贸发会议的2013年《世界投资报告》统计,2012年全球FDI 1.35万亿美元,流入发达国家的FDI为5 610亿美元,美国仍占首位,其次是英国、法国、加拿大和荷兰。欧盟作为一个整体,所吸引的FDI占发达国家总量的2/3。发展中国家吸引FDI达到前所未有的高水平,为7 030亿美元。就地区而言,南亚、东亚、东南亚和大洋洲吸引的外资额占了发展中国家吸引外资总额的一半。最不发达国家2012年吸引FDI 260亿美元,也是创新高的纪录。转型经济国家2012年FDI流入达870亿美元。发展中国家(地区)和转型经济国家(地区)中吸引FDI最多的是中国、中国香港和俄罗斯。中国2012年吸引FDI达1 210亿美元。

表3-6 2012年流入和流出对外直接投资最多的20个经济体

位 次	经济体	流入(亿美元)	位 次	经济体	流出(亿美元)
1	美国	1 680	1	美国	3 290
2	中国	1 210	2	日本	1 230
3	中国香港	750	3	中国	840
4	巴西	650	4	中国香港	840
5	英属维尔京群岛	650	5	英国	710
6	英国	620	6	德国	670
7	澳大利亚	570	7	加拿大	540
8	新加坡	570	8	俄罗斯	510
9	俄罗斯	510	9	瑞士	440
10	加拿大	450	10	英属维尔京群岛	420
11	智利	300	11	法国	370

续表

位次	经济体	流入(亿美元)	位次	经济体	流出(亿美元)
12	爱尔兰	290	12	瑞典	330
13	卢森堡	280	13	韩国	330
14	西班牙	280	14	意大利	300
15	印度	260	15	墨西哥	260
16	法国	250	16	新加坡	230
17	印度尼西亚	200	17	智利	210
18	哥伦比亚	160	18	挪威	210
19	哈萨克斯坦	140	19	爱尔兰	190
20	瑞典	140	20	卢森堡	170

根据联合国贸易和发展会议《世界投资报告2013》整理。

课程案例3—2

麦当劳在俄罗斯

俄罗斯是欧洲的人口大国,但由于长期处于计划经济体制下,企业和个人的经营积极性都不很高,普通市民长期缺乏优质的食品供应。俄罗斯的经济改革给国内外的企业提供了满足这种需要的市场机会。美国麦当劳公司决定在俄罗斯建立美国式的快餐店,向俄罗斯消费者提供国际水准的食品。它将第一家快餐店的地点选在俄罗斯首都莫斯科,那里的消费水平比较高。但麦当劳公司很快发现,即使在莫斯科经营这样一家快餐店也是很困难的。由于俄罗斯当地生产的土豆和牛肉的质量太差,为了保证提供标准化的快餐,麦当劳公司必须在俄罗斯建立自己的奶牛场、肉牛养殖场、蔬菜园和食品加工厂,这使得麦当劳公司的经营成本比起在其他国家高出了很多。

讨论题目:

1. 麦当劳在俄罗斯的投资经历说明了什么?
2. 你认为在其他国家进行商务投资时必须考虑哪些基础设施条件?
3. 你认为相关行业的发展情况对一个企业的经营会产生哪些影响?

三、区域经济一体化的发展

(一) 区域经济一体化的含义

区域经济一体化就是区域内两个或两个以上的国家或地区,在一个由政府授权组成的并具有超国家性的共同机构下,通过制定统一的对内对外经济政策、财政与金融政策等,消除国别之间阻碍经济贸易发展的障碍,实现区域内互利互惠、协调发展和资源优化配置,最终形成一个政治经济高度协调统一的有机体的过程。

经济联盟组织的产生是地区经济一体化的结果,其宗旨是各成员国谋求共同经济利益。概括地讲,经济联盟组织的出现对成员国有利,但对非成员不利。

需要指出的是,地区经济一体化的迅速发展,并成为影响世界经济发展的重要力量,是在第二次世界大战后才出现的。

第二次世界大战后地区经济一体化的发展,主要经历了三个阶段。

第一个阶段是第二次世界大战后到20世纪60年代的高速发展时期,这一时期出现了一批地区经济一体化组织。1949年1月,前苏联和东欧国家成立了经互会;1951年4月,法国、联邦德国、意大利、比利时、荷兰、卢森堡6国签订了《欧洲煤钢联营条约》,决定建立煤钢共同体;1957年3月,上述6国又在罗马签订了《罗马条约》,并于1958年1月1日正式生效;1960年1月英国、瑞典、丹麦等国签订了《建立欧洲自由贸易协会公约》,建立了欧洲自由贸易区。进入60年代以后,发展中国家也相继建立了20多个地区经济一体化组织,如亚洲的东盟、非洲的西非共同体、阿拉伯世界的海湾合作委员会、拉美地区的中美洲共同市场等。

第二个阶段是20世纪70年代中期至80年代中期的停滞时期。这一时期由于世界经济的恶化,地区经济一体化的进程也受到了影响。欧共体内部一体化发展缓慢,发展中国家一体化遭受挫折,之前建立的一些一体化组织也中断了活动或解体了。

第三个阶段是20世纪80年代以来的高速增长时期。这一阶段共建立了30多个地区经济一体化组织,约130多个国家和地区参加了这些不同的地区经济一体化组织。其中较为突出的有:20世纪90年代初欧共体过渡到欧盟,成员不断增加;1988年1月,美国、加拿大签署了《美加自由贸易协定》,之后,美、加、墨三国建立了北美自由贸易区;20世纪80年代末建立了亚太经济合作组织等。发展中国家的地区经济一体化也进一步加强。从20世纪90年代开始,中国也加入到地区经济一体化的行列中。

目前,影响比较大的地区经济一体化组织主要有欧洲联盟(原欧洲经济共同体)、北美自由贸易区(NAFTA)、亚太经济合作组织(APEC)、东盟(ASEAN)、南方共同市场(MERCOSUR)等。这些区域经济组织的成员方之间降低关税、改善投资环境、加强经济技术合作,为区域内企业从事国际商务活动创造了更有利的条件。表3-7为主要地区经济一体化组织的出口贸易额。

表3-7　1992~2002年主要地区经济一体化组织的出口贸易额（10亿美元）

年　份	1992	1993	1994	1995	1996	1997	1998	1999	2000	2001	2002
世界贸易额	3 766	3 777	4 326	5 161	5 391	5 577	5 496	5 708	6 445	6 191	6 455
亚太经济合作组织贸易额	1 536	1 638	1 882	2 208	2 285	2 448	2 345	2 498	2 935	2 705	2779
比重	41%	43%	44%	43%	42%	44%	43%	44%	46%	44%	43%
欧盟贸易额	1 584	1 489	1 703	2 084	2 155	2 141	2 234	2 237	2 316	2 315	2 449
比重	42%	39%	39%	40%	40%	38%	41%	39%	36%	37%	38%
北美自由贸易区贸易额	629	662	739	856	923	1 014	1 014	1 068	1 224	1 149	1 107
比重	17%	18%	17%	17%	17%	18%	19%	19%	19%	19%	17%
东盟贸易额	186	212	262	321	341	353	330	359	428	386	405
比重	5%	6%	6%	6%	6%	6%	6%	6%	7%	6%	6%
南方共同市场贸易额	50	54	62	70	75	83	81	74	85	88	89
比重	1%	1%	1%	1%	1.5%	1.5%	1%	1%	1%	1%	1%
安第斯国家共同体贸易额	28	28	34	39	46	46	39	43	58	53	53
比重	1%	1%	1%	1%	1%	1%	1%	1%	1%	1%	1%

资料来源：根据世界贸易组织的统计数据整理而成。

（二）区域经济一体化的形式

区域经济一体化组织依照经济结合的程度及相互依存的关系可以分为以下几种形式：

1. 优惠贸易安排（preferential trade arrangements）。这是指一些国家之间通过协定或其他形式，对全部商品或部分商品规定特别的关税优惠。优惠贸易安排是经济一体化较低级和松散的一种形式。例如，一些国家和地区之间签署的旨在加强经济联系的 CEPA 协议，如澳大利亚与东盟、中国内地与香港地区之间的 CEPA 协议。

2. 自由贸易区（free trade area）。这是指由两个或两个以上的国家或地区，通过取消成员之间的贸易壁垒，允许货物在成员方之间自由流动，成员国内部取消关税，但对非成员国分别保留自己的关税制度，如欧洲自由贸易联盟（EFTA）、北美自由贸易区（NAFTA）、东盟自由贸易区。

中国和巴基斯坦签署自由贸易区服务贸易协定

2009年2月21日，在戴秉国国务委员和巴基斯坦总统扎尔达里的共同见证下，商务部副部长陈健与巴基斯坦驻华大使马苏德·汗分别代表两国政府在武汉签署了《中国—巴基斯坦自由贸易区服务贸易协定》，作为扎尔达里总统此次访华的重要经贸成果。截止到2009年6月底，中国签署的自由贸易协定一共有8个，即内地与港澳更紧密经贸关系安排、中国—东盟自由贸易区协定、中国—巴基斯坦自由贸易区协定、中国—智利自由贸易区协定、中国—新西兰自由贸易区协定、中国—新加坡自由贸易区协定、中国—秘鲁自由贸易区协定、亚太贸易协定。正在谈判的自贸区有中国—海合会自由贸易区协定、中国—澳大利亚自由贸易区协定、中国—冰岛自由贸易区协定、中国—挪威自由贸易区协定、中国—南部非洲关税同盟自由贸易区协定、中国—哥斯达黎加自由贸易区协定。

中巴自由贸易区服务贸易谈判是2006年11月胡锦涛主席访巴期间,两国政府共同宣布启动的。此后,双方就自由贸易区服务贸易协定内容和服务部门开放承诺表等进行了5轮谈判,于2008年12月全部达成一致。根据协定,在各自对世界贸易组织承诺的基础上,在全部12个主要服务部门中,巴方将在11个主要服务部门的102个分部门对中国服务提供者进一步开放,包括建筑、电信、金融、分销、环境、医疗、旅游、运输、快递、研发、计算机教育、娱乐文化和体育等众多服务部门,其中分销、教育、环境、运输、娱乐文化和体育等5个主要服务部门在内的56个分部门为新开放部门。此外,巴方将根据具体情况,在外资股比方面给予中国服务提供者更加优惠的待遇,并在人员流动方面提供更加宽松和便利的条件。我国将在6个主要服务部门的28个分部门对巴基斯坦服务提供者进一步开放,具体包括采矿、研发、环保、医院、旅游、体育、交通、翻译、房地产、计算机、市场调研、管理咨询、印刷出版、建筑物清洁、人员提供和安排服务等。在双方履行国内相关程序后,该协定于2009年10月10日生效,使两国在2007年7月实施的《中巴自由贸易协定》基础上,建成了一个涵盖货物贸易、服务贸易和投资等内容全面的自由贸易区。

近年来,中巴两国不断推进自由贸易区建设,一年迈上一个新台阶:2003年11月签署优惠贸易安排;2004年10月启动自由贸易区联合研究;2005年4月签署自由贸易协定早期收获协议;2006年11月签署自由贸易协定,2007年7月实施以来成效良好;2008年10月签署自由贸易协定补充议定书,以促进投资合作;2008年12月结束服务贸易协定谈判。《中巴自由贸易区服务贸易协定》的签署和实施,将为两国共同应对世界金融危机,提升服务业合作水平,促进经济共同发展,深化全天候、全方位友谊奠定更加坚实的基础。

3. 关税同盟(customs union)。这是指成员方之间完全取消关税和其他贸易壁垒,并对非成员方实行统一的对外关税税率和其他贸易措施。1958年1月1日建立的欧洲经济共同体,即是这种经济一体化形式的组织。

4. 共同市场(common market)。这是指成员方之间完全取消关税和其他贸易壁垒,并对非成员方实行统一的对外关税税率,并且允许资本和劳动力等生产要素和服务的自由流动。共同市场不仅对内取消关税,对外实行统一的关税制度,还取消对劳动力、资本等生产要素在成员国之间移动的限制。如1993年1月1日启动的欧洲共同体统一大市场。

5. 经济同盟(economic union)。这是指成员方之间不仅完全废除贸易壁垒,统一对外贸易政策,允许资本和劳动力等生产要素和服务的自由流动,而且在协调的基础上,各成员方采取统一的经济政策。如1993启动的欧盟大市场。

6. 完全经济一体化(complete economic integration)。这是指成员方在实现经济联盟的基础上,进一步实现经济制度、政治制度和法律制度等方面的协调乃至统一的一体化形式。

(三)国际经济联盟组织对国际商务的重大影响

国际经济联盟组织的出现极大地改变了国际市场的格局,它大大拓展了成员国市场的边界,减少乃至消除了成员国之间的关税和非关税壁垒,增加了营销机会,同时削弱了非成员国企业在区域内的竞争力。国际经济联盟组织对国际商务的重大影响表现在以下几个方面。

1. 创造了新的商务机会。这主要是因为形成了一个巨大的成员国市场,大大提高了可能的市场销售量并降低了营销成本。

2. 增加了竞争的激烈程度。从经济联盟内部而言,原来在各国内部分别展开竞争的企业转而共同在区域集团这样一个大市场内竞争,竞争的主体多了,规模扩大了,分工更加有效率;从集团外部而言,一个统一的大市场比单个的国别市场更加具有吸引力,会吸引更多的非成员国企业进入。

3. 增加了市场的复杂性。经济联盟虽然在不同程度上减少甚至消除了各国之间在关税、投资、人员流动、经济货币政策方面的壁垒和差异,但是却不可能消除所有的差异,如非关税壁垒可能依然存在,语言、文化、经济发展水平、消费习惯方面的差异更是要长期存在,这无形中增加了市场的复杂性和企业营销的难度。

4. 改变了市场壁垒的结构。在结成国际经济联盟组织之前,各国的市场壁垒是针对所有外国企业,而结成国际经济联盟组织之后,各国的市场壁垒是针对所有非成员国企业。结果是在全部贸易中,成员国间的贸易所占比重上升了,而与非成员国之间的贸易所占比重则下降了。通过表3-8可以明显地看到存在这种趋势。

表3-8 集团内出口占总出口的百分比

组织\年份	1970	1980	1985	1990	1995
APEC	56.9	57.6	67.7	68.5	73.0
欧盟	59.5	61.0	59.3	66.0	62.4
东盟	19.7	16.9	18.4	18.7	22.8
LAIA	9.9	13.7	8.3	10.6	16.6
安第斯组织	1.8	3.8	3.2	3.8	11.8

四、全球国际区域市场和主要经济体简介

世界市场可以区分为若干个区域市场,其中在国际商务活动中居于主导地位的有北美市场、欧盟市场和日本市场,此外还包括东盟市场、中东市场、南美市场、非洲市场等规模较小的区域市场。

(一)北美市场

北美地区包括三个国家,即美国、加拿大和墨西哥,它们都属于北美自由贸易区的成员。

1. 北美自由贸易区。1988年美国和加拿大签署了一份自由贸易协定,并于1989年1月1日建立了美加自由贸易区。1992年12月17日,美国、加拿大和墨西哥三国政府签订了《北美自由贸易协定》,1994年1月1日该协定生效,正式建立了北美自由贸易区(NAFTA),以美国为核心。经过15年的过渡期,北美自由贸易区内已经彻底消除了内部的贸易壁垒,取消了大部分阻碍跨国界的服务贸易的壁垒,取消了三国间对外直接投资的大部分限制,但对墨西哥的能源和铁路工业、美国的航空和广播通信业以及加拿大的文化业实行特别保护。

北美自由贸易区是世界上最大的区域市场,三国总面积2 131万平方公里。2013年7月,美加墨三国总人口为4.70亿,2012年国内生产总值19.244万亿美元,人均国内生产总值约41 000美元。在三国中美国和加拿大都是发达的工业国家,墨西哥则属于新兴工业化国家(也称新兴市场)。在这个区域市场中,美加两国与墨西哥之间存在着非常大的互补关系,这主要体现在墨西哥相对廉价的劳动力资源上。

课程案例3-3

北美自由贸易区对美国纺织业的影响

1994年北美自由贸易协定生效,在15年内将逐步取消所有关税和非关税壁垒。据统计,1991年平均小时工资,美国为14.31美元,加拿大为14.71美元,墨西哥则只有2.32美元。由于墨西哥的人工成本比美国低得多,导致大批美国服装厂商将工厂转移到墨西哥。1994~1997年间,墨西哥向美国的服装出口增加了两倍。而美国则有14.9万服装业工人失去了工作,占到了行业就业总量的15%。例如,美国牛仔服制造商Guess原来95%的生产在国内进行,而现在60%以上来自国外,墨西哥是最大的供应地。与此同时,一条牛仔裤的平均价格则从1994年的55美元降到了1997年的48美元。北美自由贸易协定还使纺织品的生产由亚洲转移到了墨西哥。1980年,美国进口的纺织品80%来自亚洲,1997年下降到41%。这个过程还导致了美国向墨西哥纤维布料和纺织机械的出口增加。

讨论题目：
1. 为什么美国、加拿大和墨西哥要建立北美自由贸易区？
2. 加入北美自由贸易区会对各成员国经济产生哪些正面和负面影响？
3. 美国、加拿大和墨西哥组成北美自由贸易区会对区域之外的国家，如中国产生什么影响？

2. 美国市场

（1）美国概况。美国全称美利坚合众国，位于北美洲南部，东临大西洋，西濒太平洋，北接加拿大，南靠墨西哥及墨西哥湾。美国国土面积为937.3万平方公里，自然资源丰富。首都华盛顿特区，法定货币美元是世界上最重要的国际流通货币。

美国是一个联邦制国家，由50个州组成，大体分为新英格兰、中大西洋、南部、中西部、西南部和西部六个区域。美国政治上实行三权分立，民主、共和两党交替执政，新闻自由度较高，各种力量能够相互有效制衡，国内政治高度稳定，政府运作效率较高。在经济上，美国的国内市场高度统一、开放，经济监管制度通常不区分国内、国外企业，一视同仁，强调自由市场竞争，是世界上最大、最开放的市场。美国的市场结构是以大型企业为主的寡头市场，《财富》500强企业的一半以上来自美国，美国是经济全球化的主要推动力量和受益者。

美国是个多种族的国家，白人占80%以上，其大部分为欧洲移民的后裔。黑人约占12.1%，拉美移民约占9%，亚裔人口为730万，占总人口的2.9%，其中华人为150万~200万。另有印第安人140万，占人口总数的0.8%左右。

美国是一个没有国教的多宗教国家，宗教信仰极为普遍。其中，信奉基督教者居多数，罗马天主教占总数的24%，为第二大宗教，犹太教是美国第三大宗教，有教徒约600万，此外还有东正教、佛教、伊斯兰教和印度教等。

美国人口分布呈现出极不平均的现象，人口大部分集中在五大湖、密西西比河及大西洋沿岸附近，但人口有向西部和南部的"阳光带"迁移的趋势，其中西部落基山脉各州的人口增速较快。

美国总人口中约有77%居住在城市地区，其中近半数集中在37个大城市，这在很大程度上是受就业机会的驱使。由于新移民涌向大城市，大城市的居民向郊区搬迁，郊区人口的增加快于市区。美国最大的城市依次为纽约、洛杉矶、芝加哥、费城、旧金山、亚特兰大、休斯敦、底特律、西雅图等。

一般来说，美国人的性格比较外向、乐观，乐于助人，人们做事讲究公正，思想开放，尊重权威但不迷信权威。在商务场合，美国人比较讲究效率，倡导民主决策和畅所欲言，尊重法律，讲究信用和守时。

（2）美国经济。2012年美国人口为3.14亿，国内生产总值16.244万亿美元，人均国内生产总值超过51750美元，美国是世界上经济规模最大的国家，也是世界上最富裕的国家之一。

美国是世界上最大的工业国家,制造业产值位列世界第一位。美国工业以技术先进、门类齐全、生产实力雄厚、劳动生产率高而著称于世。美国的主要工业产品,如石油、天然气、电力、铜、铝、硫酸、乙烯、汽车、飞机等的产量,以及微电子工业、计算机技术、激光技术、宇航技术、生物工程技术、核能利用和新材料的研制与开发等方面,在世界上均居领先地位。

美国工业布局的特点是发展地区集中,分布不平衡。如汽车工业集中在底特律及其周围五大湖区各州,这里集中有美国三大汽车公司:通用汽车公司、福特汽车公司和克莱斯勒汽车公司。钢铁工业集中在匹兹堡,因此地临近煤矿和五大湖工业区,容易获得煤、铁矿石的供应,背后又紧靠大西洋沿岸的工业区,有利于钢铁业的发展。

飞机制造及航天业则集中在西雅图、洛杉矶等西部地区;高技术工业,如电子计算机、光纤通信、激光技术、生物工程等则集中在加利福尼亚州的硅谷周围地区。

美国农业为典型的现代化大农业,农业总产值约占国民生产总值的1.5%,主要农产品如小麦、玉米、大豆、棉花、肉类等产量都居世界第一位,粮食产量占世界总产量的20%,农产品出口外汇收入每年达400多亿美元,为美国外汇收入最大的一个项目。

美国是世界上交通运输业最发达的国家,拥有水路空高度现代化的运输工具及道路、港口、机场设施,对促进国民经济发展和提高人民生活水平都起着重要作用。

美国对外贸易十分发达,是世界上最大的贸易国,2012年美国进出口总额为3.863万亿美元,占世界出口总额(18.3万亿美元)的21.1%。其中,出口1.5636万亿美元,位居世界第四位;进口2.2993万亿美元,位居世界第一位,贸易逆差达到了7357亿美元,这也是20世纪80年代以来美国对外贸易最大的问题。美国对外贸易逆差的扩大,引起了国内贸易保护主义的抬头,加深了美国和其他国家的矛盾,在国内也成为一个严重的经济问题。

2012年美国出口中农产品(主要为大豆、水果、玉米、棉花)占9.2%,工业原材料(有机化学品)占32.0%,资本货物(半导体、飞机、汽车零配件、计算机、通信设备)占33.7%,消费品(汽车、药品)占21.0%。

美国对外贸易的主要伙伴是加拿大、墨西哥、中国、日本、欧盟与亚洲新兴工业国家和地区。2012年美国的主要出口市场为加拿大(占18.7%)、墨西哥(占13.8%)、中国(占7.2%)、日本(占4.5%);主要进口市场为中国(占19%)、加拿大(占14.1%)、墨西哥(占12%)、日本(占6.4%)、德国(占4.7%)。

美国是中国最大的贸易伙伴之一,2012年中国对美出口额为3518亿美元,进口为1329亿美元,贸易顺差2189亿美元。中国向美国出口的产品主要有机电产品、高新技术产品、鞋类、纺织品和服装、玩具、家用电器、杂项制品等。中国从美国进口的主要有机电产品、高新技术产品、电子产品等。美国也是中国外资的主要来源国之一,截至2006年底,美国在华累计设立美资企业52 211家,合同外资金额1 241.64亿美元,实际投入外资金额539.55亿美元,分别占全国累计批准设立外商投资企业数、合同外资金额和实际使用外资金额总量的8.78%、8.39%和7.87%。以实际使用外资累计金额计,美国居第四位,仅次于中国香港、日本和维尔京群岛。

3. 加拿大市场

(1) 加拿大概况。加拿大全称加拿大联邦,位于北美洲北部。东临大西洋,西濒太平洋,西北部邻美国阿拉斯加州,南界美国本土,北靠北冰洋达北极圈。海岸线约长24万多公里。东部气温稍低,南部气候适中,西部气候温和湿润,北部为寒带苔原气候。夏季中西部最高气温可达40℃以上,北部冬季最低气温低至-60℃。国土面积为9 970 610平方公里,居世界第二位。首都渥太华,法定货币为加拿大元,简称加元。

加拿大全国分为10省3地区。各省设省督、省议长、省长和省内阁。各省和地区名称如下:不列颠哥伦比亚省、阿尔伯塔省、萨斯喀彻温省、曼尼托巴省、安大略省、魁北克省、诺瓦斯科舍省、爱德华王子岛省、纽芬兰省、新不伦瑞克省、西北地区、育空(Yukon)地区和努纳武特地区。首都渥太华(Ottawa)地处安大略省。

加拿大国土广阔,人口稀少,人口主要分布在安大略、魁北克、不列颠哥伦比亚、阿尔伯塔等省。

加拿大是英联邦的成员,英国女王伊丽莎白二世为国家元首,由女王任命的总督代行职权。加拿大政府为内阁制,由众议院中占多数席位的政党组阁,其领袖任总理。100多年来基本上为自由党和进步保守党轮流执政。

加拿大是个多民族的国家,主要居民是英裔和法裔加拿大人,后者主要聚集在加拿大最大的省——魁北克省。全国英裔居民占42%,法裔居民占26.7%,土著居民(印第安人、米提人和因纽特人)约占3%,有色少数族裔占11%。现有华人约100万人。英语和法语同为官方语言。居民中信奉天主教的占47.3%,信奉基督教新教的占41.2%。

近年来,魁北克独立问题成为该国的重大问题。魁北克省面积为1 540 680万平方公里,人口737万,其中讲法语的居民占82%。由于历史原因,魁北克地区的英、法两大民族矛盾尖锐,积怨甚深。20世纪80年代,魁省执政的魁北克人党提出魁北克政治上实现独立、经济上与加拿大其他地方保持联系,即"主权—联系"的主张。1980年,魁省就是否独立在全省举行了首次公民投票,结果要求独立的主张遭到否决。1995年10月,魁北克省就独立问题再次举行全民公决,结果统一派仅以微弱多数险胜。在魁北克,法语是商务和教育的官方语言,任何在魁北克雇佣50%以上雇员的公司都必须使用法语。此外,所有产品的标志必须使用法语,英文译文不能比法语更显眼;公司的名称和标志必须使用法语,但为了在魁北克之外使用,其他语言的公司名称可以伴随法语名称出现;商店表面的标志只能用法语;教育、医疗和其他服务机构都使用法语进行工作。

(2)加拿大经济。2012年加拿大人口为3 388万,2012年国内生产总值1.821万亿美元,人均国内生产总值超过52 219美元,是世界上最富裕的国家之一。

加拿大是西方七大工业国之一。制造业和高科技产业较发达,资源工业、初级制造业和农业亦是国民经济的重要支柱。加拿大的主要产业包括运输设备、化学品、矿业、食品加工、木材和纸制品、捕鱼、石油和天然气。

加拿大地域辽阔,森林、矿藏、能源等资源非常丰富。初级产品在加拿大经济中占有很大比重,包括粮食、矿物、石油、天然气和森林产品。

农业方面,加拿大主要种植小麦、大麦、亚麻、燕麦、油菜子、玉米等作物。可耕地面积约占全国土地面积的16%,其中已耕地面积约6 800万公顷,占全国土地面积的8%。2006年,农业从业人口占全国人口的2%。加拿大渔业发达,75%的渔产品出口,是世界上最大的渔产品出口国。

加拿大80%的制造业位于安大略和魁北克省,包括该国最大的汽车产业。东部以渔业、森林业以及矿业为主。西部以农业、矿业以及石油业为主。中部地区服务业发达,以多伦多为中心。主要的商业中心城市有多伦多、温哥华、蒙特利尔、安大略和卡尔加里。

加拿大以贸易立国,对外资、外贸依赖很大,经济上受美国经济影响较深。

加拿大对外贸依赖严重,商品出口约占国内生产总值的30%。2012年,加拿大对外贸易总额为9 378亿美元,其中出口4 629亿美元,进口4 749亿美元,逆差120亿美元。加拿大对美国依赖性较大,加拿大许多重要经济部门均为美资所控制,制造业40%为美资控制,美对加直接投资占外国在加投资总额的3/4。

加拿大出口产品主要有汽车及零配件、工业设备、飞机、通信设备、化学品、塑料、肥料、纸浆、木材、原油、天然气、电力、铝产品。加拿大进口产品主要有机械设备、汽车及零配件、原油、化学品、电力、耐用消费品。

加拿大对外贸易的主要伙伴是美国、墨西哥、中国、欧盟、日本与亚洲新兴工业国家和地区。2012年主要出口市场为美国(占74.5%)、中国(占4.3%)、英国(占4.1%);主要进口市场为美国(占50.6%)、中国(占11%)、墨西哥(占6.5%)。美国和加拿大互为最大贸易伙伴。由美、加、墨参加的《北美自由贸易协定》于1994年1月1日生效,协议规定三国在15年内取消关税及非关税壁垒。2012年美加贸易额5 852亿美元,其中加拿大对美出口3 449亿美元,美国对加拿大出口2 403亿美元。

加拿大是中国第十大贸易伙伴,2011年中加贸易额为474.5亿美元,同比增长27.8%。其中,中国出口额为252.7亿美元,进口额为221.8亿美元,同比分别增长

13.7%和48.6%。中国向加拿大出口的产品主要有机电产品、高新技术产品、鞋类、纺织品和服装、玩具、家用电器、杂项制品等。中国从加拿大进口的主要有机电产品、高新技术产品、纸浆、化肥、小麦等。加拿大也是中国外资的主要来源国之一,截至2012年底,加拿大累计对华投资项目12 298个,实际投入资金85.77亿美元,主要分布在东南沿海和北京、河北、山东等地。

4. 墨西哥市场

(1)墨西哥概况。墨西哥全称墨西哥合众国,位于北美大陆南部,东临墨西哥湾和加勒比海,西、南濒太平洋,北邻美国,南接危地马拉和伯利兹。海岸线长10 143公里,面积1 972 546平方公里。首都墨西哥城,法定货币为墨西哥比索。

墨西哥高原终年气候温和,年平均气温在20℃左右。

墨西哥全国分为31个州和1个联邦区(墨西哥城),州下设市(镇)(2 394个)、村。

墨西哥人口中印欧混血种人占90%,印第安人约1 000万,外国侨民19万。居民中90%以上信奉罗马天主教,3.3%信奉基督教新教。官方语言为西班牙语。

(2)墨西哥经济。墨西哥是个资源丰富的国家,石油和天然气是墨西哥最重要的自然资源,储量十分丰富。贵金属资源主要有银和金。

墨西哥经济在20世纪50年代到80年代初的30多年中,年平均增长速度保持在6%~7%,使墨西哥由落后的农业和矿业原料生产国和出口国逐步变为经济结构多样、门类比较齐全的新兴工业国。1986年墨加入关贸总协定,开始了由内向型发展模式向外向型发展模式的转变。1994年1月1日,墨正式加入北美自由贸易区。

工业产值占墨西哥国内生产总值的30%以上,汽车制造、食品加工、钢铁、化学和电动机械是重要的工业部门,石油提炼和矿业也很重要。大部分工业部门仍处于中下技术水平,但高新技术产业发展迅速。

农牧林渔业依然在墨西哥经济生活中占有重要的地位,全国人口的20%以上居住在农村。墨西哥农业不发达,粮食长期不能自给。墨西哥的主要进口农产品是玉米、大米、高粱等基本粮食和饲料;出口的农牧产品主要有咖啡、虾、西红柿、蔬菜、水果、粗糖、蜂蜜、牛肉和金枪鱼等。

2013年墨西哥人口为1.223亿,位列世界第11位。2012年墨西哥国内生产总值11 781亿美元,列世界14位,人均国内生产总值约9 749美元,属于新兴工业化国家(也称新兴市场)。

墨西哥出口产品主有制造业产品、石油及其制品、银、水果、蔬菜、咖啡、棉花。机电产品、矿产品和运输设备是墨西哥出口的前三大类商品。

墨西哥进口产品主有金属制品、钢材、农业机械、电力设备、汽车零部件、汽车维修配件、飞机及零部件。

墨西哥对外贸易的主要伙伴是美国、加拿大、中国、欧盟、日本与亚洲新兴工业国家和地区。2012年主要出口市场为美国（占78%），主要进口市场为美国（占49.9%）、中国（占15.4%）、日本（占4.8%）。2012年，美墨贸易额4 749亿美元，墨西哥对美出口2 897亿美元，美国对墨西哥出口1 852亿美元。2012年墨西哥对外贸易总额为7 417亿美元，其中出口3 709亿美元，进口3 708亿美元。

墨西哥是拉美吸引外资最多的国家之一。2012年吸收外国直接投资126亿美元。投资主要领域为制造业、贸易、服务业、运输业和通信业。主要投资来源地为美国和欧盟。美国是墨西哥最大的贸易伙伴。

墨西哥是一个快速发展的市场，中墨经贸关系发展十分迅速。2012年中墨双边贸易额为366.8亿美元，其中，墨西哥对中国出口91.6亿美元，中国对墨西哥出口275.2亿美元。贱金属及制品、矿产品和机电产品是墨西哥对中国出口的前三大类商品。墨西哥自中国进口的主要商品为机电产品，中国在此类商品上最大的竞争对手是美国、日本、韩国和德国。此外，中国在墨西哥的家具、玩具类产品和光学仪器市场上也具有较强竞争力。在这两类产品上，美国是中国的最主要竞争对手。

（二）欧盟市场

1. 欧盟概况。欧洲共有44个国家和地区，2012年总人口7.35亿，约占世界总人口的10.3%，其主体是欧盟28国。

欧洲联盟（European Union）简称欧盟，总部设在比利时首都布鲁塞尔，现有27个成员国，为法国、德国、意大利、荷兰、比利时、卢森堡、丹麦、爱尔兰、英国、希腊、西班牙、葡萄牙、奥地利、芬兰、瑞典、塞浦路斯、匈牙利、捷克、爱沙尼亚、拉脱维亚、立陶宛、马耳他、波兰、斯洛伐克、斯洛文尼亚、保加利亚、罗马尼亚。欧盟28国总面积为438.14万平方公里，2012年人口为5.057亿。

欧洲联盟是在欧洲共同体基础上发展而来的。欧洲共同体包括了欧洲煤钢共同体、欧洲原子能共同体和欧洲经济共同体。1951年4月18日，法国、联邦德国、意大利、荷兰、比利时和卢森堡在巴黎签署了建立《欧洲煤钢共同体条约》，1952年7月25日生效。1957年3月25日，上述六国又在罗马签订了《欧洲经济共同体条约》和《欧洲原子能共同体条约》，统称《罗马条约》，并于1958年1月1日正式生效。根据《罗马条约》，六个成员国从1958年1月1日至1969年12月31日用12年的时间建成关税同盟，而实际只用了10年时间于1968年便提前完成。1965年4月8日，六国签署了《布鲁塞尔条约》，决定将三个共同体的机构合并，统称欧洲共同体（European Communities），简称欧共体（EC）。该条约于1967年7月1日正式生效。1991年12月，欧共体各国在荷兰的马斯特里赫特签订了旨在使欧洲一体化向纵深发展和成立政治及经济货币联盟的《欧洲联盟条约》，即《马斯特里赫特条约》。欧洲统一大市场于1993年1月1日正式启动，商品、资金、服务和人员开始在欧盟成员国内部自由流动。1993年11月1日,该条约获得所有成员国批准并生效,欧洲联盟正式成立。

欧盟共经历了6次扩大:1973年英国、爱尔兰和丹麦加入;1981年希腊加入;1986年西班牙和葡萄牙加入;1995年奥地利、芬兰和瑞典加入;2004年5月1日,波兰、匈牙利、捷克、斯洛伐克、爱沙尼亚、拉脱维亚、立陶宛、斯洛文尼亚、塞浦路斯和马其顿10国入盟。2007年1月1日,罗马尼亚、保加利亚入盟。2013年7月1日,克罗地亚入盟。目前,土耳其和马其顿已成为欧盟候选国。阿尔巴尼亚、黑山、塞尔维亚和波黑已与欧盟签署《稳定与联系协议》。此外,挪威、列支敦士登、冰岛等三个原欧洲自由贸易联盟的国家虽然不属于欧盟成员,也与欧盟之间完全取消了关税,在一定程度上也成为欧盟统一大市场的一部分。

为促进人员的自由流动,1990年6月,法、德、荷、比、卢五国签署了关于人员自由流动的申根协议,现在申根协议的成员国包括法国、德国、意大利、荷兰、比利时、卢森堡、丹麦、希腊、西班牙、葡萄牙、奥地利、芬兰、瑞典、捷克、爱沙尼亚、匈牙利、拉脱维亚、立陶宛、波兰、斯洛伐克、斯洛文尼亚、马耳他、冰岛和挪威等24国。冰岛和挪威虽然不属于欧盟成员,但与欧盟也签署了人员自由来往的协定,欧盟成员中不包含的只有英国、爱尔兰、塞浦路斯、保加利亚、罗马尼亚。根据申根协定的规定,其成员国对短期逗留者颁发统一格式的签证,即"申根签证",申请人一旦获得某个申根成员国颁发的"申根签证",便可在签证有效期和停留期内在所有申根成员国内自由旅行。

2002年1月1日,欧盟启动了单一货币欧元(Euro),奥地利、比利时、芬兰、法国、德国、希腊、爱尔兰、意大利、卢森堡、荷兰、葡萄牙和西班牙12国,使用单一货币欧元。2007年1月1日,斯洛文尼亚加入欧元区;塞浦路斯与马耳他于2008年1月1日零时一起加入了欧元区;斯洛伐克于2009年1月1日加入欧元区;2011年1月1日爱沙尼亚加入欧元区;2014年1月1日,拉托维亚加入欧元区。这使欧元区成员国增至目前的18个。英国、丹麦、瑞典决定暂不加入欧元区,其他未加入的国家则因为不符合加入欧元区的条件。要加入欧元区,欧盟成员国必须达到下列标准:首先,每一个成员国削减不超过国内生产总值3%的政府开支;第二,国债必须保持在国内生产总值的60%以下或正在快速接近这一水平;第三,在价格稳定方面,通货膨胀率不能超过三个最佳成员国上年通货膨胀率的1.5%;第四,该国货币至少在两年内必须维持在欧洲货币体系的正常波动幅度以内。欧盟对成员国加入欧元区的时间并没有固定的要求,每一个成员国将根据自己国家的情况,按照自己的时间表加入。

2. 欧盟的组织机构。欧盟的组织机构主要包括欧盟理事会、欧盟委员会和欧洲议会。此外,还有欧洲中央银行、欧洲法院、欧洲审计院、经社委员会和地区委员会(咨询机构)等机构。

(1) 欧盟理事会。欧盟理事会包括欧洲理事会(即欧盟首脑会议)和欧盟理事会(即部长理事会)。前者负责确定大政方针,后者负责日常决策,拥有欧盟立法权。首脑会议是欧盟的最高决策机构,由各成员国国家元首或政府首脑及欧盟委员会主席组成,每年一般举行两次会议。在2009年12月1日前,欧盟理事会实行主席国轮任制,任期半年,对外实行"三驾马车"代表制,即由现任主席国、下任主席国和欧盟机构代表(理事会+委员会)组成。部长理事会是欧盟的日常决策机构。2009年12月1日生效的欧盟《里斯本条约》改变了这种架构,改为设立任期2年半(可以连任一次)的欧盟理事会常任主席和任期为5年的欧盟外交和安全政策高级代表。

2009年11月19日,欧盟特别峰会在比利时布鲁塞尔召开,选举比利时首相赫尔曼·范龙佩(Herman Van Rompuy)为首位欧洲理事会常任主席、英国的欧盟贸易委员凯瑟琳·阿什顿(Catherine Ashton)为欧盟外交和安全政策高级代表。二人于2009年12月1日就职。

(2) 欧盟委员会。欧盟委员会是欧盟的常设执行机构,负责实施欧盟有关条约和理事会做出的决定,向理事会和欧洲议会提出报告和立法动议,监督共同体法律的实施,处理欧盟日常事务,负责欧盟对外经贸谈判和部分对外联系事宜。本届委员会于2004年11月22日正式就职,现有成员27人(各成员国有1名委员),其中主席1人,副主席5人,任期5年。2004年11月起,葡萄牙前总理巴罗佐担任欧盟委员会主席。

(3) 欧洲议会。欧洲议会是欧盟的监督和咨询机构,具有部分立法权。现有785位议员,设议长1人,副议长14人,任期为2年半。

3. 欧盟的共同政策。经历40多年的发展,欧盟逐步建立和完善了一系列共同政策,其中主要的有共同农业政策、共同渔业政策、共同地区政策、共同社会政策、共同外交和安全政策、消费者保护政策以及共同贸易政策。此外,欧盟近年来逐步加强在就业、交通、公共健康、环保、科研以及司法和内政等方面采取共同行动,与各成员国在这些领域所采取的国别措施互为补充。

共同农业政策是欧盟内最早实施的一项共同政策,主要内容为补贴农业、稳定市场、保证供给、提高收入、增加出口竞争力、解决农业产品过剩、改善环境等。其基本目标是提高农业的劳动生产率、确保农业就业人员的"公平"收入、稳定农产品市场、保持对消费者合理的价格以及确保农产品的供应。当前,欧盟正逐步改革农业政策,深化农业补贴方式,落实以收入补贴替代价格补贴和出口补贴的原则。

在消费者保护政策方面,《阿姆斯特丹条约》规定欧盟将致力于保护消费者的健康、安全和经济利益,并促进他们获得信息和培训以及保护自身利益的权利。欧盟在制定其他各项政策时必须统一考虑消费者的利益。各成员国除遵守欧盟统一的消费者政策外也可自行制定比统一政策更为严格的消费者保护政策,但其内容须符合《阿姆斯特丹条约》的规定并向欧委会通报。近年,欧盟在有毒物品、食品、化妆品、玩具、医药产品等领域制定了详细的有关产品质量和安全的统一规定。

欧盟的共同进口贸易法规主要涉及关税政策与管理、共同进口制度、反倾销措施等。欧盟的出口贸易政策主要涉及农产品补贴、出口退税、出口信贷、军品及高科技产品出口等。

欧盟于1971年7月1日起开始实行普惠制方案,对原产于发展中国家的产品给予普遍的、非歧视的、非互惠的减免关税待遇,目的在于改善发展中国家的出口状况,使其出口产品处于有利的市场竞争地位,更多地进入欧盟市场。1995年前,欧盟给予所有的发展中国家和地区普惠制待遇。从1995年起,为防止一些国家过分地利用普惠制对欧盟出口,欧盟建立了普惠制毕业机制,根据各国的经济发展和出口实绩,逐步取消给予部分国家或部分国家的部分产品的普惠制待遇。

为实现在统一大市场内的商品自由流通,1985年以来,欧盟制定并颁布了数百个技术法规,逐步统一了各国对产品的质量要求,为各种商品在欧盟十五国市场上自由流通打下了基础。当前,欧盟的安全技术标准主要涉及食品卫生和食品安全、工业产品的安全标准、劳保标准、环保标准和无线电干扰技术标准等。近年,随着科技的发展和对消费者权益保护的加强,欧盟安全技术标准日益严格,所涉及的领域日益广泛。这些技术法规的实施,对欧盟内部来说,是消除了贸易障碍,但对欧盟以外的国家,尤其是众多的发展中国家来说,无疑是技术壁垒。

目前的欧盟正向政治联盟的方向努力。

4. 欧盟经济。欧盟是目前世界上最大的经济贸易集团。

2012年欧盟GDP为17.6万亿美元,人均GDP约为3.5万美元。欧盟国内生产总值和对外贸易总额均超过美、日。

据欧盟统计局统计,2012年,欧盟(27国)货物进出口额为44 738亿美元,比上年同期减少2.3%。其中,出口21 681.4亿美元,比上年同期减少0.2%;进口23 056.5亿美元,比上年同期减少4.1%。贸易逆差1 375.1亿美元,比上年同期减少40.3%。

欧盟是中国的第一大贸易伙伴。近年来,中欧贸易额逐年增长。据中国海关统计,2012年,双边贸易额达5 460亿美元,其中出口33 40亿美元,进口2 120亿美元。进入20世纪90年代,欧盟已成为中国吸引外资的主要对象,欧盟是中国第二大外国直接投资者。欧盟企业对华投资稳步增长。截至2012年底,欧盟在华投资累计设立企业36 639家,实际投入外资金额839.3亿美元。

(三)亚太经济合作组织

1. 亚太经济合作组织简介。亚太经合组织(Asia-Pacific Economic Cooperation,简称APEC)是亚太地区最具影响的经济合作官方论坛,成立于1989年。其宗旨是:保持经济的增长和发展;促进成员间经济的相互依存;加强开放的多边贸易体制;减少区域贸易和投资壁垒,维护本地区人民的共同利益。

亚太经合组织现有21个成员,分别是美国、加拿大、墨西哥、智利、秘鲁、澳大利亚、新西兰、巴布亚新几内亚、印度尼西亚、马来西亚、新加坡、文莱、菲律宾、泰国、越南、日本、韩国、中国、中国香港、中国台北、俄罗斯。此外,APEC还有3个观察员,分别是东盟秘书处、太平洋经济合作理事会和太平洋岛国论坛。

根据联合国人口基金会《2009年世界人口状况报告》统计,2009年亚太经合组织21个成员的总人口达27亿,占世界人口的40%;2008年国内生产总值(GDP)约占世界的51%;2007年贸易额占世界总量的50%以上。这一组织在全球经济活动中具有举足轻重的地位。

2. 亚太经济合作组织的组织机构。亚太经合组织共有5个层次的运作机制:

(1)领导人非正式会议。领导人非正式会议自1993年来共举行了13次,分别在美国西雅图、印尼茂物、日本大阪、菲律宾苏比克、加拿大温哥华、马来西亚吉隆坡、新西兰奥克兰、文莱斯里巴加湾、中国上海、墨西哥洛斯卡沃斯、泰国曼谷、智利圣地亚哥和韩国釜山举行。2006~2010年的领导人非正式会议分别在越南、澳大利亚、秘鲁、新加坡和日本举行。

(2)部长级会议,包括外交(中国台北和中国香港除外)、外贸双部长会议以及专业部长会议。双部长会议每年在领导人会议前举行一次,专业部长会议不定期举行。

(3)高官会,每年举行3至4次会议,一般由各成员司局级或大使级官员组成。高官会的主要任务是负责执行领导人和部长会议的决定,并为下次领导人和部长会议做准备。

(4)委员会和工作组。高官会下设4个委员会,即:贸易和投资委员会(CTI)、经济委员会(EC)、经济技术合作高官指导委员会(SCE)和预算管理委员会(BMC)。CTI负责贸易和投资自由化方面高官会交办的工作,EC负责研究本地区经济发展趋势和问题,并协调结构改革工作。SCE负责指导和协调经济技术合作,BMC负责预算和行政、管理等方面的工作。此外,高官会还下设工作组,从事专业活动和合作。

(5)秘书处,1993年1月在新加坡设立,为APEC各层次的活动提供支持与服务。秘书处负责人为执行主任,由APEC当年的东道主指派。

3. 亚太经济合作成员的区域合作。APEC主要讨论与全球及区域经济有关的议题,如促进全球多边贸易体制,实施亚太地区贸易投资自由化和便利化,推动金融稳定和改革,开展经济技术合作等。近年来,APEC也开始介入一些与经济相关的其他议题,如人类安全(包括反恐、卫生和能源)、反腐败、备灾和文化合作等。

由于成员方经济发展程度相差很大,APEC合作是以贸易和投资自由化和便利化作为基石的。由于亚太地区是全球经济和贸易增长最快的地区,该组织的影响在不断扩大。APEC采取自主自愿、协商一致的合作方式。所作决定须经各成员一致同意。会议最后文件不具法律约束力,但各成员在政治上和道义上有责任尽力予以实施。

(四)日本市场

1. 日本概况。日本全称日本国,是位于太平洋西侧的岛国,由北海道、本州、四国、九州4个大岛和约3 900多个小岛组成。西隔东海、黄海、朝鲜海峡、日本海与中国、朝鲜、韩国、俄罗斯相望。海岸线长3万多公里,多海湾和良港。气候属温带海洋性季风气候,6月多梅雨,夏秋季多台风。1月平均气温北部-6℃,南部16℃;7月北部17℃,南部28℃。国土面积37.78万平方公里。

日本首都东京,法定货币为日元(yen)。

现行《日本国宪法》于1947年5月3日实施。宪法规定:实行以立法、司法、行政三权分立为基础的议会内阁制;天皇为日本国和日本国民总体的象征,无权参与国政。

日本的行政区划分为都、道、府、县,都、道、府、县是平行的一级行政区,直属中央政府,但各都、道、府、县都拥有自治权。目前全国共有1都(东京都)、1道(北海道)、2府(大阪府、京都府)、43个县。其办事机构称为"厅",即"都厅"、"道厅"、"府厅"、"县厅",行政长官称为"知事"。每个都、道、府、县下设若干个市、町(相当于中国的镇)、村。其办事机构称"役所",即"市役所"、"町役所"、"村役所",行政长官称为"市长"、"町长"、"村长"。日本全国主要城市有东京、大阪、横滨、名古屋、京都、神户、北九州、札幌、川崎、福冈等。

日本主要民族为大和族,北海道地区约有2.5万阿伊努族人。通用日语。神道和佛教较盛行。

日本是一个以集体主义文化为主要特征的国家,重视和谐、秩序和尊重他人,等级观念很强。日本人强调以集体为中心,重视校友关系和朋友关系,很多高级管理者每年要花3～4周时间参加雇员的结婚典礼。日本人重视责任,组织的每个成员都要对组织和其他成员承担责任。

2. 日本经济。日本矿产资源贫乏,除煤、锌有少量储藏外,绝大部分依赖进口。日本工业高度发达,是国民经济的主要支柱,工业产值占国内生产总值的40%。工业主要集中在太平洋沿岸地区,京滨、阪神、中京、北九州为四大传统工业地带,北关东、千叶、濑户内海及骏河湾等为新兴工业地带。

日本交通运输业发达,客运以铁路和公路为主,货运以公路和海运为主。港口约有1 080个,年吞吐量1亿吨以上的有神户、横滨、名古屋、大阪、千叶等。主要机场有成田、羽田、关西、福冈等。

日本为仅次于美国的世界第二大经济强国。2012年日本人口1.278亿,国民生产总值59 597亿美元,人均国民生产总值46 720美元,是世界上最富裕的国家之一。

1989年以来,受泡沫经济后遗症特别是大量呆坏账的严重拖累,日本经济持续萧条,1997东亚金融危机和2008年全球金融危机的爆发和深化进一步加重了日本的经济困难。

对外贸易在日本国民经济中占重要地位。2012年贸易总额约为16 926亿美元。其中,出口8 068亿美元,进口8 858亿美元,逆差790亿美元。日本主要进口商品有:原油、天然气等一次能源、食品、原材料等;主要出口商品有:汽车、电器、一般机械、化学制品等。主要贸易对象是中国、美国、东盟、韩国、中国台湾、中国香港、德国等。

日本也是全球对外投资的主要东道国之一,2012年对外直接投资1 230亿美元,2012年底海外总资产达到6.54万亿美元。

1972年9月29日,中日实现邦交正常化,翌年1月互设大使馆。中国在大阪、福冈、札幌、长崎,日本在上海、广州、沈阳和香港分别开设总领事馆。日本在大连设有驻沈阳总领馆办事处,在重庆设有驻华使馆领事部办事处。1978年8月12日,两国签署《中日和平友好条约》,同年10月邓小平副总理访日,双方互换《中日和平友好条约》批准书。

中日两国互为重要贸易伙伴,经济合作密切,日本是中国第三大贸易伙伴。据中国海关统计,2012年中日贸易额达3 294亿美元,其中,中国对日出口1 516亿美元,进口1 778亿美元。截至2012年2月底,日本对华投资项目累计46 292个,实际到位金额812.3亿美元。

(五)东盟市场

1. 东盟简介。1967年8月7日至8日,印度尼西亚、新加坡、泰国、菲律宾四国外长和马来西亚副总理在泰国首都曼谷举行会议,发表了《东南亚国家联盟成立宣言》,即《曼谷宣言》,正式宣布了东南亚国家联盟(简称东盟,Association of Southeast Asian Nations, ASEAN)的成立。东盟秘书处设在印尼首都雅加达。

《东南亚国家联盟成立宣言》确定的宗旨和目标是:①以平等与协作精神,共同努力促进本地区的经济增长、社会进步和文化发展;②遵循正义、国家关系准则和《联合国宪章》,促进本地区的和平与稳定;③促进经济、社会、文化、技术和科学等问题的合作与相互支援;④在教育、职业和技术及行政训练和研究设施方面互相支援;⑤在充分利用农业和工业、扩大贸易、改善交通运输、提高人民生活水平方面进行更有效的合作;⑥促进对东南亚问题的研究;⑦同具有相似宗旨和目标的国际和地区组织保持紧密和互利的合作,探寻与其更紧密的合作途径。

东盟除印度尼西亚、马来西亚、菲律宾、新加坡和泰国5个创始成员国外,文莱在1984年独立后即加入东盟,越南于1995年加入东盟,1997年缅甸和老挝加入东盟,1999年4月,柬埔寨成为东南亚地区最后一个加入东盟的国家。东盟现有10个成员国,即印度尼西亚、马来西亚、新加坡、泰国、越南、菲律宾、文莱、老挝、缅甸、柬埔寨。东盟10国的总面积有450万平方公里。

东盟10个对话伙伴国是:澳大利亚、加拿大、中国、欧盟、印度、日本、新西兰、俄罗斯、韩国和美国。观察员国是巴布亚新几内亚。

2. 东盟的组织机构

(1)首脑会议。这是东盟最高决策机构。自成立以来,东盟举行了11次首脑会议,4次非正式首脑会议,就东盟发展的重大问题和发展方向作出决策。2000年第四次非正式首脑会议决定取消正式非正式之分,每年召开一次首脑会议。

(2)外长会议。这是制定东盟基本政策的机构,每年轮流在成员国举行。东盟外长还不定期举行非正式会议。

(3)常务委员会。常务委员会由各国外交部高官组成,当年东盟轮值主席国外长任主席,每两个月举行一次会议,主要就东盟外交政策进行讨论,并落实具体合作项目。

(4)经济部长会议。这是东盟经济合作的决策机构,每年不定期地召开一、二次会议。

(5)其他部长会议,包括财政、农林、劳工、能源、旅游等部长会议,不定期在东盟各国轮流举行,讨论相关领域的问题。

(6)秘书处,负责东盟各领域具体事务的协调和规范。

(7)专门委员会,包括9个由高级官员组成的委员会,即:工业、矿业和能源委员会,贸易和旅游委员会,粮食、农业和林业委员会,内政和银行委员会,交通运输委员会,预算委员会,文化和宣传委员会,科学技术委员会,社会发展委员会。

(8)民间和半官方机构,包括东盟议会联盟、工商联合会、石油理事会、新闻工作者联合会、承运商理事会联合会、船东协会联合会、旅游联合会和博物馆联合会等。

3. 东盟经济。2012年东盟人口约6.2亿,2012年东盟GDP达22 000亿美元,人均GDP约3 550美元。2006年东盟成员国贸易额已超过1.4万亿美元。

东盟内部经济差距很大,除新加坡、文莱属于高收入国家外,其他国家属于中等收入或低收入国家。表3-9显示了2008年东盟各国GDP、人口与人均GDP的情况。

表3-9 2012年东盟各国GDP、人口与人均GDP

国　家	GDP(亿美元)	人口(万人)	人均GDP(美元)
印度尼西亚	8 462.45	23 885	3 543
泰国	3 659.65	6 678	5 480
马来西亚	3 050.32	2 924	10 432
新加坡	2 765.15	535	51 709
菲律宾	2 501.82	9 671	2 587

续表

国　家	GDP(亿美元)	人口(万人)	人均GDP(美元)
越南	1 558.20	8 879	1 755
缅甸	563.95	6 038	934
文莱	169.54	41	41 127
柬埔寨	140.38	1 487	944
老挝	94.18	665	1 417

资料来源：根据世界银行、国际货币基金组织相关数据计算。

1999年的东盟第三届非正式首脑会议宣布，文、印、马、菲、新、泰等6个原创始国将于2010年之前完成贸易自由化；越、老、柬、缅等4国将于2015年达成贸易自由化的目标，同时也预定于2020年将东盟区域建成为自由贸易区。

在经济全球化浪潮的冲击下，东盟国家逐步认识到启动新的合作层次、构筑全方位合作关系的重要性，并决定开展"外向型"经济合作。"10＋3"和"10＋1"合作机制应运而生。

1997年12月15日，首次东盟与中日韩领导人会议(10＋3)在马来西亚举行。东盟各国和中日韩3国领导人就21世纪东亚地区的前景、发展与合作问题坦诚、深入地交换了意见，并取得广泛共识。在10＋3合作进程中，外交、财政、经济、农林、旅游和劳动等6个部长级会议机制已经建立，有力地推动了相关领域的合作。

与10＋3并行的是东盟分别与中日韩领导人(10＋1)会议，即三个10＋1合作机制。

东盟与澳大利亚、新西兰签订了东盟自由贸易区—澳、新紧密经济关系协议(AFTA－CER, AFTA－the Ministers from the countries of the Australia－New Zealand Closer Economic Relations Trade Agreement, CER)。目前，澳大利亚和新西兰与东盟的"紧密经济关系"(CER)，还包括了农业、市场开放、交通、海关等方面的合作。

中国与东盟是传统的贸易伙伴，近年来中国与东盟的经贸合作发展十分迅速。2008年中国与东盟贸易总额达2 311亿美元，其中我出口1 141亿美元，进口1 170亿美元。

2002年11月4日，朱镕基总理与东盟10国领导人在第六次中国与东盟领导人会议上签署了《中国与东盟全面经济合作框架协议》(以下简称《框架协议》)，为双方建立自由贸易区奠定了法律基础。《框架协议》明确2010年建成中国—东盟自由贸易区，老挝、柬埔寨、缅甸和越南4个东盟新成员可拥有5年的宽限期。2008年中国与东盟人口超过18亿，国民生产总值5.9万亿美元，对外贸易额超过4万亿美元。

《框架协议》确定的宗旨和目标是：①加强和增进各缔约方之间的经济、贸易和投资合作;②促进货物和服务贸易,逐步实现货物和服务贸易自由化,并创造透明、自由和便利的投资机制;③为各缔约方之间更紧密的经济合作开辟新领域,制定适当的措施;④为东盟新成员国更有效地参与经济一体化提供便利,缩小各缔约方发展水平的差距。

《框架协议》是未来中国与东盟自由贸易区的法律基础,共有16个条款。根据《框架协议》,中国—东盟自由贸易区将包括货物贸易、服务贸易、投资和经济合作等内容。其中,货物贸易是自由贸易区的核心内容。

《框架协议》规定,中国和东盟双方从2005年起开始正常轨道产品的降税,2010年中国与文莱、印度尼西亚、马来西亚、菲律宾、新加坡和泰国建成自由贸易区,2015年和越南、老挝、柬埔寨和缅甸建成自由贸易区,届时,中国与东盟的绝大多数产品将实行零关税,取消非关税措施,双方的贸易将实现自由化。

2010年1月1日,中国—东盟自由贸易区正式启动,共拥有19亿消费者、近6万亿美元国内生产总值和4.5万亿美元贸易总额。中国和东盟6个老成员国,即文莱、菲律宾、印度尼西亚、马来西亚、泰国和新加坡之间,将有超过90%的产品实行零关税。中国对东盟平均关税将从9.8%降到0.1%,东盟六个老成员国对中国的平均关税将从12.8%降至0.6%。

(六)南美市场

1. 南美概况。南美洲包括巴西、阿根廷、玻利维亚、乌拉圭、秘鲁、巴拉圭、厄瓜多尔、委内瑞拉、圭亚那、苏里南等国家,面积1 783.2万平方公里,地广人稀,资源丰富,2000年人口为3.45亿。南美国家大多为西班牙和葡萄牙的前殖民地,语言主要为西班牙语、葡萄牙语。20世纪90年代末期,南美洲整体经济水平相当于80年代中后期的中国。南美地区贫富差距比较悬殊,近一半的财富集中于10%的人手中。南美各国贸易保护十分严重,对外贸易发展比较缓慢。

南美洲主要经济大国为巴西、阿根廷。

2. 巴西。巴西位于南美洲东南部,面积851.49万平方公里,居世界第5位,是拉丁美洲面积最大的国家,首都巴西利亚。

巴西国土80%位于热带地区,最南端属亚热带气候。北部亚马孙平原属热带雨林气候,年平均气温27℃~29℃。中部高原属热带草原气候,分旱、雨季。南部地区平均气温16℃~19℃。巴西也是南美人口最多的国家,2012年人口为2.004亿,其中白种人占53.7%,黑白混血种人占38.5%,黑种人占6.2%,黄种人占0.5%,印第安人占0.4%。官方语言为葡萄牙语。73.8%的居民信奉天主教。葡萄牙语为官方语言。

巴西是拉美第一经济大国,2012年国内生产总值22 527亿美元,位居世界第7位,人均GDP 11 340美元,综合实力居拉美首位。

巴西农业发达,是世界蔗糖、咖啡、柑橘、玉米、鸡肉、牛肉、烟草、大豆等农产品主要生产国;工业基础雄厚,门类齐全;服务业产值占国内生产总值的50%以上,经济结构接近发达国家水平。1967～1974年,经济年均增长率高达10.1%,被誉为"巴西奇迹",跻身新兴工业国行列。但20世纪80年代以后,巴西经济增长迟缓。

巴西矿产资源丰富,主要有铁矿、铝矾土、铀、锰、锡、铬、镍、石油、天然气和煤等。其中,铁矿砂产量和出口量均居世界第二位,每年铁矿产量的70%以上用于出口,占全球铁矿石贸易量的30%。铀的储量为24万吨,居世界第六位。巴西是仅次于美国和德国的世界第三大糖果生产国。巴西被誉为柑橘王国,其产量居世界第一位。咖啡产量和出口量均居世界第一位,甘蔗、可可、大豆产量都名列世界前茅。畜牧业以养牛为主,家禽产量居世界第四位。巴西工业在拉美居首位。巴西拥有较完整的工业体系,是南美钢铁大国,为世界第六大产钢国,钢材年出口量达1 200万吨,占全国钢材总产量的50%左右。巴西也是拉美第一、世界第九汽车生产大国。巴西森林资源丰富,植物种类极为丰富。

2012年巴西对外贸易额为4 657亿美元,出口约2 426亿美元,进口2 231亿美元。巴西主要进口机械设备、电子设备、药品、石油、汽车及零配件、小麦等,出口汽车及零部件、飞机、钢材、大豆、药品、矿产品(主要是铁矿砂)等。

据中国海关统计,2012年中巴贸易额857.1亿美元,再创历史纪录。其中,中方进口523亿美元,出口334.1亿美元。中方主要出口机电产品、高新技术产品、无线通信设备零部件、纺织品和服装、焦炭及半焦炭、机械设备、非针织或钩编的服装、自动数据处理设备及其零部件等;进口铁矿砂、大豆、豆油、原油、钢材板材、纸浆、皮革、运输工具、木材和机械设备等。截至2012年,我国在巴西实际投资167.7亿美元,主要涉及采矿、木材加工和家电组装等项目。巴西在华实际投资4.88亿美元,主要涉及支线飞机制造、压缩机生产、煤炭、房地产、汽车零部件生产、水力发电和纺织服装等项目。

3. 阿根廷。阿根廷位于南美洲东南部,为拉美第二大国,面积278.04万平方公里,首都布宜诺斯艾利斯。阿根廷北部属热带气候,中部属亚热带气候,南部为温带气候。

2013年阿根廷人口4 100万,其中城市人口占85%,农村人口占15%。白人和印欧混血种人占95%,多属意大利和西班牙后裔。印第安人口60.03万(2005年印第安人口普查)。官方语言为西班牙语。87%的居民信奉天主教,其余的信奉基督教新教及其他宗教。

阿根廷幅员辽阔,土地肥沃,农牧业发展条件比较理想,是农牧业比较发达的国家之一,农牧产品的生产及出口均居世界前列。阿根廷是世界主要谷物生产国和出口国之一,主要种植大豆、小麦、玉米、高粱、葵花籽等。阿根廷畜牧业比较发达,天然牧场和人工牧场约占全国总面积的55%。畜牧业总产值占农业总产值的

40%。全国牲畜80%集中在潘帕斯大草原。阿根廷也是世界上主要的羊毛出口国。

阿根廷矿产资源丰富,主要有石油、天然气、金、铜、铀、铅、锌、硼酸盐、黏土等,大部分位于与智利、玻利维亚交界的安第斯山脉附近。但矿产资源勘探水平较低,目前预计尚有75%的资源未得到勘探开发。现已探明的部分矿产的蕴藏量为:石油21.8亿桶、天然气4 556.25亿立方米、煤炭6亿吨、铁3亿吨、铀2.94万吨。水力、渔业资源丰富。森林面积125.3万平方公里,森林覆盖率45.06%。

20世纪80年代因债务危机,经济大幅衰退。2012年阿根廷GDP为4 755亿美元,人均GDP 11 573美元。2012年,阿根廷对外贸易额1 624亿美元,其中出口896.5亿美元,进口727.5亿美元。

(七)非洲市场

非洲面积达3 000万平方公里,仅次于亚洲,是世界第二大洲,有9亿多人口,是世界上最贫穷的地区。

非洲国民生产总值仅占全球的1%,吸引外资仅占全球的2%,居民生活一直在低水平徘徊。尽管目前全球极端贫困的人口比例已从20世纪末的46.8%下降到41.1%,但非洲贫困人口却不降反增。截至2008年底,非洲仍有45%以上的人口生活在贫困线以下,贫困人口超过3.6亿,与20世纪末相比增加了近300万。其中,撒哈拉以南非洲地区的贫困人口比例高达51%,约有2.91亿人口靠每天不足1美元艰难地维持生计。由于战乱和自然灾害,非洲难民达到800多万,有近3 000万人严重缺粮,其中东非占60%,约1 800万人。雪上加霜的是,目前全球经济衰退和金融危机已成为国际社会关注的焦点,非洲国家的外债、贫困化、艾滋病以及地区冲突等问题将会被看淡,这将严重影响非洲的减贫和社会稳定。

非洲自然资源丰富,黄金、钻石、铜、铀等重要矿产资源储量均居世界首位,有着发展经济的良好条件。但由于各种原因,特别是长达几百年的殖民统治,使非洲的经济过于单一,成为世界上最贫困落后的大陆,世界上最不发达的40个国家中,有31个在非洲。非洲不仅明显落后于世界发达国家的水平,也落后于后来居上的亚洲、拉美等其他发展中地区。

非洲54个国家,是中国重要的出口市场之一。在中非各国政府和经贸界人士的共同努力下,中国与非洲贸易有了长足的发展,但从总体看规模仍不大,双边贸易在各自对外贸易中所占份额较小。

自20世纪50年代开始,中国向数十个非洲国家提供了力所能及的援助,在援款项下建成项目640个,涉及农牧渔业、水利电力、交通运输、文教卫生等众多领域。

20世纪70年代末,中国同非洲国家的经济合作形式开始趋向多样化,出现了包括工程项目合作、设计咨询、合资合营等多种形式的企业间的互利合作。通过这些合作,我国向非洲国家传授了适合其国情的技术,从而增加了项目所在国的就业机会和税收,同时也带动了我国设备、原材料和相关技术的出口。

经过20多年的发展,中国企业在非洲开展工程和项目合作已逐渐形成规模,技术含量不断提高,业务发展速度加快,非洲成为中国对外承包工程和劳务合作具有巨大潜力的市场。据不完全统计,2000年,中国同非洲国家的承包劳务合同1 206份,合同金额18.64亿美元,营业额为20.36亿美元。全年共向非洲派出劳务人员22 994人。

1995年以来,中国在非洲开始建立"中国投资开发贸易促进中心",截止到2006年底已经设立了19个。这些"中心"是在中国政府支持下建立的服务性经营实体,目的是促进中非经济界的交流与了解,为中国企业开拓非洲市场提供保税仓储、经贸洽谈、商品展示以及法律和经贸咨询等各类服务,其服务范围包括:提供保税存仓设施、经贸洽谈、商品展示;提供办公、住宿条件,提供安全保障;提供报关、保险、运输、旅游服务;提供结汇、结算服务;提供法律、会计、经贸咨询服务。

当前,中国与非洲国家在贸易、投资、工程承包、劳务合作等领域出现了蓬勃兴旺的景象,贸易额迅速上升,创历史新高,中国已成为非洲第三大贸易伙伴。2011年中非贸易额上升到1 600亿美元,同比增长23%。据测算,仅中非贸易一项对非洲经济增长的贡献度就达到20%。2008年中非贸易规模超过10亿美元的国家由2007年的14国增至20国。安哥拉在2006年成为中国在非洲的第一大贸易伙伴和第一进口国,南非为第二大贸易伙伴和第一出口对象。为方便更多的非洲产品进入中国市场,已有30多个非洲最不发达国家的466种输华商品享受零关税待遇。2008年中非贸易中非洲国家顺差为51.6亿美元。

中国对非洲的投资和工程承包,近几年来出现投资数额大、公司国际竞争中标率明显攀升的形势。据有关部门统计,截至2008年底,中国对非直接投资存量超过50亿美元。中国在2007年至2009年期间将向非洲国家提供30亿美元的优惠贷款和20亿美元的优惠出口买方信贷,目前已同一些国家签订了贷款框架协议。中非合作论坛北京峰会上中国承诺成立中非发展基金,逐步让基金额达到50亿美元,该项目正由国家开发银行承办,业务运行已开始。我国在赞比亚等国建立了经济贸易合作区。中国的上述措施,有力地帮助非洲国家加强基础设施建设、提供大型机电设备、发展生产性企业,推动中非双方企业开展合资合作。世界银行资料显示,中国帮助非洲建设了10座大型水电站,将非洲现有水电能力提高了30%。中国投资40亿美元,为非洲修复铁路1 350公里,新建铁路1 600公里。

中非经济上合作大项目频频出现。例如,中国石油公司在苏丹投入了27亿美元,修建了1 500多公里长的输油管,建成年产250万吨原油的加工厂,使苏丹从石油进口国变成石油输出国。中国公司与尼日利亚石油项目合作也取得重大进展,投资40亿美元用于相关基础设施建设,帮助修建1 300多公里的复线铁路。中国公司在安哥拉、刚果(金)、赞比亚等国进行资源性开发不断取得进展。中国现已成为赞比亚第三大投资国。2008年,中国公司与尼日尔签署了石油开采合作协议,将分期修建2 700多公里输油管道,年产石油最终将达600万吨。尼日尔政府表示该项目将使尼人民生活发生重大变化。中国的多家银行积极在非洲开展业务。2007年中国工商银行与南非标准银行签署协议,中方将出资54.6亿美元收购南非标准银行20%的股权。

中国政府要求中国公司在开展业务时不仅按照国际惯例和法规,而且要尽可能照顾非洲方面的利益,有取有予,多回馈当地人民。我国前往非洲的大公司已做出了榜样,受到了非洲国家和人民的好评。例如,我国在赞比亚首都卢萨卡兴办的一家中垦农场目前资产520万美元,其农副产品占有卢萨卡近20%的市场份额。该农场十分注重回馈当地。在多年经营中,农场累计解决当地工人就业达7 000多人次,免费提供4 000多户家庭安居和解决1.4万人的温饱,还先后花费4.5万美元为1 000多名当地职工交纳养老福利金和工伤保险,曾经为当地学校捐助5万美元。这家农场在当地享有很好声誉。

非洲国家领导人赞扬中国的经济发展模式,纷纷表示要学习中国经济快速发展的经验,以增强自身的经济实力。他们对"中国在非洲新殖民主义论"和"中国在非洲资源掠夺论"等言论予以严正驳斥。赞比亚总统姆瓦纳瓦表示,中国在非洲的投资为非洲国家创造了财富和就业机会。安哥拉总统桑托斯认为,中国积极开展对非合作的目的就是为了增强非洲国家的发展能力,消除贫困,实现共同发展。与中国复交时间不长的塞内加尔总统瓦德撰文指出,西方也应该向中国学习,中国帮助非洲在极短时间里建设了大量基础设施项目。这些项目将会留在非洲,提高广大非洲人民的生活水平,而不仅是使少数精英受益。

近年来,西方大国对中国在非洲开采和进口石油总是横加指责,这毫无道理。世界银行资料显示,非洲在2006年出口的石油,欧洲占36%,美国占33%,中国占8.7%。中国在非洲的石油投资约100亿美元,其他国家的投资高达1 680亿美元,中国的投资不到这些国家的1/16。

在双边贸易额迅速增长的同时,中非经贸合作的途径和方式正逐步与国际惯例接轨。目前,中国同非洲53个国家和地区建立了贸易关系,与39个非洲国家签订了双边贸易协定,与17个非洲国家签订了双边投资保护协定,并与4个非洲国家签订了避免双重征税协定。

第二节 国际商务的社会文化环境

从事国际商务活动,不可避免地要与世界各地的人们打交道。不同国家或地区的人们对相同事物的理解会存在差异,在相同情况下作出的选择可能完全不同,这就是文化的差异。文化差异不仅体现在不同文化背景的人们的个体差异上,而且也反映在不同国家和地区的社会组织形式上,即在社会结构方面存在差异。相互理解是合作的开始,因此,一个从事国际商务管理的人员必须学会理解并适应不同国家的文化和习俗,了解不同国家和地区在社会结构、宗教、伦理、语言、教育等方面的特殊性,并领会这些不同对消费观念、商业伦理、商业文化、职场文化的影响。

一、文化及其基本构成因素

(一)文化的含义

文化是一种复杂的社会现象,关于文化存在多种多样的定义,但内容则大同小异,这里我们将文化定义为一个群体所共有的价值观和行为准则的体系。文化包括物质文化与精神文化两部分,物质文化是精神文化的基础,精神文化又反作用于物质文化。精神文化包括语言、教育、宗教、价值观与态度、社会组织等方面。

由于各个国家历史和社会发展的差异,面对类似的情况,世界各地人们的表现会有很大的差异。例如,在美国和西欧等发达国家,驾车者遇到红灯就会停车,哪怕并没有其他的汽车经过,而且会主动停车避让行人,而在很多第三世界国家,驾车者常常不遵守交通规则,更不会主动停车避让行人。在墨西哥,当总统发表讲话时,所有人都会通过广播或电视倾听,而在美国绝大多数人都会换台并通过之后的新闻报道了解总统讲话的内容。在美国和西欧国家,会议通常都是准时开始,而在一些南美国家,会议常常不能准时开始。

课程案例3-4

迪斯尼乐园在法国

1955年迪斯尼在美国建立了第一个主题公园,1983年建立了东京迪斯尼乐园,都取得了成功。1992年欧洲迪斯尼乐园建立,地点在法国巴黎。选择巴黎是因为在巴黎2小时车程范围内居住着1 700万人,另有3.1亿人在2小时内可以飞到巴黎,以及巴黎市政府因为期待创造3万个就业机会所提供的10多亿美元补贴。但该项目在谈判和建设期间就很不顺利,被很多法国人视为美国消费文化对欧洲文化的侵略,法国文化部长公开宣布抵制欧洲迪斯尼乐园的开业。对美国政府不满的法国农民在乐园开放不久就驾驶拖拉机堵住大门,这一场面通过电视直播传遍世界,也使人们对它的命运产生了怀疑。

事实上,欧洲迪斯尼在运营上也出现了很多失误。迪斯尼的服务方针包括不在乐园内出售酒类,而在法国,午餐一杯酒是必不可少的。美国人认为周一是一周人数最少的,而周五是人数最多的,并以此配置员工,事实却相反。由于欧洲迪斯尼雇用了大量的临时工,因此很难针对这种情况在人员上进行调整,导致服务力量与游客的需求产生很大差距。美国人事先调查的结果是"欧洲人不用早餐",因此餐厅设计规模很小,结果350个座位的餐厅被迫提供2 500份早餐,使人群大排长龙。而且顾客所要的不是法国典型的羊角面包和咖啡,而是美式的熏肉和鸡蛋。午餐同样困难,因为所有的人都想在12:30进餐。

欧洲迪斯尼乐园在员工关系上也出现了问题。在前9个星期,约1 000名雇员(总数的10%)离开了。他们对乐园在就餐时间和经营方式等问题上与管理层存在分歧。

另一个问题是游客的逗留时间。虽然游客数量达到了预期的每年900万人次,但逗留只有一两天,而不是预期的四五天,这使得旅馆空置。游客的来源也与预期不同,只有40%是法国人,住在欧洲的美国人和来欧洲度假的日本人则很多。到1994年末,欧洲迪斯尼乐园累计亏损20亿美元。

为此,欧洲迪斯尼乐园改变了策略。首先名称由欧洲迪斯尼乐园改为巴黎迪斯尼乐园;其次,食品改为提供美国快餐以解决口味和排队的问题;最后,一天有效的门票价格和旅馆价格下降1/3。这些措施收到了效果,游客从1994年的880万人次上升到1996年的1 170万人次。

讨论题目:

1. 你认为欧洲文化(法国文化)与美国文化存在哪些不同?

2. 你认为一个在国外从事经营活动的公司应该如何在坚持公司和本国文化与尊重东道国文化之间作出选择?

3. 你认为进行国际投资前应考虑哪些文化差异?

(二) 文化的构成要素

要考察文化的内涵必须了解价值观和态度、语言、教育、习俗和风俗习惯、宗教、物质文化等诸多构成因素。

1. 价值观和态度。价值观指人们判定正确与错误、好与坏、重要与不重要的基本观念。态度是人们对一些事物的特定感觉和行为方式的持久性倾向。

价值观构成了文化的基础。价值观涉及人们对一系列基本问题的态度,这些问题包括个人自由、民主、真理、公正、诚实、忠诚、社会责任、集体责任、妇女地位、爱情、性、婚姻,等等。

价值观是人们评价事物的标准。人对事物的态度及由此产生的价值观念对其消费方式、消费行为有很大影响。

在一定价值观和态度的基础上会形成影响人们相互行为的一些社会规则,这些规则包括以下方面:

(1)时间观念。美国人时间观念很强,欧洲人次之,南美人则时间观念相对淡薄。

时间观念的强弱一方面影响人们的消费选择,如美国人比较喜欢快捷、便利的商品;另一方面,时间观念影响人们的商务行为,如美国人约会迟到通常在 15 分钟以内,欧洲人则在 30 分钟以内,而在南美地区,迟到一、两个小时也是常有的。因此,同样是迟到 30 分钟,美国人可能理解为对方缺乏诚意,欧洲人可能理解为不够重视,而在南美人看来什么都不代表。此外,在一些地区,准时出席各种社交活动还可能带来负面影响,如在菲律宾,人们参加社交活动时一般要迟到 15 分钟,准时出席往往被理解为过于热衷。

(2)对变革的态度。对变革、创新、新产品,各国消费者的接受态度是不一样的,这影响国际商务人员对新市场的开拓,也影响到经营中的一些行为。对变革的不同态度,可能存在于不同国家之间,也可能存在于同一国家内部的不同人群之中。就不同国别而言,美国人比较喜欢新生事物,满足同样用途的商品,美国人可能更倾向于尝试新产品;欧洲人则相对保守,在新产品的优越性没有得到证明之前,往往选择老产品;而在亚洲地区,即使新产品已经证明了其优越性,也不容易为消费者接受。就一国内部的人群而言,一般来说,年轻人和受过较高教育的人对新生事物的接受能力往往较强。对企业内部经营而言,美国人倾向于选择新的公司和岗位,在很多美国人看来,连续在一家公司、一个岗位工作 5 年,往往是缺乏进取心的表现;而在亚洲地区,连续地更换公司和岗位,常常被理解为缺乏忠诚,没有踏实的工作态度。

(3)财富观。各国对财富的观念也不尽相同,美国人往往是金钱至上,而东亚地区往往把道德、社会利益和公正放在很高的位置。国际商务人员在选择促销策略时必须充分考虑这一点。

(4)风险意识。风险意识指消费者在作出购买决策时,对可能存在的风险的认知和规避意识。这些风险包括:①经济风险,即购买商品或服务不能满足需要时必须重新购买所蒙受的经济损失;②安全风险,指消费商品或服务时可能对消费者人身安全的损害;③声誉风险,因购买不当对自己形象的影响。

2. 语言。语言是人类交流思想的工具,也是一个国家或地区社会文化的缩影。要了解一个国家或地区的文化环境,不能不借助当地的语言,准确地理解对方语言的含义对国际商务活动的成败是至关重要的。例如,日本人非常讲究礼貌和尊重其他人,即使心里不同意,嘴上也往往说"是",表达极其含蓄,准确理解日本客户的真实意思往往是与日本人打交道的外国人最感头疼的。相反,美国人的表达则通常非常直率,往往实话实说,不需要额外的客套。欧洲人的表达方式则居于美国人和日本人之间,在直率间带有含蓄。

世界上的主要语言包括汉语、英语、法语、西班牙语、葡萄牙语、德语、印地语、俄语、日语、阿拉伯语等。表 3-10 显示了全球使用这些语言作为第一语言的人口的比重。

表 3-10　全球使用不同语言作为第一语言的人口比例(%)

汉语	20.0	日语	2.0
英语	6.0	阿拉伯语	2.0
印地语	4.5	法语	1.5
俄语	3.5	德语	1.5
西班牙语	3.0	其他语言	54.0
葡萄牙语	2.0		

虽然世界上有 1/5 的人口将汉语作为母语,但汉语在国际商务活动中并不很常被使用,尽管随着中国经济的快速发展,有越来越多的外国人开始学习汉语。英语无疑是在国际交往中使用最广泛的语言,可以说是目前世界上唯一的国际语言,英语的这种地位有两方面的原因。首先,将英语作为第一语言的人口仅次于汉语,位列第二位,英国、美国、加拿大、澳大利亚、新西兰、新加坡、马来西亚、中国香港、印度和其他一些英国的前殖民地都将英语作为官方语言,这些国家和地区在世界上具有广泛的代表性。其次,也许对英语的国际语言地位最重要的是,很多其他国家的人将英语作为第二语言,如很多欧洲国家、南美国家。例如,一个中国人和一个德国人交往时,他们最可能使用的语言既不是中文也不是德文,而是英文。这种情况使人们在选择第二语言时会更加倾向于选择英语。

在其他情况相似的条件下,从事国际商务活动特别是国际投资活动的商务人员总是要优先选择具有比较好语言环境的国家或地区,在这方面,中国香港、新加坡、马来西亚、印度都是具有一定优势的。西欧国家语言比较相似,很多人掌握多国语言,英语非常普及,语言环境也非常好。

语言是国际商务管理人员在业务活动中进行沟通的主要工具,通信联络、商务洽谈、广告宣传、人际交往都离不开语言。一个公司在其国际化的过程中,也是公司在包装文字、命名、广告主题、商标选用等方面运用语言的能力经受国际检验的过程。简洁、朗朗上口的品牌名称和广告语言,可以给消费者留下深刻的印象。通过语言进行有效的企业形象设计(CIS),是企业在国际市场取得成功的一个重要条件。由于英语是目前世界上使用最广泛、影响最大的语言,许多公司在进入国际市场之前,就已经选择了与企业形象、产品形象相协调的英文名称和商品品牌,并取得了很好的效果,如日本的Sony(索尼)、Panasonic(松下),德国的 Adidas(阿迪达斯),中国的 Haier(海尔)、Konka(康佳)。如果缺乏细致的考虑,事后往往需要多花一些精力。例如,中国著名的 IT 企业联想集团最初选择了"Legend"(传奇)这个英语单词作为自己的英文品牌,最后却发现这个名称在世界上 100 多个国家或地区已经被其他企业注册,自己不能使用,于是不得不在 2003 年 4 月 28 日开始启用"Lenovo"这个新的英文品牌。

一个国家或地区往往有多种语言,在使用语言的过程中,要十分注意语言表面之外的文化含义,否则就会带来不必要的麻烦。例如,反映殖民、侵略色彩的词语就应当注意禁用,如将东南亚地区称为"印度支那"。

对于使用字母文字,还要注意相同的字母组合在不同的语言中可能代表完全不同的含义,有些是非常不利于产品销售的,要注意加以避免。例如,百事可乐(Pepsi)公司的著名广告口号"Come Alive with Pepsi"被人翻成德文却变成了"从坟墓中复活"。美国福特汽车公司向一些发展中国家推出了"Feira"牌子的廉价卡车,销售却不理想,原因是该品牌在西班牙语中意味着"丑陋的老妇人"。类似地,福特汽车公司在墨西哥销售"Caiiente"牌高级轿车时也遇到了麻烦,原因在于"Caiiente"在当地的俚语中是"妓女"的意思。美国阳光公司向德国市场推销用来喷雾定型的卷法铁棒,在广告中将这种产品称为"Mist-Stick",后来发现英文中的"喷雾"(Mist)在德文中的含义是粪便,可想而知这样的名称对产品的销售会产生什么样的影响。

不同地区的阅读方式也可能不同。世界上大部分地区的阅读习惯是从左向右读,但中东地区的一些人则习惯于从右向左读。因此,如果我们按照其他地区的阅读习惯制作一个肥皂广告,在一幅画面上左面是被弄脏的一幅,中是一箱肥皂,右边是洗干净的衣服,则那里的人们会将广告理解为肥皂能够使衣服变脏。

除了书面语言外,各种语言还都有一些口头语言、俚语习语,这些语言往往代表着一定的时尚色彩,在国际市场营销中可以巧加利用,如在销售新潮产品时使用"酷"(Cool)这样的词语。

另外,在使用语言时,还要注意非语言交流形式的运用,如表情、姿势、体态、距离等。例如,在印度某些地区,点头不是意味着同意而是意味着不同意。在美国用大拇指和食指做圆圈状表示友好,而在希腊和土耳其,同样的动作则代表粗俗的性挑逗。在美国,商务谈话的习惯距离是在 1.5~2.5 米之间,而在拉丁美洲国家这个距离则是 1~1.5 米。结果,在谈话中,美国人往往不习惯拉美人侵入他们的个人空间,不断后退,而拉美人则将这种逐步后退理解为冷淡,导致双方产生隔阂。

3. 教育。教育主要是指文化及传统的传播过程,也包括技能、思想和态度的传播过程。一个国家的教育发达水平往往与经济发展水平紧密相关。教育发达程度可以用识字率和普教水平来描述。教育水平与国际商务管理的关系体现在:

(1)教育水准直接影响人们的购买行为。一般来说,教育水平低的国家,对于比较精密、复杂的设备的使用、维修比较困难,人们倾向于购买较易操作、维修的设备。

(2)教育情况决定了当地人力资源的基础水平。教育状况与人们的语言能力、沟通能力、思想观念都存在密切的联系,不论是具备一定专门知识的高级专门人才还是具备初步文化和操作技能的制造业工人,都与教育有着密切的联系。

(3)教育水平制约国际商务活动的重要因素,影响到企业的国际商务策略。一国的教育与国际接轨程度越高,特别是如果本国能接收大批外国留学生或向外派出一大批留学生,都能使本国拥有大批具有国际经验的人才,这对于发展国际商务活动是十分重要的。

表3-11列出了1996年部分国家受高等教育人口占相应年龄组的百分比。1996年受高等教育人口占相应年龄组的百分比,低收入国家平均为6%,中等收入国家也仅为19%,而发达国家则高达57%。受高等教育人口占相应年龄组的百分比与国家经济发展水平存在非常密切的联系。就单个国家而言,低收入国家多数低于10%,中等收入国家一般在10%~40%之间,而发达国家一般在40%以上,加拿大更高达103%,这是因为有超龄人口入学。表3-12列出了2005年和2006年部分国家和地区受高等教育人口占全部人口的百分比。

表3-11 1996年部分国家受高等教育人口占相应年龄组的百分比

国　家	百分比(%)
低收入国家	6
埃塞俄比亚	1
巴基斯坦	3
尼日利亚	4
中国	5
印度	6
印度尼西亚	11
蒙古	15
菲律宾	27
中等收入国家	19
巴西	11
墨西哥	14
南非	17
泰国	20
南斯拉夫	21
波兰	27
阿根廷	38
俄罗斯	43
高收入国家	57
日本	40
意大利	41
英国	48
法国	50
韩国	52
澳大利亚	72
美国	81
加拿大	103

表 3-12　2005 年和 2006 年部分国家和地区受高等教育人口占全部人口的百分比

	2005 年			2006 年		
	高校学生人数	年中人口数（千人）	百分比	高校学生人数	年中人口数（千人）	百分比
韩国	3 224 875	48 640	6.63	3 210 184	48 847	6.57
中国台湾	1 337 065	22 723	5.88	1 359 252	22 815	5.96
美国	17 272 044	295 734	5.84	17 487 475	298 444	5.86
新西兰	239 983	4 048	5.93	237 783	4 090	5.81
澳大利亚	1 024 589	20 090	5.10	1 040 153	20 264	5.13
西班牙	1 809 353	40 341	4.49	1 789 254	40 398	4.43
英国	2 287 541	60 441	3.78	2 336 111	60 609	3.85
比利时	389 547	10 364	3.76	394 427	10 379	3.80
泰国	2 359 127	64 185	3.68	2 338 572	64 632	3.62
荷兰	564 983	16 407	3.44	579 622	16 491	3.51
意大利	2 014 998	58 103	3.47	2 029 023	58 134	3.49
法国	2 187 383	60 656	3.61	2 201 201	63 329	3.48
日本	4 038 302	127 417	3.17	4 084 861	127 515	3.20
奥地利	244 410	8 185	2.99	253 139	8 193	3.09
马来西亚	696 760	23 953	2.91	…	24 386	…
菲律宾	2 402 649	87 857	2.73	2 483 988	89 469	2.78
瑞士	199 696	7 489	2.67	204 999	7 524	2.72
德国	…	82 431	…	2 289 465	84 422	2.71
中国内地	21 335 646	1 306 313	1.63	23 360 535	1 313 974	1.78
越南	1 354 543	83 536	1.62	…	84 403	…
印度	11 777 296	1 093 563	1.08	12 852 684	1 111 714	1.16

资料来源：高校学生人数采用联合国教科文组织（UNESCO）数据；各国之年中人口数采用美国普查局人口统计资料。

4. 习俗和风俗习惯。习俗和风俗习惯指人们长期沿袭下来的普遍或常规的做法。

世界各地的人们在社会习俗和风俗上存在很大的差异。在美国，人们习惯于先吃主菜后吃甜点，并且嘴里有食物时不能讲话。在阿拉伯国家，人们认为试图与自己身份高的人握手是很不好的举止，除非对方主动伸出手来。在拉丁美洲国家，迟到是很常见的事情，人们也对此倾向于接受，而在美国和西欧国家，守时被认为是良好的品德和习惯。在美国和西欧国家，人们常常在打高尔夫球时谈生意，以至于谈生意常常成为人们打高尔夫球的真正原因，而在日本，人们通常不在打高尔夫球时谈生意。在美国，老板常常在谈妥一桩大生意后向女性下属人员赠送玫瑰花表示感谢，而这种行为在很多其他国家被认为是不合适的。

很多习俗对商务活动会产生很大的影响。例如，在亚洲，很多国家最重要的节日是传统的农历新年，其时间通常在每年的一、二月份，而在信仰基督教的国家每年年底的圣诞节才是最重要的。这些节日往往是生活用品销售的大好时机。在欧洲，每年夏季的8月往往是公司员工集体休假的时间，很多业务都被停止，这给那些与欧洲存在很多业务往来的公司带来了不小的麻烦。

在美国，人们通常在早餐时饮用橘汁，因而橘汁通常作为早餐饮料销售，而在法国，人们早餐时不饮用橘汁，橘汁是作为普通饮料销售的。在美国，人们通常购买1公斤以下的小包装洗衣粉，而在西欧国家，4~5公斤包装的洗衣粉则是非常常见的。在美国和很多其他国家，通常是男人为女人购买钻石戒指，而在德国，很多年轻妇女为自己购买钻石戒指，这种差异必然导致钻石经销商营销策略上的差异。

5. 宗教。宗教可以定义为具有共同信仰和有关神圣领域共同仪式的体系。

世界上的主要宗教有基督教、伊斯兰教、印度教、佛教、犹太教。

宗教可以极大地影响社会内部个人之间，以及社会与社会之间的相互作用关系。例如，信仰印度教的人们中间存在非常严格的等级区别；伊斯兰教的国家之间存在非常密切的政治、经济联系。

马克斯·韦伯在《新教伦理与资本主义精神》一书中认为，新教伦理强调努力工作和创造财富，并认为这是资本主义在西方国家发展的重要动力。这种工作态度现在被称为"新教工作伦理"。在日本，这种工作态度则被称为信徒式工作伦理。总之，信仰上述宗教的国家的人们往往非常注重努力工作，获取财富。

而伊斯兰教主张追求精神而不是财富，人们只是托管真主的财富，只允许追求合理的利润，不允许收取利息，1992年巴基斯坦联邦法院甚至宣布利息是非法的，政府必须按此修订所有的金融法规。这样做必然严重破坏一国的金融体系，提高商务成本并吓走国际投资者。为了避开禁止利息的规定，伊斯兰银行一直采用利润分享制度替代贷款的利息，个人或企业将资金存入银行时也是通过分享银行利润的方式获得利息。

印度教认为衡量人生价值的标准是精神而不是物质成就。佛教则主张禁欲，要清心寡欲。在信仰这些宗教的国家，人们往往不是十分向往财富，刻苦工作的积极性也小一些。

宗教也会影响人们的日常工作安排和社会生活。宗教节假日往往造成季节性消费浪潮，如西方国家圣诞节之前的一段时间、复活节假期期间。宗教禁忌影响人们的消费行为,如印度教禁食牛肉,伊斯兰教禁食猪肉,伊斯兰教国家对牲畜宰杀方法有特殊要求等。

小资料

世界主要宗教及其对商务活动的影响

目前世界上比较重要的宗教有基督教、伊斯兰教、佛教、犹太教、印度教等。其中,基督教、伊斯兰教、佛教并称世界三大宗教,其信徒约占世界总人口的一大半。

基督教是以信仰耶稣基督为救世主的宗教。目前基督教在全世界有超过20亿信徒,约占世界人口的30%,为拥有信徒最多的宗教,其主要分布区域在欧洲和美洲,亚洲、非洲的信徒增长很快。基督教又分为天主教、新教和东正教等分支,通常讲的基督教是指新教。新教信徒主要分布在美国、加拿大、西欧、北欧、澳大利亚等一些比较发达的国家。天主教信徒主要分布在南欧、东欧一部分国家和南美洲,意大利、西班牙、巴西是主要的天主教国家。东正教信徒主要分布在俄罗斯和希腊等几个国家。基督教主要节日有圣诞节、受难节、复活节、升天节、万圣节等,天主教和东正教还有圣神降临节、圣母升天节、命名日等节日。一些社会学家认为,新教伦理有促进经济发展的作用。1904年德国社会学家马克斯·韦伯发表了《新教伦理和资本主义精神》一书。按照韦伯的观点,新教伦理强调努力工作和创造财富,节制享乐,这种提倡努力工作、节制享乐和积累财富的思想正是发展资本主义所需要的。韦伯认为,天主教只承诺来世,而不是自救,不鼓励新教那样的工作伦理。此外,新教给予教徒更大的个人发展他们与上帝关系的空间,这种强调个人宗教自由为随后强调个人经济和政治自由,以及个人主义作为一种经济和政治哲学的发展奠定了基础。

伊斯兰教是世界第二大宗教,2007年拥有16亿教徒。在我国旧称"回教"、"回回教"、"清真教"、"天方教"等。伊斯兰教于7世纪初兴起于阿拉伯半岛,由麦加人穆罕默德(约570~632)所创传。伊斯兰教主要传播于亚洲、非洲,以西亚、北非、中亚、南亚次大陆(巴基斯坦)和东南亚最为盛行。20世纪以来,在西欧、北美和南美一些地区也有不同程度的传播和发展。信奉伊斯兰教的人统称为"穆斯林"(Muslim,意为"顺从者")。伊斯兰教的核心原则是存在一个唯一万能的神——真主,即真主安拉。伊斯兰教徒必须无条件接受真主的唯一性、权力和权威,并了解生命的目标是执行真主的意志,以期能进入天堂。伊斯兰教还信仰"前定",认为世间的一切都是由安拉预先安排好的,任何人都不能变更,唯有顺从和忍耐才符合真主的意愿。伊斯兰教的主要原则包括尊敬父母和长辈、尊重别人的权利、恭顺而谦逊、慷慨而不浪费、净化自己的心灵、公平交易、不犯通奸、保护孤儿的财产、除非有正当理由避免杀人等。伊斯兰教具有一整套严密的价值体系和道德行为准则,宗教在所有社会生活中都是至高无上的,不仅日常的宗教仪式繁多而且有很多禁忌。伊斯兰教最主要的教义是《古兰经》。伊斯兰教认为,真主创造并拥有一切,那些拥有财产的人只是财产的受托人,他们被告诫以一种正当的、对社会有利的、节俭的方式利用财产。伊斯兰教崇尚集体主义,认为富有和成功的人有义务帮助不幸的人。伊斯兰教的一个重要信条是禁止支付或接受利息,利息被看成是高利贷剥削。为此,伊斯兰银行一直采用利润分享制度替代利息。

佛教于公元前6~前5世纪首创于古印度,其创始人相传为迦毗罗卫国王子乔达摩·悉达多,后称"释迦牟尼"。佛教初创时,主要为反对婆罗门教和种姓制度,主张"众生平等",因而受到中下层民众的欢迎和支持。佛教起初流行于恒河流域,后渐渗入印度北部、西北部。佛教在后来的发展过程中分衍为小乘佛教和大乘佛教两个支系。小乘佛教又称南传佛教或南传上座部佛教,于公元前3世纪向南传至锡兰岛(今斯里兰卡),随后由锡兰岛渡海传入中南半岛今缅、泰、老、柬及印尼、马来西亚诸国,中国云南傣族等亦信奉小乘佛教。大乘佛教则北上中亚,公元前后经中亚东传中国内地,尔后又由中国传入朝鲜、日本、越南等地。7世纪以后,印度本土大乘佛教的部分派别与婆罗门教混合而产生密宗,密宗越过喜马拉雅山脉传入我西藏地区后,与藏族的原始宗教苯教相结合,形成藏传佛教,又称喇嘛教和藏密大乘佛教。现今世界佛教各派信徒总共有3亿多人,分布范围大致仍集中于亚洲,以南亚、东南亚、日本、中国、韩国、朝鲜为主。佛教认为,生活中充满了苦难,不幸到处都有,这是源于人们追求享乐。佛教支持禁欲和精神修行,与印度教一样强调来世和轮回。但与印度教不同的是,佛教不支持种姓制度和极端苦行主义。总的来说,佛教不强调享乐和创造财富,这对于经济发展在某些时候会产生不利影响。

印度教大约有8亿信徒,主要分布在南亚地区。印度教的创立不与特定的人相联系,也没有官方认可的神圣的宗教典籍。印度教相信社会上有一种道德力量,要求人们接受一定的责任,即"达摩"。印度教相信再生和轮回,也相信因果报应。印度教徒相信达到天堂的方式是过一种否定物质生活的、严格的苦行僧式的生活方式,专心追求一种完美的精神境界而不是物质生活。印度教支持印度的种姓等级制度,认为一个人在今生如果取得了精神进步,来世就可以再生进入一个较高的等级。传统的印度教价值观强调个人成就不应该按照物质标准来判断,而应该按照精神标准来判断,这种观念对经济发展有一定负面影响。

6. 物质文化。物质文化是由人们生产和使用的物品的状况决定的。在从事国际商务活动时,必须对一国以下物质条件进行评估:经济基础设施的状况,包括运输、动力交通、通信;社会设施,包括医疗、住房和教育状况;金融基础条件,如银行、保险、证券、信托和其他金融机构的状况;③行业及相关行业的生产工艺能力与水平;④行业中劳动密集(技术密集)程度。上述因素也属于经济环境的一部分,体现了文化与经济环境的相互渗透、相互影响。此外,公司在制定产品、价格、促销、分销策略时也必须考虑物质文化方面的限制与机会。

一个社会的物质文化水平对人们思想的影响是十分巨大的。一个国家如果经济技术都很发达,人们丰衣足食,那么就很难相信他们都是宿命者,他们可能更加相信自己是命运的主人。

二、社会结构与文化差异

社会结构指构成一个社会的各种组织及其相互关系。

社会结构具有很多层面,从对一个国家的文化和商务活动的影响角度看,有几个方面是比较重要的,即个人与群体的关系、社会阶层、女性地位等。

(一)个体与群体的关系

在人类社会中,人们由于家庭、社区、宗教、职业、消遣、政治、社会公益、社会阶级、性别等社会方面的关系而形成各种各样的群体或组织。群体是由两个或两个以上的个人组成的集合体。群体的成员共享一种认同感,对彼此的行为存在相同的预期并以组织的形式相互影响。社会组织可以分为家庭和其他社会组织。家庭是由血缘和姻亲关系组成的社会组织。家庭在社会中扮演着非常重要的角色,家庭成员通常相互保护、彼此提供心理上的支持和经济上的保障。其他社会组织则指由于社区、宗教、职业、消遣、政治、社会公益、社会阶级、性别等社会方面的关系而形成的各种组织。

在不同社会中,人们对个人与组织关系的看法是不完全相同的。在有些社会中,人们更加看中个人成就和贡献,而在另外一些社会中,人们更加重视群体的成就和贡献。根据个体与群体关系的基本倾向可以将人们的价值观、态度和信念区分为个人主义的社会和集体主义的社会。"个人主义"是指一种结合松散的社会组织结构,其中每个人重视自身的价值与需要,依靠个人的努力来为自己谋取利益。"集体主义"则指一种结合紧密的社会组织,其中的人往往以"在群体之内"和"在群体之外"来区分,他们期望得到"群体之内"的人员的照顾,但同时也以对该群体保持绝对的忠诚作为回报。

具有比较强个人主义倾向的国家高度重视个人独创性和成就,重视个人自主的经济保障,鼓励人们个人奋斗而不是依赖集体。而那些具有比较低的个人主义倾向的国家则更加重视集体决策和对集体的依赖,成就和贡献往往被归结为集体的努力。荷兰学者霍夫施泰德研究发现,经济发达国家比起落后国家更加注重个人主义,例如,美国、英国、荷兰和加拿大具有较强的个人主义倾向,而厄瓜多尔、危地马拉、巴基斯坦和印度尼西亚则具有较强的集体主义倾向。

美国是崇尚个人主义的社会,强调个性自由及个人的成就,因而开展员工之间个人竞争,并对个人表现进行奖励,是有效的人本主义激励政策。中国和日本都是崇尚集体主义的社会,员工对组织有一种感情依赖,因而容易构建员工和管理者之间和谐的关系。

一些学者认为,日本的集体主义文化有助于降低商务活动的成本。日本文化所强调的群体关系、忠诚、相互责任感、诚实,有助于在企业内部形成一种与公司保持一致、共同合作的企业文化。而在公司外部,由于强调相互责任而形成的长期稳定的企业间关系(即商社关系)有助于提高企业与其供应商之间的相互信任关系,鼓励它们在减少库存、质量控制和共同设计方面建立长期的关系。而西方企业之间的关系则往往主要取决于短期的竞争性报价而不是长期的合作。类似地,一些学者认为儒教文化、群体导向的社会结构以及自由市场体制和注重教育正在使得韩国、中国台湾、中国香港、中国内地在经济发展速度方面明显地领先于其他国家和地区。

课程案例3-5

华莱士空降马自达

马自达(Mazda)是日本第五大汽车制造公司,在日本有着骄人的经营历史。但进入20世纪90年代,随着日本经济持续低迷,马自达公司的经营也出现了巨大问题,国内销售急剧下降而国际销售则停步不前。1990年马自达销售了140万辆汽车,1995年锐减到77万辆。这种情况引起了马自达的大股东之一美国福特汽车公司的关注。福特汽车公司的反应是在马自达增加投资5亿美元,将所持股份增加到33.4%,成为第一大股东,并换上了自己的总裁。这位新总裁是苏格兰人亨利·华莱士(Henry Wallace),此前是福特委内瑞拉公司的总裁。这是日本大公司中的第一位外国总裁。

对华莱士的任命在马自达所在的日本广岛市引起了一片恐慌。

同很多日本公司一样,马自达公司的组织和商务关系也一直受日本传统文化的影响,公司以员工终身就业为荣,资历是提升的重要依据,公司决策采取一致同意原则,强调管理层内协调和反对不一致,并维持与当地供应商网络的"家庭式"关系。

人们担心对华莱士的任命意味着以上的这一切都将结束,而广岛40%的工作岗位直接或间接地依赖于马自达。日本人担心这是终身就业制度和商社关系网络的结束。

华莱士的到来也使马自达公司面临着管理文化的冲突。在日本,人们只有在反对时才发言,并且以公司为家;而美国人无论反对与否都会发言表达自己的意见,但是自身与公司的关系则是短期的。日本人表达含蓄,喜欢间接表达,需要听者自己下结论;而美国人则喜欢直抒己见,美国流行的头脑风暴方法在日本很难进行。

面对这种情况,华莱士敏感地意识到简单地采取美国式风格的拯救措施将在公司内外造成一片恐慌并导致抵触情绪,他决定采取温和的渐进措施对马自达的组织结构和经营策略进行调整。针对公司冗员较多的现状,华莱士决定不采取美国式的解雇方式,而是通过公司内部的自然减员(退休、死亡、辞职)来逐渐解决。在商社关系上,逐步减少商社(keiretsu)供应渠道,选择海外配件,但转移的程度没有外界想象的那么严重。在经营重点上,改变只重视产品研发的倾向,开始注重营销和市场调研。在内部管理结构和决策程序上做出一些改变,使业绩成为对员工进行考核和升迁的重要依据。

讨论题目:

1. 你认为集体主义文化与个人主义文化存在哪些不同?
2. 你认为华莱士应该采取美国式的变革还是向日本文化让步?你怎样评价华莱士的选择?
3. 你认为日本的终身就业模式和集体决策模式存在哪些优缺点?

(二)社会阶层

社会阶层是指一个社会中具有相对的同质性和持久性的群体,各个社会阶层是按等级排列的,每一个阶层的成员具有类似的价值观、兴趣爱好和行为方式。

社会阶层是按照家庭背景、职业和收入等划分的。每一个人都出生于一个特定的社会等级家庭,并成为其所属的社会阶层的一员。一般来说,出生于较好的社会阶层的人在生活、教育、职业方面都会获得更多、更好的机会。

社会阶层不是固定不变的,存在流动性,即社会流动性。社会流动性指属于某个社会阶层的个体能够从自己出生时所属的社会阶层中转移出来。例如,一个出生于普通工人、农民或小市民家庭的人可以通过自己的努力成为高级专业人员、政府官员、企业家,从而进入更高的社会阶层。

社会流动性可以是双向的,即一部分人从较低的等级进入较高的等级,另一部分人从较高的等级进入较低的等级。后者如一个企业家破产成为一个普通职员。

不同国家或地区的社会流动性程度是有很大差别的。按照社会流动性大小的差异,我们可以将社会结构分为强调社会分层的社会结构和强调平等的社会结构。前者指社会流动性比较小的社会结构,如印度、英国;后者指社会流动性比较大的社会结构,如美国。

最严格的等级制度是印度的种姓制度。种姓制度在印度有3 000多年的历史,统治者以肤色将社会阶层分为四个等级和几千个子等级,等级及其象征的高低贵贱差异对于人们的日常生活和风俗习惯影响颇深。在种姓制度下,人们的社会地位是由出生的家庭决定的,通常一个人一生也不可能改变其社会地位。印度人口约有82%为印度教徒,种姓制度将印度教徒分为四个不同的等级:婆罗门(祭司和僧侣)、刹帝利(贵族和武士)、吠舍(农民、商人和手工业者)和首陀罗(被征服的奴隶和失去土地的自由民)。随着种姓制的发展,各派别内又生发出不同的等级。在四大等级之外,还有一个庞大的"不可接触者"群体,又称"贱民"。这些人被认为是非印度教徒,社会地位最低、最受歧视,绝大部分是农村的雇农和在城市从事体力劳动的穷人。种姓制度还实行职业世袭制和内婚制,不同种姓之间不通婚。种姓制度的等级通常与职业密切关联,低种姓人被限制在一个十分狭小的范围之内,只能干一种职业,只能同一种人交往,他们没有选择其他工作的机会和与整个社会交往的自由,从而变得更加愚昧和落后。虽然从1949年起种姓制度就被印度政府废除了,但由于种姓制度在人们的思想观念中根深蒂固,难以根除,在广大的农村地区依然具有很大的影响力。试图废除"贱民"制度的圣雄甘地就被狂热的印度教教徒刺杀。

现在世界上绝大多数国家存在的等级制度是阶级制度或阶层制度。阶级制度或阶层制度要比种姓制度宽松得多,一个人的地位可以由于自己的成就或机遇改变,出生于较低阶层的人可以通过职业的改变上升到较高的阶层,另一些出生于较高阶层的人也可能由于职业或就状况的改变滑落到较低的阶层。大部分国家的阶层可以简略地划分为三个主要的阶层,即上层阶级、中产阶级和下层阶级,但具体的构成来源和特征有所差异。

在英国,上层阶级与历史上的封建贵族制度存在密切的联系,很多上层阶级的家庭拥有财产、牧场和代代相传的特权,英国国会上议院的席位在很大程度上仍然是世袭的。中产阶级的成员主要包括专业人士、管理人员和一般职员。下层阶级则主要包括那些依靠体力劳动谋生的人。

在英国,社会流动性要比美国和其他西欧国家小得多。典型的上层和中上层家庭会把子女送到收费昂贵的私立学校上学,与下层阶级的子女隔离开,以学会上层社会的讲话口音和社会准则。而这些私立学校则与那些最著名的大学如牛津大学和剑桥大学存在密切的联系。而中下层家庭的子女则到公立学校就读,毕业后很难进入最好的大学。1994年的一份研究报告表明,伦敦郊区的伊斯林顿虽然有17.5万人口,但通过公立学校进入大学的只有79人,而著名的私立学校伊顿公学同年进入牛津大学和剑桥大学的学生就超过了上述数字。即便来自公立学校的下层学生进入了知名的大学就读,下层阶级的口音和缺乏在上层社会交际的能力也使他们难以找到非常好的工作。其结果,英国的阶级制度代代相传,流动性受到很大限制。

而在美国,阶层制度则基本与封建贵族制度不存在多少联系,经济状况是决定社会等级的主要因素,家庭和学校背景并不重要,阶层流动性非常大,一个人在一生中可以很顺利地由下层阶级上升到上层阶级。

社会阶层对商务活动存在很大的影响。在英国,由于阶层之间缺乏流动性,导致人们往往以阶层背景来看待自己和他人,形成交流障碍。同时,这种明显、持久、稳定的阶级或阶层划分也导致企业管理层与工人之间存在敌意和对抗,从而提高了商务活动的成本。

三、霍夫施泰德的文化差异理论

对于从事国际商务管理活动的人员来说,熟悉和了解各国文化的一个重要方面就是了解不同文化对人们商务伦理和行为方式的影响。

荷兰文化协会研究所所长吉尔特·霍夫施泰德(Geert Hofstede)通过对从70多个国家收回的1967~1973年间11.6万份有关雇员工作态度和价值观的调查问卷的研究发现,可以通过四个主要的尺度分析不同文化中行为方式的差异及其原因。这四种尺度分别是权力距离、回避不确定性、个人主义和男性化程度。

(一)权力距离

权力距离(power distance)指在一个组织当中,权力的集中程度和领导的独裁程度,以及一个社会在多大程度上可以接受组织当中这种权力分配的不平等。权力距离所强调的是人们如何看待不同个体在社会中权大小的原因,如体力、智力、出身背景、职位上的差异,以及对权力的不平均分配这一事实的态度。权力差距与权威存在密切的联系。在那些非常尊崇权威、强调服从的社会中,权力差距往往非常大。在企业当中可以理解为员工和管理者之间的社会距离。一种文化究竟是大的权力距离还是小的权力距离,必然会从该社会内权力大小不等的成员的价值观中反映出来。因此,研究社会成员的价值观,就可以判定一个社会对权力差距的接受程度。

在高度权力差距的国家中,无论是政府还是企业,管理者都倾向于进行家长式的独断决策和管理,下属则表现出唯命是从的特征。这种社会中的企业,往往以严密的控制和较低的工作热情为特征,企业组织结构一般层次较多,而管理跨度则较窄,各级管理者直接管理的下属人数较少。霍夫施泰德发现,很多拉丁美洲和亚洲国家都是典型的高度权力差距国家,如马来西亚、菲律宾、巴拿马、危地马拉、委内瑞拉和墨西哥。霍夫施泰德的研究还表明,在存在高度文化差距的国家中,这种权力上的不平等往往随着时间的推移转化为权力和财富的双重不平等,也就是说,权威特别是政治力量对商务管理活动的影响是十分巨大的,这必然影响到商务活动的一般模式。例如,在苏哈托时期的印度尼西亚,其家族控制了汽车等若干重要产品的生产和经营活动,聚敛起数十亿甚至上百亿美元的私人财产。与此同时,印度尼西亚的商务环境却极端不健康,政策法规不透明,官商结合、贪污腐化极其严重。

而在具有中低度权力差距的国家中,社会更加重视个人的独立性,管理作风更倾向于民主,上级在作出决策之前往往要听取下属的意见,员工的工作积极性、主动性较强,企业组织结构更加扁平,管理层次较少,一个管理者直接领导的下属人数也比较多。而且研究表明,低权力差距文化的国家文化差距倾向于缩小,政治因素对商务活动的干扰程度较小,商务管理环境稳定、开放、透明。

例如,美国是权力距离相对较小的国家,美国员工倾向于不接受管理特权的观念,下级通常认为上级是"和我一样的人"。所以在美国,员工与管理者之间更平等,关系也更融洽,员工也更善于学习、进步和超越自我,实现个人价值。中国相对而言,是权力距离较大的国家,在这里地位象征非常重要,上级所拥有的特权被认为是理所应当的,这种特权有助于上级对下属管理的实施。这些特点显然不利于员工与管理者之间和谐关系的创造和员工在企业中不断地学习和进步。因而要在中国的企业当中采纳"构建员工与管理者之间和谐的关系"以及"为员工在工作当中提供学习的机会,使他们不断进步"这两项人本主义政策,管理者有必要在实践当中有意识地减小企业内部权力之间的距离,才能更好地实现管理目标。

(二)回避不确定性

回避不确定性(uncertainty avoidance index),指不同文化中社会化成员对不确定性风险的接受程度,即人们感觉到不确定性的威胁并建立制度和信念来减少或回避这一不确定性的程度。

在任何一个社会中,人们对于不确定的、含糊的、前途未卜的情境,都会感到是一种威胁,从而总是试图加以防止。防止的方法很多,如提供更大的职业稳定性,订立更多的正规条令,不允许出现越轨的思想和行为,追求绝对真实的东西,努力获得专门的知识等。不同民族、国家或地区,防止不确定性的迫切程度是不一样的。相对而言,在不确定性避免程度低的社会当中,人们普遍有一种安全感,倾向于放松的生活态度和鼓励冒险的倾向。而在不确定性避免程度高的社会当中,人们则普遍有一种高度的紧迫感和进取心,因而易形成一种努力工作的内心冲动。

具有比较高回避不确定性文化的国家努力减少不确定性并建立应对不确定性的制度和方法,这些国家趋向于使组织活动正规化,并高度依赖制度约束人们的行为。在这些国家中,人们往往具有更强的焦虑感和压力感,人们更加关心自己的安全,往往通过集体共识作出决策。其社会成员往往将工作稳定性、职业类型、退休待遇等因素放在职业选择中的优先地位。这些文化中的人们也更需要规章和条例,在商务活动中经理需要发出明晰的指令,而下属人员的主动性受到严格的限制。在对待变革和新生事物的态度上,这些国家的政府和个人通常也表现得比较保守。霍夫施泰德的研究表明,希腊、乌拉圭、危地马拉、葡萄牙、日本、韩国等国具有比较强的回避不确定性特征。

而在那些具有比较低回避不确定性特征的文化中,社会活动的组织化程度要低得多,人们独立承担风险的意愿比较高,勇于面对风险作出决策,并且愿意独立承担决策的风险。在这样的文化中,人们更多地依赖自身的努力来确保生活的秩序和稳定性。在商务活动中,人们更加容易接受分歧和别人的不满,依靠自身的智慧、独创性和努力达到工作目标。霍夫施泰德的研究表明,新加坡、瑞典、英国、美国和加拿大等国具有比较低的回避不确定性特征。

例如,日本是不确定性避免程度较高的社会,因而在日本,"全面质量管理"这一员工广泛参与的管理形式取得了极大的成功,"终身雇佣制"也得到了很好的推行。

与此相反,美国是不确定性避免程度低的社会,同样的人本主义政策在美国企业中则不一定行得通,比如在日本推行良好的"全面质量管理",在美国却几乎没有成效。中国与日本相似,也属于不确定性避免程度较高的社会,因而在中国推行员工参与管理和增加职业稳定性的人本主义政策,应该是适合的并且是有效的。此外,不确定性避免程度低的社会,人们较容易接受生活中固有的不确定性,能够接受更多的意见,上级对下属的授权被执行得更为彻底,员工倾向于自主管理和独立的工作。而在不确定性避免程度高的社会,上级倾向于对下属进行严格的控制和清晰的指示。

(三)个人主义与集体主义

前面我们已经介绍过个人主义和集体主义(individualism versus collectivism)。在存在明显个人主义倾向的文化中,人们更多地关心自己和自己的小家庭,个人之间的联系相对松散,个人成就和自由受到高度重视。而在存在明显集体主义倾向的文化中,人们更多地关心群体的共同利益,个体之间存在密切的联系。

具有明显个人主义倾向的国家重视个人独创性和成就,期望人们独立自主,主张个体自主的经济保障,鼓励人们自己进行决策而不是依赖群体的帮助,强制性社会保障措施比较少,企业雇佣或解雇员工的成本比较低,人员流动性比较大,对新工作环境的适应也比较快。具有集体主义倾向的国家重视集体的成就,强调集体共同的安全保障,要求个体按照群体的利益和要求行动,强制性社会保障措施比较多,企业雇佣或解雇员工的成本相对较高,人员流动性比较小,对新工作环境的适应也比较慢。

(四)男性化与女性化

这里的男性化是与女性化(masculine versus feminality)相对立的一种价值观念。"男性化"指追求成功、金钱与物质的倾向;"女性化"则指关心他人和注重生活质量的倾向。

高度男性化的国家注重收入、社会承认、进取和挑战。个人成就的主要标志是财富和社会承认。这种类型的文化往往倾向于追逐物质财富,不仅成年人要努力工作追求物质财富,面临巨大的工作压力,未成年人也从小就被教育努力学习,为将来的职业发展做准备。而男性化程度比较低的国家更加注重良好的工作环境和就业保障,成就的标志是良好的人际关系和生活环境,工作压力较小。

四、商业文化的构成因素

从国际商务的角度看,企业更加重视的是商业文化。商业文化也就是职业文化,它包括很多层面,如工作态度、激励动机、时间观念、同僚文化、空间文化、着装文化等。

(一)工作态度

工作态度是商业文化的核心因素,包括职业伦理和企业忠诚两个重要的方面。

职业伦理首先要求人们在工作中尽心尽责,把工作放在生活的首要位置,坚守工作岗位。关于这一点,不同国家和文化的观念和态度也是不完全一样的。在那些任务导向的国家里,如美国和一些西欧国家,人们对工作责任的基本理解就是按时保质完成所承担的工作任务,职业时间和场所并不很重要,提前完成任务后就可以回家。在技术条件允许的条件下,很多美国和欧洲公司鼓励员工在家办公,荷兰的著名企业飞利浦公司在20世纪90年代就开始了这种实践,并且取得了很好的效果。弹性工作制在美国和西欧国家也很常见,在一天或一段时间中只要工作时间达到了一定数量就可以,这种情况在那些高科技公司非常普遍。有一家北欧的公司甚至鼓励员工在每天上下班乘坐的火车上办公,时间计入工作时间。

而在岗位导向的日本,情况就有所不同。日本人认为每个员工在可能的情况下都要坚持准时上班,100%的出勤率非常重要,而且整个工作日都应该坚守在岗位上。甚至很多日本公司都有员工自愿加班的文化。为了完成重要或紧迫的工作而长期加班在日本是很常见的。相反,提前或正常下班往往被人们理解为缺乏职业精神或没有追求的表现,甚至很多妻子们也这样认为。

职业伦理还要求人们本着对组织和社会负责任的态度来工作。2001年以来,在美国爆发了一系列公司丑闻,美国安然公司、世界通信公司、安达信会计师事务所等一些企业涉嫌提供虚假的财务数字而遭到媒体曝光和政府制裁。在这些事件中起决定作用的是这些企业的高级管理人员,这些高级管理人员在职业伦理上面偏离了正确的方向。

对企业的忠诚度表现在一个人是否认同企业的价值观、为公司感到自豪、愿意为了达到公司的目标超出常规地努力工作、宁愿拒绝其他公司优厚条件的聘请等很多方面。

课程案例3—6

通用电气公司在匈牙利

1989年底,美国通用电气公司(GE)看到了匈牙利从计划经济向市场经济过渡过程中的商业机会,投资1.5亿美元取得了匈牙利汤斯莱姆(Tangsram)公司51%的股权。汤斯莱姆是匈牙利知名的轻工业品制造商,通用电气公司希望能够利用匈牙利较为低廉的人工成本,向欧洲地区提供产品。为了迅速对这家公司进行改造,通用电气公司向汤斯莱姆公司派遣了一批优秀的管理人员。但结果却不理想,公司的美国管理者认为匈牙利员工非常懒散,而匈牙利人则认为美国人喜欢干涉。管理者希望与工人进行有效的沟通,而习惯于计划经济体制的匈牙利人则缺乏沟通的意识和技巧。更糟糕的是,习惯于计划经济体制的匈牙利人在工作中往往更多地考虑个人利益,抱怨公司的薪酬太低,这与美国公司推崇的以顾客为中心的经营思想完全背道而驰。

面对这种情况,通用电气公司最终投资4.4亿美元对汤斯莱姆公司的设备进行了更新,同时解雇了原来汤斯莱姆公司2万名雇员中的一半,包括原来2/3的管理人员,并对所有的工人和管理人员重新进行了培训。到1997年,汤斯莱姆公司终于走上了正轨,尽管工人人数比原来减少了一半,产量却达到了1989年时的两倍。

讨论题目:
1. 你认为长期的计划经济体制对匈牙利人的职业观念产生了什么样的影响?
2. 你认为到一个缺乏市场竞争意识的国家进行投资会存在哪些困难?

(二)激励动机

企业对员工的激励手段可以分为物质激励和精神激励两个大的方面,物质激励主要体现在薪酬和各种福利上,而精神激励的内容则包括职业成就感、同事和社会的认同、良好的人际关系、工作的趣味性等方面。

一项对美国、德国、英国、日本、荷兰、比利时、以色列七个国家的调查表明,人们的工作目的具有多重性。总的来说,工作的趣味性被排在了第一位,收入、就业保障、人际关系、自主性紧随其后,工作的多样性、适合自己、学习机会、提升机会、良好的工作条件、方便的工作时间则被排在较后的位置。当然,不同的国家和文化、在不同的时期,人们的选择也会不同。就是在上面提到的7个国家里,情况也不完全相同。例如,德国依然把收入排在工作目的的第一位。在成就动机很强的国家里,自主、挑战、提升和收入这样的目标被赋予很高的重要性,而在成就动机较弱的国家里,归属和安全则被赋予很高的重要性。

(三)时间观念

时间观念不仅是是否守时的问题,还包含人们处理事情的节奏和紧迫感。

是否守时是时间观念的一个基本方面。在商务活动中,人们往往根据对方是否守时来判断其诚意和对自己的重视程度,然而迟到总是很难避免的,这时如何解读迟到的含义就必须依赖对不同文化以至每一个人时间观念的理解。在美国,人们在商务活动中通常很守时,提前几分钟到达被认为是礼貌和正常的行为,迟到一刻钟就可以认为对方没有诚意或者对自己不重视。而在一些西欧国家,这个可容忍的迟到时间则被延长到了半个小时。在中东的一些阿拉伯国家,迟到一个小时通常是可以被接受的,而在一些南美国家,这个时间则可能被延长到一两个小时。

在大部分亚洲国家和地区,人们的时间观念并不很强,而在日本、中国香港和新加坡等地,由于受西方文化的强烈影响,人们的时间观念非常强。

在处理事情的节奏感上,不同国家的差异也很大。在美国和一些西欧国家,人们可能会很快做出决定,但采取行为实施决定的步伐则比较迟缓;而在日本和中国等东方国家,人们往往需要很多时间来考虑、酝酿决策,但一旦决策做出,采取行动则可能十分迅速。这样,一个不了解对方背景的美国公司和日本公司在寻求合作过程中就会出现这样的情况,起初是美国公司抱怨日本公司迟迟不做出决定,决定做出后日本公司则抱怨美国公司行动迟缓。

这种差异对商务活动的影响是十分巨大的。在西方国家,在政府和商业伙伴没有做出决策之前,企业往往不需要花费很多时间去了解对方正在酝酿的事情,因为一旦决定做出,还需要很长一段时间才能执行,企业有充分的调整时间,企业只要专心致志地做好当前的事情就可以了。而在日本和中国就完全不同了,决定一旦做出就会很快执行,企业没有多少调整的时间,因此企业在事情酝酿阶段就必须密切关注政府和商业伙伴内部的决策动向,否则一旦正式决定公布再准备就晚了,企业必须密切关注各种非正式的信息。这样,企业的注意力就受到很大的牵制,大大提高了商务活动的时间精力成本。

(四)同僚文化

在不同文化中,同事之间关系的基本特征也是不完全相同的。

在那些个人主义倾向比较明显的国家中,人们倾向于在工作场所建立简单、明确的工作关系,在工作场所之外保持高度的独立性和个人隐私。在这些国家,同事之间的关系是任务导向的,个人的社会背景,如种族、民族、性别、年龄、爱好、出身背景对彼此之间关系的影响相对要小一些。在这方面,美国就是一个突出的例子。

而在集体主义倾向比较明显的国家中,人们倾向于与同事建立长期、密切的联系,人们之间的联系不仅局限于工作场所,而且延伸到个人生活中,集体宿舍、集体活动、家庭式企业文化进一步加强了这种倾向。种族、民族、性别、年龄、爱好、出身背景这些因素对同事间关系的影响是十分巨大的,也是企业在人员聘用中十分重视的。在这种类型的文化中,人们在工作中不仅要考虑当前面临的任务,还必须权衡同事间关系的发展,我们可以称之为关系导向的同事关系。

(五)空间文化

这里讲的空间文化包括建筑装饰风格、工作场所布置、私人空间等方面的内容。

不同国家和民族都有自己所推崇的建筑装饰风格,如美国式的摩天大楼、各种各样的欧式建筑、中国传统的院落布局等。对办公场所建筑风格的选择反映着企业和个人在文化上的追求。例如,一家在北京从事中国文化对外传播工作的组织更愿意自己的办公场所能带有北京传统建筑的特征,以此来显示自己的文化品位和追求;美国华尔街的金融巨头更喜欢在摩天大楼里办公,以显示美国式的成就和气派;欧洲公司更喜欢在具有悠久历史、古色古香的建筑里办公,以凸显公司源远流长的经营历史。有趣的是,新中国成立前曾在上海有过业务活动的一些外国公司在改革开放来上海投资时希望能够在公司原来的场所办公。

工作场所的布置既体现着不同的管理文化,也体现着对员工私人空间和环境舒适度的尊重程度。很多日本公司喜欢只有很低间隔或透明间隔的大办公室,这样做的目的一是便于经理们监督员工的工作,二是创造一种彼此相互监督的压力气氛,这与日本人强调员工坚守岗位、不强调员工隐私和舒适度的商业文化是一脉相承的。而欧洲的公司更喜欢独立的办公室或有很高间隔的办公室,给予员工更多的隐私、舒适度和自由度。

不同文化中人们的私人空间感也是不一样的,北美和西欧国家的人们愿意在一般的会谈中保持一定的距离,如果对方与自己的距离太近就会感到不舒服。拉丁美洲国家的人们则更喜欢更近的距离。日本人则喜欢聚集在一起,并且不认为这样做侵犯了个人空间。这样,不同文化背景的人在发生商务交往时就会产生问题。

(六)着装文化

不同国家和地区都有自己的特色服装和服装文化。但是,在国际商务活动中最常见的着装还是各种西方风格的服装。在这里面,西装或者由西装改变而成的各种职业装是最常见的。

各国的商务着装习惯存在很大的差异。西欧各国和日本是最注重商务着装的,在很多商务场合,西装、衬衣、领带、皮鞋的搭配是唯一可以被接受的着装,甚至在公司日常办公也必须着装整齐。

在美国,人们对商务着装的要求要低一些,除了那些重要的商务场合,带有一定休闲特征的服装也是可以接受的。在美国,不同公司的着装文化也存在很大的差异。在美国东海岸纽约华尔街的那些金融机构里面,有着世界上最传统、最古板的着装文化,深色西装、黑色袜子和皮鞋是许多人一生的选择,据说这样做是因为银行和银行家们希望给客户留下严谨、守信的印象。而在美国西海岸的加利福尼亚州,很多高科技公司的职员和老板喜欢各种各样比较休闲的服装,据说这样做可以显示出公司和个人不断创新、引领时尚和潮流的商业文化。就连世界首富,大名鼎鼎的微软公司主席比尔·盖茨也常常不打领带甚至一身休闲装出现在公众场合。

其他国家的商务着装文化主要受欧美发达国家和本地传统两方面的影响,介于两者之间。

第三节 国际商务的政治法律环境

企业的商务管理活动是在一定的政治和法律背景下进行的,经济与政治、法律之间存在着天然的密切关系。本节重点介绍不同国家和地区在政治体制、法律体系、管理体制等方面的差异性以及这些差异对国际商务管理活动的影响。由于各国的政治制度、经济制度、经济发展水平、经济特征、经济发展战略各不相同,各国的经济政策、法律法规也各不相同。为了更好地利用国际营销机会,避免失误,国际商务管理人员必须仔细研究其他国家政府管理和干预经济运行的模式。

一、国际商务活动所面临的政治环境

企业在其他国家从事经济活动时,必然受到该国政治环境的影响,这种影响的大小和性质主要取决于三个方面的情况:第一,政府在经济发展中的作用;第二,政治环境的稳定性;第三,国际经济关系。

(一)政府在经济发展中的作用

一国政府在本国经济发展中的作用是由其政治体制决定的。政府介入经济活动有两种情况:一种是参与者,即以经济活动的主体的身份出现;另一种是管理者,即通过经济法令的制定来管理和干预经济。

政府以经济活动主体的身份参与经济活动主要有两种形式:一是以买主的身份,即集团消费者。在许多国家,政府是商品和劳务最有力的购买者。美国每年编制庞大的政府采购计划,通过招标形式大量购买物资。此外,有的国家还规定由政府或政府指定的组织对某些商品拥有独家购买权以达到某种目的。二是以卖主的身份,即国有企业。各国都有一定数量的国有企业,差别只在多少。很多国家的国有企业不是作为普通的生产者参与市场竞争,而是通过政府的排他性措施进行垄断经营,这些国有企业通常集中在公用事业、电信、金融、交通运输、能源等行业。一旦政府在这些行业进行垄断性经营,其他企业是很难再进入的。

政府作为管理者管理经济的主要原因是克服市场自由竞争的缺陷,即市场失灵。但是,处于不同政治体制下的政府对于政府在经济管理中的地位和作用以及政府管理经济的具体管理体制上的规定存在很大差异。

在发达市场经济国家,如美国,人们认为政府在经济中的基本职能是制定企业经营所必须遵守的规则并以法律的手段监督这些规则的实施,依法管理经济是这些国家的重要特征,政府通常不直接干预企业正常的经营活动。在具体的管理体制上大多采用自由进入和核准制,即对于那些一般竞争性行业,只要政府没有规定不允许企业自由进入,企业就可以自由进出;而对于一些竞争度相对较低或者对宏观经济运行影响较大的行业,如金融、航空,则采取核准制,事先确定一些条件,凡符合政府规定的条件的企业,上报政府备案后都可以经营。

在实行指令经济体制的国家,政府通过直接的计划和审批决定企业的生产经营决策,法律在经济管理中的地位和作用很低。在具体的管理体制上大多采用审批制,任何没有经过政府各个相关部门批准的项目和活动都是被禁止的。尽管严格意义上的指令经济已经不存在,但是很多国家在经济管理体制上都带有这种倾向,如印度、一些以前实行指令经济的国家和绝大部分经济落后的国家。

国家指导经济指国家在企业经济活动中起着重要指导作用的经济体制类型,在这种经济中政府通过产业政策指导私营企业的投资活动以及通过其他规定指导企业

从事符合国家目标的商务活动。指导经济不同于混合经济,国家并不将私有企业收归国有,而是国家对私有企业进行培训和指导,使私有企业根据国家产业政策的目标进行投资。

而在实行国家指导经济制度的国家,如日本和韩国,虽然经济体制的基本框架是与自由市场经济比较接近的,但是由于实行产业政策,政府可以对优先发展的产业提供财政和金融优惠措施,使得政府在经济中的作用要远远大于自由市场经济国家。这是因为,由于政府的产业政策措施都是有时间限制的,也就是说,在某一段时间内实施,因此这些政策很少能够以法律的形式加以确立,必须依靠政府行政部门的工作来实施,这样就使政府在产业政策的目标行业和企业、具体的优惠项目和程度上拥有很大的决定权。为了赢得政府的支持并提供方便,很多大型企业都会积极与政府建立长期的良好关系。在这些国家,政府在直接管理经济活动中的作用就比纯粹的市场经济国家大很多。

而在很多转轨经济国家和落后的发展中国家,由于经济管理体制很不健全,存在大量法律真空和模糊不清的地方,政府往往较多地介入企业的商务活动。另外,很多国家由于受自身经济发展水平的限制,对国内经济活动和涉外经济活动实行分割管理,所有的涉外商务活动必须征得政府的批准,接受严格的监督,给从事国际商务的企业带来了更大的不确定性和风险。

(二)政治环境稳定性

政治环境的第二个重要方面是政治环境的稳定性。企业的商务活动具有长期性、永续性,客观上要求政治环境的稳定性。不稳定的政治环境会影响到经济环境,从而影响到企业商务计划的实现。通常企业的中长期商务计划比较容易受到政治环境稳定性的影响。

1. 政治不稳定的指标。对所谓政治不稳定性的衡量并不存在世界公认的标准,以下两种指标经常被用来作为参考:

(1)政权更迭率。政权更迭主要可以分为两类,一类是在现行政治法律制度下正常的更迭,主要是通过选举和政党竞争的方式实现的。这一类更迭对政治不稳定性影响的大小主要取决于不同政党和政治领导人政治理念的差异。如果不同政党和政治领导人的政治理念相差不是很大,政权更迭基本不会带来政治不稳定性,如第二次世界大战后欧美发达国家定期通过选举进行的政权更迭就是这样。如果不同政党和政治领导人的政治理念相差很大,政权更迭就会带来政治不稳定性,如希特勒在德国上台后推行纳粹政策,对外发动了战争。另一类是通过军事或暴力手段实现的政权更迭,最典型的是军事政变。在这一类情况下,新政权在政治理念上往往与旧政权存在很大的差异,上台后会采取大幅度的改革措施,通常都会带来很大的政治不稳定性。非洲由于经常发生军事政变而被视为世界上政治最不稳定的地区之一。

(2)政治对立。政治对立指两个或两个以上的社会组织或群体在一些影响社会发展的重大问题上立场不一致甚至相左,从而引发思想或行动上的激烈冲突。能够引起政治对立的原因很多,包括民族或种族冲突、不同政党或社会群体对治理国家理念的差异、贫富分化等。例如,实行种族隔离时期的南非,种族冲突是导致政治不稳定的主要原因。严重的政治对立往往导致政治冲突,如加拿大讲法语的魁北克省有人主张分裂出去、西班牙巴斯克分离主义者为了达到从西班牙分裂出去的目的制造恐怖事件等。

2. 政府政策的稳定性与持续性。当地政府政策的稳定与否直接影响到公司政策的持续性,只有当地政府政策稳定的情况下公司政策才能保持持续性。外国企业主要关心一项政策的实施期限、变化频度和突变可能性。尽管政府政策可能会改变某些市场的发展态势,只要从长远观点衡量政策是稳定的和可预测的,外国公司就可以实现其经营目标。当然,政府政策的变动也可能给外国公司提供更好的经营条件,目前席卷全球的市场自由化趋势就是这样。一般来说,政策的变化对国际营销人员既可能是风险,也可能是机遇,关注当地政府政策的稳定性,就是要在分析国际市场政治环境时预测政策变化的趋势,抓住机遇,减小或避免政治风险。

对国际商务活动影响比较大的政府经济政策包括没收、征用与国有化,外汇管制,出口控制,进口限制,税收管制,价格管制,劳工管制等。

(1) 没收、征用与国有化。没收指政府将外国投资无偿地收归己有。征用指政府将外国投资收归己有但给予一定形式的补偿。国有化指政府通过没收或征用等形式取得企业所有权并由政府直接经营该企业。历史上大范围的国有化运动出现在20世纪五六十年代,当时亚非拉大批发展中国家在取得独立后,对外国资本进行了国有化,目前已比较少见。

(2) 外汇管制。外汇管制指一国政府通过法令对国际结算和外汇买卖实行限制的一种制度。外汇是一种非常重要的短缺资源,各国政府大多通过法令对国际结算和外汇买卖实行管理。外汇管制包括以下三个方面:①汇率制度。世界上的汇率制度主要有固定汇率制度、浮动汇率制度以及盯住汇率制度。固定汇率制指一国货币同他国货币的汇率基本固定,其波动限于一定的幅度之内。浮动汇率制是指一国中央银行不规定本国货币与他国货币的官方汇率,听任汇率由外汇市场的供求关系自发地决定。浮动汇率制又可以分为自由浮动和管理浮动,前者中央银行对外汇市场不采取任何干预措施,汇率完全由外汇市场的供求力量自发地决定;后者指实行浮动汇率制的国家,对外汇市场进行各种形式的干预活动。盯住汇率制指一国中央银行规定本国货币与另一种货币的固定比率,并随着这种外币汇率的波动而波动,如港币对美元之间的盯住汇率制度。②外汇管制的范围。从国际收支的角度看,外汇管制可以分为贸易项目下的外汇管制和资本项目下的外汇管制。贸易项目下的外汇管制指企业出口货物所得的外汇收入必须卖给国家指定的银行,进口物资所需的外汇也必须经过相关部门的批准才可以购买;资本项目下的外汇管制指在本国从事经营活动的外国或本国企业如果需要对外投资、汇出利润或退出在本国的投资,必须经过相关部门的批准才能够购买外汇。现在大多数发达国家无论在贸易项目下还是在资本项目下都取消了外汇管制,而大多数发展中国家则同时在贸易和资本项目下实行外汇管制,我国已经实现了贸易项目下的自由兑换,但对资本项目仍然实行严格的管制。③外汇管制的程度。外汇管理可以分为严格的外汇管制和宽松的外汇监管。前者指国家规定外汇不可以自由买卖,企业出口货物所得的外汇收入和外国对本国投资的外汇必须卖给国家指定的银行,进口物资所需的外汇和对外投资的外汇也必须经过相关部门的批准才可以购买,实行严格外汇管制的主要原因是外汇短缺,因此采取这种政策的主要是一些发展中国家。后者指国家规定外汇可以自由买卖,无论用于进口货物还是对外投资。从20世纪70年代开始,大多数发达国家都取消了严格的外汇管制,目前对外汇的管理,一是为了防止国际"洗钱",即将非法所得转移为合法收入;二是防止国际游资的无序流动。

(3)出口控制。出口控制指一国政府对企业的出口活动进行限制。出口控制主要又分三种:①出口国别控制,指对出口物资的流向进行限制,如美国政府1980年有一项禁令,禁止向中国、古巴、朝鲜、越南等国出口某些高技术产品。此外,对于实行出口配额制的商品,由于申领配额时已经规定了商品进口国,对出口企业来讲也可以视为出口国别控制。②出口产品控制。许多国家基于国家安全及利益的考虑往往对战略性、敏感性产品以及高技术和军事技术产品实行限制出口制。如美国商务部有一张限制出口产品的清单。我国也对一些产品实行出口限制,如为了保护国内的稀土资源,我国从20世纪90年代起限制稀土出口,大大提高了稀土制品的出口价格。③出口价格管制。出口价格管制的原因很多,如防止跨国公司利用转移定价来避税、阻止国内企业为了赢得出口市场过度降低商品价格。

(4)进口限制。进口限制指一国政府通过进口配额、进口许可制度、进口押金制度、高额关税制度等制度限制产品的进口。其结果或是限制最高的进口数量,或是提高进口成本,从而达到减少进口的目的。很多国家实行差别对待的进口管制政策,即根据不同商品对国家经济发展的重要性分别制定宽紧不同的进口政策,如我国对一些高档消费品如高级小汽车、香水征收比较高的关税,而且实行数量限制,对一般家电产品征收10%~20%左右的一般关税,而对于国家经济发展急需的高科技产品如计算机类产品征收很低的关税甚至完全不征关税。

(5)税收管制。税收管制指政府利用调整税收的种类和税率对企业的经营活动施加管制。例如,在外国公司在本国的经营活动达到一定水平之后,取消原来的税收优惠或调高税率,这样会降低外国公司的利润。

(6)价格管制。价格管制指政府用限价的办法来影响外国投资者的营销活动。价格管制有两种形式,一种是最低限价,一种是最高限价。实行最高限价通常是为了保护消费者的利益,其对象往往是一些生活必需品,最高限价会影响生产者的销售收入;实行最低限价通常是为了保护生产者的利益,保护生产者的积极性,很多国家对农产品都实行最低限价,最低限价会提高以这些产品为原材料的企业的生产成本。

(7)劳工管制。劳工管制指政府对劳工政策做出强制性规定,如规定最低工资、休假、加班、工作环境、工作福利等。

(三)国际经济关系

此处的国际经济关系指东道国与其他国家,特别是从事国际商务管理活动的企业的母国的关系。国际商务管理之所以关心东道国与其他国家的关系,是因为在国外从事商务活动的企业大多在原材料的供需,资金、技术、人员的引进方面与其他国家特别是公司的母国发生联系,这些方面能否顺利进行很大程度上取决于东道国与其他国家的关系。

从事国际商务管理活动的企业与母国政府的关系,是国际关系的一个重要部分,一个国家的对外政策将影响到该国在海外的公司的经营活动。例如,海湾战争之后,美国对伊拉克实行了10年的贸易禁运,这使得包括美国在内的其他国家的公司都很难在伊拉克从事正常的经营活动。同样,海湾战争之后,由于美国在帮助科威特夺回被伊拉克侵占的领土中发挥的特殊作用,与美国政府存在密切联系的若干美国公司赢得了战后科威特重建合同的大部分。

国际关系的第二个方面,是东道国政府与其他国家的关系。从事国际商务管理活动的企业的经营活动往往不局限于东道国与母国,而是要与其他更多的国家发生经贸联系。此时,东道国与其他国家的关系就显得非常重要了。例如,在南非种族隔离政府下台以前,很多非洲国家禁止与南非在贸易上来往;目前很多阿拉伯国家仍对与以色列有业务往来的公司加以限制,甚至是制裁。

母国与东道国参加的国际性组织是国际关系的第三个方面。这些组织包括联合国(UN)、世界贸易组织(WTO)、国际货币基金组织(IMF)、世界银行(World Bank)、欧盟(EU)、北约(NATO)、亚太经合组织(APEC)、北美自由贸易区(NAFTA)、东盟(ASEAN)、77国集团(Group of 77)等。这些组织的成员国之间存在一定的制约关系。例如,中国加入世界贸易组织之后,作为世贸组织的另一个成员国,美国必须无条件给予中国最惠国待遇。又如,很多经济上遇到困难的国家,为了得到国际货币基金组织的援助,不得不在经济政策上做一些调整。目前,世界贸易组织正在积极推动的贸易和投资自由化,将在很大程度上改变世贸成员国内部的国际营销环境。

(四)政治环境的评估

政治环境的评估是一件非常复杂、专业性非常强的工作。迄今为止,国际上尚没有公认的评估方法。罗伯特的评估表虽然有很大参考价值,但面对纷繁复杂的国际商务环境,其局限性十分明显。为了更好地掌握国际商务环境变化所带来的机遇与挑战,从事国际商务活动的企业应做到:

首先,在日常的市场调研活动中应重视对公司国际商务管理活动可能产生影响的政治因素情报的收集和研究。

其次,对于重大的政治环境变化要组织专门力量进行专题研究。

最后,可以向专门从事国际评估的机构咨询,如美国的穆迪投资者服务公司(Moody's Investor Service)、兰德(Rand)公司。穆迪投资者服务公司是一家全球性的信用分析与金融评价公司,它向国际投资界提供对北美国家和地区的政府组织、全世界各国的公司以及某些主权发行者发行的债务及其他证券的信用等级评级服务。

课程案例 3-7

安然国际与印度政府之间的纠葛

1990 年,位于休斯敦的安然(Enron)公司建立安然国际,在发展中国家建立和发展能源项目。里贝卡·马克被任命为安然国际的首席执行官(CEO)。

1991 年印度总理拉奥访问美国时邀请安然国际在印度发展电力项目。长期以来,印度的电力供应十分紧张,高峰期间供应短缺 20%。20 世纪 90 年代初,印度的发电设备能力为 8 000 万千瓦,预测到 2005 年需要增加 1.4 亿千瓦。1990 年印度国营电力公司提供了 70% 的电力,年亏损 20 亿美元。

安然国际决定参与印度电力发展,但很快发现印度的问题在于缺乏燃料供应。里贝卡提出了一个大胆的计划,投资 200 亿美元,到 2010 年成为印度最大的液化天然气经销商和使用者。里贝卡计划在印度的达波尔和恩诺尔建立两个液化天然气总站,从孟买附近的油田和卡塔尔输入天然气。1992 年里贝卡开始与印度联邦政府和马哈拉施特拉邦政府谈判,该项目计划建立 201.5 万千瓦的发电厂,总投资 20 亿美元。该邦是印度的工业中心,首府为孟买,靠近卡塔尔。该邦由国大党执政。里贝卡相信该项目在联邦和邦都将获得通过,但必须与印度广泛的行政机构中的关键人物建立联系。该项目需要得到 170 个不同行政机构的许可,整理成 50 个复杂的法律问题,并应付复杂的邦和联邦税收网。1995 年初该项目完全通过。但 1995 年印度人民党在该邦选举中获胜。在选举过程中人民党就攻击安然贿赂了邦国大党领导人。在印度,很多人对外国企业存在偏见,认为任何与外国人的交易不是不正当的就是不利的。人民党上台后继续审查安然公司项目。如果邦政府取消这一项目,将支付 2 亿美元撤销费。安然公司被控欺骗和虚报成本,为此安然公司指出:"在印度假定设备进口关税为 20%,一个项目中设备抵达海关而海关官员不以当天 20% 的关税结束报关是常见的,所以你必须把风险计入价格。"1995 年 8 月 3 日,在安然公司花费 1 亿美元后,邦政府宣布项目停工。两天后安然向邦政府提交了在伦敦仲裁的法律通知。为邦政府工作的律师事务所认为邦政府不可能获胜而拒绝为之辩护。安然公司也发动了一场媒体公共关系运动,并请美国总统克林顿给印度总统打电话。同年秋天,项目纠纷解决,安然将该项目电价削减22.6%,作为回报,印度政府同意安然的项目规模扩大到245万千瓦,以期待规模上的优势能够抵消价格下降造成的损失。

讨论题目:
1. 你认为导致安然国际在印度投资遭遇的主要障碍是什么?
2. 你如何看待印度中央政府和邦政府的关系?它们之间的关系对印度吸引外国投资者产生了什么影响?

二、国际商务管理活动所面临的法律环境

国际商务法律环境是指与企业从事的国际商务管理活动有关的法令规章。一国的法律制度对于国际商务活动的影响是极其重要的,它制约着该国国际商务实践的发展,决定着该国国际商务活动的方式以及交易各方的权利义务关系。对企业来讲,法律环境就是"商业游戏"的竞争规则。一国的法律制度与其政治体制之间存在密切的联系,管理国际商务活动的法律反映着该国政府的政治意识形态。法律体系的不完善和司法缺乏效率可能使监督合同履行的成本非常高,合同违约成为经常现象。

(一)各国法律制度的差异

世界上大多数国家现行的法律制度,大体可以分为两个系统,即成文法系和习惯法系。成文法系又称大陆法系,源于罗马法制,欧洲大陆国家基本都属于这个法系。成文法系最重要的特点是以法典为第一法律渊源,明确的法律条文十分重要,但由于对法律条文的理解不同,司法实践中可能出现差异。习惯法系又称不成文法系、英美法系,它源于英国的普通法,英国、美国、加拿大、澳大利亚、新西兰、印度都属于这一法系。习惯法系最重要的特点是以传统导向为主,重视习惯和案例。过去案例的判决理由,对以后的案例有约束力,即所谓的先例原则。不同的法律制度对同一事物可能又有不同的解释。

近几十年来,英美法系国家也制定了大量成文法以作为对习惯法的补充,但是合同法和侵权行为仍受习惯法管束。

即使在同一法系的国家之间,法律制度也可能有很大的差异。各国法律可以分为实体法和程序法两大类。就程序而言,司法管辖权和审理程序在各国都不尽相同;就实体而言,各国也存在很大不同。例如,在国际营销中存在东道国与母国两种法律体系,因而法律适用问题也变得十分重要。一般来说,企业往往希望依照本国法律在本国审理案件。

不同的法律制度对同一事物可能有不同的解释,如大陆法系国家认为商标所有权由最先注册者优先获得,而英美法系国家则是以最先使用该商标者为其所有者。

所以企业在开展国际商务活动时,必须了解东道国法律、法规的性质与具体内容。因为这些法律、法规对企业包括外国投资企业的经营活动以及营销组合决策的

各个方面都会有约束甚至具体的规定,如在产品的性能、质量、包装、标签、商标、保证、服务等方面,在价格控制方面,在渠道的选择方面,在广告的信息内容、表达方式、广告媒介的选择方面,在营业推广的手段、优惠尺度方面,以及对人员促销、公共关系活动的态度方面等,都要了解东道国法律法规及其执行情况,因此借助于精通东道国法律的律师包括东道国律师的帮助,对于营销决策是必不可少的。

(二)国际商务管理面临的法律体系

国际商务管理活动所面临的法律体系具有一定的特殊性,包括三个方面:①与国际商务有关的国内法律;②国际性法律与组织;③与国际商务有关的东道国法律体系。

1. 与国际商务管理有关的国内法律。这些法律包括合同法、民法、贸易法、价格法、广告法、劳动法、外汇法、税收法、劳动法等。

2. 本国政府缔结的国际协约。国际协约指各国政府签订的具有法律约束力的协议和条约。目前,对企业国际商务影响比较大的国际协约主要包括以下几类。

(1)双边的通商航海条约和避免双重征税协定。双边的通商航海条约保障双方企业在对方国家从事商业和通航方面的业务时享受与当地企业相同的待遇,也就是非歧视原则,通常包括最惠国待遇和国民待遇两个方面。各国在确定应纳税收入时可以分别或同时采用属地和属人原则,即分别根据国内外居民在当地取得的收入或者当地居民在国内外的收入征税,这样从事国际营销的企业就可能同时被两个国家确定为纳税对象,缴纳两份税款,这样就会加重国际营销企业的成本和负担。避免双重征税协定就是各国政府为避免这类情况签署的协定,它规定设在国外的企业或分支机构在当地纳税后,或者不用向本国纳税,或者当外国税率低而本国税率高时最多在本国补纳两者之间的差额,即所承受的税负最多与在国内经营时相同。

(2)国际货币基金组织、世界贸易组织和联合国法规委员会的协定。前两者的介绍参见第二章相关内容。

联合国法规委员会(United Nations Commission on International Trade Law),简称UNCITRAL,是联合国的内设机构,主要是在全球制定一部统一的商业法规。这一目标的实现过程包括对各国法律及其他国际性组织法律的分析,并在此基础上建立促成新国际法和国际公约的标准化商业法规的模式。它的工作重点是:①国际性交易和收入问题;②商业仲裁问题;③国际航运法令问题。

(3)国际标准化组织(ISO)。大多数发达国家都加入了国际标准化组织。该组织的ISO9000系列标准已经成为世界上影响最大的产品标准,其中欧盟还规定从区外进入欧盟的产品都必须符合该标准。

(4)保护工业产权巴黎公约、专利合作条约和商标国际注册马德里协定。这几个条约或协定都是用来保护工业产权的。工业产权主要包括专利权、商标权和著作权。

①《保护工业产权巴黎公约》(Paris Convention on the Protection of Industrial Property)简称《巴黎公约》,于1883年3月20日在巴黎签订,1884年7月7日生效。最初的成员国为11个,到2009年6月底,缔约方总数为173个,1985年3月19日中国成为该公约成员国,我国政府在加入书中声明:中华人民共和国不受公约第28条第1款的约束。

《巴黎公约》自1883年签订以来,已做过多次修订,现行的是1980年2月在日内瓦修订的文本。现文本共30条,分为3组,第1~12条为实质性条款,第13~17条为行政性条款,第18~30条是关于成员国的加入、批准、退出及接纳新成员国等内容,称为"最后条款"。

《巴黎公约》的调整对象即保护范围是工业产权,包括发明专利权、实用新型、工业品外观设计、商标权、服务标记、厂商名称、产地标记或原产地名称以及制止不正当竞争等。《巴黎公约》的基本目的是保证一成员国的工业产权在所有其他成员国都得到保护。但由于各成员国间的利益矛盾和立法差别,《巴黎公约》没能制定统一的工业产权法,而是以各成员国内立法为基础进行保护,因此它没有排除专利权效力的地域性。公约在尊重各成员的国内立法的同时,规定了各成员国必须共同遵守的几个基本原则,以协调各成员国的立法,使之与公约的规定相一致。

巴黎公约的基本原则和重要条款包括:

其一,国民待遇原则。在工业产权保护方面,公约各成员国必须在法律上给予公约其他成员国相同于其本国国民的待遇;即使是非成员国国民,只要他在公约某一成员国内有住所,或有真实有效的工商营业所,亦应给予相同于本国国民的待遇。

其二,优先权原则。《巴黎公约》规定凡在一个缔约国申请注册的商标,可以享受自初次申请之日起为期6个月的优先权,即在这6个月的优先权期限内,如申请人再向其他成员国提出同样的申请,其后来申请的日期可视同首次申请的日期。优先权的作用在于保护首次申请人,使他在向其他成员国提出同样的注册申请时,不致由于两次申请日期的差异而被第三者钻空子抢先申请注册。发明、实用新型和工业品外观设计的专利申请人从首次向成员国之一提出申请之日起,可以在一定期限内(发明和实用新型为12个月,工业品外观设计为6个月)以同一发明向其他成员国提出申请,而以第一次申请的日期为以后提出申请的日期。其条件是,申请人必须在成员国之一完成了第一次合格的申请,而且第一次申请的内容与日后向其他成员国所提出的专利申请的内容完全相同。

其三,独立性原则。申请和注册商标的条件,由每个成员国的本国法律决定,各自独立。对成员国国民所提出的商标注册申请,不能以申请人未在其本国申请、注册或续展为由而加以拒绝或使其注册失效。在一个成员国正式注册的商标与在其他成员国——包括申请人所在国——注册的商标无关。这就是说,商标在一成员国取得注册之后,就独立于原商标,即使原注册国已将该商标予以撤销,或因其未办理续展手续而无效,但都不影响它在其他成员国所受到的保护。同一发明在不同国家所获得的专利权彼此无关,即各成员国独立地按本国的法律规定给予或拒绝、或撤销、或终止某项发明专利权,不受其他成员国对该专利权处理的影响。这就是说,已经在一成员国取得专利权的发明,在另一成员国不一定能获得;反之,在一成员国遭到拒绝的专利申请,在另一成员国则不一定遭到拒绝。

其四,强制许可专利原则。《巴黎公约》规定:各成员国可以采取立法措施,规定在一定条件下可以核准强制许可,以防止专利权人可能对专利权的滥用。某一项专利自申请日起的四年期间,或者自批准专利日起三年期内(两者以期限较长者为准),专利权人未予实施或未充分实施,有关成员国有权采取立法措施,核准强制许可证,允许第三者实施此项专利。如在第一次核准强制许可特许满二年后,仍不能防止赋予专利权而产生的流弊,可以提出撤销专利的程序。《巴黎公约》还规定强制许可,不得专有,不得转让;但如果连同使用这种许可的那部分企业或牌号一起转让,则是允许的。

其五,商标的使用。《巴黎公约》规定,某一成员国已经注册的商标必须加以使用,只有经过一定的合理期限,而且当事人不能提出其不使用的正当理由时,才可撤销其注册。凡是已在某成员国注册的商标,在一成员国注册时,对于商标的附属部分图样加以变更,而未变更原商标重要部分,不影响商标显著特征时,不得拒绝注册。如果某一商标为几个工商业公司共有,不影响它在其他成员国申请注册和取得法律保护,但是这一共同使用的商标以不欺骗公众和不造成违反公共利益为前提。

其六,驰名商标的保护。无论驰名商标本身是否取得商标注册,公约各成员国都应禁止他人使用相同或类似于驰名商标的商标,拒绝注册与驰名商标相同或类似的商标。对于以欺骗手段取得注册的人,驰名商标的所有人的请求期限不受限制。

其七,商标权的转让。如果其成员国的法律规定,商标权的转让应与其营业一并转让方为有效,则只需转让该国的营业就足以认可其有效,不必将所有国内外营业全部转让。但这种转让应以不会引起公众对贴有该商标的商品来源、性质或重要品质发生误解为条件。

其八,展览产品的临时保护。公约成员国应按其本国法律对在公约各成员国领域内举办的官方或经官方认可的国际展览会上展出的产品所包含的专利和展出产品的商标提供临时法律保护。

②《专利合作条约》(Patent Cooperation Treaty)又称PCT,于1970年在美国华盛顿签署,截止到2009年6月底,缔约方总数为141个国家,我国于1994年1月1日加入《专利合作条约》。它是在《保护工业产权巴黎公约》原则指导下产生的一个国际专利申请公约。公约共8章,主要内容是统一缔约国的专利申请手续和审批程序以及就专利文献的检索工作和批准专利权的初步审查工作等方面进行合作,以使一项发明通过一次国际申请便可同时在申请人选定的几个或全部成员国获得批准。按条约的规定,所有成员国的居民或国民均可向受理局

提出国际申请,同时应表明,发明打算在哪些缔约国获得专利。申请文件应先提交成员国的专利局,由专利局将申请文件复制两份后提交世界知识产权组织日内瓦国际局和条约国大会认定的国际检索单位和国际初步审查单位。条约国大会认定的国际检索单位和国际初步审查单位是澳大利亚、美国、英国、日本、瑞典、中国的专利局,欧洲专利局,俄罗斯国家发明与发现委员会,它们负责申请案中发明创造的检索和初步审查工作,对发明的新颖性、创造性和实用性提出意见。如果这些机构的检索结果对申请人有利,就写成"检索报告"两份,一份送达申请人,一份呈送世界产权组织国际局。对一项国际申请,由国际局统一办理申请、检索、公布等手续,并进行初步实质性调查。国际局将已登记的申请连同检索报告复印若干份,转交申请人希望得到保护的指定国的专利局,由各个指定国的专利局分别按其本国法律的要求,决定是否授予专利权。《专利合作条约》的主要意义在于:简化了成员国国民在成员国范围申请专利的手续,一份申请,以一种语言,向一个受理局提出,进入各国家阶段以前,可代替多份外国申请;以最小的花费,向各成员国提出申请的决定可以推迟到自优先权日起30个月;减轻了条约各成员国专利局的工作量,也加快了专利情报的传播速度,扩大了传播范围。

③《商标国际注册马德里协定》(Madrid Agreement for International Registration of Trade Marks)简称《马德里协定》,是关于简化商标在其他国家内注册手续的国际协定。1891年4月14日在马德里签订,1892年7月生效。《马德里协定》自生效以来修改过多次,和1989年签署的《商标国际注册马德里协定有关议定书》(简称《马德里议定书》)称为商标国际注册马德里体系。截止到2008年10月28日,马德里协定与议定书成员国共有84个。1989年10月4日,中国成为该协定成员国。《马德里协定》保护的对象是商标和服务标志。《马德里协定》是对《保护工业产权巴黎公约》关于商标注册部分的一个补充,根据协定规定,须先参加《保护工业产权巴黎公约》,才能参加《马德里协定》。我国加入《商标国际注册马德里协定》(1967年修订并于1979年修改的斯德哥尔摩文本),同时作如下声明:"①关于第三条之二:通过国际注册取得的保护,只有经商标所有人专门申请时,才能扩大到中国;②关于第十四条第二款第四项:本议定书仅适用于中国加入生效之后注册的商标。但以前在中国已经取得与前述商标相同且仍有效的国内注册,经有关当事人请求即可承认为国际商标的,不在此例。"

(5)国际航空组织(ICAO)、国际航运协会(IATA)和国际电讯联盟(ITU)。国际航空组织是联合国的下属机构,由150多个成员国组成,主要目的是在航空设备、国际性航空旅行方面制定全球标准。国际航运协会是国际性航空公司的联合会,主要责任是通过协商确定国际航空运费和费率。国际电讯联盟是一个国际性的专业技术联盟,主旨是对收音机、电话、电报、无线通讯等通讯手段制定国际性法令。

3. 与国际商务有关的东道国法律体系。企业从事国际商务活动,必然会受到东道国法律体系的管辖,遵守其他国家的相关法律规定。东道国法律对国际商务管理活动的影响无疑是最大的,这主要体现在以下三个方面:①外国企业从事国际商务活动首先必须面对东道国的市场准入限制,如配额、许可证、关税、反倾销、安全标准。②各国都有很多法律对在本国国内从事经营活动进行管理和限制,如广告法、计量法、商法、卫生法、产品质量法。在很多国家,烟酒类产品不允许做电视广告。在我国,不允许生产和销售"三无"商品,从1997年开始不允许进行传销活动。③东道国政府的政策及相应法规也会影响企业在国外市场的成功。例如,为了保护环境,很多国家都倾向于制定越来越严格的环保要求,这样就会给相关企业的经营带来很多麻烦。又如,面对国内高失业率的压力,很多发达国家对于撤资和解雇员工制定了严格的规定;即使没有明确的规定,政府也会积极介入,阻止此类事情的发生。

三、国际贸易政策

国际贸易政策是指一国政府针对本国的进出口所制定和实施的政策。政府往往通过制定本国的国际贸易政策来对国际商务活动进行干预和协调。

(一)国际贸易政策的目标

各国制定国际贸易政策通常出于如下目的:

1. 保护国内就业和产业的发展。保护国内产业免遭国外竞争是政府制定国际贸易政策的一个重要目标,关税、进口配额、反倾销等措施的目的都是为了达到这个目标。特别是,有些国家出于经济长期发展的考虑,往往对那些它们认为具有很大发展潜力的行业采取积极的促进措施,如给予补贴。

2. 改善国际收支。国际贸易包括进口和出口两个方面,如果一个国家进口严重超出出口或者进口长期超出出口,必然导致国际收支的严重恶化,影响正常经贸活动的展开。为此,一些国家通过高额关税、进口附加税、配额、反倾销等措施减少进口,通过补贴等措施促进本国产品出口。

3. 保护公平竞争。一些国家认为其他国家的政府通过出口补贴、倾销、对外国知识产权缺乏保护、禁止市场准入等方式直接或间接地帮助企业在国外市场进行竞争,使本国企业处于不利地位。为此,这些国家采取一些政策措施保护本国企业获得公平竞争的市场条件。

4. 保障国家安全。很多国家认为,粮食、武器和其他一些重要物资对于国家安全至关重要,必须保持足够的生产能力,否则一旦处于战争或敌对状态,就会面临基本物资缺乏的危险。

5. 保护消费者健康。很多国家出于保护本国消费者健康的目的,对进口产品制定了十分严格的质量标准。

6. 推动对外政策目标。很多国家的政府利用对外贸易政策来推动和支持本国的对外政策目标。例如,美国对古巴和萨达姆统治时期的伊拉克实行长期的贸易制裁。

课程案例 3-8

林则徐禁烟的国际贸易背景

1839年9月,我国著名爱国人士林则徐向清朝道光皇帝上奏了"禁烟奏折",由此引出了著名的"虎门销烟"和随后的"鸦片战争"。

18世纪中叶的中国,并不像中世纪某些西方人传说的那样,是遍地黄金的乐园。但中国的不少产品,如茶叶、丝绸、瓷器、漆器等,运到西方可以换取黄金。英国从中国进口茶叶等,既对英国本国工业的发展没有任何妨碍,又可以给英国资本家带来丰厚的利润。自广东收买茶叶运到英国销售,所得利润超过成本的十倍。据格林堡《鸦片战争前中英通商史》介绍,"从中国来的茶叶提供了英国国库总收入的十分之一左右和东印度公司的全部利润"。而且,茶叶已经成为英国非常流行的全国性饮料。对此,林则徐曾言:"况茶叶大黄,外夷若不得此,即无以为命。"

英国需要进口大量中国的茶叶、生丝等,却拿不出像样的商品用以交换。英国工业革命是从纺织工业开始的,其纺织技术在当时处于世界领先地位。但中国固有的农业与家庭手工业相结合的自给自足的自然经济,对西方的舶来品并不感兴趣。英国制造的呢绒等在中国难以找到市场,经常不得不亏本出售,目的是从中国购买茶叶等产品。因而在早期对华贸易中,英方出现巨额逆差。仅1761~1800年,英方贸易逆差即高达20 934 000镑。巨额白银的流入,大大缓解了当时中国的白银短缺,对白银的广泛流通也起到了十分重要的作用。

同时,这种巨额贸易逆差,对英国也产生了一些不利的影响,主要表现在由于流通货币的相对减少,英国出现了严重的价格下降现象,不利于经济发展。18世纪70年代,英国开始把鸦片大量输入中国。到了19世纪,鸦片输入额逐年增多。19世纪初输入中国的鸦片为4 000多箱,到1839年就猛增到40 000多箱。大量鸦片的流入,使中国迅速从对英的巨额贸易顺差转变为贸易逆差,导致中国白银大量外流,"银贵钱贱"。林则徐在"禁烟奏折"中就指出:"近年银价日昂,纹银一两易制钱一串六七百文之多。"

同时,吸食鸦片的人在精神上和生理上受到了极大的摧残,加剧了官场腐败并严重削弱了清军的战斗力。如不采取制止措施,将要造成国家财源枯竭和军队瓦解。

于是,清政府决定严禁鸦片入口。1839年6月3日至25日,清朝钦差大臣林则徐把收缴的英美鸦片贩子的2 376 254斤鸦片在广东虎门镇口海滩当众销毁。

林则徐的禁烟行动使鸦片商人的非法利益受到了极大打击,也使英国政府再次面临巨额贸易逆差问题。在鸦片商人的积极要求下,英国政府最终决定对清政府开战,以武力解决贸易争端。不幸的是,由于清政府的腐败,中国遭受了两次"鸦片战争"的失败,蒙受了巨大耻辱。

鸦片战争后,大量鸦片输入的结果,使"银贵钱贱"的老问题进一步加剧。曾国藩在1852年的一个奏折中也说:东南产米之区,大率石米卖钱三千。昔日一两银子换钱一千文,一石米可得三两银子。如今一两银子换钱两千文,卖一石米只得一两五钱银子。过去卖米三斗可完纳一亩地的税赋,如今卖米六斗还不够交一亩地的税赋。(《备陈民间疾苦疏》)。实际上,一些地方每两白银兑换制钱已高达两千三四百文了。

从上面的介绍中不难看出,"禁烟"不仅是一个正义与非正义的问题,而且涉及清政府和英国政府的巨大经济利益问题。

讨论题目:

1. 在金属本位制下,巨额贸易逆差会对一国的商务环境产生什么样的影响?
2. 在纸币流通情况下,巨额贸易逆差会对一国的商务环境产生什么样的影响?

(二)主要的国际贸易政策措施

1. 关税。通过对进口商品征收关税,可以提高进口商品的成本,降低外国产品在本国市场的竞争力。

2. 非关税壁垒。非关税贸易壁垒措施是指除关税以外,对货物进出口构成实质限制和禁止的措施。与关税壁垒相比,非关税壁垒具有更大的灵活性和针对性,保护作用更为强烈和直接,比关税壁垒更具有隐蔽性和歧视性。

(1)传统的非关税贸易壁垒。传统的非关税贸易壁垒种类繁多,主要有:进口配额制、"自动"出口配额制、进口许可制度、外汇管制、补贴、歧视性的政府采购制度、最低限价、进口押金制度、海关估价制度、卫生检疫规定、行政管理措施等。

①进口配额和自愿出口限制。进口配额制(import quota system)又称进口限额制,是一国政府在一定时期内(通常是一年),对某些商品的进口数量或金额加以直接限制的措施。在规定的限额内,配额以内的货物可以进口,超过配额不允许进口或者征收较高的关税或罚款后才能进口。进口配额制分为绝对配额和关税配额。绝对配额制是指在一定时期内,对某些商品的进口数量或金额规定一个最高额数,达到这个额数后,就不准进口。关税配额是指对商品进口的绝对数额不加限制,而对在一定时期内,在规定配额以内的进口商品,给予低税、减税和免税待遇;对于超过配额的进口商品则征收较高的关税或征收附加税或罚款。

自动出口限制(voluntary export restraint)是指出口国家或地区在进口国的压力下,自动规定在一定时期内特定商品对进口国的出口额度,超过额度即禁止出口。

自动出口配额与进口配额差异不大,其本质都是限制商品进口。它是20世纪50年代中期日美贸易摩擦的产物,以后盛行于国际贸易界。这种做法对进口国来讲,在不违背世界贸易组织(前身是关贸总协定)原则的前提下可以有效限制进口;而对出口国而言,调整的余地较大,可以在不爆发贸易战的前提下尽可能获得出口利益。

自动出口配额制与进口配额制在形式上略有不同。绝对进口配额制是由进口国家直接控制进口配额来限制商品的进口,而自动出口限额是由出口国家直接控制这些商品对指定进口国家的出口。

自动出口配额制带有明显的强制性,进口国往往以商品大量进口使其相关产业受到严重损害,造成所谓"市场混乱"为理由,要求有关国家的出口实行"有秩序地增长","自动"限制商品出口,否则就单方面强制限制进口。

②进口许可证。进口许可证是指进口国家规定某种商品进口必须事先领取许可证,没有许可证不准进口的管理制度。通常进口许可证由进口国外贸主管机构发给本国的进口商,有时进口国也把这种权利交给出口国自行分配。

从进口许可证与进口配额的关系上看,进口许可证可以分为两种。一种是有定额的进口许可证,即国家有关机构预先规定有关商品的进口配额,然后在配额的限度内,根据进口商的申请对于每一笔进口货物发给进口商一定数量或金额的进口许可证。另一种是无定额的进口许可证,即没有进口配额的进口许可证。

根据进口商品的种类和来源地,进口许可证可分为公开一般许可证和特种许可证。前者对于进口商品的来源过或地区不加限制,凡列明属于一般许可证的商品,进口商只要填写一般许可证后,就可以获准进口;后者对进口商品的来源国或地区加以规定。进口商在使用特种许可证时,要向有关政府机构提出申请,并由有关政府机构逐笔审批。

③补贴。补贴指一国政府对国内企业的资金支持,包括现金补贴、优惠贷款、税收减免。通过补贴,政府可以帮助本国企业与外国低成本的进口产品在本国竞争或者帮助本国企业赢得国外市场。出口补贴的方式有直接补贴和间接补贴两种形式。直接补贴是指出口某种商品时,直接付给出口厂商的现金补贴。出口补贴一般是在某种商品的国内价格高于国际市场价格时,为了鼓励该种商品的出口,对国内外的差价部分由政府部门直接给予出口商以现金。有时为了鼓励某种商品出口,补贴金额也会大于实际差价。间接补贴是指政府对某些出口商品给予财政上的优惠,例如政府退还或减免出口商品的直接税(如对出口企业减免所得税)、间接退还间接税(如减免增值税、消费税、营业税、出口税,退还进口成分的进口税)、提供比在国内销售货物更优惠的运费等。

从原则上看,世界贸易组织禁止对出口商品实行补贴。但具体来说,根据乌拉圭回合达成的《补贴与反补贴协议》,"边境税调整"是许可的。所谓边境税调整,是指本国商品离开边境出口时,政府退还原来在国内征收的间接税,如增值税、消费税、营业税,我国的出口退税就属于这种性质,而外国商品进口时则必须缴纳这些间接税。而对于直接税,如所得税,由于它们并不直接提高商品价格,因此在商品出口时不可以退还。

④本地成分要求。本地成分要求也就是国产化要求。国产化是发展中国家普遍采用的一种政策手段,它对外国公司在本国进行生产和销售的产品中的进口成分进行限制,要求在本国生产或增值的部分必须达到产品最终价值的一定百分比。这样做是为了鼓励外国公司更多地把其生产和研发等经营活动转移到本国,防止外国公司利用成品和零部件之间的税率差别在国内进行简单的装配活动,从而绕开关税壁垒。

近年来,在汽车等一些重要的经济部门,欧美等发达国家也对外国品牌产品提出了本地成分要求。例如,美国政府要求日本汽车公司在美国子公司生产的汽车75%的零部件必须是在美国制造的,否则就视为进口产品而课以重税。

⑤行政管理措施。在国际商务活动中,除了大量明文规定的限制进口和外国企业经营行为的法律法规之外,还存在大量应用广泛的非正式的行政管理措施,即通过大量烦琐、不透明和具有明显针对性的措施来增加外国企业和外国产品在本国经营和销售的难度。例如,荷兰是世界著名的花卉生产大国,被誉为郁金香之乡,郁金香球茎出口到世界各地,但却无法进入日本市场。因为日本的海关检验机构要求对每一支进口郁金香球茎都必须通过切割其中部的方式进行检查,经过切割的郁金香球茎无法在市场上销售。法国面对大批涌来的日本录像机,曾要求原本从巴黎海关大量入境的录像机全部改由通过一个规模很小的口岸申报入关。该口岸由于设备落后,必须对入口的每一件产品进行手工检查,结果造成大批日本录像机在海关长时间积压,给进口商带来很大麻烦,不得不放弃进口。

(2)新型非关税贸易壁垒措施,在当今国际贸易发展中,关税和传统的非关税措施的地位逐渐被削弱,已不再构成主要的市场准入障碍。而在科技不断创新、消费者对产品安全及品质的要求提升、国际商业活动日趋活跃以及社会与环保议题更加受到重视等背景下,以技术标准、环境要求为代表的新型非关税措施大量涌现且使用量急剧增多,已成为国际贸易发展的一个最突出特点。

新型非关税贸易壁垒的主要形式包括:

①技术性贸易壁垒措施,即一国以维护国家安全、保障人类健康、保护生态环境、防止欺诈行为及保证产品质量等为由而采取的一些技术性措施。它主要通过颁布法律、法令、条例、规定,建立技术标准、认证制度、卫生检验检疫制度等方式,对外国进口商品制定苛刻的技术、卫生检疫、商品包装和标签等标准,从而提高对进口商品的技术要求,最终达到限制其他国家商品自由进入本国市场的目的。

下面以技术性贸易壁垒措施中比较典型的产品责任法为例做一说明。

产品责任法是对各国有关产品损害赔偿责任的法律规定的统称。

各国政府对产品安全和责任进行立法,其初衷是保护消费者的权利,但是立法程序和保护程度的差异有可能给国际商务管理活动带来很大的障碍。

首先,对于安全程度的不同规定形成国际商务活动障碍。当外国有关产品安全的标准比本国严格或松散时,从事国际商务活动的企业就面临着多重标准的问题。很多发达国家如美国和欧盟倾向于制定严格的安全标准。进入21世纪,欧盟制定和实施了有关农产品农药残留的新标准,这些标准对某些化学农药的允许存留量只是原来旧标准的1%,这无疑给环境条件比较差的发展中国家的产品出口带来了很大的障碍,中国对欧盟的茶叶出口就因此而锐减。

其次,在实际执行过程中安全标准往往成为贸易保护的新手段,也就是通常所称的"绿色壁垒"。例如,欧盟在制定农产品农药残留量标准时,对于用途类似但分别为欧盟和日本生产的农药的残留标准的规定存在很大差异。日本生产的农药的允许残留量远远低于欧盟生产的农药的允许残留量。又如,面对中国生产的大量廉价打火机的竞争,一些欧盟企业提出了安全申诉,迫使欧盟提出了要求售价在2美元以下的打火机必须安装安全装置的议案。这个议案表面上是打着保护青少年安全的幌子,实际上是试图阻碍中国打火机的出口。虽然这个议案由于中国政府和企业的强烈反对没有实际实施,但欧盟这种利用安全标准阻碍其他国家产品进入的做法是不会完全消失的。

最后,对产品安全和责任的规定会大大提高企业从事国际商务活动的时间和经济成本。例如,日本政府规定,来自其他国家的医疗用品,包括药品和医疗器械即使通过了生产国政府的批准也必须通过日本政府的审批才可以获准在日本销售。为了获得日本政府的批准,这些产品必须耗费几年的时间以通过包括临床实验在内的各种程序。当外国产品终于通过了日本政府的审批时,往往日本的同类产品也已经上市了。在这种情况下,安全标准对外国企业的障碍主要不是实际费用的增加,而是宝贵的时机。

产品安全和产品责任法对国际商务经营成本的影响是不容忽视的。一国法律对产品安全、工作场所安全、环境污染制定严格的标准将导致企业经营成本的提高。例如,美国法律规定对损害赔偿费用不封顶,巨额赔偿案例不断涌现。例如,2002年美国法院判决菲利普·莫里斯(Phillip Morris)烟草公司向一名受害者赔偿340亿美元的损害赔偿费。一旦赔偿执行,菲利普·莫里斯烟草公司必然难逃破产的命运。据统计,民事责任赔偿占美国GNP的2.4%,是其他发达国家的3倍。这种情况导致美国的责任保险费率不断上升,大大提高了企业的经营成本。

②绿色贸易壁垒措施,即以保护有限资源、环境、生态平衡或人民健康为名,蓄意制定一系列苛刻的环保标准,对来自国外的产品或服务加以限制。它们大多以国内法令的形式制定,以保护本国国民生命安全为目的,其表面具有合法性和合理性。世界贸易组织《实施卫生与植物检疫措施协议》中承认实施卫生与植物检疫措施是成员方的权力,但要求成员方应减少或消除对国际贸易的不利影响。事实上,任何国家制

定和实施的"为保护人类动植物的生命健康所必需的措施",最终不可避免地会演变成为贸易壁垒。绿色贸易壁垒措施的内容包括环境技术标准、多边环境协议、环境标志、环境管理体系标准(ISO14000)、绿色补贴等。

课程案例3-9

美国与欧盟的激素牛肉争端

20世纪70年代,一家美国公司发明了人工合成肉牛生长激素的方法。通过向肉牛注射这种激素可以加快牛的生长并提高瘦肉的比重。受经济利益的刺激,注射人工生长素很快在美国、澳大利亚、加拿大、新西兰等主要肉类生产国的养殖场中盛行。

但是,并不是所有的人都对激素牛肉表现出欢迎态度,一些国家的消费者组织对此提出异议,认为激素牛肉可能包含着对人类的潜在危害。1989年欧盟对此问题作出规定,禁止使用激素饲养家畜,并禁止进口喂养过激素的肉类产品。这一规定导致美国向欧盟的牛肉出口急剧下降。1988年美国向欧盟出口了价值2.31亿美元的牛肉,1994年则下降为0.98亿美元。

在这种情况下,美国向世界贸易组织提出了诉讼,要求欧盟取消对激素牛肉进口的限制。1997年5月一个由3名独立专家组成的世界贸易组织贸易专门委员会对此作出了初步裁定,认为没有科学的依据证明激素牛肉对人体是有害的,欧盟对激素牛肉的进口禁令是非法的。欧盟对这个裁定进行了上诉,世界贸易组织的上诉法庭在1997年11月听取了欧盟的申诉,并于1998年2月宣布,维持贸易专门委员会作出的裁定,欧盟必须解除禁令。

讨论题目:
1. 如何看待不同国家、组织和个人对健康问题的不同看法?
2. 如何看待国际贸易中新的技术壁垒?
3. 如何利用世界贸易组织的争端解决机制保护本国利益?

③社会壁垒,即以劳动者劳动环境和生存权利为借口采取的贸易保护措施。社会壁垒由社会条款而来,社会条款并不是一个单独的法律文件,而是对国际公约中有关社会保障、劳动者待遇、劳工权利、劳动标准等方面规定的总称,它与公民权利和政治权利相辅相成。国际上对此关注由来已久,相关的国际公约有100多个,包括《男女同工同酬公约》、《儿童权利公约》、《经济、社会与文化权利国际公约》等。目前,在社会壁垒方面颇为引人注目的标准是SA8000,该标准是从ISO9000系演绎而来,用以规范企业员工职业健康管理。目前全球大的采购集团非常青睐有SA8000认证企业的产品,这迫使很多企业投入巨大人力、物力和财力去申请与维护这一认证体系,

这无疑会大大增加成本。特别是发展中国家,劳工成本是其最大的比较优势,社会壁垒将大大削弱发展中国家在劳动力成本方面的比较优势。

④反倾销壁垒措施。所谓倾销(Dumping),是指以低于产品正常价值的价格,输入到另一国(区)的商业行为。一般认为,当外国企业通过倾销的方式将本国企业驱逐出某个行业市场后,会利用其垄断地位抬高产品价格,谋取垄断利润。倾销往往与补贴存在密切的联系,因为补贴为企业以较低的价格进行倾销提供了可能。此外,即使在不存在补贴的情况下,一些企业也可能以在外国市场倾销的方式解决过剩产品的处理问题,特别是在生产成本随着生产规模的扩大下降比较快的行业。反倾销法的目的就是惩罚有倾销行为的外国企业,帮助本国企业摆脱不利的竞争地位。倾销行为一出现,就被西方国家认为是一种不公平的贸易做法,发达国家纷纷进行反倾销立法加以抵制。1948年1月1日生效的《关税与贸易总协定》(GATT)也将反倾销问题列入其规则中,经过对1967年、1975年和1979年的反倾销守则的修订,逐步完善成目前的世界贸易组织(WTO)"执行1994年关贸总协定第六条的协定",即我们通常所称的"反倾销协议"。

反倾销是一种极为有效的贸易保护手段。通俗地讲,当一国产品在他国某出口产品的低价倾销下遭到损害时,便可以此为由对这种进口产品课以重税。按照世界贸易组织的有关规定,对进口产品实行反倾销制裁有三个基本条件:第一,出口方有倾销行为;第二,进口方国内企业受到损害;第三,该倾销行为与该损害之间有因果关系。欧盟反倾销法规定,凡以低于出口国市场销售价格在欧盟国家出售,以及以低于出口国生产成本价格在欧盟国家出售的第三国产品,均构成倾销行为。出口国低价亏本出售商品,以便排挤竞争对手,增加市场份额,继而以大批量生产来减少生产成本以占领市场,也构成倾销行为。反倾销是世界主要经济实体控制进口的重要手段,是世界贸易组织允许的、国际上通行的保护国内产业和幼稚工业的一种合法手段。

课程案例3-10

中美两大国的小龙虾之战

小龙虾是美国路易斯安那州很流行的一种食品,是当地人们制作馅饼和浓汤的主要配料。小龙虾养殖是当地的主要产业之一,在20世纪90年代以前每年的养殖收入可以达到3亿美元。然而,这种情况在中国小龙虾进入美国之后完全改变了。

1991年中国小龙虾首次出现在路易斯安娜,由于物美价廉很快赢得了市场。在中国小龙虾进入之前,在一年的不同季节当地龙虾的价格在每磅5~8美元之间波动,而中国小龙虾的价格只有2~3美元。由于价格上的巨大优势,中国小龙虾的进口量从1992年的35.3万磅迅速上升到1996年的550万磅。

1996年,路易斯安娜小龙虾促销和研究协会向美国联邦国际贸易委员会提出了倾销诉讼,声称中国的小龙虾生产者低价倾销小龙虾,将本地生产者挤出市场,要求对中国小龙虾征收200%~300%的进口关税。路易斯安娜州政府提供了35万美元的州政府基金支持了该项诉讼。

中国小龙虾的进口商进行了积极的应诉。他们指出,中国小龙虾的价格低廉并不是由于低于成本倾销,而是由于中国的生产成本非常低。一位进口商指出,在中国,小龙虾加工厂工人每小时的工资只有15美分。然而,美国国际贸易委员会却利用中国没有加入世界贸易组织的不利因素,以中国是一个"非市场经济国家"为由,认为中国的小龙虾不能反映正常成本。美国国际贸易委员会选择了西班牙作为评估小龙虾成本的参照国。西班牙小龙虾的价格大约是中国的两倍,与美国路易斯安娜州大体相当。据此,美国国际贸易委员认定中国小龙虾倾销成立,决定对从中国进口的小龙虾征收110%~123%的进口关税,使中国小龙虾失去了价格优势。

讨论题目:
1. 路易斯安娜州政府为什么提供35万美元的州政府基金支持该项诉讼?
2. 美国国际贸易委员会为什么不承认中国小龙虾的成本?
3. 选择西班牙作为评估小龙虾成本的参照国对中国是否公平?
4. 加入世界贸易组织对于中国企业参与国际竞争有什么重要意义?

四、政府鼓励出口的行政措施

为了扩大出口,许多国家在行政组织方面采取了各种措施。

(一)设立专门组织

这是指政府设立专门组织研究和制定出口战略,促进出口。如美国在1960年设立了"扩大出口委员会",其任务是向总统和商务部长提供有关改进鼓励出口的各项措施的建议和资料。1979年设立了总统贸易委员会,负责领导美国的对外贸易工作,其他国家也有类似机构。

(二)建立商业情报网

为加强商业情报的服务工作,许多国家都设立了官方的商业情报机构,在海外设立商情网,负责向厂商提供所需的情报。例如,英国设立出口情报服务处,装备有计算机情报收集与传递系统,情报由英国220个驻外商务机构提供,由计算机进行分析,分成5 000种商品和220个地区或国别市场情况资料,供有关出口厂商使用,以促进商品出口。中国的驻外使馆也设有商务处,负责向国内外有兴趣的厂商提供有关商业情报。

(三)组织贸易中心和贸易展览会

贸易中心是永久性的设施,负责提供陈列展览的场所、办公地点和咨询服务等。

北京的国际贸易展览中心和香港会展中心(会议展览中心)都属于这种性质的机构。

贸易展览会属于流动的展出,通常在贸易展览中心举行。

近年来,随着贸易展览规模的不断扩大和各种专业性展览的发展,贸易展览会在国际贸易中的地位和作用明显加强,引起世界各国的普遍重视。著名的国际贸易展览会包括德国法兰克福的国际家用纺织品贸易博览会、国际礼品办公用品贸易博览会、秋季国际消费品贸易展览会、意大利米兰的春季国际皮革展览会和秋季国际皮革展览会、美国拉斯维加斯冬季国际消费类电子产品展览等。每年5月在北京举行的北京高新技术国际周也属于这种性质的展览会。

(四)组织贸易代表团出访和接待来访

许多国家为了发展对外贸易,经常组织贸易代表团出访,洽谈业务,其出国的费用有时还由政府补贴。一些国家还设立专门的机构接待国外客商来访,如中国的贸促会。

五、国际商务活动的政府间协调

政府在国际商务活动中的最主要角色是通过与外国政府或国际组织的谈判或磋商为本国企业从事国内和国际商务活动创造更有利的条件。

各类国际组织是各国政府之间讨价还价的主要场所。其中,世界贸易组织(其前身为关贸总协定)是最重要的一个组织。从1947年到1993年,关贸总协定主持了8轮多边谈判。例如,1979年进行的东京回合谈判,导致美国与欧共体之间的关税下调35%,日本对美国的进口关税下调40%。在1993年结束的乌拉圭回合谈判中,各个成员同意在2005年取消各种配额限制,并将对农产品的补贴限制在一定幅度内。目前,美国正积极推动全球金融和服务业的进一步开放。

政府对国际商务活动协调的第二个方面是以国内法规或管制的方式影响本国和外国公司的经营活动。例如,1997年8月1日,波音及其北美公司与麦道公司合并。按照一般的理解,这必将导致美国民用飞机市场的垄断,不可能被美国政府批准,但出于加强与空中客车公司竞争的目的,美国政府批准了这一合并。又如,2001年美国通用电器公司原定与霍尼韦尔公司合并,欧盟认为这一合并将导致欧洲市场上的垄断,对欧盟公司不利,否决了这一合并。最有名的是美国的"赫尔姆斯—伯顿法案",该法案不仅不允许美国公司直接与古巴发生贸易往来,而且不允许美国公司同与古巴有往来的外国公司发生贸易往来。

政府对国际商务活动协调的第三个方面是以外交和行政措施直接干预国际商务活动。例如,印度尼西亚政府准备将一个价值30亿美元的项目承包给日本的NEC公司,但在接到美国总统布什的一封信后改变了主意,将该项目拆开后分别包给了NEC公司和美国电报电话公司。在中国加入世界贸易组织的过程中,美国政府要求中国政府在很多领域给予美国企业进入中国市场的权利,美国政府还不断向中国政府施加压力,要求中国政府在保护美国企业的知识产权方面采取更加有效的措施。

课程案例3-11

空中客车与波音公司的竞争

波音公司是世界上最大的航空航天公司,公司总部设在芝加哥,用户遍布全球145个国家和地区,共有雇员近164 000名,主要业务基地集中在华盛顿州的西雅图、南加州、堪萨斯州的威奇塔,以及密苏里州的圣路易斯。波音公司的历史可以追溯到20世纪初期,其历史映射出一部世界航空航天发展史。1916年,威廉·波音发起成立了太平洋飞行产品公司(Pacific Aero Products Company)。1917年5月9日,威廉·波音将公司名称更改为波音飞机公司(Boeing Airplane Company)。经过80多年的发展,波音公司不仅是全球最大的卫星、民机和军机制造商,同时也是导弹防务、人类太空飞行和运载火箭发射领域的全球市场领导者。以销售额计算,公司2002年营业额为541亿美元。

空中客车公司是世界领先的大型民用飞机制造商,公司总部位于法国图卢兹,由欧洲航空防务及航天公司和英宇航系统公司共同拥有。其产品包括12种机型,从100座单通道客机到目前全球最大民用客机——双层的A380。公司的目标是提供最能满足市场需求的飞机,同时为客户提供最高质量的服务。2002年,空中客车公司营业额约为194亿欧元,为全球正在使用的3 000多架空中客车飞机和190多家用户提供支援。空中客车公司在全球的雇员人数约为57 000人,他们来自50多个国家。空中客车公司的设计机构和工厂属于四个全资子公司:空中客车法国公司、空中客车德国公司、空中客车西班牙公司和空中客车英国公司。截止到2003年6月,空中客车公司已从180家客户获得4 600多份订单,这意味着空中客车的发货量将首次与波音持平或是超过波音。

尽管从规模上看,空中客车公司与美国波音公司相差无几,它的历史却比后者短得多。

20世纪60年代开始,西欧的飞机制造公司因规模太小无力负担发展新型喷气式客机的巨大投资而陆续退出市场。全球民用客机市场几乎完全被美国的波音、麦道和洛克希德三家公司所垄断。为打破国际大型民用飞机市场上美国飞机制造商一统天下的局面,1970年12月,法国、德国共同创建空中客车公司,后来英国与西班牙也加入其中。其创建的初衷是使欧洲飞机制造商能够与强大的美国伙伴有效竞争。

空中客车公司之所以能在这么短的时间内获得巨大的商业成功,除了经营有方之外,政府的支持在里面也起到了决定性作用。民用飞机行业是一个资本、技术都很密集的行业,入门的门槛很高,规模经济效益十分明显。在空中客车公司发展初期,由于规模比较小,空客面临着严重的成本压力。为此,欧洲经济共同体以及以后的欧盟向空客提供了大量补贴。不仅如此,欧洲经济共同体各国政府还利用外交手段向世界各国政府施加压力,迫使它们在订购飞机时选择空客的产品。例如,印度曾大批订购美国波音公司的飞机,空客得知这一消息后,通过欧洲经济共同体各国政府向印度政府进行斡旋,最终使印度政府订购了一部分空客飞机。

对此,美国政府也是如法炮制。1994年1月,法国前总理巴拉迪尔亲自前往沙特阿拉伯首都利雅德,参加业已商定的价值60亿美元的供货协议签字仪式,其中包括一批军火和空中客车飞机的供货合同。但是,最终他却两手空空而归。原因在于美国政府得知消息后向沙特政府施加了巨大压力。最终,沙特政府在美国政府的压力下不得不取消了向欧洲空中客车公司订购飞机的合同,并转而与波音公司签署了订购客机协议。

即使现在空中客车公司已经在民用飞机业务方面与波音公司并驾齐驱,政府的支持仍是十分重要的。2003年5月21日,全新的空中客车A380主要部件装备厂房在德国正式投入运营,德国总理施罗德和政府、议会及航空界众多人士出席了庆祝仪式。空中客车公司总裁兼首席执行官诺尔·弗加德主持仪式。目前,A380是空中客车最先进的飞机家族中最大的飞机,已经收到了来自10家公司的103架确认和承诺订单。A380可载客555人,航程14 800公里。无疑,新的一轮竞争又开始了。

讨论题目:
1. 民用飞机市场属于自由竞争还是高度垄断的市场?
2. 法国、德国、英国与西班牙政府为什么要联合建立空中客车公司?
3. 如果欧洲经济共同体各国政府不提供支持,空中客车公司现在会怎么样?

第四节 国际商务的技术环境

一、技术环境对商务活动的一般影响

科学技术环境的发展对于社会的进步、经济的增长和人类社会生活方式的变革都起着巨大的作用。现代科学技术是社会生产力中最活跃的和决定性因素,它作为重要的商务环境因素,不仅直接影响企业内部的生产和经营,而且还同时与其他环境因素相互依赖、相互作用,共同影响企业的商务活动。

科技发展对经济活动的影响主要表现在以下几个方面:

第一,技术的发展直接影响企业的经济活动。科学技术既为商务活动提供了科学理论和方法,又为商务活动提供了物质手段。

第二,科学技术的发展和应用影响企业的经营决策。商务人员在进行决策时,必须考虑科技环境带来的影响。

第三,科学技术的发明和应用可以造就一些新的行业、新的市场,同时又使一些旧的行业与市场走向衰落。例如,太阳能、核能技术的发明应用,使得传统的水利和火力发电受到冲击。太阳能、核能行业的兴起必然给掌握这些技术的企业带来新的机会,又给水力、火力发电行业带来较大的威胁。再如,晶体管取代电子管,后又被集成电路所取代;复印机工业打击复写纸工业;电视业打击电影业;化纤工业对传统棉纺业造成冲击;等等。

第四,科学技术的发展,使得产品更新换代速度加快,产品市场寿命缩短。如,1946 年人类研制出第一台计算机,到现在已经更新到第四代,速度提高上万倍,同时价格却下降上千倍,特别是微机中核心芯片 CPU 基本上每隔 18 个月就更新一次,使得同类微机产品从 20 世纪 80 年代初的 8088 芯片发展到现在的奔腾四代(P4)芯片,中间升级换代 8 次。

第五,科学技术的进步,将会使人们的生活方式、消费模式和消费需求的结构发生深刻的变化。例如在美国,由于汽车工业的迅速发展,使美国成了一个"装在车轮上的国家",现代美国人的生活方式,无时无刻不依赖于汽车。再如,电子计算技术的发展使人们改变了传统的笔算和拨算盘珠的做法,甚至在日常生活中也逐渐离不开电子计算机和微型计算器。这些生活方式的变革,如果能被企业深刻认识到,主动采取与之相适应的营销策略,就能获得成功。

第六,科学技术的发展为提高营销效率提供了更新更好的物质条件。例如,利用高级电子计算机对消费者及其需求的资料进行模拟计算、分析和预测,就能及时、准确地为企业提供相关资料,以作为企业营销活动的客观依据。

二、技术环境与国际商务模式

(一)技术进步与国际商务活动的产生

一个国家的经济发展水平取决于两个方面,一是科学技术发展水平,二是经济活动的组织形式。

在前资本主义社会,由于技术手段的限制,国际商务活动主要表现为国际贸易活动。受技术手段的限制,即使这种国际贸易活动也是局限在个别商品和个别地区内,很难成为影响一个国家社会经济活动的主要力量。

现代意义上的国际贸易活动是在资本主义生产方式建立以后发展起来的,其根本原因就在于机器大工业所带来的巨大生产力使得一国某一产品的生产量可以大大超过本国市场的需求,为了给本国剩余产品寻找出路,必然会寻找国际市场。同时,交通运输、通信技术的发展也为商品的国际流动创造了可能。

此后,随着技术条件的进一步发展,其他的国际商务活动,如国际技术引进、国际劳务合作、国际工程承包、特许经营、国际投资、跨国经营才逐步发展起来。

（二）技术进步与国际商务活动的成本

在现代经济中，技术进步的影响直接反映在从事国际商务活动的成本。

在信息技术（IT）领域，摩尔定律（Moore's Law）预言每18个月微处理器的功能提高一倍而价格下降一半。由于微处理器的发展，使得高功率、低成本的计算得以实现，大大提高了企业、个人处理信息的能力，同时也推动了自动化技术的发展。特别是，微处理器构成了许多现代电信技术发展的基础。没有微处理器，全球卫星通信、光纤通信和互联网技术就很难进入人们的生活。由于电信技术的发展，全球通信成本正以过去人们难以想象的速度下降。

对于国际商务活动而言，有两种成本是至关重要的，一是信息沟通成本，二是运输成本。在国际商务活动中，人员和设施分布在不同的国家，无论是信息的传递还是人员、设施的协调都依赖大量的信息沟通，因此迅捷、低成本的信息沟通活动就成为国际商务活动大规模展开的首要前提条件，信息技术的飞速发展刚好满足了这个条件，IT技术的发展大大降低了信息处理和全球管理的成本。同样，国际商务活动必然涉及大量的人员和物资的国际流动，如果运输成本过高，就会降低企业的竞争力。运输成本的降低，一方面是得益于现代先进的运输方式的发展，同时也得益于信息技术的发展。信息技术的发展大大提高了处理货物的效率，减少了迂回运输、重复装卸和货物损坏。

互联网和运输技术的发展

互联网的发展是20世纪90年代以来最重要的事件之一。1990年全球互联网的使用者不到100万，到2003年这一数字已经超过了4亿。每天，数以亿计的个人电脑用户通过几千万台电脑主机与互联网联结起来。互联网不仅成为人们之间交流信息的渠道，也成为企业进行促销和销售的重要场所，如美国最大的电脑制造商戴尔公司就通过互联网接受消费者的订单，网络设备供应商思科公司也是如此。电子商务已经成为发展速度最快的商务形式，它使得越来越多的中小企业进入国际商务活动的领域。

在信息技术发展的同时，人类的运输技术也发生了一系列巨大的变化，大型商用喷气式客机、超级货轮和集装箱技术的出现大大降低了运输的时间和成本。大型商用喷气式客机的发展大大缩短了国际商务人员在世界各地从事商务活动所需要的时间，有效地把地球"缩小"为地球村。超级货轮和集装箱技术的出现不仅大大降低了国际货物运输的成本，也大大缩短了国际货物运输的时间。在集装箱技术出现以前，装卸货物是高度劳动密集型的工作，搬运转运时间长，成本高，特别是涉及不同运输工具(汽车、火车、轮船)的转运时更是耗时耗力。从20世纪70年代开始,集装箱技术的推广使得整个货船的装卸过程只需要少数码头工人几天的时间就可以完成。由于专门的集装箱货车、集装箱货车车厢、集装箱货船和集装箱装卸设备的出现,货物的转运已经变得非常容易。

(三)技术进步对全球商务环境的影响

现代科学技术的发展和传播是经济全球化的根本动因。20世纪以来,特别是第二次世界大战后,以电子计算机技术、微电子技术、信息通信技术、新材料技术、空间技术、海洋技术、现代交通运输技术等为主体的现代高技术群的出现,大大加快了各个国家、各个地区之间的信息流、物资流、资金流、技术流和人流,使相隔数千里、甚至上万里的世界瞬间变成了一个地球村,从而在很大程度上缩小了人际、组织、民族、国家间交往的时空,为加速经济全球化的进程奠定了坚实的物质技术基础,提供了可靠的信息、交通工具和手段。

在科学技术高度发展的今天,技术变革对人类社会的影响是显而易见的。科技进步不仅会带来生产领域的革命性变化,还会影响到人们的生活方式和思维模式,催生新的消费模式和时尚,导致新兴行业的形成和发展。

在当代社会,由于科学技术的飞速发展,技术变革影响着社会经济从生产、分配、交换到消费的方方面面。一方面,科技进步导致生产领域的革命性变化,不仅大大降低原有产品的成本,而且还不断发明出更多的新产品。另一方面,科技进步还对人们的生活方式和思维模式产生巨大的影响和冲击,改变着人们的消费观念和消费模式,从而导致新兴行业的形成和经营方式的改变。正如世界贸易组织前总干事雷纳托·鲁杰罗(Renato Ruggiero)所描述的那样:"电信业的发展正在制造一批全球观众,运输业的发展正在使世界演变为地球村。无论在布宜诺斯艾利斯还是北京,普通大众都在收看MTV频道,穿着李维牌牛仔裤,并在上班的路上听着索尼随身听。"

卫星通信、互联网、电子邮件、视频网络等通信技术已经将世界连结为一个整体。由于新技术和通信手段大大加快了信息的传播速度,一个国家发生股市动荡,世界各地的股市在几分钟内就都能感觉到。由于市场对政局和经济动态的反应灵敏,资本流动几乎可以在瞬息之间由流入转变为流出。

现在,企业和消费者可以非常方便地了解世界各地发生的事件,企业可以非常方便地获取有关竞争对手、原材料供应商和消费者的信息,并以很低的成本与客户进行直接的沟通,消费者也可以很方便地获取各种产品的信息。各种商务信息在全球的迅速扩散导致全球消费偏好的趋同和世界范围内的流行时尚,使得一国产品在其他国家存在巨大需求的空间,为国际商务活动打下了现实基础。

(四)技术进步对商务活动模式的影响

全球商务活动环境的变化会影响到企业的商务活动模式,特别是国际商务活动的模式。

在第二次世界大战以前,国际商务活动主要表现为国际贸易,而且国际贸易的对象主要表现为各种成品。同时,由于各国的商务环境和消费习惯存在很大差异,一个企业很难在另外一个国家展开经营活动,即使能够在国外开展经营活动,在成本上也往往不具备优势。这样,国内生产和国外消费各方是相对分割的,通过国际贸易公司将两者联系起来。由于国际经营活动的成本比较高,从事国际商务活动的主要是一些实力雄厚的大企业,小企业很难走出国门。

第二次世界大战以后,随着信息技术和运输技术的发展,从事国际商务活动的成本大幅度下降,使得企业可以考虑在全球范围内配置生产和经营资源。在这一时期,国际商务活动出现了一些明显的变化。

首先,在国际贸易的商品中中间产品的比重不断上升,这样做是为了充分利用各个国家的优势资源,降低产品的成本。

其次,投资成为国际商务活动的中心环节。由于技术条件的发展,企业可以在全球范围内配置生产和经营资源。为了保证企业经营的一体性和灵活组织经营活动,从事国际商务的企业往往采用直接投资的方式,建立起跨国公司经营体系。此时的国际贸易主要表现为跨国公司的内部贸易,此时的技术转让活动也主要发生在跨国公司内部。

再次,在国际商务管理模式上由松散型的区域模式向集中的全球模式过渡。在全球通信技术尚不够发达的时期,由于跨国公司的总部与各个区域市场之间很难进行全方位的实时沟通,因此跨国公司总部往往很难对各个区域市场进行有效的管理,在公司组织模式上往往给予国外子公司比较大的经营自主性。随着全球通信技术的日益成熟,为跨国公司实行全球统一经营和管理提供了可能。例如,美国的得克萨斯仪器公司(Texas Instruments,TI)在全球 19 个国家拥有近 50 家工厂,通过一个卫星通信系统在全球规模内协调其生产计划、成本核算、财务计划、市场营销、客户服务和人员管理。这一系统由 300 个遥控的作业输入终端、8 000 个查询终端和 140 个大型计算机组成。这一系统使 TI 的经理们能够在全世界范围内在瞬时之间彼此发送大量信息并在公司的不同工厂和业务活动之间实现紧密的协调。

又如,美国的惠普计算机公司(Hewlett–Packard,HP)利用卫星通信和信息处理技术联结其全球业务活动。该公司设有由位于不同国家的人员组成的新产品开发小组。他们通过电视会议技术每周开一次会。他们每天还通过电话、电子邮件和传真彼此交流,通信技术使 HP 能够增强其全球业务的整体性并减少新产品的开发时间。

最后,由于国际商务成本的大幅度下降,大批中小企业走上了国际化经营道路。信息技术的发展大大降低了全球化经营的研发、运输、通信、管理、销售、制造成本。例如,美国加州一家生产心脏监视器的小企业 Cardiac Science 从 1996 年开始向国际市场销售,1998 年公司海外销售额已经占到了其年销售额(120 万美元)的 85%。

Cardiac Science 公司的海外销售之所以取得了如此迅速的增长,很重要的一个原因就是由于互联网的迅速发展,使得全世界的客户很容易通过该公司的网站与之建立起业务联系。

当代技术领域的一系列变化都指向了一种新型的商务模式,即电子商务(e-commerce)。电子商务使各参与方之间以电子方式而不是以物理交换或直接物理接触的方式完成任何形式的业务交易。这里的电子方式包括电子数据交换(EDI)、电子支付手段、电子订货系统、电子邮件、传真、网络、电子公告系统条码、图像处理、智能卡等。

三、网络经济

(一)网络经济的产生环境及其特点

电子商务产生在一个以数字化、网络化和信息化为特征,以网络通信为核心的信息时代。信息技术革命正在使资本经济转变为知识经济和信息经济。电子商务作为信息时代的一种新的商务形式,对企业的商务活动运作过程和运作方式均产生了巨大影响,同时也对社会的生产和管理、政府职能、政府法规、人们的生活和工作方式带来了巨大的影响。这些影响给经济活动带来了一些前所未有的新特点,使传统的经济理论无法适应不断变化的经济生活。

1. 网络经济的产生环境。信息革命以来发生了一些新的、古典经济学无法解释的经济活动和经济现象,由于它是一种与过去不同的经济,所以有人称它为新经济。也有人从不同侧面称之为网络经济、信息经济、知识经济、数字经济、零距离经济、眼球经济等。因为电子商务与网络紧密相关,所以在讨论与电子商务有关的新的经济规律和经济环境时,主要采用网络经济这一提法。

对网络经济可从不同的层面去认识它:从经济形态层面上看,电子商务经济环境依赖的是以数字化信息网络为依托的全新的生产力,信息成为重要的生产要素,这有别于游牧经济、农业经济和工业经济;从产业发展层面上看,网络经济的主导产业是信息服务业和信息技术业,包括各种信息媒体、网上中介服务及整个 IT 产业,任何产业都将走向信息化、网络化,网络时代可能不存在独立于互联网之外的企业,因而这不是单一产业概念,而是整体经济范畴;从个人消费和企业经营管理的微观层面上看,电子商务巨大的可选择性使商品的推出更趋向于个性化和差异化,厂商将告别单项设计、规模生产、重在推销的刚性思维,而转向与消费者交互设计、小规模多样化生产、全程营销的柔性经营模式。

2. 网络经济的特点。网络经济有它自身的特点。尽管目前还缺乏一套判断和观察经济发展程度的指标体系,难以对网络经济进行定量分析,但归纳其若干特点,对网络经济进行定性描述仍然是可能的和有益的。电子商务经济环境与传统经济环境相比,有着诸多截然不同的特征。

（1）突破时空限制。信息网络可以全天候地连续动作,而且是全球化的。在空间上,互联网可进行全球信息传播,减少地理位置的障碍限制;在信息资源上,互联网体系因近乎无限的信息存储空间可以便捷地检索、迅速地传输信息,因而使不同地域的经济联系更加便利。

（2）虚拟化和数字化。由于网络的虚拟性,转移到网上去经营的经济都是虚拟经济。它与网外物理空间中的现实经济相并存、相促进。数字化的产品具有收益递增的规律,使网络经济中扩张成本接近于零,信息产品的效用递增特点导致了需求持续增长。

（3）自动化和智能化。自动化使生产率大幅度提高,出现了创造价值、协调分工的新形式、新产品和新市场。经济的发展不再是靠体力而是靠知识和信息;财富被重新定义为所拥有信息、知识和智力的多少;智能工具将日益占社会的主导地位;传统产品中知识的含量不断增加。生产、交换和分配等各种经济活动日益智能化了。

（4）快速高效。现代信息网络可用光纤传输信息,使网络经济以接近于实时地收集数据、处理和应用大量的信息。网络的发展使得各经济主体里最高决策者与最基层执行者之间建立起直接的联系,管理层次减少,中间管理机构和组织没有存在的必要性。生产者和消费者的界限也越来越模糊,他们可以直接沟通,互相掌握对方的信息。可以说,网络经济使中介弱化,社会交易成本不断降低,经济效益不断提高。

（5）开放共享。网络经济由于建立在现代通信、电子计算机、信息资源、生产交换及消费等各自网络化及相互渗透交织而形成的综合性全球信息网络的基础之上,从而形成了经济活动在全球范围内相互联动、资源共享的态势。随着世界各国互联网络和各种内部网络的发展,经济的各个领域的相互依存和交流增加,各种经贸往来甚至日常交往离不开网络,而且都是交互的而非单向的、是开放自由的而非孤立封闭的。

（6）竞争与合作密不可分。信息网络使企业之间的竞争与合作范围扩大了,也使竞争与合作之间的转化速度加快。世界已进入大竞争时代,在竞争中有合作,合作也是为了竞争,在竞争合作或合作竞争中,企业的活力增强了,企业的应变能力提高了,否则就会被迅速淘汰出局。企业可持续的竞争优势,主要不再依靠天赋自然资源或可供利用的资金,而更多地仰仗信息和知识。人们在竞争中把精力集中在自己的核心业务上,这就使与商业伙伴的合作变得越来越重要。在以因特网为基础的创造价值的过程中,合作、结盟和灵活的网上联系越来越成为一个重要的组成部分。

（7）与顾客的关系更加重要。对企业来说,直接或者单独同顾客交往显得越来越重要,采取有利于单独同顾客建立联系,推销产品的一些手段是必要的。因特网可以在这方面提供帮助,通过有目的地增加对产品和服务的介绍,从而与顾客建立起新的关系。由于增加了市场的透明度,相互之间的联系更加方便,所以因特网经济使顾客有了新的权利。

(二)网络经济发展趋势

1. 全球贸易供求链结构逐渐形成。全球贸易供求链正从地缘时代"区域性划割"的分工式结构朝着网络时代"全球化枢纽"的互动式结构演化。传统地缘时代的产、供、销、服务分离,价值链严重破坏。而在网络条件下,全球行业性发展正出现一场巨大的变迁,即由传统的以国家为基准的产供销体系,转化为以行业全球采购巨头们所形成的纵向买方市场和跨行业区域服务与制造商所形成的横向卖方市场组成的东西方共享模式发展。无论是中国的制造厂商,还是美国的零售巨头,无论是香港的支持服务商,还是欧洲的渠道销售商,都将在统一的枢纽互动下进行跨地缘的商务。

在这个过程中,全球资源正经历一场新的"圈地运动",以行业巨头联手所组成的采购方超国界联盟体所形成的本行业纵向交易市场和以区域性服务商整合而形成的一条龙超行业服务"枢纽"所构成的矩阵式格局正在重新瓜分世界。

2. 重建全球交流标准化平台。全球交流平台的标准化正在发生三代演化:即以20年前PC机为主体、以美国公司为主角的第一代操作系统的全球标准化(DOS/Wintel)和10年前以企业为主体、以美欧公司为主角的第二代操作系统的全球标准化(ERP/EDI),到今天以行业为主体,以亚、美、欧为联合主角的第三代操作系统的全球标准化(I-OPS)。供应商、服务商、购买商甚至竞争对手将为了共同经济利益、战略意义被迫而又主动地走到一个共同的全球化互动商务体系中。

3. 网络经济与实体经济相融合。全球电子商务在很短的时间迅速完成了虚拟的B2B(企业对企业)到重回现实的B2B(Back to Basics)。这中间经历了三代B2B的演化,即第一代以交易前的信息服务为主要特征的门户、网店模型;第二代以增加交易中的讨价还价为主要特征的交易场模型,及第三代以增加交易后的售后一条龙服务为主要特征的"枢纽"模型。全球流通领域正发生一场将货物流、信息流、资金流、服务流等复合在一起并在国际、省际、城市间叠加互动的全新结构。

专题二　国际商务项目流程

从事国际商务项目要经过哪些业务程序？应该注意哪些问题？这些问题都是本专题所要回答的内容。国际商务项目流程主要包括国际商务交易对象的寻找和评估。通过本专题的学习，你将对国际商务活动项目流程有一个较为全面的了解，对开展国际商务活动过程所遇到的各种问题做出初步的分析与评价，并做出选择。

第四章

国际商务交易对象的寻找和评估

交易对象的寻找和评估是国际商务活动的第一个步骤。在开展国际商务活动过程中,交易对象或合作伙伴的选择对国际商务活动的成败起着决定性的作用。

第一节 寻找国际商务交易对象

国际商务人员必须先确定自己的潜在客户,然后再开展商务工作。接洽交易对象是商务活动的一项基本内容。

在具体的业务活动中,我们经常把客户区分为客户和准客户。客户是指已经与本企业建立商务关系的个人或组织。准客户是指尚未与本企业建立商务关系但具备建立商务关系潜力的个人或组织。

所谓寻找国际商务交易对象,是指国际商务人员主动找出潜在交易对象即准客户的过程。寻找客户实际上包含了这样两层含义:一是根据业务活动的特点,提出有可能成为潜在客户的基本条件,通过基本条件确定客户群体的范围、类型及重点区域;二是根据潜在客户的基本条件,通过各种线索和渠道,来寻找符合这些基本条件的合格客户。

一、寻找客户的重要性

(一)寻找客户是保持业务发展的需要

对企业来说,市场是由众多的客户所组成的。客户多,潜在的交易机会就多,企业的经营业绩就好。若要维持和提高经营业绩,使自己的经营业绩不断增长,国际商务人员必须不断地、更多地发掘新客户。努力寻找准客户,使客户数量不断地增加,是国际商务人员提高经营业绩的有效保证。

(二)寻找客户是国际商务人员保持应有的客户规模和业务稳定的重要保证

由于市场竞争、需求变化和新产品的不断出现,企业产品结构经常发生改变,与此对应,企业的经营方式和经营思路也经常发生改变,在这种情况下大多数企业都不可能永远保持住所有的老客户。因此,国际商务人员需要不断寻找新的客户,开拓新客户作为补充。

二、寻找交易对象的主要途径

建立国外客户关系,寻找交易对象一般可通过以下渠道:

(一)公开出版物

企业可以通过查阅国内外出版的企业名录、产业公会名录、机关团体会员名录、各地区分类电话簿、国际或国内大型经贸会议会员名录、报纸杂志的广告,以函电或发送资料的方式,主动与国外客户建立联系。特别要注意的是,各国的经贸类报刊经常刊登求购或销售信息,有的专业经贸报刊甚至拿出多个版面刊登供需信息。

比较常见的一种企业名录称为"黄页"(yellow pages)。"黄页"是工商企业电话号码簿,以刊登企业名称、地址、电话号码为主体内容。最早的工商企业电话号码簿印在黄色的纸上,故称黄页,现在流行的企业名录、工商指南、消费指南等,也可算是黄页的表现形式,黄页可以以印刷品、光盘、互联网等多种形式向公众发布及出版。1880年世界上第一本黄页电话号簿在美国问世,至今已有100多年的历史。当时的电话号簿也跟现在的出版物一样都是用白纸印刷的,由于一次印刷厂库存白色纸张不够等原因,临时用黄色纸张代替,没想到印出来的效果比白色纸张的效果要好,于是以后都用黄色纸张印刷,别的印刷厂见后也纷纷效仿用黄色纸张印电话号簿,慢慢就形成了一个惯例,从此全世界的号簿都叫做"黄页",也成了电话号簿的一个专用名词。目前我们常说的黄页就是指电话号码簿,目前几乎世界每一个城市都有这种以纸张为载体的电话号码本(黄页)。

通过"黄页"寻找潜在客户有很多优点。首先,黄页是国际通用的按企业性质和产品类别编排的工商电话号码簿,"黄页"已将各类公司按行业进行了基本的分类,这就使我们在寻找目标客户时缩小了范围,目的性更强。另外,"黄页"除了提供有关公司的名称,往往还提供该公司的具体地址,这一点,为我们制订推广计划、划定各个销售区域(territory)都会很有帮助。

"黄页"作为一个寻找潜在客户的查询工具,不足之处是它对各个公司除了提供电话和地址之外,就没有什么其他的详细而具体的信息了。

利用公开出版物寻找交易伙伴的优点是门槛低、费用少,缺点是针对性不强、成功率不高,主要适用于国际商务经验不多、渠道不广的中小企业,特别是初涉国际商务活动的企业。

(二)请国外银行介绍客户

银行与很多企业存在长期的密切合作关系,对这些企业的情况非常熟悉,可以为上门咨询的企业提供商业咨询服务。

由于银行自身不从事进出口活动,对各个企业具体的业务活动不可能非常了解,而且商业咨询方面的服务在银行业务中也不属于核心的业务范围,因此这种渠道通常只适合于一些较大的企业,中小企业很难采用。在国际商务活动中,银行主要的作用是提供资信服务和结算服务。

(三)请国内外的商会组织、行业组织、贸易促进机构或友好协会介绍关系

各个国家的商会组织属于传统的贸易中介组织,掌握本国企业的大量资料,在促进国内外企业之间的经贸联系方面发挥着重要作用。很多国家还有按照行业组织的行业商会和专门的进出口商会组织,例如纺织品商会和纺织品出口商会,这类商会组织能够为潜在的客户提供非常专业、及时的商业咨询服务。有些国家还存在专门针对某一国家业务的商会组织,如美国的美中商会、英国从事对华贸易的 48 家集团(Forty-eight Group)。

各国的行业组织最早主要是从事规范行业经营行为的组织。近年来随着国际贸易活动的加强、国际竞争的加剧和各国市场的开放,很多行业组织开始在国内外从事专门的业务推广活动,甚至在世界各地设立专门的推广机构,通过它们可以很方便地与国外的企业建立联系。

各国的贸易促进机构多为政府的附设机构或具有官方背景的民间机构,为国内外企业介绍商业机会和合作伙伴是它们的一项重要工作,如我国的中国贸促会(中国国际商会)就是国内重要的贸易促进机构。

各国的对外友好协会也可以为国内外企业的商务活动牵线搭桥,但作用不如专门的贸易促进机构。

这种形式的优点是针对性比较强,成功率高,不足之处是费用偏高,有时不适合中小企业。

(四)请我驻外使馆商务处或外国驻华使馆介绍合作对象

一般来说,各国驻外使馆都设有经济商务参赞处,它们对本国企业和驻在地主要厂商的经营范围、能力和资信较为熟悉了解,在两国企业之间起着牵线搭桥的作用。

为加强商业情报的服务工作,许多国家都设立了官方的商业情报机构,在海外设立商情网,负责向厂商提供所需的情报。例如,英国政府设立了出口情报服务处,装备有计算机情报收集与传递系统,情报由英国 220 个驻外商务机构提供,由计算机进行分析,分成 5 000 种商品和 220 个地区或国别市场情况资料,供有关出口厂商使用,以促进商品出口。中国的驻外使馆也设有经济商务参赞处,负责向国内外有兴趣的厂商提供有关商业情报。

驻外使馆通常只能提供有限的市场背景、贸易机会方面的信息,通常没有精力参与具体的业务活动,通过这种方式寻找外国客户主要适合于国际商务经验不多或国

际业务量不大的企业。

这种形式的优点是门槛低,费用低(甚至免费),缺点是针对性不强。

（五）通过参加国内外展览会、交易会建立关系

早期展览会的职能主要是展示各国和各个企业的经济成就,并不是商业洽谈的场所,近年来随着各类展览活动越来越多,内容越来越专业,展览会已经成为接触国外客户、洽谈交易的重要形式。交易会多为出口交易会,是定期或不定期举办的以交易磋商为目的的集中交易活动。

国际国内每年都有不少交易会,如广交会、高交会、中小企业博览会等。充分利用交易会寻找准顾客,与准顾客联络感情、沟通了解,是一种很好的获得准顾客的方法。参加展览会往往会让销售人员在短时间内接触到大量的潜在客户,而且可以获得相关的关键信息,对于重点意向的客户也可以作重点说明,约好拜访的时间。例如,假如想获得在印刷机械行业的潜在客户,你可以参加国际印刷机械展,你将在那里遇到中国乃至世界上最著名的印刷机械制造商,你能接触到这个行业最有价值的那部分潜在客户。经常去参观某个行业的展览会,你甚至会发现每次你都看到那些准顾客,这对以后向客户推销是非常有利的。

例如,著名的中国出口商品交易会,又称广交会,创办于1957年春季,每年春秋两季在广州举办,以出口为主。2007年,为适应业务的变化,从第101届广交会开始更名为中国进出口商品交易会。第101届广交会于2007年4月15日至4月30日在广交会琶洲展馆和流花路展馆同时分两期举行。参加进口展的有来自36个国家和地区的314家企业,分工业和消费品两大类,设机械设备、小型车辆及配件、电子信息及家电、五金工具、建材及厨卫设备、日用消费品、装饰品及礼品、珠宝首饰、食品及农产品9个产品区。广交会专门邀请了国内专业采购商不少于6 000人到会。

这类活动的优点是能和客户直接见面,联系的范围广,成功率高,有利于建立长期稳定的合作关系,有利于快速打开某一区域市场,而且有利于准确把握国际市场动向。缺点是费用比其他形式要高一些,而且受展会的时间、地点限制。

（六）利用国内外的专业咨询公司介绍客户

国内外都有许多专业的投资或贸易咨询公司接受委托代办介绍客户,它们的业务关系中有许多具有一定影响、专业经验和能力的各种类型的客户,请它们介绍客户,一般效果较好。另外,有些外贸代理公司的作用与专业咨询公司也比较相近。

请专业咨询公司介绍客户的好处是节省时间和人力、成功率高,不足之处是咨询费或代理费用较高,有时还找不到合适的咨询公司。

（七）办理小型展示会或产品发表会

对出口商而言,可以在国外大饭店、会馆及其他公共场所办理展示会,这种办法经常被各种商务协会利用,协助国内厂商到国外拓展外销市场。

这种方式费用高，影响面比较小，只能在小范围内有针对性地展开。

(八)利用国际商务商情网络和搜索引擎搜集商情信息

随着互联网和电子商务的发展，出现了越来越多的网络信息发布和交易平台，这些平台成为企业特别是中小企业进行国际商务活动的重要途径。越来越多的企业利用互联网进行商务宣传，即在互联网上发布图片和供求信息，并定时更新内容。这些贸易网站可以在网络上搜索，也可以到 ALEXA 网站(http://www.alexa.com/)或其中文网站(http://alexa.chinaz.com/)上按排名查询。

例如，著名的世贸中心商情网络。世贸中心商情网络(WTC Network)系世界贸易中心协会(World Trade Center Association，简称 WTCA)为了便利全球各世贸中心的商情传递，促进国际贸易发展，于1985年启用的计算机通信网络。该网络具有分类广告设计、发布交易机会、查询各地商情、传递多种信息等功能。自从1970年 WTCA 在纽约世界贸易中心成立以来，该协会的成员已经包括全球100多个国家和地区，有330多个会员城市，在全世界建立了300多个世贸中心，利用网络提供各类供求信息，把一些中小企业的需求及时发往国际市场，为会员创造商机。中国也已经有19个城市加入了 WTCA。

再如，中国商务部的《世界买家网》，该网由中华人民共和国商务部主办，是中国政府国家公共商务信息服务指导委员会组织实施的一个核心商务信息服务项目。项目的宗旨是通过提供大量的世界进口商信息，为国内企业特别是中小企业拓展国际市场提供帮助，促进出口的增长。其特点是政府支持，免费使用，信息权威、及时、有效、方便。世界进口商名录数据库是《世界买家网》的核心项目，内容包括210个国家及地区的57万多家进口商的基本数据(公司名称、地址、电话、进口商品)和辅助数据(负责人及职务、联系人及职务、成立时间、职员人数、进口额、传真、进口国家或地区、公司类型、资本额、因特网域名、电子邮件、银行、公司特点、对华贸易、驻华机构、更新时间等)，鉴于名录类数据的动态特点，为反映进口商的最新信息，进口商数据每12个月更新一次。该网站提供22类产品的商情信息查询。

此外，中国驻各国商务参赞网站，各国行业网站，政府商务网站都有大量的免费的客户信息、求购信息、公司分类等实用信息供使用者查询。

除了专业的贸易网站，国际商务人员还可以利用 Google(谷歌)、Baidu(百度)、Sohu(搜狐)、YAHOO(雅虎)等搜索引擎进行关键词搜索，获取商务信息。例如，从事汽车配件销售业务，可以利用 CAR MANUFACTURER、CAR PART BUYER、BUY CAR PART、CAR ACCESSSORIES BUYER 、NEED CAR PART、DEMAND CAR PART 等关键词搜索的方式找到各种买家信息。

通过互联网，推销人员可以获得以下信息：准客户的基本联系方式；准客户公司的介绍，可以了解公司目前的规模和实力；准客户公司的产品，可以了解产品的技术参数、应用的技术等；一些行业的专业网站会提供在该行业的企业名录。提供信息服务的公司一般会按照区域对市场信息进行划分,也会提供一些比较详细的信息,例如慧聪国际、阿里巴巴这些网站往往会由于进行行业的分析研究而提供比较多的信息。

利用网络搜集信息的优点是费用低廉、简便易行、时效性高,主要缺点是针对性不够强。但由于其极端优越的性价比,正为越来越多的企业所采用。

第二节 交易对象的考察和评估

一、资信调查的必要性

企业资信是企业履行各种经济承诺的能力及可信度,它是企业的基础素质、财务状况、资产质量、经营状况、社会信誉、发展潜力等各方面综合素质的集中体现。企业的资信情况,包括企业的资产和信用这两个方面。资产是指企业的财产、债务情况,信用是指企业的经营作风、履约信誉等。

资信调查(credit investigation),即通过信息收集,对目标企业的资质和信用情况进行调查,是任何企业进行商务活动时不容缺少的一个环节,从事国际商务活动尤其如此。

正确选择交易对象,对于国际商务企业发展业务、扩大出口有很大关系。为了使交易建立在可靠的基础上,企业必须在贯彻国家外交政策和外贸政策的前提下,根据业务需要认真、谨慎地选择国外客户,并对客户的有关情况展开细致调查。

商业资信调查有助于企业防范商业风险,这是因为,任何一个企业都必须与外界发生联系,努力发展自己的客户。这些客户是企业利益实现的载体,也是企业最大的风险所在。随着市场竞争的日益激烈,最大限度地确定对客户的信用政策,成为企业竞争的有效手段之一。实践证明,预先做好调查工作,很多交易风险带来的损失是完全可以避免的。例如,在对外贸易业务中,要在对客户信用状况的科学评估分析基础上,根据客户的资信情况确定合理的支付方式、信用条件(信用形式、期限金额等);在D/P、D/A 及寄售条件的交易中,根据资信评估确定赊账的限额与现存契约限额,才能达到既从客户的交易中获取最大收益,又将客户信用风险控制在最低限度的目的。

二、对客户资信调查的内容和范围

通过对被调查企业的组织机构情况、政治背景、资产情况、经营能力、经营范围、商业经营历史及信用记录等进行调查,可以客观准确地了解被调查企业的信用状况,使授信人在提供贷款、信用销售或投资等时准确把握对方的信用情况,从而控制交易风险和确定授信额度,降低交易成本,达到有效规避商业风险的目的。

(一)国外企业的组织机构背景

这包括外部背景和内部背景。外部背景指客户在各种社会、政治、经济组织中的地位。内部背景指企业的性质、创建历史、内部组织机构、主要负责人及担任的职务、分支机构等。调查中,应弄清厂商企业的中英文名称、详细地址,防止出现差错。除了了解组织机构本身的背景,还必须了解主要股东公司或个人在其他组织机构的信用历史。

(二)政治背景

政治背景主要指企业负责人的政治背景,与政界的关系以及对我国的政治态度等。

(三)资产状况

资产状况包括企业的注册资本、资产(动产及不动产)以及负债情况等。这是客户资信调查的主要内容,特别是对中间商更应重视。例如,有的客户愿和我们洽谈上亿美元的投资项目,但经调查其注册资本只有几十万美元,对这样的客户,我们就该打个问号。

(四)经营能力

经营能力包括每年的营业额、销售渠道、经营方式、经营作风、支付能力、在当地和国际市场上的贸易关系以及业内声誉等。此外,对客户资信进行调查后,应建立档案卡备查,分类建立客户档案。总之,要善于利用不同类型客户的长处,为我服务。

(五)经营范围

经营范围主要是指企业生产或经营的商品、经营的性质,是代理商、生产商,还是零售商、批发商等。

(六)商业经营历史及信用记录

这包括公司历史、公司总览、营运概况、经营作风、经营技能和经验、业务往来关系、财务状况、付款习惯、法院记录等情况。

三、考察交易对象的主要途径

了解国外客户的途径很多,可以通过我国驻外机构、有关国家的银行、商会和咨询公司加以了解,或通过举办交易会、展览会、技术交流会、学术研讨会主动接触客户并进行了解。对客户有所了解后,要选择那些对我们态度友好、信用好、资金比较雄厚,具有一定经营能力且经营范围符合我们需要的客户作为交易对象。此外,在选择客户时,既要注意巩固与老客户的关系,又要积极物色新客户,以便在国际市场上形成一个广泛、稳定的客户群。

(一)通过国内往来银行,向对方的往来银行调查

通过银行调查,是一种常见的资信调查方法。按国际惯例,调查客户的情况属于银行的业务范围。这种调查通常是拟好文稿,附上调查对象的资料,寄给往来银行的资信部。向银行查询客户资信,一般不收费或少量收费。在我国,由于历史关系,成

立于1935年的中国银行一直在对外业务中扮演着主要角色。近年来,随着中国银行业的改革,中国工商银行、中国建设银行等银行也建立了一些国外分行、分公司或与一些外国银行建立了业务合作关系。上述银行都有资格开展对外资信调查工作。

(二)通过对方往来银行调查

一些外国银行可以对外提供银行客户的资信材料。在这种情况下,可以直接向对方的往来银行调查,即直接将文稿和调查对象的资料寄给对方的往来银行。这种调查可用简洁文句,如"如你方告知对方的财务状况和商业经营情况,我方将履行保密义务"(We should be obliged if you would inform us , in confidence , of their financial standing and modes of business)。

(三)通过对方的业务伙伴调查

这种方法具体分成两种情况,一种是我方了解或知晓对方的业务伙伴的情况下,由我方自己向其业务伙伴发出资信调查函;另一种是我方不了解或不知晓对方的业务伙伴的情况下,由我方要求对方提供业务伙伴的名称和联系方式,再由我方向其业务伙伴发出资信调查函。后者在国际商务活动特别是国际贸易活动中十分普遍,适用于初次开展业务合作的企业之间。

(四)通过国外的工商团体进行调查

国外的商会、同业公会、贸易协会等,一般都接受委托国外厂商调查所在地企业情况。通过这种渠道得来的资信,要区别对待。一般发达国家的商业团体运作比较规范,所提供的信息也比较可靠。而发展中国家的商业团体常常良莠不齐,其提供的资料要经过认真分析,方能采用。

(五)通过国外的咨询机构调查

国外有名的资信机构,不仅组织庞大、效率高,而且调查报告详细且准确。其调查报告均以代码编类各类等级,如按照估计的财力与综合信用将评价分为 High,Good,Fair,Limited 四个等级。

(六)通过国内的咨询机构调查

我国的资信调查受制于司法环境等方面的原因尚处于起步阶段,对外商务资信调查尤其如此。

现在国内比较权威的对外商务咨询机构不多,这里只介绍一下 SinoRating。SinoRating 即中国出口信用保险公司(简称"中国信保")资信评估中心,是面向国内外客户提供资信产品及信用与风险管理解决方案的专业资信机构。自2002年成立以来,中国信保凭借独特的核心竞争力,为客户提供各类专业资信调查报告、行业分析报告、信用评级与风险管理咨询服务,满足各类企业对投资、经营和管理中风险进行防范的需要。中国信保已经成长为中国最具权威性和专业性的资信产品及信用与风险管理方案的提供者之一。作为一家官方背景的对外资信调查机构,中国信保具有普通民间企业所不具有的特殊资源,表现在:中国信保以其独特的政策性背景以及在信用与风险领域积累的丰富经验为自身赋予了浓厚的风险意识、资源优势与政策支持;规模强大的数据库资源,涵盖超过600万家国内企业信息及60万家海外企业资信信息的全球企业数据库,包括美国海关信息、船舶信息、破产信息等;沉淀了中国信保信用保险业务形成的数据,并将随着中国信保业务的发展而日益扩大;完善的信息渠道,包括国家工商总局、统计局、法院、金融机构、外汇管理局、行业协会在内的国内信息渠道,以及85个境内外战略合作伙伴组成的全球信息渠道,覆盖200多个国家和地区;高素质的专业队伍,中国信保不仅拥有一支知识丰富、经验充足的信用与风险管理队伍,同时能够即时获得数百位资深信用保险专家的智力支持。

(七) 通过我驻外机构进行调查

我国驻外使馆都设有经济商务参赞处,它们对驻在地主要厂商的经营范围、能力和资信较为熟悉和了解,可以提供一些基本信息。

此外,我国还存在大量的官方、半官方机构,如贸促会、对外投资中心等,也可以提供对外资信调查服务。

(八) 通过实际业务活动进行调查

实际业务活动中对客户进行考察所得的材料,一般比较具体可靠,对业务的开展有较大的参考价值。此种考察,可以自行进行,也可以委托国外的机构或个人进行。

企业在和客户进行接触的过程中,就应该学会通过自身途径从点滴的细节中获取信息。如果运用信用分析的方法对这些看似零散的信息加以分析整理,就可以转换成一种描述客户信用特性的专门手段,这将会对企业准确判断客户的信用情况提供很大的帮助。

(九) 通过一些公开出版物进行调查

外国出版的企业名录、厂商年鉴以及其他有关资料,对了解客户的经营范围和活动情况也有一定的参考价值。但通过这种渠道得来的资信,要经过认真分析,不能轻信。

所以说,利用"黄页"时就要求辅以"walk in"等其他方式的调查,才会对一家公司有一个比较全面的了解。应当特别注意的是,最好不要只凭"黄页"上公司的名称,想当然地认为有某个字眼的公司一定经营某种自己的产品。比如要推销拖鞋,如果单凭"黄页"上查到的卖鞋的批发商或连锁店就直接打电话去介绍自己的拖鞋,而不做预先了解,这样的推销往往会失败,因为国外很多的鞋类专营店都不卖日用的拖鞋。这样做,不仅浪费了自己的时间,而且也给这些客户留下一个不好的印象——感觉到你的推广不专业,会给今后向它们推广其他产品带来困难。

第五章

国际商务调研与项目评估

第一节 国际商务项目调研

一、国际商务调研的含义和重要性

所谓国际商务调研,就是系统地收集、记录和分析国际市场信息,以使企业能正确认识市场环境、评价企业自身行为,为其国际商务决策提供充分依据。与狭义的市场调查不同,它是对商务活动全过程的分析和研究。

国际经营相比国内经营往往风险大、涉及资金多,一旦决策失误,损失也更大,因此国际商务活动要求掌握的信息要更充分、更及时、更准确。同时,国际商务决策所需要的信息与国内营销所需要的信息会有差异,如选择何种方式进入国际市场,对产品设计与品牌应作怎样的修改,等等。这些决策的作出需要国际商务调研提供信息支持。

此外,国际商务调研比国内调研可能更困难、更复杂,这是因为有些信息在国内很容易得到,在国外却难以获得甚至根本不可能获得,尤其是发展中国家常常缺乏必要的、可靠的统计资料。由于统计方法、统计时间的差异以及汇率的变动,所获得的信息往往缺乏国与国之间的可比性。国际商务调研的方法也需要因国别、地区环境不同而不同,其成本当然也远远高于国内调研。如果跨国企业需要在多国市场进行同一内容的调研,则调研的组织工作会更加复杂。

二、国际商务调研的内容

国际商务调研的内容从识别市场机会和问题、制定营销决策到评估商务活动的效果,涉及企业商务活动的各个方面,主要包括国际商务宏观环境调研、国际市场产品需求调研和国际市场竞争环境调研等方面。

(一)国际商务宏观环境调研

国际商务宏观环境调研的内容包括经济环境调研、政治法律环境调研、社会文化环境调研、技术环境调研等。

1. 经济环境调研。经济环境调研的主要内容包括对外经济贸易制度调研和经济发展水平调研。

(1) 对外经济贸易制度调研。各个国家通常都对对外经济贸易活动设立专门的管理制度和方法,如货物进出口的管理制度、外国投资的管理制度、服务贸易的管理制度、外汇管理和资本流动制度等。

企业在国外从事国际商务活动,走向国外市场,首先必须了解东道国的国际贸易制度,特别是贸易壁垒。最常见的贸易壁垒是关税,即外国政府对某些规定的进口商品征收的一种税收。贸易壁垒的另一种形式是包括配额、技术标准在内的各种非关税壁垒。如果企业缺乏对东道国贸易制度的了解,在经营中就会出现问题。例如,荷兰政府禁止时速超过10英里的拖拉机的进口,这样实际上大多数美国生产的拖拉机都在被禁止进口之列。

各国政府对外国企业的管理制度则更加复杂。一方面,为了吸引更多的外国投资,各国政府通常都会对外国投资制定一些优惠政策。另一方面,为了保护国内产业特别是一些特殊产业(如农业、国防、高新技术、矿产资源)的发展,各国政府对外国投资的领域、规模、形式也会有一些特殊的规定和审查方式。

服务贸易准入历来是世界各国之间贸易争议的一个热点问题。1994年的乌拉圭回合贸易协议尽管将服务贸易纳入了全球贸易体系的管辖范围,但在2001年启动的"多哈回合"(亦称千年回合、发展回合)贸易谈判中,各国在服务贸易的准入问题上一直无法取得实质性进展,金融(银行、保险、证券)、通信、教育、医疗、影视等行业都被各国列为敏感行业,严格限制外国企业和资金的进入。

在外汇管理和资本流动制度方面,很多国家都规定了严格的外汇收支制度,并通过各种手段调节外汇收支的数量和本国货币对其他货币的汇率。在资本流动制度上,很多国家都制定了严格的国际资本流动监控和审批制度,防止国际资本的无序流动。

(2) 经济发展水平调研。经济发展水平调研的内容包括市场规模调研、经济特征调研、对外经济联系调研。

市场规模调研要同时考虑人口与收入两个方面,特别是人口结构和收入分布情况。例如,人口增长率高的国家或地区对婴儿用品、玩具的需求量大,年轻人居多的地区对时装、娱乐的消费量就大,女性集中的区域化妆品购买量会高。此外,人口的地理分布对于分销成本有着重要影响,人口密度大的地区,购买力比较集中,促销、分销等方面的努力易取得较好的效果。收入分配分布是否均匀对于市场规模有着重要的影响,许多国家存在着收入分配方面的两极分化现象,处于两极的人口,具有不同的购买力和需求,代表着不同的市场,企业的营销必须区分不同的市场,采取不同的策略。

经济特征调研的内容包括自然条件、基础设施、商业基础服务能力、城市化、宏观经济稳定性、对外经济活动基本特征等。

对外经济联系调研主要包括对外经济贸易情况、国际资本的流入和流出情况、本国货币的国际化程度和汇率稳定性、参加国际经济组织的情况等方面。

此外,可以根据各国经济的总体特征做一些概括性分类。例如,根据各国人均GDP情况,可以分为高收入国家、中等收入国家和低收入国家;根据各国经济的结构特征可以区分为自给自足经济、原料出口经济、工业化过程中经济、工业化经济等类型。

2. 政治法律环境调研。政治法律环境调研的内容主要包括一个国家的社会性质和政治体制、行政体制、政治稳定性、政治干预程度、国际关系、法律制度等方面。

国际商务的政治法律环境调研,重点是对各国的国家政局变化和各国对外投资、对外贸易政策及其他相关政策法令对商务活动的影响,这些影响因素有些源自跨国公司的母国,有些来自于东道国,还有些则是国际性双边或多边协定等,这里我们主要讨论东道国的政治法律环境。

在进行政治环境调研时特别要注意对行政体制和政治干预的评估。不同国家的行政体制存在很大差异,效率水平更是千差万别。企业在一国从事国际商务活动之前要了解其行政结构与效率、政府对经济的参与程度和政府对自身行为目标的界定等情况。东道国政府对外国企业在本国经营鼓励或是限制往往受其本身的行为目标的制约,如自我保护目标,即要求主权完整;安全目标,即要寻求生存机会,反对外来威胁;繁荣目标,旨在提高国力与公民生活水平;声誉目标,即维护和改善本国的国际形象;意识形态目标,即保护其意识形态,免受外来文化干扰。

课程案例 5-1

印度的经济体制改革

印度经济曾是典型的以国有企业和计划为主的混合经济,这种体制对私人经济部门的发展有比较大的限制,私人企业扩大规模必须经过政府的批准。在这种被称为"许可权"的体制下,私人公司的很多日常商务活动都必须等待数月经过政府批准,产品价格也是由政府而不是市场决定。此外,很多重要的工业部门如汽车、化工和钢铁只允许国有企业经营。印度企业的对外经营活动和外国公司在印度的经营活动受到印度政府的严格控制。20世纪70年代的一项法律规定,所有外国投资者都必须与印度企业合资,IBM和可口可乐担心知识产权得不到保护而退出。1994年,印度人口9.5亿,人均GDP310美元,识字率不到50%,全国只有600万部电话,世界银行估计世界40%的贫困人口生活在印度,只有2.3%的人口家庭收入超过2 484美元。

1991年,印度开始进行经济改革,电力、部分石油业、钢铁、航空、电信领域开放,外国投资在51%以下的不用批准,100%外资企业在一定条件下也被允许。最高进口关税从400%下降到65%,最高所得税从57.5%下降到1994年的46%、1997年的35%。1992~1996年间印度平均每年的经济增长率上升到5%;出口增加,外资加快流入,从1991年的1.5亿美元上升到1998年的35亿美元。但是印度的改革仍然遭到很多官僚和政治家的反对,改革进程缓慢。况且,印度当初的国有化也令很多外国公司如IBM、可口可乐、美孚态度谨慎,通常是在有特定担保的情况下才投资于印度,如弗吉尼亚的一家发电公司AES是在印度政府同意担保下才决定投资的。

讨论题目:
1. 你认为印度的经济体制存在哪些问题?
2. 你认为印度的经济体制将对在印度经营的外国企业产生什么影响?
3. 你认为在印度投资面临的风险主要有哪些?

政治干预指政府采取各种措施,迫使外国投资企业改变现有投资企业的经营性质、方式或者对外国投资企业的投资项目设置障碍的行为,其形式主要有没收、征用、国有化、本国化、外汇管制、进口限制、税收管制、价格管制、对劳动力的限制、外资准入等。政治干预会严重加大企业经营环境的不确定性。东道国政府的没收、征用和国有化是跨国经营企业所面对的最严重的政治风险。据研究表明,自1960年到1980年期间发生的所有政治事件中,49%发生在拉美国家,近30%发生在阿拉伯国家,13%发生在非洲,11%发生在东南亚国家。一般而言,最容易被没收、征用和国有化的行业是公共事业及自然资源开采和大规模农业,这是因为这些行业被认为对国家国防、主权、国民福利、经济增长等极为重要,所以不能让它们掌握在外国人手中。20世纪80年代以来,这种极端做法逐渐减少,其原因主要有:越来越多的发展中国家在发展本国经济时面临资金短缺的问题,需要外国资本的投入以支持其经济发展;同时,如若采取极端措施,接管外国资本拥有的财产,会遭到其母国及其联盟的报复;发达国家投资方向逐步转移到对东道国不具伤害性的产业;跨国公司增强了自我保护意识,如采取与当地企业、政府合作举办企业,向当地银行、第三国银行寻求贷款,聘请当地高级管理人员等措施。

政治干预不仅发生在发展中国家。近年来,随着发展中国家,特别是新兴经济体的崛起,来自发展中国家的跨国公司也开始在发达国家进行投资,但其投资行为经常遭到发达国家政府的政治干扰。

企业在开展国际商务活动时所面临的法律环境主要由三部分组成:东道国法律、国际法律、母国法律。在国际商务调研中最重要的是对东道国法律环境的调研。

课程案例 5-2

中海油收购尤尼科铩羽而归

中国海洋石油总公司(CNOOC,简称中海油)是 1982 年 2 月 15 日成立的国家石油公司。依据《中华人民共和国对外合作开采海洋石油资源条例》,负责在中国海域对外合作开采海洋石油、天然气资源。中海油注册资本 949 亿元人民币,各类合同制员工 5.1 万人,总部设在北京。中海油自成立以来一直保持了良好的发展态势,由一家单纯从事油气开采的纯上游公司,发展成为主业突出、产业链完整的综合型企业集团,形成了油气勘探开发、专业技术服务、化工化肥炼化、天然气及发电、金融服务、综合服务与新能源等六大良性互动的产业板块。近年来,随着改革重组、资本运营、海外并购、上下游一体化等战略的成功实施,企业实现了跨越式发展,综合竞争实力不断增强,逐渐树立起精干高效的国际石油公司形象。2007 年全年,公司实现合并销售收入约 1 600 亿元,合并利润总额约 565 亿元,上缴国家各种税费 350 多亿元,占利润总额的 60% 以上;合并总资产超过 3 000 亿元,净资产约 1 700 亿元。

2005 年 6 月 23 日,中海油宣布以 185 亿美元现金收购美国加利福尼亚州的尤尼科石油公司。尤尼科在亚洲和里海地区拥有丰富的石油储量,收购后,中海油将获得 12 个国家的资产和业务。消息一出,美国国内舆论一片哗然。美国国会于 2005 年 6 月 30 日决议,认定中海油的收购计划可能威胁国家安全利益,要求外国投资委员会对该计划进行全面审核。美国法律规定,在某些情况下,外国公司收购美国公司的计划须经美国外国投资委员会审核。这一程序的启动,需要有"可信的证据"证明有关收购计划是否可能威胁美国的国家安全。这一公告在业内激起振荡,并在美国引起激烈争议。2005 年 8 月 2 日,中海油认为无法克服其在媒体面前所称的"史无前例"、"令人遗憾且没有理由"的政治压力,决定撤回投标。结果,美国第二大石油公司雪佛龙(Chevron Corporation)以总值 170 亿美元的现金和股份完成对尤尼科的收购。由于对中海油审核程序的一再拖延,显然成为尤尼科董事会接受雪佛龙较低标价的决定因素。

美国政界的反应,充分反映了石油天然气行业的政治敏感性。即使这些政治上的担忧缺乏客观事实依据,也仍然是产生实际政治风险的重要因素,不容忽视。

即使中海油的收购方案中标,并获得美国政府的批准,类似这种以现金投标收购目标公司股份的收购交易中,收购方往往承担了大部分的法律风险。因为收购股份意味着收购方将全盘收购目标公司的全部资产和债务。收购方必须查明收购对象确实拥有有关资产的全部法律权利,并且不存在没有披露的风险或责任。要特别关注涉及环保法、劳动法、知识产权、经营许可等法律风险问题。

这一案例中，即便中海油的这场收购获得了美国政府的批准，也不一定会改变这场交易在美国所面临的政治上的负面情绪。这种持续的负面政治情绪可能表现为对收购后企业行为的吹毛求疵。一旦稍有不慎，就会引发过度的公众反应，致使企业蒙受重大经济损失。

讨论题目：

1. 你认为中海油收购尤尼科铩羽而归的主要原因是什么？
2. 你认为美国政府对石油天然气行业的政治敏感性是否合理？
3. 你认为中国政府和中国企业应采取什么措施降低中国企业海外并购的政治风险？

3. 社会文化环境。社会文化环境是指一个社会的民族特征、风俗习惯、语言、意识、道德观、价值观、教育水平、社会结构、家庭关系的总和。不同国家商务环境的差别，主要体现为不同国家文化背景的差异性，可以说，社会文化环境是国际商务实践中最富有挑战意义的环境要素。

4. 技术环境调研。技术环境调研的重点是国家的总体技术水平、基础设施状况（交通、能源、通信）、商业基础服务设施（金融、商业、咨询）、特定行业的技术水平和行业结构等。

（二）国际市场产品需求调研

这里讲的产品需求是对某一类特定产品的需求，不是指一个国家的总体市场规模。对国际市场产品需求的调研主要包括需求的总量、结构、发展速度和购买特征。根据产品销售对象的不同，市场上销售的产品可以分为两大类，即消费品和产业用品。

1. 消费品需求调研。消费品是指供个人消费的产品。一个国家对某种消费品的需求总量主要取决于人口规模和收入水平。人口是决定需求总量的一个基本因素，很多产品的需求都是以家庭或个人为单位的，人口决定了一个国家的长期市场潜力，国际商务管理人员在研究一国的人口状况时要同时考虑人口总量、人口结构和人口增长速度三个方面的内容。收入是决定市场需求水平的直接因素。在这方面，人均收入指标要比总收入水平更加重要，人均收入往往代表着一国最大规模消费者群体的收入水平。不过，由于大多数国家的收入分配不是很平均，因此在分析收入状况时，还应该分析不同收入群体的规模。例如，2000年印度的人均收入虽然不到500美元，但由于存在严重的收入分化，其中10%的人口，即大约1亿人口属于中产阶级，具有比较强的购买力。

在确定了需求总量之后，需求调研的下一步工作就是确定需求的结构。不同的消费者对同类产品的需求存在很大差异，这种差异体现在需求的花色品种、价格、购买渠道、购买时间、购买数量、支付方式等多个方面。从事国际商务的企业必须根据上述差异将潜在的消费者区分为若干消费者群体，分析其需求特征，结合自身的能力和目标选择合适的目标顾客群体。

比起从事国内商务的企业,研究需求的发展速度对于从事国际商务的企业尤其重要。这是因为,由于对东道国经营环境不够熟悉,缺乏稳定高效的合作伙伴,同时消费者也需要一段时间才能够接受一个外国企业及其产品,从事国际商务活动的企业通常需要较长时间才能收回投资并取得利润。如果市场发展速度比较快,就可以大大缩短收回投资的时间,降低投资的风险。此外,市场发展速度快在一定程度上可以降低市场竞争的压力,这对于刚刚进入市场的外国企业也是非常有利的。

研究消费者的购买特征是市场需求调研的另一项重要内容。不同国家的消费者在消费偏好、使用用途、使用环境和消费习惯等方面存在很大差异。就消费品市场而言,一般来说,经济较发达的国家偏重于强调产品款式、性能及特色,而经济发展水平较低的国家,则侧重于产品的功能与实用性。特别要注意的是,对同一类产品的需求,各个国家在使用环境和消费习惯等方面可能存在很大的差异,这种差异对消费者的选择有着非常直接的影响。例如,中国一些知名家电企业生产的产品在国内拥有物美价廉、质量可靠的良好声誉,在销售中明显处于优势地位。但是中国的家电产品在经济落后、购买力非常低的非洲国家销路并不很好,在那里处于领先地位的是欧美和日韩的产品。中国家电企业之所以无法在非洲取得像国内一样的优势,原因在于非洲的使用环境与中国差别很大。首先,非洲国家的供电情况非常差,电压不稳,经常停电,使得在国内表现良好的中国产品的使用寿命大大降低,明显低于发达国家的产品;其次,很多非洲国家在某些季节天气湿热,导致产品锈蚀。

课程案例 5-3

形形色色的炉子

阿塔克控股公司(Atag Holdings NV)是一家荷兰厨具制造企业。其工厂距离德国仅1公里,靠近欧盟人口中心,它原以为自己刚好可以同时满足北欧"马铃薯地带"和南欧"意大利面条地带"的需求。它试图通过生产两种主要产品向欧洲消费者销售标准化的"欧洲产品"以获得规模经济效益。但它很快发现,所谓"欧洲消费者"只是一个神话。比如,炉子的顶部,阿塔克公司原来只打算生产两种,结果发现需要11种。比利时人喜欢用大壶,因此需要大号的炉子;德国人喜欢椭圆形的壶;法国人需要小炉子和文火来煨沙司(调味汁)和肉汤。德国人喜欢烤炉的把手置于顶部,法国人则希望把手在前面。大多数法国人和德国人喜欢黑色和白色的炊具;英国人则需要各种不同的颜色,包括桃色、鸽子蓝、薄荷绿。阿塔克公司的出口收入从1985年的4%上升到1994年的25%。现在它相信,公司的持久竞争力将取决于为不同国家的顾客提供不同款式、质量的产品,当然这样做将导致更高的成本。

讨论题目：
1. 你认为世界不同地区的消费者在需求上各自有什么特点？
2. 你认为通过什么方式有助于打破大脑中对国外市场的一些不切实际的观念和认识？
3. 你认为阿塔克控股公司的做法是唯一的选择吗？你有什么其他的建议？

2. 产业用品需求调研。产业市场与消费者市场相比，具有明显的差异，表现在：产业市场和消费者市场比较，产业市场上购买者的数量较少，购买者的规模较大；产业市场上的购买者往往集中在少数地区；产业市场的需求是引申需求；产业市场的需求是缺乏弹性的需求；产业市场的需求是波动的需求；产业市场是专业人员购买；产业市场往往是直接购买。

对产业用品的需求属于引申需求。虽然这种需求也是因消费者对最终消费品的需求产生的，但是需求的规模并不直接取决于消费者的收入，而是取决于投资。比起个人消费，企业的投资具有更大的波动性和超前性。一旦某个国家显示出良好的长期发展趋势，即便目前的平均收入水平很低，企业的投资也会大幅度增加。

产业市场的购买者往往集中在某一区域，这是与一国的产业分布密切相关的。在进行产业用品需求调研时首先必须搞清楚该国的产业结构特征；其次，在进行产业用品需求调研时，要了解主要客户的地域分布；最后，要确定该国经济发展的长期趋势和投资趋势。

（三）国际市场竞争环境调研

国际市场竞争环境调研的内容包括产品信息调研、价格信息调研、分销渠道调研、促销调研、竞争调研。

1. 产品信息调研。产品信息调研的主要任务是确定特定市场销售的某类产品的主要类型、档次、产品更新替代趋势等。

2. 价格信息调研。价格信息调研的主要任务是确定不同类型、不同档次、不同品牌产品的价格信息。在价格信息调研中要特别注意的是，除了在不同时间和地点同一产品的价格可能存在很大差异外，即使在同一时间和地点的同一产品的价格也可能存在很大差异。要注意分清公开价格（如目录价格）与实际成交价格之间的差异、不同买主的价格差异、不同购买数量的价格差异等因素。

3. 分销渠道调研。分销渠道调研是国际商务竞争环境调研中一项极其重要的工作。分销渠道属于企业的外部环境。从事国际商务活动的企业不论在母国规模多大、经营历史多长，在准备新进入的国家都属于新企业，缺少现成的分销渠道。不同国家的渠道环境差异很大。例如，美国国内存在很多全国性和地方性的大型批发商、零售商，存在很多在各地连锁经营的大型卖场，流通渠道的运作主要受经济利益决定，使得新企业和新产品的进入比较容易，只要产品质量好、价格合理、促销到位就可能成功打入；而在日本和欧盟国家，由于缺乏全国性的批发商、零售商和连锁经营的大型卖场,新企业和新产品很难在一个较短的时间内以较低的费用覆盖整个市场。实际上,对于从事国际商务活动的企业来说,渠道的可获得性和效率往往是决定其初期经营成败的关键。因此,国际企业必须重视分销渠道调研。

4. 促销调研。在国际商务活动中,促销调研的重要性体现在不同国家的主要促销方式和费用存在很大的差异。就消费品市场而言,一般来说,经济较发达的国家偏重于强调产品款式、性能及特色,对广告与营业推广手段运用较多,市场竞争表现为品质竞争多于价格竞争;而经济发展水平较低的国家,则侧重于产品的功能与实用性,产品推广以人际传播居多,消费者对价格较为敏感。就产业用品市场而言,经济发达国家着重于投资虽大却能显著提高劳动生产率的、自动化程度较高的设备;而经济相对落后的国家因于资金短缺,通常只能选择价值不太高、简单易操作的设备。显然,对不同经济发展水平的国家,市场营销策略就需要变化。

5. 竞争调研。国际商务竞争调研主要包括三个方面的内容。一是竞争法律体系调研。各个国家有关竞争的法律存在很大差异,发达国家通常在反不公平竞争、反垄断、反倾销方面制定非常严格的法律,而发展中国家在这方面的立法就比较少。例如,欧盟国家大多规定零售企业只有在一年中的特定时间(如一月和七月)才可以对销售的商品进行打折。二是市场结构调研。市场结构可以分为纯粹垄断、寡头垄断、垄断性竞争和完全竞争等主要形式,不同结构的市场竞争程度和方式都存在很大差异。三是不同行业和市场的具体竞争手段和形式在不同时间、不同地域存在很大差异。

三、国际商务调研步骤

国际商务调研是一项十分复杂的工作,要顺利地完成调研任务,必须有计划、有组织、有步骤地进行。但是,国际商务调研并没有一个固定的程序可循。一般而言,根据调研活动中各项工作的自然顺序和逻辑关系,国际商务调研包括确定课题与任务、确定信息来源和调研方案、实施调研方案和整理与分析资料四个主要步骤。

(一)确定课题与任务

确定课题与任务是非常重要的一个步骤。如果国际商务调研人员错误地判断了企业面临的实质问题,选择了错误的调研课题与任务,不仅会造成企业资源的浪费,而且错误的调研方向往往会导致错误的结论和错误的措施,给企业带来巨大的损失。更加重要的是,错误的判断往往使企业丧失最佳时机。

由于国际市场纷繁复杂,企业领导人对企业国际商务活动中所面临的问题往往缺乏清晰的认识。同时,由于其他方面的原因,公司领导人在对企业国际商务活动中所面临的实质问题的判断也带有个人的主观判断。因此,在某些情况下,企业可以将市场研究工作委托给本国或公司业务所在国有经验的专业市场研究公司来做。

根据调研问题的性质和要求的不同,市场调研可分为以下四种类型。

第一,探索性调研。探索性调研指为了明确某一问题的性质、情况和原因等而进行的调研。探索性调研通常是在企业对出现的问题不知症结所在、无法确定要调查哪些内容的情况下,为发现问题而进行的调研。这种调研并不提出解决问题的方法,而是着重于发现问题。探索性调研多通过参阅二手资料或请专家进行座谈的方式进行。在资料不足的情况下,也可派员外出作实地调查。

第二,描述性调研。描述性调研指通过详细的调查和分析,对市场营销活动的某个方面进行客观的描述,用来如实反映市场经营状况的一种市场调研,如对企业销售增长率、竞争对手市场营销策略、消费者购买行为等方面的调研。它不仅要搜集各种资料,并且还要对这些资料进行整理和分析,以确保调研成果的准确性。描述性调研是一般市场营销调研的主要形式,大多数的市场营销调研都属于描述性调研。在描述性调研中,可以发现其中的关联因素,但是,此时我们并不能说明两个变量哪个是因、哪个是果。与探索性调研相比,描述性调研的目的更加明确,研究的问题更加具体。

第三,因果性调研。因果性调研指对企业市场营销活动中的因变量和自变量的因果关系所进行的一种调研,如产品价格、质量、花色品种与销售量、市场占有率之间的关系。因果关系调研的主要目的在于弄清问题的原因和结果之间的关系。

描述性调研可以说明某些现象或变量之间相互关联,但要说明某个变量是否引起或决定着其他变量的变化,就要用到因果关系调研。因果关系是企业营销决策的依据。

第四,预测性调研。预测性调研指在反映历史的和现状的各种情报资料的基础上,通过科学的分析调研,估计未来一定时间内市场对某种产品的需求量及其变化趋势的调研,又称市场预测或销售预测。

企业经营所面临的最大问题就是市场需求的预测问题,这是企业制订市场营销方案和市场营销决策的基础和前提。预测性调研就是企业为了推断和测量市场的未来变化而进行的研究,它对企业的生存与发展具有重要的意义。

表5-1举例说明了企业决策与所需信息之间的关系。

表5-1 决策和所需信息

决 策	所 需 信 息
进入国际市场还是保持以国内市场为经营对象	世界市场的需要、企业的潜力、市场竞争情况以及国内市场机遇的比较
进入哪种市场	根据市场潜力大小将世界各市场进行排队、当地竞争情况与政治现状
如何进入目标市场	市场规模、国际贸易壁垒、运输费用、当地的竞争、政府要求、政治稳定
在目标市场内如何营销	各目标市场的购买者行为、竞争实践、分销渠道、促销媒介与应用情况、本公司在该市场和其他市场的经验

(二)确定信息来源和调研方案

1. 确定信息来源。国际商务调研中所使用的信息按照其来源可以分为一手资料和二手资料。

(1)二手资料。二手资料指从各种文献档案中收集的资料,包括公布和未公布的资料。二手资料的收集和研究也称室内调研、案头调研,即在办公室对现有资料进行研究,或通过邀请本企业有关负责人或专家进行讨论以取得信息的一种形式。二手资料调研在企业国际商务活动中具有重要意义,企业只需花费较少的时间和费用就可以获得有用的市场信息。二手资料的利用和分析,具有以下几个作用:①为现场研究提供准备,即在现场调查之前通过二手资料对有关情况进行初步了解,以便更好地进行现场调查;②代替现场调研;③弥补现场研究的不足。有些问题依靠企业自身的调查往往不易得出有效结论,如市场规模、市场增长率等,借助有关资料可以得出较好的判断。

企业国际营销收集二手资料的来源主要有:①国际组织发行的资料,如联合国的《联合国统计年鉴》、《国际贸易统计年鉴》、《国民经济核算年鉴》;世界银行的《世界发展报告》、《世界发展指标》;国际货币基金组织的《国际金融统计》、《国际收支统计年鉴》、《政府财政统计年鉴》、《贸易统计指导》;世界贸易组织的《WTO 年度报告》;联合国贸易与发展会议(UNCTAD)发行的《国际贸易与发展统计年鉴》;联合国工业发展组织的《国际工业统计年鉴》。②地区性组织发行的资料,如欧盟、亚太经济合作组织(APEC)、北美自由贸易区、经济合作与发展组织(OECD)等发行的各种出版物。③各国政府发行的资料。一般来说,各国政府均定期或不定期发表各种经济资料,如美国政府的《国际贸易报告》、《国际经济指南》、《市场占有率报告》、《国际市场营销信息丛刊》、《贸易机会方案》,中国政府的《中国对外经济贸易年鉴》、《中国统计年鉴》。④其他国外机构的资料。除国际组织和各国政府外,其他一些私人及非政府组织也发布一些经济资料,如行业协会、金融机构、国际交易市场调研公司发布的资料等。国际上比较知名的信息咨询和发布机构有货币资料与情报股份公司[《世界货币年鉴》、《全球货币报告》(月刊)]、穆迪投资者服务公司、政治风险服务公司(《世界各国风险指南》)、标准普尔评级服务公司、普华永道会计事务所、安达信会计事务所等。

(2)一手资料。由于高质量的二手资料的缺乏,企业在解决特定市场营销问题时还必须通过现场调研(也称实地调研)的方式进行资料收集,我们把用这种形式取得的资料称为一手资料。

2. 确定市场调研方案。二手资料的调研相对比较简单,这里我们重点介绍一手资料的调研即现场调研。现场调研方案包括调研范围、调研方法、问卷设计、抽样计划、调研费用和时间安排等方面的内容。

(1)调研范围。调研范围主要涉及调研的地域范围、调研的行业范围和调研的信息范围等内容。

(2)调研方法。进行现场调研的方法主要分为询问法、观察法和实验法三大类。询问法是通过一定方式把研究人员事先拟订的调查项目或问题以某种方式向被调查者提出,要求其给予答复,由此获取被调查者或消费者的动机、意向、态度等方面的信息的一种方法。询问法又可通过几种方式进行:①访问法。这是最常见的方式,由调查人员直接向被调查者当面询问问题。其优点一是能够获得准确具体的信息,二是具有较大的灵活性。其缺点是费用高,所花时间多,一般只在其他访问方法不能达到调查预期效果时才使用。②电话调查法。其优点是费用较低、迅速及时。缺点一是调查人员不能详细说明提问意图,也不适合在电话上进行分析与讨论;二是无法向被调查人展示样品、图片和广告说明;三是对许多国家来说,一般富有的人才安装私人电话,因此有时使用电话无法接触想要调查的特定群体。③邮寄调查法。其优点一是不受空间距离限制,特别适用于分散的调查对象;二是可使被访问人有充分时间考虑作答;三是可以将访问员的主观影响降低到最低程度。其缺点一是问卷回收率低;二是被询问人往往不能回答全部问题;三是被询问人的回答往往很肤浅,缺乏代表性。在有些情况下企业可以将上面三种方法混合起来综合使用,以达到调查目的。

观察法指由调查人通过亲自观看或用仪器进行记录的方法来获取资料。观察对象可以是人,也可以是物。观察法分人工观察和非人工观察。一般来说,可观察的情况包括:①人体的行动和痕迹,如消费者的购买模式或观看广告的态度;②语言行为,如推销人员与购买者之间的对话内容;③表达行为,如消费者看到商品或广告时面部的表情反应;④特殊关系和位置,如顾客流量;⑤时间模型,如消费者购物时间的长短;⑥语言用词记录,如广告内容、产品包装物的特点。观察法的主要优点是观察了实际行为,而不是只凭口传。缺点是只能观察明显的行为,而不能了解行为的动机。因此,观察法适用于探索问题,并可提供初步性答案或趋势性建议。在实际运用中往往以调查法为主,以观察法为辅。

实验法即调研人员通过改变某些变量的值而保持其他变量不变,用以衡量这些变量(这些变量称为自变量)对我们关注的一些变量的变化的影响(这些变量称为因变量)。实验法对于研究变量之间的因果关系非常有效。例如,我们要了解价格、广告、产品特色对销售量的影响,就可以采用实验法进行调查。实验法可以采取实验室实验与现场实验两种方式。前者指将被调查人邀至一实验室,由其对种种实验作出反应或回答,缺点是不能模拟市场的所有情况,优点是在隔绝环境中可以控制在现实情况下不能控制的自变因数,对制定市场策略能起到一定作用。后者是在现场进行实验的方法,其优点是在现实环境中进行,实验结果比较自然而更具真实性,局限性是影响实验结果的众多因素不易测量。

(3)问卷设计。采用询问法获取信息需要进行问卷设计。调查问卷是市场营销调研的重要工具之一。在大多数市场调查中,研究者都要依据研究的目的设计某种形式的问卷。问卷设计没有统一的、固定的格式和程序,一般说来有以下几个步骤:

①确定需要的信息。在问卷设计之初,研究者首先要考虑的就是要达到研究目的、检验研究假设所需要的信息,从而在问卷中提出一些必要的问题以获取这些信息。

②确定问题的内容。确定了需要的信息之后,就要确定在问卷中要提出哪些问题或包含哪些调查项目。在保证能够获取所需信息的前提下,要尽量减少问题的数量,降低回答问题的难度。

③确定问题的类型。提问可以分为直接提问和间接提问。当问题比较简单、答案比较确定时,可以直接提出问题,由被调查人回答后填写调查表。当要了解被调查人的感觉、态度、意图或动机时,使用简单、直接的提问往往得不到所需信息,此时必须采用间接提问。间接提问可分为两类,即结构性提问和非结构性提问。结构性提问指提问者对所提问的问题控制性较强,被调查人选择余地比较小的提问。结构性提问要求简短、特定的回答。这类提问一般由研究人员事先拟订一组答案,要求被提问人作出选择。非结构性提问指提问者对所提问的问题控制性较弱,被调查人选择余地比较大的提问。这类提问的特点是使回答人有较大的回答自由,既不限定回答字句的多少,也不引导回答的方向。

④确定问题的词句。问题的词句或字眼对应答者的影响很大,有些表面上看差异不大的问题,由于字眼不同,应答者会做出不同的反应。因此,问题的字眼或词句必须斟酌使用,以免引起不正确的回答。

⑤确定问题的顺序。问题的顺序会对应答者产生影响,因此,在问卷设计时问题的顺序也必须加以考虑。原则上开始的问题应该容易回答并具有趣味性,以提高应答者的兴趣,涉及应答者个人的资料应则最后提出。

⑥问卷的试答。一般在正式调查之前,设计好的问卷应该选择小样本进行预试,其目的是发现问卷的缺点,改善、提高问卷的质量。

(4)抽样计划。抽样计划包括抽样方法和样本大小。

大多数的市场调查是抽样调查,即从调查对象总体中选取具有代表性的部分个体或样本进行调查,并根据样本的调查结果去推断总体。抽样方法按照是否遵循随机原则分为随机抽样和非随机抽样。

样本实际上是调研设计的一部分,但在调研过程中是一个独立的步骤。样本是总体中的一个子集。在制订抽样计划前,必须先回答几个问题。必须界定所涉及的总体,也就是将要从中抽取样本的群体。它应该包括所有那些其观点、行为、偏好、态度等有助于回答调研问题的个体。总体界定后,下一个需要回答的问题是,是用随机样本还是非随机样本。

随机抽样就是按照随机原则进行抽样,即调查总体中每一个个体被抽到的可能性都是一样的,是一种客观的抽样方法。随机抽样方法主要有简单随机抽样、等距抽样、分层抽样和分群抽样等。随机样本的特点是,采用这种样本,调研人员可以估计研究中的抽样误差。

①简单随机抽样指总体中的每个个体都有可知的、相等的被选中的机会。其优点是简便易行，对于总体特征分布均匀的总体比较适合，并具有较高的可靠性。具体抽取样本时可先将所有个体编号，然后采取抽签、掷骰子、摇码、乱数码（随机数）等方式。

②等距抽样是首先随机抽取一个样本，然后根据样本大小与抽样总体之间的比例，每隔一段距离抽取一个样本。与简单随机抽样相比，等距抽样能够避免样本抽取中的极端组合，更好地反映总体的情况。

③分层随机抽样。分层抽样是将调查的总体分成若干组或层，每组再进行简单随机抽样的一种方法。如果样本总体中不同单位的差异较大，采取简单随机抽样，就可能出现样本过于集中在某一类型，或漏掉某种类型；而采取分层抽样的方式，将性质相近的单位分成一群，从每一层中抽取不同比例的个体综合起来，就可以比较全面地代表总体的全貌。使用分层抽样时，要尽量使各层之间有明显差异性，而每层内部则要有相同的特性。

④分群抽样。分群抽样也称分区抽样，指将总体分为若干群体，再从这些群体中随机地抽取某一或某些群体作为样本进行调查的抽样方法。分群抽样常用于两种情况：第一，调研人员对总体的组成不很了解；第二，调研人员为省时省钱而把调研局限于某一地理区域内。使用分层抽样时，应尽量使每一群体分区之间保持相同特性，而每一群体内部则应包括不同的个体。

非随机抽样方法则属于主观抽样范围，调查者根据他的经验和判断选择抽样样本，每个样本个体被抽到的可能性是不一样的，调研人员无法利用统计方法计算非随机样本的置信度。也就是说，无法确定预计的抽样误差。常用的非随机抽样主要有：第一，任意抽样。任意抽样也称便利抽样，这是纯粹以便利为基础的一种抽样方法。街头访问是这种抽样最普遍的应用。这种方法抽样偏差很大，结果极不可靠。一般用于准备性调查，在正式调查阶段很少采用。第二，判断抽样。判断抽样是根据样本设计者的判断进行抽样的一种方法，它要求设计者对母体有关特征有相当的了解。在利用判断抽样选取样本时，应避免抽取"极端"类型，而应选择"普通型"或"平均型"的个体作为样本，以增加样本的代表性。第三，配额抽样。配额抽样与分层抽样法类似，要先把总体按特征分类，根据每一类的大小规定样本的配额，然后由调查人员在每一类中进行非随机的抽样。这种方法比较简单，又可以保证各类样本的比例，比任意抽样和判断抽样样本的代表性都强，因此实际上应用较多。

样本的大小即确定抽样调查的对象的数目。样本的大小涉及调研结果的准确性，也涉及调研的费用和时间要求。

(5) 调研费用和时间安排。调研费用和时间安排在很大程度上受前面介绍的各项选择制约。国际商务调研人员除了要根据调研任务的要求确定合理的费用支出，还要合理地安排好各项工作的时间和前后顺序。

（三）实施调研方案

二手资料的调研实施起来相对比较简单，这里我们重点讨论现场调研的实施。

在国际市场调查中，由于各国的社会、文化等情况不同，会产生很多国内调查所没有的问题与障碍。

1. 语言问题。各国语言不同，即使在很多国家内部也存在多种语言。不同语言中某一词汇或表达方式所代表的具体含义往往不同。因此，熟练地掌握和理解当地语言，是顺利、有效完成调查工作的重要前提。

2. 其他社会文化问题。主要有：①排外情节。在很多国家，由于历史、文化或政治原因，对外国人或外国机构抱有不信任感。②当地调研市场的发展情况。在很多发展中国家，由于经济制度不健全，被调查人的权益得不到保障，或者被调查对象多存在偷漏税等情况，这使被调查人常常采取不合作的态度。③妇女地位问题。在一些国家，妇女可能不被允许与男性调查员谈话，这就对调查工作造成了很大的限制；在一些国家，妇女不容易从事市场调查工作，这也对调查工作造成了很大的限制。④家庭结构问题。在一些国家，人们生活的基本单位是传统的大家庭，此时调研人员很难确定谁是购买决策的决策人和影响者；另外，在一些国家，家族企业在经济中占据重要地位，市场问题演变为家族问题，企业很难通过调研得到准确的市场资料。⑤社会传统和心理因素问题。有些国家的居民对于个人隐私保持非常保守的态度，调查人员很难对涉及个人隐私的问题进行调研。

3. 基础设施问题。一些欠发达国家在邮政、电信、交通城市管理等方面存在诸多问题，这使得调研工作十分困难，成本也很高。

为了克服上述困难，企业可以采取以下措施：①加强调研人员对当地文化背景的了解；②增强调研人员对调查方法掌握的熟练程度；③确保调查方法与当地文化相适应；④加强调查人员的创造性和适应性；⑤采用一些有效的非常规方法；⑥邀请当地人员或机构担任调研工作。

实际上，在国际商务调研中，大多数数据搜集工作是由营销调研现场服务公司完成的。遍布全国的现场服务公司根据分包合同，通过面对面的谈话或电话访谈来搜集数据。一项典型的调研项目往往需要在几个城市中搜集数据，需要同许多现场服务公司一起工作。为确保所有的分包商按照统一的方式工作，需要就每一件工作都制定详细的说明。每个细节都应该得到控制，分包商必须严格执行规定的程序。

（四）整理、评估与分析资料

1. 资料的整理、评估与分析。使用二手资料虽然有很多优势，但也存在一些不足，如二手资料的分析工作很难较多地使用难度较大的数量分析技术，从而限制了它的使用率。此外，合适的二手资料有时也不易找到。即使找到了合适的二手资料，市场营销人员也必须对这些资料仔细加以评估后方可有效使用。一般来说，国际商务人员在选择二手资料时通常会从相关性、精确性、时间性、可获得性等几个方面加以评估。二手资料中的问题主要有以下几个。

(1) 许多市场缺乏详细信息。一些规模比较小或发展水平比较低的市场,市场体系发展不完善,政府和其他机构没有能力或兴趣收集商业信息。这些情况导致相关信息的可获得性很差,如果公司需要投入大量人力、财力去搜寻二手资料,从经济上讲并不划算。

(2) 有些资料的可靠性差。只有在很少的情况下,一些由别人公布的二手资料会全面、精确地论述市场营销人员所要调查的主题。由于税收、财政、统计制度上的原因,即使调查人员能够得到一些精确的数字,也往往存在可靠性不强的问题。

(3) 资料的可比性和及时性差。许多发展中国家在资料的搜集、整理、发布上缺乏系统、稳定的制度、方法和执行机构,信息收集、发布往往不及时,与所研究问题的需要不相适应。调查人员即使能够取得一些资料,由于统计制度的多变性,资料也往往缺乏可比性。

(4) 资料的汇总与发表存在问题。这主要体现在各国、各组织在统计分类上存在很大差异。目前国际上广泛承认的分类方法,如《联合国国际贸易标准分类》,又存在着分类较粗,使用价值不大的问题。

正确、成功地利用二手资料要求国际商务人员认真研究二手资料提供的信息并且充分探查这些信息的来源。应当注意以下问题:①是谁收集和公布了这些资料?资料的可靠性如何?②他们为什么收集这些资料?是否有故意歪曲的可能性?③他们用什么方法收集的资料?这些资料本身是否存在内在缺陷?④这些资料是否是科学地归纳出来的?是否体现着内在的逻辑性?识别并评估某些资料是否适用于指定的问题,需要一定的技巧。这些技巧是市场营销人员在工作中逐渐积累起来的。

对于一手资料,同样也要进行整理与评估,剔除无效的数据资料。

2. 资料的分析。资料的分析有定性分析和定量分析两大类方法。定性分析主要依靠预测人员所掌握的信息、经验和综合判断能力对资料进行分析、判断,进而得出结论。定性分析简单易行,特别适用于那些难以获取全面的资料进行统计分析的问题。

定量分析指运用数学模型、计量方法和计算机技术来分析数据之间的关系。定量分析基本上分为两类,一类是时间序列分析,另一类是因果关系分析。

数据分析完成后,调研人员还必须准备报告,并向管理层沟通结论和建议。

四、国际商务调研代理

(一) 利用国际商务调研代理的优势

在国际商务活动中,很多企业在进行国际商务调研时都存在一定困难。一方面,一些中小企业既缺乏足够的资金,又缺乏有足够经验的人员。另一方面,即使一些拥有调研部门的大企业在进行实地调研时也会出现缺乏当地市场经验、人手短缺、费用太高的问题。在这种情况下,国际商务调研代理就应运而生了。利用东道国的调研公司从事调研活动具有很多优势。

首先,调研代理公司具有当地市场的专门知识和资源。调研代理一般都掌握当地的各方面情况,熟悉所在国的风俗习惯、消费者的喜好以及当地市场的竞争状况和商业做法。由于经常从事当地市场的调研工作,它们积累了丰富的经验,拥有一支训练有素的调研专家和现场调查人员队伍,并拥有专业的设施。

其次,由市场调研代理公司从事调研工作不存在语言障碍和沟通障碍,能够获得更为真实、准确的资料。

再次,由市场调研代理公司从事调研工作在成本上通常要比从本国派出一个完整的调研小组具有更多的优势,不仅可以省去大量的差旅费,而且可以避免由于不熟悉情况走弯路所导致的经济和时间上的损失。

最后,由市场调研代理公司从事调研工作拥有更大的客观性。调研代理公司与调研项目的优劣之间不存在直接的利害关系,能够比较客观地看待各项影响因素,特别是市场发展前景和竞争对手的力量。而本企业的人员长期从事本行业的经营,难免对调研项目和本企业形成自己的一些主观想法,很难中立、客观地对项目加以评价。

(二)国际商务调研代理公司的类型

国际商务调研涉及很多不同类型的工作,如调研设计、数据采集、资料分析等。此外,不同部门和行业的调研工作也存在一定差异。这些工作可以由一家代理机构完成,也可以由多家机构共同完成。

目前,在西方发达国家主要存在以下几种类型的调研公司:

1. 常规调研公司。这类公司能够提供从调研设计、数据采集到数据分析的全程服务。

2. 实地调查公司。这类公司精通各种调查技术,拥有专门人员和设备,主要接受委托实施具体的现场数据采集工作。

3. 资料分析公司。这类公司拥有一批分析专家、设备和专业软件,专门提供数据的分析工作。

美国著名的咨询公司 AC 尼尔森公司(A. C. Nielson Co.)在世界上很多国家从事调研代理和咨询工作,其经营范围包括零售研究、专项研究和媒介研究等多个领域。零售研究定期为客户提供有关产品在各地的零售情况报告。专项研究则根据客户需要提供各行各业的信息,如顾客满意度研究、测量品牌资产的优胜品牌(Winning Brands™)以及广告测试服务。在媒介研究方面,AC 尼尔森公司的广告研究服务连续监测电视报刊广告投放情况,并根据公布的广告价格标准计算广告花费。其结果可用来衡量媒介、产品和品牌所产生的收益,判断哪些广告载体在何时何处效果较好,同时了解竞争品牌的广告动态,从而完善自身的广告策略。素材丰富的广告库更随时可以提供各类产品的广告创意。

(三)国际商务调研代理合同的签订和执行

在决定使用国外的市场调研代理机构以后,接下去就是选择合适的调研代理机构。选择之前要审查各个备选公司的技术能力和资信水平。在初步接触后,可以要求备选代理公司提交一份书面的调研提案。

一旦选定了代理公司,要签订正式的代理合同。代理合同一般包括市场研究范围和方法条款、价格条款、支付条款、人员条款、时间条款、调研报告条款等主要内容。

在签订合同后,委托单位应派出或指定专门的人员配合和监督调研公司的工作。

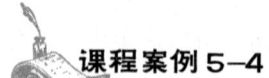

课程案例 5—4

中国粮油进出口公司的一次市场调研

中国粮油进出口公司从 20 世纪 60 年代开始向日本出口冻鸡,销路一直比较好。但进入 70 年代中期,日本冻鸡市场竞争加剧,中国冻鸡出口呈现下降趋势。为此,该公司决定对冻鸡市场情况进行调研。

此次调研的主要目标是:识别主要竞争对手;评估中国冻鸡在质量、品种、规格和包装方面的差异;研究日本消费者对冻鸡的消费偏好和购买行为;判断不同类型的消费者对冻鸡的态度和要求;确定对不同消费人群具有吸引力的价格;确定有效的促销和分销策略。

此次调研的信息来源为二手资料和实地调查相结合。在二手资料方面,该公司主要查阅和分析了国内外有关肉鸡饲养和加工的资料、各国有关肉鸡生产的统计资料、肉鸡加工行业的行业报告。在实地调查方面,该公司设计了一份调查问卷,采取个人访问的方式收集资料。每份问卷访问时间约为 30~45 分钟。在访问期间,对于一些敏感问题另附一份自答问卷,以便访问对象自己回答。

调查抽样方案样本容量定为 500 人,范围为家庭主妇 50%,饮食业用户经理 25%,团体用户 25%。上述样本从日本 5 大城市中根据概率抽样方法获得。

调查实施:由于该公司在日本不具备独立完成调查的能力,因此委托日本的合作伙伴在日本进行调查,包括对调查人员的招聘和调查过程的监督。

讨论题目:

1. 国际商务调研有什么重要作用?
2. 进行国际商务调研有哪些方法和步骤?
3. 采用调研代理有什么特点?

第二节 国际商务项目评估

一、国际商务项目评估的含义和重要性

项目评估是指在有限的人力、时间和信息不完全的情况下,对被评估的项目所进行的专业化分析和筛选过程。

企业在经营活动中会面临大量的投资机会。一旦企业选择了某项或某些投资项目,也会因此承担一些经营风险。企业在实施项目投资之前,进行科学、严谨的项目评估是一件非常重要的工作。项目评估的作用在于筛选出较优越的投资项目,降低投资项目的不确定性风险,提高投资回报率。决定一个项目优劣的因素很多,如技术的先进性、技术的成熟性、技术专利情况、项目的市场前景、政策风险、金融风险、项目的投资额度、回收周期、固定资金和流动资金的比例等。一个项目是否是好项目也因企业的基本情况而异。

在国际商务项目投资中,项目评估的地位更加突出。与国内商务项目相比,国际商务项目的风险要大得多。除了国内经营环境的风险以外,国际商务项目还面临着项目东道国经营环境的风险以及国际金融风险。一方面,对于东道国的经营环境,从事国际商务活动的企业很难达到像国内经营环境那样了解,而国际金融风险更是难以预测和防范。另一方面,东道国政府的对外贸易政策、外汇政策和外资政策随时可能发生变化,从而大大改变国际商务项目的经营环境。

二、项目评估的主要内容

项目评估的主要内容包括项目的技术可行性评估和项目商业可行性评估。

(一)项目技术可行性评估

项目技术可行性评估主要包括技术的先进性与可行性、实施产业化的可行性两个方面。

1. 技术的先进性与可行性。判断一个项目的先进性主要通过考察项目的技术来源、项目技术的先进性与成熟度来判断。项目的技术来源从技术的来源国上可以分为发达国家的技术和发展中国家的技术;从技术的拥有方上可以分为科研机构拥有的技术、商业机构拥有的技术和个人拥有的技术;从技术的表现形式可以分为专利技术(patent)和专有技术(know-how)。

判断一个项目实施产业化的可行性主要通过考察项目的独占性、质量要求与产能规模来判断。项目的独占性主要取决于技术壁垒或知识产权保护措施的程度。一项技术越先进、技术开发投资越大,技术壁垒就越高,面临的竞争风险就越小。知识产权的保护程度与专利期限、专利的判别标准和知识产权保护的执行程度密切相关。

质量标准可以区分为国际标准、国家标准、企业标准,国家标准往往是强制性的,国际标准一经国家采纳或行业采纳也具有强制性,如果达不到就无法进入市场。产能规模主要涉及项目的设计产能、实际产能、扩产潜力等指标。

2. 实施产业化的可行性。影响实施产业化可行性的主要因素包括原、辅材料及其供应渠道,主要设备及其来源,燃料和动力,建厂条件和厂址,环境保护要求等因素。

（二）项目商业可行性评估

项目商业可行性评估主要包括市场需求评估、市场竞争评估、财务评估和项目实施能力评估。

1. 市场需求评估。市场需求评估的内容包括市场总体规模及细分市场分布、市场发展趋势及市场生命周期、用户需求分析等内容。

2. 市场竞争评估。市场竞争评估的内容包括主要竞争产品和替代品分析、竞争对手分析、潜在进入者分析、原料设备供应商与制造商竞争关系分析、制造商与经销商竞争关系分析等内容。

3. 财务评估。财务评估的主要内容包括投资规模估算、资金来源、回收周期和回报率、盈亏平衡点分析、敏感性因素分析等内容。

(1) 投资规模估算可以区分为静态投资规模和动态投资规模。静态投资规模不考虑投资的时间价值,也就是以项目计划时的价格作为基础,动态投资则要考虑未来的价格变化。

(2) 资金来源包括自有资金、贷款、合作伙伴、项目债券等途径。

(3) 回收期指收回全部投资所需要的时间。

(4) 回报率也就是投资收益率,指投资项目的收益与项目投资总额的比率。

(5) 盈亏平衡点是项目盈利与亏损的分界点,即项目收入等于成本的情况。通过分析产品产量、成本与盈利能力的关系,找出盈利与亏损在产量、产品价格、生产能力利用率等方面的界限,从而确定在经营条件发生变化时的承受能力。一般来说,影响盈亏产量的因素有固定成本、产品价格和单位产品变动成本。通常称产品价格与单位产品变动成本之差为"单位产品边际贡献"。固定成本越高,盈亏平衡产量越高;相对于预期的产品销售量,单位产品边际贡献越高,盈亏平衡产量就越低,项目发生亏损的可能性就越小。另外,从企业经营的角度来讲,外部经营环境可能发生变化引起销售量和利润波动而发生业务风险是常见的风险因素。而固定成本在总成本构成中所占的比例越大,企业所面临的业务风险就越大,即,固定资产有放大企业业务风险的作用。因此,正确判断项目风险情况和合理选择项目的成本结构有重要意义。

(6) 敏感性分析,就是通过一个或多个不确定因素的变化导致决策指标的变化幅度,进而判断各个因素的变化对实现预期目标的影响程度。不确定因素包括制约和影响投资效益的各种因素,如投资额变化;产品质量及销售量变化;项目建设期、项目投产时的产出水平及达到设计能力所需时间变化;经营成本的变化;贷款利率变化;

汇率的变化;市场需求的变化;原材料价格变化;政府政策的变化;等等。如果某因素可能出现的变动幅度大于最大允许变动幅度,则表明该因素是方案的敏感因素。也可以假定要分析的各个因素均从其基本数值开始变动,比较在同一变动幅度下各因素变动对经济效果评价指标的影响大小,据此判断方案的经济效果对各因素的敏感程度。有时不仅进行单因素敏感性分析,还要分析多个因素同时变动对经济效果的影响,以判断方案的风险情况和克服单因素敏感性分析的局限性。

4. 项目实施能力评估。项目实施能力评估的内容包括人力资源能力、行业资质认证、企业内部机构设置及管理制度等方面的内容。

三、项目评估流程

根据项目评估机构的不同,项目评估可以分为内部评估与外部评估。内部评估即由拟投资的企业自行对项目进行评估。外部评估是由拟投资的企业委托外部的评估机构进行评估,又称第三方评估。内部评估是企业上马新项目之前的一项必要工作。政府在审批重大项目过程中常常要求投资立项方提供第三方的评估报告,并对评估机构的资质、程序等有严格的规定。一些企业在上马一些重大项目之前为了保证评估程序和评估结果的科学性、客观性、谨慎性,也常常在进行内部评估之后委托专业的评估机构进行评估,与内部评估结果一起,作为决策的依据。

不同的国际商务项目的评估流程不尽相同,这里我们重点介绍企业内部评估的一般流程。

第一,初步接洽项目来源方。这是企业接触各种来源、寻找投资机会的第一步,也是企业对项目进行评估的开始。一个企业往往要接触很多项目来源才会最终选择一个合适的投资项目。

第二,接受项目来源方提供的项目建议书(也称立项申请表)或自行编制项目考察简表。有些项目来源方为寻求投资或合作会对项目情况进行较为详尽的调查,并编写出项目建议书或立项申请表。有些来源方则不能提供项目建议书,此时企业与投资来源方接触后要根据了解的情况编制项目考察简表。

第三,业务部门初筛。一个企业接触的各种投资机会或建议很多,大部分并不具有实际投资价值或不适合本企业投资,为了减少正式审核的工作量,业务部门通常根据项目建议书或项目考察简表对项目建议进行初步的筛选,筛选出有比较大投资价值的项目,进一步收集有关资料,以便进行二次筛选。

第四,业务部门二次筛选。业务部门对于通过了初筛的项目要进一步收集相关信息,包括与投资来源方进行更深入的接触。在对这些深度信息进行评估后,业务部门要对这些通过初筛的项目进行二次筛选,编写出业务部门的项目建议书,以便提交公司联席会议进行综合审核。

第五,公司联席会议审核。公司联席会议审核与业务部门审核的最大不同在于,公司的所有相关部门此时都会参与项目的审核,其中比较重要的是财务部门、人事部门、制造部门。此时要对项目的技术可行性和商业可行性进行全面的评估,相关部门还会进一步搜集有关项目来源方和投资的外部环境的相关信息,并提出本部门的意见。

第六,编制正式的评估报告和项目建议书。通过了公司联席会议审核的项目就可以编制正式的评估报告和项目建议书,以供公司董事会或决策委员会审批。

第七,公司董事会或决策委员会审批。这是决定项目能否通过的一个决定性步骤,一旦通过就可以筹备和实施项目了。

第八,起草和审核合同、协议、章程等法律文件。这是项目投资正式实施前一个重要的步骤。为了维护自己的利益,应对可能的风险,企业要与项目相关方面签订正式的合同或协议,以明确双方的权利和义务。如果要与其他企业建立合资或合作企业共同实施项目,还要为合资或合作企业起草公司章程。

图5-1是项目评估流程表的一个例子。

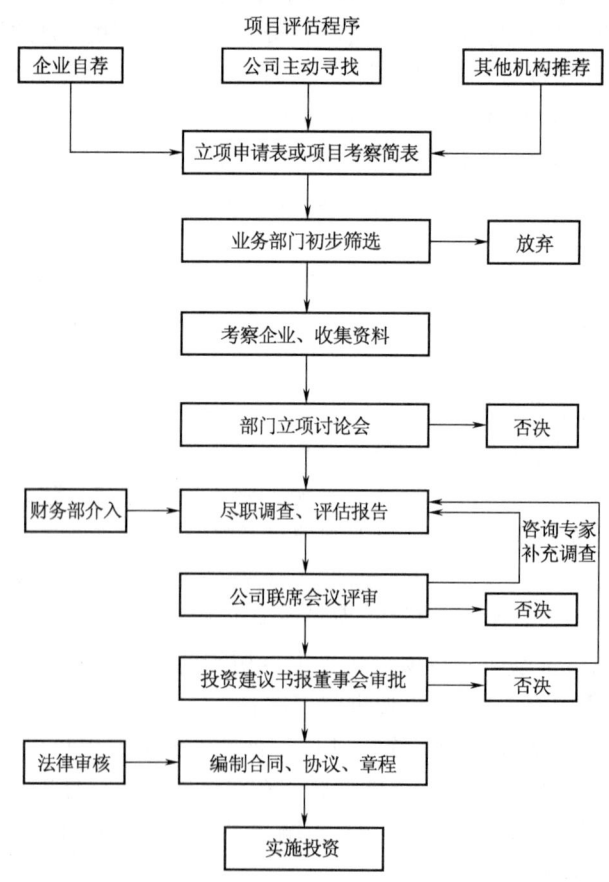

图5-1 项目评估流程表

四、项目评估应遵循的原则

为了保证评估工作的质量,在对项目开展评估时,评估人员应严格遵守以下原则:

(一)科学性原则

项目的评估要遵循科学原则,对其技术经济前景的评估要符合技术发展和市场发展的规律,不能凭主观意志或猜测进行评估。

(二)客观性原则

评估人员的评估意见要有客观依据,尽量不要掺杂个人的主观倾向。

(三)公正性原则

评估的结果往往会影响到参与评估的各个部门或个人的利益,此时就要求参与评估的部门或个人能够抛开自身的利益,以中立的身份对项目前景作出科学、客观、公正的评估。

对于第三方评估,公正性原则尤为重要,因为评估结果会直接影响到项目能否正式立项和项目有关各方在谈判中的地位。

(四)面向需求的原则

对于投资项目,虽然技术可行性和商业可行行都是十分重要的,但是对商业前景的评估比起对技术可行性的评估往往更加缺乏客观依据,因此在项目评估中,要特别强调面向需求的原则,以保证项目能够获得预期的收益。

第三节 国际商务项目评估报告和商业计划书编写

一、项目评估报告和商业计划书的用途

项目评估报告和商业计划书是两种十分相近的商业文件,内容十分相似,但在来源和用途方面稍有区别。

从来源上看,评估报告分为内部评估与外部评估。内部评估的用途是为企业的投资项目提供依据,是站在企业的立场甚至企业某个部门(如业务部门)的立场上来写的,可以带有公司或起草人员的个人倾向或立场。外部评估是由拟投资的企业委托外部的评估机构所写的,其用途一是企业在对投资项目缺乏把握或感到影响重大时起到再次审核或广纳社会智慧的作用。

而商业计划书无论是由项目来源方还是项目投资方来写,都属于企业起草的文件。项目来源方起草的商业计划书用途是吸引投资者的关注和青睐;项目投资方起草的商业计划书用途是供企业最高决策机构作为决策的依据。在这两种情况中,商

业计划书往往都带有起草者的倾向或目的,科学性、客观性、公正性原则往往都得不到完全的贯彻。这也是商业计划书的评估者在评估过程中必须认真加以考虑的问题。

二、项目评估报告的内容

项目评估报告一般分为摘要和正文两个部分。

（一）项目评估报告摘要

项目评估报告摘要的内容包括项目介绍、当地环境情况、市场规模、未来市场预测、当地人力资源状况及有关法律、当地税务规定、对当地的影响、财务情况、相关费用、技术特点、设备要求等。

（二）项目评估报告正文

项目评估报告正文在报告摘要的基础上,对项目进行全方位的审查和评估,包括项目市场审查、项目技术审查、项目财务审查、研究分析相关材料、归纳总结出可行性方案、提出可行性报告。

三、商业计划书的内容

商业计划书的内容要比项目评估报告详细一些,而且包含对项目实施各方情况的介绍。其内容也可以分为摘要和正文。摘要是正文的概括和浓缩,要根据具体项目决定摘要内容。商业计划书的正文一般包括如下内容：

（一）项目概念的简要介绍

项目概念是指企业以市场角度对项目所作的描述,如目标范围和特征、产品主要功能和用途、产品主要特色等。

（二）项目发起人、股东方、管理和技术支持

1. 项目发起方的背景；
2. 项目发起方的业务,包括近三年的财务报表；
3. 项目发起方的主要股东和管理人员的简历。

（三）市场和销售安排

1. 宏观市场环境,主要包括政治与法律环境、宏观经济环境、产业发展环境、投资环境（人文、地理、水质、电力、交通、治安）；
2. 市场的基本情况,包括产品用途,本地、国内和出口市场的目前容量、增长率、价格变化等；
3. 该项目的生产能力、生产成本、单位销售价格、主要销售对象和预计市场份额；
4. 产品的客户情况,销售渠道的安排；
5. 目前市场竞争情况,包括其他现有生产厂家、计划新上的类似项目、替代产品

的情况;

6. 类似产品进口的关税和管制情况;
7. 影响产品市场的主要因素;
8. 企业的竞争策略。

（四）技术可行性、人员、原材料供应和环境

1. 项目计划采用的生产工艺;
2. 与其他伙伴公司合作的安排;
3. 项目的人员培训和关键技术的保证;
4. 当地的劳动力和基础设施状况,包括通信、交通、水源、能源和电力供应等;
5. 生产成本和费用的分类数据(详细数据);
6. 原材料供应的来源、价格、质量;
7. 计划生产设施与原材料供应、市场、基础设施的关系;
8. 计划生产设施的规模与现有同类生产设施的比较;
9. 生产设施的环境因素和应对措施。

（五）投资预算、融资计划和效益分析

1. 项目投资和资金安排(详细表格);
2. 项目的资金结构,包括股东股本投入、股东贷款、银行融资数额;
3. 项目的财务预测,包括生产、销售、资本和负债、利润、资金流动、效益和回报预测;
4. 影响效益的主要因素。

（六）政府支持、管理和审批

1. 当地政府的产业政策和投资方向对项目的影响;
2. 当地政府对该项目可以提供的鼓励措施和支持;
3. 该项目对当地经济的贡献;
4. 该项目需经过的审批手续和时间。

四、起草商业计划书中应注意的事项

商业计划书的目的是通过提供充分的信息吸引投资者的关注,因此在起草商业计划书中应注意以下几点。

（一）市场导向

在商业计划书中,要给投资者提供企业对目标市场的深入分析和理解。要细致分析经济、地理、职业以及心动理等因素对消费者选择购买本企业产品这一行为的影响,以及各个因素所起的作用。

（二）明确的产品概念

在商业计划书中,应提供所有与产品市场有关的细节,包括企业所实施的所有调

查。这些问题包括:产品正处于什么样的发展阶段?它的独特性怎样?企业分销产品的方法是什么?谁会使用企业的产品,为什么?产品的生产成本是多少?售价是多少?企业发展新的现代化产品的计划是什么?这样投资者就会和项目推介者一样关注该项目。

（三）竞争导向

在商业计划书中,应细致分析竞争对手的情况。竞争对手都是谁?他们的产品功能原理如何?竞争对手的产品与本企业的产品相比,有哪些相同点和不同点?竞争对手所采用的营销策略是什么?要明确每个竞争者的销售额、毛利润、收入以及市场份额,然后再讨论本企业相对于每个竞争者所具有的竞争优势,要向投资者展示顾客偏爱本企业的原因是什么。如,本企业的产品质量好、送货迅速、定位适中、价格合适等。商业计划书要使它的读者相信,本企业不仅是行业中的有力竞争者,而且将来还会是确定行业标准的领先者。在商业计划中,企业家还应阐明竞争者给本企业带来的风险以及本企业所采取的对策,如企业是使用外面的销售代表还是使用内部职员?企业是使用转卖商、分销商还是特许商?企业将提供何种类型的销售培训?

（四）行动导向

企业的商业计划书应该包括明确的实施方案,明确下列问题:企业如何把产品推向市场?如何设计生产线?如何组装产品?企业生产需要哪些原料?企业拥有哪些生产资源,还需要什么生产资源?生产和设备的成本是多少?企业是买设备还是租设备?解释与产品组装、储存以及发送有关的固定成本和变动成本的情况。

（五）重视管理队伍

把一个项目设想转化为一个成功的投资项目,其关键的因素就是要有一支强有力的管理队伍。这支队伍的成员必须有较高的专业技术知识、管理才能和多年工作经验。管理者的职能就是计划、组织、控制和指导公司实现目标的行动。在商业计划书中,应首先描述一下整个管理队伍及其职责,然后再分别介绍每位管理人员的特殊才能、特点和造诣,细致描述每个管理者将对公司所作的贡献。商业计划中还应明确管理目标以及组织机构图。

（六）国际导向

由于各国的情况差异很大,投资者对各国经营环境和评估机构不很了解,如果商业计划书中能包含资深的国际投资专家、精通国际商务的招商专家或专业机构的推荐意见,无疑将大大提高商业计划书的说服力。同时,在商业计划书的写作中要尽量使用国际通用的专用术语。

（七）重视摘要

商业计划书的计划摘要也十分重要。它必须能让读者有兴趣并渴望得到更多的信息,并给读者留下长久的印象。计划摘要是项目潜在投资者首先要看的内容,它将从计划中摘录出项目的核心内容,包括公司内部的基本情况、公司的能力及局限性、公司的竞争对手、营销和财务战略、公司的管理队伍等。

第四节 国际商务项目的管理和执行

通过严格程序审批的项目,可以为项目的实施开一个好头。但是,这只不过是第一步。要真正达到项目预期的结果,还必须作好项目的管理和执行工作。

一、国际商务项目管理的特殊性

国际商务项目的管理与国内商务项目的管理相比存在很大特殊性,主要表现在:

第一,国际商务项目的业主方通常对项目的进度和流程定有严格的程序。国际商务管理项目一般是通过公开招标的形式发包的具有一定规模的项目,有些甚至是项目所在国的重大项目,为了保证项目的质量和进度,通常定有严格的项目进度和流程。

第二,国际商务项目的管理通常引入第三方管理模式,这样做主要是为了客观公正地对项目进展和质量进行评估。

第三,国际商务项目通常采取项目分包模式,每一个分包商必须作好与总包商和其他分包商的联系和协调工作。

第四,国际商务管理项目的项目环境比较复杂。在其他国家和地区开展国际商务管理工作,必须能够时时调整并适应当地的自然、文化、经济、政治、技术等宏观环境的特殊性。

第五,国际商务项目管理的风险性比较大,管理要求高。这主要是因为国际商务管理项目的周期一般比较长,同时所面临的经济风险比较大,国际金融、贸易、政治环境的变化都可能直接影响到项目的进度和成本。

第六,国际商务项目管理对管理人员的素质要求较高。

二、建立健全的管理组织

组织是项目的人员保障。企业应该为每个主要项目配备一名执行经理,任命主要高级管理人员组成项目管理委员会,对项目进行监督。必要时还应引入外部管理人员或管理机构。

三、明确管理程序

要在项目实施过程中始终保持目标明确,就必须制定一个管理程序,保证项目的实施不偏离最初的经营目标。

要确保项目管理委员会充分了解项目经理呈交的形势报告的内容。委员会要切实负责,多提尖锐的问题。同时,要建立起项目与企业高层之间的联系机制,能够及时把小组无法解决的问题向上汇报,由企业高层负责解决。

对项目实施的有效监督非常必要。在项目实施过程中,必须严格遵照可行性分析与计划批准书的要求。很多企业想当然地认为,无论起始阶段情况如何,最终总会完成计划的目标,这是不对的。

四、建立健全管理体系

从管理主体的角度划分,项目管理体系包括项目内部管理、项目外部管理和第三方管理三个方面的内容。

(一)项目内部管理

项目内部管理主要包括微观层面的细节管理,诸如资源管理、工作流程规划管理、预算控制及文件管理等。在项目执行团队内部,应当有一个事务办公室或类似的职能部门对此进行专项管理,并与宏观的项目外部管理程序密切配合。在通常情况下,这一部分工作没有必要由高层经理负责。

(二)项目外部管理

项目外部管理的内容包括项目范围、总体时间表、预算、质量、风险以及面临问题等关键情况。这些情况每隔一两个月就要向项目管理委员会汇报。项目管理委员会会议是项目实施与高层经理之间的主要纽带。项目经理人员还要向会议汇报项目计划批准书中规定的主要业绩指标完成情况。

(三)第三方管理

除了对项目进行直接监管之外,还有必要建立一个独立的监督系统。无论项目管理团队怎样努力,总是难以对其项目及相关风险与问题做到完全客观。因此,有必要聘请一些公正的资深专业人士对项目进行独立的评估。其结论应直接呈报高级管理层,并与项目外部管理汇报进行对照。

项目管理程序是项目管理中的一个重要组成部分。与收益相比,其所需的额外支出(大约占总预算的3%~5%)少之又少。这笔支出可谓物有所值。

五、实施严格的专项管理制度

企业项目管理包括很多方面的内容,如业务进度管理、财务管理、人员管理、风险管理、适应性管理。

(一)业务进度管理

即使建立了完善的审批制度与管理程序,也不一定保证项目实施能成功。项目管理人员必须对项目的业务进度全程实施严格监督。比如,有时项目经理汇报说该项目已经完成了75%,实际上只是预算已经花去75%而已,而真正的工作只完成了

25%。监督人员必须切实负起责任,认真监督重要项目。如果企业忽视了对项目的监管,就会出现数倍超出项目预算和完成期限大大延误的可能。

（二）财务管理

严格的财务管理一方面是业务进度的基本保障,另一方面也是确保投资项目预期收益水平的重要保障。

（三）适应性管理

最完美的项目也不可能与实际的情况完全一致,因此根据外部经营环境的变化随时作出调整对于项目的成功非常重要,对于国际商务项目尤其如此。项目管理者必须与项目的进展和变化保持同步,定期听取项目经理人员关于项目进度的客观和精确的汇报,并作出相应的调整。

第五节 国际商务项目的招投标业务

一、招标和投标的概念

招标指项目采购（包括货物的购买、工程的发包和服务的采购）的采购方作为招标方,通过发布招标公告或者向一定数量的特定供应商、承包商发出招标邀请等方式发出招标采购的信息,提出所需采购的项目的性质及其数量、质量、技术要求,交货期、竣工期或提供服务的时间,以及对供应商、承包商的资格要求等招标采购条件,表明将选择最能够满足采购要求的供应商、承包商与之签订采购合同的意向,由各有意提供采购所需货物、工程或服务项目的供应商、承包商作为投标方,向招标方书面提出自己拟提供的货物、工程或服务的报价及其他相应招标要求的条件,参加投标竞争,经招标方对各投标者的报价及其他条件进行审查比较后,从中择优选定中标者,并与其签订采购合同的交易行为。

投标则是指有意提供采购所需货物、工程或服务项目的供应商、承包商向招标方书面提出自己拟提供的货物、工程或服务的报价及其他相应招标要求的条件,供发包机构选择成交的行为。

其中,发出招标邀请的机构称为招标人,投标的机构称为投标人。招标和投标的产品项目或工程项目称为标的。被选中提供商品或承包工程称为"中标",中标的机构称为中标人。

招标业务最早起源于英国,作为"公共采购"或"集中购买"的手段出现,之后在国际上被广泛采用。

采用招标形式购买产品或发包工程具有公开、透明、规范、经济的特点,能够使招标机构以最低的成本购买所需要的产品或发包工程项目。世界各国政府和国际机构普遍规定对政府采购或重大项目采购采取公开招标的形式,一些企业和民间机构出于降低成本、提高质量的目的也常常在商品采购和工程发包中采取招标形式,由此形成了巨大的国际招投标市场。

二、招标的分类

(一) 商品采购招标和工程承包招标

按照招标标的的不同,可以把招标分为商品采购招标和工程承包招标。前者是指招标人对拟购买的商品或服务进行的招标。后者是招标人对拟发包的工程项目进行的招标。

商品采购招标还可以进一步划分为政府采购招标、国际组织采购招标和私人机构采购招标。

政府采购招标指由政府指定的采购机构为政府部门及其附属机构采购所需物资的活动。政府采购的特点一是规模大;二是采购过程规范,通常制订有专门的法律规定和程序;三是通常优先购买本国产品。

国际组织采购招标指国际组织的采购机构采购所需物资的活动。国际组织采购招标与政府采购招标很相似,不同之处在于其对世界各国的商品一视同仁。

私人机构采购招标的主体是私人机构。在 20 世纪 80 年代以前,私人机构采购招标的规模相对比较小,主要用于大型零售机构的商品采购和大型项目的物资采购。近年来由于互联网、通信技术和经济全球化趋势的发展,越来越多的私人机构在商品采购中选择招标方式。

工程承包招标是发包机构将拟发包工程的内容、要求等通知拟投标单位,要求后者报价并从中选择合适中标人达成协议的行为。招标是工程项目发包中普遍采用的形式。

(二) 公开招标和邀请招标

按照发布招标信息形式的不同,招标可以分为公开招标和邀请招标。

1. 公开招标。公开招标,也称无限竞争性招标,是一种由招标人按照法定程序,在公开出版物上发布招标公告,邀请不特定的法人或者其他组织投标,所有符合条件的供应商或承包商都可以平等参加投标竞争,从中择优选择中标者的招标方式。

公开招标须符合如下条件:①招标人须向不特定的法人或者其他组织(有的科研项目的招标还可包括个人)发出投标邀请。招标人应当通过为全社会所熟悉的公共媒体公布其招标项目、拟采购的具体设备或工程内容等信息,向不特定的人提出邀请。任何认为自己符合招标人要求的法人或其他组织、个人都有权向招标人索取招标文件并届时投标。采用公开招标的,招标人不得以任何借口拒绝向符合条件的投标人出售招标文件,依法必须进行招标的项目,招标人不得以地区或者部门不同等借口违法限制任何潜在投标人参加投标。②公开招标须采取公告的方式,向社会公众明示其招标要求,使尽量多的潜在投标商获取招标信息,前来投标,从而保证公开招标的公开性。实际生活中人们经常在报纸上看到"×××招标通告",此种方式即为公告招标方式。采取其他方式如向个别供应商或承包商寄信等方式招标的都不是公告方式,不应为公开招标人所采纳。

招标公告的发布有多种途径,如可以通过报纸、广播、网络等公共媒体发布。

公开招标的优点在于能够在最大限度内选择投标商,竞争性更强,择优率更高,同时也可以在较大程度上避免招标活动中的贿标行为,因此,国际上政府采购通常采用这种方式。

公开招标也有一定的缺陷,比如,由于投标人众多,一般耗时较长,需花费的成本也较大,对于采购标的较小的招标项目来说,采用公开招标的方式往往得不偿失;另外,有些项目专业性较强,有资格承接的潜在投标人较少,或者需要在较短时间内完成采购任务等,也不宜采用公开招标的方式。

2. 邀请招标。邀请招标,也称为有限竞争招标,是一种由招标人选择若干供应商或承包商,以投标邀请书的方式向其发出投标邀请,由被邀请的供应商、承包商投标竞争,从中选定中标者的招标方式。

公开招标在其公开程度、竞争的广泛性等方面具有较大的优势,邀请招标的方式则在一定程度上弥补了公开招标的缺陷,同时又能够相对较充分地发挥招标的优势。

邀请招标的特点是:①招标人在一定范围内邀请特定的法人或其他组织(有的科研项目的招标还可包括个人)投标。与公开招标不同,邀请招标不需向不特定的人发出邀请,但为了保证招标的竞争性,邀请招标的特定对象也应当有一定的范围。②邀请招标不需发布公告,招标人只要向特定的潜在投标人发出投标邀请书即可。接受邀请的人才有资格参加投标,其他人无权索要招标文件,不得参加投标。

邀请招标虽然在潜在投标人的选择和通知形式上与公开招标有所不同,但其所适用的程序和原则与公开招标是相同的,其在开标、评标标准等方面都是公开的,因此,邀请招标仍不失其公开性。

邀请招标可以采取两阶段方式进行。当招标人对新建项目缺乏足够的经验,对其技术指标尚无把握时,可以通过技术交流会等方式广泛摸底,博采众议,在收集大量的技术信息并进行评价后,再向选中的特定法人或组织发出招标邀请书,邀请被选中的投标商提出详细的报价。

三、招标投标程序

招标可以由招标机构自行组织,也可以委托招标代理机构组织。招标、投标的主要程序如下:

(一)发布招标公告

公开招标的专门机构应在投标截止日之前发布招标公告。招标公告包括如下内容:

- 招标项目的名称、数量、内容、地点。
- 供应人或承包人的资格。
- 招标文件的发放办法和时间。
- 投标时间和地点。

在发布招标公告之前,招标机构或招标代理机构必须编制招标文件。其中,招标代理机构编制的招标文件应当经委托人确认,采购人应当对招标文件的真实性负责,自行编制标底并封存保密,在定标前任何人不得泄漏。所谓标底,是指采购人对于项目准备支付的价格。

招标文件应当包括下列内容:
- 供应人或承包人须知;
- 招标项目的性质、数量、质量、技术规格;
- 投标价格的要求及其计算公式;
- 交货竣工或者提供服务的时间;
- 供应人或承包人提供的有关资格和资信证明文件;
- 投标保证金的数额;
- 投标文件的编制要求;
- 提交招标文件的方式、地点和截止时间;
- 开标评标的时间以及评标的标准和方法;
- 采购或承包合同格式及其条款;
- 其他应当说明的事项。

(二) 资格预审

资格预审是公开招标前的一项重要工作。资格预审是指招标人在发出招标公告或招标邀请书以前,先发出资格预审的公告或邀请,要求潜在投标人提交资格预审的申请及有关证明资料,经资格预审合格的,方可参加正式的投标竞争。

资格预审是国际招标中的一个重要环节。通过资格预审可以确保投标人能够达到投标时承诺的条件,避免一些比较差的企业以较优惠的条件中标,但却无法实际履行的情况。资格预审的内容主要包括审核企业的财务状况、资格、信誉、能力等。特别要注意的是,一些中小企业如果在投标前不能取得政府机构的资格认证或一些认证机构的标准认证,在招标中通常都被排斥在外。

对投标人的资格预审通常采取两种方式,即招标前预审和招标后开标前预审。一般的招标多采用资格前审。资格后审属于特殊情况,是指招标人在投标人提交投标文件后或经过评标已有中标人选后,再对投标人或中标人是否有能力履行合同义务进行审查。

(三) 投标

在投标之前,投标人必须提交预审资料。在投标时根据招标人的要求提交标书

和投标保证金

投标保证金是为了招标人免遭因投标人的行为而蒙受的损失,招标人在因投标人的行为而受到损害时可根据投标人须知的规定没收投标人的投标保证金。投标保证金应用投标货币或另一种可能自由兑换的货币表示,并采用下列任何一种形式:①由一家在招标人本国或国外的信誉好的银行用招标文件提供的格式或买方接受的其他格式出具的银行保函或不可撤销的信用证,其有效期应超过投标有效期30天;②由符合要求的机构出具的履约担保书;③银行本票、支付支票;④现金。下列任何情况发生时,投标保证金将被没收:①投标人在投标有效期内撤回其投标;②中标人在规定期限内未能根据规定签订合同、不接受对错误的修正;③不提交履约保证金。

(四)开标、评标与现场竞投

所谓开标,是指在招标文件规定的日期、时间和地点将全部投标人送达的投标报价书所列标价予以公开宣布,记录在案,所有投标人均可了解各家标价及最低标价。开标时招标机构应当邀请评标委员会成员、供应人代表和有关单位代表参加。

所谓评标,是指评定投标人所提交的标书的优劣。评标由评标委员会负责,评标委员会由招标机构的代表和技术、经济或者法律等方面的专家组成,人数应符合法定规定,与投标人有利害关系的人不得作为评标委员会的成员。评标委员会的成员应当严格遵守评标规则,依法公正地履行职责,依据招标文件的要求,对投标文件进行评审和比较,在满足招标文件各项要求的情况下以第一标底的最低投标价者中标。评标报告是评标委员会评标结束后提交给招标人的一份重要文件。在评标报告中,评标委员会不仅要推荐中标候选人,而且要说明这种推荐的具体理由。评标报告作为招标人定标的重要依据,一般应包括以下内容:①对投标人的技术方案进行评价,进行技术、经济风险分析;②对投标人的技术力量、设施条件加以评价;③对满足评标标准的投标人的投标进行排序;④需进一步协商的问题及协商应达到的要求。招标人根据评标委员会的评标报告,在推荐的中标候选人(一般为1至3个)中最后确定中标人;在某些情况下,招标人也可以直接授权评标委员会直接确定中标人。

那些技术上没有要求的采购项目可以采取现场竞投方式,竞投开始前采购人应当对拟参加竞投的供应人的资格进行审查,以提交投标确认书和投标保证金,并经审查,符合投标资格的供应人方可参加竞投,现场竞投时以采购人确定的标底价为起叫价,供应人竞相应价,高于起叫价的应价无效,低于起叫价的最低应价者中标。

(五)定标、签订合同

定标即决定中标人。招标活动结束后,采购人和中标人应当按照中标通知书指定的时间、地点,并根据招标文件和中标的投标文件,签订合同。

（六）合同的履行和监督检查

合同签订后，招标人和中标人应根据合同的约定履行合同。招标机构还应对中标方履行合同的情况进行监督检查。

图 5-2 是我国建设工程施工公开招标程序流程，可供参考。

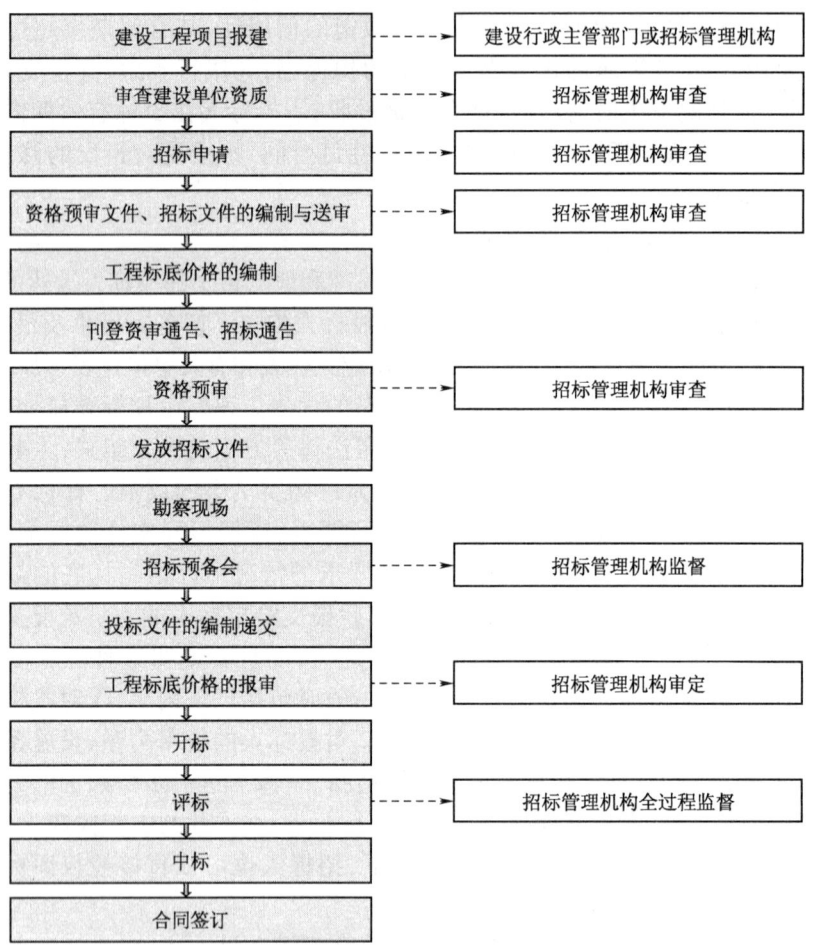

图 5-2　建设工程施工公开招标程序流程

四、联合投标

所谓联合体投标，是指两个以上法人或者其他组织组成一个联合体，以一个投标人的身份共同投标的行为。

联合体是一个临时性的组织，不具有法人资格。组成联合体的目的是增强投标竞争能力,减少联合体各方因支付巨额履约保证而产生的资金负担,分散联合体各方的投标风险,弥补有关各方技术力量的相对不足,提高共同承担的项目完工的可靠性。

此外,招标机构给予符合条件的联合投标一定优惠也是联合投标产生的一个重要原因。例如,世界银行在招标中规定,给予受援国的承包公司7.5%的报价优惠,即该受援国公司的报价可以比最低报价高出7.5%,外国公司与受援国公司联合投标可以享受这种优惠。一些国家在招标中也要求外国公司与本国公司合作,甚至将其作为授标的前提条件。

五、国际招投标业务的特殊性

作为招投标业务的一部分,国际招投标业务具有招投标业务的一般特征,也具有自己的特殊性。这种特殊性表现在以下几个方面:

(一) 差异性大

国际招投标项目所在的国家地理位置、政治经济体制、社会文化、法律、自然条件等方面都存在很大差异,每一个项目自身的特点和要求也不相同。

(二) 业务复杂

国际招投标业务所包含的内容繁多而复杂,一般涉及技术、经济、金融、保险、贸易、法律、跨国管理等多方面的业务内容,对投标人的要求比较高。一些大型项目管理程序比较复杂,涉及分包商、原材料供应商比较多,这也是业务复杂的一个原因。

(三) 风险性强

国际招标项目处在其他国家,其政治、经济、文化、法律环境往往是投标人无法估计和控制的,金融特别是汇率风险更是无时无刻不存在。而且,其中很多风险更多地会落到外国企业身上,如实施外资项目的国有化、没收、征用,贸易限制,外汇管制,排外事件等。此外,国际招标项目大多履约期时间长、金额大,这也加大了国际招标业务的风险。

(四) 投标门槛和障碍比较多

国际投标中的门槛和障碍可以分为合理和不合理两类。

一些招标机构为了简化招标程序、减少评标工作量或降低合同风险,往往对参加投标的企业设置一些门槛,如企业规模、财务状况、业务经验、资质和国际认证状况等,这些限制条件虽然也给一些不具备条件的企业造成了限制,但基本上合理的。

而投标项目所在国政府或招标机构为了增加本国企业或关联企业中标的机会所作出的特殊规定或歧视性安排则是不合理的。很多国家都规定,在政府采购活动中要优先购买本国产品。1933年美国的"购买美国货法案"(Buy American Act)规定,除非价格不合理或不符合国家利益,否则美国政府在美国国内货源具有足够品质及数量时,应购买美国商品。所谓价格不合理,是指美国货价格比外国货高6%以上。而根据1962年的"购买美国货法案"的修正案,美国国防部采购的美国货,价格可以比外国货高50%。2008年全球金融危机爆发后,2009年2月17日,美国总统奥巴马在科罗拉多州丹佛市签署了新政府经济刺激方案,即《2009年美国复苏与再投资法案》(American Recovery and Reinvestment Act of 2009,简称H. R. 1),以挽救因金融危机陷入衰退的美国经济,这份总额7 870亿美元的方案是第二次世界大战以来美政府最庞大的开支计划。该法案的购买美国货的条款("Buy American" provision)规定,使用美国政府提供的救市资金的项目必须优先使用美国生产的钢铁和制成品,除非采用该条款:①不符合公共利益;②美国生产的钢铁和制成品数量不够或质量不能令人满意;③使用美国生产的钢铁和制成品将使整个项目的成本提高25%以上。

类似地,日本政府在制定政府采购的技术标准时,往往以日本企业产品的规格为蓝本,或者使外国厂商不能投标或者提高其出口成本。

第六章

国际商务谈判

第一节 国际商务谈判概述

一、国际商务谈判的内涵和特点

（一）国际商务谈判的内涵

谈判是指人们为了改变相互关系而交换意见或者为了取得一致而相互磋商的过程。国际商务谈判指人们在国际商务活动中为在某一经济事务方面达成一致意见而相互接触、协商的行为和过程。

国际商务谈判也常常称为国际商务洽谈。从字面上看,"洽谈"强调了协商、和睦的表达方式,给人以温和、自如、轻松的感觉,而"谈判"则侧重于对事实和分歧的评价,给人以针锋相对、将本方观念强加于人的印象。

（二）国际商务谈判的特点

一般来说,谈判具有以下几个方面的特点：

第一,谈判是双方不断调整各自的立场,最终达成一致意见的过程。谈判之所以发生,一方面在于双方有共同利益,即有达成一致的可能性；另一方面在于双方存在意见分歧。谈判的过程就是双方作出努力、寻求共同点和作出让步,最终达成一致的过程。

第二,谈判是双方"合作"与"冲突"的对立统一。谈判的合作性表现在双方通过谈判,希望达成的协议对双方都有利。冲突性表现在各方都希望对手在谈判中作出进一步的让步,使己方获得尽可能多的利益,导致双方互不相让的局面。

第三,对谈判的各方而言,存在一定的谈判利益界限,即谈判各方从谈判中必须获得的最低利益,这是各方进行合作的基础。如果一方无视对方的最低利益,一味逼迫对方让步,就会使谈判陷于破裂。

第四,谈判的多变性和随机性。谈判的外部环境、谈判各方的目标和侧重点、谈判各方的信息和形势评估、谈判各方谈判策略和方法都有可能随时发生变化。能否熟练掌握谈判技巧,随时针对情况变化作出有针对性的调整,是影响谈判结果的重要因素。

第五,谈判是科学与艺术的结合体。作为一门科学,谈判活动具有自身的规律,要根据一定的规律、规则来制订谈判方案和对策;作为一门艺术,谈判人员的素质、能力、经验、心理状态、感情以及临场的发挥状况对谈判的进程和结果具有很大影响,使谈判结果具有很大的不确定性。

国际商务谈判除了具备上述谈判的一般特点之外,还具有一些特殊性,表现在以下几个方面:

第一,国际商务谈判双方之间的商务联系是两国或两个地区之间经济关系的一部分,经常涉及两国之间的政治和外交关系。因此,国际商务谈判往往不是完全自主的,在一定程度上会受到本国政府的影响,争取本国政府的支持是国际商务谈判成功的重要因素。

第二,国际商务谈判所涉及的是不同国家或地区的企业之间的商务关系,它所适用的法律关系要比国内商务复杂得多,既包括本国法律、谈判对方国家法律,也包括国际公约和协定,不存在一个统一、一致的国际经济法律体系,这无疑使国际商务谈判更加复杂和困难。

第三,国际商务谈判的谈判人员来自不同国家或地区,具有不同的社会文化背景,双方在价值观念、思维方式、语言、风俗习惯、商业惯例等方面存在很大差异,这也使得国际商务谈判更加复杂、困难。

第四,国际商务谈判所包含的内容比国内商务谈判要广泛得多,常常包括资产、货物、知识产权、人员的跨国转移。国际商务谈判的结果常常是国际贸易、国际投资、国际技术转让、国际保险、国际运输等多种业务的综合体。这样,如何挖掘双方合作的利益并在双方之间平衡利益就显得非常复杂。

二、国际商务谈判的种类

国际商务谈判按照不同的标准,可以划分为不同的类型。

(一)按照谈判的目标划分

按照谈判的目标划分,国际商务谈判可以分为不求结果的谈判、意向书与协议书的谈判、准合同与合同的谈判、索赔谈判。

1. 不求结果的谈判。不求结果的谈判分为两种情形。一种是一般性会见,另一种是封门性会谈。一般性会见指商务组织或个人从广交朋友、广泛寻求商业机会的角度与其他商务组织或个人进行的不具有明确目的和内容的一般性交流和洽商。一般性会见可以视做谈判的初级阶段或准备阶段。一般性会见的层次可高可低,会见的成员可以是行政人员、技术人员或业务人员。高级行政人员的会见往往旨在确定交易或合作的方向性或可能性,气氛大多热情友好,注重培养双方的友谊,加强双方的联系。中低级人员的会见具有较强的探询性,重点在于获取对方的业务信息或者介绍本方的业务情况。

封门性会谈是在本方没有交易兴趣或意向的情况下,通过提出较高的交易条件或远期、有条件的承诺,使对方放弃进行某项交易或合作的打算。这样所的好处是拒绝比较委婉,不至于影响双方的长期关系或为将来可能的合作留有余地。

2. 意向书与协议书的谈判。意向书指谈判各方经过初步接触后,为表示谈判意向而在实质性谈判之前签订的一个文件。协议书是在原则性问题上达成一致意见而形成的初步文件。意向书和协议书都不具备法律效力。意向书与协议书的谈判是谈判双方在正式谈判之前的准备工作,目的是为正式谈判扫清基本障碍。

3. 准合同与合同的谈判。准合同指附带先决条件的合同,即合同双方已经就合同的基本条件达成协议,但其中尚有一些待满足的条件,只有满足了这些条件合同才能正式成立。准合同中的附带条件主要分成四类。第一类是政府批准性条件,批准成立的合同一般都附加这类条件。第二类是内部批准条件,如需要经过公司股东大会或董事会批准,主要涉及合并、公司转让之类的合同。第三类是第三方行为条件,例如很多公司的章程规定,如果现有股东出售拥有的股份,其他股东拥有优先购买权,因此现有股东与外部公司之间签订的转让股份协议只有在其他股东放弃优先购买权的情况下才能够成立。第四类是业务指标条件,也就是在合同中规定一方或双方的某些业务指标必须达到某项要求之后合同才能成立,这样的规定主要是为了更好地明确双方的权利义务,方便业务的展开,如企业在与投资开发区签订的合同中可以约定开发区必须在某个时限前完成开发区的基础设施建设。

合同是两个或两个以上当事人之间为实现一定目的,明确相互权利义务关系所达成的协议。合同必须具备标的、费用、期限等基本要素。准合同与合同在形式上没有多大区别,内容格式也一样,但在法律效力上则有很大区别。合同一经签订就具备法律效力,准合同则只有在先决条件满足时才成立,一旦先决条件丧失则自动失效。

4. 索赔谈判。索赔谈判是指一方向另一方索取赔偿的谈判。从索赔的理由上看,索赔可以分为合同索赔和侵权索赔。合同索赔指存在合同关系的双方中的一方在向另一方提出的索赔,索赔的依据是合同违约。侵权索赔是指不存在合同关系的双方中的一方认为另一方侵犯了自己的合法权益而提出的索赔要求,常见的形式包括损害赔偿、侵犯知识产权索赔等。索赔谈判的突出特点在于证据的搜集和提交。如果双方通过索赔谈判无法达成一致,提出索赔要求的一方可以提请仲裁(仅适用于合同索赔)和司法诉讼。

(二)按照参与者地位的不同划分

按照参与者地位的不同,国际商务谈判可以分为买方谈判、卖方谈判、代理谈判、合作谈判等。

1. 买方谈判,即作为买主参加的谈判。买方谈判的特点在于事先要大量搜集有关购买标的物和市场价格的信息,在谈判构成中要采取各种手段争取压低价格。

2. 卖方谈判,即作为卖主参加的谈判。卖方谈判的特点在于事先要大量搜集有关竞争对手报价和买方底价的信息,在谈判中尽量抬高价格但又不能把顾客赶走。

3. 代理谈判。代理谈判指受其他人委托以代理人身份参与的谈判。根据代理人权限的不同,代理人可以分为部分代理和全权代理。部分代理指代理人只有谈判权而没有签约权,全权代理的代理人则既有谈判权又有签约权。与买方谈判和卖方谈判相比,代理谈判具有姿态超脱、谈判权限观念强、态度积极等特点。

4. 合作谈判。合作谈判是指以合资、合作为目标进行的谈判。合作谈判具有业务复杂、风险大、双方利益密切相关等特点。

(三)按照举行地点的不同划分

按照举行地点的不同,国际商务谈判可以分为主场谈判、客场谈判、主客场轮流谈判和中立地谈判。

1. 主场谈判,即某一谈判方以东道主身份在自己的所在地进行的谈判。主场谈判的特点在于易于建立心理优势、易于准备和补充材料、易于控制谈判的组织和进程等。

2. 客场谈判,即某一谈判方在谈判对手所在地进行的谈判。客场谈判的特点在于存在语言障碍、在组织谈判和搜集材料方面比较被动、容易"坐冷板凳"等。

3. 主客场轮流谈判。主客场轮流谈判指在谈判过程中谈判地点在谈判双方之间轮流互易的谈判。主客场轮流谈判的特点在于双方可以轮流主导谈判进程,组织过程复杂,持续时间比较长,一般适用于数额较大或比较复杂业务的谈判。

4. 中立地谈判。中立地谈判指在双方所在地之外的第三地进行的谈判。中立地谈判的特点在于双方的谈判地位比较平等。

(四)按照内容的不同划分

按照内容的不同,国际商务谈判可以分为贸易谈判、投资谈判、技术转让和合作谈判、租赁谈判、劳务合作谈判等。

第二节 国际商务谈判的组织

一、谈判班子的组织

(一)谈判班子的构成

1. 台前人员和台后人员。根据在谈判过程中任务的不同,谈判班子可以分成两大类,即台前人员和台后人员。

台前人员指在谈判桌上直接与对方进行谈判的人员。台后人员指不直接上谈判桌,而在幕后为台前人员出谋划策或准备文件资料的人员。

台前人员根据其职责的大小可以分为主谈人和谈判助手。主谈人是谈判中的主要发言人,主谈人的任务是将本方在会下确定的谈判目标和策略在谈判过程中实现。对主谈人的要求通常都是很高的,一般应思维敏捷缜密,具有较高的专业知识和交际能力。谈判助手的主要任务是协助主谈人做好工作,如准备资料或就一些次要问题与对方人员展开谈判,以及主谈人出现疏忽的时候给予必要的提醒等。

有时,如果主谈人的地位比较低,还要由本方主要负责人担任谈判组长。谈判组长的主要工作是在谈判前组织谈判的准备工作,在谈判中监督主谈人的工作,必要时也可以参加谈判过程。

2. 专业构成。为了应付谈判中可能遇到的各种问题,谈判班子应该由不同专业背景的人员构成,一般应包括技术人员、业务人员、管理人员、法律人员、翻译人员,必要时也可以包括金融财务人员等其他人员。

（二）谈判班子的规模

谈判可以分为一对一的个体谈判和多人参加的谈判。一对一的个体谈判中谈判班子只有一个人,可以在授权范围内根据谈判的进程作出判断,灵活掌握各种有利时机。但在较复杂的谈判中,因为涉及面广,资料多,对谈判人个人的知识、能力、精力、应变能力要求很高,一个人很难胜任。多人参加的谈判的班子由多人组成,他们在专业、能力方面可以取长补短,形成综合优势,但人数过多也会带来沟通、协调困难的问题。一般认为,谈判的核心人员宜在 4 个人左右。

二、谈判过程的组织

谈判的过程可以归纳为 PRAM 四个步骤,即制订谈判计划(plan)、建立关系(relationship)、达成协议(agreement)和维持关系(maintenance)。

（一）制订谈判计划

一说到谈判,很多人总是只联想到面谈,但计划与准备阶段是整个谈判过程最关键的,至少,要知道一个典型的谈判其结果如何,其实有 50% 在你和客户见面之前就已经决定了。优秀谈判人员 60% ~70% 的谈判时间是花在准备工作中,真正花在谈判桌上的时间只不过占总时间的 30% ~40%,可见准备工作之重要。在每一次谈判之前做好充分的计划与准备,是取得良好谈判结果的基石。有效进行谈判准备,这是取得谈判胜利的关键。

在谈判计划中首先要明确本方的谈判目标;其次要设法理解和弄清楚对方的谈判目标;然后将两者进行比较,找出在本次谈判中双方利益一致和不一致的地方。对于双方利益一致的地方,可以在正式谈判中首先提出来,并由双方加以确认。

谈判发生的客观基础是可谈判性,即谈判双方之间存在可以谈判和协商的利益。双方谈判的过程既是发现利益的过程,也是对利益进行分割的过程。在国际商务谈判过程中,要注意谈判区间的存在。所谓谈判区间,也就是谈判双方可以接受的利益区间,即最低利益与最高利益。如果在谈判中要价过高,使对方无法得到最低利益,就会导致谈判破裂。反之,如果在谈判中要价过低,也会使本方利益受到损失。谈判目标可以分为三个层次。第一个层次是最低目标,也可以称为谈判底线。第二个层次是可接受的目标,这是谈判方可接受的交易条件范围。第三个层次是最高目标,即认为可以取得的最好的交易条件。

谈判是一种不必借助武器的战争,三言两语就可以造成极大的"杀伤力",亦可轻而易举地征服人心。在任何商务谈判前都先应做好周密的准备,广泛收集各种可能派上用场的资料,这样才能使自己无论处在何种局面,都能从容不迫地应付。要想与对手谈成生意,必须做到像侦察员一样,先弄清对手的底细,然后再进入真正的实质性谈判。在谈判前,要对对方的情况作充分的调查了解,分析他们的强弱项,分析哪些问题是可以谈的,哪些问题是没有商量余地的;还要分析对于对方来说,什么问题是重要的,以及这笔生意对于对方重要到什么程度;等等。

谈判计划的制订是否成功,在很大程度上取决于情报收集和分析工作的质量。情报资料按照不同的标准可以区分为不同的类型,如市场情报、技术情报、政策情报、对手企业状况情报、对手谈判目标情报、对手谈判人员情报、公开情报、内部情报等。

情报内容不是一成不变的,很多情报资料事前很难获得,如谈判人员的背景、性格、能力;有些情报要在谈判过程加以核实和调整。

(二)建立关系

一般来说,人们在对对方不了解、不信任的情况下总是存在一定戒备心理,层层设防,不愿透漏本方目标,更不愿首先向对方许下诺言。在这种情况下,谈判成功的可能性是很低的。只有在双方彼此建立一定了解和信任的情况下,谈判才能顺利展开。可以说,谈判双方之间的信赖关系是谈判成功的基础。在这方面,谈判中东道主一方尤其要作出努力,在对方人员的接待、生活的安排、谈判组织方面给予细心安排。

(三)达成协议

这是谈判中最重要的目标。达成协议的关键是核实对方的谈判目标、调整本方的谈判目标,进一步收集情报,说服对方接受本方提出的交易条件。

(四)维持关系

协议的达成并非谈判的终极目标。谈判的最终目标是协议的圆满贯彻执行。协议签订后,双方还必须信守协议,积极履行合同,并且监督对方按协议履行合同。

三、谈判礼仪

谈判礼仪主要包括谈判场所的安排、谈判人员安排、谈判着装、谈判语言、谈判举止五个方面的内容。

(一)谈判场所的安排

确定谈判地点是一项十分重要的工作。在主场谈判情况下,东道方要负责谈判现场的布置与安排。在不同地点进行的谈判可以影响谈判双方的地位,进而影响到谈判策略的制定和战术的运用。谈判现场的安排主要包括两个方面,一是谈判室以及室内用具的选择布置,二是座位安排。

在选择谈判场所时通常要考虑双方谈判力量的对比、可选择地点的多少和特色、双方的关系与费用水平等因素。谈判现场的安排会对谈判人员和谈判结果产生一定影响。

如果是重大的谈判,要以在办公室、会客室或者会议室谈判为好,以示重视。如果双方比较熟悉,也可以在餐桌等较为随意的场所进行谈判,可能气氛会更随便、更热烈些。

谈判室一般安排两个,一个作为主要谈判室,另一个作为秘密会谈室,如有可能还要安排一个休息室。主谈室光线要充足,用具要舒适。主谈室中的桌子有长方形、椭圆形和圆形之分,一般以长方形为佳。主谈室内要安排一定的显示用具,如白板、投影仪和屏幕等。为了不给双方造成心理负担,主谈室内一般不安装录音、录像设备。秘密会谈室可供一方内部协商时使用,也可供双方秘密协商使用。

座位的安排方式一般是谈判双方各居谈判桌的一边。这样安排有利于谈判各方内部交流信息,也可以加强谈判人员心理上的安全感,不足之处在于容易造成双方阵线分明、利益冲突的对立感,不容易形成宽松、融洽、友好的谈判气氛。另一种不太常用的安排方式是双方人员混坐,这种安排方式不利于各方人员内部的沟通。

(二)谈判人员安排

通常在谈判时要遵循地位对等原则,以视对对方的尊重。这种对等,主要体现在谈判班子的领导层面,具体谈判人员可以不受此限制。

(三)谈判着装

谈判人员要十分注意谈判时的着装。一方面是对对手的尊重,另一方面也能够给对手留一个好的印象。这样做对谈判的成功也起到了一定的辅助作用。犹太教里有这样的教诲:人在自己的故乡所受的待遇视风度而定,在别的城市则视服饰而定。

谈判人员的着装要干净合适,符合礼仪。尽量避免穿奇装异服,不要给对方造成花里胡哨、不够稳重的感觉。国际商务谈判很注意对手的穿着打扮,很多国家的谈判人员喜欢从谈判对手的服饰方面判断其经济实力、交际能力、个性。例如,对男性谈判人员来说,西服、衬衣、皮鞋、领带、皮带、戒指、手表,都是可以用来判断对方的细节。

通常,在谈判桌上,不要穿太过于低档的衣服,也不要轻易穿过于华贵的衣服,要给人一种稳重而又含而不露的感觉。谈判人员的服装应当注意以下两点:①服装要整齐。商务人员一般很少穿公司制服去拜访客户。但客户来访,必须穿制服接待。不论制服也好,便服也好,总之应该整洁大方,不能邋邋遢遢,不修边幅。②必须注意衬衫的领子、袖口是否干净,裤缝是否挺直,鞋子是否保持光亮,袜子是否整洁。

(四)谈判语言

在谈判过程中,言谈举止一定要文明有修养,说话要机智幽默,粗话脏话千万不可冒出口。

(五)谈判举止

国际商务谈判中的谈判各方来自不同国家,具有不同的文化传统和风俗习惯,如果不加以注意,很容易产生误解和不愉快。首先,世界各国具有不同的时间观念。一般来说,在世界各国的商务活动中守时守约都是基本的礼貌,是对对方的友好和尊重。在具体时间安排上既不要迟到,也不要过早。过早不仅会使主人因准备未完毕而难堪,而且容易给予对方我方急于成交的感觉。

不同国家的见面礼仪不尽相同,如有拥抱、握手、鞠躬等,以握手居多。在谈判之前,应该对于对手国家的见面礼仪有所了解。在接触过程中举止要端庄稳重,落落大方,表情诚恳自然,平易近人。在接触过程中要注意,在不同国家妇女地位存在很大差别,例如在西方国家,一般遵循女士优先的规则,而在一些强调男性地位的国家,妇女往往处于从属的地位。有些国家比较注意地位的高低和先后顺序,如日本、欧洲,而美国人则相对自由一些。在称呼上有些国家的人比较喜欢称呼职位,而另一些国家则喜欢在熟悉的朋友之间直呼姓名。

在谈判方式上,有些国家喜欢先谈一些题外的话题,建立亲近感,然后才进入正题,而另一些国家则喜欢直奔主题。

总而言之,在国际商务活动中,礼仪不仅是一个形式问题,往往涉及双方之间信任感的建立和融洽气氛的培育,从而关系到谈判的进程和结果。

四、国际商务谈判的策略

谈判的策略多种多样,效力和适用范围也不尽相同。下面我们介绍几种具有代表性的谈判策略。

(一)强硬型谈判策略

这种谈判策略的特点是立场强硬、决不让步,迫使对方作出让步。

采用强硬型谈判策略,通常要价很高或出价很低,并顽强地坚持其要求,即使作出让步,幅度也很小,随着谈判的展开,让步越来越少,即使面临陷入僵局的危险也不改变本方的强硬立场。一旦采取强硬型谈判策略,就要将这种强硬立场贯穿于整个谈判过程。

运用这种策略时要注意,要价要高,让步要慢,一开始就要削弱对方的自信心,同时要趁机试探对方的实力和底线。同时也要注意要价的合理性,不要因为轻率而丧失可能的交易机会。

采用强硬型谈判策略可以采用的具体战术有以下几种:

第一,打击对方自信心。采用这种战术,事先要做好充分的准备工作,谈判伊始就向对方提出一系列对方难以回答或保证的问题和要求。同时,针对对方的论点和论据,要不遗余力地逐一加以批驳。这样做的目的是打击对方自信心,让其对自身所持观点产生动摇。

第二,最后通牒,即在谈判限于僵持阶段时,其中一方宣布某个新条件或某个期限,作为对谈判中合同成败的最后决定条件,逼迫对方最终答复。

最后通牒实际上是把谈判结果局限为两种极端的情况,或者以本方条件达成协议或者谈判破裂。在某些情况下,如双方意见已经比较靠近但为一些琐碎细节争论不休,或者谈判破裂对另一方损失太大,谈判的另一方可以采取最后通牒方式。但在大多数情况下,不适宜采用这种战术,即使采用也要采用比较温和的方式,如措辞尽量委婉、提供新的依据、给予对方足够长的时间等。

20世纪80年代末,硅谷某家电子公司研制出一种新型集成电路,其先进性尚不能被公众理解,而此时,公司又负债累累,即将破产,这种集成电路能否被赏识可以说是公司最后的希望。幸运的是,欧洲一家公司慧眼识珠,派三名代表飞了几千英里来洽谈转让事宜。这家欧洲公司诚意看起来不小,一张口起价却只有研制费的2/3。电子公司的代表站起来说:"先生们,今天先到这儿吧!"从开始到结束,这次洽谈只持续了三分钟。岂料下午欧洲人就要求重开谈判,态度明显"合作"了不少,于是电路专利以一个较高的价格转让了出去。硅谷公司的代表为什么敢腰斩谈判呢?因为它知道,施压有两个要点:一是压力要强到让对方知道你的决心不可动摇;二是压力不要强过对方的承受能力。他估计欧洲人飞了几千英里来谈判,决不会只因为这三分钟就打道回府。这三分钟的会谈,看似打破常规,在当时当地,却是让对方丢掉幻想的最佳方法。

第三,情绪爆发。这是指在谈判过程中,当双方在某一个问题上相持不下时,或当一方态度、行为欠妥或者要求不尽合理时,另一方可以抓住机会,突然之间情绪爆发,给对方以巨大的压力,使其手足无措,动摇信心和立场,作出某些让步。

第四,条件限制。当谈判人员遇到对方有力的攻势而又没有充分理由反驳时,为了避免让步,可以借口某种客观因素或者条件的制约而拒绝对方的要求。经常使用的限制性因素包括授权限制、资料限制以及其他的限制。

(二)心理型谈判策略

这种策略的方法是利用对方心理或感情上的弱点,使对方在心理上对我方产生好感或同情,以取得较为有利的交易条件。

心理型谈判策略是一种低调、弱势的谈判策略,常用的战术手段有:

1. 尊重礼让,即通过良好的礼貌、尊重,使对方获得尊重的需要,放松对谈判目标的追求。礼貌、周到、耐心是这种战术的核心。

2. 恻隐术,即在谈判过程中故意暴露出处境艰难、令人怜悯的迹象,借以赢得对方的恻隐之心,降低谈判条件。

3. 场外交易,即在正式谈判之外的场合尽可能加强与谈判对手的沟通,取得谅解和共识。例如,在欢迎酒宴或观光旅游过程中巧妙地就谈判问题展开讨论。

我们每个人都有虚荣心,也都希望有成就感。在商业谈判中,如果你一直在气势上、利益上压倒对方,这就把交易变成了交底,把谈判变成了审判。表面看你是完全彻底地胜利了,实际上你在某种程度上已经失败了。所以,不妨试着从对方的虚荣心上下工夫。在这个世上最美妙的语言就是奉承的话,没有人听到奉承的话会生气,会不开心。但说奉承话需要把握分寸,既不流于谄媚,又不损伤人格。只要用心,总是能够在别人身上找到某些值得称道的东西。

这种方法用在独裁型谈判对手身上最合适,这类人自视清高,自以为是,藐视不同意见。应付独裁者类型的客户要有技巧,对待这种不可一世的客户应设法让其暴露缺点。要了解他们的观点,使产品投其所好,并积极利用其虚荣心,鼓励他们直抒己见,这样才能知道他的价值观念、偏见等等,之后才能够根据他的偏好来确定自己的应对策略。

课程案例 6—1

戈尔滋的谈判策略

戈尔滋年轻的时候便离开了以色列移民到美国,不久便和亚特兰大市本地一位女子结婚。后来他们夫妇开始做生意,创建了变色龙油漆公司。公司刚刚开发出一种新型油漆,具有色泽柔和、不易剥落、防水性能好、不褪色等很多优点。虽然广告费花了不少,但收效甚微。戈尔滋决定以市内最大的英骄莱弗家具公司为突破口开拓出一条自己的路。

一天,戈尔滋直接来到了英骄莱弗家具公司,找到了总经理斯坦纳:"斯坦纳先生,我听说,贵公司的家具质量相当好,特地来拜访一下。久仰您的大名,您又是本市杰出企业家之一,您经过这么短的时间,就取得了这么辉煌的成就,真是让人羡慕!"

听他这么一说,斯坦纳非常地高兴,就向他介绍了一下本公司的产品、特点,并在交谈中谈到他怎么从一个贩卖家具的小贩走向生产家具的大公司总经理的历程,还领戈尔滋参观了他的工厂。在上漆车间里,斯坦纳拉出几件家具,向戈尔滋炫耀那是他亲自上的漆。戈尔滋顺手将喝的饮料倒了一点在家具上,又用一把螺丝刀轻轻敲打。斯坦纳很快制止了他的行为,还没等斯坦纳开口,戈尔滋发话了:"这些家具造型、样式是一流的,但这漆的防水性不好,色泽不柔和,并且易剥落,影响了家具的质量,不知对不对?"

斯坦纳还连连点头称是,并提到,听说变色龙油漆公司推出一种新型的油漆,因为不了解所以没有订购。戈尔滋从包里淘出了一块各面都刷了漆的木板。戈尔滋声称,泡在水中的木板,已浸了一个小时,木板没有膨胀,说明漆的防水性好,用工具敲打,漆不脱落,放到火上烤,漆不褪色。于是英骄莱弗公司很快就成了变色龙公司的大客户。

从这则小事例中看出,戈尔滋一开始并没有直接称赞自己的油漆有多么得好,而是从赞美英骄莱弗公司的产品入手,又赞美了斯坦纳的奋斗历程。受到赞美的斯坦纳心里乐滋滋的,戈尔滋在其心情愉快之后,点出了英骄莱弗家具公司产品的油漆性能差,直接影响到了家具的质量,而在此时,适时展示了自己公司最好的产品。于是,斯坦纳很自然地接受了其建议,戈尔滋顺利地赢得了这家客户的订单。

(资料来源:康毅仁编译:《犹太商道:世界上最伟大的财富思想》,哈尔滨出版社2004年10月版)

讨论题目:
1. 戈尔滋先生是如何展开与斯坦纳先生的交谈的?
2. 戈尔滋先生是如何引出与斯坦纳先生的谈判话题的?
3. 戈尔滋先生是如何让斯坦纳先生接受自己的产品的?

(三)拖延型谈判策略

拖延型谈判策略即人为地延长一场谈判或一项谈判的时间,以期对方失去耐心或出现失误,从而达成对本方有利的协议。常用的拖延战术有:

1. 疲劳轰炸,即通过有意将谈判日常安排得非常紧,使得对方不得不在经过白天长时间的会谈后继续在晚上做谈判准备,从而导致对方疲劳过度,出现失误,达成有利于己方的协议。在主场谈判情况下,疲劳轰炸战术效果更为有效。

2. 重复立场,指在谈判中反复强调己方立场,对于对方立场或建议,或直接加以否定,或寻找借口推脱,或干脆置之不理,迫使对方在无可奈何情况下作出让步。

3. 不明确表态,即在谈判中态度不明朗,利用含糊其辞的立场使对方捉摸不透,拖延时间,诱使对方出现失误或降低交易条件。

拖延战术作为一种基本手段,在具体实施中可以有许多变化。例如,一些日本公司就常采用这个办法:以一个职权较低的谈判者为先锋,在细节问题上和对方反复纠缠,或许可以让一两次步,但每一次让步都要让对方付出巨大精力。到最后双方把协议已勾画出了大体轮廓,但总有一两个关键点谈不拢,这个过程往往要拖到对方精疲力竭为止。这时公司的权威人物出场,说一些"再拖下去太不值得,我们再让一点,就这么成交吧"之类的话,此时对方身心均已透支,这个方案只要在可接受范围内,往往会一口答应。

(四) 虚实结合策略

虚实结合策略指在谈判中采取虚实结合的办法向对方传递信息、提出建议,利用对方的判断失误获得对己方有利的交易条件。经常采用的虚实结合战术有:

1. 传递虚假信息,即在谈判过程中,为了迫使对方降低交易条件,有意向对方传递虚假的信息。例如,暗示对方我方会调整谈判人员、结束谈判或者暗示对方与其他客户接触的信息等。采用这种战术最重要的是要安排严谨,使对方确信无疑。

2. 声东击西,即转移对方注意力,在无关紧要的问题上纠缠不休或者在本方不成问题的问题上做文章,以达到分散对方的注意力,在对方没有警觉的情况下实现自己的谈判目标。

3. 先硬后软,即安排两组或两个人与对方谈判。一般是第一组或第一人先与对方谈判,提出较为苛刻的交易条件。在多次谈判未果的情况下再由第二人或第二组与对方谈判,并提出一个较为优惠的交易条件,诱使对方接受。其实,第二人或第二组提出的交易条件就是己方真正的交易条件。

五、谈判的报价策略

(一) 报价的基本原则

1. 合理性。尽管报价有很多策略和技巧,但不可不切实际,信口开河。它要求谈判人员反复核算、验证己方标的物价格所依据的价格构成因素(如成本、市场需求状况、品质、竞争等)以及可靠的信息资料,确定合理的价格金额——"底价"以及备调幅度。"底价"的确定一般是成本加上最低的预期利润。它是确保己方最基本利益的界线,并可以使谈判人员的报价心中有数。备调幅度是底价至最高报价的弹性区间,是讨价还价的基本依据和客观要求。它应在"底价"的基础上根据市场供求量、需求价格弹性系数(需求变化的百分比除以价格变化的百分比)、商品的使用价值和品质及满足客户需要程度、竞争对手同类产品的价格、有关法规和政策的规定以及谈判对手的谈判策略、方式和风格等来合理确定。否则,如果根据虚设和主观想象,所报的期望价过高或可调幅度不实际,势必在对方提出异议后,讲不清依据和道理。这就会使己方处于不利的地位,甚至丧失信誉,也会动摇对方的谈判信心,影响谈判顺利进行。

2. 策略性。在确定"底价"和备调幅度以后,仍有一个报价的策略性问题,即开盘价是报备调幅度内的较高价格或最高价格还是报较低价格或底盘价。一般认为,在正常情况下,最初的开盘期望价应当是最高的,或是较高的。这不只是因为谈判的惯例是如此,更重要的是报价策略的要求,因为开盘报价传递给对方的信息是:它是我方要价的最上限。这就意味着给对方讨价还价的尺度规定了一个最初标准,我方不会提出更高的价格,同时也不奢望对方接受更高的价格。在这种情况下,较高的报价显然对发盘方有利,它为发盘方维护自己的经济利益首先筑起了一道防线,也为以后的讨价还价提供了回旋余地。对方要突破这道防线,或多或少总要付出一定的代价。当然,报高价的同时要考虑到今后的让步策略,也要清醒地认识到,高价会扩大交易双方的差距,那就有可能在近期内不会有结果,也不能指望对方会给予早期的让步。这就有一个运用策略的通盘考虑的问题。

3. 综合性。在实际谈判中,不是仅靠一厢情愿和策略就能让对方接受较高的报价的。寻求自己的最高利益无可非议,但兼顾对方接受的可能性也是顺理成章的。因此,需要制定一个综合性的报价方案。这个方案既要考虑价格,也要考虑对价格有着影响作用的其他交易条件,如数量、交货条件、支付方式、服务要求等。还要符合报价欲得利益与对方接受的可能之间的最佳吻合区间,使报价成为最高可行价。实践证明,报价高未必预期利润就高。例如,某谈判方参加某承包工程的投标,其报价、成本、中标概率、预期利润如表 6-1 所示。

表 6-1 不同报价方案比较

报价方案	报价(b)	成本(c)	中标概率(p)	预期利润[$p(b-c)$]
1	200	100	0	0
2	180	100	0.2	16
3	160	100	0.3	18
4	140	100	0.5	20
5	130	100	0.8	24
6	80	100	1.0	-20

从表中可以看出,报价高的未必预期利润就高,未必就是最理想、最合适的报价。

4. 艺术性。报价还应正确地掌握表达的技巧与艺术性。

(1) 报价要有信心,坚定而果断。谈判中的价格没有不可以商谈的,但这并不影响初始报价的信心。可以设想,如果一方报价,扭扭捏捏,犹豫不决,使人感到自己都不相信,又如何说服对方。难免会给人留下不诚实、不严肃的印象。

(2) 直接报价,抽象阐述,不作任何具体的解释和说明。因为初始报价并不奢望对方会立即接受,讨价还价亦是一种惯例(即使是最合理的报价也是如此)。己方主动解释和说明,会使人感到"此地无银三百两",另外,还有一个商业机密的问题。在不成熟的情况下,不首先说远远比真说或假说更有利、更主动。

(3) 报价要简洁明了、含义清楚。报价的目的是使对方准确地了解己方的期望价格。因此,报价时所用概念、术语、言语以及条件务必严谨,不能使对方有任何误解。为谨慎起见,可以同时通过分发书面价格表、资料来配合。

(4) 报价的先后,应根据谈判策略与具体情况来选择。报价的先后各有利弊,不可一概而论。先报价可以为谈判的范围与框架首先施加影响,甚至为今后的讨价还价起到持续影响作用。但它也会为对方了解己方的初始想法以及确定策略提供条件,如果报价失当,也会引起对方的猛烈攻击。因此,是"先入为主"还是"后发制人",要由己方的报价准备状况及所拟定策略决定。二者效果如何,最终取决于谈判者的地位、经济与谈判实力。

（二）报价的策略

1. 高价与低价的技巧。在报价欲得利益与受方接受的可能性区间内,报高价还是报低价,最终取决于产品的特点以及由此而决定的市场需求状况。报高价可以赚取较大的利润。在有可能的情况下,任何厂商都希望自己的商品以高价成交,但所报价格的产品必须具有新、奇、稀、缺等特点,且市场上没有有力的竞争对手,产品供不应求,需求弹性小。如,某些新兴的化妆品、电子产品、保健产品、流行款式的服装、具有高技术的劳务工程、新型和特殊的服务项目等均可运用高价技巧。而报低价可以吸引客户,迅速占领市场,排斥竞争对手的加入。报低价大多数是属于客观情况所迫,也有个别是主动、故意地不报高价。比如,市场上竞争激烈,竞争品或代用品多,产品进入成熟期,客户接受的可能性较小等。在这种情况下,报低价未必不能赚钱。此外,高价与低价是一个相对的、发展的概念,不是永恒的、一成不变的,报价人更应掌握其转化过程中的尺度与技巧。例如,1945年在美国问世的圆珠笔,开始的生产成本只有0.5美元,但由于其特有的魅力和特点,如同原子弹爆炸一样引起了人们的关注和轰动。厂商运用高价法,把出厂价定为10美元一支,市场零售价则高达20美元一支。随着圆珠笔进入成熟期,成本降低,加上其生产经营竞争激烈,圆珠笔的价格不断调整,直到市场零售价格调低到0.7美元左右一支。

2. 综合报价技巧。谈判中不存在孤立的价格问题。产品价格不仅本身有弹性,而且由于与其他交易条件有着密不可分的联系,更使报价具有广泛的回旋余地。尤其是经过数轮的讨价还价,各方的意见都已表达清楚,或者价格本身谈判艰难,或者有可能趋于一致。这时的重新报价,可以充分运用带有附带条件的综合报价技巧。以下是几种主要的方法:

（1）附带数量条件的报价技巧。这是指卖方为了鼓励买方大量或集中购买,而根据购买数量或金额来确定报价水平。如果购买量(或金额)小,价格可适当报高一点。如果购买量或金额"大",价格可适当报低一些。购买数量、金额越大,价格折扣越大。例如,制造商为了鼓励客户大量购买成套设备,在优惠报价的同时,也会以免费赠送一些零配件、易损件的方法促使交易达成。

（2）附带支付条件的报价技巧,即卖方视对方的支付方式与时间的情况来确定报价水平,因为不同的支付方式包含的经济含义、风险不同。例如,在国际贸易中,信用证的收汇风险极小,而托收相比之下风险就大。报价时,前者肯定会低于后者。再如,即期付款、分期付款和延期付款不仅涉及风险问题,还涉及利息损失。所以,在报价时,它们各有不同的价格也是自然的。

(3)附带供货时间的报价技巧,即买卖双方根据供货期间的产品供求状况及季节性来确定报价水平。显然,供不应求,处于销售旺季的产品,价格要高一些;而供过于求,处于销售淡季或过季的产品,价格就要低一些。

(4)附带成交时间的报价技巧,即卖方为了鼓励买方立即或在规定的时间内按既定的报价成交,而提出一定比例的货款回扣或赠附一些现货等优惠条件。该种技巧在商务谈判中是经常被采用的,而且对买方接受既定的报价或立即成交有较大的促进作用。

3. 心理报价技巧。根据客户的心理因素采用不同的报价技巧会有积极的效果。

(1)尾数报价技巧,即利用人们接受价格的某种心理因素及特殊意义的尾数的报价。利用尾数报价迎合客户或消费者的心理理由主要有四个:①在产品质量以及其他条件一定的情况下,小于整数的带尾数的价格,总是使人感到便宜,如29元要比30元让人感觉便宜很多。②价格一般是按实际成本加上适当的利润计算出来的,计算后的价格是整数的情况通常属于巧合,因此以整数报价往往会给人们一种不真实的感觉。③带尾数的价格容易使人产生"去尾数,凑整数,便于计算"等心理,有利于讨价还价,尽快成交。④利用某些民族、地区以及商人对某些数字的偏好心理,有时也会使价格的接受变得容易一些。如,中国香港的商人对6,8,9很喜欢,因为它们是禄、发、久的谐音。日本人对4和5很忌讳,因为它是死与苦的谐音。有些商人还有自己的吉利数字。

(2)整数报价技巧,即根据某些特殊商品和特殊消费的特点,利用人们求"高贵"、"豪华"、"讲排场"等心理进行整数报价的技巧。如对于名贵的西服、豪华的轿车、高档的电器、个性化的服务等。整数报价可能会更迎合有特殊需要和较高消费层次的客户的心理需要,便于他们选购,便于消费。

(3)声望报价技巧,即利用客户崇拜名牌、讲求优质、显示身价等心理,有意提高报价的技巧。因为有名的企业、名牌产品、高科技产品会给客户带来更好的效益,给人以安全感,它既可以增强报价者的信心,也可以使对方觉得产品质量可靠,从而刺激其购买欲。

(4)习惯报价技巧,即根据某些产品的通行价格和客户习惯准备支付的价格报价的技巧。如一些进入成熟期的日用品价格一般是相对固定的,人们往往在心理上习惯于根据价格来判断卖者的诚意,衡量所卖产品的品质。如果价格高了,影响销售;如果价格低了,也会使客户以为产品质量存在问题。对于这些类型的产品,即使成本下降,也不能轻易降价;若成本增大,也不能轻易涨价,只能薄利多销。

(5)招徕报价技巧,即以各类特种促销方式,满足客户特种购买心理的报价技巧。为了吸引客户,使客户接受所报价格,可以用特价、拍卖等报价形式,或者用为客户提供诸如免费送货、周到舒适的服务,或者有意降低主机价格,然后提高附件和零配件价格等形式达到招徕客户,使其接受既定价格的目的。

六、谈判的还价策略

(一)还价的基本原则

1. 做好还价前的各项准备工作。还价不是一种简单的压低价格的行为。它必须建立在市场调查与"货比三家"的基础之上,如掌握标的物市场供应和价格状况及发展趋势、交易标的物的质量等各项技术指标、市场竞争情况等,以确保还价具有一定的科学依据。

2. 澄清对方报价的确切含义。有经验的谈判人员在接到对方报价后,不是急于要求对方解释为什么如此报价,而是要澄清对方报价的事实,使自己确切明白对方报价究竟是什么含义,而且要准确无误。当情况基本了解后,还应当把自己对对方报价的理解进行归纳总结,并加以复述,以保证还价时的准确性和严肃性。

3. 牢记目标。谈判中的讨价还价是反复进行的,因此要时刻判断讨价还价的幅度与进展离自己的成交价目标还有多远。有时还价者可以只记自己手中有多少预算,或以数额或以百分比压价;有时也可以记住对方再降多少数额或百分比,才能进入自己的成交区域。这样,可以使还价者有的放矢,反应迅速,信心十足。

4. 统筹兼顾。还价不能只把目光集中在价格上,应当把价格与技术、市场等各方面的数字、条件联系起来,并把所有的条件作为还价的筹码。这样,会使还价更富有实际意义,领域更广泛。同时,也会缓解还价的难度与矛盾。

5. 松紧适宜,尤其是不能过松。还价是维系双方交易命运的绳索。如果过紧,可能会使对方感到己方缺乏诚意,愤然退出谈判。如果过松,可能会招致对手的紧逼,使自己毫无退路,处于被动地位。一般来说,应谨慎出价,适当从严从紧还价,以掌握谈判的主动权。

6. 集中统一。由于还价既有技术问题,又有策略问题。如果缺乏协调,还价一方的各个成员稍有不慎,就会出现矛盾,进而影响还价的权威性与严肃性。因此,还价既要按策略进行,又要使"正式"还价集中统一。

(二)还价的起点、次数与时间

1. 还价的起点。确定还价起点,就是解决以什么数额(或条件)作为第一个还价的问题。一般来说,确定还价起点,要根据交易物的客观价格、交易双方的价格差距以及还价的策略来进行。交易物的客观价格通常是由生产(或经营)成本和适度的利润构成的。

还价可以分多次进行,但第一次对还价一方来说,至关重要,它涉及己方接受报价的基本态度、诚意和最初标准,也是探测报价人对还价最初反应的试金石。因此,合理的还价起点,一是要使维系双方交易命运的绳索紧而不断;二是要使报价方跟着还价走。

第一次还价首先应略高于至少应等于其生产(或经营)成本。此外,还应适当考虑报价方的利润,否则对方不可能接受还价。例如,卖方对其产品报价200万元,其生产成本为100万元,利润率最低为20%。那么该产品的客观价格可能在120万元左右。这时还价方可考虑将第一次还价定在100万元或110万元左右。假如定在80万元,对方是绝对难以接受的。明确对方报价与己方预算成本价的差距,可以使己方确立还价的次数、策略,进而倒算出第一次还价的数字。在正常情况下,双方价格差距较大,若幅度一定,则还价次数就会增多,而要减少还价次数,并使还价处于成交预算价以内,就要增大还价幅度。这需要还价者依据成本以及差距的具体情况,确定还价起点的具体数额。还价时采用何种策略,对还价的起点也有影响。如果是"横向铺开",即在各项条件或分块还价,则还价的余地较大,还价起点可根据策略和资料,适当幅度小一点;如果是"纵向深入",即在同一条件和总额上还价,则还价起点可适当大一些。

2. 还价的次数。在价格谈判中,报价方很快接受对方的第一次还价几乎不可能,而讨价还价又不可能无休止地进行下去。这就存在着一个还价次数多少才适宜的问题。

一般来说,还价次数取决于由谈判双方价格差距产生的余地以及讨价还价的难易程度。如果价格差距大,报价"水分"大,还价过松,尽管受到对方的抵抗与攻击的压力小一些,但自己手中的余地小了,还价的机会也会少。反之,如果价格差距小,报价"水分"小,还价过紧,可能减少还价次数,但会遭到对方强烈的抵抗与猛烈的攻击,同样影响谈判的顺利进行。由此可见,研究还价次数的关键问题不是机械地得出几次为好,而是如何正确地利用有限的次数,达到预期的目标。因此,在讨价还价过程中,一是要在对方能够容忍的范围内,尽可能地加大还价幅度,以减少还价次数;二是在时间和难度的权衡中,选择对自己有利的因素,发挥优势,确定还价次数;三是利用还价次数制造合理的"还价台阶",即可调的价格档次,步步为营;四是不到谈判最后结束时,还价都必须留有余地,保留进一步还价的权利。

3. 还价的时间。价格谈判,你来我往,循环反复,其中也有时间,即"火候"问题。选择还价的时间应考虑到次序、条件、节奏及具体时刻等。在次序上,一般是报价在先,还价在后,对方让步在先,己方还价让步在后,你不进我不退。掌握还价的次序,有利于取得主动,使双方共同向成交靠拢。

在条件上,应以报价条件改善的状况为还价的前提。如卖方改善后的价格是否合理,是否进入了自己的成交区内。"目标不达,还价不止"是还价时间选择的最根本因素。

在节奏上,还价应有张有弛,切不可无的放矢,"狂轰滥炸"。在首轮讨价还价后,二次还价必须在对方对首次还价做出明确的反应,并且重新报出改善价之后。这样才能确保首次还价的目的能够实现。二次还价后,还价者还可在"艰难时期"过后,以

"最终价"压向对方,逼迫对手接价。然后根据具体情况,再考虑进一步还价的可能性。

在具体时刻上,还价也有讲究。因为时间的早晚对谈判心理有一定影响。我们以假设的两天完成的谈判为例,第一天上午,在报价方阐述基本立场后,通过反复提问、讨论后,可考虑第一次还价,这样上午结束前,可听到报价方对还价的反应,又可以逼迫报价方在下午再出价。第二次还价可根据情况放在第二天上午10点左右,这既可以有一段磋商时间,又可在临近中午时分,表示己方的诚意以及退让的难度。如果仍有余地,还可在临近最后期限到来之前的下午与晚上再行还价,以使对方在"危急关头"权衡利弊,做出最后让步。

（三）还价的策略

1. 投石问路。针对对方的报价,不急于还价,而是提出与价格有关的假设条件,请对方回答,以搜集对还价有利的情报和寻找还价机会。经常采用的试探语言有:

假如我们订货的数量加倍(减半)呢?

假如我们与你方签订长期订货合同呢?

假如我们以现金支付(分期付款)呢?

假如我们按 FOB(CIF 或 C&F)的价格条件成交呢?

假如工程由我们自己提供材料和工具呢?

假如我们成套购买或仅购买主机或零部件呢?

假如把货物的品质提高标准呢?

假如我们自己提货呢?

通过以上的提问和对方的回答,有利于还价方了解其交易物的生产成本,设备折旧费的分摊,生产经营能力,价格政策乃至谈判的策略,进而提出有利的还价。

2. 小处入手。对于大型项目、成套设备和较复杂的交易,还价可采取分批还价的方式。一般可选择差距小的部分先还价。其好处是,还价相对容易被接受,引发谈判的激情,树立谈判的信心,了解对手风格。如果谈判出现僵持局面,不妨可以考虑在"小处"适当做一些让步,然后再在大项目、大金额的部分进行猛攻。比如对方报价主机价格50万元,技术费10万元,零配件价格5万元,还价可先从零配件或技术费入手。一旦谈判顺利,再谈主机价格,并且还价收紧,这样,有利于向对方施加压力,巩固谈判成果,取得价格谈判的主动权。

3. 利用竞争。在一些价格构成比较复杂的商品或大型劳务工程项目谈判中,还价一方为了争取最有利的价格和成交条件,可充分利用或制造对手竞争的局面。例如,采用"货比三家"的技巧,使多个卖方主动地做出价格解释,证明其报价及交易条件的合理性。这比单一的还价要有利。再如,在工程项目发包中,采用招标的方法。各承包商为了战胜竞争对手,争取中标,除了提高工程质量外,还要尽量压低工程报价。

下面列举一例,说明该技巧的运用及效果。某饭店改建,需建造一个标准游泳池。该饭店采用招标方式,初步选定甲、乙、丙三个承包商。饭店负责人在得到三个承包商的标单后,发现每个方案所提供的温水设备、过滤网、抽水设备、设计、装饰材料和价格均不相同。由于技术性强,选择十分困难。饭店负责人最后邀请三个承包商于同一天同一时间到达饭店,并在他们相互认识并了解意图之后,依次进行了谈判。谈判中,甲方告诉饭店负责人,他们建造的游泳池质量最好,乙方通常使用陈旧的抽水设备,丙方信誉不好;乙方告诉饭店负责人,甲方和丙方提供的都是塑料管道,而自己提供的是铜管道;丙方则告诉饭店负责人,甲方和乙方使用的过滤网品质低劣,报价太高……饭店负责人通过这种谈判,了解了有关建造游泳池的知识,积累了与承包商还价的经验,最后在要求修改工程预算和施工方案的基础上,选定了价格最低的承包商。

4. 灵活应对。还价的方式很多,不可被报价方牵着鼻子走。比如,在谈判中,价格一时降不下来,可根据具体情况,灵活运用其他交易条件。如改变支付方式,要求给予折扣以及免费提供售后服务等。再比如,可根据报价方的价格解释情况及时间、态度及己方资料状况等,采用不同的还价方式:卖方价格解释清楚,买方手中比价材料丰富,卖方成交心切且有时间,可采用逐项还价方式;如果卖方解释不清,而买方掌握的价格资料少,卖方性急,时间紧,可根据价格差距档次分组还价,即价格高,压得多,以区别对待;如果卖方报价很粗,且态度强硬,或双方处于长时间的相持状态,但均有成交的愿望,在卖方已作数次调价后,买方也可以从"货物"或"软件"两大块还价,或者最后进行总价格还价。

七、谈判中的让步策略

(一)让步的基本原则

1. 只有在最需要的时候才作让步。让步通常意味着妥协和某种利益的牺牲。对于让步一方来说,做出让步承诺无疑是痛苦的。因此,不是迫不得已(如不作某些让步会使谈判无法继续下去,不作让步无法使谈判向预定目标推进,不作让步就无法使对方做出更大的让步等),绝不要轻易让步。

2. 让步应有明确的利益目标。让步的根本目的是保证和维护己方的利益,如通过让步从对方那里获得利益补偿;或者是"放长线钓大鱼",换取对方更大的让步;或者是巩固和保持己方在谈判全局中的有利局面和既得利益;等等。无谓的让步,或者是以让步作为赢得对方好感的手段都是不可取的。因为,商务谈判中不需要温良恭俭让,这种"善良友好"的表示,未必会取得有利的结果,甚至会被对手视为无能而加以猛烈攻击。

3. 让步要分轻重缓急。让步是一种极有分寸的行为,不可"眉毛胡子一把抓"。有经验的谈判人员,为了争取主动,保留余地,一般不首先在原则问题、重大问题,或者对方尚未迫切要求的事项上让步。明智的做法是尽量让对方在原则问题、重大问题上先让步,而己方则在对方的强烈要求下,在非原则的、次要的、较小的问题上适当让步。

4. 把握"交换"让步的尺度。谈判中双方"交换"让步是正常的。但应注意,"交换"让步不能停留在"一厢情愿"上,要保证"交换"的现实性,可以在让步后,等待和争取对方让步,在对方做出相应让步前,绝不再让步;"交换"让步,是以利益和必要性为依据的,不可因为对方让步,我就让步,对方让我"半斤",我就让他"八两"。

5. 让步要使对方感到是艰难的。从一方面来说,谈判中不可毫无异议地轻易接受对方的让步,因为这些让步常常是不到"位"的。从另一方面来说,千万别让对手轻而易举地得到己方的让步。因为按照心理学的观点,人们对不劳而获或轻易得到的东西通常都不加重视和珍惜。

6. 严格控制让步的次数、频率和幅度。一般来说,让步次数不宜过多,过多不仅意味着利益损失大,而且影响谈判信誉、诚意和效率;频率也不可过快,过快容易鼓舞对方的斗志和士气;幅度不可太大,太大反映了己方条件"水分"大,会使对方进攻欲更强,程度更猛烈。

7. 让步要避免失误。一旦出现让步失当时,在协议尚未正式签订以前,可采取巧妙策略收回。这个问题从法律角度看,是允许的;从商誉角度看,应尽量避免。如果出现,要掌握处理技巧加以收回。比如,借在某项条款上对方坚持不让步的机会,己方趁机收回原来让步的承诺,重新提出谈判条件,或相应要求对方做出其他让步,以挽回损失。

8. 正确地选择让步时机。让步时机的选择影响让步效果。如果让步过早,会使对方误认为是"顺带"得到的小让步,这将会使对方得寸进尺;如果让步过晚,除非让步价值十分重大(一般少见),否则它将失去应有的作用,对控制谈判结果影响不大或不发生任何影响。一般而言,让步的主要部分应放在成交期之前,以影响成交条件,而处于次要的、象征性的让步放在最后时刻,作为最后"甜头",但必须强调这种让步的终局性。

(二)让步的策略

1. 对方让步与预计相符的对策。如果对方与己方谈判策略大体相同,且开始阶段的让步状况与己方预计的一样。这时应采取什么对策呢?

第一,不可被这种"一致性"所陶醉或沾沾自喜,应清醒地认识到,双方对让步期望仍有差异,从己方来说,对方的让步应当是最大限度的,而事实上,它可能是对方最小的让步,并且期望用最小的让步来换取己方的最大让步。例如,某商品双方预计以960元价格成交,卖方为交易成功而愿出的真实价格为940元。卖方首次报价为1 000元,买方还价为900元,以后,讨价还价分别为980元与940元、960元与960元。从现象上看,双方是一致的,事实上,买卖双方所作的估计均是保守的,在态度上都可以强硬一些,如买方可以把最终价格压至940元,而卖方则可以把价格抬至970元。其错误的根本原因是把对方的最小让步当做最大让步。这一点以后让步时应充分考虑到。

第二,如果对手的让步策略不变,己方也不应轻易改变自己的策略,除非预计改变策略会对己方产生很大的利益,而且谈判时间的拖延并不会对成交产生不利影响。在一般情况下,己方所作的任何策略上的改变都可能引起对方改变其策略,这势必产生对抗,拖延谈判时间,甚至会使本来能建立的一种平衡被打破,使谈判难上加难。

第三,根据同样道理,如果己方在权衡利弊的基础上,做出保持原有方案和策略的决策时,应该及时暗示对方也必须保持原定方案和策略,否则己方将会采取更强硬的措施。

2. 对方让步比预期快而大的对策。如果对方的让步比己方预计的既快又大,那么,这往往意味着对方实际的让步远远比目前所做出的还要大。对此,己方在让步时,应考虑以下对策:第一,己方应调高对于对方让步的估计,同时,还将调低自己的让步限度,采取强硬的让步策略,即坚定己方的强硬立场,最终使对方继续做出让步,直到内定的最低限度。第二,不要过多顾虑对方以后会坚持己见,或出尔反尔。除非对方能够将行为方式的改变与某一明显的事实联系起来,如卖方的报价确有其他买方接受或买方的还价已有另外的卖方接受。一般来说,只要没有任何明显的原因来证明对方前后矛盾的行为是有道理的,那就可权当认为对方是故作姿态。因此,己方最好的策略仍是坚定立场,毫不动摇。

3. 对方的让步比预期慢而小的对策。如果出现对方的让步比己方预期的要慢而且小的情况,己方可以考虑以下对策:首先,要判定对方的行为是己方估计错误,还是估计正确,对方只不过是讹诈、故作姿态而已。如果己方估计是正确的,对方是讹诈,就应当在坚持最低承诺的同时,探询对方讹诈的范围与程度,如运用事实说话;或者同对方谈判人员进行非正式的讨论;或者用从中立方得到的消息来反复核对对方的谈判力量;或者从对方谈判人员的个人行为的表象中去寻找他们的真实态度等。如果己方估计错误,对方没有讹诈,己方可以在坚持立场的同时,估计己方做出让步的数量、比率与对方对己方期望之间的关系,选择让步策略:或稍作让步,促使对方降低期望让步的要求;或者按对方预期的数量比率做出让步。

4. 对无理行为的对策。在讨价还价中,有些谈判人员常常会铤而走险,孤注一掷,运用无理纠缠来逼迫对方让步。对此,另一方可以采取认真、负责的态度,摆脱其无理行为,如进行必要的耐心劝说,并指出这种态度对合同谈判所带来的不良影响;如果情况允许,也可做出某些微小的让步,使对方心平气和地回到谈判桌上来。务必避免对对方举措进行嘲讽。

(三)让步的方式

谈判的让步原则,强调要正确地控制让步的次数、步骤与程度,即采用正确的让步方式,不可使让步过多、过快、过大。而在实际谈判中,其"量"的概念是无法具体规定的,让步方式也不可能有成规可循。因为让步方式是受到交易物特性、市场需求状况、谈判策略、经营计划、客观环境等一系列因素制约和影响的。作为谈判人员,应根据具体情况,灵活选择和应用各具特点的有效的让步方式。

下面运用抽象分析的方法列举一例,介绍8种具有不同特点的让步方式,供谈判人员参考。假设买卖双方在原有讨价还价的基础上,预计让步尺度还有60万元,且需要经过4次反复让步才能达成协议,其对让步方来说,有8种不同方式可供选择。详见表6-2。

表6-2 让步方式类型表　　　　　　　　　　　　　单位:万元

报价方案	让步尺度	第一次让步	第二次让步	第三次让步	第四次让步
1	60	0	0	0	60
2	60	15	15	15	15
3	60	8	13	17	22
4	60	22	17	13	8
5	60	26	20	12	2
6	60	49	10	0	1
7	60	50	10	-1	1
8	60	60	0	0	0

第1种让步方式(0,0,0,60)是强硬型的让步方式。它开始给人以立场坚定、态度强硬、缺乏合作与成交的诚意之感,但最后让步一次到位,"先苦后甜",必然会使对方兴高采烈。这种方式的采用者可能自恃实力雄厚,交易地位优越。但是,采用这种方式,必须解决好两个可能存在的问题:一是对方在再三要求让步而均遭拒绝的情况下,可能等不到最后就会离开谈判桌;二是最后让步虽然很晚,但幅度过大,往往会鼓励对方进一步纠缠,而且进攻可能会更猛烈。

第2种让步方式(15,15,15,15)是均值型的让步方式。这种均值型的让步,是为了使让步"细水长流",均匀地满足对方的要求与需要,并获取对方的好感。但是,采用这种方式,必须要对方意识到最后的让步已使价格降至谷底,否则它将鼓励对方争取进一步的让步。因为在无任何暗示和让步余地较大的情况下,不再让步,较难说服对方,从而有可能使谈判陷入僵局。

第3种让步方式(8,13,17,22)是刺激型的让步方式。这种方式的让步幅度呈增值型,可能开始是为了使让步的口子开得小一点,以后充分显示成交的诚意。但是,其存在一个明显的问题,就是会刺激对方要求进一步让步的胃口,而且胃口可能越来越大,最终可能会使谈判难以收场,导致僵局,起码会使对方感到不满意。

第 4 种让步方式(22,17,13,8)是希望型让步方式。这种方式的让步幅度呈下降型,显示出让步方的立场越来越强硬,防卫森严,并且让步行为也较符合常理。但是,由于最后的让步数额仍然不少,似乎还有让步的余地,这就会使对方存有希望进一步施加压力。如果最后不再让步,可能会造成不愉快的局面。

第 5 种让步方式(26,20,12,2)是稳妥型的让步方式。这种方式表现出强烈的妥协性和艺术性。它一方面告诉对方,我们已尽了最大努力,表示出了极强的合作愿望;另一方面,又暗示对方,让步的幅度越来越小,并且最后让步已基本到了尽头,不可能再进行让步了,最后成交的时机已经到来。一般来说,这是一种符合常理的常见的让步方式。

第 6 种让步方式(49,10,0,1)是一种风险型的让步方式。这种让步方式的风险体现在前两次让步幅度太大,势必会大大提高对方的期望值,而在第三次让步时,又变成零,使对方难以理解和接受,尽管最后又给予对方小小的让步,表达了成交的某种"诚意",但难以满足对方过高的期望,很可能会形成僵局。

第 7 种让步方式(50,10,−1,1)是虚伪型的让步方式。这种方式在前两次就使让步达到了极限,表现出极大的热情与诚意,一定会使对方暗喜。但在第三次该让步的情况下,却诡称成本或其他数字计算有误,提高报价,可谓给对方当头一棒,对方显然不会接受,甚至会引起对方的误解和气愤,使谈判气氛紧张。第四次又纠正"错误",给对方一个小小的让步,可能会使对方得到一点安抚。但实践证明,靠诡称计算有误来向对方施加压力,对一个有经验的谈判者来说,是难以奏效的,只会使自己的"虚伪性"暴露出来。

第 8 种让步方式(60,0,0,0)是坦诚型的让步方式。这种方式一开始便把所有的让步幅度给了对方,其用意显然是为了谋求尽快地达成协议,提高谈判效率,争取时间。但是,在谈判中坦诚是会带来风险的,它会使对方怀疑你是否真是坦诚,会使对方更猛烈地向你发起进攻,逼迫你再作让步。否则,就很容易引起僵局和谈判的破裂。当然,如果这种方式已成为交易中的惯例,或者谈判对象是老客户,彼此非常熟悉,也未必不可。

第七章

国际商务合同的签订与履行

在国际商务活动中,交易各方的权利和义务是通过合同形式加以规定的。合同的内容决定了双方的利益关系,因此必须重视合同的签订。合同签订以后,要想真正实现交易的利益,双方必须按照合同的约定履行各自的责任。

第一节 国际商务合同的磋商与成立

一、国际商务合同的含义和范围

国际商务合同指不同国家的经济组织、个人之间签订的经济合同。

按照合同内容的不同,国际商务合同可以分为国际贸易合同、国际工程承包合同、国际劳务合同、国际技术合同、国际投资合同、国际信贷合同、国际租赁合同、国际保险合同、国际担保合同、国际运输合同、国际仓储保管合同、国际管理合同等。

国际贸易合同包括国际货物买卖合同、成套设备进出口合同、包销合同、委托代理合同、寄售合同、易货贸易合同、补偿贸易合同等形式;国际劳务合同包括来料加工合同、加工装配合同、船舶修理合同等形式;国际技术合同包括技术开发合同、技术合作合同、技术引进合同、技术转让合同、技术服务合同、技术咨询合同、技术许可合同、专利许可合同、商标使用和转让合同等形式;国际投资合同包括合资经营合同、合作经营合同、合作生产合同、合作勘探开发合同等形式;国际运输合同包括国际海上运输合同、国际铁路运输合同、国际航空运输合同、国际多式联运合同、国际管道运输合同、国际集装箱运输合同、国际邮政运输合同等形式。

二、国际商务合同的磋商

从法律角度讲,合同磋商的过程也就是邀约与承诺的过程。

(一)要约

要约(offer)也称发盘或发价,是指一方当事人向另一方提出订立合同的建议。寄送的价目表、拍卖公告、招标公告、招股说明书、商业广告等都属于要约邀请。商业广告的内容符合要约规定的,视为要约。提出订约的一方成为要约人,另一方成为受要约人。

要约通常包括三个方面的内容:①订约的意图和订约的条件;②要约人能否撤回要约或更改要约的内容;③要约失效的条件。

一项有效的要约必须具备以下条件:①要约必须是向一个或一个以上特定的人发出;②内容必须十分明确、肯定;③要约必须送达受要约人。

要约在被送达受要约人时生效。采用数据电文形式订立合同,收件人指定特定系统接收数据电文的,该数据电文进入该特定系统的时间,视为到达时间;未指定特定系统的,该数据电文进入收件人的任何系统的首次时间,视为到达时间。

要约在生效前的收回称为撤回,在生效后的收回称为撤销。一项要约在生效之前只要先于原要约或至少与原要约同时送达受要约人就可以撤回。关于一项生效的要约能否撤销,各国法律的规定有所不同。《联合国国际货物销售合同公约》规定,一项已经生效的要约可以由要约人于受要约人发出承诺通知之前予以撤销,但以下情况下要约不能撤销:①要约载明有效期限或以其他方式表明是不可撤销的;②受要约人有理由相信要约是不可撤销的,并已经为履行合同作了准备工作。

在以下情况下要约失去效力:①超过要约有效期限;②邀约被撤回或撤销;③要约被受要约人拒绝;④受要约人对要约的内容作出实质性变更,即受要约人提出反要约。

(二)承诺

承诺也称为接受,指受要约人完全同意要约条件的意思表示。要约一经有效承诺即达成合同。

一项有效的承诺必须具备以下条件:①承诺必须是受要约人做出的;②承诺内容与要约内容完全一致;③承诺在要约有效的期限内作出;④承诺必须通知要约人。

如果受要约人向要约人提出修改要约条件,则相当于拒绝了原来的要约,对原约人提出了新的要约。这种要约称为反要约。

受要约人在承诺期限内发出承诺,按照通常情形能够及时到达要约人,但因其他原因承诺到达要约人时超过承诺期限的,除要约人及时通知受要约人因承诺超过期限不接受该承诺的以外,该承诺有效。

关于承诺的生效时间,大陆法国家采用"到达生效主义",英美法国家采取"投邮生效主义"。《联合国国际货物销售合同公约》规定,以通知的形式表示承诺,该承诺于送达要约人时生效,但应在要约有效期内或一段合理时间内送达;以行为方式表示的承诺从受要约人做出承诺行为时生效。

三、合同的形式

合同的形式是指缔约当事人所达成的协议的表现形式。合同主要有三种表现形式,即书面合同、口头合同和行为合同。

对于比较复杂的合同,法律一般规定采用书面等形式。而对众多的简单的公民民间的合同,一般都由当事人协商选择合同的形式。各国法律对合同形式的规定并不一致,一般来说各国法律都承认书面形式的合同。我国《合同法》规定合同可以是书面形式、口头形式和其他形式。

(一) 书面合同

书面合同即以书面文字形式订立的合同,书面形式是指合同书、信件和数据电文(包括电报、电传、传真、电子数据交换和电子邮件)等可以有形地表现所载内容的形式。书面形式合同一般写成合同书,当事人之间来往的电报、图表、修改合同的文书,也属于合同的书面形式。如,一方当事人用电报购货,对方复电同意,即可认为双方有书面合同。

书面形式较口头形式复杂,但其权利义务记载明确,不易发生争议,即使发生争议也有据可查,容易解决。在书面形式作为合同成立要件或生效要件的情况下,只有具备了书面形式,合同才能成立或生效。书面形式作为合同证据,其效力也优于口头证据。

(二) 口头合同

口头合同是合同当事人直接以对话的形式而订立的合同。口头形式简便易行、迅速直接,这对加速商品流转有着十分重要的作用,因而,现代合同法以不要式为原则,口头形式非常盛行。我国公民在个人、家庭生活中采用的合同形式绝大多数为口头形式。口头形式也有很大的缺点,这就是发生纠纷时难以证明,不易分清责任。因而,它比较适合于标的数量不大、内容简单而能即时结清的合同关系。企业、个体工商户、农村承包经营户之间订立的合同,一般不宜采用口头形式,而应当采用书面形式或其他形式。尤其是在我国目前商业信誉较低、合同履约率不高的状况下,当事人更应当采取谨慎的态度,不宜轻信对方,以防止纠纷发生后因缺乏证据而造成损失。

(三) 行为合同

行为合同即合同一方可以以行为方式表示愿意订立合同所达成的合同。

(四) 书面合同的特殊形式

为了强化合同的效力、减少合同中的错误,或者满足国家的规定,有些合同可以或必须经过特别的形式或过程加以签署。这些特殊形式的书面合同主要包括公证形式、鉴证形式、批准形式、登记形式。

1. 公证形式。合同公证,是指具有资质的公证机构根据当事人双方的申请,依法对合同的真实性与合法性进行审查并予以确认的一种法律制度。我国的公证机构统称公证处。公证机构公证一般以书面形式为基础,对合同的真实性、合法性进行审查,然后制作公证书,以资证明。经过公证的合同,只要没有相反证明,司法、仲裁机关一般承认其效力。

我国法律对公证实行自愿原则,是否公证,由缔约方自己决定。但合同当事人约定公证以后生效的,必须经过公证才能发生法律效力。

按照《民事诉讼法》的规定,经过法定程序公证证明的法律行为、法律事实和文书,人民法院应当作为认定事实的根据。但有相反证据足以推翻公证证明的除外。对于追偿债款、物品的债权文书,经过公证后,文书还有强制执行的效力。而经过鉴证的合同则没有这样的效力,在诉讼中仍需要对合同进行质证,人民法院应当辨别真伪,审查确定其效力。

公证作为司法行政行为,按照国际惯例,在我国域内和域外都有法律效力。

2. 鉴证形式。合同鉴证,是指合同管理机关根据当事人双方的申请对其所签订的合同进行审查,以证明其真实性和合法性,并督促当事人双方认真履行的法律制度。我国的鉴证机关是县级以上工商行政管理局。

我国的合同鉴证实行的是自愿原则,合同鉴证根据双方当事人的申请办理。

合同鉴证的作用有以下几点:

(1)经过鉴证审查,可以使合同的内容符合国家的法律、行政法规的规定,有利于纠正违法合同;

(2)经过鉴证审查,可以使合同的内容更加完备,预防和减少合同纠纷;

(3)经过鉴证审查,便于合同管理机关了解情况,督促当事人认真履行合同,提高履约率。

鉴证作为行政管理行为,其效力只能限于我国国内。

3. 批准形式。批准形式是指法律规定某些类别的合同须经国家主管机关批准才能生效的一种合同形式。这类合同除具有一般合同的生效要件外,还必须以书面形式报经有关主管机关批准。如《技术引进合同管理条例》第四条规定,签订技术引进合同应在双方签字后报经对外经济贸易部授权的机关批准,经批准以后合同生效。

合同的批准形式是国家对某些特殊类别的合同所作的规定,法律不要求采取批准形式的当事人不能采取批准形式。

4. 登记形式。登记形式是指当事人依照法律规定,将合同提交主管机关登记而订立合同的一种方式。登记形式一般常见于不动产买卖、转让合同,如房屋买卖合同。在美英法中,动产的转让也可采取登记的方式。在我国,专利法规定转让专利权利应当由国家专利局登记并公告,专利权自公告之日起转移。登记、公告成为专利权转让合同的生效条件。

四、合同成立的方式和成立条件

(一)合同成立的方式

合同的成立,一般有三种形式:

1. 自动成立，即当事人就合同条款以书面形式达成协议并签字，合同即告成立。这种方式适合于双方当事人在同一地点签约，又不需要政府批准的合同。

2. 合同经确认成立。当事人通过信件、电报、电传等达成协议，一方当事人要求签订确认书的情况下，签订确认书时合同才能成立。

要约当事人要求签订确认书，应与要约同时提出，或在其有权撤回要约的期限内送达受要约人。受要约当事人提出签订确认书要求的，也应在答复原要约的同时，或在其有权撤回该答复的期限内送达原要约人。附有签订确认书要求的答复构成反要约。除要求签订确认书的一方明确表示以其一方确认和签字为准的以外，确认书应由双方签字。双方隔地签订确认书的，经签字的确认书相互送达后，合同方可成立。

3. 批准成立。根据有关国家的法律和政府的规定，应由政府批准的合同，获得国家规定的审批机构的批准时，合同才能成立。

西方国家政府一般对涉及军事、国防的高新技术的转让和产品出口合同要求获得政府批准。

当事人对合同的效力可以约定附加条件。例如，需要政府批准的合同，就可以附加一条"本合同经双方政府批准后生效"。此外，合同当事人也可以附加其他认为合适的条件，如农产品供应商可以在合同中附加"如本农场由于重大灾害导致产量低于 5 000 吨，则卖方有权解除合同"。

附加生效条件的合同，自条件成就时生效。附加解除条件的合同，自条件成就时失效。

（二）合同成立的条件

合同必须具备以下条件才能成立：

1. 当事人具备法定行为能力。有些国家规定只有经过政府批准，具有涉外经营资格的法人机构才可能对外签订合同，我国对某些涉外经济活动也有这样的规定。有些国家规定任何组织和具有独立行为能力的个人都可以对外签订合同，但未成年人、精神病患者、酗酒者和丧失行为能力的人除外。

2. 买卖双方意思一致的表示。双方的意思表示必须真实而且没有瑕疵。如果意思表示不真实，可以依法申请撤销合同或主张合同无效，例如一方存在欺诈、胁迫或订约的意思表示有错误。

3. 合同内容合法。在各种非法活动中签订的合同是无效的。

4. 具备法定形式，如书面或口头形式。

五、订立合同的原则

合同当事人在订立合同时要遵循以下原则：

第一，平等原则。合同当事人的法律地位平等，一方不得将自己的意志强加给另一方。各国法律一般规定，采取欺诈或者胁迫手段订立的合同无效。

第二,公平原则。当事人应当遵循公平原则确定各方的权利和义务。很多国家法律规定,在订立合同时显失公平的,当事人一方有权请求法院或者仲裁机构变更或者撤销。

第三,诚实信用原则。当事人行使权利、履行义务应当遵循诚实信用原则。很多法律规定,合同一方当事人必须向另一方提供对于合同的订立和履行具有重大影响的信息,如健康保险的投保人必须如实说明自己的健康状况,否则保险公司有权解除合同。

第四,合法性原则。当事人订立、履行合同,应当遵守法律、行政法规,尊重社会公德,不得扰乱社会经济秩序,损害社会公共利益。

第二节 合同的履行、转让、变更、终止、解除和违约责任

合同一旦签订、生效,就具备了法律效力,合同各方必须认真履行;如果合同一方或各方需要改变合同的当事人、修改合同内容、终止履行或解除合同,必须经过一定的法律手续;如果合同一方或多方违反合同约定,则其他合同当事人有权要求违反合同的当事人承担违约责任。

一、合同的履行

合同当事人应当按照约定全面履行自己的义务。当事人应当遵循诚实信用原则,根据合同的性质、目的和交易习惯履行通知、协助、保密等义务。在合同一方当事人违约时,另一方有权要求其按照合同的约定履行合同。

合同生效后,当事人就质量、价款或者报酬、履行地点等内容没有约定或者约定不明确的,可以协议补充;不能达成补充协议的,按照合同有关条款或者按照习惯确定。

当事人订立合同后合并的,由合并后的法人或者其他组织行使合同权利,履行合同义务。当事人订立合同后分立的,除债权人和债务人另有约定的以外,由分立的法人或者其他组织对合同的权利和义务享有连带债权,承担连带债务。

二、合同的转让

由于在履行合同过程中,双方主客体、主客观条件发生变化,合同当事人可以将合同的权利或义务全部或者部分转让给第三人,但有下列情形之一的除外:

其一,根据合同性质不得转让。所谓根据合同性质不得转让的权利,是指根据合同的权利的性质,只能在特定当事人之间生效,如果转让给第三人,将会使合同的内容发生变更,从而使转让后的合同内容与转让前的合同内容失去联系性和同一性,且

违反了当事人订立合同的目的,因此此类权利不能转移。当事人基于信任关系订立的委托合同、雇用合同及赠与合同等,都属于合同权利不得转让的合同。比如,赠与合同的赠与人明确表示将赠与的钱用于某贫困地区希望小学的建设,受赠人如果将受赠的权利转移给他人,用来建造别的项目,显然违反了赠与人订立合同的目的,损害了赠与人的合法权益。因此,对于根据合同性质不得转让的权利,债权人不得转让。

其二,按照当事人约定不得转让。根据合同自由原则,当事人可以在订立合同时或订立合同后特别约定,禁止任何一方转让合同权利,只要此约定不违反法律的禁止性规定和社会公共道德,就应当产生法律效力。任何一方违反此种约定而转让合同权利,将构成违约行为。此种特别约定,只要在合同转让之前订立便可生效,如在合同权利转让之后再作出约定,则不能影响合同权利转让效力。禁止合同权利转让的约定,可以是禁止转让给某一个人,也可以是禁止转让给一切不特定人;可以是在合同有效期限内不得转让,也可以是在某个时期内不得转让。当然,此种约定只能在特定当事人之间生效,不得拘束第三人。也就是说,如果一方当事人违反禁止转让的规定而将合同权利转让给善意的第三人,则善意的第三人可取得这项权利。

其三,依照法律规定不得转让。我国《合同法》第87条规定,债权人转让权利或者债务人转移义务,法律、行政法规规定应当办理批准、登记等手续的,依照其规定。如果债权人向批准或者登记机关提出权利转让请求时,批准或者登记机关经审查,未同意其转让的,该合同的权利就属于法律规定不得转让的权利,债权人不得违反法律的规定将权利进行转让。

例如,我国文物购销一直实行国家统一管理、收购和经营的政策,禁止私自倒卖文物的行为。为了保护国家的历史文化遗产,严格控制文物的出境,禁止公民个人私自将文物卖给外国人。《文物保护法》第25条规定,私人收藏的文物,严禁倒卖牟利,严禁私自卖给外国人。私人收藏的文物其所有权受国家的法律保护,其所有权的转移必须严格遵守国家法律的规定,转移的渠道要受法律的限制。因此,公民违反文物法的有关规定,将文物买卖合同中的权利转让给外国人的,其转让所有权的行为是无效的。

债权人转让权利或者债务人转移义务需要办理批准、登记等手续的,主要是指涉及外商投资企业的一些合同,比如中外合作经营合同、外资企业合同、中外合作勘探开发海洋石油合同等。由于这些合同不仅是当事人之间权利和义务的确定,而且其成立和实施涉及国家的利益,有些合同会对国家的经济发展产生一定的影响。为了保证合同的切实有效,需要国家审查这些合同的合法性和可行性,因此,这类合同的成立需要经过有关机关办理批准、登记手续,改变合同内容当然也不能仅有当事人的合意,应当遵守法律和行政法规的有关规定。

我国合同法规定,债权人转让权利的,应当通知债务人。未经通知,该转让对债务人不发生效力。

三、合同的变更

合同的变更,即对合同的条款加以订正、补充或修改,以便部分地或全部地更改合同。

各国法律通常规定,如果没有禁止性规定,合同当事人协商一致,可以变更合同。

合同的变更主要有以下几种:

第一,对合同类型或标的物进行更改,例如把合作合同改为合资合同。

第二,对合同的履行地点和方式进行更改,例如更改货物的交付地点。

第三,对合同的有效期进行更改,主要包括延长和缩短合同的有效期两种情况。

四、合同的终止

一般来说,发生下列情形之一的,合同的权利义务终止:

其一,合同已经按照约定履行。

其二,合同解除。合同当事人协商一致,可以解除合同。

其三,债务相互抵消。当事人互负到期债务,该债务的标的物种类、品质相同的,任何一方可以将自己的债务与对方的债务抵消。

其四,债务人依法将标的物提存。所谓提存,是指合同义务人因合同权利人的原因而无法向其交付合同的标的物时,采取一定的方法将标的物交存保管,以消灭合同的情形。在以下情况下,债务人可以将标的物提存:①债权人无正当理由拒绝受领;②债权人下落不明;③债权人死亡未确定继承人或者丧失民事行为能力未确定监护人;④法律规定的其他情形。标的物提存后,毁损、灭失的风险由债权人承担。提存期间,标的物的滋息归债权人所有。提存费用由债权人负担。

其五,债权人免除债务。

其六,债权债务同归于一人。例如,合同的双方当事人合并的情况。

其七,法律规定或者当事人约定终止的其他情形。

五、合同的解除

合同的解除,指合同在其有效期限届满和按合同约定的条件得到履行以前,经当事人一方向另一方发出通知,提前结束合同的效力,从而解除合同规定的双方的权利义务关系。

对合同解除权的行使,各国采取的方法主要有两种。一种是规定当事人必须向法院起诉,申请仲裁或双方一致同意解除。二是一方当事人在法律或合同规定的情形发生后,向另一方发出解除合同的通知,合同即可解除,无须法院判决、仲裁裁决或双方协商;另一方当事人对解除合同有异议的,可以诉讼或申请裁决。

当事人可以约定一方解除合同的条件。解除合同的条件成就时,解除权人可以解除合同。

1999年3月15日施行的《中华人民共和国合同法》规定,有下列情形之一的,当事人可以解除合同:
- 因不可抗力致使不能实现合同目的;
- 在履行期限届满之前,当事人一方明确表示或以自己的行为表明不履行主要债务;
- 当事人一方迟延履行主要债务,经催告后在合同期限内仍未履行;
- 当事人一方迟延履行债务或者有其他违约行为使不能实现合同目的;
- 法律规定的其他情形。

六、合同的违约责任与损害赔偿

(一) 违约责任与救济措施

当事人一方不履行合同义务或者履行合同义务不符合约定的,应当承担继续履行、采取补救措施者赔偿损失等违约责任。当事人一方不履行合同义务或者履行合同义务不符合约定的,给对方造成损失的,应当给予另一方损害赔偿。

一般来说,当合同一方当事人违约时,另一方可以采取如下救济措施:
1. 要求对方实际履行合同义务;
2. 为对方履行合同规定一段额外的时间;
3. 宣告合同无效;
4. 要求对方进行修理、排除产品缺陷和换货;
5. 要求损害赔偿;
6. 行使中止权。

(二) 中止权的行使

行使中止权是与预期违约联系在一起的。预期违约是指合同订立后,一方合同当事人发现对方在履行合同的能力或信用方面存在严重缺陷,或对方明确表示或者以自己的行为表明不履行合同义务。一方违约构成预期违约时,另一方有权立即通知他中止履行合同。但在构成预期违约的一方提供充分担保时,中止履行合同的一方必须继续履行义务。

合同一方当事人决定中止履行合同的,应当及时通知对方。当事人没有确切证据中止履行的,应当承担违约责任。一方当事人中止履行合同的,应当及时通知对方。对方提供适当担保时,应当恢复履行。中止履行后,对方在合理期限内未恢复履行能力并且未提供适当担保的,中止履行的一方可以解除合同。

一般来说,应当先履行债务的当事人,有确切证据证明对方有下列情形之一的,可以中止履行:①经营状况严重恶化;②转移财产、抽逃资金,以逃避债务;③丧失商业信誉;④有丧失或者可能丧失履行债务能力的其他情形。

（三）损害赔偿的数额

关于损害赔偿的数额,《联合国国际货物销售合同公约》第74条规定:"一方当事人违反合同应负的损害赔偿额,应与另一方当事人因他违反合同而遭受的包括利润在内的损失额相等。这种损害赔偿不得超过违反合同一方在订立合同时,依照他当时已知道或理应知道的事实和情况,对违反合同预料到或理应预料到的可能损失。"

《中华人民共和国合同法》第113条规定:"当事人一方不履行合同义务或者履行合同义务不符合约定,给对方造成损失的,损失赔偿额应当相当于因违约所造成的损失,包括合同履行后可以获得的利益,但不得超过违反合同一方订立合同时预见到或者应当预见到的因违反合同可能造成的损失。"

课程案例 7-1

损害赔偿的数额确定

1989年10月5日,甲贸易公司同乙贸易公司签订了购买1 000公吨一级葵花籽油的合同,价格为每公吨500美元,三个月后交货。交货时,甲贸易公司发现乙贸易公司违约,提交的是三级葵花籽油,遂向乙贸易公司提出赔偿要求。乙贸易公司承认违约,但双方对赔偿数额存在争议。交货时一级葵花籽油的价格为每公吨530美元,三级葵花籽油的价格为每公吨480美元。乙贸易公司认为交货时每公吨一级葵花籽油的价格比合同价格高出30美元,因此认为每公吨应赔偿30美元。甲贸易公司则认为应该按照交货时一级葵花籽油和三级葵花籽油的差价每公吨赔偿50美元。由于协商未果,双方将争议提交仲裁庭裁决。仲裁庭认为,赔偿损失理论上要使受损方达到合同已经履行时的情况,即受损方得到预期利益。在此案中,如果甲贸易公司将乙贸易公司提交的三级葵花籽油卖出,重新购入一级葵花籽油,则每公吨必须多支出50美元。因此,乙贸易公司必须按照每公吨50美元向甲贸易公司支付赔偿。

讨论题目：

1. 违约的责任是什么？
2. 违约之后的补救措施有哪些？
3. 什么是预期利润？

（四）不可抗力与免责条款

不可抗力(force majeure)又称人力不可抗拒,是指在合同签订以后,不是由于订约者任何一方的过失或疏忽,而是由于发生了当事人不能预见、不能避免并不能克服的意外事件，以致不能履行或不能如期履行合同。

不可抗力事件可以分为社会事件和自然事件两类。前者如战争、禁运、武装叛乱、政府禁令等，后者如地震、水灾、旱灾等。由于各种合同的内容千差万别，因此各国法律一般对不可抗力事件的范围没有明确的规定，合同双方可以在合同中自行约定不可抗力事件的范围。

不可抗力事件的实质是由于外部环境的变化使得合同一方当事人无法履行合同，因此发生不可抗力事件后，合同一方当事人可以免除全部或部分责任。但是，当事人迟延履行后发生不可抗力的，不能免除责任。

《中华人民共和国合同法》第117条规定："因不可抗力不能履行合同的，根据不可抗力的影响，部分或者全部免除责任，但法律另有规定的除外。当事人迟延履行后发生不可抗力的，不能免除责任。"第118条规定："当事人一方因不可抗力不能履行合同的，应当及时通知对方，以减轻可能给对方造成的损失，并应当在合理期限内提供证明。"这一条款实际规定了因不可抗力不能履行合同的，根据不可抗力的影响，部分或者全部免除责任，但法律另有规定的除外。

《联合国国际货物销售合同公约》中没有使用不可抗力的用语，但有类似的规定，其第79条中规定："当事人对不履行义务，不负责任，如果他能证明此种不履行义务，是由于某种非他所能控制的障碍，而且对于这种障碍，没有理由预期他在订立合同时能考虑到或能避免或克服它或它的后果。"

当事人一方因不可抗力不能履行合同的，应当及时通知对方，以减轻可能给对方造成的损失，并应当在合理期限内提供证明。

（五）索赔条款

为了防止合同双方在一方或双方违约时发生纠纷，合同双方可根据交易的需要在合同中订立专门的索赔条款。订立索赔条款通常有两种方式：

1. 异议和索赔条款。该条款针对卖方交货品质、数量或包装不符合合同规定而订立。主要内容包括索赔依据和索赔期限。索赔依据主要是指双方认可的商检机构出具的检验证书。索赔期限根据不同商品由双方约定。

2. 罚金条款。罚金条款针对当事人不按期履约而订立，如卖方未按期交货或买方未按期派船、开证。主要内容是规定罚金或违约金的数额以补偿对方的损失。

罚金的支付并不解除违约方继续履行的义务，因此，违约方支付罚金外，仍应履行合同义务，如因故不能履约，则另一方在收受罚金之外，仍有权索赔。

英美法系国家的法律，只承认损害赔偿，不承认带有惩罚性的罚金。所以在与英、美、澳、新等国贸易时，应注意约定的罚金额的合法性。

罚金条款常用于大宗商品或成套设备的合同中。

第三节　国际商务合同的主要条款

一、国际商务合同的主要条款

国际商务合同的内容由当事人约定,由于合同的类型和内容差别很大,具体合同条款往往差别很大。但一般包括以下条款或内容:
- 合同当事人的名称或者姓名、国籍、主营业所或住所;
- 合同签订的日期、地点;
- 合同的类型和合同标的种类、范围;
- 合同标的的技术条件、质量、标准、规格、数量;
- 履行的期限、地点和方式;
- 价格条件、支付金额、支付方式和各种附带的费用;
- 合同能否转让或者合同转让的条件;
- 违反合同的赔偿和其他责任;
- 合同发生争议时的解决方法;
- 合同使用的文字及其效力。

二、格式条款

格式条款是当事人为了重复使用而预先拟定,并在订立合同时未与对方协商的条款。

一般来说,提供格式条款的一方应当遵循公平原则确定当事人之间的权利和义务,并采取合理的方式提请对方注意免除或者限制其责任的条款,按照对方的要求,对该条款予以说明。

由于制定的格式条款的一方当事人事先未与另一方当事人协商,因此格式条款有可能是不平等的,会侵害另一方当事人的利益。

因此,各国的有关法律对格式合同都有一些特殊规定。例如,《中华人民共和国合同法》第41条规定:"对格式条款的理解发生争议的,应当按照通常理解予以解释。对格式条款有两种以上解释的,应当作出不利于提供格式条款一方的解释。格式条款和非格式条款不一致的,应当采用非格式条款。"

一旦双方就格式条款发生争议,被动接受格式条款的一方可以请求法院判定格式条款无效。一般来说,如果提供格式条款一方在格式条款中免除其责任、加重对方责任、排除对方主要权利,就可能根据法律规定,确定该条款无效。

三、限制性条款

（一）限制性条款的含义

所谓限制性条款（Restrictive Clauses），也称限制性商业条款，是指合同一方为了谋取市场支配地位，在合同中约定的限制合同另一方进入特定市场或以其他方式不合适地限制竞争的条款。

关于限制性条款世界上并不存在统一的定义。1980年12月5日联合国第5届大会通过的《关于控制限制性贸易做法的多边协议的公平原则和规则》将限制性贸易做法定义为"凡是通过滥用或者谋取滥用市场力量的支配地位，限制进入市场或以其他方式不合适地限制竞争，对国际贸易，特别是对发展中国家的国际贸易及其经济发展造成或可能造成不利影响，或者是通过企业之间的正式或非正式的、书面的或非书面的协议以及其他安排造成了同样影响的一切行动或行为都叫做限制性商业做法。"

（二）限制性条款的种类

限制性条款的形式多种多样，下面着重介绍几种常见的形式。

1. 搭售条款。搭售指合同一方强迫另一方从其或其指定处购买不需要的产品或服务，以此作为订立合同的条件。例如，在出售紧俏物资时搭售滞销物资。

2. 限制交易对象。限制交易对象指合同一方强迫另一方不能与其竞争对手进行交易，如一家软件提供商要求预装其软件的计算机制造商不能预装其他软件公司的软件。

3. 限制经营范围或规模。限制经营范围指合同一方强迫另一方只能在一定区域内或一定市场范围内从事经营活动，如利用某项技术生产的产品只能在某一国家范围内销售。限制经营规模则指限制另一方生产或销售的规模。

4. 固定价格。固定价格指合同一方强迫另一方按照其制定的价格销售产品，如制造商要求其经销商按照统一的价格进行销售。

（三）限制性条款的法律调整

限制性商业做法的实质是限制竞争，谋求垄断。而促进竞争，反对垄断往往是政府政策的重要目标。

世界各国有关限制性条款的法律主要是各类反垄断法，如美国的反托拉斯法、欧盟的竞争法、日本的反垄断法。

欧盟《阿姆斯特丹条约》81条、82条中规定，凡是以影响成员国之间的贸易，并以阻碍、限制或妨碍共同市场内部竞争为目的的或具有这种效果的所有企业间的协议、企业联合组织的决议和联合一致的做法，都应该予以禁止。

西方国家的反垄断法大多以是否妨害竞争作为确认限制性商业做法的主要依据。同时，也把"合理规则"作为确认限制性商业做法的依据。所谓"合理规则"，是指某些商业做法虽然含有一些限制条件,但只要没有超出商业上认为合理的限度,就可以不被确认为限制性商业做法。"合理规则"具有很大的不确定性,往往成为这些国家保护本国企业的一种手段。

四、签订国际商务合同中应注意的问题

订立国际商务合同应注意的问题主要有:

第一,要做好市场调查和了解对方的资信情况,进行广泛深入的调查了解,搜集多种必要的信息资料,这是签订国际商务合同的基础和前提。

第二,订立国际商务合同必须符合合同当事人所在国家法律的规定。

第三,对于国际商务合同的风险必须进行认真的评估,国际商务合同所涉及的政治、经济、文化、法律风险要比国内大得多,一旦估计不足导致违约就要承担巨额损失。

第四,国际商务合同的条款必须齐备,文字表达必须准确。在国际商务合同履行中,一旦发生争议而在合同中又没有约定,举证的难度是非常大的,因此合同内容要尽量周详。

第五,要注意订好担保条款。担保条款是在对方违约情况下维护自身利益的一个方便快捷、行之有效的手段。

第六,对于仲裁条款应明确地加以规定。由于国际诉讼往往耗时、耗力、耗财,在签订国际商务合同时往往约定在发生争议时通过仲裁加以解决。但仲裁地点、仲裁机构和仲裁依据对仲裁结果的影响很大,因此为维护自身权益应努力在合同中订立对自己有利的仲裁条款。

第七,应尽量在本国签订国际商务合同。合同的签约地与合同适用的法律之间存在密切关系。一旦发生争议,合同的签约地往往成为确定适用法律的重要依据。

第八章

国际商务争议的处理

与国内商务活动相比,国际商务活动复杂、多变、涉及面广、履约时间长,加之国际市场变幻莫测,时而发生对当事人不利的变化,致使已经达成的协议或合同得不到履行或被撕毁,导致另一方当事人的利益受到损害,引发争议。

第一节 国际商务争议产生的原因和类型

一、国际商务争议产生的原因

国际商务争议产生的原因主要有以下几个方面:

(一)过失

过失即合同一方当事人不是出于主观上的恶意,而是由于疏忽大意或自身素质方面的原因,违反了有关合同或协议,造成另一方的经济损失。由于各国的情况千差万别,国际商务人员常常由于不了解或误解而出现失误。例如,中国某公司向科威特出口冷冻北京鸭,因不了解该国宗教习惯,又不严肃对待合同规定,未按伊斯兰教的屠宰方法处理,引起科威特客商提出损害赔偿的要求。

(二)欺诈

欺诈即合同一方故意采取欺骗手段,造成另一方的损失。尽管大部分国际商务人员都本着诚信原则从事商务活动,但欺诈行为仍是屡见不鲜。从欺诈活动所处的领域可以把国际商务欺诈区分为贸易欺诈、金融欺诈、承包工程欺诈、投资欺诈等。

(三)情境变迁

国际市场环境变化很快,国际商务合同的当事人是根据合同签订当时的情况判断预期的利益和损失并签订合同的。在签订合同的当时,合同各方当事人的地位是平等的,利益也是共享的。一旦合同签订,合同各方的利益就随着外界环境变化和合同各方自身情况的变化而变化。

合同利益的变化可以分为几种不同的情况。第一种是合同总利益增加,但在各方之间分配不平均,如某制造商与某销售商签订了固定价格的销售合同,但后来产品的市场价格上涨,但涨价的利益只被销售商获得了。第二种是合同各方的总利益没有发生变化,但在合同各方当事人之间的分配发生了变化,如一种产品的原料成本和销售价格发生了相同幅度的变化,而生产企业和销售企业之间事先以合同方式确定了固定的价格,此时生产企业的利益减少,而销售企业的利益下降。第三是合同的总利益减少了,但损失的承担不平均,如某制造商与某销售商签订了固定价格的销售合同,但后来产品的市场价格下降,销售商承担了全部的损失。

在上述情况下,合同的一方当事人就可能产生寻求重新确定合同条款或者撕毁合同寻找新的交易对象的动机。不过,一般的情境变迁并不能成为合同当事人违约的正当理由。只要这些变化是预先可以预见和克服的,合同当事人仍然必须履行合同。

(四)不可抗力

不可抗力(force majeure)又称人力不可抗拒,是指在合同签订以后,不是由于订约者任何一方的过失或疏忽,而是由于发生了当事人既不能预见,又无法避免的意外事件,以致不能履行或不能如期履行合同。

不可抗力事件可以分为社会事件和自然事件两类。前者如战争、禁运、武装叛乱、政府禁令等,后者如地震、水灾、旱灾等。由于各种合同的内容千差万别,因此各国法律一般对不可抗力事件的范围没有明确的规定,合同双方可以在合同中自行约定不可抗力事件的范围。

发生不可抗力事件后,合同一方当事人可以免除全部或部分责任。但是,当事人迟延履行后发生不可抗力的,不能免除责任。

二、国际商务争议的类型

按照经济性质的不同,国际商务争议可以分为以下类型:

第一,国际贸易争议,指国际贸易活动中,在商品的品质、价格、数量、交付时间、交付地点、包装、知识产权等方面产生的争议。

第二,国际投资争议,指在合资经营企业、合作经营企业、合作生产、从事补偿贸易以及加工装配业务等国际投资活动中产生的争议。

第三,国际运输争议,指不同国家的当事人在国际陆路、空运、水运业务中产生的争议。

第四,国际工程承包争议,指一国的经济组织或个人在另一个国家参与国际工程承包过程中产生的经济争议。

第五,国际劳务争议,指在国际劳务输出、输入中引起的经济争议。

第六,国际技术转让争议,指在国家间引进或转让技术专利、专有技术等引起的经济争议,涉及的内容主要包括技术持有人的合法性、技术的有效性、技术的使用范围、转让费用的计算与支付等内容。

第七，国际融资贷款争议，指在国际银行信贷、对外贸易信贷、政府贷款、国际金融组织贷款、工程项目筹资、发行国际债券、国际租赁等活动中引起的经济争议。

第八，国际税收争议，指一个国家在对跨国纳税人的跨国所得进行征税时，因涉及其他有关国家的税收权益而产生的经济争议。各方可以签订避免双重征税协定来避免或处理此类争议。

第九，国际保险争议，指国际保险合同执行过程中就保险合同的成立、合同理赔产生的争议。

第十，国际仓储保管争议，指一国的经济组织或个人在委托另一个国家的经济组织或个人仓储或保管物品过程中由于费用的支付、物品的损坏、物品的提取等产生的争议。

第十一，国际知识产权争议，指在不同国家的当事人之间发生的有关知识产权的争议。知识产权包括商标、专利和著作权。国际知识产权争议的发生有些属于合同争议，即双方在签订了有关知识产权使用和转让的合同之后发生的争议。有些则不属于合同争议，而属于侵权争议，即争议的一方当事人涉嫌在未经知识产权合法所有人同意的情况下使用了所有权人的商标、专利和著作。

第二节 解决国际商务争议的原则

在当今国际商务活动中，主要依靠法律来调整国际经济争议，所适用的法律依据主要包括各国签订的公约，国与国之间签订的条约以及各国涉及国际商务活动的国内立法。各国法律对解决国际商务争议所做的规定有所不同，但大多体现了以下主要原则：

第一，合法性原则。合法性原则即在解决国际商务争议的过程中不得违反有关的法律规定。《德国民法典》第6条规定："个人不得以特别约定违反有关公共秩序和善良风俗的法律。"合法性原则还包含着不违法原则。《日本法例》第二条规定："不违反公共秩序和善良风俗的习惯，只要法令之规定承认或法令所未规定，与法律具有同等效力。"

第二，正确判定当事人意旨的原则。这是指充分尊重当事人的意思表示，依据事实，正确理解和判定当事人的意旨。《联合国国际货物销售合同公约》第8条规定："（1）为本公约的目的，一方当事人所作的声明和其他行为，应依照他的意旨解释，如果另一方当事人已知道或者不可能不知道此一意旨。（2）如果上一款的规定不适用，当事人所作的声明和其他行为，应按照一个与另一方当事人同等资格、通情达理的人处于相同情况中，应有的理解来解释。（3）在确定一方当事人的意旨或一个通情达理的人应有的理解时，应适当地考虑到与事实有关的一切情况，包括谈判情形、当事人之间确立的任何习惯做法、惯例和当事人其后的任何行为。"

第三,遵守习惯和惯例的原则。这是指在国际经济活动中应当遵守当事人约定俗成的习惯和通例。《联合国国际货物销售合同公约》第9条规定:"(1)双方当事人业已同意的任何惯例和他们之间确立的任何习惯做法,对双方当事人均有约束力。(2)除非另有协议,双方当事人应视为已默示地同意对他们的合同或合同的订立适用双方当事人已知道或理应知道的惯例,而这种惯例,在国际贸易上,已为有关特定贸易所涉同类合同的当事人所广泛知道并为他们所经常遵守。"

第四,公平原则。公平原则即在国际商务活动中各方有权获得公平的利益分配。

第五,当事人意思自治原则。当事人意思自治原则即争议双方中的权利人可以自愿部分或全部放弃自己的权利,义务人可以自愿多承担义务,争议双方可以通过友好协商自行解决经济争议而不必诉诸法律,争议双方也可以自愿按照双方能接受的方式和内容解决争议,尽管其结果可能被别人认为是不合理、不公平的。

第三节 解决国际商务争议的方法

目前,国际上通行的解决国际争议的方法主要有四种,即协商、调解、仲裁和诉讼。

一、协商

协商(consultation)即国际商务争议的当事人或其代理人通过直接的友好谈判,对所发生的争议达成一致意见,从而使争议得到解决的一种方式。

通过协商解决国际商务争议具有非常明显的优点。首先,可以保持和增进双方的友好关系,有利于今后的业务往来;其次,可以使问题得到较快的解决;再次,可以节省诉讼费用;最后,有利于协议的执行。

由于通过友好协商解决争议具有上述优点,所以在国际商务活动中一旦发生争议,当事人都首先考虑采用这种方式加以解决。

协商也具有一定弱点。首先,当双方当事人分歧比较大时,很难通过协商方式解决争议。其次,双方当事人达成的协议不具备法律效力,当事人在履行过程中可以随时推翻已经达成的协议。

二、调解

调解(mediation)指国际商务争议双方在第三方的主持下,通过谈判、对话对所发生的争议达成一致意见,从而使争议得到解决的一种方式。

与协商相比,调解的主要特点是由第三方充当争议双方的调停人,主持双方的谈判。调解的一般做法是由第三方首先分别征求双方当事人对争议的意见,然后根据双方的意见提出一个或若干个解决争议的方案,供当事人选择,在双方意见趋于一致的情况下召集当事人达成协议。与协商相比,具有一定中立性、权威性的第三方的介入大大提高了解决方案的公正性和达成协议的可能性,对于协议的执行也具有很好的监督作用。

国际商务争议的调解按照第三方的不同可以分为民间调解、官方调解、仲裁机构调解和司法调解。

民间机构调解一般由律师机构、商会以及其他民间组织或争议双方一致信赖的某个人充当调解人。在民间机构调解过程中,调解人的主要任务是听取争议双方的意见,进行说服工作,尽量使双方的分歧趋于一致,而不必过多考虑有关的法律规定,双方通过调解达成的协议也不具备法律效力。

官方调解指由政府授权的有关部门充当调解人所做的调解。

仲裁机构调解指仲裁机构在仲裁过程中所做的调解。

司法调解指由法院在审理案件过程中所做的调解。

在进行官方调解、仲裁机构调解和司法调解时,调解人在考虑双方当事人意见的同时,还必须考虑有关法律的规定,因为其通过调解达成的协议一旦付诸实施,即具有法律效力。如果未达到实施期限当事人即予以推翻,其协议书在仲裁或判决中都会受到认真考虑。

三、仲裁

(一)仲裁的含义和特点

1. 仲裁的含义。所谓仲裁(arbitration),又称公断,是指买卖双方在争议发生之前或发生之后,签订书面协议,自愿将争议提交双方所同意的第三者予以裁决(award),以解决争议的一种方式。由于仲裁是依照法律所允许的仲裁程序裁定争端,因而仲裁、决议具有法律约束力,当事人双方必须遵照执行。国际商务活动中的仲裁称为国际经济仲裁或国际商事仲裁,就是指国际商事关系的双方当事人在争议发生后,依据仲裁条款或仲裁协议,自愿将争议提交某一临时仲裁机构或某一国际常设仲裁机构审理,由其根据有关法律或公平合理原则作出裁决,从而解决争议。

2. 仲裁的特点。国际仲裁具有以下特点:

(1)提请仲裁的主体一般为两个或两个以上国家的法人或自然人,涉及一国政府的经济争议一般不通过仲裁解决。

(2)受理案件的仲裁庭的管辖权来自争议双方的自愿授权,而不是由于法定的强制性。

(3)仲裁机构属于民间组织。

(4)争议当事人享有充分的自主权,对仲裁方式的选择、仲裁地点、仲裁机构、仲裁员、仲裁程序、仲裁所适用的法律等,当事人都可以自由作出决定。

(5)仲裁裁决为终局性裁决,对双方当事人均有约束力,如一方当事人拒不执行,另一方当事人可以申请有管辖权的法院强制执行。

(6)仲裁具有较大的灵活性,可与调解交叉进行,调解协议内容可以作为裁决结果。

(7)仲裁比诉讼的程序简单,处理问题迅速及时,而且费用也较为低廉。

(二)仲裁协议

仲裁协议是双方当事人表示愿意把他们之间的争议交付仲裁解决的一种书面协议,它是仲裁机构或仲裁员受理争议案件的依据。

仲裁协议有两种形式:一是仲裁条款,指双方当事人在签订有关条约或合同时,在该条约或合同中订立的约定将其可能发出的争议提交仲裁解决的条款。仲裁条款订立于争议发生之前,是一种最常见和最重要的仲裁协议。二是仲裁协议书,指由双方当事人在发生争议之后订立的,表示同意把已经发生的争议提交仲裁解决的协议,这是独立于主合同之外的一个单独的协议。

仲裁协议最重要的作用就是排除法院对争议案件的管辖权,使得当事人只能将争议提交仲裁解决,从而仲裁庭或仲裁员取得管辖权。仲裁协议表明双方当事人愿意将他们的争议提交仲裁机构裁决,任何一方都不得向法院起诉。仲裁协议也是仲裁机构受理案件的依据,任何仲裁机构都无权受理无书面仲裁协议的案件。仲裁协议还排除了法院对有关案件的管辖权,各国法律一般都规定法院不受理双方订有仲裁协议的争议案件,包括不受理当事人对仲裁裁决的上诉。

仲裁协议应尽可能明确、具体、完整,一般来讲,仲裁协议应包括如下内容:

1. 仲裁地点。这是一个关键内容,关系到仲裁程序与准据法的选择。一般采用下述三种规定方法之一:

(1)在当事一方国家仲裁。

(2)在被告所在国仲裁,即无论哪一方当事人提起仲裁,都只能在对方国家仲裁。

(3)在双方认同的第三国仲裁。

2. 仲裁机构。国际商务中的仲裁,可由双方当事人在仲裁协议中规定在常设的仲裁机构进行,也可以由当事人双方共同指定仲裁员组成临时仲裁庭进行仲裁。当事人双方选用哪个国家(地区)的仲裁机构审理争议,应在合同中做出具体说明。

3. 仲裁程序规则。一般来讲,在哪个仲裁机构仲裁,就适用该机构的仲裁规则,但也有的国家允许当事人的任意选择。

4. 仲裁裁决的效力。这是指裁决是否具有终局性,对当事人有无约束力,能否向法院上诉等,这些都须在仲裁协议中明确。

5. 仲裁费用的负担。通常在仲裁条款中明确规定出仲裁费用由谁负担。案件如果经裁决结案,一般规定仲裁费用由败诉方承担,也有的规定为由仲裁庭酌情决定的;当事人自行和解或者经仲裁庭调解结案的,当事人可以协商确定各自承担仲裁费用的比例。

(三)仲裁程序

所谓仲裁程序(arbitration procedure),是指双方当事人将所发生的争议根据仲裁协议的规定提交仲裁时应办理的各项手续。

仲裁程序的主要内容大致如下:

1. 提出仲裁申请(arbitration application)。这是仲裁程序开始的首要手续。各国法律对申请书的规定不一致。在我国,《中国国际经济贸易仲裁委员会仲裁规定》规定:当事人一方申请仲裁时,应向该委员会提交包括下列内容的签名申请书:

(1)申诉人和被诉人的名称、地址。

(2)申诉人所依据的仲裁协议。

(3)申诉人的要求及所据的事实和证据。

申诉人向仲裁委员会交仲裁申请书时,应附具本人要求所依据的事实的证明文件,指定一名仲裁员,预缴一定数额的仲裁费。如果委托代理人办理仲裁事项或参与仲裁的,应提交书面委托书。

2. 组织仲裁庭。仲裁庭由双方当事人合意选定或由有关仲裁机构基于当事人的授权或依职权指定的仲裁员组成。根据我国仲裁规则,申诉人和被申诉人各自在仲裁委员会仲裁员名册中指定一名仲裁员,并由仲裁委员会主席指定一名仲裁员为首席仲裁员,共同组成仲裁庭审理案件;双方当事人亦可在仲裁委员名册中共同指定或委托仲裁委员会主席指定一名仲裁员为独任仲裁员,成立仲裁庭,单独审理案件。

3. 审理案件。仲裁庭审理案件的形式有两种:一是不开庭审理,这种审理一般是经当事人申请,或由仲裁庭征得双方当事人同意,只依据书面文件进行审理并做出裁决;二是开庭审理,这种审理按照仲裁规则的规定,采取不公开审理,如果双方当事人要求公开进行审理时,由仲裁庭做出决定。

关于仲裁适用的实体法,合同当事人可以选择适用法律。当事人没有选择的,适用与合同有最密切联系的国家的法律,通常是指仲裁所在地法,也可以根据具体情况适用合同签订地或履行地所在国的法律。

4. 作出裁决。裁决是仲裁程序的最后一个环节。仲裁裁决是仲裁庭依据案件事实和有关法律,对当事人申请仲裁有关实体权利的请示事项作出的有法律约束力的书面的结论性的判定。裁决作出后,审理案件的程序即告终结,因而这种裁决被称为最终裁决。

根据我国仲裁规则,除最终裁决外,仲裁庭认为有必要或接受当事人之提议,在仲裁过程中,可就案件的任何问题作出中间裁决或者部分裁决。中间裁决是指对审理清楚的争议所做的暂时性裁决,以利于对案件的进一步审理;部分裁决是指仲裁庭对整个争议中的一些问题已经审理清楚,而先行作出的部分终局性裁决。这些裁决是构成最终裁决的组成部分。仲裁裁决必须于案件审理终结之日起45天内以书面形式做出,仲裁裁决除由于调解达成和解而作出的裁决书外,应说明裁决所依据的理由,并写明裁决是终局的和作出裁决书的日期、地点,以及仲裁决员的署名等。

（四）仲裁裁决的无效

按照各国际仲裁规则的一般规定,如果出现以下情况,当事人可在法定期限内,请求仲裁地的管辖法院撤销仲裁裁决,并宣布其为无效：

1. 在无仲裁协议的情况下作出的裁决；
2. 以无效的仲裁协议为据作出的裁决；
3. 仲裁员的行为不当或越权所作出的裁决；
4. 以伪造证据为依据所作出的裁决；
5. 裁决的事项是属于仲裁地法律规定不得提交仲裁处理的裁决。

（五）国际经济仲裁裁决的执行

当事人对于仲裁裁决书,应依照其中所规定的时间自动履行,裁决书未规定期限的,应立即履行。在一方当事人不愿自动履行裁决时,另一方当事人可以向有管辖权的法院申请强制执行仲裁裁决。

强制执行仲裁裁决必须具备两个条件。一是败诉方当事人在规定的期限内未能履行裁决,二是必须由胜诉方当事人主动向有管辖权的法院提出强制执行申请。法院通常不主动强制另一方当事人履行裁决。

国际经济仲裁裁决的执行较为复杂,如果败诉一方当事人是外国公司、在境外有财产的,外方当事人又不了自动履行的,就需要到境外申请强制执行。这就涉及关于承认和执行外国仲裁裁决的问题。因为这不仅涉及双方当事人的利益,而且涉及两国间的利害关系,因此各国对执行外国的仲裁裁决,都规定了一些限制,存在许多分歧。

关于承认与执行外国仲裁裁决的国际公约有三个：①1923年缔结的《1923年日内瓦仲裁条款议定书》；②1927年缔结的《关于执行外国仲裁裁决的公约》；③1958年在纽约缔结的《承认和执行外国仲裁裁决的公约》(Recognition and Enforcement of Foreign Arbitral Awards),简称《纽约公约》。

《纽约公约》是关于承认与执行外国仲裁裁决的国际公约中最重要的一个,截止到2008年6月已批准和加入这个公约的国家和地区有144个。《纽约公约》规定：成员国要保证和承认任何公约成员国做出的仲裁裁决。我国于1986年12月2日正式加入该公约,1987年4月22日该公约正式对我国生效,但有两项保留：一是仅适用于缔约国间作出的裁决,二是只适用于商事法律关系所引起的争议。作为中国处理涉外经贸争议唯一的国际商事仲裁机构,中国国际经济贸易仲裁委员会(也称为"中国国际商会仲裁院")仲裁裁决的公正性得到了国内外的一致确认,仲裁裁决在香港的执行率达到了99%以上。

外国执行中国的涉外裁决将依据《纽约公约》规定的条件办理。在执行程序上各国依其国内法的规定不同而做法不一,但对裁决的审查都只限于《纽约公约》第5条规定的理由。如果被申请执行人所属的国家不是1958年《纽约公约》的成员国,如果双方存在双边条约或协定,则根据双边条约或双边协定中订立的有关相互承认和执行仲裁裁决的内容进行。中国已经同世界上100多个国家和地区订有双边贸易协定,在这些协定中,一般都含有关于通过仲裁方式解决贸易争议的规定,并且大多约定缔约双方应设法保证由被申请执行仲裁裁决的国家主管当局根据适用的法律规定,承认并执行仲裁裁决。此外,在投资领域,截止到2009年6月底,中国已与127个国家和地区订立了双边投资保护协定,在这些双边协定中大多都规定了相互承认和执行仲裁裁决。因此,如果依据双边条约或协定,当事人之间指定了中国的涉外仲裁机构进行仲裁,那么该机构作出的裁决可以依条约和协定得到承认和执行。另外,中国还与许多国家签订了有关民商事司法互助的协定。在这些司法互助协定中也往往涉及相互承认和执行在对方境内作出的裁决问题。这些协定也可成为中国涉外仲裁裁决在有关国家得以承认和执行的依据。

如果中国与某一国家签订的双边贸易协定或者双边投资保护协议或者司法互助协定中有关裁决的承认和执行的条件比1958年《纽约公约》规定的条件更为优惠,即使双方均是《纽约公约》的缔约国,裁决的承认和执行仍可以依据上述有关协定以更便利的方式执行。因为根据1958年《纽约公约》第7条第1款的规定,该公约的规定并不影响缔约国间所订关于承认和执行裁决之多边或双边协定的效力,双边条约或协定具有优先适用的效力。

仲裁裁决如果要在与我国既无1958年《纽约公约》成员国关系,又无司法协助,亦无互惠关系的国家内申请执行的,则只能通过外交途径,向对方国家的主管机关申请承认和执行。

在香港回归以前,内地与香港在仲裁裁决执行问题上依照《纽约公约》规定的原则,均给予对方积极协助。内地作出的仲裁可以按照公约的规定,在香港法院得到承认和执行,反之亦然。1999年6月21日,内地和香港签署了《关于内地与香港特别行政区相互执行仲裁裁决的安排》。这一安排是根据《纽约公约》的精神制定的。

(六)国际商事仲裁机构

仲裁机构是国际商事关系中的双方当事人自主选择出来用以解决其争议的民间机构,其审理案件的管辖权限完全取决于当事人的选择和授权。国际商事仲裁机构可分为临时仲裁机构和常设仲裁机构。临时仲裁机构是指根据当事人的仲裁条款或仲裁协议,在争议发生后由双方当事人推荐的仲裁员临时组成的,负责裁断当事人的争议,并在裁决后即行解散的临时性仲裁机构。常设仲裁机构是指依据国际条约或国内法成立的具有固定组织和地点、固定的仲裁程序规则的永久性仲裁机构。

目前国际上影响较大的几个常设商事仲裁机构有:国际商会仲裁院,成立于1923年,总部设在巴黎;瑞典斯德哥尔摩商事仲裁院,成立于1917年;英国伦敦仲裁院,成立于1892年;美国仲裁协会,成立于1926年,总部设在纽约;瑞士苏黎世商会仲裁院,成立于1911年;英国仲裁协会;日本国际商事仲裁协会;香港国际仲裁中心;中国国际经济贸易仲裁委员会,1956年成立,总部设在北京;中国海事仲裁委员会,成立于1959年,总部设在北京。

四、诉讼

诉讼(litigation)指争议当事人通过向具有管辖权的法院起诉另一方当事人的形式解决争议。国际商务活动中发生的争议是国际经济争议,所发生的诉讼也属于国际经济诉讼。

(一)诉讼与仲裁的区别

诉讼与仲裁存在很大区别,表现在:

1. 法院受理诉讼的权力来自国家的审判权,以一方当事人向有管辖权的法院提起诉讼为条件;仲裁机构受理仲裁案件的权力来自双方当事人的协议,以双方当事人自愿达成的协议为基础。

2. 法院属于一国的司法审判机关,仲裁机构属于民间团体设立的社会性组织。

3. 诉讼当事人不能自己选定法院、审判员和诉讼程序,仲裁双方当事人可以自由选定仲裁机构、仲裁员和仲裁程序。

4. 法院诉讼严格按照一国的法律审理,仲裁解决的方式则比较灵活、迅速。

5. 法院对经过审判并生效的诉讼案件可以强制执行,仲裁机构则不具备执行能力。

(二)国际经济诉讼的管辖权和适用法律

国际经济争议的当事人以诉讼方式解决纠纷必须按照法院地国法律规定的程序进行。当事人起诉后,法院在审查当事人的基本诉讼资格后按照管辖地原则决定受理或不受理。

以我国法院受理涉外经济争议的条件为例,必须具备以下条件:第一,起诉人必须是与案件有直接利害关系的人;第二,有明确的被告、具体的诉讼请求和事实依据;第三,属于人民法院管辖范围和受诉人民法院管辖。

各国法律确定管辖权的原则主要有三种:第一种是属地原则,即凡是在本国或本地区发生的案件,均有管辖权;第二种为属人原则,即凡是本国的公民为案件双方或一方当事人,均有管辖权;第三种是属地并属人原则,即不论在本国或本地区发生的案件,还是本国公民为案件双方或一方当事人,均有管辖权,这种原则为绝大多数国家采用。此外,管辖权还受起诉法院地国所参加的国际公约的限制。

当事人在订立合同时或者发生争议后,如果合同中对适用法律已经作出规定或争议后双方作出了共同的选择,各国法律一般规定适用双方约定的法律,除非各国法律另有规定。如果合同中未作约定而且在开庭审理以前未作出选择,各国法院一般按照最密切联系原则确定所应适用的法律。

课程案例8-1

一起国际运输纠纷的诉讼处理

1986年4月23日、24日,天津远洋运输公司的"大田"轮承运了中国机械进出口公司从罗马尼亚订购的一批内燃机车,从罗马尼亚康斯坦萨港运至上海港,整批机车均为裸装。航行途中,甲板下陷,造成10辆机车受损。轮船抵达上海港后,经船舶检验局检验,是由于货物分布不合理所致。1986年11月20日,中国人民保险公司在支付了全部修理费和商检费后,取得了《权益转让证书》,并于同年12月3日向天津远洋运输公司提出索赔,但未能达成协议,于是保险公司向法院起诉了承运人。

提单背面的首要条款规定,提单服从1924年海牙规则的有关法规;提单的责任限制条款规定,如果有货物损失,每件货在无包装装运的情况下每习惯运费单位实际价值超过100英镑时,承运人的责任限制在按每件或每习惯运费单位100镑内计算,除非货物本身价值超过100英镑,托运人在将货物交付承运人时已作出书面申报并在提单上注明,且支付额外运费,承运人则按申报价值进行计算。同时提单还规定,本项提单下的任何争议都适用船旗国法。

一审法院认为,根据提单规定,争议的处理适用中国法律,只有在中国法律和中国参加的国际条约没有规定的情况下才适用国际惯例。根据中国法律,提单有效,对双方当事人均具有约束力。法院认定机车受损的责任在于承运人,根据提单条款由承运人赔偿保险公司100英镑(人民币756.96元,按当时汇率——编者注),并由原告保险公司承担全部案件受理费699.92元。

原告不服一审判决,提出上诉。上诉主要理由是:原判决不应将运输协议中的21 000美元包干结算运费作为货主与承运人达成的协议中的运费单位;机车运费每辆21 000美元是按照《中国远洋货运成本价》规定,以毛重每一公吨货体积每一立方米取计费高者为依据制定的,因此每辆机车包干运费中的件数不能证明就是机车运输的习惯运费单位。据此,上诉人要求撤销原判,并按毛重货体积确定机车的习惯运费单位及赔偿限额。

二审法院受理后作出如下判决:撤销原审法院作出的判决;被上诉人天津远洋运

输公司赔偿中国人民保险公司上海分公司机车修理费 79 985.84 元人民币;本案一、二审案件受理费共人民币 1 399.84 元,均由被上诉人天津远洋运输公司负担。

讨论题目:
1. 在本案中,适用的是哪国法律?
2. 为什么本案中采用了海牙公约的规定?
3. 应如何避免该类争议的发生?

(三) 法院审理国际经济诉讼的程序

法院审理国际经济争议的程序一般包括开庭前准备、法庭调查、法庭辩论和宣告判决等。

1. 开庭前准备。在国际经济诉讼中,法院受理案件开庭前的主要工作包括组成合议庭、送交司法文书、证据调查和诉讼保全等。

如果被告人居住在法院地国,诉讼文书的送达与国内案件类似。根据国际惯例,如果被告人为外国当事人,当其在法院地国收到传票时,必须在了结诉讼案件后,才能离开该国。

对于在外国居住的当事人,诉讼文书的送达是一件比较复杂的工作,存在多种送达形式。以我国为例,根据《民事诉讼法》,对于在外国居住的当事人送达诉讼文书的方式有:①依照受送达人所在国与中华人民共和国缔结或者共同参加的国际公约中规定的方式送达;②外交途径送达;③对具有中华人民共和国国籍的受送达人,可以委托中华人民共和国驻受送达人所在国的使领馆代为送达;④如当事人所在国允许,可以采取邮寄送达;⑤向受送达人在中华人民共和国领域内设立的代表机构或者有权接受送达的分支机构、业务代办人送达;⑥由当事人的诉讼代理人送达;⑦公告送达,即不能使用上述方式送达时,把诉讼文书的内容登在报上向当事人送达。

诉讼保全指法院在审理民事案件作出判决前,为保证将来判决能够执行,对当事人争议的标的物或财产,根据当事人申请或依职权采取的强制性措施。法院采取的保全措施有查封、扣押、冻结、变卖财产等。

2. 法庭调查。法庭调查主要是当事人陈述,询问证人,出示书证、物证,宣布鉴定结论等。由于国际经济案件一般在取证方面都有很大困难,因此绝大多数国家在审理中都尽量要求当事人提供有关的证据。当事人提供的证据经鉴定有效,即作为正式证据使用。

3. 法庭辩论。法庭辩论主要是当事人及其代理人,或当事人的律师、法律顾问等就认定案件的事实和适用法律等问题进行辩论。

4. 宣告判决。宣告判决根据情况有时当庭宣判,有时另行通知宣判日期。宣判一般都公开进行。根据各国法律,如果一方当事人在法律规定的期限内未出庭,则可以缺席审判。

在一审判决之后,国际经济争议的任何一方当事人如果对该判决不服,同时该判决又不是终审法院作出的,可以向上一级法院提出上诉。各国的上诉制度主要有两种,一种是两审终审的制度,第二审法院无论是任何级别的法院,都是终审法院,中国就是如此。另一种是逐级上诉的制度,当事人如果对上诉法院作出的判决或裁决不服,仍可以向更高一级的法院提出上诉,直至该国的最高法院,英、美即是如此。

（四）国际诉讼判决的执行

如果当事人在法律规定的期限内未进行上诉,或终审法院对案件作出了判决,该判决就发生了法律效力。

对于判决的执行,各国法律的规定主要有两种,一是案件当事人自觉执行判决,二是一方当事人拒不执行判决,则另一方当事人可以要求法院强制执行。如果该判决案件的执行地在作出判决的法院地国,则强制执行依该国法律由有关法院执行;如果该判决案件的执行地在外国,则由作出判决的法院根据本国与该国的有关协定或通过协商予以解决。

对于承认与执行外国判决的条件,各国的条件不尽一致,但绝大多数国家都接受1971年2月1日由海牙国际司法会议订立的《民商事外国判决的承认和执行公约》。该公约对承认和执行外国判决规定的条件是：

1. 判决是依照公约认为有权力的法院作出的;
2. 判决在请求国已发生法律效力并予以执行;
3. 判决不与被请求执行国的公共秩序相抵触;
4. 该判决的事项未在该国或第三国作出判决、提起诉讼或正在审理中;
5. 审判不是以欺诈作出的;
6. 如果是缺席审判,必须是诉讼文件依照被请求国的法律已通知或送达通知方,而且这一方有足够的时间提出辩护。

除了上述公约规定的条件外,大多数国家在承认和执行外国判决时,还要求符合下列条件：

第一,判决地法院必须对案件有管辖权;

第二,必须是以支付一定金钱为目的的判决;

第三,不属于惩罚性质的,或以征收税收款等为目的的判决。

专题三　国际商务业务类型

企业在国际商务活动中会涉及不同类型的业务,这些业务具有不同的特点和业务程序。本专题就国际商务活动中比较常见的国际贸易业务、国际技术引进业务和国际工程承包业务分别进行初步的介绍。

第九章

国际贸易业务

国际贸易是最常见的国际商务活动,也是各国经济联系的主要形式。国际贸易业务可以划分为国际货物销售业务、补偿贸易、包销、代理、寄售、拍卖、租赁贸易等形式。

第一节 国际货物销售合同的基本内容

国际货物销售合同,是地处不同国家的当事人双方就买卖一定货物达成的协议,既是当事人各自履行约定义务的依据,也是一旦发生违约行为时,进行补救、处理争议的依据。为此,一项有效的国际货物销售合同,必须具备必要的内容,否则就会使当事人在履行义务、进行违约补救或处理争议时产生困难。一般说来,国际货物销售合同应包括品质条款(quality clause)、数量条款(quantity clause)、包装条款(packing clause)、支付条款(payment clause)、运输条款(transportation clause)、保险条款(insurance clause)、检验条款(inspection clause)、违约条款(breach clause)、不可抗力条款(force majeure clause)、法律适用条款(applicable law clause)等11个方面的基本内容。

一、品质条款(quality clause)

商品的品质(quality of goods)是指商品的内在素质和外观形态的综合。前者包括商品的物理性能、机械性能、化学成分和生物的特性等自然属性;后者包括商品的外形、色泽、款式或透明度等。

品质条款的基本内容是所交易商品的品名、等级、标准、规格、商标或牌号等。表示品质的方法主要有以下几种:

(一) 以实物表示品质

以实物表示品质包括以现货衡量品质和以样品衡量品质。

1. 以现货衡量品质,即看现货成交。当买卖双方采用看现货成交时,则买方或其代理人通常在卖方存放货物的场所验看货物,一旦达成交易,卖方就应按对方验看过的商品交货。只要卖方交付的是验看过的货物,买方就不得对品质提出异议。这种做法,多用于寄售、拍卖和展卖业务中。

2. 以样品衡量品质,即凭样品成交。样品通常是指从一批商品中抽出来的或由生产、使用部门设计、加工出来的,足以反映和代表整批商品品质的少量实物。

在国际贸易中,按样品提供者的不同,可分为以下几种:①卖方样品(seller's sample);②买方样品(buyer's sample);③对等样品(counter sample),又称"确认样品"。

（二）凭说明表示品质

所谓凭说明表示品质,指用文字、图表、相片等方式来说明成交商品的品质。在这类表示品质的方法中,可细分为下列几种:①凭规格买卖(sale by specification);②凭等级买卖(sale by grade);③凭标准买卖(sale by standard);④凭说明书和图样买卖(sale by descriptions and illustrations);⑤凭商标(trade mark)或品牌(brand mark)买卖;⑥凭产地名称(name of origin)买卖。

有些产品,如一些农副产品的品质存在很大差异,很难严格符合某一具体的指标,为了避免在实际履行货物中发生争议,买卖双方可以通过规定品质机动幅度条款、品质公差条款和品质的增减价条款对交付货物品质的波动范围作出规定。

品质机动幅度(quality latitude)是指在某些质量不稳定的初级产品交易中,经交易双方商定,在规定其品质指标的同时,允许卖方所交的货物的品质指标在一定幅度内与合同要求的品质略有不同,只要没有超出机动幅度的范围,买方就无权拒收。

品质公差(quality tolerance)是指国际性工商组织所规定的或各国同行业所公认的工业产品品质的误差。在工业制成品生产过程中,产品的质量指标出现一定的误差有时是难以避免的。

品质的增减价条款依附于品质条款,是卖方交付货物的品质与合同中品质条款的要求出现差异时,对货物价格所做相应调整方面的规定。

在品质机动幅度和品质公差范围内,交货品质如有不同,一般都不另行计算增减价格,即按照合同价格计收货款。但是有的货物,经买卖双方协商同意,也可按比例计算增减价格,并在合同中订立"增减价条款"。

二、数量条款(quantity clause)

数量条款的基本内容是规定交货的数量和使用的计量单位。如果是按重量计算的货物,还要规定计算重量的方法,如毛重、净重、公量等。

《联合国国际货物销售合同公约》规定:按约定数量交货是卖方的一项基本义务。如卖方交货数量大于约定的数量,买方可以拒收多交的部分,也可收取多交部分中的一部分或全部,但应按实际收取数量付款。如卖方交货数量少于约定的数量,卖方应在规定的交货期届满之前补交,且不得使买方遭受不合理的损失,买方可保留要求赔偿的权利。因而,正确订立合同中的数量条款,对买卖双方都是十分重要的。

(一)商品数量的计量单位和计量方法

1. 按品种确定计量单位。国际贸易中的不同商品,需要采用不同的计量单位。通常使用的有下列几种:

(1)按重量:克、千克、公吨(1 000 千克)、长吨(1 016 千克)、短吨(907 千克)、磅(453.59 克)、克拉(0.2 克)、盎司(ounce,1 金衡盎司=31.1035 克);

(2)按个数:件、双、套、打、罗、令、卷;

(3)按长度:米、英寸(2.54 厘米)、英尺(0.304 8 米)、码(yard,1 码等于 3 英尺,即 0.914 4 米)、英里(1 609.3 米)、海里(1.852 公里);

(4)按面积:平方米、平方英尺(0.092 9 平方米)、平方码(0.836 平方米);

(5)按体积:立方米、立方英尺、立方码;

(6)按容积:公升、加仑(gallon,1 美加仑=3.785 升,1 英加仑=4.545 升)、夸脱(quart,1 美制夸脱=0.946 升,1 英制夸脱=1.136 升)。

2. 因各国度量衡制度不同而导致计量单位上的差异。由于世界各国的度量衡制度不同,以致造成同一计量单位所表示的数量不一。在国际贸易中,通常采用公制(The Metric System)、英制(The Britain System)、美制(The U. S. System)和国际标准计量组织在公制基础上颁布的国际单位制(The International System of Unit)。

根据《中华人民共和国计量法》规定:"国家采用国际单位制。国际单位制计量单位和国家选定的其他计量单位,为国家法定计量单位。"目前,除个别特殊领域外,一般不许再使用非法定计量单位。我国出口商品,除照顾对方国家贸易习惯约定采用公制、英制或美制计量单位外,应使用我国法定计量单位。我国进口的机器设备和仪器等应要求使用法定计量单位,否则,一般不许进口。如确有特殊需要,也必须经有关标准计量管理部门批准。此外,有些国家对某些商品还规定有自己习惯使用的或法定的计量单位。

上述不同的度量衡制度导致同一计量单位所表示的数量有差异。合同中要明确计量单位采取何种度量衡制度。在世界范围内存在着公制、英制和美制等不同度量衡制度,有些具有类似的名称,但含义却不同。例如,就表示重量的吨而言,实行公制的国家一般采用公吨,每公吨为 1 000 千克;实行英制的国家一般采用长吨,每长吨为 1 016 千克;实行美制的国家一般采用短吨,每短吨为 907 千克。例如,在合同中,不能简单地写"吨(ton)",而必须写清"公吨"(metric ton)、"长吨"(long ton)、"短吨"(short ton)。

(二)计算重量的方法

在国际贸易中,按重量计量的商品很多。根据一般商业习惯,通常计算重量的方法有下列几种:

1. 毛重(gross weight)。毛重是指商品本身的重量加包装物的重量。这种计重办法一般适用于低值商品。

2. 净重(net weight)。净重是指商品本身的重量,即除去包装物后的商品实际重量。净重是国际贸易中最常见的计重办法。不过,有些价值较低的农产品或其他商品,有时也采用"以毛作净"(gross for net)的办法计重。

在采用净重计重时,对于如何计算包装重量,国际上有下列几种做法:①按实际皮重(actual tare or real tare)计算;②按平均皮重(average tare)计算;③按习惯皮重(customary tare)计算;④按约定皮重(computed weight)计算。

3. 公量(conditioned weight)。有些商品,如棉花、羊毛、生丝等有比较强的吸湿性,所含的水分受客观环境的影响较大,其重量也就很不稳定。为了准确计算这类商品的重量,国际上通常采用按公量计算,其计算方法是以商品的干净重(即烘去商品水分后的重量)加上国际公定回潮率与干净重的乘积所得出的重量,即为公量。

4. 理论重量(theoretical weight)。对于一些按固定规格生产和买卖的商品,只要其重量一致,或每件重量大体是相同的,一般即可从其件数推算出总量。

5. 法定重量(legal weight)和实物净重(net weight)。按照一些国家海关法的规定,在征收从量税时,商品的重量,是以法定重量计算的。所谓法定重量,是商品加上直接接触商品的包装物料,如销售包装等的重量,而除去这部分重量所表示出来的纯商品的重量,则称为实物净重。

(三) 数量条款机动幅度的有关规定

在实际业务中,对于大宗散装商品,如农副产品和工矿产品,由于商品特点和运输装载的原因,难以严格控制装船数量,为了便于卖方履行合同,通常可在合同中规定溢短装条款(more or less clause),即规定交货数量可在一定幅度内增减。常用的方式为规定允许溢短装的百分比。在以信用证支付方式成交时,按《跟单信用证统一惯例》2007年修订本(国际商会第600号出版物,UCP600)的规定,在金额不超过信用证规定时,对于仅用度量衡制单位表示数量的,可有5%的增减幅度。如果在数量上加有"大约"一类的词语,则可有10%的增减幅度。

对在机动幅度内多交或少交的数量,一般可按合同价格结算。如果双方考虑到交货时市场价格可能有较大变化,则可事先在合同中规定。对于溢短装部分按货物装船时的市价计算。

为了便于履行合同和避免引起争议,进出口合同中的数量条款应当明确具体。一般不宜采用"大约"、"近似"、"左右"(about、circa、apporoximate)等带伸缩性的字眼来表示。

三、包装条款(packing clause)

商品包装是商品生产的继续,凡需要包装的商品,只有通过包装,才算完成生产过程,商品才能进入流通领域和消费领域,才能实现商品的使用价值和价值。这是因为,包装是保护商品在流通过程中质量完好和数量完整的重要措施,有些商品甚至根本离不开包装,它与包装成为不可分割的统一体。

经过适当包装的商品,不仅便于运输、装卸、搬运、储存、保管、清点、陈列和携带,而且不易丢失或被盗,为各方面提供了便利。

在当前国际市场竞争十分激烈的情况下,许多国家都把改进包装作为加强对外竞销的重要手段之一。因为,良好的包装,不仅可以保护商品,而且还能宣传美化商品,提高商品身价,吸引顾客,扩大销路,增加售价,并在一定程度上显示出口国家的科技、文化艺术水平。

根据包装在流通过程中所起作用的不同,可分为运输包装(即外包装)和销售包装(即内包装)两种类型。前者的主要作用在于保护商品和防止出现货损货差,后者除起到保护商品的作用外,还具有促销的功能。

中性包装(neutral packing)是指既不标明生产国别、地名和厂商名称,也不标明商标或品牌的包装,也就是说,在出口商品包装的内外,都没有原产地和出口厂商的标记。中性包装包括无牌中性包装和定牌中性包装两种,前者是指包装上既无生产国别和厂商名称,又无商标、品牌;后者是指包装上仅有买方指定的商标或品牌,但无生产国别和厂商名称。

采用中性包装,是为了打破某些进口国家与地区的关税和非关税壁垒以及适应交易的特殊需要(如转口销售等),它是出口国家厂商加强对外竞销和扩大出口的一种手段。

定牌是指卖方按买方要求在其出售的商品或包装上标明买方指定的商标或牌号,这种做法叫定牌生产。

当前,世界上许多国家的超级市场、大百货公司和专业商店,对其经营出售的商品,都要在商品上或包装上标有本商店使用的商标或品牌,以扩大本店知名度和显示该商品的身价。许多国家的出口厂商,为了利用买主的经营能力及其商业信誉和品牌声誉,以提高商品售价和扩大销路,也愿意接受定牌生产。

包装条款(packing clause)主要包括商品包装的方式、材料、包装费用和运输标志等内容。

运输包装上的标志,按其用途可分为三种:

其一,运输标志。运输标志又称唛头,它通常是由一个简单的几何图形和一些字母、数字及简单的文字组成,其作用在于使货物在装卸、运输、保管过程中容易被有关人员识别,以防错发错运。

其主要内容包括:①收货人代号;②发货人代号;③目的港(地)名称;④件数、批号。此外,有的运输标志还包括原产地、合同号、许可证号和体积与重量等内容。运输标志的内容繁简不一,由买卖双方根据商品特点和具体要求商定。

其二,指示性标志。指示性标志是提示人们在装卸、运输和保管过程中需要注意的事项,一般都是以简单、醒目的图形和文字在包装上标出,故有人称其为注意标志。

其三,警告性标志。警告性标志又称危险货物包装标志。凡在运输包装内装有爆炸品、易燃物品、有毒物品、腐蚀物品、氧化剂和放射性物资等危险货物时,都必须在运输包装上标明用于各种危险品的标志,以示警告,便于装卸、运输和保管人员按货物特性采取相应的防护措施,以保护物资和人身的安全。

四、价格条款(price clause)

价格条款由单价(unit price)和总值(amount)组成。其中,单价包括计量单位、单位价格金额、计价货币、价格术语四项内容。例如,每公吨100美元CIF纽约。

世界上很多国家和地区货币单位的名称是相同的,如元($)、比索、法郎、克朗、第纳尔在很多国家都采用,因此在签订合同时必须写清,如人民币元(RMB￥)、美元(USD或US $)、加拿大元(Can $)、法国法郎(French Franc)。为了方便使用,世界标准化组织给出了世界各国货币代码,并且得到了非常广泛的使用。表9-1列出了部分国家和地区的货币名称和代码。此外,奥地利、比利时、芬兰、法国、德国、希腊、爱尔兰、意大利、卢森堡、荷兰、葡萄牙和西班牙、斯洛文尼亚、塞浦路斯、马耳他与斯洛伐克16国统一使用货币欧元(Euro),ISO代码为EUR。

表9-1 部分国家或地区货币名称和ISO代码

国家或地区	货币英文名称	货币中文名称	货币代码
美国	Dollar	美元	USD
加拿大	Dollar	加元	CAD
墨西哥	Mexican Peso	墨西哥比索	MXP
澳大利亚	Dollar	澳元	AUD
新西兰	Dollar	新西兰元	NZD
日本	Yen	日元	JPY
中国	Renminbi Yuan	人民币	CNY
中国香港	Dollar	港元	HKD
中国台湾	Taiwan Dollar	台币	TWD
韩国	Won	韩元	KPW
马来西亚	Malaysian Dollar 或 Ringgit	马来西亚元或林吉特	MYR
新加坡	Dollar	新加坡元	SGD
泰国	Baht	泰铢	THB
印度尼西亚	Rupiah	印尼盾	IDR
越南	New Dong	越南盾	VND

续表

国家或地区	货币英文名称	货币中文名称	货币代码
菲律宾	Peso	菲律宾比索	PHP
印度	Rupee	印度卢比	INR
巴基斯坦	Rupee	巴基斯坦卢比	PRK
沙特阿拉伯	Riyal	沙特阿拉伯里亚尔	SAR
叙利亚	Pound	叙利亚镑	SYP
卡塔尔	Riyal	里亚尔	QAR
伊朗	Rial	伊朗里亚尔	IRR
伊拉克	Dinar	伊拉克第纳尔	IQD
英国	Pound	英镑	GBP
瑞士	Swiss Franc	瑞士法郎	SFR
丹麦	Danish Krone	丹麦克朗	DKK
冰岛	Icelandic Krona	冰岛克朗	ISK
挪威	Norwegian Krone	挪威克朗	NOK
瑞典	Swedish Krona	瑞典克朗	SEK
波兰	Polish Zloty	兹罗提	PLZ
匈牙利	Hungarian Forint	福林	HUF
土耳其	Lira	土耳其里拉	TRL
俄罗斯	Russian Ruble	卢布	SUR

价格术语是关于价格条件的一种专门用语，即用一个简短的英文词语或缩写的英文字母表示商品的价格构成，买卖双方各自应办理的手续、承担的费用与风险以及货物所有权转移的界限。国际商会2000年修订推出的《国际贸易术语解释通则》(英文简称Incoterms2000,中文简称为2000通则)包括13种贸易术语，我们将在后面介绍。

五、支付条款(payment clause)

支付条款主要涉及支付工具、付款时间、地点以及支付方式等问题。

（一）支付工具

国际贸易货款的支付，采用现金结算的较少，大多采用非现金结算，即使用代替现金作为流通手段和支付手段的债权凭证——票据来结算国际债权债务。票据可分为汇票、本票和支票。国际贸易结算中以使用汇票为主。

1. 汇票。汇票(bill of exchange, draft)是出票人签发的,委托付款人在见票时或者在指定日期无条件支付确定的金额给收款人或者持票人的票据。

从以上定义可知,汇票是一种无条件支付的委托,有三个当事人:出票人、付款人和收款人。

(1)汇票的内容。根据我国票据法的规定,汇票必须记载下列事项:①表明"汇票"的字样。②无条件支付的委托。应理解成汇票上不能记载支付条件。③确定的金额。④付款人名称。在国际贸易中,通常是进口方或其指定银行。⑤收款人名称。在国际贸易中,通常是出口方或其指定银行。⑥出票日期。⑦出票人签章。汇票上未记载规定事项之一的,汇票无效。实际业务中汇票尚需列明付款日期、付款地点和出票地点。倘未列明,可根据票据法予以确定。

(2)汇票的种类。汇票从不同角度可分成以下几种:

①按出票人不同,可分成银行汇票和商业汇票。银行汇票(bank's draft),出票人是银行,付款人也是银行。商业汇票(commercial draft),出票人是企业或个人,付款人可以是企业、个人或银行。

②按是否附有包括运输单据在内的商业单据,可分为光票和跟单汇票。光票(clean draft)指不附带商业单据的汇票,银行汇票多是光票。跟单汇票(documentary draft)指附有包括运输单据在内的商业单据的汇票。跟单汇票多是商业汇票。

③按付款日期不同,汇票可分为即期汇票和远期汇票。汇票上付款日期有四种记载方式:见票即付(at sight);见票后若干天付款(at...days after sight);出票后若干天付款(at...days after date);定日付款(at a fixed day)。若汇票上未记载付款日期,则视作见票即付。见票即付的汇票为即期汇票。其他三种记载方式为远期汇票。

④按承兑人的不同,汇票可分成商业承兑汇票和银行承兑汇票。远期的商业汇票,经企业或个人承兑后,称为商业承兑汇票。远期的商业汇票,经银行承兑后,称为银行承兑汇票。银行承兑后成为该汇票的主债务人,所以银行承兑汇票是一种银行信用。

(3)票据行为。汇票使用过程中的各种行为,都由票据法加以规范,主要有出票、提示、承兑和付款。如需转让,通常应经过背书行为。

汇票的票据行为包括出票、提示、承兑、付款、背书、拒付和追索等。

①出票(issue)。出票人签发汇票并交付给收款人的行为。出票后,出票人即承担保证汇票得到承兑和付款的责任。如汇票遭到拒付,出票人应接受持票人的追索,清偿汇票金额、利息和有关费用。

②提示(presentation)。提示是持票人将汇票提交付款人要求承兑或付款的行为,是持票人要求取得票据权利的必要程序。提示又分付款提示和承兑提示。

③承兑(acceptance)。承兑指付款人在持票人向其提示远期汇票时,在汇票上签

名,承诺于汇票到期时付款的行为。具体做法是付款人在汇票正面写明"承兑(accepted)"字样,注明承兑日期,于签章后交还持票人。付款人一旦对汇票作承兑,即成为承兑人以主债务人的地位承担汇票到期时付款的法律责任。

④付款(payment)。付款人在汇票到期日,向提示汇票的合法持票人足额付款。持票人将汇票注销后交给付款人作为收款证明。汇票所代表的债务债权关系即告终止。

⑤背书(endorsement)。票据包括汇票是可流通转让的证券。根据我国《票据法》规定,除非出票人在汇票上记载"不得转让"外,汇票的收款人可以以记名背书的方式转让汇票权利。即在汇票背面签上自己的名字,并记载被背书人的名称,然后把汇票交给被背书人即受让人,受让人成为持票人,是票据的债权人。受让人有权以背书方式再行转让汇票的权利。在汇票经过不止一次转让时,背书必须连续,即被背书人和背书人名字前后一致。对受让人来说,所有以前的背书人和出票人都是他的"前手",对背书人来说,所有他转让以后的受让人都是他的"后手",前手对后手承担汇票得到承兑和付款的责任。在金融市场上,最常见的背书转让为汇票的贴现,即远期汇票经承兑后,尚未到期,持票人背书后,由银行或贴现公司作为受让人。从票面金额中扣减按贴现率结算的贴息后,将余款付给持票人。

⑥拒付和追索(dishonour&recourse)。持票人向付款人提示,付款人拒绝付款或拒绝承兑,均称拒付。另外,付款人逃匿、死亡或宣告破产,以致持票人无法实现提示,也称拒付。出现拒付,持票人有追索权,即有权向其前手(背书人、出票人)要求偿付汇票金额、利息和其他费用的权利。在追索前必须按规定做成拒绝证书和发出拒付通知。拒绝证书用以证明持票已进行提示而未获结果,由付款地公证机构出具,也可由付款人自行出具退票理由书,或有关的司法文书。拒付通知用以通知前手关于拒付的事实,使其准备偿付并进行再追索。

2. 本票。本票(promissory note)是出票人签发的,承诺自己在见票时无条件支付确定金额给收款人或者持票人的票据。这是我国《票据法》对本票的定义,指的是银行本票。

国外票据法,允许企业和个人签发本票,称为一般本票,但在国际贸易中使用的本票,均为银行本票。

银行本票都是即期的,一般本票可以是即期的或远期的。

3. 支票。支票(cheque, check)是出票人签发,委托办理支票存款业务的银行或者其他金融机构在见票时无条件支付确定的金额给收款人或持票人的票据。

从以上定义可见,支票是以银行为付款人的即期汇票。支票出票人签发的支票金额,不得超出其在付款人处的存款金额。如果存款低于支票金额,银行将拒付。这种支票称为空头支票,出票人要负法律上的责任。支票分为记名支票、不记名支票、划线支票、保付支票、转账支票等形式。

记名支票是出票人在收款人栏中注明"付给某人"、"付给某人或其指定人"。这种支票转让流通时,须由持票人背书,取款时须由收款人在背面签字。

不记名支票又称空白支票,抬头一栏注明"付给来人"。这种支票无须背书即可转让,取款时也无须在背面签字。

划线支票指在支票的票面上划两条平行的横向线条,此种支票的持票人不能提取现金,只能委托银行收款入账。

保付支票指为了避免出票人开空头支票,收款人或持票人可以要求付款行在支票上加盖"保付"印记,以保证到时一定能得到银行付款。

转账支票指发票人或持票人在普通支票上载明"转账支付",以对付款银行在支付上加以限制。

（二）支付方式

国际贸易中常用的支付方式有汇付、托收和信用证。

1. 汇付。汇付（remittance）又称汇款,是付款人通过银行,使用各种结算工具将货款汇交收款人的一种结算方式。汇付属于商业信用,采用的是顺汇法。在国际贸易中如采用汇付,通常是由买方按合同规定的条件和时间（如预付货款或货到付款或凭单付款）通过银行将货款汇交卖方。

汇付业务涉及的当事人有四个:付款人（汇款人 remitter）、收款人（payee 或 beneficiary）、汇出行（remitting bank）和汇入行（paying bank）。其中,付款人（通常为进口人）与汇出行（委托汇出汇款的银行）之间订有合约关系,汇出行与汇入行（汇出行的代理行）之间订有代理合约关系。

在办理汇付业务时,需要由汇款人向汇出行填交汇款申请书,汇出行有义务根据汇款申请书的指示向汇入行发出付款书;汇入行收到汇款委托书后,有义务向收款人（通常为出口人）解付货款。但汇出行和汇入行对不属于自身过失而造成的损失（如付款委托书在邮递途中遗失或延误等致使收款人无法或迟期收到货款）不承担责任,而且汇出行对汇入行工作上的过失也不承担责任。汇付有四个当事人,即汇款人、汇出行、汇入行和收款人。汇付的流程简图如图 9-1 所示。

图 9-1 汇付支付流程

汇付根据汇出行向汇入行发出汇款委托的方式分为三种形式:

(1)电汇（T/T）。汇出行接受汇款人委托后,以电传方式将付款委托通知收款人当地的汇入行,委托它将一定金额的款项解付给指定的收款人。电汇因其交款迅速,在三种汇付方式中使用最广。但因银行利用在途资金的时间短,所以电汇的费用比下述信汇的费用高。

(2)信汇(M/T)。信汇和电汇的区别,在于汇出行向汇入行航寄付款委托,所以汇款速度比电汇慢。因信汇方式人工手续较多,目前美国和欧洲银行已不再办理信汇业务。

(3)票汇(D/D)。票汇是以银行即期汇票为支付工具的一种汇付方式。由汇出行应汇款人的申请,开立以其代理行或账户行为付款人,列明汇款人所指定的收款人名称的银行即期汇票,交由汇款人自行寄给收款人。由收款人凭票向汇票上的付款人(银行)取款。

买卖双方对每一种结算方式,都从手续费用、风险和资金负担的角度来考虑它的利弊。汇付的优点在于手续简便、费用低廉。汇付的缺点是风险大,资金负担不平衡。因为以汇付方式结算,可以是货到付款,也可以是预付货款。如果是货到付款,卖方向买方提供信用并融通资金;而预付货款则买方向卖方提供信用并融通资金。不论哪一种方式,风险和资金负担都集中在一方。在我国外贸实践中,汇付一般只用来支付订金货款尾数、佣金等项费用,不是一种主要的结算方式。在发达国家之间,由于大量的贸易是跨国公司的内部交易,而且外贸企业在国外有可靠的贸易伙伴和销售网络,因此,汇付是主要的结算方式。

在分期付款和延期付款的交易中,买方往往用汇付方式支付货款,但通常需辅以银行保函或备用信用证,所以又不是单纯的汇付方式了。

2. 托收(collection)。托收是出口人在货物装运后,开具以进口方为付款人的汇票(随附或不随附货运单据),委托出口地银行通过它在进口地的分行或代理行代进口人收取货款的一种结算方式。托收属于商业信用,采用的是逆汇法。

托收方式的当事人有委托人、托收行、代收行和付款人。委托人(principal),即开出汇票委托银行向国外付款人代收货款的人,也称为出票人(drawer),通常为出口人;托收行(remitting bank)即接受出口人的委托代为收款的出口地银行;代收行(collecting bank),即接受托收行的委托代付款人收取货款的进口地银行;付款人(payer 或 drawee),汇票上的付款人即托收的付款人,通常为进口人。

上述当事人中,委托人与托收行之间、托收行与代收行之间都是委托代理关系,付款人与代收行之间则不存在任何法律关系,付款人是根据买卖合同付款的。所以,委托人能否收到货款,完全视进口人的信誉好坏,代收行与托收行均不承担责任。

在办理托收业务时,委托人要向托收行递交一份托收委托书,在该委托书中作出各种指示,托收行以至代收行均按照委托的指示向付款人代收货款。

与汇付一样,采用托收形式的优点在于手续简便、费用低廉,缺点是卖方风险大,资金负担重。

3. 信用证(letter of credit,L/C)

(1)信用证支付的特点。信用证是一种银行开立的有条件的承诺付款的书面文件。信用证业务的特点有：①信用证支付不是商业信用，而是一种银行信用。开证银行在信用证中作出承诺，在单据符合信用证条件的情况下，开证行负首要付款责任。②信用证是一种自足的文件。信用证的开立以买卖合同为基础，但信用证一经开出就是独立的、完整的合同文件。信用证是独立于买卖合同的契约。③信用证是一种单据的买卖。在信用证方式下，实行的是凭单付款的原则。银行对单据的审核只是用以确定单据表面上是否符合信用证条款，开证行根据表面上符合信用证条款的单据付款。在信用证条件下，实行"严格符合"的原则，即"单、单相符，单、证相符"。

信用证支付解决了汇付和托收中买卖双方风险承担责任严重不平衡的缺陷，使买卖双方的权利都得到了可靠的保障，在银行议付的情况下还可以减轻买卖双方的资金负担。

对出口商来说，采用信用证支付方式可以：①保证出口商凭与信用证规定相符的单据取得货款；②按时收汇；③凭信用证通过打包贷款或押汇取得资金融通。

对进口商来说，采用信用证支付方式可以：①保证进口商取得代表货物的单据；②保证进口商可按时、按质、按量收到货物；③可凭借自己的资信及开证行对自己的信任，少交或免交部分押金，从而取得资金融通。

信用证支付方式的主要缺陷是所需支付费用较高、时间较长、程序复杂。申请开立信用证的进口商在申请开证时要向银行提交押金或担保品。在信用证业务中，银行每做一项服务均可取得各种收益，如开证费、通知费、议付费、保兑费、修改费等各种费用。

课程案例9—1

一起信用诈骗案件的成功制止

19××年9月1日国内某银行接受某公司申请，开立了以东南亚某公司为受益人的不可撤销即期付款信用证，购买10 000立方米木材。信用证开出后，受益人(卖方)迟迟不能按期装货，导致信用证修改5次，最后装船和信用证有效期分别展至19××年11月10日和11月20日。

19××年11月16日开证行收到了东南亚某国议付银行寄来的信用证下议付单据一套。开证银行在审核单据过程中发现了商业发票更正的地方没有签章证实和受益人详细地址明显错误两个不符点。开证行向信用证申请人提交了单据复印件一套，要求申请人决定是否接受并授权对外付款。申请人于11月8日来函通知开证行，表示不同意接受单据和对外付款，并同时提出受益人提供的提单和装船通知电传情况可疑。一般从马来西亚到我国南方港口七天左右即可,但其电传中的到货期已过,尚未到货,经向有关方面查询也无该船来港信息,怀疑提单有诈。

19××年11月19日开证行向议付行发电拒付。议付行则多次致电开证行,坚持单据符合信用证。双方争执不下,导致信用证过期,开证行又多了一个拒付的理由。

申请人则委托外轮代理公司调查货轮动向,但均未见该货轮。12月14日再向船公司催询后接到回电称,货轮已取消驶往目的港卸货的计划。同时,申请人多次向受益人发电,要求答复货轮不来港的原因,要求赔偿,受益人均不做答复。在此情况下,申请人向当地法院起诉。19××年1月6日开证行收到了法院的民事裁定书,禁付该信用证下货款。

开证行委托伦敦分行通过劳合社调查货轮行踪,证实货轮从未抵达装运港装货,再次向议付行提出了拒绝付款的明确立场。

至此,一桩精心炮制的信用证诈骗案被成功制止。

讨论题目:
1. 国际贸易中存在哪些风险?
2. 如何看待信用证审核中严格审核的原则,即单单相符、单证相符?
3. 在这一案例中,成功制止诈骗的经验有哪些?

(2)信用证的种类

①根据是否要求受益人提交单据分为跟单信用证和光票信用证。跟单信用证(documentary credit)是开证行凭跟单汇票或单纯凭单据付款的信用证。单据是指代表货物或证明货物已交运的运输单据,如提单、铁路运单、航空运单等,通常还包括发票、保险单等商业单据。国际贸易中一般使用跟单信用证。光票信用证(clean credit)是开证行仅凭不附单据的汇票付款的信用证,汇票如附有不包括运输单据的发票、货物清单等,仍属光票。

②根据开证行的责任分为不可撤销信用证和可撤销信用证。不可撤销信用证是指信用证一经开出,在有效期内,未经受益人、开证人及保兑行(如果有)的同意,开证行不得片面修改或撤销信用证的规定和承诺。信用证上未注明可否撤销,即为不可撤销信用证。国际贸易中使用的信用证,基本上是不可撤销信用证。可撤销信用证是指开证行有权随时予以修改或撤销,但若受益人已按信用证规定得到议付、承兑或延期付款保证,则银行的撤销或修改无效。

③根据是否有另一家银行为信用证加保,可分为保兑信用证和不保兑信用证。保兑信用证(confirmed letter of credit)是指开证行开出的信用证,由另一家银行保证对符合信用证条款规定的单据履行付款义务。对信用证加保兑的银行称为保兑行,保兑行承担与开证行相同的付款责任。当开证银行资信好和成交金额不大时,一般

都使用不保兑的信用证。我国银行不开具要求另一家银行保兑的信用证,故我国进口企业通常不接受开立保兑信用证的要求。

④按信用证付款方式,分为即期信用证、远期信用证、承兑信用证和议付信用证四种方式。

即期信用证(sight credit)指开证行或付款行收到符合信用证条款的汇票或单据后立即履行付款责任的信用证。

远期付款信用证(Usance Credit)是指开证行或付款行在收到符合信用证条款的单据时不立即付款,而是按信用证规定的付款期限到期付款的信用证。远期付款信用证包括承兑信用证、延期付款信用证等。

承兑信用证(acceptance L/C)是指开证行或付款行在收到符合信用证条款的汇票和单据后,在汇票上做承兑,待汇票到期时才履行付款的信用证。具体做法是:受益人开出以开证行或指定银行为受票人的远期汇票,连同商业单据一起交到信用证指定银行;银行收到汇票和单据后,先验单,如单据符合信用证条款,则在汇票正面写上"承兑"字样并签章,然后将汇票交还受益人(出口商),收进单据。待信用证到期时,受益人再向银行提示汇票要求付款,这时银行才付款。银行付款后无追索权。

议付信用证(negotiation credit)指允许受益人向某一指定银行或任何银行交单议付的信用证。通常在单证相符的条件下,银行扣取垫付利息和手续费后立即将货款垫付给受益人。议付信用证可分为公开议付信用证和限制议付信用证,前者受益人可任择一家银行作为议付行,后者则由开证行在信用证中指定一家银行为议付行。开证行对议付行承担付款责任。

即期信用证和远期信用证都在信用证上明确规定一家银行为付款行,不要求受益人出具汇票,仅凭提交的单据付款。承兑信用证则规定由开证行或指定的承兑行对受益人开出的远期汇票进行承兑。以上三种信用证,是否有银行愿意议付与开证银行无关。一切信用证都必须明确表示它适用于哪一种方式。

⑤按附加性质分类,可分为可转让信用证、循环信用证、假远期信用证、带电汇偿付条款的信用证、背对背信用证、对开信用证。

可转让信用证(transferable credit)是指信用证的受益人可以要求授权付款、承担延期付款责任、承兑或议付的银行,或当信用证是自由议付时,可以要求信用证中特别授权的转让银行,将信用证全部或部分转让给一个或数个受益人的信用证。可转让信用证的受益人一般是中间商,第二受益人则是实际供货商。受益人可以要求信用证中的授权银行(转让行),向第二受益人开出新证,新证由原开证行承担付款责任。原证条款不变,但其中信用证金额、商品单价可以减少,有效期和装运期可以提前,投保比例可以增加,申请人可以变成原受益人。可转让信用证只能转让一次,即第二受益人不能再转让给新的受益人。在使用过程中,当第二受益人向转让行交单后,第一受益人有权以自己的发票和汇票替换第二证受益人的发票和汇票,以取得原证和新证之间的差额。

循环信用证(revolving credit)指信用证被全部或部分使用后,其金额又恢复到原金额,可再次使用,直至达到规定的次数或规定的总金额为止的信用证。这种信用证适用于分批均衡供应、分批结汇的长期合同,以使进口方减少开征的手续、费用和押金,使出口方既得到收取全部交易货款的保障,又减少了逐笔通知和审批的手续和费用。循环信用证的循环方式可分为按时间循环和按金额循环,循环信用证的循环条件有三种:第一种,自动循环。即不需开证银行的通知,信用证即可按所规定的方式恢复使用。第二种,半自动循环。在使用后,开证行未在规定期限内提出停止循环的通知即可恢复使用。第三种,非自动循环。在每期使用后,必须等待开证行通知,才能恢复使用。

假远期信用证(usance credit payable at sight)指信用证规定受益人开立远期汇票,但开证/付款行将即期付款,由付款行负责贴现,并规定一切贴现费用(利息和费用)由进口人负担。也就是买卖双方签订的贸易合同原规定为即期付款,但信用证要求出口人开立远期汇票,同时在信用证上又说明该远期汇票可即期议付,由付款行负责贴现,其贴现费用和延迟期付款利息由开证人负担的信用证。这种信用证,对出口人来说仍属于即期十足收款的信用证;但对开证人来说则属于远期付款的信用证,故也称为"买方远期信用证"(buyer's usance credit)。这种信用证,受益人开出的是远期汇票,但议付时等同于即期汇票,不因此而增加贴息的负担。对开证申请人来说,取得了延期付款的融资方便,又利用了开证银行优惠的贴现率。

带电汇偿付条款的信用证(credit with T/T reimbursement)指开证行将最后审单付款的权利交给议付行,只要议付行审单无误,在对受益人付款的同时,即以电报或电传向开证行或其指定付款行索偿,开证行或其指定付款行接到通知后立即以电汇方式向议付行偿付。这种方式使出口商在议付时减少扣减贴息的计息天数,但开证行未经审查即先行付款,故开证行往往在信用证中指定一家可靠的议付行,即为限制议付信用证。使用电汇索偿条款信用证,比一般即期信用证收汇快,通常只需2~3天时间,有时当天即可收回货款。

背对背信用证(back to back credit)是指出口人(中间商)收到进口人开来的信用证(称为母证)后,要求该证的通知行或其他银行以原证为基础,另开一张内容近似的新证(称为子证)给另一受益人(实际供货人)。新证开立后,原证仍有效,由新证开证行代原受益人(中间商)保管。原证开证行与原开证人同新证毫无关联,原因在于新证开证人是原证的受益人,而不是原证的开证人与开证行。因此,新证的开证行在对其受益人(供货人)付款后,便立即要求原证受益人(中间商)提供符合原证条款的商业发票与汇票,以便同新证受益人提供的商业发票与汇票进行调换,然后附上货运单据寄原证的开证行收汇。背对背信用证通常由中间商申请开给实际供货商。其使用方式与可转让信用证相似,所不同的是原证开证行并未授权受益人转让,因而也不对新证负责。背对背信用证的受益人可以是国外的,也可以是国内的。

对开信用证(reciprocal credit)指两张互相制约的信用证,进出口双方互为开证申请人和受益人,双方的银行互为开证行和通知行。这种信用证一般用于补偿贸易、易货贸易、来料加工和对外加工装配业务。通常在先行开出的信用证中注明,该证需待回头信用证开出后才生效。

(3)信用证的当事人

①开证申请人(applicant):向开证银行申请开立信用证的人,一般是进口人。在信用证中又称开证人(opener)。

②开证银行(opening bank, issuing bank):接受开证申请人的委托,开立信用证的银行,它承担按信用证规定条件保证付款的责任。

③通知银行(advising bank):受开证行的委托,将信用证转交出口人的银行。它只证明信用证的真实性,不承担其他义务。

④受益人(beneficiary):信用证上所指定的有权使用该证的人,一般为出口人。

⑤议付银行(negotiating bank):愿意买入或贴现受益人交来跟单汇票和单据的银行。

⑥付款银行或称代付行(paying bank):一般为开证行,也可以是开证行所指定的银行。无论汇票的付款人是谁,开证行必须对提交了符合信用证要求的单据的出口人履行付款的责任。

⑦保兑行(confirming bank):应开证行或受益人的申请在信用证上加批保证兑付的银行,它和开证行处于相同的地位,即对于汇票(有时无汇票)承担不可撤销的付款责任。

⑧偿付行(reimbursement bank),又称清算银行(clearing bank):接受开证银行在信用证中委托代开证行偿还垫款的第三国银行。

⑨受让人(transferee),又称第二受益人(second beneficiary):接受第一受益人转让,有权使用该信用证的人。

(4)信用证支付的一般程序。信用证支付的一般程序为:

①进出口人在贸易合同中,规定使用信用证支付方式。

②进口人向当地银行提交开证申请书,同时交纳押金或其他保证。

③开证行根据申请内容,向出口人(受益人)开出信用证,并寄交通知银行。

④通知行核对印鉴或密押无误后,将信用证寄交给出口人。

⑤出口人审核信用证与合同相符合后,按照信用证规定装运货物,并备齐各项信用证要求的货运单据,在信用证有效期内,寄交议付行议付。

⑥议付行按照信用证条款审核单据无误后,按照汇票金额扣除利息,把货款垫付给出口人。

⑦议付行将汇票和货运单据寄开证行(或其指定的付款行)索偿。

⑧开证行(或其指定的付款行)核对单据无误后,付款给议付行。
⑨开证行通知进口人付款赎单。
⑩开证人付款并取得货运单据后,凭此向承运人提货。

(5)信用证的主要内容。目前信用证大多采用全电开证,各国银行使用的格式不尽相同,文字语句也有很多差别,但基本内容大致相同,主要包括以下几个方面:

①信用证本身的说明。说明信用证的类型,可否撤销、转让;是否经另一家银行保兑;偿付方式;信用证号码和开证日期。

②信用证的当事人。必须记载的当事人有:申请人、开证行、受益人、通知行。可能记载的当事人有:保兑行、指定议付行、付款行、偿付行等。

③信用证的金额和汇票。信用证的金额包括:币别代号、数量、加减百分率。汇票条款有:汇票的金额、到期日、出票人、付款人。

④货物条款,包括货物名称、规格、数量、包装、单价以及合约号码等。

⑤运输条款,包括运输方式、装运地和目的地、最迟装运日期、可否分批装运或转运。

⑥单据条款。说明要求提交的单据种类、份数、内容要求等,基本单据包括:商业发票、运输单据和保险单;其他单据有:检验证书、产地证、装箱单或重量单等。

⑦其他规定。对交单期的说明,银行费用的说明,对议付行寄单方式、议付背书和索偿方法的指示。

⑧责任文句。通常说明根据《跟单信用证统一惯例》开立以及开证行保证付款的承诺,但电开信用证可以省略。

⑨有权签字人的签名或电传密押。

(6)银行保证函。银行保证函(banker's letter of guarantee,简写为 L/G),又称银行保证书、银行保函,或简称保函,它是指银行应委托人的申请向受益人开立的一种书面凭证,保证申请人按规定履行合同,否则由银行负责偿付债款。委托人和受益人的权利和义务,由双方订立的合同规定,当委托人未能履行其合同义务时,受益人可按银行保函的规定向保证人索偿。

国际商会于1992年出版了《见索即付保函统一规则》(国际商会第458号出版物,简称《URDG458》)。其中规定,索偿时,受益人只需提示书面请求和保函中所规定的单据,担保人付款的唯一依据是单据,而不能是某一事实。担保人与保函所可能依据的合约无关,也不受其约束。以上规定表明,担保人所承担的责任是第一性的、直接的付款责任。

国际贸易中,跟单信用证为买方向卖方提供了银行信用作为付款保证,但不适用于需要为卖方向买方作担保的场合,也不适用于国际经济合作中货物买卖以外的其他各种交易方式。然而在国际经济交易中,合同当事人为了维护自己的经济利益,往往需要对可能发生的风险采取相应的保障措施,银行保函和备用信用证,就是以银行信用的形式所提供的保障措施。

把保函与跟单信用证相比,当事人的权利和义务基本相同,所不同的是跟单信用证要求受益人提交的单据是包括运输单据在内的商业单据,而保函要求的单据实际上是受益人出具的关于委托人违约的声明或证明。这一区别,使两者适用范围有了很大的不同,保函可适用于各种经济交易中,为契约的一方向另一方提供担保。另外,如果委托人没有违约,保函的担保人就不必为承担赔偿责任而付款。而信用证的开证行则必须先行付款。

4. 各种结算方式的结合使用。在国际贸易业务中,一笔交易的货款结算,可以只使用一种结算方式(通常如此),也可根据需要,例如不同的交易商品,不同的交易对象,不同的交易做法,将两种以上的结算方式结合使用,或有利于促成交易,或有利于安全及时收汇,或有利于妥善处理付汇。常见的不同结算使用的形式有:信用证与汇付结合、信用证与托收结合、汇付与银行保函或信用证结合。

(1)信用证与汇付结合。这是指一笔交易的货款,部分用信用证方式支付,余额用汇付方式结算。这种结算方式的结合形式常用于允许其交货数量有一定机动幅度的某些初级产品的交易。对此,经双方同意,信用证规定凭装运单据先付发票金额或在货物发运前预付金额若干成,余额待货到目的地(港)后或经再检验的实际数量用汇付方式支付。使用这种结合形式,必须首先订明采用的是何种信用证和何种汇付方式以及按信用证支付金额的比例。

(2)信用证与托收结合。这是指一笔交易的货款,部分用信用证方式支付,余额用托收方式结算。这种结合形式的具体做法通常是:信用证规定受益人(出口人)开立两张汇票,属于信用证项下的部分货款凭光票支付,而其余额则将货运单据附在托收的汇票项下,按即期或远期付款交单方式托收。这种做法,对出口人收汇较为安全,对进口人可减少垫金,易为双方接受。但信用证必须订明信用证的种类和支付金额以及托收方式的种类,也必须订明"在全部付清发票金额后方可交单"的条款。

(3)汇付与银行保函或信用证结合。汇付与银行保函或信用证结合使用的形式常用于成套设备、大型机械和大型交通运输工具(飞机、船舶等)等货款的结算。这类产品,交易金额大,生产周期长,往往要求买方以汇付方式预付部分货款或定金,其余大部分货款则由买方按信用证规定或开加保函分期付款或迟期付款。

此外,还有汇付与托收结合、托收与备用信用证或银行保函结合等形式。在开展对外经济贸易业务时,究竟选择那一种结合形式,可酌情而定。

六、运输条款(transportation clause)

(一)运输方式

在国际货物运输中,涉及的运输方式很多,包括海洋运输、铁路运输、航空运输、内河运输、公路运输、管道运输等多种形式。

1. 海洋运输。海洋运输是国际贸易中最主要的运输方式,国际贸易总运量中的 2/3 以上,我国绝大部分进出口货物,都是通过海洋运输方式运输的。海洋运输的运量大,运费低,航道四通八达,是其优势所在;但速度慢,航行风险大,航行日期不易准确,是其不足之处。

按照船舶的经营方式,海洋运输可分为班轮运输和租船运输。

(1) 班轮运输。班轮运输的特点在于:①班轮运输有固定的船期、航线、停靠港口和相对固定的运费率;②班轮运费中包括装卸费,班轮的港口装卸由船方负责;③船、货双方的权利、义务与责任豁免,以船方签发的提单条款为依据;④班轮承运货物的数量比较灵活,货主按需订舱,特别适合于一般件杂货和集装箱货物的运输。

班轮运费由班轮运价表规定,包括基本运费和各种附加费。前者指货物从装运港运到卸货港所应收取的基本运费,是班轮运费的主要部分。基本运费分成两大类,一类是传统的件杂货运费,另一类是集装箱包箱费率。件杂货运费基本上按每个运费吨作计费单位。按毛重计费时,运费吨为公吨,在运价表内以"W"表示。按体积计费时,运费吨为立方米,在运价表内以"M"表示。运价以"W/M"表示时,即按货物毛重(公吨数)或体积(立方米数),从高计费。按运费吨计价的货物一般分为 20 个等级,第 1 级货物运费率最低,第 20 级货物运费率最高。件杂货也有按商品价格或件数计收运费的。大宗低值货物,可由船、货双方议定运价。集装箱包箱费率有三种方式:①FAK 包箱费率(freight for all kinds),即不分货物种类,按每个集装箱收取的费率。②FCS 包箱费率(freight for class),即按货物等级制定的包箱费率。③FCB 包箱费率(freight for class&basis),即按货物等级及不同类型的计价标准制定的费率。以上集装箱包箱费率计算表中,分别订有 20 英尺和 40 英尺包箱费率,如果货物拼箱装运,即未装满一个集装箱的货物,FAK 和 FCS 方式按 W/M 方式列出基本运费,FCB 则按不同类别的计价标准,列出基本运费。

班轮运费中的附加费名目繁多,其中包括超长附加费、超重附加费、选择卸货港附加费、变更卸货港附加费、燃油附加费、港口拥挤附加费、绕航附加费、转船附加费和直航附加费等。

此外,班轮公司对不同商品混装在同一包装内,按其中收费较高者计收运费。同一票商品,如包装不同,其计费等级和标准也不同,如托运人未按不同包装分别列明毛重和体积,则全票货物按收费较高者计收运费;同一提单内有两种以上不同货名,如托运人未分别列明毛重和体积,也从高计费。

(2) 租船运输。国际贸易运输中另一种重要的船舶经营方式是租船运输,租船指包租整船,船东(或二船东)向租船人提供的不是运输劳务,而是船舶的使用权。租船费用较班轮低廉,且可选择直达航线,故大宗货物一般采用租船运输。租船方式主要有定程租船和定期租船两种。

①定程租船(voyage charter)。定程租船是以航程为基础的租船方式,又称程租

船。船方必须按租船合同规定的航程完成货物运输任务,并负责船舶的运营管理及其在航行中的各项费用开支。程租船的运费一般按货物装运数量计算,也有按航次包租金额计算的。租船双方的权利和义务,由租船合同(charter party)规定。程租船方式中,合同应明确船方是否负担货物在港口的装卸费用。如果船方不负担装卸,则应在合同中规定装卸期限或装卸率,以及与之相应的滞期费和速遣费。如租方未能在限期内完成装卸作业。为了补偿船方由此而造成延迟开航的损失,应向船方支付一定的罚金,即滞期费。如租方提前完成装卸作业则由船方向租方支付一定的奖金,称为速遣费。通常速遣费为滞期费的一半。

②定期租船(time charter)。定期租船是按一定时间租用船舶进行运输的方式,又称期租船,船方应在合同规定的租赁期内提供适航的船舶,并负担为保持适航的有关费用。租船人在此期间可以在规定航区内自行调度支配船舶,并负责燃料费、港口费和装卸费等运营过程中的各项开支。

2. 铁路运输。铁路运输是仅次于海运的一种主要运输方式。铁路运输运量较大,速度较快,运输风险明显小于海洋运输,能常年保持准点运营。铁路运输可分为国际铁路货物联运和国内货物运输两种。

(1)国际铁路联运。国际铁路联运是指,使用一份统一的国际联运票据,由铁路负责经过两国或两国以上铁路的全程运送,并由一国铁路向另一国铁路移交货物,不需要收、发货人参加,根据运单将货物运往终点站交给收货人的铁路运输方式。

我国通往欧洲的国际铁路联运线有两条:一条是利用俄罗斯的西伯利亚大陆桥贯通中东、欧洲各国;另一条是由江苏连云港经新疆与哈萨克斯坦铁路连接,贯通俄罗斯、波兰、德国至荷兰的鹿特丹。后者称为新亚欧大陆桥,运程比海运缩短9 000公里,比经由西伯利亚的大陆桥缩短3 000公里。

(2)国内铁路运输。国内铁路运输指仅在一国范围内进行的铁路运输。

我国内地对港澳地区的铁路运输按国内运输办理,但又不同于一般的国内运输。货物由内地装车至深圳中转和香港卸车交货,为两票联运,由外运公司签发"货物承运收据"。京九铁路和沪港直达通车后,内地至香港的运输更为快捷。由于香港特别行政区系自由港,货物在内地和香港间进出,需办理进出口报关手续。对澳门地区的铁路运输,是先将货物运抵广州南站再转船运至澳门。

3. 航空运输。航空运输有其他运输方式无法比拟的优越性,运送速度快,运输安全准确,不受地面条件限制,可简化包装,节省包装费用。

航空运费按W/M方式计算,其重量体积比为6 000立方厘米比1千克(相当于6立方米/公吨),即实际运费以千克或以体积重量(6 000立方厘米折合1千克)单位计算,并以高者为准。尽管航空运费一般较高,但对体积大,重量轻的货物,采用空运反而有利。且空运计算运费的起点比海运低,运送快捷准点。所以小件货物、鲜活商品、季节性商品和贵重商品适宜采用航空运输。

航空运输方式主要有班机运输、包机运输、集中托运和航空快递业务。

(1) 班机运输。班机运输(scheduled airline)指具有固定开航时间、航线和停靠航站的飞机。通常为客货混合型飞机，货舱容量较小，运价较贵，但由于航期固定，有利于客户安排鲜活商品或急需商品的运送。

(2) 包机运输。包机运输(chartered carrier)是指航空公司按照约定的条件和费率，将整架飞机租给一个或若干个包机人(包机人指发货人或航空货运代理公司)，从一个或几个航空站装运货物至指定目的地。包机运输适合于大宗货物运输，费率低于班机，但运送时间则比班机要长些。

(3) 集中托运。集中托运(consolidation)可以采用班机或包机运输方式，是指航空货运代理公司将若干批单独发运的货物集中成一批向航空公司办理托运，填写一份总运单送至同一目的地，然后由其委托当地的代理人负责分发给各个实际收货人。这种托运方式可降低运费，是航空货运代理的主要业务之一。

(4) 航空快递业务。航空快递业务(air express service)是由快递公司与航空公司合作，向货主提供的快递服务，其业务包括：由快速公司派专人从发货人处提取货物后以最快航班将货物出运，飞抵目的地后，由专人接机提货，办妥进关手续后直接送达收货人，称为"桌到桌运输"(desk to desk service)。这是一种最为快捷的运输方式，特别适合于各种急需物品和文件资料的运送。在我国，外贸企业办理航空运输，需要委托航空运输公司作为代理人，负责办理出口货物的提货、制单、报关和托运工作。委托人应填妥国际货物托运单，并将有关报关文件交付航空货运代理、空运代理向航空公司办理托运后，取得航空公司签发的航空运单，即为承运开始。航空公司需对货物在运输途中的完好负责。货到目的地后，收货人凭航空公司发出的到货通知书提货。

4. 集装箱运输和国际多式联运

(1) 集装箱运输。集装箱运输是指将货物装载于标准规格的集装箱内进行运输，适合于海洋运输、铁路运输和航空运输等各种运输方式。集装箱运输实际上是指货物运输过程中的一种装载形式。集装箱是一种能反复使用的便于快速装卸的标准化货柜。国际标准化组织推荐了3个系列13种规格的集装箱，在国际运输中常用的集装箱规格为20英尺和40英尺两类，即IA型$8'\times8'\times40'$，IAA型$8.6'\times8'\times40'$，IC型$8'\times8'\times20'$。

集装箱运输以其高效优质低成本的特点，成为当今最重要的一种货物装载形式。集装箱运输的优点主要表现在：提高了装卸效率，加速了船舶的周转；有利于提高运输质量，减少货损货差；节省各项费用，降低货运成本；简化货运手续，便利货物运输；把传统多种运输方式有机地结合为国际连贯运输，促进了国际多式联运的发展。

集装箱按其装载货物所属货主，可分为整箱货和拼箱货。整箱货(FCL)可由货方自行装箱后直接送至集装箱堆场(CY)，整箱货到达目的地后，送至堆场由收货人提取。堆场通常设在集装箱码头附近，是集装箱的中转站。

如果一家货主的货物不足一整箱,需送至集装箱货运站(CFS)由承运人把不同货主的货物按性质、流向进行拼装,称为拼箱货(LCL)。货到目的地,拼箱货(LCL)应送至货运站由承运人拆箱后分别由收货人提取。

集装箱这种交接方式应在运输单据上予以说明。国际上通用的表示方式为:

FCL/FCL 或 CY/CY(整装整拆);

FCL/LCL 或 CY/CFS(整装拼拆);

LCL/FCL 或 CFS/CY(拼装整拆);

LCL/LCL 或 CFS/CFS(拼装拼拆)。

每个集装箱有固定的编号,装箱后封闭箱门的钢绳铅封上印有号码。集装箱号码和封印号码可取代运输标志,显示在主要出口单据上,成为运输中的识别标志和货物特定化的记号。

(2)国际多式联运。国际多式联运是以集装箱装载形式把各种运输方式连贯起来进行国际运输的一种新型运输方式。按照《联合国国际多式联运公约》的解释,"国际多式联运"必须具备以下五个条件:①至少是两种不同运输方式的国际连贯运输。②有一份多式联运合同。③使用一份包括全程的多式联运单据。④由一个多式联运经营人对全程运输负责。⑤全程单一的运费费率。

(二)海洋运输装运条款

在洽商交易时,买卖双方必须就交货时间、装运地和目的地、能否分批装运和转船、转运等问题达成一致,并在合同中具体订明。装运条款与合同性质和运输方式之间存在密切联系。下面我们重点介绍国际贸易中最常见的 FOB、CIF 和 CFR 三种性质的合同在海洋运输方式下的装运条款。其装运条款主要涉及装运时间、装运港、目的港、是否允许转船与分批装运、装运通知,以及滞期、速遣等内容。

1. 装运时间(time of shipment)。装运时间又称装运期,是合同的主要条款。合同中规定转运时间的方式主要有以下几种:①规定明确具体的装运时间。这是最常见的方法。②规定在收到信用证后若干天或若干月装运。这样规定有利于降低卖方的风险,采用这种方法在合同中要同时规定信用证的开到或开出日期。③收到信汇、电汇或票汇后若干天装运。④笼统规定近期装运。由于各国对此类术语解释不尽相同,应慎重采用。

2. 装运港和目的港。装运港和目的港的规定方法主要有以下几种:①装运港和目的港分别规定一个;②规定两个或两个以上装运港和目的港;③在事先无法明确规定时,笼统规定某一航区为装运港或目的港,如"地中海主要港口"。

3. 分批装运和转船。分批装运(partial shipment)指一笔成交的货物,分若干批装运。转船(transshipment)指货物通过中途港转运。

4. 装运通知。装运通知(shipping advice)指在租船运输大宗货物、买方负责租船时,卖方应在约定的装运期前的一定时间,向买方发出货物备妥通知,以便买方及时派船接货。

5. 装卸时间、装卸率、滞期费、速遣费

(1)装卸时间(lay time)指允许完成装卸任务所约定的时间,一般以天或小时来表示。由于在休息日和不良天气条件下码头可能无法进行装卸工作,因此关于装卸时间的规定中应明确所规定的是连续日、工作日还是好天气工作日。

(2)装卸率指一定时间(日、小时)装卸货物的数量。规定装卸率要考虑港口习惯的正常装卸速度。

(3)滞期费指在约定的允许装卸时间内未能完成装卸任务,致使船舶在港内停泊时间延长,给船方造成经济损失时,应该补偿给船方的补偿金。

(4)速遣费指在约定的允许装卸时间内提前完成装卸任务,使船方节省了船舶在港的费用开支,船方给予租船人的奖励。滞期费和速遣费一般按天来计算,速遣费一般为滞期费的一半。

(三)运输单据

运输单据是承运人收到承运货物后签发给托运人的证明文件。它是交付货物、索赔和支付货款的重要依据。根据运输方式的不同,运输单据可以分为海运提单、铁路提单、航空运单、邮包收据等。

1. 海运提单。海运提单(bill of lading,B/L)是承运人或其代理人在收到其承运的货物时签发给托运人的货物收据。海运提单是承运人与托运人之间运输合同的证明,在将货物收归其照管后签发,证明已收到提单上所列明的货物。在法律上,海运提单是一种货物所有权凭证(document of title)。提单持有人可据以提取货物,也可凭此向银行押汇,还可在载货船舶到达目的港交货之前进行转让。

根据不同的分类标准,海运提单可以分为不同的种类。

(1)根据货物是否已装船,可分为已装船提单(shipped on board B/L)和备运提单(received for shipment B/L)。前者是指货物已装上船后签发的提单,而后者是指承运人已接管货物并准备装运时所签发的提单,所以又称收讫待运提单。在贸易合同中,买方一般要求卖方提供已装船提单,因为已装船提单上有船名和装船日期,对收货人按时收货有保障。

(2)根据货物外表状况有无不良批注,提单可分为清洁提单(clean B/L)和不清洁提单(unclean or foul B/L)。前者是指货物装船时表面状况良好,一般未经加添明显表示货物及/或包装有缺陷批注的提单。在对外贸易中,银行为安全起见,在议付货款时均要求提供清洁提单。后者是指承运人在提单上已加注货物及/或包装状况不良或存在缺陷等批注的提单。

(3)根据不同运输方式,提单可分为直达提单(direct B/L)、转船提单(transshipment B/L)、联运提单(through B/L)和联合运输提单(combined transport B/L)等。直达提单是承运人签发的由起运港以船舶直接运达目的港的提单。如起运港的载货船舶不直接驶往目的港,须在转船港换装另一船舶运达目的港时所签发的提单,称为转船提单。如果货物需经两段或两段以上运输运达目的港,而其中有一段是海运时,如海陆、海空联运或海海联运所签发的提单称为联运提单。所以转船提单实际上也是联运提单的一种。而联合运输提单则是两种或两种以上不同的运输方式连贯运输时承运人所签发的货物提单,因此联合运输提单也叫多式联运提单。目前在实际业务中,不少船公司把联运提单与联合运输提单使用同一格式,只是在作为联合运输提单使用时,必须在提单上列明起运港和目的港外,还要列明收货地、交货地及前段运输工具名称等。

(4) 根据提单抬头不同,提单可分为记名提单(straight B/L)、不记名提单(bearer B/L)和指示提单(order B/L)。记名提单在收货人一栏内列明收货人名称,所以又称为收货人抬头提单,这种提单不能用背书方式转让,而货物只能交与列明的收货人。不记名提单是在提单上不列明收货人名称的提单,谁持有提单,谁就可凭提单向承运人提取货物,承运人交货是凭单不凭人。指示提单上不列明收货人,可凭背书进行转让,有利于资金的周转,在国际贸易中应用较普遍。提单背书(endorsment)有空白背书和记名背书两种。空白背书是由背书人(即提单转让人)在提单背面签上背书人单位名称及负责人签章,但不注明被背书人的名称,也不需取得原提单签发人的认可。指示提单一经背书即可转让,意味着背书人确认该提单的所有权转让。记名背书除同空白背书需由背书人签章外,还要注明被背书人的名称。如被背书人再进行转让,必须再加背书。指示提单有凭托运人的指示、凭收货人指示和凭进口方银行指示等,则分别需托运人、收货人或进口方银行背书后方可转让或提货。

(5) 根据是否列出全部合同条款,可以分为全式提单和简式提单。全式提单指提单背面列有承运人和托运人权利、义务的详细条款的提单。简式提单指提单背面没有承运人和托运人权利、义务的详细条款,只列出提单正面的必须记载事项的提单。两者的法律效力相同。

(6) 按照提单效力,可以分为正本提单和副本提单。正本提单是有承运人、船长或其代理人签字盖章并注明签发日期的提单。正本提单是有效的法律文件。副本提单上没有承运人、船长或其代理人签字盖章,不具备法律效力。

2. 航空运单。航空运单指航空运输的承运人或其代理人之间在收到其承运的货物时签发给托运人的货物收据。航空运单也是承运人与托运人之间的运输契约。

航空运单不是代表货物所有权的凭证,也不能经过背书转让。收货人提货不是凭航空运单,而是航空公司的提货通知单。

七、保险条款(insurance clause)

国际贸易中的买卖双方,一般来说相距遥远,远隔重洋。货物自卖方所在地运至买方,往往要经过长途运输、多次转运装卸和存储。在这个过程中可能遇到自然灾害或意外事故,使货物遭受损失。为了转嫁货物在运输途中的风险,买方或卖方通常要投保货物运输保险。一旦货物发生承保范围内的风险损失,即可以向保险公司索赔。

根据运输方式的不同,国际货物运输保险一般分为海上货物运输保险、陆上货物运输保险、航空货物运输保险和邮包运输保险等形式。这些不同的保险形式虽然在具体责任的划分上有所不同,但基本原理和做法都很相似。

(一)保险条款的主要内容

保险条款主要包括三个方面:

1. 投保金额。投保金额也称保险金额,是保险人应承担的最高赔偿金额,也是核算保险费的基础。保险金额一般由买卖双方协商确定,通常按照 CIF 或 CIP 价格的 110% 计算。这样即使货物发生了意外,保险人也可以获得预期利润。

2. 险别,即保险的种类。海洋货物运输保险的险别可以分为基本险别和附加险别。附加险不能单独投保,只能在基本险的基础上投保。

基本险险别包括平安险(free from particular average, FPA)、水渍险(with particular average, WPA)和一切险(all risks)。

附加险别可以分为一般附加险和特别附加险。一般附加险包括偷窃提货不着险(TPND)、淡水雨淋险(FWRD)、短量险(risk of shortage)、渗漏险(risk of leakage)、碰损、破碎险(risk of clash & breakage)、串味险(risk of odour)、受热、受潮险(damage caused by heating & sweating)、钩损险(hook damage)、包装破裂险(loss or damage caused by breakage of packing)、锈损险(risk of rust)等。

一般附加险不能独立投保,只能在平安险或水渍险的基础上加保。一切险中包括一般附加险,因此投保一切险后不需要投保一般附加险。

特殊附加险承保的是由于军事、政治、国家政策法令以及行政措施等特殊外来原因所引起的风险和损失。特殊附加险主要包括战争险(war risk)、罢工险(strikes risk)、交货不到险(failure to delivery risks)、进口关税险(import duty risk)等种类。

战争险承保战争或类似战争行为等引起的保险货物的直接损失,其责任范围包括由于战争、类似战争行为和敌对行为、武装冲突或海盗行为以及由此而引起的捕获、拘留、禁制、扣押所造成的损失,或者由于各种常规武器所造成的损失。

罢工险承保因罢工者、被迫停工人员,参加工潮、暴动和民众战争的人员采取行动所造成的承保货物的直接损失。

3. 保险条款。保险条款是对保险人和承保人权利、义务作出的规定和解释。为了方便投保和索赔,并不是每个保险公司都会制订或使用自己的保险条款,而是可能选用某个行业协会或保险公司的条款,如英国伦敦保险业协会货物保险条款(ICC Clause)。

（二）保险单证

保险单证是保险公司向投保人出具的承保证明，在法律上构成保险公司与投保人之间的合同，是被保险人向保险公司索赔的依据。

国际贸易中常见的保险单证有两种，即保险单和保险凭证。

1. 保险单（insurance policy）。保险单又称大保单，是一种正规的保险合同，除了载明保险人、被保险人、保险标的物、投保金额、险别、保险期限等保险基本事项外，还列有说明保险公司的责任范围、双方各自权利义务的保险条款。

2. 保险凭证（insurance certificate）。保险凭证又称小保单，是一种简化的保险合同，与保险单的主要区别在于保险货证上没有详细列明保险条款。保险凭证具有与保险单相同的法律效力。

八、检验条款（inspectation clause）

商品检验是买卖双方确认是否严格按照合同约定提交了合格货物的依据，也是索赔、理赔的重要依据。为了避免在旅行合同过程中出现争议，国际贸易的买卖双方通常在合同中规定明确的检验条款。

一些国家的法律也对进出口商品的检验作出了规定。例如，《中华人民共和国进出口商品检验法》规定：商检机构和经国家商检部门许可的检验机构，依法对进出口商品实施检验。列入目录的进出口商品，由商检机构实施检验，未经检验的，不准销售、使用；未经检验合格的出口商品，不准出口。

《联合国国际货物销售合同公约》第38条规定：①买方必须在按情况实际可行的最短时间内检验货物或由他人检验货物。②如果合同涉及货物的运输，检验可推迟到货物到达目的地后进行。③如果货物在运输途中改运或买方须再发运货物，没有合理机会加以检验，而卖方在订立合同时已知道或理应知道这种改运或再发运的可能性，检验可推迟到货物到达新目的地后进行。

国际货物买卖合同中的检验条款主要包括检验时间、检验地点、检验机构、检验依据与检验方法、商品的复验等。

九、违约条款（breach clause）

（一）异议与索赔条款

该条款的主要内容为一方违约，对方有权提出索赔。这是索赔的基本前提。此外还包括索赔依据、索赔期限等。索赔依据主要规定索赔必备的证据及出证机构。若提供的证据不充足、不齐全、不清楚，或出证机构未经对方同意，均可能遭到对方拒赔。

（二）罚金条款

该条款主要规定当一方违约时，应向对方支付一定数额的约定罚金，以弥补对方的损失。罚金就其性质而言就是违约金。

十、不可抗力条款(force majeure clause)

(一)不可抗力的含义

该条款实际上也是一项免责条款。不可抗力,是指在合同签订后,不是由于当事人的过失或疏忽,而是由于发生了当事人所不能预见的、无法避免和无法预防的意外事故,以致不能履行或不能如期履行合同,遭受意外事故的一方可以免除履行合同的责任或可以延期履行合同,另一方无权要求损害赔偿。

(二)构成不可抗力的条件

构成不可抗力必须具备以下几个条件:

1. 它是在订立合同以后,合同履行完毕之前发生的,并且是在订立合同时当事人所不能预见的。

2. 它不是由于任何一方当事人的过失或疏忽行为所造成的,即不是由于当事人的主观原因所造成的。

3. 它是双方当事人所不能控制的,即这种事件的发生是不能预见、无法避免、无法预防的。

因此,凡人们能够预见而未预见,经过努力能够预防或控制的,均不属于不可抗力事件。

(三)不可抗力条款的内容

不可抗力条款的内容包括:

1. 不可抗力事故的范围通常可分为两大类。一类是由于自然力量所引起的,如地震、海啸、台风、暴风雪、火灾、旱灾、水灾等;另一类是由于社会力量所引起的,如战争、罢工、政府禁令等。

2. 不可抗力的法律后果,主要表现在以下几个方面:解除合同、免除部分责任、延迟履行合同。

3. 因不可抗力事件而不能履行合同的一方当事人应承担的义务,包括及时通知的义务、提供证明的义务。

十一、法律适用条款(applicable law clause)

国际货物买卖合同是在营业地分处不同国家的当事人之间订立的,由于各国政治、经济、法律制度不同,就产生了法律冲突和法律适用问题。为此,当事人应当在合同中明确宣布合同适用哪国的法律。

相关内容请参见第三章第三节。

第二节 贸易术语

一、贸易术语的含义

国际贸易的买卖双方,一般来说相距遥远,远隔重洋。货物自卖方所在地运往买方,往往要经过长途运输,多次转运装卸和存储,其间尚需办理申请出口和进出口手续,领取许可证;需要洽租运载工具,办理保险、报验、报关等。与此同时,需要支付相应的费用,如运费、装卸费、保险费、仓储费以及各种捐税和杂项费用等。此外,货物在转运过程中还可能遭到各种自然灾害和意外事故等风险。

有关上述责任,由谁负责,手续由谁办理,费用由谁负担,风险如何划分,成为国际贸易实际业务中买卖双方必须明确解决的问题。这样,经过长期的国际贸易实践,逐渐形成了适应各种需要的贸易术语。当买卖双方在合同中确定采用某种贸易术语时,就要求合同的其他条款都与其相适应。因此,在国际贸易中,一般都以合同中规定的贸易术语来确定合同的性质,并以此来确定买卖双方各自承担的责任、费用和风险以及各自的权利和义务。因此,贸易术语是在长期的国际贸易实践中产生的,用来说明商品的价格构成、交货地点、风险划分、费用划分等问题的专门用语。它是国际贸易中构成单价条款的重要组成部分。在对外报价和签订合同时,涉及价格问题,它都是不可缺少的内容。

贸易术语的应用可以追溯到100多年以前,但在相当长的时间内,由于各国之间的贸易做法存在很大差异,彼此之间的贸易联系也不是十分紧密,在国际上并没有形成对贸易术语的统一解释。这种情况不利于国际贸易的发展。为此,一些国际组织和商业团体开始制定解释贸易术语的规则,这些规则在国际上广泛采用,逐渐演变为国际惯例。

国际贸易惯例本身不具备强制性,是以当事人的意思自治为基础的。但是,一旦合同当事人明确约定以某一国际惯例来约束此项交易,则该国际惯例对该合同就有了强制性。

二、有关贸易术语的国际贸易惯例

目前,有关贸易术语的国际贸易惯例主要有三个:

(一)《1932 年华沙—牛津规则》(Warsa-Oxford Rules 1932)

《华沙—牛津规则》是国际法协会专门解释 CIF 合同而制定的。19 世纪中叶,CIF 术语得到广泛应用,但对买卖双方的具体义务却不存在统一的规定和解释。为此,国际法协会于 1928 年在波兰首都华沙召开会议,制定了关于解释 CIF 合同的统一规则,称为《1928 年华沙—牛津规则》,共 22 条。该规则经 1930 年纽约会议、1931 年巴黎会议和 1932 年牛津会议修改,最终修订为 21 条,沿用至今。

《华沙—牛津规则》十分详细地解释了 CIF 合同的性质和特点,具体规定了买卖双方的责任、费用、风险的划分和所有权的转移,供买卖双方自愿采纳,并可对其中条款在合同中作双方同意的修改或补充,如有抵触,以合同的优先规定为准。这个规则为统一和确定国际贸易价格术语的内容树立了典范,被国际贸易法律界高度重视。此规则与《2000 年国际贸易术语解释通则》(Incoterms 2000)中对 CIF 的解释并不冲突,但它的解释要比通则全面详尽。

(二)《1941 年美国对外贸易定义修订本》(Revised American Foreign Trade Definitions 1941)

《美国对外贸易定义》是美国 9 个商业团体制定的。最早的版本于 1919 年在纽约制定,称为《美国出口报价及其缩写条例》,1941 年美国第 27 届全国对外贸易会议对该条例进行了修订,命名为《1941 年美国对外贸易定义修订本》。

《1941 年美国对外贸易定义修订本》中所解释的贸易术语有 6 种,即:

1. Ex Point of Origin(产地交货);
2. Free on Board(在运输工具上交货);
3. Free Along Side(在运输工具旁边交货);
4. Cost and Freight(成本加运费);
5. Cost Insurance and Freight(成本、保险费加运费);
6. Ex Dock(目的港码头交货)。

《1941 年美国对外贸易定义修订本》在美洲地区,特别是美国与墨西哥和南美国家的贸易中采用较多。其对 Free on Board 和 Free Along Side 两种贸易术语的解释与国际商会制订的 Incoterms 存在很大差异,因此与美洲国家交易时要注意术语的解释规则。

(三)《2000 年国际贸易术语解释通则》(Incoterms 2000)

《国际贸易术语解释通则》原文为 International Rules for the Interpretation of Trade Terms,简称《通则》,英文缩写为 Incoterms。它是国际商会(ICC)为了统一对各种贸易术语的解释而制定的。《通则》的宗旨是为国际贸易中最普遍使用的贸易术语提供一套解释的国际规则,以避免因各国不同解释而出现的不确定性,或至少在相当程度上减少这种不确定性。国际商会(ICC)于 1936 年首次公布了一套解释贸易术语的国际规则,名为 Incoterms 1936,以后又于 1953 年、1967 年、1976 年、1980 年、1990 年和 2000 年进行了六次修改和补充,目前的版本是《2000 年国际贸易术语解释通则》。由于通则是国际商会组织各国专家在研究和归纳各国惯例的基础上产生的,所以具有一定的代表性和适应性,得到了众多国家的接受,是目前应用范围最广、影响最大的一项国际惯例。

需要强调的是,Incoterms 涵盖的范围只限于销售合同当事人的权利义务中与已售货物(指"有形的"货物,不包括"无形的"货物,如电脑软件)交货有关的事项。

经过修改后的价格术语采用新的表达方式,把 13 种价格术语分为 E,F,C,D 四组。第一组为"E"组(Ex Works),指卖方仅在自己的地点为买方备妥货物;第二组"F"组(FCA、FAS 和 FOB),指卖方需将货物交至买方指定的承运人;第三组"C"组(CFR、CIF、CPT 和 CIP),指卖方须订立运输合同,但对货物灭失或损坏的风险以及装船和启运后出现意外所发生的额外费用不承担责任;第四组"D"组(DAF、DES、DEQ、DDU 和 DDP),指卖方须承担把货物交至目的地国所需的全部费用和风险。

1. 出口国交货的贸易术语。出口国交货的贸易术语有三组,即:

(1)E 组:EXW,工厂交货。

(2)F 组:FCA,货交承运人;FAS,装运港船边交货;FOB,装运港船上交货。

(3)C 组:CFR,成本加运费;CIF,成本保险费加运费;CPT,运费付至(指定目的地);CIP,运费保险费付至(指定的目的地)。

2. 在进口国交货的贸易术语。在进口国交货的贸易术语有五种:

(1)DAF,边境交货;

(2)DES,目的港船上交货;

(3)DEQ,目的港码头交货;

(4)DDU,未完税交货;

(5)DDP,完税后交货。

各种贸易术语的组别、中英文名称如表 9-2 所示。

表 9-2　各种贸易术语的组别、中英文名称

组别 \ 名称	英文缩写	英文全称	中文名称
E 组　启运	EXW	Ex Works	工厂交货(指定地点)
F 组　主运费未付	FCA	Free Carrier	交至承运人(指定地点)
	FAS	Free Along Side Ship	船边交货(指定装运港)
	FOB	Free on Board	船上交货(指定装运港)
C 组　主运费已付	CFR	Cost and Freight	成本加运费(指定目的港)
	CIF	Cost Insurance and Freight	成本、保险加运费付至(指定目的港)
	CPT	Carriage Paid To	运费付至(指定目的港)
	CIP	Carriage and Insurance Paid To	运费、保险费付至(指定目的地)
D 组　到达	DAF	Delivered At Frontier	边境交货(指定地点)
	DES	Delivered Ex Ship	目的港船上交货(指定目的港)
	DEQ	Delivered Ex Quay	目的港码头交货(指定目的港)
	DDU	Delivered Duty Unpaid	未完税交货(指定目的地)
	DDP	Delivered Duty Paid	完税后交货(指定目的地)

各种贸易术语对买卖双方主要责任的划分和适用方式如表9-3所示。

表9-3 各种贸易术语对买卖双方责任的划分和适用方式

贸易术语	交货地点	风险转移界限	出口报关责任、费用由谁负担	进口报关责任、费用由谁负担	适用的运输方式
EXW	商品产地、所在地	货交买方处置时起	买方	买方	任何方式
FCA	出口国内地、港口	货交承运人处置时起	卖方	买方	任何方式
FAS	装运港口	货交船边后	卖方	买方	水上运输
FOB	装运港口	货物越过装运港船舷	卖方	买方	水上运输
CFR	装运港口	货物越过装运港船舷	卖方	买方	水上运输
CIF	装运港口	货物越过装运港船舷	卖方	买方	水上运输
CPT	出口国内地、港口	货交承运人时起	卖方	买方	任何方式
CIP	出口国内地、港口	货交承运人时起	卖方	买方	任何方式
DAF	两国边境指定地点	货交买方时起	卖方	买方	任何方式
DES	目的港口	目的港船上货交买方为界	卖方	买方	水上运输
DEQ	目的港口	目的港码头货交买方为界	卖方	买方	水上运输
DDU	进口国内	指定目的地货交买方为界	卖方	买方	任何方式
DDP	进口国内	指定目的地货交买方为界	卖方	卖方	任何方式

三、三种常用的价格术语

下面介绍一下国际贸易中最经常使用的三种贸易术语FOB、CFR和CIF。

(一)装运港船上交货价(Free on Board,FOB)

装运港船上交货价是国际贸易中常用的价格术语之一。采用这一价格术语是指卖方在合同规定的装运港把货物装到买方指派的船上,并负责承担货物在装运港越过船舷前的一切费用和风险。

1. FOB条件下买卖双方的基本责任和义务。按照《通则》的解释,买卖双方的具体责任如下:

(1)卖方承担的责任和义务:①负责在合同规定的装运港和期限内,将货物装上买方指定的船只,并及时通知买方;②负责货物在装运港越过船舷以前的一切费用和风险;③负责办理出口手续;④负责提供有关货运单据。

(2)买方承担的责任和义务。①负责租船定舱,支付运费,并将船期和船名及时通知卖方,以使卖方准备好货物装船;②负担货物在越过船舷之后的一切风险和费用;③接受卖方提供的有关货运单据,并按合同规定支付货款;④负责办理保险和支付运费,办理在目的港收货和进口手续。

如果买方指定了船只,而未能及时将船名、装货泊位及装船日期通知卖方,或者买方指派的船只未能按时到达,或未能承载货物,或者在规定期限终了前终止装货,买方要承担由此产生的一切风险和损失。前提是货物已被卖方清楚地分开或被固定为供应本合同之用。

在 FOB 条件下,卖方要自负风险和费用领取出口许可证或其他官方证件,并负责办理出口手续。卖方还要自费提供证明他已按规定完成交货义务的证件。在买方要求下,并由买方承担风险和费用的情况下,卖方可给予一切协助,协助买方取得提单或其他运输单据。

2. FOB 价格术语的变形。按 FOB 价格成交,如果采用班轮运输,装船费用包括在班轮运费之中,与装船有关的各项费用自然由负责办理运输事项的买方承担。而如果采用程租船运输,按照航运惯例,通常在租船合同中规定船方不负担装船费用。在这种情况下,买卖双方应在合同中明确装船、理舱、平舱费用的负担问题。为了避免买卖双方在装船等费用的负担问题上发生争议,往往在 FOB 之后加列各种附加条件,这就产生了 FOB 的变形。主要有以下几种形式。

(1) FOB Liner Teams(班轮条件)。其含义是装船的有关费用按照班轮的做法办理。也就是,卖方不负担这些费用,而由船方实际上是买方负担。

(2) FOB Under Tackle(吊钩下交货)。其含义是卖方仅负责把货物交到买方指派船只的吊钩所及之处,以后的装船费用概由买方负担。

(3) FOB Stowed(理舱费在内)。这一条件是指卖方要负责把货物交到进入船舱并负担包括理舱费在内的装船费用。

(4) FOB Trimmed(平舱费在内)。这是指卖方要负责把货物装入船舱,并为保持船身的平稳,对装入船舱的散装货物进行填平补齐,上述各项费用均由卖方负担。

《国际贸易术语解释通则》与《美国对外贸易定义》有关办理出口手续付费及对 FOB 的分类有很大不同,所以在实际操作中需加注意。

3. 使用 FOB 术语的注意事项。除了买卖双方的责任和义务外,我们还须注意和明确以下几个问题:

(1) FOB 的适用范畴。按 2000《通则》的规定,FOB 只适用于海运和内河船运,也即排除了空运和铁路运输使用该术语的可能性。

(2) 货物交接注意事项。按 FOB 条件成交,因为是买方派船,故一定要注意做好船货的衔接问题。买方派船是卖方履行合同的前提条件,如果买方未能在规定时间内指派船只,卖方可以请求损害赔偿,致严重后果时可撤销合同。

《通则》规定,买方应给予卖方关于船名、装船地点和所要求的交货时间的充分的通知。在实务中,为了保证卖方备货和买方派船接货互相衔接,这一到船通知是必不可少的。如有需要,可在合同中对买方应在船到港多少时间前通知卖方作出规定。

(3)风险转移。按2000《通则》的规定,买卖双方风险、责任的划分是以装运港船舷为界的。在货物实际越过船舷以前的一切费用和风险由卖方承担,其后发生的风险和费用由买方负担。

(4)关于费用划分问题。按FOB定义,越过船舷前的一切费用都由卖方承担,过船舷后的费用由买方承担。为了使装船费用的划分更加明确,在贸易习惯做法中便产生了FOB的种种变型FOB班轮条件(FOB Liner Terms)、FOB吊钩下交货(FOB Under Tackle)、FOB包括理舱费(FOB Stowed)、FOB包括平舱费(FOB Trimmed)等术语。

(5)《1941年美国对外贸易定义修订本》中的FOB。《1941年美国对外贸易定义修订本》中将FOB分为六种,只有第五种是装运港船上交货,与《通则》的FOB相近,但该术语的出口报关的责任在买方而不在卖方。所以我国在与美国、加拿大等国家洽谈进口贸易使用FOB方式成交时,除在FOB后注明Vessel外,还应明确由对方(卖方)负责办理出口结关手续。

(二)成本加运费(Cost and Freight,CFR)

成本加运费(CFR)是指在装运港货物越过船舷卖方即完成交货,卖方必须支付将货物运至指定的目的港所需的运费和费用。但交货后货物灭失或损坏的风险,以及由于各种事件造成的任何额外费用,由卖方转移到买方。

CFR由于是由买方办理保险,故卖方一等货物装上船,就须立即向买方发出装船通知,以便买方办理投保。

CFR方式中,卖方向买方发出已装船通知,具有通知买方及时办理保险的作用。买方办理进口货物保险时,保险公司按有关的装船通知承保。如果卖方未能及时向买方发出已装船通知,致使买方未能及时办理保险,则万一货物在运输途中发生灭失或损坏,其风险仍由卖方承担。所以,CFR方式中,卖方应特别注意及时向买方发出装船通知。

(三)运费、保险费在内价(Cost Insurance and Freight,CIF)

1. CIF条件下买卖双方的基本责任和义务。CIF条件是指卖方负责租船定舱,按期在装运港将合同规定的货物装上运往约定目的港的船上,办理保险手续,并负责支付运费和保险费。至于有关风险和责任的划分则同FOB条件一致,即卖方仅负责货物在装运港装上船以前发生的风险,越过船舷以后的风险由买方承担。货物装船后自装运港到目的港的运费、保险费以外的费用也要由买方负担。除此之外,买方还要自负风险和费用取得进口许可证或其他官方证件,办理进口手续并按合同规定支付货款。

按照国际惯例的一般解释,在CIF条件下,买卖双方的责任如下:

(1)卖方责任。卖方责任包括:①负责租船定舱,在合同规定的装运港和期限内,将货物装上船并支付至目的港的运费,装船后通知买方;②负担货物越过船舷以前的一切费用和风险;③负责办理保险并支付保险费;④负责办理出口手续;⑤负责提供有关货运单据,包括正式的保险单据。

卖方需要提供的单据主要有:商业发票或与之相应的电子单据,必要时提供证明所交货物与合同规定相符的证件;通常的运输单据,使买方得以在目的地受领货物,或者通过转让单据出售在途货物;卖方要提供符合合同规定的保险单据,使买方可以凭该单据直接向保险人索赔。另外,卖方要自负风险和费用取得出口许可证或其他官方证件,并负责办理出口手续。

(2)买方责任。买方责任主要包括:①负担货物过船舷后的一切费用和风险,包括运费、保险费;②接受卖方提供的有关货运单据,并按合同规定支付货款;③自负风险和费用取得进口许可证或其他官方证件,办理进口手续。

2. 使用CIF术语的注意事项。除了买卖双方的责任和义务外,我们还须注意和明确几个问题:

(1)CIF的适用范畴。按2000《通则》的规定,CIF只适用于海运和内河船运,也即排除了空运和铁路运输使用该术语的可能性。

(2)货物交接注意事项。CIF合同不同于FOB合同,FOB合同下租船和备货是由买方和卖方分别承担的,但CIF合同租船和备货都需卖方处理,卖方必须注意好船货的衔接。提前装船和延迟装船的法律后果是一样的,不能认为越早越好。

(3)风险转移。按2000《通则》的规定,买卖双方风险、责任的划分是以装运港船舷为界的。只要按合同规定交付了有关单据,便可认为卖方已经履行了其交货义务,而不管货物装上船后的一切风险和费用。

(4)关于保险险别的规定。世界各国对此并无明确统一的规定,为避免日后纠纷,双方在合同中就应明确卖方应投保什么险。按照2000《通则》,如果合同未作具体规定,卖方只负责投保最低险别。最低的保险金额是合同价加10%,并按合同规定的货币投保。

(5)关于卸货费用划分问题。按CIF定义,卖方负责在装运港的装船费用和运输费用,但没有规定卸货费用,双方可以在合同中作出约定,这样就产生了CIF条件的变形。主要形式有:

CIF Liner Terms(CIF班轮条件),卸货费由支付运费的一方,即卖方负担。

CIF Ex Ship's Hold(CIF舱底交货),买方负担将货物从舱底吊卸到码头的费用。

CIF Landed(CIF卸到岸上),卖方负担将货物卸到目的港岸上的费用,包括驳船费和码头费。

(四)FOB、CFR、CIF在具体业务中应注意的问题

1. 风险和费用的划分界限问题。《通则》以"越过船舷"作为划分买卖双方所承担的风险和费用责任的界限。这里的风险是指货物灭失或损坏的风险,而费用是指正常运费以外的费用。但从实际作业来看,装船是一个连续的过程。从岸上起吊到

装船入舱,不可能在船舷这条界限划分双方的责任。由于《通则》作为惯例并不是强制性的,在买卖合同中,双方可以另行约定。实际业务中,卖方应向买方提供"已装船提单",这表明双方约定由卖方承担货物装入船舱为止的一切风险和费用责任。

2."象征性交货"问题。这三种价格条件采用"象征性交货"方式(symbolic delivery)。所谓"象征性交货",是指卖方按合同规定在装运港口将货物装船并向买方提交约定的、代表货物所有权的全套合格装运单证,就算完成了交货义务,而无需保证到货。反之,如果卖方所提交的单据不合要求,即使合格的货物安全运达,也不算完成交货,卖方所要提交的单据名称、内容及份数都应与约定相符,否则,买方有权拒收单据、拒付货款。

在"象征性交货"方式下,买方是凭单付款的。凭单付款是指买方一旦受领装运单据,就必须按合同规定的条件支付货款,即使在交单时,货物已经灭失或受损,也不得例外,只能在付款之后,凭单据向有关责任方提出索赔。

在"象征性交货"方式下,实际交货并不能免除交单的责任。

第三节 进出口合同的履行

一、出口合同的履行

出口合同的履行程序主要包括备货、催证、审证、改证、租船订舱、报验、报关、投保、装船、制单结汇等。

(一)备货

1. 按合同规定的时间交货。交货时间是买卖合同的主要条件。延迟装运或提前装运均可导致对方拒收或索赔。合同中如未规定允许分批装运或转运,则应理解为不允许分批装运或转运。合同中如规定允许分期/分批装运的,但同时又规定了每批的数量,则卖方必须严格照办。如果其中某一期未按规定时间或数量装运,买方可按违约情况要求损害赔偿直至解除该期合同,甚至解除该期以后各期的合同。

2. 货物的品质必须符合合同的规定和法律的要求。合同中表示品质的方法,有"凭文字说明"和"凭样品"等不同类型。对于凭文字说明成交的合同,卖方所交货物必须与文字说明相符。文字说明包括品质指标、行业公认或买卖双方认定的等级,标明版本年份的标准以及技术说明书和图样等。对于凭样品成交的合同,该样品应是买卖双方交接货物的依据,卖方交付的货物的内在质量与外观形态都应和样品一致。如果在交易中既凭文字说明,又凭样品来表示商品品质,则卖方所交货物既要和文字说明相符,又要和样品一致,其中任何一种不一致,都构成违约。

法律对货物品质的要求,主要有三个方面:

(1)货物应适合同一规格货物的通常用途,具有可销性(或称适销品质)。这是法律所要求卖方承担的默示条件。

(2) 货物应适合于订立合同时买方曾明示或默示地使卖方知道的特定用途。这也是法律所要求的默示担保责任。当买方事先使卖方知道购买货物的特定用途时，卖方如不能保证所交货物适合于该特定用途，应于订约前通知买方。如果情况表明买方并不依赖卖方的技能和判断力来挑选或提供适合特定用途的货物，或者这种依赖对卖方是不合理的，则卖方不承担责任。

(3) 货物应符合进口国法律法规所要求的品质标准。世界各国都对数以万计的商品规定了严格的品质标准和技术标准，比如，法国禁止果汁内含有葡萄糖。黎巴嫩规定巧克力的含水率不超过1.6%等。这些强制性的要求，即使合同中未作规定，卖方也必须保证货物达到标准，否则无法进入该国市场。

此外，卖方还应保证对货物拥有完全的所有权，即任何第三者不能根据物权、工业产权或其他知识产权主张任何权利或要求。针对这一责任，卖方在接受买方来样订货和来料来件加工装配业务时，可在合同中订明"关于任何违反知识产权和工业产权的行为，均由买方负责，与卖方无关"。

3. 交货数量应符合合同的规定。交货数量是合同的一个重要交易条件。对于卖方在交货数量上应承担的义务，各国法律都有具体的规定，但并不一致。由于世界各主要贸易国都是《联合国国际货物销售合同公约》（以下简称《公约》）的缔约国，因而不论其国内法如何规定，我国企业在与其贸易时，均按《公约》规定处理。

《联合国国际货物销售合同公约》规定，如果卖方多交，则买方对于多交的部分，可以拒收，也可以接收一部分或全部。如果卖方少交，则买方有权要求卖方补交，并请求损害赔偿。如果卖方少交货物的后果构成了根本违反合同，则买方可宣告合同无效并有权索赔。

买卖双方也可根据具体情况在合同中规定数量机动幅度。对于合同中的数量机动幅度，《跟单信用证统一惯例》（UCP600）有相对应的以下规定：信用证未规定数量不得增减，货物数量仅以度量衡制计量单位表示，未计包装单位，也不是以个数计算，则在支取金额不超过信用证金额的前提下，可以有5%的增减，加上了包装单位，就不适用5%的机动幅度的规定。信用证以"大约"、"近似"或类似意义的词语用于信用证的金额、数量或单价时，应解释为允许有关指标有10%的增减。

4. 货物包装应与合同和法律的要求一致。合同中对包装的要求有繁有简，凡是合同中有明文规定的，卖方必须严格照办。对于合同没有明文规定的，应注意符合有关法律的要求。

(1)《公约》规定，"货物按照同类货物通用的方式装箱或包装，如果没有此种通用方式，则按照足以保全和保护货物的方式装箱或包装"。在合同包装条款不明确时，这是对卖方在包装方面的最低要求。

(2) 各国国内法对包装及包装上的文字说明的相应规定。比如，美国食品药物管理局(FDA)规定食品罐头不能使用焊锡。对包装上的文字说明以及外包装材料和填充物等,各国均有相应的规定。卖方必须在包装方面遵守这些强制性的规定。

(二)催证、审证和改证

1. 催证。按时开立信用证是买方的一项义务。但在实务中,买方由于资金等种种原因,延误开证时间的事时有发生,因此,卖方应注意向买方发出函电提醒或催促对方开立信用证。

2. 审证。信用证是银行开立的有条件的付款保证。信用证的条件必须与合同条件相吻合,否则,卖方将难以提交符合信用证要求的单据,失去银行所提供的信用保证。因此,卖方收到信用证后,应立即对其内容进行审核。审核的主要内容如下:

(1)开证行的资信状况。开证银行本身的资信应与其所承担的信用证付款责任相应。特别对于实行外汇管制或国际支付能力薄弱或国内金融秩序混乱的国家的银行开出的信用证,更应重视审核该银行的资信状况。在我国,由我方银行作为通知行时,除核对信用证签名的真实性外,还承担审核开证行资信的道义上的责任。

(2)装运期、交单期和到期日及到期地点。信用证中规定的最迟装运日期,应与合同中的装运条款相一致,运输单据的出单日期或上面加注的装船或启运日期,不得迟于最迟装运日期。若信用证未规定装运期,则最迟装运日期即为信用证的到期日。

信用证还应规定一个在货物装运后必须向银行交单要求付款或承兑或议付的日期,即交单期。所规定的交单期应为受益人装运后制单留有充分的时间,如信用证未规定交单期,则理解为应在实际装运日(运输单据出单日期)之后21天内必须交单。受益人必须在交单期内交单,但无论如何,不得迟于信用证到期日。

信用证还必须规定一个到期日和到期地点,即受益人必须在规定的到期日,在到期地点向银行交单要求议付或承兑或付款。没有规定到期日的信用证为无效信用证。实务中,到期日应与最迟装运日期有一个合理的间隔,以便受益人有充分的时间制单,通常为7~15天;到期地点应在议付地,即在出口地到期,否则由于银行审单和邮递过程,受益人将难以把握及时交单。

(3)信用证有无限制性或保留条款。信用证中的这类条款有合理的,也有不合理的。合理的条款如信用证中规定"开证申请人获得进口许可证才能生效"或"本证仅在受益人开具回头信用证并经本证申请人同意接受后才生效",对于这类信用证,受益人必须等到所附条件满足并取得有关文件后,即信用证生效后才能交货。还有一类条款则是不合理的,带有明显的欺诈性。如规定受益人提交的单据中要包括"由买方签发的提货证明"或"检验证书应由申请人授权的签字人签字"。这类信用证实际上受申请人或其代理人控制,受益人收款没有保障,故不应接受。

(4)其他需审核的内容。例如:信用证的性质,是否不可撤销,是否保兑;汇票的付款人和付款日期;信用证对货物的描述;装运条件;保险条款以及所需单据等,都应和合同及惯例的规定相一致。

以上为审核信用证时应注意的要点。此外,对于开证行在信用证中的各种疏漏和错误,也应仔细审核,以确保受益人能做到单证一致,安全收汇。

3. 改证。受益人审证后,发现内容与合同和惯例规定不一致时,应及时向开证申请人提出,要求改证。改证时应注意下列改证规则。

需要修改的内容应一次性通知开证申请人,以节约对方的改证费用。

开证行的改证通知书,仍须通过通知行转递,以保真实。

对于改证通知书的内容,如发现其中一部分不能接受,则应把改证通知书退回,待全部改妥后才能接受。

受益人审证时,如发现一些条款虽与合同或惯例不符,但经过努力可以办到的,一般可以不改,以示合作,并减少周折。

有时,也会发生开证申请人主动改证的情况。开证申请人主动改证应征得受益人的同意。若开证申请人事先未征得受益人同意,单方面改证,则受益人有权决定是否接受。在未表示接受前,原证条款继续有效,受益人并有权保持沉默直至交单为止。若交单时按修改书制单,即表示接受,若按原证制单,则应另具通知书以示拒绝修改。

(三) 租船订舱

在 CIF 或 CFR 条件下,租船订舱是卖方的主要职责之一。

如出口货物数量较大,需要整船载运的,则要对外办理租船手续;如出口货物数量不大,不需要整船装运的,可由外运公司代为洽订班轮或租订部分舱位运输。

租船订舱的简单程序为:

1. 进出口公司委托外运公司办理托运手续,填写托运单(shipping note),亦称"订舱委托书"递送外运公司作为订舱依据。

2. 外运公司收到托运单后,审核托运单,确定装运船舶后,将托运单的配舱回单退回,并将全套装货单(shipping order)交给进出口公司填写,然后由外运公司代表进出口公司作为托运人向外轮代理公司办理货物托运手续。

3. 货物经海关查验放行后,即由船长或大副签收"收货单"(又称大副收据,mate's receipt),即船公司签发给托运人的表明货物已装妥的临时收据。托运人凭收货单向外轮代理公司交付运费并换取正式提单。

(四) 报验

根据《中华人民共和国出口商品检验法》规定,一切出口商品都必须经过检验,未经检验或检验不合格的,不准出口。这里的检验,包括国家商检机构的检验和生产、经营单位的自行检验。

属于法定检验的商品,或合同规定由国家商检机构检验出证的商品,在货物备齐后,应向商品检验局申请检验,一般应在商品出运前一周内提出申请,报验时应填写"出口报验申请单",并随附合同和信用证副本,以及出口货物报关单等通关用的凭证。

报验的商品,由商检机构或指定的检验机构进行检验。检验的依据是法律法规规定的标准或其他必须执行的检验标准(如进口国法律法规规定的标准)或合同所规定的检验标准。当合同的约定和法定标准不同时,以高标准为准。

经检验合格,由商检机构签发检验证书,或在"出口货物报关单"上加盖检验印章。发货人应在签发证书之日起60天内报运出口,逾期报运出口的,应重新申报检验。

对于不属于法定检验范围的出口商品,可以由生产、经营单位或委托其他检验机构检验,国家商检机构对其进行定期或不定期的抽查,抽查不合格的,不准出口。

（五）报关

海关对进出口货物的通关手续,包括接受申报、审核单证、查验货物、征税、结关放行等五道手续。

1. 出口申报及审核单证。出口货物的发货人或其代理人应在装货的24小时之前向运输工具所在地或出境地海关申报。报关时应向海关提交下列单证：

（1）出口货物报关单。报关单是海关对出口货物进行监管、查验、征税和统计的基本单据。目前使用的出口报关单有四种:普通报关单(白色)、"来料加工、补偿贸易专用"报关单(浅绿色)、"进料加工专用"报关单(粉红色)和"出口退税专用"报关单(黄色)。

（2）出口许可证。经国家正式批准有出口经营权的单位,在其经营范围内,出口不实行许可证管理的商品,可免领出口许可证。如出口超出其经营范围的商品以及国家规定必须申领出口许可证的商品,应向海关交验出口许可证或国家规定的其他批准文件。

（3）装货单或运单。装货单(shipping order)是船公司或其代理签发给托运人的通知船方装货的凭证(非海运方式即为运单),海关查验放行后,在装货单或运单上加盖放行章发还给报关人凭以装运货物出口。

（4）发票。发票是海关审定完税价格的重要依据,故发票必须载明货物的真实成交价格。允许使用简式发票。

（5）装箱单。装箱单是对发票内容的补充,说明货物的具体规格、数量。包装内容一致的件装货物或散装货物,可免交。

（6）出口收汇核销单。它是由外汇管理部门提供的单证,海关办妥结关手续后,在其上盖章,出口单位凭以向外汇管理部门结汇核销。

（7）海关认为必要时应交验的贸易合同、产地证和其他有关证明。

2. 查验货物和结关放行。海关以出口报关单为依据,在海关监管区域内对出口货物进行查验。报关单位应派员在现场负责开箱装箱,协助海关完成查验工作。

经查验合格,在报关单位照章办理纳税手续后,海关在装货单或运单上盖上关印,即为结关放行。

(六)投保

我方出口合同,如以 CIF 及 CIP 方式成交,由我方向保险公司投保。出口货物保险,采用逐笔投保方式。在完成托运手续取得配舱回单后,出口企业即可办理保险手续。

投保人先填制"运输险投保单",内容包括投保人名称、货物名称、运输标志、船名或装运工具、装运地(港)、目的地(港)、开航日期、投保金额、投保险别、投保日期和赔款地点等。保单一式二份,一份由保险公司签署后交投保人作为接受投保的凭证;另一份由保险公司留存作为缮制保险单的依据。为简化手续,外贸公司也有将发票、出口货物明细单或出运货物分析单代替投保单,但仍须加注配舱回单的内容及投保险别和金额。

按 FOB、FCA、CFR、CPT 条件成交的,保险由买方办理,如卖方同意接受买方委托代办保险,应由买方承担费用和风险。投保手续同上。在信用证上应注明"保险费允许在信用证的额度以外超支"。

保险公司根据投保内容,签发保险单或保险凭证,并计算保险费,单证一式五份,其中一份留存,投保人付清保险费后取得四份正本,投保即告完成。

投保人在保险单证出具后,发现投保内容有错漏或需变更,应向保险公司及时提出批改申请,由保险公司出立批单,粘贴于保险单上并加盖骑缝章,保险公司按批改后条件承担责任。

申请批改必须在货物发生损失以前,或投保人不知有任何损失事故发生的情况下,在货到目的地前提出。

(七)制单结汇

1. 制作出口单据

(1)汇票。国际贸易中,主要使用的是跟单汇票,作为出口方要求付款的凭证。制作汇票时应注意下列问题。

①出票条款。信用证名下的汇票,应填写出票条款,包括:开证行名称、信用证号码和开证日期。

②汇票金额。托收项下汇票金额应与发票一致。若采用部分托收、部分信用证方式结算,则两张汇票金额各按规定填写,两者之和等于发票金额。信用证项下的汇票,若信用证没有规定,则应与发票金额一致。若信用证规定汇票金额为发票的百分之几,则按规定填写。这一做法,通常用于以含佣价向中间商报价,发票按含佣价制作,开证行在付款时代扣佣金的情况。

③付款人名称。托收方式的汇票,付款人为买方。信用证方式下,以信用证开证行或其指定的付款行为付款人。若信用证未加说明,则以开证行为付款人。

④收款人名称。汇票的收款人应是银行。信用证方式下,收款人通常为议付行;托收方式下,收款人可以是托收行,均作成指示式抬头。托收中也可将出口方写成收款人(已收汇票),然后由收款人作委托收款背书给托收行。

(2)商业发票。商业发票(commercial invoice)是出口商开立的发货价目清单,是装运货物的总说明。发票全面反映了合同内容。

发票的主要作用是供进口商凭以收货、支付货款和进出口商记账、报关纳税的凭据。在不用汇票的情况下(如付款信用证、即期付款交单),发票代替汇票作为付款的依据。

发票没有统一的格式,其内容应符合合同规定,在以信用证方式结算时,还应与信用证的规定严格相符。发票是全套货运单据的中心,其他单据均参照发票内容缮制,因而制作不仅要求正确无误,还应排列规范,整洁美观。

发票的制作内容及注意事项如下:

①出口商名称。发票顶端必须有出口商名称、地址、电传、传真和电话号码,其中出口商名称和地址应与信用证一致。

②发票名称。在出口商名称下,应注明"发票"(commercial invoice 或 invoice)字样。

③发票抬头人。通常为国外进口商。在信用证方式时,除非另有规定,应为开证申请人。

④发票号码、合同号码、信用证号码及开票日期。发票号码由出口商自行按顺序编制。合同号码和信用证号码应与信用证所列的一致,如信用证无此要求,亦应列明。开票日期不应与运单日期相距太远,但必须在信用证交单期和有效期之内。

⑤装运地和目的地。应与信用证所列一致,目的地应明确具体,若有重名,应写明国别。

⑥运输标志(唛头)。凡来证有指定唛头的,按来证制作。如无规定,由托运人自行制定。以集装箱方式装运,可以集装箱号和封印号码取代。运输单据和保险单上的唛头,应与发票一致。

⑦货物名称、规格、包装、数量和件数。关于货物的描述应符合合同要求,还必须和信用证所用文字完全一致。如需列明重量,应列明总的毛重和净重。

⑧单价和总值。单价和总值必须准确计算,与数量之间不可有矛盾,应列明价格条件(贸易术语),总值不可超过信用证金额的超值发票,银行可以接受,也有权拒收。

⑨附加证明。大致有以下几种:①加注费用清单:运费、保险费和FOB价;②注明特定号码,如进口许可证号、布鲁塞尔税则号;③注明原料来源地的证明文句。

⑩出单人名称。发票由出口商出具,在信用证方式下,必须是受益人。"UCP600"规定,商业发票可以只标明出单人名称而不加签署。如需签字,来证中应明确规定,如"signed commercial invoice"。

(3)运输单据。运输单据因不同贸易方式而异,有海运提单、海运单、航空运单、铁路运单、货物承运收据及多式联运单据等。

我国外贸运输方式以海运为主。这里着重介绍海运提单(bill of lading,BL)的缮制及注意事项。

①托运人(shipper)。托运人一般为出口商,也即信用证的受益人,如果开证申请人为了贸易上的需要,在信用证内规定作成第三者提单也可照办,例如请货运代理做托运人。

②收货人(consignee)。该栏又称提单抬头。应严格按信用证规定制作。如以托收方式结算,则一般做成指示式抬头,即写成"to order"或"to the order of..."字样。不可做成以买方为抬头的记名提单或以买方为指示人的提单,以免过早转移物权。

③通知人(notify party)。这是货物到达目的港时船方发送到货通知的对象,通常为进口方或其代理人。应按信用证规定填写。如果信用证没有规定,则正本提单以不填为宜,但副本提单中仍应将进口方名称、地址填明,以便承运人通知。

④提单号码(B/L No.)。提单上必须注明编号,以便核查,该号码与装货单(又称大副收据)或(集装箱)场站收据的号码是一致的。没有编号的提单无效。

⑤船名及航次(name of vessel;voy no)。填列所装船舶及航次。如中途转船,只填写第一程船名航次。

⑥装运港(Port of Loading)和卸货港(Port of Discharge)。应填写具体港口名称。卸货港如不同国家有重名,则应加注国名。卸货港如采取选择港方式,应全部列明。如伦敦/鹿特丹/汉堡选卸,则在卸货港栏中填上"option London/Rotterdam/Hamburg",收货人必须在船舶到达第一卸货港前在船公司规定时间内通知船方卸货港,否则船方可在其中任意一港卸货。选择港最多不得超过三个,且应在同一航线上,运费按最高者计收。如中途转船,卸货港即填写转船港名称,而目的港应填入"最终目的地"(Final Destination)栏内。也可在卸货港内填上目的港,同时注明"在××港转船"(W/T at...)。

⑦唛头。与发票所列一致。

⑧包装件数和种类(number and kind of packages)与货物描述(description of goods)。按实际情况列明。一张提单有几种不同包装应分别列明,托盘和集装箱也可作为包装填列。裸装有捆、件,散装货应注明"In bulk"。货物名称允许使用货物统称,但不得与信用证中货物的描述有抵触。危险品应写清化学名称,注明国际海上危险品运输规则号码(IMCO CODE PAGE)、联合国危规号码(UNCODE NO)、危险品等级(CLASS NO)。冷藏货物注明所要求的温度。

⑨毛重和尺码(gross weight & measurement)。除信用证另有规定外,重量以千克或公吨为单位,体积以立方米为计算单位。

⑩运费和费用(freight & charges)。本栏只填运费支付情况,CFR 和 CIF 条件成

交,应填写运费预付(freight prepaid),FOB 条件成交,一般填写运费到付(freight collect),除非买方委托发货人代付运费。程租船一般只写明"as arranged"(按照约定)。如信用证另有规定,按信用证规定填写。

⑪正本提单份数(number of original B/L)。按信用证规定签发,并分别用大小写数字填写,如"(2)TW"。信用证中仅规定"全套"(full set),习惯做两份正本,但一份正本亦可视为全套。

⑫提单日期和签发地点。除备运提单外,提单日期均为装货完毕日期,不能迟于信用证规定的装运期。提单签发地点按装运地填列。如果船期晚于规定装运期,要求船方同意以担保函换取较早日期提单,这就是"倒签提单"(antedated B/L);货未装上船就要求船方出具已装船提单,这就是"预借提单"(advanced B/L),这种做法系国际航运界陋习,一旦暴露,可能造成对方索赔以至拒收而导致巨大损失。

⑬签署。按《UCP600》的规定,海运提单表面应注明承运人名称,并由承运人或其代理人、船长或其代理人签署。签署人亦须表明身份。若为代理人签署,尚须表明被代理一方的名称和身份。

⑭其他。信用证要求在提单上加注的内容,如信用证规定"每份单据上均应显示信用证号码"、"提单需提供贸促会证明"等,必须按信用证规定处理。

(4)保险单。保险单(insurance policy/certification)是保险人与被保险人之间订立的保险合同的凭证,是被保险人索赔、保险人理赔的依据,在 CIF 或 CIP 合同中,出口商在向银行或进口商收款时,提交符合销售合同及/或信用证规定的保险单据是出口商必不可少的义务。

保险单的主要内容如下:
①保险人及保险公司。
②保险单编号。
③被保险人,即投保人。在 CIF 或 CIP 条件下,出口货物由出口商申请投保,在信用证没有特别规定的前提下,信用证受益人为被保险人,并加空白背书,以转让保险权益。
④运输标志。运输标志应和提单、发票及其他单据上的标记一致。通常在标记栏内注明"按××号发票"(as per invoice no....)。
⑤标记包装及数量。应与发票内容相一致。
⑥保险货物名称。可参照商业发票中描述的商品名称填制,也可填货物的统称。信用证有时要求所有单据都要显示出信用证号码,则可在本栏空白处表示。
⑦保险金额。按信用证规定金额投保,若信用证未规定,则按 CIF 或 CIP 价格的 110% 投保。
⑧保费及费率。保费及费率一般没有必要在保险单上表示。该栏仅填"AS ARRANGED"。但来证如果要求标明保费及费率时,则应打上具体数字及费率。

⑨装载运输工具。海运货物应填写船名和航次。如果需在中途转船,如投保时已确定二程船名,则把二程船名也填上。如二程船名未能预知,则在第一程船名后加注"and/or steamers"。

⑩开航日期、起运地和目的地。开航日期一般为"as per B/L"(见提单),地点参照提单填写。

⑪承保险别。本栏是保险单的核心内容。它主要规定了保险公司对该批货物承保的责任范围,也是被保险人在货物遭到损失后索赔的主要依据。

⑫赔付地点和赔付代理人。一般为保险公司在目的地或就近地区的代理人。

⑬保险单签发日期和地点。保险单的出单日期不迟于提单或其他货运单据签发日期,以表示货物在装运前已办理保险。

⑭保险公司签章。

(5)原产地证明。原产地证明(certificate of origin)用以证明货物原产地或制造地,是进口国海关计征税率的依据。我国出口商品所使用的产地证主要有以下几种:

①普通产地证。普通产地证用以证明货物的生产国别,进口国海关凭以核定应征收的税率。在我国,普通产地证可由出口商自行签发,或由进出口商品检验局签发,或由中国国际贸易促进委员会签发。实际业务中,应根据买卖合同或信用证的规定,提交相应的产地证。在缮制产地证时,应按《中华人民共和国原产地规则》及其他规定办理。

②普惠制产地证(GSP certificate of origin)。目前给予我国普惠制待遇的有澳大利亚、新西兰、日本、加拿大、挪威、瑞士、俄罗斯及欧盟15国,以及部分东欧国家。凡是向给惠国出口受惠商品,均须提供普惠制产地证,才能享受关税减免的优惠,所以不管来证是否要求提供这种产地证,我出口商均应主动提交。普惠制产地证的书面格式名称为格式A(Form A)。但对新西兰还须提供格式59A(Form 59A),对澳大利亚不用任何格式,只需在商业发票上加注有关声明文句。在我国,普惠制产地证由进出口商品检验局签发。

③纺织品产地证(certificate of origin textile product)。对欧盟国家出口纺织品,需取得该产地证。该证是进口国海关控制配额的依据。在我国,该证由地方外经贸委(厅)颁发。GSP产地证是为了取得关税优惠,而取得纺织品产地证是为了取得配额。对欧盟出口有关产品时,需同时提交两种产地证。

④对美国出口的原产地声明书。凡属对美国出口的配额商品,如纺织品等,应由出口商填写原产地声明书。有三种格式:格式A,单一国家声明书(single country declaration),声明商品产地只有一个国家;格式B,多国家产地声明书(multiple country declaration),声明商品的原材料是由两个或两个以上国家生产的;格式C,非多种纤维纺织品声明书,亦称否定声明书(negative declaration),凡纺织品的主要价值或主要重量属于麻或丝的原料或含羊毛量不超过17%,则可填用此格式,以说明该类商品为非

配额产品。

(6)检验证书。国际贸易中检验证书(inspection certification)种类很多,分别用以证明货物的品质、数量、重量和卫生条件等方面的情况。检验证书一般由国家指定的检验机构出具,也可根据不同情况,由出口企业或生产企业自行出具。应注意出证机构检验货物名称和检验项目必须符合信用证的规定。还须注意检验证书的有效期,一般货物为60天,新鲜果蔬类为2~3个星期。出口货物务必在有效期内出运,如超过期限,应重新报验。

(7)包装单据。包装单据(packing document)是指一切记载或描述商品包装种类和规格情况的单据,是商业发票的补充说明,主要有装箱单(packing list)、重量单(weight list)、尺码单(measurement list)。

(8)其他单证。其他单证按不同交易情况,由合同或信用证规定,常见的有:寄单证明(beneficiary's certificate for dispatch of documents)、寄样证明(beneficiary's certificate for dispatch of shipment sample)、邮局收据(post receipt)、快速收据(courier receipt)、装运通知(shipping advice)以及有关运输和费用方面的证明。

2. 交单结汇

(1)交单。交单是指出口商(信用证受益人)在规定时间内向银行提交信用证规定的全套单据,这些单据经银行审核,根据信用证条款不同付汇方式,由银行办理结汇。

交单应注意三点:其一是单据的种类和份数与信用证的规定相符;其二是单据内容正确,包括所用文字与信用证一致;其三是交单时间必须在信用证规定的交单期和有效期之内。

交单方式有两种:一种是两次交单或称预审交单,在运输单据签发前,先将其他已备妥的单据交银行预审,发现问题及时更正,待货物装运后收到运输单据,可以当天议付并对外寄单。另一种是一次交单,即在全套单据收齐后一次性送交银行,此时货已发运。银行审后若发现不符点需要退单修改,耗费时日,容易造成逾期而影响收汇安全,因而出口企业宜与银行密切配合,采用两次交单方式,加速收汇。

(2)结汇。信用证项下的出口单据经银行审核无误后,银行按信用证规定的付汇条件,将外汇结付给出口企业。我国出口业务中,大多使用议付信用证,也有少量使用付款信用证和承兑信用证的。主要结汇方式如下:

①议付信用证。议付又称出口押汇。议付押汇收取单据作为质押。按汇票或发票面值,扣除从议付日起到估计收到开证行或偿付行票款之日的利息,将货款先行垫付给出口商(信用证受益人)。议付是可以追索的。如开证行拒付,议付行可向出口商追还已垫付之货款。

议付信用证中规定,开证行对议付行承担到期承兑和付款的责任,《UCP500》规定,银行如仅仅审核单据而不支付价款不构成议付。

我国银行对于议付信用证的出口结汇方式,除上述出口押汇外,还采用另外两种:一是收妥结汇,即收到单据后不需做押汇,将单据寄交开证行,待开证行将货款划给议付行后再向出口商结汇;另一种是定期结汇,即收到单据后,在一定期限内向出口商结汇,此期限为估计索汇时间。因此上述两种方式,对议付银行来说,都是先收后付,但按《UCP500》规定,银行不能取得议付行资格,只能算是代收行。

②付款信用证。付款信用证通常不用汇票,在业务中使用的即期付款信用证中,国外开证行指定出口地的分行或代理行为付款行,受益人径直向付款行交单。付款行付款时不扣除汇程利息。付款是不可追索的。显然在信用证方式中,这是对出口商最为有利的一种。

③承兑信用证。承兑信用证的受益人开出远期汇票,通过国内代收行向开证行或开证行指定的银行提示,经其承兑后交单。已得到银行承兑的汇票可到期收款,也可贴现。

若国内代收行愿意做出口押汇(议付),则出口商也可立即收到货款,但此时该银行仅以汇票的合法持票人向开证行要求付款,不具有开证行所邀请的议付行的身份。

(3)单证不一致时出口商可采取的措施。在出口业务中,由于种种原因造成单据不符,即单据存在不符点,而受益人又因时间条件的限制,无法在规定期限内更正,则有下列处理方法:

①凭保议付。受益人出具保证书承认单据瑕疵,声明如开证行拒付,由受益人偿还议付行所垫付款项和费用,同时电请开证人授权开证行付款。

②表提。议付行把不符点开列在寄单函上,征求开证行意见,由开证行接洽申请人是否同意付款。接到肯定答复后议付行即行议付。如申请人不予接受,开证行退单,议付行照样退单给受益人。

③电提。议付行暂不向开证行寄单,而是用电传和传真通知开证行单据不符点。如开证行同意付款,再行议付并寄单,若不同意,受益人可及早收回单据,设法改正。

④有证托收。单据有严重不符点,或信用证有效期已过,已无法利用手上的信用证,只能委托银行在向开证行寄单函中注明"信用证项下单据作托收处理",作为区别,称为"有证托收"。而一般的托收,则称为"无证托收"。由于申请人已因单证不符而不同意接受,故有证托收往往遭到拒付,实是一种不得已而为之的方式。

二、进口合同的履行

进口合同的履行程序主要包括开立信用证、租船订舱、办理保险、审单付款、接货报关、检验、索赔等。

(一)开立信用证

进口合同签订后,买方应按照合同规定的时间和条款开立信用证。

(二)租船订舱、装运

如果合同约定由买方负责租船订舱,则在接到卖方的备货通知以后,及时办理租船订舱手续,并将船名、船期及时通知对方,以便对方备货装船。收到卖方的装船通知后,要及时办理保险和接货工作。

(三)办理保险

如合同约定由买方办理保险,如 FOB、CFR 条款的合同,则买方在接到卖方的装船通知后,要及时办理保险手续。其做法与办理出口保险类似。

(四)审单付款

开证银行收到出口方寄来的汇票和单据后,对照信用证的规定核对无误后,即对国外付款。同时,银行向进口商发出"付款通知书",要求进口商付款赎单。

(五)接货报关、检验、拨交

进口货物到货后,进口商根据单据填写"进口货物报关单",向海关申报并随附发票、提单和保险单、商品检验证书等文件。

进口货物到货后,进口商应根据合同规定对货物进行验收。如果进口方没有在规定的港口和时间内对进口货物进行检验,一般应视为放弃此项权利并接受货物,此后即便发现货物的质量或数量不符合合同要求也很难获得索赔。对于法定检验的进口货物,还必须向卸货地或到达地的商检机构报验。

(六)索赔

如果进口货物的品质、数量、包装不符合合同的规定,可以向有关方面提出索赔。进口索赔的对象主要有三个。

1. 向卖方索赔。在货物品质、规格与合同规定不符,原装货物数量不足,包装不良导致货物受损,未按期交货或拒不交货情况下,可以向卖方索赔。

2. 向船方索赔。如果货物数量少于提单所载数量,提单是清洁提单但货物受损等情况下,可以向船方索赔。

3. 向保险公司索赔。如果发生了保险责任范围内的事故,导致货物消失或受损,买方可以向保险公司索赔。

第四节 国际贸易融资

在从事进出口业务中,企业经常面临资金短缺的情况。除了一般的融资方式外,进出口企业还可以结合业务特点,采取一些特殊的融资形式。

一、出口信贷

出口信贷(export credit)是指一个国家为了鼓励商品出口,增强本国商品的竞争力,通过银行对本国出口厂商或国外进口商提供的贷款。出口信贷主要用于期限长、金额大的出口商品,如大型成套设备、船舶等。

按照贷款对象的不同,出口信贷可以分为卖方信贷(supplier's credit)和买方信贷(buyer's credit)。

卖方信贷是指出口方银行向本国出口厂商(即卖方)提供的贷款。有些商品,如大型船舶的生产周期长、金额大,为了加速资金周转,出口商往往需要银行的贷款进行生产。

买方信贷是指出口方银行向外国进口商(即买方)提供的贷款。其附带条件就是必须用于购买债权国的商品。这种贷款也称为约束性贷款(tied loan)。

为了促进本国商品出口,许多国家都设立专门的出口信贷银行,如日本的"输出入银行"、法国的"对外贸易银行"、美国的"进出口银行"、中国的"国家进出口银行"。

出口信贷的主要特点是贷款利率低于国际市场贷款的利率,其利差由出口国政府给予补贴。

二、国际保理

(一)国际保理的含义

国际保理(international factoring)又称保付代理业务或承购应收账款业务,是指出口商以商业信用形式出口商品,在货物装船后立即将发票、汇票、提单等有关单据卖断给承购应收账款的财务公司或专门组织,即保理商,收进全部或部分货款,从而取得资金融通的业务。

国际保理的出现是环境变化的产物。由于信息技术、通信技术、运输技术的发展,进口商可以不出门在几分钟内订购到所需商品。同时,为了减少库存,降低库存费用和风险,进口商比较青睐小批量多次订购方式。传统的信用证贸易不能满足上述需要,承兑交单(D/A)或挂账(O/A)方式越来越多地被采用,但出口商则加大了收款的难度和风险。国际保理的出现刚好解决了这一问题。

随着国际保理业务的发展,协调国际保理业务发展的国际组织也相应产生,如国际保理联合会(Factors Chain International,FCI)、国际保理协会(International Factors,IF)等,有力地促进了国际保理业务的发展。

(二)国际保理业务的范围

国际保理服务除了为出口商承担100%信用风险以外,还为客户提供一整套服务。国际保理服务针对承兑交单(D/A)或挂账(O/A)等非信用证交易提供如下服务:

1. 对海外进口商进行商业资信调查和信用评估,并根据出口商的要求确定信用额度;

2. 为出口商承担100%买方信用风险;

3. 负责账务管理和应收账款的追收;

4. 提供出口商所需的资金融通,在收到出口商发票副本时可预付80%左右的货款。

（三）国际保理的优点

采用国际保理业务对进、出口商都有一定好处,具体内容参见表9-4。

表9-4　国际保理业务对进、出口商各自的优点

优　点	对出口商	对进口商
1. 增加营业额	为客户提供更为有利的承兑交单(D/A)或挂账(O/A)等付款条件	利用承兑交单(D/A)或挂账(O/A)等付款条件,以有限的资金进更多货物,加速资金周转
2. 风险保障	债权可获得100%的保障,不必担心买方信用风险	因公司的信誉和良好的财务状况获得买方信贷,无须抵押
3. 节省成本	资信调查、财务管理和应收账款的追收都由保理公司负责处理,减轻了业务负担,减少了成本	省掉了开立和使用信用证的费用
4. 简化程序,提高效率	免除了一般单项交易的烦琐手续,与本国保理商打交道不存在语言和法律上的障碍	在获得信用额度后,购买手续简化,进货迅速,与本国保理商打交道不存在语言和法律上的障碍
5. 扩大利润	出口额扩大,业务成本降低,财务风险降低	加速了资金和货物的周转

（四）国际保理业务的主要程序

国际保理业务的主要程序如下：

1. 出口商与出口保理公司签订保理合同。

2. 出口商提出各进口商的信用额度要求,出口保理公司将此要求转到进口商所在国的进口保理公司。

3. 进口保理公司对进口商的商业资信进行调查、评估,确定进口商的信用额度,并通过出口保理公司通知出口商。

4. 进口商向出口商订货并签订销售合同。

5. 出口商开始发货并将发票和装船文件交给进口商。

6. 出口商将一份发票副本交给出口保理公司,出口保理公司即按出口商要求预付80%左右的货款。

7. 出口保理公司将发票副本交给进口保理公司,进口保理公司将发票入账,并负责不断提醒进口商到期付款。

8. 保理到期后,进口商将发票全部金额付给进口保理公司。

9. 进口保理公司立即将全部货款通过银行转给出口保理公司;出口保理公司扣除预付货款、佣金、银行转账以及其他费用后,将货款交给出口商。

三、福费庭业务

福费庭(Forfaiting)指在延期付款的大型设备贸易中,出口商把经进口商承兑的并经进口商往来银行担保的、期限在半年以上到5~6年的远期汇票无追索权地售予出口商所在地的银行或其他金融机构,以提前获得货款的一种资金融通形式。

福费庭业务的主要程序是:

- 出口商与银行或其他金融机构签订福费庭合同。
- 出口商与进口商签订贸易合同,规定采用福费庭形式。
- 出口商发运设备后,将全套货运单据通过银行交给进口商。
- 进口商把经进口商承兑的并经进口商往来银行担保的远期汇票交给出口商;担保银行要经出口商所在地银行同意。
- 出口商把经进口商承兑的并经进口商往来银行担保的、期限在半年以上到5~6年的远期汇票无追索权地售予出口商所在地的银行或其他金融机构,取得货款。

第五节 其他贸易方式

我们前面介绍的国际贸易是买方直接买断商品的所有权并按合同约定以货币形式支付货款。在实际国际贸易活动中,买方也可以不直接买断商品的所有权或者以货币之外的其他形式支付货款。这些贸易方式包括加工装配贸易、对销贸易、包销、代理、寄售。此外,还存在一种买卖双方事先不签订合同,而是直接竞价购买的拍卖形式。下面分别对这些形式进行简单的介绍。

一、加工装配贸易(processing & assembly trade)

(一)加工装配贸易的形式和特点

1. 加工装配贸易的形式。对外加工装配业务,是一种委托加工的贸易方式。由国外委托方提供全部或部分原材料、辅料、零部件、元器件、配套件和包装物料,必要时提供设备,由承接方企业按委托方的要求进行加工装配。成品交委托方在国外销售,承接方收取工缴费,对于委托方提供的设备价款,可结合补偿贸易的做法,以劳务所得的工缴费抵偿。

加工装配贸易可以分为全部来料来件的加工装配和部分来料来件的加工装配。

全部来料来件的加工装配是指,国外委托方提供全部原辅材料和元器件,由承接方企业加工后,将成品交国外委托方,制件和成品均不计价,承接方按合同收取工缴费。部分来料来件的加工装配是指,国外委托方要求加工装配的成品中有部分料件需由承接方提供,承接方除收取工缴费外,还应收取所提供的料件的价款。

在加工装配贸易中,国外委托方和承接方签署两份对口合同。一份是委托方提供的原辅材料和元器件的销售合同,一份是承接方出口成品的合同。对于全部来料来件,两份合同的差价即为工缴费;对于部分来料来件,两份合同的差价,既包括工缴费,也包括国内承接方所提供的料件的价款。以对口合同方式进行的加工装配贸易,必须在合同中表明,承接方无需支付外汇。

2. 加工装配贸易和进料加工贸易的区别。这两种加工贸易的共同之处在于原材料和元器件来自国外,加工后成品也销往国外市场,但两者有本质上的区别。

进料加工贸易中,进口料件和出口成品是两笔独立的交易,进料加工的企业需自筹资金从国外购入料件,然后自行向国外市场销售。而装配加工贸易则进、出为一笔交易的两个方面,料件和成品的所有权均为委托方所有,承接方不需要支付进口费用,也不承担销售风险。

进料加工贸易中,企业所获得的是出口成品的利润,利润的大小取决于出口成品的市场行情。而加工装配贸易,承接方收取的是工缴费,工缴费的大小以劳动力的费用,即工资水平作为核算基础。两者相比,进料加工贸易的收益大于加工装配贸易,但风险也较大。

进料加工贸易,企业有自主权,根据自身的技术、设备和生产能力,选择市场上的适销商品进料加工。而加工装配贸易,则由委托方控制生产的品种、数量和销售地区。

(二)加工装配合同的主要内容

对外加工装配业务是一种劳务贸易,有关合同的当事人是委托方和承接方。与一般货物买卖合同有许多不同之处,其主要内容如下:

1. 合同标的。买卖合同的标的是商品,而加工装配合同的标的是劳务,即为将原材料和元器件加工装配成指定的产品而付出的劳动以及一定的技术或工艺。

为了说明标的——所提供的劳务的性质,应具体规定加工装配业务的内容和要求。

2. 对来料来件的规定。料件是实现提供劳务的物质基础,合同中应规定料件的品质、数量,还必须规定委托方送交料件的时间、地点。为了明确责任,对委托方不能按质、按量、按时提供料件的情况,应在合同中规定处理方法。

3. 对交付成品的规定。委托方对成品的品质规格均作严格规定,对交货数量和交货期限合同中也有明确规定,如承接方不能按合同规定交付成品应承担相应的损害赔偿责任。

4. 关于耗料率和残次品率的规定。耗料率指单位产品消耗原材料或元器件的数额。残次品率指不合格产品在全部产品中的所占比率。这两项指标,与产品成本直接相关,又受到加工方的技术水平和生产条件的限制,所以双方应协商规定一个合理的标准,超过规定的比率,应由加工方承担责任。

5. 关于工缴费的规定。加工装配业务本质上是一种劳务贸易,工缴费即体现了劳务的价值。工缴费的规定,应以国际劳务价格作为参照标准。对我国来说,则以东南亚地区的工资水平作为计算标准,参照加工企业所提供的劳务质量和生产效率,计收的工缴费应既有利可图,又有竞争力。

6. 运输和保险。在加工装配贸易过程中,料件和成品的所有权不转移,始终为委托方所有。因而,原则上运输和保险的责任由委托方承担。在具体业务中,对出口成品的运输和保险,以及料件进口和存仓的保险,均可由承接方代办,费用由委托方另行支付或者计入工缴费内。

7. 付款方式。委托方向承接方支付工缴费的方式有两种。一种是料件和成品均不计价,由委托方通过信用证或汇付方式,向承接方支付工缴费。另一种是料件和成品分别计价,其差额即为工缴费,对此承接方应掌握"先收后付"的原则。

具体的做法可以采用:①料件用 D/A,成品用 D/P 即期;②料件用 D/A,成品用即期信用证;③对开信用证方式,料件用远期信用证,成品用即期信用证。

必须注意远期和即期的时间间隔,应考虑加工全过程所需时间以保证先收妥成品货款,再支付料件货款。

(三) 我国对加工装配贸易的管理

对外加工装配业务是一种劳务贸易,有关合同的当事人是委托方和承接方。我国对加工装配贸易的管理与一般货物买卖合同有许多不同之处,其主要内容如下。

1. 合同报批。对外加工装配合同,须经商务部、国务院有关部委或者省、自治区、直辖市的对外经贸部门、或由它们授权的机关审批。报批时应填写"加工装配贸易申报表"一式四份,并附合同副本。

2. 海关登记备案。自合同批准之日起一个月内,向海关提交批准文件和合同副本,如有必要,应随附料件和设备清单。经审核后,由海关核发"对外加工装配进出口货物登记手册",其进出口货物凭"登记手册"办理报关手续。对没有办理"登记注册"的单位,其进出口货物,海关不予放行。

3. 进出口货物的监管。料件、设备和成品进出口时,有关单位或其代理人应填写进出口货物专用报关单一式四份和发票、装箱单等有关单证,以及"登记手册"向进出口地海关申报。海关接受申报后,经查验认可后放行。加工装配贸易进口的料件,属海关保税货物。自进口之日起至加工成成品出口之日止,应接受海关监管,有关单位必须将进口料件的使用和加工成品出口的情况列入海关认可的专门账册,海关有权随时检查。

4. 核销。加工装配合同执行完成之后,有关单位应于最后一批成品出口之日起一个月内,凭"登记手册"和进出口货物报关单向海关办理核销手续。

对剩余的料件,根据不同情况予以征、免税。

若进口料件或成品因种种原因转为内销,必须经原审批机关批准和海关核准,并按一般进口货物征收关税和进口增值税。

二、对销贸易(counter trade)

对销贸易(counter trade)在我国又译为"反向贸易"、"互抵贸易"、"对等贸易",指在互惠的前提下,由两个或两个以上的贸易方达成协议,规定一方的进口产品可以部分或者全部使用出品产品来支付。

(一)对销贸易的形式

归纳起来,对销贸易主要有以下几种做法:

1. 易货贸易(barter trade)。就严格意义而言,易货是指双方当事人间等值货物的互换,不涉及货币。

现代的易货贸易大都采用比较灵活的方式,也就是所谓广义的易货。这种易货方式有两种做法:

(1)记账易货方式。一方用一种出口货物交换对方的另一种出口货物,双方都将货值记账,相互抵冲,货款逐笔平衡,无需使用现汇支付,或者在一定时期内平衡(如有逆差,再以现汇或商品支付)。

(2)对开信用证方式,指进口和出口同时成交,金额大致相等,双方都采用信用证方式支付货款,也就是双方都开立以对方为受益人的信用证,并在信用证中规定一方开出的信用证,要在收到对方开出的信用证时才生效。也可采用保留押金方式,具体做法是先开出的信用证先生效,但是结汇后,银行把款扣下,留作该受益人开回头证时的押金。

2. 反购或互购贸易(counter purchase)。在这种方式下,先出口的一方在其售货合同中承诺,用所得的外汇(全部或部分)购买对方国家的产品。

3. 补偿贸易(compenastion trade)。由合同的一方以赊销方式向对方提供机械设备,同时承诺购买一定数量或金额的由该项设备制造出来的产品或其他产品,进口设备方用出售产品所得的货款,分期摊还设备的价款和利息。

4. 转手贸易(switch trade)。这是一种特殊的贸易方式。在记账贸易的条件下,人们采用转手贸易作为取得硬通货的一种手段。最简单的转手贸易是根据记账贸易办法买下的货物运到国际市场转售,从中取得硬通货。复杂的做法是在记账贸易项下握有顺差的一方将该项顺差(实际上是在对应的逆差国家购买货物的权利)转让给第三方,以换取他所需要的商品或设备,然后由该第三方利用该项顺差在相应的逆差国购买货物,运往其他市场销售,收回硬通货。

(二)对销贸易的利弊

1. 对销贸易的有利因素

(1) 它是一种不动用外汇或少动用外汇就可以发展一国对外贸易的手段。

(2) 在贸易保护主义盛行的当代,通过对销贸易,有助于打破西方国家的贸易壁垒,为本国产品,尤其是发展中国家的工业制成品打开市场。

(3) 有些方式,如产品回购(补偿贸易)或抵消贸易,除了具有一般对销贸易所具有的平衡国际收支的作用外,还具有融通资金和吸收外国资本流入的功能。

(4) 由于对销贸易采用的是进出结合的做法,故核算其经济效益,可从进出口两方面结合起来通盘考虑,例如,进口盈利,出口亏损,但只要前者大于后者,还是有利可图的。加之对销贸易是由交易双方私下进行的,这就更增加了决定价格时的灵活性和隐蔽性,而不易被他人所察觉,从而起到补贴出口而不遭报复的作用。

(5) 从发达国家角度看,通过对销贸易,承诺一定的回购,提供信贷或投资,不仅可以增强其市场竞争能力,而且有助于推销一些用现汇难以销售的产品、技术,争取到一些廉价的原材料或零部件供应。

2. 不利因素

(1) 对销贸易带有浓厚的双边性和封闭性,这其实是以限制性的措施来反对保护主义,其结果反而增加了贸易保护主义的气氛。

(2) 在上述模式下,决定交易的主要因素已不是商品的价格和质量,而是取决于回购的承诺。这就不可避免地削弱了市场机制的作用。

课程案例9-2

英国洛克威尔·戈斯有限公司的选择

津巴布韦哈雷尔市(Harare)沙乌列斯布里先驱出版公司总经理戈登·辛普森决定建立一个每小时能印刷大约25 000份报纸的胶印系统。1982年初,先驱出版公司向津巴布韦政府情报部打了报告,申请购买价值高达800万美元的最好、最有竞争力的机器,最后得到了上级批准。他终于说服了负责管他们出版公司的情报部部长戴维森·塞迪查,使他相信为投资所筹的资金如果不能来自世界银行,也可以通过某种援助项目得到。正是在这个基础上,沙乌列斯布里先驱出版公司已发出了国际性征求报价方案,征求报价方案送到了欧洲、北美以及太平洋沿岸各主要公司,要求对能在中、上等质量的纸上每小时印刷约20 000份报纸的胶印机进行报价。洛克威尔·戈斯和世界其他六个制造商提交了认真的投标申请,详述了机器规格、价格、交货以及设备担保情况。

不到两个月,英国的洛克威尔·戈斯公司和法国的哈里斯公司接到通知,它们是剩下的最后两个供应印刷机的竞争者了,对方要求两家公司重新考虑它们的开价,此外还要求考虑是否有什么一揽子贷款能帮助津巴布韦政府圆满达成这笔交易并减轻它们外汇短缺的困难。

洛克威尔·戈斯有限公司是美国洛克威尔国际企业集团的主要部分。哈里斯公司位于法国里昂市外,作为印刷系统中第一流的生产公司在欧洲享有盛名,但它们的主要系列产品是价格中档的胶印机。1981年以来,国际市场销售副总经理艾伦·吉凡采取了积极的出口计划以开拓新的国外业务,而且利用具有吸引力的产品/一揽子贷款在一些发展中国家赢得了订单。

英国洛克威尔·戈斯有限公司经理戴维·雷夏从第三方得到情报,获悉哈里斯以通过法国政府向津巴布韦提供贷款的优惠条件,已对"混合一揽子贷款"进行谈判。一揽子贷款基本上分为两个阶段:首先,合同中的320万美元为第一期付款,10年以基本利率加2%的利率进行贷款,而其余的480万美元在25年中以3%的利率支付。这种一揽子贷款常常是在法国政府鼓励出口项目下提供给不发达国家的。一揽子的初步报告给津巴布韦经济计划部部长塔卡维拉·曼温迪留下了深刻印象,因为他们没能在现有规定计划内得到世界银行的贷款。

一听到这个信息,雷夏立即去找英国政府,然而,没能得到像法国政府所提供的补贴贷款那样可进行竞争的计划。雷夏也去了世界银行和其他英国银行,但都比不上哈里斯提供的条件优惠。当时,英国出口信贷保险公司所担保的洛克威尔公司最好的贷款条件维持在:第一期付款15%,其余85%在10年内付清,利率为7.75%。

雷夏和英国公司的首席执行官托尼·休斯迅速赶到匹茨堡与洛克威尔国际贸易公司副董事长帕特·霍尔会面,决定考虑采取补偿贸易的办法。

第二周的星期五,霍尔收到了哈雷尔市莫诺马塔法的国际贸易公司负责人克里斯·斯科菲尔德的紧急电话,告诉他说找到了一个对策,洛克威尔也许能利用它来帮助津巴布韦政府获取所需的外汇。斯科菲尔德已发现津巴布韦格威罗附近的英美公司迫切希望把铬铁和镍卖给北美金属公司。霍尔除此别无选择,他鼓励斯科菲尔德尽快着手进行此事。

克里斯·斯科菲尔德向帕特·霍尔汇报了一些初步调查结果。总起来说,他与英美公司的班尼斯特会晤后很有成效,但由于完成合同的时间连10天都不到,他担心目前英美公司在掌握了当前形势的条件下,会在伦敦金属交易所镍的现货价格基础上要求价格优惠。

斯科菲尔德同时还指出,他已再次与埃立奈国际金属贸易子公司的斯蒂文森谈过了,他们愿意代表洛克威尔在以后18个月内至少购买所需量的70%,合同的其余30%可能要洛克威尔国际贸易公司承担风险。如果金属价格突然下跌的话,风险就相当大。虽然,斯蒂文森不能保证他会购买更多,但是他说,他们在18个月内需要可提供的铬铁的90%看来是很有希望的。留下的10%可由斯科菲尔德另找买主,不管怎样,他有理由相信他能卖掉其余的镍。

克里斯·斯科菲尔德主要担心的是班尼斯特可能已利用资金周转作为手段来影

响价格,因为他们知道洛克威尔很想做成这笔销售给沙乌列斯布里先驱出版公司的生意,而且他们也知道为了提供外汇,必须通过奥尔梅特国际贸易公司来购买镍。

正是在这种情况下,霍尔觉得召开一次电话会议并与战略小组商议是一件很重要的事。他决定与在英国的雷夏和休斯以及在美国的通用工业公司副董事长拉塞尔·柯克和洛克威尔国际贸易公司的公司合同法律顾问马克·亨德森一起开个电话会议。

作为外贸公司法律顾问,亨德森明确表示反对这样仓促行事,因为他认为在这项交易中他们可能会亏损很多钱,把他们可能获得的利润丧失殆尽。他反对在国际销售中采用补偿贸易的方法,因为这会增加制订可接受的双重合同的负担,从而要承担履行合同的附加费用。雷夏指出,虽然这是一个竞争市场,但在出售印刷机给先驱出版公司的交易中还是有相当可观的利润幅度,尤其因为这是他们与非洲那一地区的第一批交易之一,将来很有可能还会有别的生意可做。霍尔问斯科菲尔德对这笔以伦敦金属交易所价格成交的销售估计有什么风险。斯科菲尔德指出,他认为津巴布韦矿业部长可能会迫使班尼斯特按照伦敦金属交易所价格出售,但是这一点他不能保证。他的风险估计是90%的可行性,因为他们的仓库里储存着大量的镍。

马克·亨德森向霍尔询问了关于向英国出口信贷保险部施加压力以对付法国政府对其本国的哈里斯公司的低息一揽子贷款的问题。雷夏解释说,他们一直不断在与英国出口信贷保险部进行联系,并正在获得低价保险以改变原来的由津巴布韦战争或内乱造成的损失不支付任何保险金的做法。但是出口信贷保险部,即使他们被授权的话,也没有通过低息贷款来对付具有竞争性的合同或者补贴出口的项目,这项政策英国议会正在审查中,然而,任何由贸易工业大臣对经济援助和贸易条款的修正即使不要花几年,也得花好几个月的时间。

霍尔决定待在他的办公室里,正如他平时常做的那样,一面向窗外眺望,一面思考着这笔国际销售采用补偿贸易方式的各个方面,没有意识到天色已晚。虽然他从未怀疑过这样做的重要性和有效性,但还是存在着洛克威尔将不得不面对的复杂性和承担风险的一些问题。时间虽然紧追,但他需要再一次努力以争取战略小组的支持。

讨论题目:
1. 为什么洛克威尔·戈斯有限公司在业务中很少采用补偿贸易形式?
2. 补偿贸易有哪些优点与缺点?

三、代理(agency)

(一)代理的含义

国际贸易中的代理(agency),主要是指销售代理。出口商与国外的代理商达成协议,由出口商作为委托人,授权代理人代表出口商推销商品、签订合同,由此而产生的权利和义务直接对委托人发生效力。

代理人在委托人授权的范围内行事,不承担销售风险和费用,不必垫付资金,通常按达成交易的数额提取约定比例的佣金而不管交易的盈亏。

（二）代理的做法

代理的一般做法如图9-2所示。

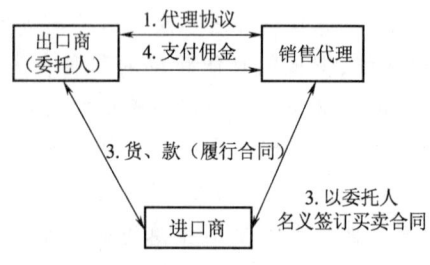

图9-2 代理的一般做法

（三）代理的分类

按照代理权限的大小,可以把代理分为以下几种:

1. 总代理(general agency)。总代理是在指定地区委托人的全权代理。他除了有权代理委托人进行签订买卖合同、处理货物等商务活动外,也可进行一些非商业性的活动。他有权指派分代理,并可分享代理的佣金。

2. 独家代理(the exclusive agency or sole agency)。独家代理是在代理协议规定的时间、地区内,对指定商品享有专营权的代理人,即委托人不得在以上范围内自行或通过其他代理人进行销售。

3. 佣金代理(commission agency)。佣金代理又称一般代理,是指在同一代理地区、时间及期限内,同时有几个代理人代表委托人行为的代理。佣金代理根据推销商品的实际金额和根据协议规定的办法和百分率向委托人计收佣金,委托人可以直接与该地区的实际买主成交,也无须给佣金代理佣金。

（四）独家代理协议的主要内容

独家代理是常见的代理形式,其代理协议的主要内容如下:

1. 双方的基本关系。出口方与代理商之间的关系是委托代理关系。代理人应在委托人授权范围内行事,并应对委托人诚信忠实。委托人对代理人在上述范围内的代理行为,承担民事责任。

2. 代理的商品、地区和期限。委托人对代理人的授权中,应明确说明代理销售商品的类别和型号,独家代理则必须明确其业务的地理范围,并约定代理协议有效期限,或者规定中止条款。

3. 专营权。在上述范围内,委托人承诺所指定的独家代理为唯一同买主进行交易的中间商,若委托人与买主直接发生交易,仍应按交易金额向独家代理支付佣金,是否授予专营权是独家代理与一般代理的主要区别。

4. 佣金条款。代理协议中必须规定佣金率、支付佣金的时间和方法。佣金率可与成交金额或数量相联系。

5. 最低成交额。独家代理通常承诺最低成交数量或金额。若未能达到该数额,委托人有权中止协议或按协议规定调整佣金率。

6. 商情报告。代理人有义务向委托人定期或不定期提供商情报告,以使委托人了解当地的市场情况和代理人的工作业绩。能否提供合理的商情报告是考核代理人的重要依据。

四、寄售(consignment)

(一)寄售的含义

寄售是出口商委托国外代销商向用户进行现货买卖的一种交易方式。

出口商作为寄售人,将准备销售的货物先行运往国外,委托当地的销售商按照寄售协议规定的条件在当地市场上销售。商品售出后,代销商扣除佣金和其他费用后,将货款交付给寄售人。

采用寄售方式,出口商应在寄售地区选定代销人,签订寄售协议,然后将货物运往寄售地点由代销人现货销售。寄售的一般做法如图9-3所示。

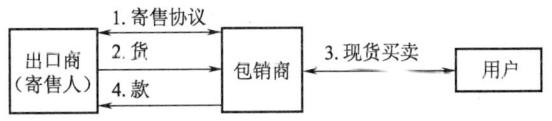

图9-3 寄售的一般做法

(二)寄售方式的优缺点

1. 寄售的优点。寄售是一种先发运后销售的现货买卖方式。一般逐笔成交的国际贸易,往往买主对出口方的产品有所了解,批量成交,远期交货。而以寄售方式销售,可以让商品在市场上与用户直接见面,用户按需要的数量现货现买,能抓住销售时机。寄售对于开拓新市场,特别是消费品市场,是一种行之有效的方式。

2. 寄售的缺点。在寄售下,出口商承担一定的风险和费用。其一,货未售出之前发运,售后才能收回货款,资金负担较重。其二,货物需在寄售地区安排存仓、提货,代销人不承担费用和风险。其三,万一代销人不守协议,比如,不能妥善代管货物,或是出售后不及时汇回货款,都将给出口商带来损失。其四,如果货物滞销,需要运回或转运其他口岸,出口商将遭受损失。

（三）采用寄售方式应注意的事项

1. 要着眼于开拓新市场。采用寄售方式,企业既销售商品,又树立企业形象,建立客户关系,故而所选商品应优质适销。

2. 选择合适的寄售地点。寄售地点应选择交通便捷的贸易中心或自由港、自由贸易区,以方便货物进出转运,降低费用。

3. 选择合适的代销人。代销人应在当地有良好的商誉,有相关商品的营销经验和推销能力,并有能力代办报关、存仓等业务。

4. 要重视安全收汇。应在寄售协议中作出相应规定,比如要求代销人开立银行保函,或以承兑交单方式发货。

（四）寄售协议的主要内容

寄售协议规定了有关寄售的条件和具体做法,其主要内容如下：

1. 双方的基本关系。寄售人和代销人之间的关系是一种委托代理关系。货物在出售前所有权仍属寄售人。代销人应按协议规定,以代理人身份出售商品,收取货款,处理争议等,其中的风险和费用由寄售人承担。

2. 寄售商品的价格

寄售商品的价格有三种规定方式：

其一,规定最低售价;

其二,由代销人按市场行情自行定价;

其三,由代销人向寄售人报价,征得寄售人同意后确定价格,这种做法使用较为普遍。

3. 佣金条款。规定佣金的比率,有时还可增加佣金比率增减额的计算方法。通常佣金由代销人在货款中自行扣除。

4. 代销人的义务。代销人的义务包括保管货物,代办进口报关、存仓、保险等手续并及时向寄售人通报商情。代销人应按协议规定的方式和时间将货款交付寄售人。有的寄售协议中还规定代销人应向寄售人出具银行保函或备用银行证,保证承担寄售协议规定的义务。

5. 寄售人的义务。寄售人应按协议规定时间出运货物,并偿付代销人所垫付的代办费用。

五、拍卖（auction）

（一）拍卖的含义

拍卖是专门经营拍卖业务的拍卖行接受货主的委托,在规定时间和地点,按照一定的章程和规则,将货物公开展示,由买主出价竞购,把货物卖给出价最高的买主。

(二)拍卖的竞价方式

1. 英式拍卖(English auction),也称增价拍卖,是最常见的一种拍卖方式。拍卖时,由拍卖人宣布预定的最低价,然后竞买者相继出价竞购。拍卖行可规定每次加价的金额限度。至某一价格,经拍卖人三次提示而无人加价时,则为最高价,由拍卖人击槌表示成交。按拍卖章程规定,在拍卖人落槌前,叫价人可以撤销出价;如果货主与拍卖人事先商定了最低限价,而竞买人的叫价低于该价,拍卖人可终止拍卖。

2. 荷兰式拍卖(Dutch auction),又称减价拍卖,源于世界上最大的荷兰花卉拍卖市场,由拍卖人先开出最高价格,然后渐次降低价格,直到有人表示接受,即达成交易。这种拍卖方式买主之间无反复竞价的过程,且买主一旦表示接受,不能再行撤销。由于减价拍卖成交迅速,特别适合于数量大,批次多的鲜活商品。

3. 密封递价拍卖(sealed bid auction),又称招标式拍卖。由买主在规定的时间内将密封的报价单(也称标书)递交拍卖人,由拍卖人选择买主。这种拍卖方式和上述两种方式相比较,有以下两个特点:一是除价格条件外,还可能有其他交易条件需要考虑;二是可以采取公开开标方式,也可以采取不公开开标方式。拍卖大型设施或数量较大的库存物资或政府罚没物资时,可能采用这种方式。

(三)拍卖的一般程序

1. 准备阶段。货主与拍卖行达成拍卖协议,规定货物品种和数量、交货方式与时间、限定价格以及佣金等事项。货主把货物运至拍卖地点,存放于拍卖人指定的仓库,由拍卖人进行分类、分批编号。拍卖人印发拍品目录,并刊登拍卖通告。买主在正式拍卖前可至存放拍卖商品的仓库查看货物,必要时可抽取样品供分析测试。

2. 正式拍卖。在规定的时间和地点,按拍品目录规定的顺序逐批拍卖。以增价方式拍卖,买方出价相当于要约,拍卖人落槌相当于承诺。在落槌之前,买方有权撤销出价,卖方也有权撤回拍卖商品。以减价方式拍卖,拍卖人报价相当于要约,而买方一旦表示接受,即为承诺,交易成立,双方均受约束。

3. 付款和交货。成交后,买方签署成交确认书,并支付部分货款作定金,待买方付清全部货款后,拍卖行开出提货单,买方凭单提货。拍卖行从货款中提取一定比例的佣金,作为提供拍卖服务的报酬,并扣除按合同应由货主承担的费用后,将贷款交付货主。

(四)以拍卖方式购买货物的注意事项

1. 关于商品的品质。由于参加拍卖的商品往往难以用具体规格加以描述,且买主在拍卖前有权查验货物,拍卖行通常在拍卖章程中规定"卖方对品质概不负责",所以,拍卖后买方对商品没有复验权,也不存在索赔的问题。对于某些货物可能存在隐蔽的缺陷,凭一般的查验手段难以发现,有的拍卖章程中也规定了买方的索赔期限。

2. 关于公开和公平的原则。拍卖和招标投标一样,是一种按公平竞争的原则,进行公开交易的贸易方式。为保证公开和公平的原则不被违反,拍卖行制定了拍卖章程。买卖双方都必须严格遵守,买方不得互相串通,以压低报价;卖方也不得由代理人出价竞买,以哄抬价格,这些均构成违规违法行为。

第十章

国际技术贸易业务

第一节 国际技术贸易概述

一、技术贸易的含义、对象和特点

（一）技术的含义

要了解国际技术贸易的含义，首先必须搞清楚技术贸易的对象，即技术的含义。

到目前为止，关于技术并没有一个公认的定义。我们可以从不同的层次理解技术的含义。

技术第一个层次的含义是工程技术（engineering），即我们通常意义上的"科学技术"中的技术（technology），它是指在科学的直接指导下，以实施某些工程为目的，对其中具体技术问题进行研究。这个层次的技术不包括社会科学技术。科学与技术的主要区别是：科学的任务是认识世界，技术的任务是改造世界，技术是从科学到生产的中间环节，是把科学理论转化为生产力的桥梁，技术来源于实践经验的总结和科学原理的指导。这种层次上的技术经常以发明、专利的形式出现，具有秘密的特征。

技术第二个层次的含义是专有知识（expertise, know-how），是指制造一种产品、采用一种工艺或提供一项服务所涉及的系列知识或诀窍，具有秘密的特征。这种技术，包括社会科学技术，可能与工程技术相关，也可能与工程技术无关，如各种市场管理和开发技术。

技术第三个层次的含义是技能（skill），是指学习者在特定目标指引下，通过练习而逐渐熟练掌握的、对已有的知识经验加以运用的操作程序。这种技术通常不具有秘密的特征。按技能的性质和特点，可以把技能分为动作技能和智力技能两类。

技术第四个层次的含义是工业产权（industrial property），是指人们依照法律对应用于生产和流通中的创造发明和显著标记等智力成果，在一定期限和地区内享有的专有权。

（二）技术贸易的对象

纳入技术贸易的技术大致可以分为三类：

1. 工业产权技术（industrial property）。工业产权技术主要包括专利权、商标权和著作权三大类。有些国家的法律和国际条约还将服务标记、厂商名称、产地标记和原产地名称等内容纳入工业产权保护的范围。

（1）专利（patent）。专利权是一国政府主管部门根据发明创造人的申请，认为其发明创造（通常包括发明、实用新型和外观设计）符合法律规定的条件，而在一定期间内授予发明创造人的一种专有权。专利权人在规定的期限内享有就该项发明创造制造、使用和销售其产品的专有权，未经专利权人的同意而擅自使用其专利技术，就构成侵犯专利权的行为。

专利权既包括财产权，也包括人身权。就其财产权部分而论，与一般的物权相比，专利权具有以下特点：

①专利权的客体是一种无形财产，而一般物权的客体为有形财产；

②专利权的获得必须向一个国家的主管机关提出申请，经过法定的批准或登记手续方能产生，而一般物权的产生通常不必履行申请及批准或登记等手续；

③专利权具有独占的性质，在一定的期限里和地域内，就某项智力成果的专利权只能存在一个权利人，而一般物权的权利人并不能以自己是某物的所有人来对抗他人对相同的另一物的所有权；

④专利权具有时间的限制，超过法定期限，专利权人便丧失了对其专利技术的独占性的权利，而一般的物权则没有时间上的限制；

⑤专利权具有地域性，在一国取得的专利权在他国不能当然地受到承认和保护，若想使该项权利在他国也得到承认和保护，还必须履行他国的批准或登记手续，而各国对在他国获得的一般物权通常都是予以承认的。

专利又分为发明专利、实用新型专利、外观设计专利。我国的专利管理机构为国家知识产权局。依据《中华人民共和国专利法》，发明专利申请的审批程序包括受理、初审、公布、实审以及授权五个阶段。实用新型或者外观设计专利申请在审批中不进行早期公布和实质审查，只有受理、初审和授权三个阶段。

国际上专利保护的公约主要有《保护工业产权巴黎公约》、《专利合作条约》等。

（2）商标（trade mark）。商标是商品的生产者、经营者在其生产、制造、加工、拣选或者经销的商品上或者服务的提供者在其提供的服务上采用的，用于区别商品或者服务来源的，由文字、图形或者其组合构成的，具有显著特征的标志。据有关资料记载，目前世界上对商标有7种"权威性"的定义，最具代表性的有：国际保护工业产权协会（AIPPI）在柏林大会上曾对商标作出的定义："商标是用以区别个人或集体所提供的商品及服务的标记。"世界知识产权组织在其《商标示范法》中曾作出如下定义："商标是将一个企业的产品或服务与另一企业的产品或服务区别开的标记。"法国政府在其《商标法》中表述为:"一切用以识别任何企业的产品、物品或服务的有形标记均可视为商标。"

商标是用以区别商品或服务来源的标志。它是根据人类生产、生活实践的需要应运而生,既是一种知识产权,一种脑力劳动成果,又是工业产权的一部分,是企业的一种无形财产。商标标志是指用于商品上的商标载体,是独立于被标志商品上的商标物质表现形式。如酒类商品上的瓶贴、自行车上的标牌、服装上的织带等。

商标经法定机构注册后成为注册商标,其标志为标注在商标右上角的®,代表英文 register。注册商标具有排他性、独占性、唯一性等特点,属于注册商标所有人所独占,受法律保护,任何企业或个人未经注册商标所有权人许可或授权,均不可自行使用,否则将承担侵权责任。我国的商标管理机构为国家工商总局。商标采取分类申请和保护的原则,目前我国的商品和服务项目共分为 45 类,其中商品 34 类,服务项目 11 类。

根据《中华人民共和国商标法》第 23 条规定,注册商标的有效期为 10 年,自核准之日起计算。有效期期满之前 6 个月可以进行续展并缴纳续展费用,每次续展有效期仍为 10 年。续展次数不限。如果在这个期限内未提出申请的,可给予 6 个月的宽展期。若宽展期内仍未提出续展注册的,商标局将其注册商标注销并予公告。

有些企业在商标后面用 TM 标注。TM 是英文 trade mark 的缩写。我国法律对 TM 的使用未做规定,TM 标志不受法律保护。

国际上商标保护的公约主要有《保护工业产权巴黎公约》、《商标注册条约》、《商标国际注册马德里协定》等。

(3)著作权(copyright)。著作权亦称版权,是指作者对其创作的文学、艺术和科学技术作品所享有的专有权利。著作权是公民、法人依法享有的一种民事权利,属于无形财产权。著作权包括人身权和财产权。

人身权又称精神权利,具体包括:
①发表权,即决定作品是否公之于众的权利;
②署名权,即表明作者身份,在作品上署名的权利;
③修改权,即修改或者授权他人修改作品的权利;
④保护作品完整权,即保护作品不受歪曲、篡改的权利。

财产权又称经济权利,包括:
①复制权,即以印刷、复印、拓印、录音、录像、翻录、翻拍等方式将作品制作一份或者多份的权利;
②发行权,即以出售或者赠与方式向公众提供作品的原件或者复制件的权利;
③出租权,即有偿许可他人临时使用电影作品和以类似摄制电影的方法创作的作品、计算机软件的权利,计算机软件不是出租的主要标的的除外;
④展览权,即公开陈列美术作品、摄影作品的原件或者复制件的权利;

⑤表演权,即公开表演作品,以及用各种手段公开播送作品的表演的权利;

⑥放映权,即通过放映机、幻灯机等技术设备公开再现美术、摄影、电影和以类似摄制电影的方法创作的作品等的权利;

⑦广播权,即以无线方式公开广播或者传播作品,以有线传播或者转播的方式向公众传播广播的作品,以及通过扩音器或者其他传送符号、声音、图像的类似工具向公众传播广播的作品的权利;

⑧信息网络传播权,即以有线或者无线方式向公众提供作品,使公众可以在其个人选定的时间和地点获得作品的权利;

⑨摄制权,即以摄制电影或者以类似摄制电影的方法将作品固定在载体上的权利;

⑩改编权,即改变作品,创作出具有独创性的新作品的权利;

⑪翻译权,即将作品从一种语言文字转换成另一种语言文字的权利;

⑫汇编权,即将作品或者作品的片段通过选择或者编排,汇集成新作品的权利;

⑬应当由著作权人享有的其他权利。

1990年9月颁布、1991年6月1日起施行的《中华人民共和国著作权法》关于各类作品著作权的保护期规定如下:

①作者的署名权、修改权、保护作品完整权等人身权的保护期不受限制。

②公民的作品,其发表权和著作权法规定的14项财产权的保护期为作者终生及其死亡后50年,截止于作者死亡后第50年的12月31日;如果是合作作品,截止于最后死亡的作者死亡后第50年的12月31日。

③法人或者其他组织的作品、著作权(署名权除外)由法人或者其他组织享有的职务作品,其发表权和著作权法规定的14项财产权的保护期为50年,截止于作品首次发表后第50年的12月31日,但作品自创作完成后50年内未发表的,本法不再保护。

④电影作品和以类似摄制电影的方法创作的作品、摄影作品,其发表权和著作权法规定的14项财产权的保护期为50年,截止于作品首次发表后第50年的12月31日,但作品自创作完成后50年内未发表的,著作权法不再保护。

我国目前尚无专门的著作权管理机构。

在保护著作权的多边协定中,影响最大的是《伯尔尼公约》和1952年在联合国教科文组织主持下签订的《世界版权公约》。《伯尔尼公约》的规定比较具体、详细,规定作品享有著作权不依赖于任何手续;规定的保护期也较长,并有追溯力。《世界版权公约》规定的保护期较短,没有追溯效力。《伯尔尼公约》的签约国以西欧国家为主,《世界版权公约》的签约国则具有较大的普遍性。

2. 非工业产权技术。非工业产权技术主要指专有技术或技术诀窍(know-how),是指在长期生产实践中形成和积累起来的,为从事生产活动所必需的,从未公开过并可转让又未取得专利权保护的专门技术知识、工艺程序、经验、设计和技能,包括设计方案、设计图纸、技术说明书、技术示范和具体指导等。

这些技术的拥有者对这些技术的占有是一种非法定权利,不享受法律的排他性保护。一旦这些技术为他人掌握,即失去其独特的价值。这些技术的拥有者之所以不将这些技术转化为受法律保护的工业产权,如技术专利,是因为那样做就必须将技术的内容公布,同时法律对这些技术的保护也是有期限的。例如,著名的可口可乐公司对其可乐配方就采取了非工业产权形式,从而在上百年的时间内独享其利。

专有技术和专利技术无论是在法律上还是在技术范围上都是不相同的。差异主要有以下几个方面:

(1)专有技术是没有取得工业产权保护的技术,但不等于说专有技术就不受法律保护;

(2)专有技术是不向社会公开的技术,它是一种以保密性为条件的事实上的独占权;

(3)专有技术是依靠所有人自行保密的具有事实上的独占权的技术和经验;

(4)从总体技术水平上说,专有技术的范围既广又杂,缺乏规范性,总体技术水平比较低。

3. 与上述两类技术有关的专门服务。与上述两类技术有关的专门服务包括咨询、信息和管理服务等。

二、技术贸易的特点

技术贸易具有以下特点:

第一,技术贸易是在技术所有权受到保护的前提下发生的。

第二,技术商品可以进行多次转让交易。

第三,技术贸易的双方通常是"同行"。

第四,技术贸易谈判所涉及的内容非常复杂和广泛。

第五,技术贸易是当事双方一个较长期的合作过程。

第六,技术贸易的当事者无重复购买和销售的行为。

三、国际技术贸易的含义和特点

(一)国际技术贸易的含义

国际技术贸易,也称国际技术转让,是指不同国家的企业、经济组织或个人之间,按照一般商业条件,向对方出售或从对方购买技术所有权或使用权的一种国际贸易行为。它由技术出口和技术引进这两方面组成。简言之,国际技术贸易是一种国际的以纯技术的所有权或使用权为主要交易标的的商业行为。

(二)国际技术贸易的特点

与国际商品贸易相比,国际技术贸易具有如下特点:

1. 国际技术贸易涉及的问题多、复杂、特殊。国际技术贸易涉及工业产权保护、技术风险、技术定价、限制与反限制、保密、权利和技术保证、支持办法等问题。国际技术贸易中涉及的国内法律和国际法律、公约也比商品贸易多。因而,从事国际技术贸易远比从事商品贸易难度大。

2. 国际技术贸易受到的政府干预程度高。各国政府对国际技术贸易的干预程度大于对国际商品贸易的干预程度。由于技术出口实际上是一种技术水平、制造能力和发展能力的出口,所以为了国家的安全和经济利益上的考虑,政府对技术出口审查较严。由于在国际技术贸易中,技术转让方往往在技术上占优势,为了防止其凭借这种优势迫使引进方接受不合理的交易条件,也出于国内经济、社会、科技发展政策上的考虑,政府对技术引进也予以严格的管理。

第二节 国际技术贸易的形式

国际技术贸易的主导形式有三大类:①单纯引进技术,即所谓软件交易,如专利或商标许可证协议、咨询服务、技术培训等;②引进技术与进口设备相结合,即所谓硬件与软件相结合的合同,如成套工厂设备合同、交钥匙合同,以及含有转让技术因素的关键设备进口和补偿贸易等;③引进技术与引进外资相结合,如合资经营、合作经营、合作开发自然资源及大型工程项目承包等。

具体而言,国际技术贸易的形式包括国际许可贸易、国际技术咨询服务、交钥匙工程承包、国际合作生产与合作研究、国际技术补偿贸易、国际特许经营等。

一、国际许可贸易(international license trade)

(一)国际许可贸易的含义

国际许可贸易,又称国际许可证贸易,指营业地在不同国家的当事人,一方准许另一方使用自己所拥有的工业产权无形财产或专有技术的使用权,并收取使用费,而另一方获得该项使用权并支付使用费的书面协议。

许可贸易是技术贸易最主要的形式。许可证合同的适用对象是专利、商标、版权、技术秘密、特殊营销技能和管理方式等,也可统称为知识产权。通常,把提供许可的一方称为许可方(licensor),接受许可的一方称为被许可方(licensee)。

必须注意两点:①许可协议的对象不是工业产权的控制权、所有权本身,而是其使用权。②许可贸易必须由双方谈判共同签订许可贸易协议,而不是由许可方单独签发许可证。

(二)国际许可合同的类型

许可合同又称许可协议,是技术交易双方当事人为共同实现专利、商标和专有技术使用权转让的特定目标而规定双方权利和义务的法律文件。它是技术贸易合同主要和基本的形式。

根据使用技术的地域范围与使用权的大小,国际许可合同可分为五种。

1. 独占许可合同(exclusive license contract),即在一定的地域和期限内,受方对受让的技术享有独占的使用权,供方和任何第三方在规定的期限内都不得在该地域使用该种技术制造和销售其产品。这种许可合同费用较高。

2. 排他许可合同(sole license contract),即在一定的地域和期限内,受方对受让的技术享有排他的使用权,供方在规定的期限内不得在该地域再将该项技术转让给任何第三方使用,但供方自己仍然保留在该地域内使用该项技术制造和销售其产品的权利。

3. 普通许可合同(simple license contract),即在一定的地域和期限内,受方对受让的技术享有使用权,同时,供方在该地域内不仅自己有权继续使用该项技术,制造和销售合同中规定的产品,而且还有权将该项技术的使用权转让给任何第三方,也叫做非独占许可合同。

4. 可转让许可合同(tranferable license contract),也称分许可合同(sublicense contract),即受方从供方获得的技术,除自己使用外,还有权在约定的地域和期限内将全部技术或部分技术的使用权转让给任何第三方使用。

5. 交叉许可合同(cross-license contract),即许可合同双方将各自拥有的专利权、商标权或专有技术权相互交换,供对方使用,双方的权利可以是独立的,也可以是非独立的。交叉许可一般不收取报酬。

上述各种类型的许可证合同,各有利弊,许可人同意和被许可人愿意接受哪种许可,要取决于许可的性质、市场的情况及本国的需求。一般说,引进方企图垄断技术,垄断市场,往往希望签订独占许可证;如果市场广阔,产品需求量大,而被许可人又无力全部供应市场的情况下,则常常购买普通许可证。我国引进技术中签订的合同,绝大多数为普通许可证。

(三) 许可证合同的内容

许可贸易合同的主要内容包括:

1. 序言条款。它包括合同的名称,双方当事人的名称、法律地位、法定地址,签订许可合同的地点等。其中,合同签订地点对解决合同争议,确定应适用的法律是很重要的。根据国际惯例,如果合同双方对合同的有效性发生争议,而合同本身又未写明适用哪个国家的法律或哪个仲裁机构的仲裁条款,那么,法院或仲裁机构即可按缔约地国家的法律加以解决。

2. 关键性词语定义条款。由于双方当事人所在的国家不同,语言习惯和法律规定也不同,为了避免在履行合同过程中发生歧义,相互推卸责任,需要在合同中对所使用的一些关键性词语的含义作出明确的规定,作为双方当事人履行合同和解决合同争议的依据。对合同中反复出现的名词、术语作出明确的规定,以避免双方不同的理解或法律上不同的解释。对于什么是基本技术、专利、商标、专有技术、技术情报，技术服务、技术改进、使用和销售的领域、产品、工艺、净售价、会计年度、有效期等合同中出现的重要名词术语，规定其明确的含义，这对于避免日后双方在这些名词的解释上产生分歧是极为必要的。

3. 许可合同的范围。这包括规定提供的技术的具体内容，技术使用的领域，产品制造、使用、销售的地区等，属于合同中最主要的部分，是确定双方当事人各项责任、权利和义务的基础。其主要内容有：

(1) 合同项下所转让的技术的具体内容和要求。

(2) 技术的使用领域。一种技术往往有几种不同的用途，如一种医药产品可能既可以供人类使用，又可以供兽类使用。技术应用于不同的领域往往有不同的价格。

(3) 技术资料的内容，包括实施该项技术所必需的一切知识、经验、数据、设计、公式、计算、图纸、工艺、检验标准以及操作维修、产品包装、运输等多种技术资料。许可方应保证全部、完整、正确、及时地提供约定的技术资料。

(4) 使用、制造和销售的地区。许可方为了维护自己既有的市场，往往从数量或价格上限制被许可方产品出口的国家或地区。对于这种技术贸易中常见的限制性条款，根据我国及世界上其他一些国家的法律，它们在原则上是应予以取缔的。但是，限制出口的国家或地区属于许可方已授予第三方以独占许可的国家和地区者除外。

(5) 许可合同的功能及是否能转让。

4. 关于专利权和商标的专门条款。这些条款用以说明专利的批准时间、批准机构、专利编号、专利范围、保护地区、有效期等。

许可方为了维护自身的利益，往往要求在合同中订立他对合同项下的专利权不负担保责任的条款。因为一项专利可能由于遭到第三者的异议或专利权人没有按时缴纳年费等原因而被宣告无效。我国和其他一些国家的法律都规定，许可合同中不得规定受许可人不得对专利权的有效性提出异议的条款。当专利权被宣告无效时，被许可方有权收回预付的报酬，甚至终止合同。

对于商标权，尤其是名牌商标权，许可人为维护其商标的声誉，一般都要订立产品质量监督条款，并规定许可方有权对被许可方所生产的产品质量进行监督，如发现产品质量不能达到规定的标准，许可方有权要求被许可方予以改进，否则可终止商标许可合同。这种条款一般不能认为是许可人对被许可人的一种不合理的限制。

5. 价格条款，包括规定计算方法、合同金额、使用的货币等。许可贸易的价格即转让技术的价格，又称许可使用费，一般包含由于进行技术转让交易所发生的直接费用、分摊的部分技术研制费和预期利润三部分。

6. 支付条款。合同中还应规定计价、支付使用的币种和付款方式。在国际许可合同中计价的方法通常有统包价格、提成价格和固定与提成相结合的价格3种形式。

7. 技术服务和人员培训条款。在技术转让交易中，许可方一般都承担向被许方提供某种技术服务的义务,如技术培训、设计和工程服务、销售及商业服务、管理服务等。

对于提供技术服务的项目内容、任务、工作量、具体的专业、供方派遣人员的人数和级别、在受方服务的时间和验收标准等应在合同中规定清楚。

受方人员的培训通常有两种方式,一是将自己的人员派往供方的工厂等场所实习培训;二是供方派有关技术人员到受方的合同工厂讲授,指导实际操作,进行现场培训。无论采用何种方式,在合同中,都应把人员培训的目的、范围、内容、方法、人数、专业、工种、时间、期限和实施的条件规定清楚。

8. 技术资料交付条款、产品考核验收条款、保证条款和保密条款。技术资料交付条款规定供方向受方交付合同约定的有关技术资料的质量和数量,如何进行检查,交付的时间、地点、方式以及包装要求;同时规定技术资料验收的时间、地点以及交付的技术资料与合同规定不符时的处理方法。

产品考核验收条款规定,受方按供方提供的技术资料制造的产品,是否符合合同规定的产品技术性能指标,如不符合要求,可以提出补救办法或索赔。

在保证条款方面,许可方应该作出两方面的担保,即技术担保和权利担保。技术担保指许可方担保他所提供的技术资料是正确、可靠的,而且,在被许可方正确使用其技术资料的前提下,能达到预定的效果;权利担保指许可方担保其所拥有的工业产权是合法而有效的,如被第三方指控有侵权行为,应由许可方承担一切责任。

在保密条款方面,对于涉及专有技术转让的技术贸易合同,许可人一般要求被许可人承担保密义务,保密的期限一般与许可合同的期限相同,有时也可长于或短于合同期限,这主要取决于技术的性质及其所处的生命周期。被许可方一般不能接受许可方提出的在合同终了后还要无限期地承担保密义务的要求。

在国际技术转让过程中,保密是双方当事人的共同责任,不仅受方对供方提供的技术尚未公开的秘密部分,负有保密义务,而且供方对受方提供的合同工厂的有关情况等亦应承担保密义务。在保密条款中应把双方保密的范围、措施和期限规定清楚,同时还应规定违约泄密的处理办法。

9. 技术改进和发展的交换条款。双方交换改进和发展的技术条件应该是互惠、对等的。片面的回授条款是不合理的。如果合同要求被许可人要将其技术改进成果无偿地提供给许可方使用,而许可方则无义务将其技术改造成果提供给被许可方使用,或要求另付费用,则这种条款是不合理的。

10. 搭售条款。西方发达国家的企业在向发展中国家的企业进行技术转让交易时,往往要求被许可方必须向其购买非必需的机器设备、原材料、零配件等,或圈定其购货来源。根据许多国家的法律,这种条款本身就是非法的,属于限制性商业惯例。许多发展中国家在技术转让法中也规定,如果技术转让合同中订有此种条款,则政府不予批准。

但是,如果由于技术原因,或为了保证产品质量而规定被许可人向许可人购买某些特定的机器设备、原材料、零配件时,这种做法一般是允许的。

11. 税务条款。一般对许可方收取的技术使用费征收一定的税额,即预提所得税。在拟订税收条款时,首先要弄清本国税法的具体规定,同时也要弄清对方国家的税法和有关两国间的税收协定,以免因不了解税收法规而不合理地增加合同价格。

12. 不可抗力或情势变迁条款。这主要包括不可抗力的范围、确认和不可抗力发生后双方的权责。该条款主要解决下述情况:许可合同签订以后,由于遇到了人力所不能控制的意外事故,致使一方履约受到阻碍,或使履约成为不可能。不可抗力条款应包括:不可抗力事故的范围,发生不可抗力应采取的行动,法律后果及处理原则等。根据国际惯例,在发生不可抗力事件的情况下,违约方可以请求免责。

14. 违约及救济办法条款。在国际许可合同签订之后,双方当事人应依照合同的规定认真履行各自承担的义务,如果一方当事人不按时履约或完全不履约,违约一方应承担违约责任。受损害一方当事人有权采取相应的法律救济措施,如请求法院判令违约方履行约定的义务,提出损害赔偿的要求,甚至终止合同。在国际技术转让中,受方向供方索赔的主要方式是罚款。

合同双方可在合同中作出具体规定,如支付违约金、修改合同条款、退还已付款项、赔偿损失、终止许可证合同等。

15. 争议的处理及法律适用条款。争议条款规定发生争议时的解决办法。通常有四种:一是友好协商;二是第三方进行调解;三是提交仲裁机构仲裁;四是通过司法程序解决。合同中一般都订有仲裁条款,包括:仲裁事项、仲裁地点、仲裁机构、仲裁程序规则、仲裁裁决的效力和仲裁费用的负担等。许可贸易双方发生争议时,首先应通过友好协商解决,如不能达成和解,可通过仲裁机构加以仲裁;如许可合同没有订立仲裁条款,则可通过司法诉讼程序来解决争端。

法律适用条款规定发生争议适用哪一个国家的法律。否则,如双方发生争议,则要根据国际司法原则推定适用哪个国家的法律。

16. 合同生效与其他。这主要包括合同的生效、期限、变更和终止、合同中使用的文字、合同正文和附件的关系等。许可证合同的签订日期和生效日期,应在合同中分别订明,因为有的合同需经政府主管部门批准。合同的有效期,由双方当事人具体商定;合同届满时,经双方同意,也可以适当延期。

(四)许可证合同的优缺点

1. 采用许可证合同引进技术的优点

(1)许可证合同是被许可方获取新技术的有效方式。在许可证合同中,许可方要给予被许可方某种有价值的东西,如要向买方提供说明书、图纸、照片、样品、模型、安装及施工图和其他技术文件,或派人传播技术、经验,协助准备生产等,有时还包括买方派人去卖方的工厂学习等。所以,它可以使被许可方获得现成的产品生产权利,而且,这些产品还受到专利权或商标权的保护。此外,被许可方不需冒很大风险,花费巨资重新进行新技术的开发和研究,就可获得并掌握新技术。

许可证合同的有效期一般是 10 年,也可以只有 5 年。被许可方在合同失效后,已成为该产品生产的内行,并会继续生产和销售这种产品,而不需要再支付报酬,除非产品受到商标牌号或长期专利权的保护。

(2)许可证合同是许可方迅速、大面积占领国外市场的有效方式。作为对许可方的补偿,被许可方同意在自己的国家生产和销售产品,支付产权、技术等的使用费,并承担保守秘密及其有关义务。通过这种方式,许可方可以避免在外国进行生产时必须面对和解决的有关投资、法律以及雇工等一系列重大问题。被许可方不仅负责在本国的生产,也负责产品在本国市场的销售,因此许可方承担的国际业务量小,管理也相应简单。

另外,此种方式还可使许可方避免高额运费或外国市场赋税,不必提供大量的资金和人力,就可以迅速、大面积地占领外国市场,保护技术专利不受侵犯,并形成先入为主的技术标准优势,为开发下一代或相关产品打下基础。

2. 采用许可证合同引进技术的缺点

(1)采用许可证合同引进技术要支付高额许可费用。采用许可证合同引进技术通常要按照销售额支付许可费用。

(2)采用许可证合同引进技术受制于技术许可方。技术许可方往往采用商标牌号或长期专利权等方式对自己的知识产权进行长期保护,这样采用许可合同引进技术就必然在技术上长期受制于技术许可方。

二、国际技术咨询服务(international technical advisory services)

国际技术咨询服务是指一方当事人用自己的技术和劳务,跨越国界为另一方当事人完成一定的工作任务,或者跨越国界派遣专家或以书面方式向另一方当事人提供咨询意见,并收取报酬;另一方当事人接受工作成果或者取得咨询意见并付给报酬的书面协议。这里所指的"技术"是指既不具有工业产权的技术,又不具有保密性的技术,它是发明专利技术、实用新型专利技术、外观设计专利技术和专有技术以外的普通技术。

咨询合同一般可分为工程咨询合同、管理咨询合同和技术咨询合同。

提供技术咨询服务的一方通常是独立的咨询公司。咨询公司的特点是受雇于需要技术服务的另一方,负责解决对方提出的技术课题,向对方提供顾问性意见,或为其完成某项具体的技术性工作。

三、国际交钥匙工程承包(international turn-key project)

交钥匙工程承包指工程承包方为外国企业或外国政府负责完成从建设方案拟

订、项目设计、设备采购、土木工程、安装调试到人员培训等全部工作,直到项目建成、验收合格之后才交给委托方的一种工程承包形式。

交钥匙合同是设计合同、许可合同、土木工程合同以及机械工程合同构成的一个复杂整体。在交钥匙合同之外,往往同时签订技术援助合同、经营管理合同以及推销该厂产品合同等。交钥匙合同的标的物一般可以分为两类:一类是有形资产,另一类是无形资产。

一般交钥匙合同中,技术输出方并不保证设备使用者的技术水平和经营管理能力能够生产出合格的产品。为了克服这一障碍,一些发展中国家试图加重技术输出方的义务,于是出现了"产品到手"合同,技术输出方的责任在双方商定的条件和期限下才能解除。

四、国际合作生产与合作研究(international production & reasearch cooperation)

国际合作生产是指分属不同国家的企业根据它们签订的合同,由一方或各方提供有关的生产技术,共同生产某种合同产品的工业合作方式。

合作生产中的一方或各方拥有生产某种合同产品的特别技术,在合作生产过程中通过单向许可或双向的交叉许可方式,可能再辅以一定的技术服务咨询,从而实现国际技术转让。

合作生产作为一种国际技术贸易方式,它并不是一种独立的基本的技术贸易方式,实际上它只不过是建立在各方合作生产目的之上的许可贸易和技术服务咨询而已。这种技术贸易的目的与单纯的技术贸易不同,它是为各方的合作生产服务的。

合作研究指双方或多方企业共同开发一项新产品或新技术。

合作生产与合作研究可以充分发挥合作各方的优势,降低生产、开发成本和风险。

合作生产与合作研究的主要特点是:

第一,合作生产与合作研究是两个或两个以上的法人实体之间建立在协议或合同基础上的权利和义务关系,这种关系应体现等价有偿和平等自愿的原则。

第二,合作的当事各方只在生产工程或研究过程中才发生权利义务关系。

第三,合作当事各方的权利义务主要表现在相互交换技术、劳务和生产成果上。

第四,合作生产和合作研究的实质是社会化的专业分工。

五、国际技术补偿贸易(international technical compensation trade)

(一)技术补偿贸易的含义

技术补偿贸易是买方向卖方购买技术或设备,然后利用该项技术或设备生产出的产品,或者以双方商定的其他商品,在规定的时间内补偿卖方向买方转让技术或设备的价款及利息的一种技术转让与引进形式。

（二）技术补偿贸易的形式

按照补偿方式的不同，技术补偿贸易可以分为直接补偿、间接补偿和部分补偿。

1. 直接补偿，也称产品返销，即受让方直接用引进设备和技术所生产的产品去偿付出让方的技术和设备费用。这种方式比较简单，是技术补偿贸易的最主要形式。

2. 间接补偿方式，也称综合补偿，即设备和技术的出让方按达成的协议在一定时期内接受对方一定数量的商品作为补偿，但这些商品并非该供方提供的设备所直接生产的，即用间接的产品来偿付设备、技术的价款。这种方式主要用于引进设备和技术无法生产可供输出的商品的情况，如交通设施、通信设施。

3. 部分补偿，即技术受让方对进口技术和设备的价款，部分以直接或间接产品偿还，部分以现汇或贷款偿还。

（三）技术补偿贸易的特点

技术补偿贸易有两个主要特点：

1. 技术补偿贸易具有易货贸易的性质，即受让方用其产品或其他商品去换取出让方的技术和机器设备，但与一般的易货贸易相比，技术补偿贸易的完成需要一个较长的过程。

2. 技术补偿贸易具有延期付款的性质。

（四）技术补偿贸易的优缺点

技术补偿贸易的主要优点是买方在资金缺乏的情况下，可以不用现汇而以产品交换技术或设备，带有以货易货的性质，同时也在一定程度上使应用该项技术生产出的产品销路得到保障；对于卖方来讲，在承担筹划资金、组织销售等活动中可适当加价从而增加收益，还可以通过补偿贸易的形式与买方建立较长期的贸易协作，保证某些产品的来源。

但补偿贸易形式也存在局限性。首先，它要求卖方在转让技术、设备的同时接受对方引进该技术或设备生产出的产品或商定的其他商品，从而限制了其适用范围；其次，补偿贸易期限较长，其间双方都要承担一定的风险；最后，补偿贸易手续比较复杂，不如一般贸易形式简便快捷。

六、国际特许经营（international franchise）

特许经营，一般是指一家已经取得成功经验的企业，将其商标、商号名称、服务标志、专利、专有技术以及经营管理方法或经验转让给另一家企业使用，由此收取特许使用费的交易合作形式。

特许经营类似许可，但它的特许方和一般的许可方相比要更多地涉入对方的业务活动，从而使其符合特许方的要求，因为全盘转让，特别是商号、商标（服务标志）的转让关系到他自己的声誉。

与一般许可贸易不同的是,特许专营权的接受方不仅要保证自己的产品达到与特许方产品相同的技术标准,而且在产品的形式与服务的风格上也应与之保持一致。特许专营的受方与供方经营的行业、生产和出售的产品、提供的服务、使用的商号名称和商标(或服务标志)都完全相同,甚至商店的门面装潢、用具、职工的工作服、产品的制作方法、提供服务的方式也都完全一样。例如,美国的麦当劳快餐店在世界各地几乎都有它的被授人,它们所提供的服务同美国一样,所生产和销售的汉堡包的味道也完全一样。

在特许专营协议中,接受许可方在经营上一般要接受特许方的监督和控制,但接受特许方仍是与特许方完全独立的企业,特许专营的被特许方与特许方之间仅是一种买卖关系。被特许人的企业不是特许人企业的分支机构或子公司,也不是各个独立企业的自由联合。它们都是独立经营、自负盈亏的企业。特许人并不保证被特许人的企业一定能盈利,对其盈亏也不负责任。在国际特许专营协议中,一般对特许方的权利义务做如下规定:①特许方为特许产品作广告宣传并负担部分或全部广告费。②向接受方传授经营管理知识。③协助和监督接受方对企业的经营。④审核接受方是否在指定市场上从事特许产品的销售和服务。⑤收取特许费,通常以接受方销售额的一定百分比计价,事前一次付清。

国际特许经营的历史是从汽车和汽油的销售开始的。第二次世界大战后,特许经营的概念得到明确,尤其是在食品服务领域,取得了划时代的进展。其后,适应消费者要求,能提供优质服务,设备齐全的旅行社、停车场、游泳池等特许经营体系也得以发展,甚至出租汽车也利用了特许经营体系。

目前,特许经营的主要领域涉及杂货商、食品店、化妆品店、理发、美容、会计事务所、税务、电子计算机、画廊、美术品及汽车服务等。

美国、欧洲、日本等国家和地区的一些企业,既运用这种方式在国内市场开拓业务,发展分支机构,也采用这种方式开拓国外市场。

目前国际上流行的特许专营协议可分为三种类型。

其一,特许经营产品销售,指接受许可方在某一指定的市场经营销售特许方已创出牌子和声誉的某种产品,但须严格保持特许产品的质量和风格。

其二,特许经营某种或某些服务项目,即接受许可方可以使用特许方的服务标志、服务诀窍和方法,专门经营某种服务业务。

其三,综合性特许经营。这是上述两种形式的综合,既包括品牌、标志的特许使用,也包括一些专门知识以及全套产品的销售和服务权利。

课程案例 10-1

麦当劳的特许经营

麦当劳公司(McDonald's Corporation)是全球最大的连锁快餐企业。前身是由莫里斯·麦当劳(Maurice McDonald)和理查德·麦当劳(Richard McDonald)兄弟于1930开办的一家汽车餐厅。从1961年开始,雷·克洛克买断了麦当劳的商标,成为麦当劳公司的掌门人。

雷·克洛克采用特许经营方式运营麦当劳。麦当劳全球连锁经营模式,即所谓的特许经营体系使得它的供应商、特许经营店主、雇员以及其他人员共同向顾客提供了他们所期望的高价值服务。

麦当劳在世界范围内推广其连锁业务,该公司通过授权加盟向符合条件的特许经营者收取首期使用费,并按特许经营者每月销售额收取服务费和许可费。麦当劳餐厅遍布在全世界六大洲百余个国家。如今,麦当劳已在118个国家开设了31 000家分店,其中75%的分店由当地的人拥有和运营。

2008年麦当劳销售额达到235.22亿美元,麦当劳的股票价格从1994年12月份的29美元,上升到2008年底的62.19美元。麦当劳已经成为全球餐饮业最有价值的品牌,在很多国家麦当劳代表着一种美国式的生活方式。

讨论题目:
1. 特许连锁经营有什么优点?
2. 特许连锁经营适用于哪些行业?

第三节 国际技术转让立法及限制性条款

在国际技术转让方面也存在一些习惯做法,这些做法经过一些国际组织编纂整理并由各国政府签署即成为具有广泛影响力的国际立法。此外,在国际技术转让方面存在一些不合理的限制性条款。

一、国际技术转让的国际立法

在国际技术转让方面的国际立法包括两类,即有关工业产权的国际公约和有关国际技术转让的国际条约。

(一)有关工业产权的国际公约

有关工业产权的国际公约中具有代表性的是《保护工业产权巴黎公约》、《专利合作条约》、《商标国际注册马德里协定》等。截止到2009年6月底,《保护工业产权巴黎公约》的缔约方已发展到173个,我国于1984年12月14日正式加入,该公约是目前世界上保护工业产权的重要国际公约;《专利合作条约》规定只有巴黎公约的成员国才可以加入,截止到2009年6月底,缔约方总数为141个,我国于1994年1月1日加入《专利合作条约》;截止到2008年10月28日,马德里协定与议定书成员国共有84个,我国于1989年10月加入《商标国际注册马德里协定》;GATT于1991年12月18日在日内瓦达成《与贸易相关的知识产权包括冒牌货的协议》,进一步强化了对知识产权的国际保护。

（二）有关国际技术转让的国际条约

从20世纪70年代初开始，建立调整国际技术转让行为国际统一法的努力在联合国范围内展开。其政治、经济背景在于在当今国际技术转让中，发展中国家往往处于不利的地位，西方发达国家的垄断企业往往凭借其经济上、技术上的支配地位，对作为技术接受方的发展中国家施加各种不合理的条件和限制。发展中国家为了争取在技术转让中得到平等的待遇，同发达国家的技术垄断组织进行了长期的斗争。在发展中国家的推动下，联合国于1974年5月1日通过了关于起草国际技术转让的行动守则的决议。1978年分别由77国集团、西方发达国家、前苏联、东欧集团和蒙古等国提出草案大纲，然后由专家组综合写成《国际技术转让行动守则草案》，并正式提交国际贸易发展会议第五届会议讨论。联合国守则谈判会议自1978年10月至1985年6月举行了6次会议。但是，在一些重要问题上，各方分歧深刻，意见严重对立，以致未能正式通过。第6次会议最后以通过一项决议提请联合国大会就进一步采取必要措施而告结束。1985年6月5日联合国发表了修订的《国际技术转让行动守则草案（1985年版）》（International Code of Conduct on the Transfer of Technology）。

《国际技术转让行动守则草案（1985年版）》对国际技术转让的内容列明如下：

1. 各种形式的工业产权的转让和授予许可，但是不包括单纯的商标、服务标记和商号名称这三种工业产权的转让和使用许可；

2. 以可行性研究、计划、图表、模型、说明、手册、公式、基本或者详细的工程设计、培训方案和设备、技术咨询和管理人员服务，以及人员培训等方式，而提供专有技术和技术知识；

3. 提供工厂和设备的安装、操作和运用以及交钥匙项目所需的技术知识；

4. 对于将要或已经购买、租赁或依其他方式获得的机器、设备、中间产品或原材料，提供取得、安装和使用所需的技术知识；

5. 提供工业和技术合作安排的技术内容。

二、国际技术转让中的限制性条款

（一）限制性条款的含义

限制性条款（restrictive clauses）也称限制性商业条款（restrictive trade clauses）、限制性商业做法或限制性商业惯例（restrictive trade practice）、"违反公平贸易条款"（violation of fair trade clauses）等，世界上并不存在统一的定义。1980年12月5日，联合国第5届大会通过的《关于控制限制性贸易做法的多边协议的公平原则和规则》将限制性贸易做法（restrictive trade practice）定义为："凡是通过滥用或者谋取滥用市场力量的支配地位，限制进入市场或以其他方式不合适地限制竞争，对国际贸易，特别是对发展中国家的国际贸易及其经济发展造成或可能造成不利影响，或者是通过企业之间的正式或非正式的、书面的或非书面的协议以及其他安排造成了同样影响的一切行动或行为都叫做限制性商业做法。"

1985年6月5日联合国修订后发表的《国际技术转让行动守则草案（1985年版）》（International Code of Conduct on the Transfer of Technology）中，各方争议最大的就是限制性商业惯例问题。

这里，我们把国际技术转让中的限制性商业条款（Restrictive Clauses）定义为，在国际技术转让合同中，技术转让方为了谋取市场支配地位，在合同中对施加的、法律所禁止的、以限制竞争、限制贸易自由为目的的、造成不合理限制的合同条款，最常见的有对销售地区的限制、对产品数量和价格的限制、对引进技术使用范围的限制、对引进竞争性技术的限制、搭卖条款等。

（二）限制性条款的不合理性

作为国际技术转让标的的专利、专有技术等的共同特点是具有一定程度的独占性，但独占权是有限制的，不能超出法律规定的范围，而技术许可方往往利用自己技术上的优势，设置限制性条款，其目的是扩大自己应有的权利范围，限制被许可方的竞争力，带动商品或过时技术的出口和回收高额的研制费。

限制性条款实际上是以保护行使专利、商标等合法权利为借口，以获取高额利润为目的，而不合理地滥用市场力量的支配地位，限制竞争，向其潜在竞争对手提出的一种单向权利限制。

限制性条款的不合理性主要体现在两个方面：

1. 限制性条款是以专利权的合法垄断或专有技术的一定独占权为理由或为基础的。专利权受法律保护，在一定时间、地点内享有独占权；专有技术则在不失密的情况下享有事实上的独占权。限制性条款正是利用了合法的独占权的一面，扩大了其独占的范围，不仅限制了非法侵犯独占权的行为，也限制了专利权的合法使用，甚至涉及与专利权不相干的事项。

2. 限制性条款是许可方对被许可方单方面的权利限制或约束，构成了双方当事人权利与义务形式上的平等和事实上的不平等。限制性条款是合同的组成，它利用合同意思自治原则，依托许可方技术上的优势，用表面上协商一致掩盖了事实上的以强凌弱。

（三）限制性条款的种类

1.《国际技术转让行动守则草案》对限制性条款范围的规定。对于哪些行为属于限制性条款，国际组织及各国有关技术转让的立法规定的均不相同，迄今尚无国际上公认的一致意见。联合国1981年4月10日拟定的《国际技术转让行动守则草案》中，共列举出20项限制性商业惯例。1985年6月5日发表的修订的《国际技术转让行动守则草案》中，又归纳为14项，即：

（1）单方面的回授条款，指技术接受方将利用技术过程中所取得的技术进步和改

进给予技术供方;

(2) 不允许技术接受方对专利权的有效性提出异议;

(3) 要求技术接受方必须把独家经销权给予技术供应方;

(4) 对技术接受方开展研究开发活动加以限制;

(5) 对技术接受方使用当地人员加以限制;

(6) 限制技术接受方对使用引进技术所制造的产品自行定价的自由;

(7) 限制技术接受方改进已引进的技术;

(8) 要求技术接受方必须把包销权或独家代理权授予技术供应方;

(9) 对使用引进技术所生产的产品出口加以限制;

(10) 搭卖安排,如要求技术接受方须以购买某些他所不愿意要的额外技术、设备或服务,作为取得他们需要的技术的条件;

(11) 专利权共同占有或交换许可协议;

(12) 对技术接受方开展广告宣传加以限制;

(13) 在工业产权期满失效后,仍要求技术接受方支付技术使用费或承担其他义务;

(14) 在技术转让协议期满后,对技术接受方所施加的各种限制。

2. 常见的限制性条款形式。限制性条款的形式多种多样,下面着重介绍几种常见的形式。

(1) 搭售条款。搭售指合同一方强迫另一方从其或其指定处购买不需要的产品或服务,以此作为订立合同的条件。例如,在出售紧俏物资时搭售滞销物资。

(2) 限制交易对象。限制交易对象指合同一方强迫另一方不能与其竞争对手进行交易,如一家软件提供商要求预装其软件的计算机制造商不能预装其他软件公司的软件。

(3) 限制经营范围或规模。限制经营范围指合同一方强迫另一方只能在一定区域内或一定市场范围内从事经营活动,如利用某项技术生产的产品只能在某一国家范围内销售。限制经营规模则指限制另一方生产或销售的规模。

(4) 固定价格。固定价格指合同一方强迫另一方按照其制定的价格销售产品,如制造商要求其经销商按照统一的价格进行销售。

(四) 限制性条款的法律调整

限制性商业做法的实质是限制竞争,谋求垄断。而促进竞争,反对垄断往往是政府政策的重要目标。

世界各国有关限制性条款的法律主要是各类反垄断法,如美国的反托拉斯法、欧盟的竞争法、日本的反垄断法。

欧盟《阿姆斯特丹条约》81条、82条中规定,凡是以影响成员国之间的贸易,并以阻碍、限制或妨碍共同市场内部竞争为目的的或具有这种效果的所有企业间的协议、企业联合组织的决议和联合一致的做法,都应该予以禁止。

西方国家的反垄断法大多以是否妨害竞争作为确认限制性商业做法的主要依据。同时,也把"合理规则"作为确认限制性商业做法的依据。所谓"合理规则",是指某些商业做法虽然含有一些限制条件,但只要没有超出商业上认为合理的限度,就可以不被确认为限制性商业做法。"合理规则"具有很大的不确定性,往往成为这些国家保护本国企业的一种手段。

(五)我国法律对国际技术转让中限制性条款的规定

在国际贸易实践中,虽然限制性商业惯例对于国际贸易的发展,特别是对国际技术转让交易构成障碍,但并不是所有的限制性商业惯例都为有关国际技术转让规则及有关国家的法律所不允许,只有那些不正当或不合理的,对于技术转让交易可能造成或将会造成不利后果的限制性商业惯例,才是国际技术转让准则和有关国家法律管制的对象,即对限制性商业惯例的滥用行为和做法进行管制。因此,某些限制性商业惯例被明文予以禁止,凡技术转让合同中列有这类限制性条款的,有关当局将不予批准;而另一些限制性商业惯例,则视它为对技术接受方国家经济技术发展的影响和交易的通盘目的,在一定条件下予以融通。

2001年12月10日发布、2002年1月1日实施的《中华人民共和国技术进出口管理条例》第29条规定:

技术进口合同中,不得含有下列限制性条款:

1. 要求受让人接受并非技术进口必不可少的附带条件,包括购买非必需的技术、原材料、产品、设备或者服务;

2. 要求受让人为专利权有效期限届满或者专利权被宣布无效的技术支付使用费或者承担相关义务;

3. 限制受让人改进让与人提供的技术或者限制受让人使用所改进的技术;

4. 限制受让人从其他来源获得与让与人提供的技术类似的技术或者与其竞争的技术;

5. 不合理地限制受让人购买原材料、零部件、产品或者设备的渠道或者来源;

6. 不合理地限制受让人产品的生产数量、品种或者销售价格。

7. 不合理地限制受让人利用进口的技术生产产品的出口渠道。

第四节 国际技术转让战略与策略

一、国际技术转让的动机

导致技术所有者转让技术的动机有如下一些:

第一,缺乏利用技术的能力,这可能是资金、生产能力、管理能力、市场经营能力方面的原因。

第二,挖掘其他市场的潜力。在此目的下转让技术,一方面可以向尚无这种技术的市场转让技术获取收入,另一方面可以在新市场树立企业和产品形象,为以后的产品扩展提供潜在的市场机会。

第三,获得充分的补偿。技术拥有者可以向多个需求者转让相同技术,补偿开发费用。

第四,适应特定的市场环境。这一般用于产品无法直接输入或投资、出口不经济的情况。

第五,有利于产业技术标准化。在多家企业同时推进某项技术发展的情况下,对外进行技术转让,可以有利于自己的技术成为产业标准,取得竞争优势。

课程案例 10—2

北京吉普有限公司与美国汽车公司的技术转让合作

20世纪70年代末美国汽车公司是美国第四大汽车制造商,中国在20世纪70年代末开始的改革开放浪潮吸引了该公司。该公司董事长克莱尔先生认为,在中国建立合资企业具有如下利益:增加美国汽车公司出口汽车部件、工具和设备的机会;进入中国未来庞大的国内市场;在远东地区建立一个低成本的制造基地。

在建立合资企业的过程中,美国汽车公司选择了北京汽车厂作为合作伙伴。北京汽车厂建于1965年,是中国当时唯一生产轻型越野车的工厂,产品基本型号为BJ-212。该车型是仿造前苏联的产品设计的,已经有些过时,正需要引进新的产品。而且该公司的设备都已经很陈旧,企业的领导者急切希望获得资金和设备改进生产。事实上,北京汽车厂与包括美国汽车公司在内的多家外国公司进行了接触。经过4年多的时间,美国汽车公司派人前往中国15次之后,双方终于在1983年5月5日在人民大会堂签署了合资协议,建立一个期限为20年(可延期),中、美双方股权分别为68.7%和31.3%的合资企业。协议中规定,100多名中国经理和工程师将在美国接受6个月的培训,美国汽车公司投入800万美元的现金和价值800万美元的预付特许权使用的技术,新的企业将生产切诺基(Cherokee)汽车。

1980年法国雷诺汽车公司收购了美国汽车公司46%的股权;1987年雷诺汽车公司将其在美国汽车公司46%的股权转售给了美国第三大汽车制造商克莱斯勒公司。现在,切诺基已经成为中国著名的汽车品牌。

讨论题目:
1. 美国汽车公司向北京汽车厂转让技术的动机是什么?
2. 北京汽车厂向美国汽车公司引进技术的动机是什么?

3. 技术产品定价存在哪些困难?

二、国际技术转让的战略

国际技术转让的战略有如下几种:

(一)延长技术生命周期战略

当一项技术在本国处于成熟期或淘汰期,而在其他国家仍处于导入期或成长期时,可以将其对外转让,延长技术的使用寿命,同时获取一定收入用于弥补新技术的开发费用。

(二)扩大技术效用战略

这是指在一项技术创新问世不久即对外转让,其目的在于:①寻求较高的技术转让价格,迅速回收开发成本。②迅速占领技术市场,成为市场上的技术领导者,并将回收的利润转化为下一轮研制开发的资本。采取这种战略有一个限制条件,通常只宜在技术梯度相同或相近的国家之间进行。此外,这种率先转让技术的做法,还可能要冒被仿制的风险。

(三)寻找出路战略

有些技术在本国很难迅速转化为生产力,为了避免技术的闲置和贬值,可以向国外转让,以收回开发成本。

三、技术生命周期与国际技术转让策略

在技术生命周期的不同阶段,技术的转让方应采取不同的转让策略。

(一)技术发展的生命周期

所谓技术生命周期,是指某项特定技术从开发研制出来投入使用开始,到该技术逐渐为社会生产部门所淘汰为止所经历的时间过程。

技术的生命周期可以划分为四个明显不同的阶段。

1. 创新阶段,指技术处于孕育、研制并开始向实用化方向转变的时期。此时,技术尚不完善和标准化,但已经可以应用于特定产品的生产,开始显示出市场前景。

2. 成长阶段,即新技术迅速完善和标准化,以此技术生产的产品已经获得了一定市场基础的时期。此阶段技术的传播和使用都很活跃。

3. 成熟阶段,指技术高度完善和标准化,技术应用达到最大数量,相关产品趋于饱和的时期。

4. 衰退阶段,指更新的替代技术开始出现和应用,原有技术开始逐渐被淘汰的阶段。

(二)技术生命周期不同阶段的技术转让策略

1. 技术创新阶段。此阶段一般不宜转让技术。一方面,技术尚不成熟,有待改

善;另一方面,技术开发者需要在相对完善的基础上取得对技术占有的合法权利,过早转让可能使自己的技术构思为别人所仿冒或窃取。此外,市场前景不明朗,过早转让可能使开发者失去获得重大利益的机会。

2. 技术成长阶段。此阶段不同企业应采取不同战略:①规模大、资源实力雄厚的企业应拒绝转让技术,而是垄断新技术,利用自己的生产和销售实力,向国外市场出口或在当地投资生产销售。②规模较大、有一定技术应用能力但生产销售实力有限的企业,应在国内应用技术生产和销售,同时采取合资或许可贸易形式向国外转让技术。③规模小或应用技术的实力薄弱的企业应对外转让技术,以免技术贬值。

3. 技术成熟阶段。此阶段应对外转让技术,同时由于技术已经成熟,技术转让的形式也可以灵活多样地选择,如合资、合作生产,许可贸易,补偿贸易等。

4. 技术衰退阶段。此阶段应采取迅速转让技术的策略。

四、国际技术转让的环境分析与对象选择

(一)技术转让的国际制约环境

在技术转让的国际环境因素中,除了技术本身在不同国家的生命周期以及产品和技术市场的竞争状况外,影响最大的因素是各国政府对国际技术转让活动的管理,此处的环境分析就是指对各国政府对国际技术转让的政策的分析。

各国政府对国际技术转让进行管理主要出于以下考虑:

第一,本国国民经济长期发展规划;

第二,国家主权、安全和社会公共利益;

第三,扶助国内企业,防止外国商业歧视;

第四,政治方面的考虑。

各国政府对国际技术转让进行管理的主要制度性和政策性措施可以分为三个方面:

1. 保护,主要包括对技术转让所涉及的产权的保护和对技术转让活动的保护两个方面。

2. 管制,包括对技术进口的管制和对技术出口的管制。一般来说,发展中国家对技术进口的限制较多,而发达国家对技术出口的限制较多。

3. 引导和鼓励。为了促进本国经济发展,各国政府普遍对国际技术转让采取引导和鼓励的政策。引导方面的主要政策是制定和实施特定的产业政策,引导企业技术输出入活动;鼓励方面的措施主要有优惠政策、简化审批手续、信贷扶持等。

(二)国际技术转让的对象选择

国际技术转让者往往面临一种两难选择:一方面,为了保证转让技术较快地为对方接受和使用,转让者应选择实力较强的企业;另一方面,实力较强的企业获得转让技术后可能会成为转让者在市场上的新的竞争对手。为了把可能的损失减少到最

小,国际技术转让者在选择技术转让对象时,可以作如下考虑:

1. 首先考虑技术接受方的基础条件,如现有水平、对转让技术的适应和接受能力以及筹资和支付能力等应具备一定水平。

2. 尽量选择非竞争者或在短期内不足以成为竞争对手的合作伙伴。

3. 在实力接近本企业的候选者中应选择那些可能提供技术交换、优势互补和交流的企业,即选择交叉许可形式。

4. 在技术转让合同中适当加注限制受让方使用技术的范围、地区等条款,或者补充技术互惠等条款。

五、国际技术商品定价策略

（一）技术商品价格决定的特点

技术价格决定的一个最显著特征是难以给予准确的定量化计算。这与技术商品本身的特点有关。

1. 技术商品在价值决定上具有单一性,即技术开发属于创造性劳动,其价值由首创活动决定,重复劳动不具备价值。

2. 技术价格的单一性往往导致技术商品的垄断性,价格制定随意性比较大。

3. 技术商品往往可以多次出售,因此难以确定价格。

4. 技术交易不存在集中的交易场所和公认的定价机制。

（二）技术商品价格构成

在国际技术转让中,技术的价格主要由以下几部分构成:

1. 直接转让费用,即直接由于技术转让而产生的费用,如项目设计费用、技术资料准备费用、交易费用、技术服务费、技术培训费等。这部分费用较易确定。

项目设计费用指许可方在收到受许可方的项目询价后,要根据引进对方询价书的要求进行项目设计。项目设计的内容包括工艺流程的配套、专用设备的选择、土建施工的要求与进度等。许可方在进行项目设计时需要花费一定的费用,这一部分费用也应包括在技术价格中。

技术资料准备费用是指许可方为受许可方准备有关技术说明书、操作手册、报价解释资料以及与项目有关的法律、条例、参考资料等所花费的费用。由于这些资料有的需要许可方组织人员编写,有的需要到有关部门收集,所以技术价格中也应包括这一部分费用。

交易费用是指在合同谈判、开箱检验、索赔处理中人员往返、食宿、工资等费用。

技术服务费主要是许可方向受许可方派遣技术服务人员所需要的费用,一般包括技术人员的旅费、出差津贴、工资、食宿、医疗与保险等费用。如技术人员服务期限超过 6 个月,还应包括探亲费用。

技术培训费指许可方为受许可方培训技术人员所需的费用,包括师资、行政管理、学习资料及必要的实验器械等费用。

2. 研究与开发费用的补偿价值，又称基础费用，包括被转让技术的基本设计、生产流程、维护和保养方法、质量控制程序、产品测试检验方法等基础资料和项目的编制预算等费用。这一部分费用是技术价格中的主要内容，许可方的利润一般都包含在此部分中。这部分费用具有很大不确定性，这是因为：①研究活动与结果之间的关系十分不确定；②技术转让的次数不确定；③在生命周期的不同阶段，技术具有不同的使用价值和补偿价格，但技术的生命周期很难准确界定。

3. 市场机会损失的补偿价值。对外转让技术会限制技术的所有方在技术授权区域使用技术或者降低技术使用的垄断性，对应就会丧失一部分市场机会。由于市场的复杂性和多变性，这部分价格很难确定。

4. 技术转让税负。在技术转让中，技术输入国对技术转让费要征收一定的所得税，即预提税。此外，技术输出方在本国也要缴纳所得税。

（三）技术商品计价方式

在技术商品定价中，通常由技术供给方根据市场需求强度大小来确定价格的高低。在国际技术转让的实践中，技术商品的具体计价方法主要有一次总算价格、提成价格、一次总付与提成相结合三种。

1. 一次总算价格（lump sum or paid-up price），也称统包价格，即被许可方对许可所包含的各项技术的总费用规定一个固定的总金额，由技术输入方一次或分次付清。采用这种计价方法，支付总额不受被许可方产量与销售额的影响。

一般来说，技术输出方愿意采用这种方式，因为支付早，风险小。而技术输入方则承担了使用技术生产和销售产品的风险。

技术转让方在对统包价格报价时有两种策略，一种是化整为零，既有总金额，也有分项金额；另一种是总体报价，不提供分项价格。

2. 提成价格（running royalty price），即转让技术的价格不由一个固定的总金额来表示，而是由交易双方协商规定提成比例和提成基础，由技术输入方在使用转让技术取得利益后按比例提成分期支付。这种支付方式的特点是：双方在签订技术转让合同时，只规定提成的比例和提成的基础，不固定合同期间技术受方应支付的技术使用费总额，只有当技术受方利用技术供方技术取得实际经济效果时，才根据合同规定计算提成费，按期支付给技术供方。

一般来说，技术输入方愿意采用这种方式，因为支付晚，风险小。而技术输出方则承担了使用技术生产和销售产品的风险。

采用这种方法，双方必须考虑四个因素：

（1）提成基础（royalty base），如按产量、净销售额、利润额等。

按产量提成（a running royalty based on a dollar amount per unit）即被许可人对根据引进的技术所生产的每一单位的产品应付给许可人若干提成费。

按净销售额提成(a running royalty based on a percent of the net sales price)即被许可人对根据引进的技术所生产产品的净销售的一定百分比付给许可人若干提成费。净销售,指在销售额中减去除许可人所提供的技术以外的其他项目的成本、费用或价值。一般来说,可扣减的项目主要包括:包装费、保险费、运输费、进出口税、营业税或销售税、一般商业折扣、在产品使用地的安装费等。具体应扣减哪些项目应由双方当事人在许可协议中加以明确规定。

按利润额提成(a running royalty based on a percent of profit)即被许可人对根据引进的技术所生产产品的利润额的一定百分比付给许可人若干提成费。如果企业毫无盈利,则许可人一无所获。所以许可人一般不愿以这种方法计算提成费。

(2)提成率(royalty rate)。提成使用费可以理解为"技术受方收入或利润的一部分",国际上通称为"LSLP"(Licensor's Share on Licensee's Profit),即技术供方占技术受方利润的份额,应从受方的总收入中支付。

提成率大小与产量直接相关,产量越大,提成率越小。

提成率(royalty rate)的计算公式如下:

提成率 = 供方在受方利润中的份额 × (受方的销售利润 ÷ 受方产品销售价)

或

提成率 = (支付给技术供方的使用费 ÷ 产品的净销售额) × 100%

一般讲,提成率一般为净销售额的 0.5%~10%,比较常见的比例范围是:基础工业提成率为 2%~3%;工业中间产品为 3%~4%;耐用消费品为 4%~5%;非耐用消费品为 4%~5%;高级技术产品为 5%~6%。

(3)提成期限(royalty period)。提成期限主要取决于技术的性质。普通技术提成期限较短,高新技术提成期限较长,一般为 5~10 年。

(4)影响提成的因素(factors that affect royalty),包括销售量、销售价格、市场变化和竞争。

为了保证提成费用处于合理的范围内,有的许可证协议中还规定有最高提成费、最低提成费或递减提成费的做法。递减提成费是指随着生产数量或销售金额的增长而逐步降低提成费率。例如,可以规定当净售价为 100 万美元时,提成费率为 5%,而当净售价为 200 万美元时,超过 100 万美元以上至 200 万美元之间的那一部分,可按 4% 计算提成费。

协议双方还可以为不同的应用领域或不同的地理市场规定不同的提成费率。

采用提成支付方式,由于提成基础的数字必须由技术的输入方提供,所以双方在合同中必须约定账册的建立及检查和审核等环节。

1999 年 3 月 15 日通过的《中华人民共和国合同法》第 325 条规定:"约定提成支付的,当事人应当在合同中约定查阅有关会计账目的办法。"

3. 入门费与提成支付相结合(hybrid agreements that combine initial fee with run-

ning rates)。这是指被许可方在签订协议若干天内或收到第一批资料后若干天内先支付一笔约定的金额,即所谓入门费或初付费(initial fee),投产后按约定的办法再支付一定年限的提成。

技术供方要求支付入门费的原因主要是:

(1)尽快收回为技术转让交易所支出的直接费用;

(2)补偿应技术受方要求提供的某些特殊或专门技术协助所垫支的费用;

(3)"披露费"或称"技术公开费",技术受方决定引进技术之前,需要技术供方对技术的有关情况进行介绍,或到技术供方工厂进行考察,这样会在一定程度上泄露技术秘密,技术供方为弥补可能的损失,要求技术受方给予一定的经济补偿;

(4)技术受方吸收消化技术的能力较差,估计在协议初期收益没有确实保证的情况下,技术供方一般要求较高的入门费。

入门费与提成支付相结合的方式兼顾了技术输入方和技术输出方的利益和风险,被广泛采用。

(四)扩大技术转让收益的办法

技术转让方可以通过如下方法扩大技术转让收益。

1. 直接扩大技术转让收益的办法。这类方法有:①实行一揽子技术转让,增加技术转让的内容和数量;②在一揽子转让项目中,对技术与非技术、常规技术与专门技术、专利技术与专有技术不加区分,统一按最高价计算费用;③强调转让技术的作用与效果,提高提成率;④高估技术开发的补偿费用和某些直接费用;⑤严格控制关键专有技术的转让,并以保护技术的秘密性为由,提高转让费用。

2. 间接扩大技术转让收益的方法。这类方法有:①在技术转让中同时输出商品,取得利润;或要求对方提供技术反馈,从而获得技术转让的补偿收入;②选择有利的价格计算方式;③延长合同期限;④利用限制性商业条款,取得间接利益,如规定供应商;⑤对技术输入方新的技术要求,要求更有利的供给条件。

第十一章

国际工程承包业务

第一节 国际工程承包的基本概念与特点

一、国际工程承包的基本概念

国际工程承包(international engineering contracting)指通过国际招标、投标、议标或其他协商方式,由具有法人地位的承包人与业主之间,按照一定的价格和条件签订承包合同,承包人提供自己的技术、资本、劳务、管理、设备、材料等,按照合同规定的要求组织项目实施,并在项目经业主验收合格后根据合同约定的价格和支付方式收取费用的一种业务形式。

二、国际工程承包的特点

国际工程承包具有以下特点:

第一,差异性大。在国际工程承包中,几乎没有完全相同的项目。除了在项目地理位置、气候、地质条件等方面的自然条件的差异外,项目规模、施工组织程序和施工方法等方面也存在很大差异。

第二,综合性强。国际工程承包不同于简单的商品输出,而是包括商品输出、技术转移、技术服务等诸多因素在内的一揽子综合输出业务。它包括了从资金筹措、项目勘察设计、设备原料采购、土木建筑、设备安装调试、人员培训以至试生产在内的一系列复杂业务。从专业知识和技能上来看,涉及工程、贸易、经济、技术、金融、法律等方面的专业知识和技能。

第三,项目周期长,风险大。国际工程承包项目的合同周期一般比较长。由于周期长,投资的回收具有一定风险,出现不可抗力事件的可能性大,除了一般的市场环境变化、业主经营状况变化之外,还面临着战争、政府更迭、罢工、自然灾害等诸多意外事件的风险。

第四,合同金额大,竞争激烈。目前国际工程承包市场的发展趋势是项目的综合性、大型化趋势十分明显,对于承包商的能力要求越来越高。同时,随着竞争的加剧,带资承包越来越普遍,对承包商的资金能力也提出了更高的要求。

第五,合作范围广。虽然国际工程承包合同最终的签约人只有业主和承包商两方,但在合同的实施过程却要涉及多方面的关系人。在业主方面有咨询公司、业主代表、银行、保险公司;在承包商方面有合伙人、分包商、原料设备供应商、银行、保险公司等。承包商不仅要与业主方面处理好关系,还要与施工的相关各方处理好关系。

第六,履约方式的连续性。国际工程承包合同的履约具有连续性和渐进性。项目业主不仅要在项目完成后对项目进行验收,而且在项目实施的中间会分阶段对项目进行验收和抽查。因此,项目的实施工程必须严格与合同约定的实施进度相符合。

第七,贸易壁垒盛行。各国政府为了促进本国经济的发展,减少外汇支出和贸易逆差,纷纷采取贸易保护主义,或者给予本国公司优惠待遇,或者限制外国公司进入本国的工程承包市场,或者要求雇佣当地人员,采购本地物资。

三、国际工程承包项目的程序

在国际工程承包业务中,一项工程从业主提出项目意向到项目完成,需要经过很多程序。这些程序主要包括项目规划、项目设计、项目招标、项目实施和项目运营。

(一)项目规划

项目规划由业主提出,并经专门的经济机构或工程咨询机构协助完成。这一阶段的工作主要包括:

1. 制订发展计划和投资前研究;
2. 评价优先开发地区和领域;
3. 可行性研究;
4. 工程项目评价;
5. 建设计划研究。

(二)项目设计

项目设计一般是由专门的设计机构或工程咨询机构来承担,其工作主要包括:①工程设计;②编制招标文件。

(三)项目招标

招标工作可以由业主自己完成,也可以由业主委托专门机构办理。

(四)项目实施

这一阶段包括从编制施工方案到项目完工的整个过程。

(五)项目运营

工程项目完成后通常进行一定时期的试运营,检验工程项目是否能够顺利运转。

四、国际工程承包项目的发包程序

国际工程承包项目的发包一般采取招投标的形式。相关内容已经在第五章第五节介绍过,这里不再赘述。

第二节　国际工程承包合同的类型

按照不同的标准,国际工程承包合同可以分为不同的类型。

一、按照承包项目的技术含量划分

按照承包工程项目技术含量的多少,国际工程承包可以分为劳务密集型和技术密集型两大类。劳务密集型承包工程项目指那些技术含量较低、以简单劳务为主的工程项目,如一般建筑等。技术密集型承包工程项目指那些技术含量较高、以工程技术为主的工程项目,如核电站、通信设施、卫星发射等。

二、按照承包项目的定价方式划分

按照承包项目的定价方式的不同,国际工程承包合同可以划分为总价合同、单价合同、成本加酬金合同。

(一)总价合同(lump sum contract)

总价合同即总价不变合同,指业主要求承包商按照规定完成全部工程而付给其确定价款的合同。采用这种合同形式,无论承包商承担多大的风险或获取多大的利润,业主和承包商都以合同规定的总价进行结算。

总价合同包括四种不同的形式:①固定总价合同;②调整总价合同;③固定工程量总价合同;④管理费用总价合同。

(二)单价合同(unit rate contract)

单价合同即单价不变合同,指在合同中确定固定的工程单价,按照实际工程量进行结算的合同。

与总价合同相比,单价合同的优点在于:对招标业主来讲,无需对工程范围作出完整、详细的规定,缩短了招标准备工作;按照实际工程数量支付费用,减少意外开支。对于承包商来讲,可以减少由于工程量增加所带来的风险。由于以上优点,单价合同应用很广泛。

但是,也应该注意,如果实际工程量与设计工程量出入较大,业主可能拒绝支付超出设计工程量部分的费用,因此承包商应作好工程量的测算工作,并在合同中规定明确的工程量增减的条款。

（三）成本补偿合同（cost reimbursement contract）

成本补偿合同也称成本加酬金合同（cost plus remuneration contract），指业主按照实际工程成本另加一笔酬金的方式与承包商进行结算。这种合同存在两个明显缺陷：一是业主无法控制工程造价；二是承包商无意降低成本。因此，这种合同很少使用，主要用于工程内容和各项经济技术指标尚未全面确定而工程又必须发包的情况。

按照酬金支付方式的不同，成本加酬金合同又分为成本加百分比合同、成本加固定酬金合同、成本加奖金合同等形式。

三、按照承包方式划分

按照承包方式的不同，国际工程承包合同可以划分为总包合同、分包合同、转包合同。

（一）总包合同（main contract）

总包合同又称"统包合同"（package contract），指约定由一家承包商组织实施某项工程或某阶段工程的全部任务，对业主承担全部责任，履行承包商所拥有的全部权利的合同。这种合同规定承包人承担从工程的方案选择、总体规划、可行性研究、勘测设计、设备和材料供应、施工安装和技术服务等全部工程建设的责任。大多数工程项目还包括操作人员的培训和指导、生产管理、试生产，直至批量生产合格产品后移交给业主使用为止。

总包合同是国际承包工程合同中比较普遍采用的一种合同形式，价格一般都比较高。签订总包合同的承包人为总包人。总包人对业主负全责。

根据总包合同赋予的权利，总包商在征得工程师同意的前提下可以将若干专业性工作交给不同的专业承包单位去完成，总包商负责统一协调和监督责任。根据总包合同的原则，业主或工程师仅同总包商发生直接联系，而不与各专业承包商或分包商发生直接关系。

总包合同的优点是项目的业主和承包商责任和权利清晰，便于管理和协调。缺点是总包商责任重大，工作难度也很大，不仅要具备实施项目所需的各项知识、技术，而且要具备很强的协调能力。

（二）分包合同（separate contract）

分包合同也称分项合同，即业主把一个工程分成几个项目或部分发包给几个不同的承包商，各个承包商与业主签订合同。此时，各个承包商称为分包商，各个分包商彼此平等，各自对业主负责，由业主负责工程的组织和协调。采用这种方式，业主可以为每部分工程找到合适的承包商，但协调和管理的难度较大。

（三）转包合同（subcontract）

转包合同，即总包商或各个分包商将自己所包工程的一部分转包给其他专业承包商,各专业承包商与总包商或分包商签订的合同称为"二包合同"。二包商对总包商或分包商负责,总包商或分包商对业主负责。总包商或分包商在选择二包商时要征得业主同意,并受总包商或分包商与业主签订的合同的约束。

转包合同分为包工包料合同和包工不包料合同两种。

四、按照项目性质

按照项目性质的不同,国际工程承包合同可以划分为咨询服务合同、勘察设计合同、施工承包合同、供货安装合同、劳务合同、项目管理合同、交钥匙合同。

(一)咨询服务合同(advisory services contract)

咨询服务合同指项目业主与咨询公司之间签订的咨询公司为业主进行项目咨询和监督管理服务的合同。咨询服务的内容主要包括投资项目的机会研究、可行性初步研究、可行性研究、选择或组织勘察设计单位、组织招标、监督承包单位的施工进程。

(二)勘察设计合同(survey and design contract)

勘察设计合同的内容通常包括可行性研究、编制设计任务书、勘察和设计等。

(三)施工承包合同(construction contract)

施工承包合同指项目业主与施工单位签订的项目施工合同,是国际工程承包中最常见、最重要的合同形式。

(四)供货安装合同(supply & installation contract)

承包工程的供货包括两方面的内容,一是永久进入工程的材料、设备,二是为施工临时进入工程所在国的施工机具和设备。安装工程也包括两方面的内容,一是作为工程任务而发包的安装工程,二是作为供货合同一部分的供货服务性质的安装工程。

(五)劳务合同(service contracts)

劳务合同分为普通劳务和技术劳务,技术劳务也就是技术服务。

(六)项目管理合同(project management contracts)

项目管理合同即项目业主与项目管理公司之间签订的业主委托项目管理公司对施工工程进行工程质量监督和项目协调、管理活动的合同。项目管理合同主要包括四个方面的任务,即组织工作、合同工作、进度控制、财务管理。

(七)交钥匙合同(turn-key contract)

交钥匙合同又称"一揽子合同",即承包商对工程方案选择、建筑施工、设备供应与安装、人员培训直到试生产承担全部责任的合同。采用这种方式对业主来讲省时、省事、省力,能够确保项目达到项目设计要求,缺陷是费用一般较高。对承包商来讲,采用这种承包方式拥有较大的自主权,但责任重大,要承担项目达不到设计要求时的风险。近年来,由于技术密集型承包项目比重明显上升,很多业主特别是发展中国家的业主对项目缺乏经验,因此交钥匙合同项目发展迅速。

第三节　国际工程承包合同的基本内容

国际工程承包虽然形式多样,合同条款却大同小异。一些国际性组织和机构都编有"标准合同",供业主和承包商选用。在这方面,影响最为广泛的是国际咨询师协会(FIDIC)编制的、并经几个国际性组织批准的菲迪克(FIDIC)条款。FIDIC条款包括三个部分,即《土木建筑工程师(国际)施工合同条款》、《电气与机械工程合同条款》、《业主/咨询工程师标准服务协议书》。这三个文件除在有关专业技术要求方面有所区别外,其余合同条款大体相同。

FIDIC条款大体可以归纳为七个方面,即一般性条款、法律条款、商务条款、技术条款、权利义务条款、违约惩罚与索赔条款、附件和补充条款。

一、一般性条款

一般性条款主要包括包括:
- 招标程序;
- 合同文件中的名词定义和解释;
- 工程师及其代表和他们各自的职责和权利;
- 合同的组成文件、优先顺序和有关图纸的规定;
- 招投标及履约期间的通知形式与发往地址;
- 有关证书的要求;
- 合同使用语言;
- 合同协议书。

二、法律条款

法律条款主要包括:
- 合同适用法律;
- 人员聘用、工资标准、食宿条件和社会保险等方面的约定;
- 合同的争议与仲裁和工程师的裁决;
- 解除合同条款的约定;
- 保密条款;
- 防止贿赂条款;
- 设备进口及再出口;
- 强制保险;

- 专利权及特许权；
- 合同的转让和分包；
- 税收方面的约定；
- 提前竣工与延误工期方面的约定；
- 施工材料的采购地。

三、商务条款

商务条款指与承包工程的一切财务、财产所有权密切相关的条款，主要包括：

- 承包商的设备、临时工程和材料的归属、重新归属及撤离；
- 设备材料的保管及损坏或损失责任；
- 设备的租用条件；
- 暂定租金；
- 支付条款；
- 预付款的支付与回扣；
- 保函条款；
- 合同终止日的工程及材料估价；
- 解除履约时的付款；
- 合同终止时的付款；
- 提前竣工奖的计算；
- 误期罚款的计算；
- 费用的增减条款；
- 调值条款；
- 支付货币及货币比例；
- 汇率及保值条款。

四、技术条款

技术条款指针对承包工程的施工质量要求、材料检验及监督、检验测量及验收等环节而设立的条款，主要包括：

- 对承包商的设施要求；
- 施工应遵循的规范；
- 现场作业和施工方法；
- 现场视察；
- 资料的查阅；
- 投标书完整性；
- 施工制约；

- 工程进度；
- 放线要求；
- 钻孔与勘探开挖；
- 安全、保卫和环境保护；
- 工地的照管；
- 材料或工程设备的运输；
- 保持现场的整洁；
- 材料及设备的质量要求及检验；
- 检验及检验的日期与检验费用负担；
- 工程覆盖前的检查；
- 工程覆盖后的检查；
- 进度控制；
- 缺陷维修；
- 工程量的计算和测量方法；
- 紧急补救工作。

五、权利与义务条款

权利义务条款包括三个部分：

（一）承包商的权利与义务

承包商的权利主要包括收款权、索赔权等，承包商的义务主要包括完成施工任务、提交担保、保守机密、按时纳税、接受检查等。

（二）雇主的权利与义务

雇主的权利主要包括指定分包商、决定工程暂停或复工、在承包商违约时接管工程等；雇主的义务主要包括提交技术资料、支付工程款项、办理各种许可文件等。

（三）监理工程师的权利与义务

监理工程师一般简称工程师，虽然他们不是承包合同的当事人，但作为技术负责人，对项目的实施发挥着重要作用。监理工程师的权利主要包括对施工材料、设备和工程的检查权，有权要求承包商撤走不合格的人员，有权决定工程量和费用的增减等；监理工程师的义务主要包括根据服务协议书的权利进行工作，履行对工程项目的检查、验收和记录工作等。

六、违约惩罚与索赔条款

（一）违约惩罚条款

如果承包商违约或履约不利，业主可采取没收相关保函或保证金、收取误期罚款、接管工程等措施。

（二）索赔条款

索赔条款是关于承包商享有的因雇主履约不力或违约，或因意外因素蒙受损失时向雇主要求赔偿或补偿的权利的合同条款。其内容主要包括索赔条件和索赔程序。

七、附件和补充条款

附件条款的内容包括标书及其附件、合同协议书等。补充条款主要包括防止贿赂、保密要求、支出限制、税收条款等，这些条款列在 FIDIC 条款的第二部分"法律条款"中。

第四节　国际工程承包行业和中国对外工程承包发展概况

一、国际工程承包行业和区域市场概览

国际工程承包业务最早出现于19世纪中期，第二次世界大战以后国际工程承包市场获得了迅速发展。在经济全球化和世界政治多极化趋势继续发展的今天，全球建筑业市场扩大开放，国际承包市场也呈现出前所未有的新形势。

（一）国际工程承包行业市场概览

投资和贸易自由化使资本、技术、货物和包括劳动力在内的服务等各种生产要素呈现跨国界流动趋势，工程和建筑服务作为世界贸易组织服务贸易的重要行业得到快速发展，尤其是世贸组织《政府采购协议》的生效，成为工程和建筑服务自由化的催化剂，各缔约方政府项目市场更加开放。按1991年《国际建筑周刊》刊登的国际招标项目数量分析，全球建筑工程市场的开放度约为25%，当时日本、韩国等建筑市场还没有对外开放，1995年《服务贸易总协定》和《政府采购协定》生效以后，国际建筑市场由于经济全球化趋势的加强而开放度得到提高，约达30%左右，世界银行和联合国贸发会议的统计分析，工程建筑业是发展中国家吸收外资最多的服务部门之一。

信息技术领域的革命不断深化，各国产业结构调整加速，导致以计算机技术为代表的信息技术革命正在对人类经济和社会发展发生重大影响，发达国家和发展中国家产业结构升级加快，尤其是发展中国家产业升级呈现跳跃式发展势头，因而对建筑服务需求增加，土木建筑和基础设施承包市场将更加活跃。

据美国《工程新闻记录》(ENR)统计，2003年225家最大国际承包商各行业营业份额分布如下：交通运输业27.5%，房屋建筑25.4%，石油化工18.7%，电力设施建设、工业工程建设、给水设施建设等，依次分别占营业总额比例的6.8%、6.2%和2.8%。

从未来发展看,国际工程承包将在三个领域具有巨大增长潜力。一是基础能源与基础设施方面的工程。当前,全球产业结构全面调整,跨国公司生产基地转移,各国纷纷改善投资环境,不断增加基础设施和基础能源领域的投入。从近年来联合国贸发会议发布的《世界投资报告》可以看出,越来越多的国家致力于改善本国的投资环境,加快电力、交通运输等项目建设,以吸引更多的跨国投资。二是石油化工项目。美日等资源消耗大国对石油、天然气等能源的需求和中国国民经济的快速发展造成大量能源缺口,国际需求的扩大必将促进石油化工项目的增加;同时,伊拉克战争结束后,伊国内大量石油化工项目需要恢复和重建,此外,俄罗斯及一些中亚国家也加大对石油化工项目的开发,这些都决定未来国际工程承包市场中石油化工项目将呈现加速增长。三是供水项目和环保项目。由于全球性的水资源危机和各国对环境保护的重视,特别是伊拉克、阿富汗受战争破坏影响,以及中东、非洲和中国在内的一些长期受水资源威胁的亚洲国家,在今后相当长一段时间内,这一领域的工程项目建设都将呈增加趋势。

(二)国际工程承包区域市场概览

国际工程承包的主要市场包括中东市场、非洲市场、亚太市场、欧洲市场、北美市场、拉美市场。

亚太地区、欧洲地区和北美地区包揽了国际工程发包量的主要份额。欧洲是最大的国际承包工程市场之一,由于欧盟东扩,东欧国家经济快速增长,基础设施投资规模扩大,国际工程承包营业额增长趋势明显。未来国际工程承包市场的增长点将主要集中在中东和亚洲地区市场。中东地区由于石油价格持续高涨,以及伊拉克战后重建,该地区的建筑业投资将保持较高的增长速度。亚洲国家,特别是中国经济高速增长,在西部大开发、2008年奥运会和上海世博会等带动下,基础建设需求强劲增长,工程承包市场欣欣向荣,亚洲承包工程市场在全球中所占的份额将进一步扩大。北美承包工程市场营业额变化不大,拉丁美洲市场营业额则有明显的下降趋势。

1. 中东市场。20世纪70年代以后,由于石油价格大幅度上涨,使中东地区的产油国获得了大量石油美元,掀起了大规模建设高潮,成为国际工程承包商争夺的中心。1975年7月至1979年6月四年的时间,中东地区承包工程合同总额累计达到1 080亿美元,约占当时国际工程承包市场的一半。最早进入中东地区的是欧美国家的工程公司,之后发展中国家的一些工程公司凭借低廉的人工成本也开始打入这一市场。

1982年以后,世界石油市场价格下滑,产油国收入锐减,中东地区国际工程承包市场也走过了繁荣期,但仍然是全球主要国际工程承包市场之一。

由于近年来石油和天然气价格上涨,使中东国家的财政收入大增,以及石油资源的减少,阿联酋等中东国家为开发新的经济增长点,近年开始大规模地投资基础建设。而且过去多年推迟动工建设的发电厂、城建、港口设施及道路等基础设施项目,现在也要纷纷招标上马。据预测,今后 10 年,中东国家建设市场招标建设的项目总计会超过 1 万亿美元。中东国家在未来几年内将大批投资城市建设、发电厂、海水淡化工程和石油化工项目。

在中东国家中,沙特阿拉伯工程发包量远远领先于其他兄弟国家。阿联酋表现也不同一般,接连有上亿美元的大项目上马。截止到 2005 年,沙特阿拉伯已经投资 1 792 亿美元,用于各项建设项目;阿曼 5 年间将投资 76 亿美元于本国基础设施市场。上述两国和卡塔尔、阿联酋 4 国目前招标建设的项目较多,投资规模也比较大。

海湾国家政府已经向国内外私营企业敞开了新行业投资的大门,为吸引外商投资,海湾产油国制定了一系列优惠政策,特别是能源、水利和天然气等行业。沙特、科威特、阿曼等产油国已经允许外国石油公司投资本国的石油勘探和开发。伊朗推出了 20 个石油、天然气领域的项目,供外商选择。海湾国家已决定在不久的将来把更多的国有企业私有化,这使国际投资者纷纷看好该市场。

该地区的大项目比较引人注目,尤其是石化领域的项目更加突出。国际承包商也纷纷各显其能,争取进入这一市场。科威特石化公司投资的奥尔芬化工厂二期项目造价 12.02 亿美元;卡塔尔石化项目价值 8 亿美元,是由克劳格布朗路特公司和泰克尼普公司联合总承包的;沙特朱贝尔工业基地项目 10.45 亿美元,由加拿大哈兹(Hatch)联合有限公司设计,苯乙烯项目 1.6 亿美元,由 ABB 鲁姆斯公司设计。

另外,在电信网络领域,也有一些大的项目。

目前,韩国公司在中东市场异常活跃,它们已经施工和签署的工程额达到了近 200 亿美元,而中国各大工程公司在中东市场占有率偏低。

2. 非洲市场。非洲市场也具有一定规模。第二次世界大战以后,非洲各国纷纷独立,但其经济发展水平则长期处于较低的水平,经济建设主要依靠国际援助。其中,来自世界银行等国际机构和欧盟等国家的经济援助占有比较大的比例。该地区由于经济发展水平较低,因此对项目的技术水平要求略低,有利于发展中国家通过国际工程承包带动设备和原材料的出口。

2007 年非洲的经济增长速度保持在 5% 左右,不少国家已经具备了一定的抵御外界冲击的能力。非洲稳健的宏观经济政策有助于巩固其经济增长的基础。按照目前非洲工程建设支出占全球支出 1.7% ~ 1.8% 的比例推算,2010 年非洲建筑支出将达到 1 000 亿美元。非洲的工程承包项目主要集中在以下以下领域:以交通运输、农业灌溉、电力、港口设施为主的基础设施建设,石油、天然气和其他矿产资源开发项目及石化工业等工业项目建设,教育和卫生项目建设,水资源的开发与供应等。

3. 亚太市场。亚太承包市场包括东南亚、西北亚、东亚、南亚、澳大利亚、新西兰等地区。20 世纪 80 年代后期,亚太市场是世界上最大的承包市场。由于经济发展速度比较快、政局稳定、投资环境不断改善,来自国际机构的资金和国际私人投资规模不断扩大,该地区曾经成为世界各国承包商争夺的重点。但 1997 年爆发的亚洲金融危机对该地区造成严重打击,国际投资活动一度十分萧条。进入21世纪,该地区中的国家逐渐从亚洲金融危机的影响中走出来,国际投资活动再度开始活跃,特别是中国经济显示出强劲的增长势头,吸引了大量国际投资。此外,该区域内的东盟、中国、韩国、日本、澳大利亚、新西兰都在积极推动区域经济合作,也在一定程度上推动了投资活动。

4. 欧洲市场。欧洲是最大的国际承包工程市场之一。尽管人们主要关注新的建筑项目,但是在发达国家,更新和维护原有建筑几乎可以占到建筑业产出的50%,并且吸收更多的劳动力。由于欧盟东扩,东欧国家经济快速增长,基础设施投资规模扩大,国际工程承包营业额增长趋势明显。例如,2007年初,波兰和乌克兰获得了2012年欧洲杯足球锦标赛的共同举办权,据分析,波兰投资增速由2006年的16.7%增加到2008～2012年的22%～25%,使波兰2007～2012年吸引外国投资在近三年平均水平上至少增加30亿欧元;波兰的基础设施建设比较落后,为满足举办2012年欧洲杯的需求,波兰政府目前正在加紧制定与2012年欧洲杯相关的基础设施建设规划,其中部分计划已经公布,涉及公路、铁路、机场和宾馆建设等领域。

5. 北美市场。北美地区的整体工程承包市场金额略低,但对技术、设备、管理和规范要求很高,活跃在该地区的主要是来自发达国家的公司。

6. 拉美市场。拉丁美洲交通基础设施较薄弱,运输能力不足,严重影响本地区经济和对外贸易的发展。拉丁美洲公路货运量占区内货运贸易总量的25%,铁路和航空运输所占比例较小,分别为4%。此外,拉丁美洲各国海关手续烦琐,效率低下,每年运货卡车在各边境口岸因等待造成的损失高达3.8亿美元。为此,拉丁美洲国家急需解决相互间交通不畅的问题,希望建立像欧盟那样便捷的运输网,降低商品成本,以提高其在国际市场上的竞争力。

另外,拉丁美洲水资源丰富,各国水电建设也比较多,市场潜力很大。

拉美地区的国际工程市场长期处于低迷状态。20世纪80年代以来,由于债务问题长期得不到有效解决,该地区对外支付能力很弱,严重阻碍了工程承包市场的发展。

二、国际工程承包行业发展趋势

受国际经济和政治环境变化的影响,国际工程承包市场呈现出新的发展趋势。

(一)工程规模大型化

国际工程承包市场发包的单项工程规模正在朝着大型化的方向发展,一方面是由于发包项目的投资规模扩大;另一方面是由于项目总承包可节省业主的成本和时间,所以发包的形式发生变化。此外,承包商经营和管理大型项目的能力不断提高,也使服务的范围不断延伸。

（二）科技革命与标准化

传统的工程承包市场竞争日益激烈,企业利润下降,经营风险不断加大。为降低成本和提高效益,建筑业及其相关产业的科技开发投入加大,科技含量成为国际竞争的新的标杆;同时,信息技术的广泛应用使工程管理技术日益提高。国际服务贸易的标准化对工程承包商的资质要求和对服务的质量标准要求,将成为市场准入的新的技术壁垒。国际工程承包业务的技术创新、电子化管理、技术质量规范（ISO900）、环保（ISO14000）以及安全标准都在走向规范化,并且成为进入市场的条件。为此,一些大型承包商集团都制定了一套集团特有的运营体系,规范整个集团的管理模式。通过资金控制,直接将管理延伸到各机构以及各执行项目上。依托信息技术建立管理系统,对各分部、机构以及项目进行管理和成本控制,利用这个庞大而强有力的管理系统,不但可以方便掌握和控制整个集团的运营情况,还可以根据此系统的数据对集团财务状况进行分析,从而找出盈利或亏损的原因,为集团的决策提供依据。

近年来,一些国际大承包商十分重视工程项目管理软件的开发,美国柏克德公司每年投入1 000万美元以上的费用用于工程项目管理软件的开发。同时,承包商还注意通过扁平化项目管理,减少中间环节,提高效率。

（三）产业分工体系深化

国际工程承包市场在半个多世纪的发展中已经初步形成其独特的产业分工体系。以美国为首的欧美国家基本上控制了高科技领域的制高点;日本由于工业制造技术的发达和相对低廉的成本,基本控制了建筑工程相关的设备供应的主动权;韩国、土耳其等早期进入国际工程承包市场的发展中国家,在大型项目总承包市场已经占据优势的基础上,正在向技术含量高的项目设计和咨询方面发展。

目前国际建筑业市场的产业分工体系格局是,工程管理和工程设计大多是欧美公司,国际设备采购是日本和德国,其他国家公司主要集中在土建领域,但一些比较发达的国家正在向附加值高的领域升级。欧美等国家的大型跨国建筑企业都有自己的技术和专利,在国际工程承包市场上的优势明显,资金实力、技术和管理水平远远高于发展中国家的企业,在技术和资本密集型项目上形成垄断。发展中国家建筑承包商因为在劳动力成本上具有比较优势,在国际工程市场中承建的工程项目多是相对简单的劳动密集型项目,但近年来已开始向技术密集型项目和知识密集型项目渗透。随着发展中国家承包商不断进入国际市场,越来越多的国际工程承包商对经营计划做出大幅度的调整,寻找新的市场定位。如瑞典的Skanska建筑集团采取一系列措施,卖掉了在拉脱维亚和立陶宛的公司,放弃在南非的采矿业,撤离印度的民用建筑市场等,除了斯堪的纳维亚外,把业务主要集中在"能够长期占据优势地位"的美国市场。而土耳其承包商由于国内市场萎缩,开始大举进军国际市场,并取得了成功。

（四）承包和发包方式发生变革

随着国际工程承包市场的发展，国际建筑工程的发包方越来越重视承包商提供综合服务的能力。传统的设计与施工分离的方式正在快速向总承包方式转变，EPC（设计—采购—施工）、PMC（项目管理总承包）等一揽子式的交钥匙工程模式以及BOT（建设—经营—转让）、BOOT[建设、拥有、经营、转让、PPP（公共部门与私人企业合作模式）]等带资承包方式成为国际大型工程项目中广为采用的模式，单一的施工方式已经落伍，保护主义及壁垒政策盛行，市场由"劳动密集型"向"技术密集型"转变。

承包商不仅要承担项目的设计和施工、运作，还要承担工程所需的融资。目前，发达国家由以前政府主导的投资逐步演变为私有化投资；发展中国家一般资金比较短缺，吸引外资成为它们进行基础建设的重要手段之一，据世界银行和联合国贸发会议的统计分析，工程建筑业是发展中国家吸收外资最多的服务部门之一。因此，除少数国家的政府项目不需要承包商带资外，多数项目基本上需要承包商以不同形式带资承包。以世界银行为首的国际金融机构贷款总额中用于资助基础设施等公共投资的项目尚不足300亿美元，仅占国际工程承包市场总额的2%左右。虽然这部分项目有预付款，但依然需要约占合同总额15%至20%的启动资金。据专家初步估算，带资承包项目约占国际工程承包市场的65%。仅仅能够承揽国际金融机构项目的承包商，事实上等于主动放弃了绝大部分的国际市场。带资承包，在海外投资，还有利于国际承包商渗透到当地市场，承揽当地未在国际市场公开招标的项目。与带资承包需求相适用，国外大的工程承包企业的融资能力不断增强。国际上大的承包工程公司都拥有雄厚的资金实力与融资能力，与世界主要的出口信贷机构、多边金融组织、商业银行及资本市场有固定的业务往来。这些都为其在承包大型复杂项目以及降低整体项目融资成本及风险等方面发挥了积极作用。

（五）国际承包商之间的兼并与重组愈演愈烈

国际承发包方式的变化，使得承包商的角色和作用也在发生变化，承包商不仅要成为服务的提供者，而且要成为资本的运营者和投资者。尤其在对大型和超大型项目的运作方面，一般企业很难独立承担。近年来，国际工程承包业的兼并和重组不断发生，最大的国际工程承包商在兼并中获得了新的金融和技术支持，竞争力不断提高。例如，西班牙的 Grupo ACS 公司，该公司于2003年3月收购了总部位于马德里的 Grupo Dragados SA 公司，此举使公司的规模扩大了1倍多，Grupo ACS 的排名也由2002年的第98位一跃而达到2003年的第20位。荷兰承包商 RoyalBAMGroep 在收购了 HBG 后，排名也有大幅的提高。两家日本大型承包商 Sumitomo 和 Mitsui 合并成为 SumitomoMitsui 建设公司，美国土木工程承包商 Jacobs 宣布收购苏格兰格拉斯哥（Glasgow）的 Babtie 集团公司等。今后，随着国际工程项目的大型化和对承包商能力要求的不断提高，国际建筑市场的重组并购将更加活跃。

(六)为工程建设服务的金融业日益发达

国际工程建设服务作为国际服务贸易的重要内容,正在得到世界各国政府和商界的重视。金融服务国际化和自由化的发展,为工程建筑服务提供了日益增多的跨国金融服务,包括跨国银行和保险公司等机构的服务。另一方面,由韩国、美国、日本和英国等国家发起的国际工程担保联盟正在酝酿之中,这将为国际工程承包业的发展增添新的推动力。

表11-1列出了2008年全球最大的50家承包商,供读者参考。

表11-1　2008年全球最大的50家承包商

排名		企业名称	国别	总部所在地
2008	2007			
1	1	HOCHTIEF AG	德国	北莱茵-威斯特法伦州埃森(Essen)
2	3	VINCI	法国	马尔迈松(Rueil-Malmaison)
3	2	Skanska AB	瑞典	索尔那(Solna)
4	4	STRABAG SE	奥地利	维也纳(Vienna)
5	5	BOUYGUES	法国	巴黎(Paris)
6	6	Bechte	美国	加利福尼亚州圣弗朗西斯科市(San Francisco, Calif.)
7	* *	Saipem	意大利	米兰圣多那托(San Donato Milanese)
8	7	TECHNIP	法国	巴黎新区(Paris la Defense)
9	9	Bilfinger Berger AG	德国	曼海姆(Mannheim)
10	12	Bovis Lend Lease	澳大利亚	新南州(Millers Point, NSW)
11	10	Fluor Corp..	美国	得克萨斯州埃尔文(Irving, Texas)
12	11	Royal BAM Group nv,	荷兰	布尼克(Bunnik)
13	22	FCC, Fomento de Constr. y Contratas SA,	西班牙	马德里(Madrid)
14	20	Balfour Beatty plc	英国	伦敦(London.)
15	8	KBR	美国	得克萨斯州休斯敦(Houston, Texas)
16	13	Consolidated Contractors Group	希腊	雅典(Athens)
17	16	Chiyoda Corp	日本	横滨(Yokohama)
18	14	China Communications Construction Group 中国交通建设股份有限公司	中国	北京(Beijing)
19	17	Grupo ACS	西班牙	马德里(Madrid)
20	21	Construtora Odebrecht	巴西	圣保罗(Sao Paulo)

续表

排名 2008	排名 2007	企业名称	国别	总部所在地
21	18	China State Construction Engineering Corp. 中国国家建筑工程公司	中国	北京(Beijing)
22	27	Foster Wheeler Ltd	美国	新泽西州克林顿(Clinton, N. J.)
23	32	Obayashi Corp.	日本	东京(Tokyo)
24	23	Kajima Corp.	日本	东京(Tokyo)
25	15	JGC Corp.	日本	横滨(Yokohama)
26	40	Toyo Engineering Corp.	日本	千叶(Chiba)
27	47	Tecnicas Reunidas, Madrid, Spain	西班牙	马德里(Madrid)
28	30	OHL SA (Obrascon Huarte Lain SA)	西班牙	马德里(Madrid)
29	34	CB&I	美国	得克萨斯州伍德兰德(The Woodlands, Texas)
30	29	Petrofac Ltd.	英国	海峡群岛泽西(Jersey, Channel Islands)
31	* *	PCL Construction Enterprises,	加拿大	阿尔伯塔省埃德蒙顿(Edmonton, Alberta)
32	36	McDermott International Inc.	美国	得克萨斯州休斯敦(Houston, Texas)
33	56	Maire Tecnimont	意大利	罗马(Rome)
34	* *	Acciona SA	西班牙	马德里(Madrid)
35	25	Ferrovial Agroman SA, Madrid, Spain	西班牙	马德里(Madrid)
36	24	Taisei Corp.	日本	东京(Tokyo)
37	44	Enka Construction & Industry Co. Inc.	土耳其	伊斯坦布尔(Istanbul)
38	* *	Danieli Group	意大利	布特里奥(Buttrio)
39	42	Jan De Nul Group	比利时	霍夫斯塔德/阿尔斯特(Hofstade/Aalst)
40	28	Jacobs	美国	加利福尼亚州帕萨迪纳(Pasadena, Calif)
41	33	IMPREGILO SpA	意大利	米兰(Milan)
42	31	CEGELEC	法国	南泰尔(Nanterre Cedex)
43	37	Techint Group	意大利	米兰(Milan)
44	38	SACYR Vallehermoso, Madrid, Spain	西班牙	马德里(Madrid)
45	45	Joannou & Paraskevaides Group of Cos.	英国	根西(Guernse).
46	49	Samsung Engineering Co. Ltd.	韩国	首尔(Seoul)
47	46	BESIX SA	比利时	布鲁塞尔(Brussels)

续表

排名		企业名称	国别	总部所在地
2008	2007			
48	55	China National Machinery Indus. Corp. 中国机械工业公司	中国	北京（Beijing）
49	35	Takenaka Corp.	日本	大阪（Osaka）
50	51	Sinohydro Corp. 中国水利公司	中国	北京（Beijing）

来源：美国《工程新闻记录》（ENR），按照公司 2007 年海外营业收入排名。《工程新闻记录》是美国麦克劳希尔建筑信息公司旗下的行业新闻周刊，创刊于 1876 年，发展至今拥有全球业界最具声誉和权威的两大排名，即 ENR 国际承包商 225 强和 ENR 国际工程设计公司 200 强。ENR 每年根据国际承包商上年对外工程承包业绩进行一次排名。

三、中国对外工程承包发展概况

改革开放以前，中国没有进入商业性的国际工程承包市场，只是向一些发展中国家提供经济技术援助。

1978 年 11 月，经国务院批准，中国组建了第一家对外承包工程公司，即中国建筑工程总公司；1979 年，经国务院批准组建成立的对外承包工程公司达到 4 家；当年这 4 家公司在伊拉克、埃及、中国香港、索马里、马耳他等国家和地区共签订了 36 项对外承包工程合同，合同金额 5 117 万美元。

中央提出要继续实施"走出去"的战略，加强同国外的经济技术合作，增强企业的技术和市场开发能力，统筹国内发展和对外开发，增强国际竞争力。

经过 30 年的发展，2008 年底，经商务部批准有对外承包工程经营权的企业已有 2 300 多家，共在全球近 200 个国家（地区）开展对外承包工程业务。截至 2008 年底，我国累计完成对外承包工程营业额 2 630 亿美元，签订合同额 4 341 亿美元。

其中，2008 年我国对外承包工程业务完成营业额 566 亿美元，较上年同期增长 39.4%；当年新签合同额首次突破 1 000 亿美元，达到 1 046 亿美元，较上年同期增长 34.8%，合同额在 5 000 万美元以上的项目 347 个，占新签合同总额的 76.2%，上亿美元的项目有 195 个（上年同期 138 个）。

2006~2007 年，近 300 家重点对外承包工程企业经营情况年报显示：2006~2007 年承包工程项下利润 135 亿美元人民币，实现社会贡献额（工资、保险、银行利息、机票、保函）380 亿元人民币，这个数字相当于 2007 年海南省、甘肃省、青海省、西藏自治区四省区财政收入之和。此外，这些重点企业为对外承包工程项目所在国创造了 42 万个就业岗位，境外纳税 8 亿美元。

图 11-1 显示了 1996 年至 2008 年我国对外承包工程业务发展情况。

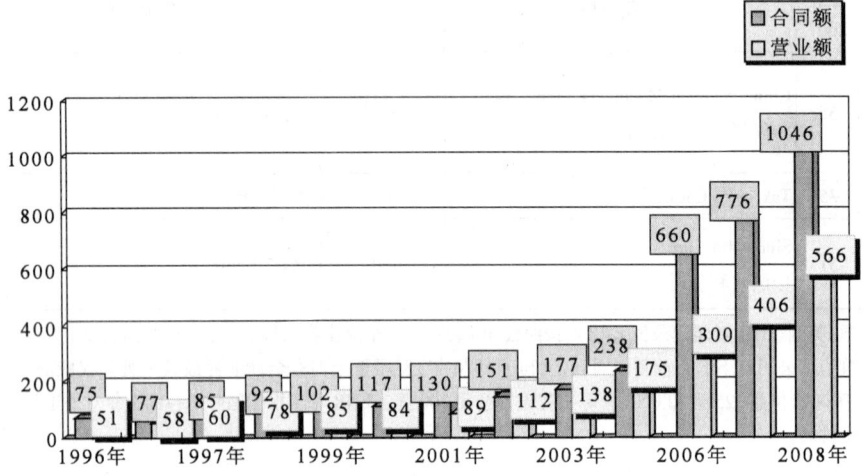

图 11-1　1996 年至 2008 年我国对外承包工程业务发展情况（单位：亿美元）

我国的国际工程承包市场主要分布在亚洲、非洲和南美洲，其中又以亚洲和非洲为重点国外市场。图 11-2 和表 11-2 显示了 2008 年我国对外承包工程营业额地区分布情况。

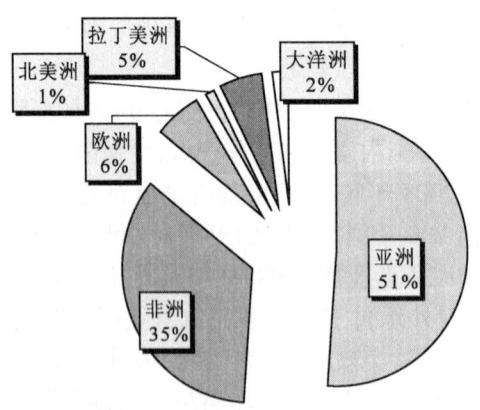

图 11-2　2008 年我国对外承包工程营业额地区分布情况

中国对外工程的传统行业集中在房屋建筑、交通运输、加工制造等劳动密集型行业。近年来，随着技术水平和企业综合实力的上升，在石油化工、电力设施、电子通信等资本和技术密集型领域的承包金额也在快速增长。

表11-2 2008年我国对外承包工程完成营业额前十位的国家和地区

序号	国家地区名称	完成营业额(万美元)
1	印度	420 856
2	阿尔及利亚	420 227
3	安哥拉	322 203
4	苏丹	262 174
5	沙特阿拉伯	245 371
6	印度尼西亚	223 671
7	阿拉伯联合酋长国	210 954
8	越南	192 343
9	巴基斯坦	191 586
10	中国香港	168 569

当前,我们面对的国际市场非常广阔,前景良好,但机遇与挑战并存。企业只要抓住机遇,坚持国际化发展战略,就一定能在激烈的国际竞争中立于不败之地。以水电市场为例,我国周边国家水电市场潜力很大。巴基斯坦、尼泊尔、泰国、越南、老挝等5个国家的水电市场均有较好的开发前景。巴基斯坦是中国企业市场占有率比较高的市场,中国企业已经在巴基斯坦完成了许多项目。有世界"落差之最"之称的尼泊尔,有8 300万千瓦的水电潜力,尼政府对开发水利资源很重视,鼓励水电开发。泰国的水能资源经济可开发量相当可观,随着经济的增长和与日俱增的用电量,泰国未来年用电量将大幅度增加。在此背景下,泰缅边境萨尔温江的开发深受泰国政府重视,泰国有关机构欢迎中国的水电建设单位参与上述流域的开发合作,以促进项目的实质性进程。缅甸水利资源丰富,政府有意加大水电站建设的力度。为促进经济发展,发展基础设施,缅甸除自己投资或贷款建设水电站外,还积极寻求对外合作或许可以BOT(基础设施特许权)形式开发其丰富的水电资源。目前,缅甸正通过有关公司为其作全国性的水电资源开发规划。越南经济正处于从计划经济向市场经济转轨时期,其电力大部分来自火电,水电不足30%,国家缺电问题严重。目前,越南政府已拟订了规模较大的电力发展规划。老挝的水能资源是其最大的资源,可开发装机总量为3 500万千瓦以上。近年来,老挝为了摆脱落后的经济状况,也在逐步探索改革开发的政策,并把开发水电资源确立为发展国民经济的重点之一。

图11-3为2008年我国对外承包工程新签合同项目分类构成情况。

近年来,中国企业承揽了一大批具有重大影响的对外承包工程项目,总承包和交钥匙项目增多,技术含量和档次不断提高。如:2006年,中国铁道建筑总公司中标尼日利亚铁路现代化建设项目,合同额83亿美元;中信—中铁建联合体中标阿尔及利亚中、东西高速公路工程,合同额63.2亿美元;2008年中国石油工程建设公司承揽的阿联酋阿布扎比原油管线项目合同额为32.9亿美元。

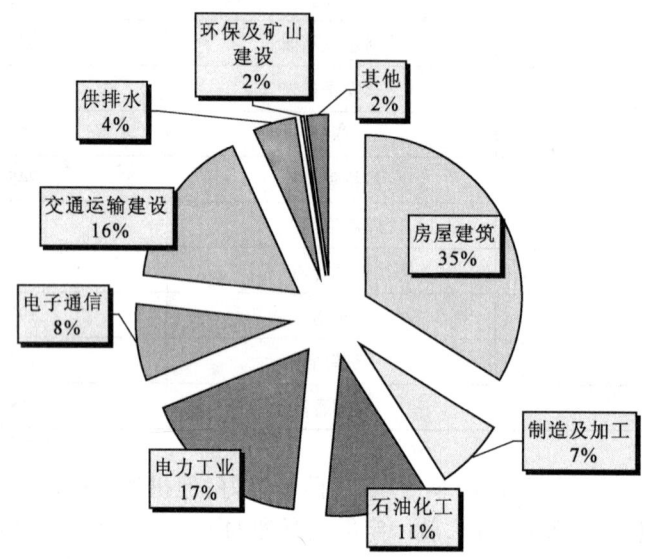

图11-3　2008年我国对外承包工程新签合同项目分类构成情况

在美国《工程新闻记录》(ENR)杂志公布的2004年全球225家最大的国际承包商排行榜上,有49家中国企业入围,占21.7%;2005年有46家入围;2006年有49家入围,中国交通建设集团有限公司国际排名第14位,中国建筑工程总公司第18位;2007年和2008年有51家入围。表11-3列出了1998年至2007年入围ENR225的中国企业情况。

表11-3　1998至2007年入围ENR225的中国企业情况

年　份	入选企业家数	占比重%
1998	30	13.3
1999	33	14.7
2000	34	15.1
2001	39	17.3
2002	43	19.1
2003	47	20.8
2004	49	21.7
2005	46	20.4
2006	49	21.7
2007	51	22.7
2008	51	22.7

表11-4列出了2008年我国对外承包工程业务完成营业额前十位的企业。

表11-4 2008年我国对外承包工程业务完成营业额前十位的企业

序号	企业名称	营业额(万美元)
1	华为技术有限公司	566 913
2	中国建筑工程总公司	352 319
3	中国机械设备进出口总公司	187 392
4	中国水利水电建设集团公司	180 573
5	国华国际工程承包公司	154 596
6	长城钻探工程有限公司	128 950
7	上海振华港口机械股份有限公司	128 666
8	中国港湾工程有限责任公司	128 316
9	中国土木工程集团公司	101 920
10	四川东方电力联合公司	90 155

表11-5列出了2008年我国对外承包工程新签合同额前十位的企业。

表11-5 2008年我国对外承包工程新签合同额前十位的企业

序号	企业名称	营业额(万美元)
1	中国建筑工程总公司	652 912
2	华为技术有限公司	592 677
3	中国石油工程建设(集团)公司	400 405
4	上海电气集团股份有限公司	386 537
5	山东电力基本建设总公司	317 830
6	中国水利电力建设集团公司	360 720
7	中国港湾工程有限责任公司	333 576
8	中国土木工程集团公司	282 544
9	上海振华港口机械股份有限公司	265 062
10	北京建工集团有限责任公司	239 360

2008年中国对外承包工程新签5 000万美元以上的项目达347个,比上年增加86个;合同额总和796.5亿美元,占当年新签合同总额的76.2%。上亿美元的项目为195个,比上年增加47个。10亿美元以上的特大项目10个,比上年增加4个。其中,阿联酋阿布扎比原油管线项目金额高达32.9亿美元,印度的四座电站项目金额均超过13亿美元。

表 11-6 列出了 2000~2008 年对外承包工程新签合同额在 1 亿美元以上的项目。

表 11-6　2000~2008 年对外承包工程新签合同额在 1 亿美元以上的项目

年　份	上亿美元项目数量(个)	单项合同最大金额(亿美元)
2000	9	5.09(香港)
2001	15	3.17(巴基斯坦)
2002	19	4.46(印度)
2003	18	6.5(苏丹)
2004	30	8.36(伊朗)
2005	49	9(伊朗)
2006	96	83(尼日利亚)
2007	138	35.4(安哥拉)
2008	195	39.2(阿联酋)

课程案例 11-1

中石油中标伊拉克最大油田开发

中石油集团 2009 年 7 月 1 日公告,该集团与英国石油公司(BP)6 月 30 日在伊拉克第一轮国际油气田招标中成功中标,获伊拉克最大油田鲁迈拉(Rumaila)油田的作业权。这也是伊拉克自 1972 年以来首次对外国油商开放油田招标服务。

伊拉克是全球第三大石油储藏国,已探明剩余可采石油储量约为 1 150 亿桶,约占全球总储量的 10%。鲁迈拉油田是伊拉克最大的油田,也是世界第六大油田,发现于 1953 年,1972 年投产,共有 500 口油井,每天生产原油 100 多万桶,拥有 177 亿桶的原油储量。

中石油表示,此次招标的油气田均采用技术服务合同模式,根据伊拉克政府规定,合同有效期 20 年,可延长 5 年。中石油和 BP 将联合负责鲁迈拉油田的原油生产,伊拉克政府按照该油田的实际产量,以桶为计量单位,向两家公司支付服务费。

"这是中国石油公司首进伊拉克,对今后中国进入中东油气富矿进行油气开发具有重要意义。"北京石油管道管理学院教授韩学功表示,"这是个油田服务合同,主要为对方油田开发提供技术服务,进行承包服务,赚取劳务费,并不是拥有伊拉克的油气资产。"

讨论题目:

1. 为什么中石油集团采取与英国石油公司(BP)联合竞标的方式?
2. 按照计价方式看,这个合同属于什么形式的合同?

专题四　国际商务管理决策

　　国际商务管理决策的内容包括国际市场进入模式和组织决策、国际市场竞争战略、国际营销管理、国际生产管理、国际商务财务管理、国际商务人员管理等主要内容。通过本专题的学习，学习者可以了解国际商务管理决策的内容，认识国际商务管理决策与国内商务管理决策的异同，并初步掌握各项国际商务管理决策的一般做法。

　　"第十二章国际市场进入模式和组织决策"重点介绍了出口打入模式、合同打入模式、投资打入模式等三类主要模式的特点，属于国际商务管理的基础决策。"第十三章国际市场竞争战略"分析了在国际商务活动中取得长期竞争优势的竞争战略的特征、类型和制定时要考虑的主要因素，是任何一个准备长期从事国际商务活动的企业必须首先弄清楚的。"第十四章国际营销管理"重点介绍了国际市场营销活动的特殊性。"第十五章国际生产管理"重点介绍了内部生产与外部采购的权衡与协调、生产地点选择和全球生产系统的协调等国际商务企业必然面临的生产决策。"第十六章国际商务财务管理"重点介绍了国际商务财务管理中三个比较特殊的方面，即国际投资决策、国际投资筹资决策和国际货币管理决策。

第十二章

国际市场进入模式和组织决策

第一节 国际市场进入模式

一、进入国际市场策略的要素

进入国际市场的战略是一个综合计划,主要包括目标、任务、资源、政策等四个方面的内容。公司打入国际市场的战略不是单一的,实际上是不同的单个产品/市场计划的综合体。制定产品/市场打入策略的要素包括:①目标产品/市场的选择;②目标市场的对象和任务;③目标市场打入模式的选择;④目标市场的市场营销计划;⑤国际营销的控制系统。图12-1描述了打入国际市场战略的这些要素。

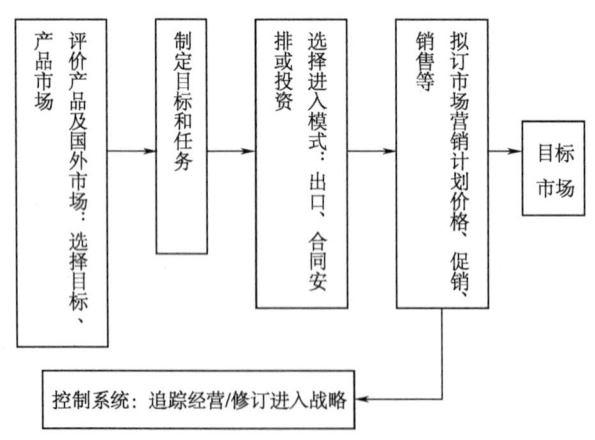

图 12-1 国际市场进入战略要素

二、进入国际市场的主要模式

一般来说,一个公司打入国际市场的途径可以归结为三类,出口打入、合同打入和投资打入。

（一）出口打入模式

出口打入模式即从目标国家外部的生产基地向目标国家出口产品。这是进入国际市场最简单的方法。这种方式不需要投资或只需要较少的投资,风险较小,对于企业生产线、组织构成和投资的改变最少。但对于当地市场的控制和反应能力较差,不利于开拓当地市场。根据出口途径的不同,出口打入模式可以进一步分为间接出口、直接出口两种。

1. 间接出口(indirect export)。间接出口指企业通过处于本国或他国的代理商或经销商来向国外销售商品。

间接出口的特点是经营国际化与企业国际化的分离——即企业的产品走出了国界,而企业的营销活动却几乎完全是在国内进行的,从这一意义上说,企业本身并没有直接参与该产品的国际营销活动。从很多方面来看,间接出口与向国内其他用户销售产品没有什么不同,区别是其需求受制于国际市场需求。这种出口只是国内经营在量上的简单扩大,不要求特殊的管理知识,企业的管理也没有因此而发生质的改变。

利用得当,间接出口可以使企业以很低的投入有效地增加企业的产出。间接出口是所有进入国际市场方式中风险最低的一种。间接出口的关键是寻找理想的国内出口中间商。

但是,企业通过间接出口方式来学习了解国际市场的潜力也很低,企业控制海外营销活动的能力也极为有限。

(1)间接出口的优点。间接出口方式的主要优点是：

第一,企业可以方便、迅速地依靠国内出口商在国际市场人才、经验、信息、渠道等方面的优势开展产品的外销业务,不需要对公司的产品和经营组织进行大的调整,更不用建立昂贵的海外销售力量。

第二,企业不必为产品外销作额外投资,不必再办理出口业务,因此,可以节省大量开支,减少企业承担的经营风险。

第三,企业可以减少市场风险,如买方的信用风险,汇率波动风险,需求变动风险,将这些风险都转嫁到中间商的身上。

第四,企业可以保持进退国际市场和改变国际营销渠道的灵活性,在企业自身条件成熟时,可以采用更为积极的营销策略。

(2)间接出口的缺点。间接出口方式的主要缺点是：

第一,企业与国际市场的联系被切断,企业对国际市场的了解不够深入,信息不足,导致企业缺乏随国际市场变化而迅速调整营销对策的灵活性,无法根据当地市场的具体情况展开有针对性的经营策略。

第二,企业的产品外销缺乏长久性和稳定性,对国际市场的控制能力较差。

第三,企业无法在国际市场上锻炼、培养自己的营销队伍,积累国际市场营销经验,无法扩大企业的声誉和知名度,因而,不利于企业的长远发展和国际竞争实力的提高。

第四,产品在最终市场的销售价格比较高,但企业的赢利水平却比较低。

对于缺少国际经营经验或进入一个新市场的企业,由于对当地市场的潜力和营销方式都缺乏了解,通常选择独立的国际营销中间人来做间接出口。

2. 直接出口(direct export)。直接出口指企业自己在国外市场建立直接的分公司或子公司向当地市场销售商品。采用这种方式,一个国际商务企业的经营活动与国内商务企业有了明显的不同,必须建立自己专门的国际市场销售组织。

直接出口方式能够克服间接出口方式的缺点,但不具有间接出口方式的优点。采用直接出口方式进入国际市场,企业可以针对国外市场的情况展开有针对性的营销策略,产品销售潜力比较大,赢利水平比较高。与此同时,采用直接出口方式进入国际市场,企业所面临的经营风险比较大,同时企业的组织结构也需要进行比较大的调整。

一般来说,当企业进入外国市场一段较长时间后,对国外市场的了解已比较充分,就会考虑采取直接出口的策略。这样最显著的好处就是利润大幅度提高,但同时投资风险和成本也将加大。

(二)合同打入模式

合同打入模式指国际商务企业与目标国家的经济实体间的长期非资产式联合,它涉及该公司的技术和人力资源向目标国家经济实体的转移,但通常不涉及直接的投资。合同打入模式包括许可经营、协议生产、管理协议、技术服务合同等形式。许可经营、技术转让不需要任何资本投资,只是允许其他国家的企业在一定地域范围和时间内使用本企业没有充分利用的无形资产资源,并收取一定费用。劳务服务合同是劳务、技术出口的结合。合作生产是技术、劳务与设备出口的结合。

许可经营指被许可方购买使用企业的生产工艺、商标、专利、贸易秘密及其他有价值的权利,支付费用或专利权使用费。

协议生产指企业和国外市场的制造商签约生产产品或者提供服务。这样的好处在于风险小。

管理协议指国内公司利用管理经验和人员方面的优势受托管理外国企业,并收取管理费用,例如希尔顿酒店管理集团就是这样进入其他国家市场的。

技术服务合同指根据协议向外国企业提供技术服务。

合同打入方式风险比较小,收益和所涵盖的业务领域也非常有限。

(三)投资打入模式

1. 投资打入的含义。投资打入模式指对外直接投资(foreign direct investment,FDI),即一国投资者为取得国外企业经营管理上的有效控制权而输出资本、设备、技术和管理机能等无形资产的经济行为。

投资打入模式的核心是企业对国外企业的控制权问题。控制权不等同于所有权,可以通过租赁、委托经营等形式在短期内获得企业的控制权而无需投资。但是这种临时获得的控制权是不稳定的,也是受到限制的,如通常不可以进行资产重组或进行组织结构上的重组。因此,为了获得稳定可靠的控制权通常采取规模不等的投资形式。

在这种模式下,国际商务企业与当地市场的结合程度较高,可以充分利用当地的资源,如企业可以获得廉价的劳动力或者原材料,得到国外政府的政策支持,并且可以节省运费,但风险也比较大,如要面对货币管制、货币贬值、市场萎缩,甚至被政府没收的风险。

2. 对外投资的形式。对外投资可以有很多不同的分类形式,下面我们主要从是否新建、是否完全拥有两个方面做一个简单的分类。

(1)按照国外企业是否新建,对外投资可以分为新建投资和并购投资。

①新建投资(new build),又称创建投资或绿地投资(green investment),是指跨国公司等投资主体在东道国境内依照东道国的法律设置的部分或全部资产所有权归外国投资者所有的新企业,尤其是指建立新工厂或其他实业投资。创建投资会直接导致东道国生产能力、产出和就业的增长。

早期跨国公司的海外拓展业务基本上都是采用绿地投资方式。绿地投资有两种形式:一是建立国际独资企业,其形式有国外分公司、国外子公司和国外避税地公司;二是建立国际合资企业,其形式有股权式合资企业和契约式合资企业。

绿地投资方式的优点体现在:用绿地投资方式创建新企业时,跨国企业拥有更多的自主权,能够独立地进行项目的策划,按照自己的愿望和需要决定公司的规模、经营项目和经营范围,以及所需的设备和员工,选择适合本企业全球发展战略的厂址,并实施经营管理(如海尔选择在美国的南卡罗莱纳州的汉姆顿建立生产基地是因为其地理位置优势);企业能够很大程度地自己控制项目的风险,并能在较大程度上掌握项目策划各个方面的主动性;能够更大程度地维持公司在技术和管理方面的垄断优势,并利用其技术、管理、生产和营销上的优势占领东道国市场;创建新的企业不易受东道国法律和政策上的限制,不易激起东道国民族主义的排外情绪,减少了政治风险,因为新建企业可以为当地带来很多就业机会,并且增加税收(如海尔在南卡罗莱纳州的总投资额达到1.26亿美元,创造了1 250个工作岗位)。

绿地投资方式的缺点体现在:绿地投资方式需要大量的筹建工作,因而建设周期长,速度慢,缺乏灵活性,对跨国公司的资金实力、经营经验等有较高要求,不利于跨国企业的快速发展;要投入较多的各级管理人员;需要丰富的经验和对东道国环境的充分了解;创建企业过程当中,跨国企业完全承担其风险,不确定性较大;新企业创建后,跨国公司需要在东道国自己开拓目标市场,且常常面临管理方式与东道国惯例不相适应、管理人员和技术人员匮乏等问题。

②并购投资(merger & acquisition，M&A)。并购投资包括兼并(merger)和收购(acquisition)两种形式。

兼并又称吸收合并,指并购公司通过吸收目标公司的资产或股权,使两家或多家公司合并组成一家企业,通常由一家占优势的公司吸收一家或者多家公司。根据兼并方的支付方式,兼并可以分为现金收购、股权收购和现金加股权收购。现金收购是指兼并方以现金形式支付收购资产或股权的价值;股权收购是指兼并方以兼并后新公司股权的形式支付收购资产或股权的价值;现金加股权收购指兼并方部分以现金、部分以兼并后新公司股权的形式支付收购资产或股权的价值。

收购指一家企业购买另一家企业的股票或者资产,以获得对该企业的全部资产或者某项资产的所有权,或对该企业的控制权。收购也分为现金收购、股权收购和现金加股权收购。

并购的优点体现在:可以迅速地实现跨国公司海外投资的意愿并取得成效,在很多情况下,跨国公司购并的企业要么处在困境中,要么急于获得跨国公司的资金投入,从而使跨国公司可以压低该公司的购并价格,以低于企业重置价值的费用买下东道国企业;可以利用东道国企业现有的生产设备和技术人员,有时甚至可以得到具有较高水平的先进技术和专利,如原有企业的商标、特有资产乃至高新技术;利用东道国企业现有销售渠道的市场基础,迅速打入东道国市场,减少竞争,并把跨国公司其他子公司的产品引入该市场,迅速扩大企业规模,扩大产品种类,实现产品多样化,取得规模经济和范围经济的效果。

并购的缺点体现在:

第一,文化与民族背景的差异造成管理接轨上的困难。被购并企业通常有一套与本国文化和民族背景紧密相连的管理方式,跨国公司在购并该企业后,往往要引入一套自己的管理方式,这两种管理方式往往会发生碰撞和冲突,使企业管理工作短时期内难以正常开展。

第二,购并价格难以确定。企业购并中最复杂的问题就是对被购并企业的价值评估。由于双方对企业资产,特别是无形资产的实际价值各有自己的判断,加之不同国家在会计准则方面的差异以及对国际市场行情的不同判断,使双方难以很快就企业的购并价格达成一个双方都满意的结果,从而使谈判费用较高。

第三,东道国政府和人民对本国企业被外来资本所购并容易产生反感和抵触情绪。

第四,由于跨国公司的母公司与东道国对待工会的态度、习惯及法律方面的差异,跨国公司在购并东道国企业后可能会遇到难以预料的劳资纠纷问题。

③并购与绿地投资方式的对比。二者的不同主要包括:

尽管并购方式和新建投资方式都为东道国带来国外金融资源,但并购方式所提供的金融资源并不总是增加生产资本存量,而在新建投资的情况下则会增加。

并购方式不太可能转移新的或比新建更好的技术或技能,而且可能直接导致当地生产或职能活动(如研发)的降级或关闭;当利用并购方式进入一个国家时,不会创造就业,还可能导致裁员。而新建并不直接减少东道国经济的技术资产和能力。创建新企业意味着生产力的增加和就业人员的增多,而且能为东道国带来先进的技术和管理,并为经济发展带来新的增长点。

并购方式能够加强东道国该领域的生产集中并导致反竞争的后果,往往导致东道国在反垄断方面的担忧;而新建能够增加现有企业的数量,并且在进入时不可能直接提高市场集中度。

基于以上原因,发展中国家一般都会采取各种有利的政策措施,吸引跨国公司在本国创建新企业,这些有利的政策有助于跨国公司降低成本,提高盈利水平。

一般认为,创建方式比并购方式具有更大的不确定性。随着经济全球化的不断发展和金融市场的开放,绿地投资在全球 FDI 中所占比例有所下降,跨国并购已成为跨国公司参与经济全球化进程、保持有利竞争地位而更乐于采用的一种跨国直接投资方式。随着全球投资自由化的进一步发展,这种趋势将更加明显地体现出来。

课程案例 12-1

中石油将收购新加坡石油公司

中国石油天然气股份有限公司 2009 年 5 月 24 日宣布,通过下属子公司与新加坡吉宝集团下属全资子公司吉宝油气服务有限公司达成附生效条件的协议,将收购吉宝公司所持新加坡石油公司 45.51% 的股份,交易对价 14.7 亿新加坡元(约合 10.2 亿美元或 70 亿元人民币)。

这笔交易通过中国石油国际事业有限公司间接全资拥有的中国石油国际事业新加坡公司完成。交易的现金对价为每股 6.25 新元,共计约 14.7 亿新元,将于交易完成时支付全款。本次交易的完成尚待中国监管部门批准。

中国石油天然气股份有限公司 2009 年 6 月 22 日宣布,已完成收购新加坡石油公司 45.51% 股权交易,收购总价为 14.7 亿新加坡元(约 70 亿元人民币),将全部以现金支付。中石油称,将适时提出全面要约收购新加坡石油公司。

新加坡石油公司是一家地区性能源公司,从事炼油和销售以及石油天然气勘探开采等业务。新加坡石油公司拥有新加坡炼油公司 50% 的权益,新加坡炼油公司是新加坡三大炼油企业之一。新加坡石油公司还进行原油及成品油的码头输送、分销和交易等业务。

中石油勘探开发总院一位专家表示,目前我国海运石油 90% 经过马六甲,而新加坡是距离马六甲最近的亚太地区重要石油产品贸易市场,在此布局下游炼油厂,将有效增强公司在国际市场的反应能力。

讨论题目：

1. 中国石油天然气股份有限公司既然拥有中国石油国际事业新加坡公司，为什么还收购新加坡石油公司？

2. 中国石油天然气股份有限公司为什么将适时提出全面要约收购新加坡石油公司？

（2）按照国外企业是否完全拥有，对外投资可以分为独资和合资。

①独资（wholly owned enterprise，WOS），指企业独立投资，在国外建立完全属于自己的企业。

对于外国投资者而言，独资企业具有以下优势：第一，选择独资经营方式，投资者对子公司的经营活动有着完全的决定权和控制权，在经营管理上能够排除各种外界干扰，完全按照自己的意志和目标进行经营管理，有利于企业贯彻自己的经营策略，不会在企业管理上出现冲突和矛盾；第二，有利于独资企业，尤其是跨国公司的集中管理与决策，以及技术及经营方针的保密；第三，有利于保证产品的质量和信誉；第四，可独享全部经营利润。

独资企业的局限性体现在：第一，所需投资规模较大，费用较高；第二，海外经营的政治风险和经济风险都较高。

从世界范围看，独资企业的数量很大，特别是在西方发达的市场经济国家，由外国投资者建立的企业中，独资企业占较大比重。独资企业之所以为投资者和东道国所普遍接受，是因为它具有其他对外直接投资方式所没有的相对优势。

多数情况下，独资企业不受发展中国家的政府和人民欢迎，因为跨国公司控制下的子公司在东道国的商业活动主要反映了跨国公司总部而不是东道国国内经济发展的愿望、要求和利益。东道国政府惧怕独资企业给其国内经济发展带来消极影响，因此，常常采取较严格的政策，或施加政治压力给外国投资者，从而使独资企业的开办和营销面临较大的政治风险和经济风险。

尽管如此，近年来，独资企业这种对外直接投资形式还是越来越受到外国投资者的重视。其主要原因是合资企业的许多问题难以解决，比如双方在经营管理方法、市场目标选择等方面的不协调；此外，合资企业的建立，在某种意义上塑造了一个未来市场的竞争者。

所以，从全球竞争战略的角度来看，许多跨国公司宁愿冒风险，不惜大量投资在国外建造自己的专有设施（生产基地、研究开发中心和销售网络等），而不愿与当地企业合资。

②合资（joint venture，JV），指企业与外国投资者合作在当地建立企业，分享所有权和管理权。

对于海外直接投资者而言,合资企业的优势主要表现在:第一,合资企业由于有东道国企业的参与,而易于获得东道国政府和人民的合作,减少东道国政策变化所产生的政治风险;第二,同当地伙伴合作,更易于取得当地原材料和资源,顺利打开东道国市场的销售渠道;第三,合资经营由于有东道国伙伴参与,可以享有包括对外商投资和对本国企业的双重优惠待遇,提高企业的经济效益;第四,通过当地伙伴可以迅速熟悉当地法令、商业惯例、文化习俗等,从而有利于企业的稳健经营;第五,如果跨国公司以机器设备、工业产权、专有技术、管理知识等作为资本投资,则既输出了资本,又销售了产品,一举两得,如果合资企业生产中使用的原材料或零部件需要进口的话,跨国公司还可以得到这些商品的优先供应权;第六,合资企业的产品容易被东道国人民看做是本国产品,因此,可减少商品进入东道国市场的阻力,有利于迅速占领市场。

合资企业的弊端主要体现在:第一,由于双方背景、兴趣、动机等不同,对合资企业的经营目标的选择不同,此外,双方因文化和习惯等方面的差异在管理方法上也容易产生分歧,这些都会给双方的合作带来心理和实际的障碍;第二,对跨国公司来说,其全球战略难以得到很好的落实,所习惯的经营管理方法也难以全面贯彻实施;第三,对东道国来说,由于经验和技术水平方面均与跨国公司有较大的差距,因而容易受到跨国公司的控制,有时甚至是受到欺骗,遭受意外损失。

由此可见,合资经营的好处往往是比较直接、明显,而且近在眼前;而合资经营的困难和问题却往往比较间接、隐蔽,开始时常常不易发现。有关调查发现,发达国家之间合资经营企业的失败率高达50%以上,在发达工业国与发展中国家之间这一比例更高。

很多时候,合资公司的建立是迫于东道国政策、法律的限制。如美国尽管实行比较开放自由的金融政策,但在对外投资部门、投资比例等方面仍有一些专门规定。在通信方面,外国人在美国电报企业的合营公司或卫星通信公司中所占股权不得超过20%;交通运输方面,在美国的航空公司和在美国注册的船舶公司中,外国投资者不得拥有超过25%的股权。另外,在银行业,任何外国人或外国公司如在美国建立分支机构或想取得25%美国国内银行股份者,必须经联邦储备局批准。

大多数发展中国家也有类似规定,而且坚持出口产品越多的企业其外资比例可以越大,但对产品以内销为主,并使用当地资源的合资企业,外资比例要受到严格限制。

合资企业成功的关键在于选好合资伙伴。因此,应注意以下几方面的问题:

首先,合资各方要有必要的互补资源,如技术、市场等。如果没有互补性的资源,则难以取得合资的成功。在这里,技术上的互补尤为重要。这种互补性资源需要通过对影响企业发展的关键因素的分析来发现。那些将导致企业未来发展减缓,在市场中竞争地位下降的主要缺陷就是企业所需要的互补资源,寻求具备这些互补性资源的企业进行合资,建立合作伙伴关系,其成功的概率较高。

合资企业间的资源互补可以有多种形式,如一方提供技术,一方提供市场,就是一种很好的资源互补合作。这里特别要注意的是,不能将合作仅建立在资金互补的基础上。资金不足可以有多种解决方法,并不一定需要合资对方管理层的介入,仅以资金互补为纽带的合资经营一般难以长久地持续下去。

其次,合资各方的相互依赖程度适中。合资各方对对方的依赖程度不能过强或过弱,过强或过弱都不利于合资的稳定与发展。假如一个小企业过度地依附于合资方,则小企业会感到不安全,担心失去独立自主的地位和平等的发言权,得不到应有的发展机会,从而对自己在合资前途中的地位产生怀疑和不安。假如一个大企业对于其合资方基本上不存在依赖,那么这个大企业容易产生对合作伙伴的不尊重,忽视合作伙伴的正当权益,同样会危及合资企业的前景。

最后,合资各方要有共同的长远发展目标。如果合资双方在合资的期限、投资收益水平等长远目标上缺乏一致性,矛盾就会不断发生。假如合作的一方希望迅速扩大收益,设定较高的分红率以刺激本公司的股价上升;合作的另一方则希望得到必要的技术转让和市场的长远发展,而不是短期内的财务收益,这样,双方必然会因为利益不同而产生权力之争,则有可能导致合资企业的解体。尽管准确地确定合资双方的目的并不是一件容易的事,但由于它关系到合资企业的未来发展,因此,必须在合资企业开始筹建阶段就加以明确。

课程案例 12-2

一份不平衡的合资合同

1989年6月,中国某进出口公司(甲方)、中国某生产企业(乙方)与日本三家企业(丙方)建立了一家合资公司。合资协议规定甲乙丙三方各占投资的20%、29%、51%,合资期限15年。协议规定:制造产品所需的各种原材料由丙方负责采购进口,成品由丙方负责在海外销售,销售渠道则是由甲方代理出口。

合资公司创立前,根据双方核算及达成的协议,年利润率为12.5%。

企业投产后,产品供不应求,产量连年翻番,到1991年已经达到计划指标的600%。但是合资企业的利润率却始终无法达到各方原来协议的12.5%,到1991年还未达到5%。另一方面,日方公司则在日本发展迅速。

讨论题目:

1. 在此案例中,中方企业设立合资企业的目的是什么?
2. 合资协议存在哪些不妥当的地方?应如何避免类似问题的出现?

三、进入国际市场模式的选择

企业进入国际市场模式的不同反映着公司介入国际经营程度的不同,随着公司介入国际经营程度的加深和国际业务量的增大,企业将日益选择更能控制国外市场经营活动的进入模式,即由单纯产品出口过渡到要素输出,特别是资本、技术输出。表12-1总结了制造业公司国际经营发展的四个阶段。在四个阶段,管理者根据既定的产品/目标国家选择进入模式的能力是逐步增加的。

表12-1 制造业公司国际经营发展的四个阶段

阶段1 间接出口	买方主动提供出口订单,可能也包括主动提供的许可证协议。对外国市场投入较少
阶段2 直接出口	企业自己在国外市场建立直接的分公司或子公司向当地市场销售商品。将国际经营与国内经营看作相互独立的两种不同的业务范畴,予以区别对待,通常设立国际部来管理国外业务
阶段3 国际化经营	在国外进行投资,建立生产设施。由于国际经营业务还没有将所有国家和地区综合为一体,国际经营战略也没有与国内经营形成有机的统一
阶段4 全面的跨国经营	公司根据地区或产品情况组成一个全球性组织取代阶段3的国际部。国际经营战略与国内经营战略一体化,形成联合经营战略,每国在这里被看做全球市场的一个组成部分

第二节 国际商务组织决策

企业的经营决策必须依靠一定的组织与人员加以执行和实现。因此,企业所选择的国际市场进入模式与其组织决策之间存在密切的联系。经营决策是组织决策的依据。企业在国际化经营的不同阶段必须采取不同的组织与控制策略。

一、国际商务组织结构的主要类型

国际商务组织按照结构的不同主要可以分为出口部、国际部、国际营销公司等组织形式。

(一)出口部

出口部即在企业内部设立专门的出口部门负责产品的出口,但这一出口部门在财务、计划、人事等重要职能上不具备独立性,直接接受公司各个职能部门的管理。这种组织形式主要适用于采用间接出口打入模式的企业。此时的企业以国内经营为主,出口部专门从事外销,真正将产品送到国外顾客手中是由国外销售代理或中间商来完成的。

(二)国际部

与出口部相比,国际部不仅专门从事产品的出口业务,而且拥有独立的财务、促销、销售等职能部门,能够针对外部环境的变化独立作出自己的决策。采取这种组织形式的企业,大多已经将国际市场作为自己不可缺少的目标市场,外销和内销对企业同等重要,因此在组织设置上也赋予二者同等的地位。

(三)区域部

区域部指从事国际经营的企业除了国内设立国际部外,还在国外设立拥有独立的计划、财务、促销、销售等职能部门和经营决策权的区域公司。区域部的出现往往是伴随着企业的直接投资而产生的,目的是为了更好地适应当地的经营环境。

按照区域公司决策权的大小,我们可以大致把区域部划分为紧密控制的区域部和松散控制的区域部。

紧密控制的区域部指那些当地市场规模有限、主要承担生产职能的区域部,这种类型的区域部主要负责向其他区域提供产品,只具有非常有限的决策权。

松散控制的区域部是指那些当地市场规模比较大,区域公司除了承担生产任务以外,还承担比较大的开发当地市场的职能,甚至具有针对当地市场需求研发新产品职能的区域公司。这类区域公司在很大程度上像一个独立的公司一样进行经营。

(四)全球组织

全球组织是指实行全面跨国经营的企业采取的组织形式。它的突出特点是本国区域公司从公司总部中分离出来,全球各地的区域公司与本国区域公司具有同等的地位,都具有开发和经营当地市场的责任和权力;而公司总部除了制定整个公司的经营战略外,还要根据资源最佳配置的原则决定全球生产基地、研发基地的设置地点。

二、国际商务组织决策的类型

国际商务组织决策的类型包括集权与分权决策、组织机构类型决策、组织协调和控制决策。

(一)集权与分权决策

集权与分权决策的主要区别在于授权程度的不同。授权程度不同,对于下属组织和人员的管理方式也不同。对于国际企业而言,集权与分权决策的主要内容是确定母公司和子公司的决策权限。集权型的国际企业主要由公司总部作出决策,而分权型的国际企业则把一部分决策权力下放到子公司。

集权型组织与分权型组织有着各自的优势。

1. 集权模式的优点。这主要包括四个方面。

第一,集权模式有利于国际企业全球业务的协调。由于国际化分工的发展,国际企业往往将其产品零配件的生产和组装安排在不同国家或地区,为了使不同国家的子公司更好地配合完成最终产品的生产,协调工作就变得非常重要,集权型组织就是实现这种协调的重要保障。

第二,集权型组织能够保证公司各项决策与公司的总体目标相一致。在分权型组织中,各个子公司分别就各自的事务作出决策,其所作出的决策很可能与公司最高管理层的目标不一致。

第三,集权型组织有利于组织变革和调整。随着经营环境的变化,企业经常需要在经营战略和组织结构方面进行调整。在分权型组织中,由于决策和利益主体的分散化,这种调整是十分困难的。

第四,集权型组织有利于减少重复工作。在分权型组织中,各个子公司可能由于缺乏彼此之间的信息或出于自身利益的考虑而选择进行同样的活动,如竞争同一目标顾客群、开发类似的产品,从而造成组织资源的浪费。而集权型组织按照公司的统一目标分派工作任务,可以大大降低重复工作的可能性。

但是,集权型组织也存在一些不足之处,集权型组织的这些不足之处恰恰是分权型组织的优势。

2. 分权型组织的优势。这主要体现在如下五个方面。

第一,过度的集权会导致公司最高管理层不堪重负,最终导致决策失误和延迟。

第二,分权型组织有利于提高员工的工作积极性。人们更愿意执行自己作出的决定而不是简单地听命于他人。

第三,分权型组织具有更大的灵活性。决策需要信息的支持,这些信息为最高管理层获得和理解需要经历较长的时间,而子公司处于经营的第一线,更容易获得信息并认识信息的价值。

第四,分权型组织有利于提高决策的科学性,这是因为基层组织更熟悉当地市场和其所在行业的情况。

第五,分权型组织有利于加强组织的自我控制能力。随着权力的下放,责任也随之下放了,处于基层的组织将更关心其决策的结果,加强对自身业务的控制。

就国际企业而言,与单纯经营国内业务的企业相比,实施集权型组织策略的难度更大一些。因为各个国家和地区在地理区域上往往相距很远,经营环境差异很大,同时也可能处于不同时区引起沟通上不便。因此,国际商务组织一般将财务计划、资金调配、经营目标等核心决策的权力集中在总公司。而具体的经营决策权,如生产、营销、研发和人力资源管理等职能则根据不同国家和业务的不同在一定程度上下放到各国子公司。

一般来说,对于规模经济效益很明显或者各国市场差异不大的业务,适合建立集权型的组织以降低成本;而对于规模经济效益不明显或国别差异很大的业务,则比较适合采取分权型的组织,这样更能适应不同市场的需要。对于那些规模经济效益很明显而国别差异又比较大的业务,则适合在财务、生产、研发等方面采取统一决策,而在经营方面则采取分散决策。

(二)组织机构类型决策

组织机构类型决策是指企业按照什么标准划分和建立企业的内部组织。企业建立内部组织的主要标准包括职能、地域和产品类型,按照这些标准建立的组织分别称为职能型组织、地域型组织和产品型组织。

职能型组织是指组织内部按照财务、生产、营销、研发等不同职能划分为不同的部门,各个部门直接接受公司最高管理层的领导,彼此之间则处于平等的地位。职能型组织适合于那些产品类型和经营地域都比较集中的企业。

地域型组织是指组织内部按照经营地域的不同划分为不同的区域组织,各个区域组织直接接受公司总部的领导。地域型组织比较适合于经营地域广阔而且各个地区差异很大的企业,如同时在世界各大洲经营手机业务的诺基亚公司。

产品型组织是指组织内部按照经营产品类别的不同划分为若干产品分部,各个产品部门之间彼此独立,各自接受最高管理层的领导。产品型组织比较适合于经营的产品范围十分广泛、差异很大的公司,如美国通用电气公司。

需要加以指出的是,世界上并不存在绝对纯粹的职能型组织、地域型组织或产品型组织。现实中的经营组织往往是两种甚至多种组织结构的复合体,只不过不同企业组织结构的重心有所不同而已。例如,采用地域型组织的国际企业也必须在总部建立各种职能组织,并对各区域子公司进行指导或领导,各区域公司的经营决策要受到公司总部各职能部门的约束;而且各个区域子公司也必须根据需要建立自己的内部职能组织。采取产品型组织的企业除了在公司总部和产品分部建立自己的职能组织之外,往往还要在不同区域建立自己的区域组织,美国通用电气公司就是如此。

除了上面谈到的三种基本组织结构之外,现在越来越多的国际企业开始采用一种称为矩阵结构的组织模式。所谓矩阵结构,就是企业同时选择两种标准作为划分组织结构的基本依据,并从两个方面分享管理下属组织的权力。例如,一个国际企业可以同时选择按照产品类型和地理区域划分内部组织,既建立产品分部又建立地区子公司,产品分部和地区子公司共同决定某个区域内特定产品的经营活动。

(三)组织协调和控制决策

1. 组织协调与控制的障碍。对于国际企业来说,对处于不同国家的不同业务实施有效的控制是一件既十分重要又十分困难的事情。

导致国际企业内部协调工作很困难的障碍主要有三个。

(1)职能上的差异。绝大多数企业都存在这种情况。例如,负责研发的经理更加关注产品的技术含量和创新水平;生产经理更加关注产品的制造难度、生产能力、成本水平、生产规模、产品品种多少和质量水平;营销经理更加关注产品的价格、产品特色、促销策略、渠道组织。这种对自身职能和任务的关注是保证企业各部门正确履行自身职责的一个必不可少的要求,但由此导致的明显的本位主义则可能促使各个部门的经理之间彼此贬低对方的重要性,否认对方要求的合理性。一个生产经理可能抱怨研发部门新开发的产品生产难度太大,同时抱怨营销部门过于迁就客户的要求而导致产品种类太多、产品成本指标过低、生产准备时间过短。在国际企业中,由于存在多个类似的职能部门,如总部的产品部门、各个地区的产品部门,不仅各个不同部门之间存在职能差异,而且同一类型的职能部门之间在意见上也可能存在很大的差异,导致协调工作更加困难。例如,总部产品部门可能认为 A 产品更加具有市场前景而将其确定为发展重点,而某个区域产品部门可能认为 B 产品在该区域才具有真正的市场潜力,这样在产品研发的基本思路和选择上就发生了严重分歧。这种分歧是很难自发解决的,必须依据企业的总体目标加以解决。例如,如果企业选择追求全球范围内的统一经营和规模经济效益,则可能要求子公司放弃自己的看法;而一个强调多样化、本地化经营的企业则可能更加尊重子公司的意见。

在这方面,荷兰飞利浦公司就是一个十分明显的例子。飞利浦公司采取的是产品部门和区域组织并存的组织,而且各个产品部门和区域组织在经营上相对独立。结果,当飞利浦公司开发出一种新的录像机制式 V2000,需要公司各个产品部门和区域公司加以支持的时候,其业务量非常大的北美子公司则仅仅从当地市场的情况和自身利益出发,选择了进入市场较早、相关产品(录像带)市场已经发展很成熟的日本松下公司的 VHS 制式并为此支付大量的专利费。当然,飞利浦北美公司这样的选择是有道理的,毕竟与 VHS 制式录像机配套的各种音像制品市场已经具备很大的规模,VHS 制式的录像机更容易被消费者接受。反过来,V2000 制式录像机的音像制品市场还不存在,需要一段时间去培育,这必然影响到 V2000 制式录像机的销售。但是,无论如何,从飞利浦公司的总体来看,这样的选择无疑是不可取的。

(2)目标上的差异。国际企业的母公司和各地子公司面临的情况和任务不同,这会导致它们之间在主要目标上的明显不同。例如,一个处于发达国家、市场相对稳定的子公司可能更加强调产品的创新、卓越的性能、完善的服务网络;而一个处于某一较为落后、但发展迅速的新兴市场的子公司则需要更多地考虑成本、竞争问题,性能优越但价格高昂的产品在当地并不一定有很大市场,它所需要的可能是性能一般但价格低廉的产品。同样,这样的问题也必须通过明确企业战略的方式加以解决。

(3)管理人员的个体差异。国际企业的管理人员来自不同国家和地区,具有不同的文化背景、思维方式和处世风格,协调和沟通起来非常困难。例如,在一个美国子公司,一个管理人员对另一个管理人员工作上的不足提出批评和建议可能被理解为正常的工作;而在一些亚洲国家,类似的做法则可能被理解为个体之间的相互敌意和冲突。

2. 组织协调和控制的方法。对于国际企业来说,要解决内部组织之间的不一致问题必须采取一些系统化的方法。这些方法包括:

(1)明确组织战略和目标。没有一种形式的组织是完美无缺的,因此,在不同的利弊面前企业必须作出选择,并以此指导企业内部各个职能部门、产品部门、区域组织的活动。通过明确组织战略和目标,有助于企业的各个部门树立整体意识,自觉地对彼此之间发生的不一致的行为进行调整。

(2)建立组织内部的人员整合机制。企业内部的人员整合机制包括水平和垂直两种形式。水平整合机制指同级部门之间的联系和协商机制,例如由各部门经理参加的协调会议。当公司整体策略和目标非常明确、经理之间对问题的认识差距不大的情况下,水平协调机制通常能够很好地发挥作用。不过,当各个部门利益冲突比较大或意见分歧比较大时水平整合机制就很难发挥作用了。水平整合机制不一定只发生在各部门的经理之间,建立级别更低但固定的联系人制度对于协调内部冲突具有同等重要的意义。这是因为组织之间的协调需要是具体的、不断处于变化中的,具体业务层次上的经常沟通对于预防可能的重大冲突、保证日常活动的协调一致具有更加重要的作用。当水平整合任务非常繁重时,企业内部就可以考虑建立方便水平整合和协调的永久性或临时性矩阵组织结构。

垂直整合机制指为具有密切联系的各个部门任命负责协调各个部门关系的高级经理。高级经理与各部门经理之间属于领导与被领导的关系。当各个部门利益冲突比较大或意见分歧比较大时,垂直整合机制的优势非常明显。

(3)发展合作型的组织文化和非正式沟通网络。各个部门之间利益的差异是无所不在的,因此单纯依赖组织内部的正式协调机制很难彻底消除内部无时不在的冲突。在这方面,组织文化和非正式沟通网络可以发挥非常重要的作用。

通过组织文化建设,企业可以在管理人员之间树立起一系列共同的价值观和准则。基于公司整体利益的组织文化可以引导企业管理人员自觉地协调本部门的利益与公司整体利益和其他部门利益之间的关系。在建立组织文化方面,愿景教育是一个重要的手段。所谓愿景教育,是指企业管理层通过一系列宣传和内部制度,明确向每一个员工灌输关于企业目标、策略和经营原则的信息,并引导每一个员工按照这样的原则作出相关的决定。

除了组织文化建设,非正式沟通网络在消除组织内部冲突过程中发挥着十分重要的作用。所谓非正式沟通网络,是指公司员工在本职工作之外,以个人名义发生的沟通活动。例如,公司员工在公司组织或个人自发组织的娱乐、休闲活动中发生的沟通。与正式沟通网络相比,非正式沟通网络具有非正式、个人化、宽松的特点,适合对于双方存在重大利益冲突的问题或敏感问题展开讨论和探讨。而且非正式网络可以避开一些烦琐、复杂的正式程序。例如,一个企业的营销部门如果对产品开发有某种设想,如果采用正式网络,则必须由营销部门向产品开发部门发出正式的建议,产品开发部门再将这样的建议分配给内部的工作人员。由于对其他部门干涉本部门决策权和其他部门质疑本部门能力的担心,产品开发部门往往对其他部门提出的建议不以为然或者百般推脱,结果是很多很好的建议都如泥牛入海。在这种情况下,如果营销部门的人员能够通过个人关系请研发部门的某个或某些人员对产品开发建议先期进行产品开发试验,在获得了大量可以信赖的信息之后再提出正式的产品开发建议,效果就会好一些。市场营销部门的人员甚至可以通过个人关系由产品开发部门的人员提出这些产品建议,相比其他部门的建议,产品开发部门内部的建议更容易被接受。

3. 内部考核和评估机制。内部考核和评估是企业进行人员管理的一个重要手段,也是进行组织控制的重要手段。通过设立标准、执行计划、考核实际绩效、分析偏差原因、改进标准和计划工作,企业既可以确保任务的实现,也可以实现对人员的有效管理。

三、国际商务组织的建立步骤

国际商务组织的建立,一般包括以下5个步骤:

（一）组织结构设计

组织结构设计即根据组织职能的地位,确定组织内部的部门结构和职能定位。

（二）岗位设计

在组织结构设计的基础上,企业还要进行岗位设计,包括职位类型、职位层次、职位数量。

（三）制订人员配置计划

作为从事国际商务的企业,在人员配置上具有一定特殊性。为了更好地贯彻公司的经营策略、加强与母公司的沟通、保证公司的经营管理水平,国际商务企业通常都会派遣一定数量的本国雇员或国际雇员到海外企业中担任重要职位。而责任较低的职位则可能由当地雇佣人员担任。

（四）在公司范围内选派人员

在确定了人员配置计划后,国际商务企业首要的工作就是在公司内选派合适的人员到海外公司,搭建组织基础,招聘当地人员。

（五）在当地市场招聘人员

在当地市场招聘合格的人员是建立海外公司的重要一步。在建立初期,了解本企业或本行业经营特点的当地人员可能比较少,当地人员在工作理念、工作方法等方面与本国雇员存在很大的差异,因此能否招聘到具有较强适应能力和学习能力的当地雇员,对公司业务的开展具有非常巨大的影响。

四、国际商务人员管理

组织职能是通过组织成员的活动实现的。国际企业经营活动的国际化特征决定了其经营组织和人员在地域上的分散性、复杂性,特别是国际企业经常面临如何管理和协调来自不同国家和文化背景下的雇员的问题。

在国际商务活动中,人力资源管理决策具有十分重要的战略作用。首先,人力资源管理决策与国际企业的经营策略之间存在密切的联系,在国际化经营的国际营销阶段、多国营销阶段和跨国营销阶段,企业的管理模式和对子公司管理层的要求是不一样的。其次,国际企业的人力资源管理决策直接关系到国际企业能否适应国外市场的经营要求。国际商务人力资源管理决策主要包括人员配备决策、培训与管理决策、绩效评估和报酬决策。

（一）国际商务人员配备决策

1. 对国际商务人员的基本要求。人员配备决策指为特定的岗位选择合适的员工。国际企业对于员工的要求主要包括三个方面:

(1)业务技能,即具备完成一定业务活动所必需的基本技能。

(2)公司文化适应能力,即对公司的价值观、经营策略、做法产生认同感。

(3)国际文化适应能力,即对公司所在国家的语言、文化、价值观念、行为方式和经营做法有所了解和适应。

2. 国际商务人员的来源。国际商务人员从来源国的不同可以分为三种类型,即公司母国人员、子公司所在国人员和第三国人员。

(1)公司母国人员。公司母国人员指来自国际企业母公司所在国的人员。这类人员的优点是更容易了解和接受母公司的政策和方法,减少在执行过程中的偏差,同时母公司对这类人员的信任程度也比较高。其不足之处在于这些人员对于其他国家的经济环境和文化缺少足够的了解和认同。

(2)子公司所在国人员。这里的子公司所在国人员是指在母公司之外的国家的子公司所在国的人员。这类人员的优势是了解当地市场,适应性比较强,费用低。不足之处是对母公司的策略和文化了解和适应程度较差。

(3)第三国人员。第三国人员指母公司和子公司之外的第三国的人员。这些人员通常具有在多个国家学习、工作和生活的经历,因此在对母公司和子公司所在国的文化适应方面的能力比较强,不足之处是稳定性可能较差。

3. 国际商务人员配备政策的类型。国际企业的人员配备政策主要分为三种基本类型,即以母国为中心的人员配备政策、以多国为中心的人员配备政策和以全球为中心的人员配备政策。

(1)以母国为中心的人员配备政策。以母国为中心的人员配备政策指国外子公司的所有关键管理职位都选择母国的人员担任。

国际企业采取这种策略的主要原因在于以下三个方面。首先,在东道国缺乏合适的管理人员是导致这种政策的主要原因。所谓合适,体现在业务能力和适应公司文化两个方面。一些在发展中国家投资的跨国公司大多采用这种策略。其次,是为了确保整个公司经营和管理文化的统一。最后,是为了更清楚、准确地向子公司转移有关企业策略和经营技能方面的信息和能力。出于这种原因被派出的人员通常是已经在母公司工作过一段时间的人员。

这种策略的不利之处在于,一是容易导致子公司所在国人员的不满和抱怨,影响公司的士气和凝聚力;二是容易导致对当地经营环境的不适应。

(2)以多国为中心的人员配备政策。以多国为中心的人员配备政策指由子公司所在国家的人员担任一些管理职位,但母公司人员仍占据关键职位。

这种策略的优势在于:一是克服了单纯以母公司为中心的倾向,更加容易适应东道国的文化和经营环境;二是费用较低,在发展中国家尤其如此。

这种策略的不利之处在于:一是在东道国可能难以找到合适的人员;二是由于文化、权力、薪酬等方面的原因导致外派人员和当地人员之间的敌对情绪和不合作。

(3)以全球为中心的人员配备政策。以全球为中心的人员配备政策指在全球范围内完全根据管理人员自身的能力确定其岗位,不考虑其国籍因素。

这种策略的优势在于:一是能够更合理地配置人员;二是有利于培养和建立一支适应全球管理职能的国际管理人员队伍。

这种策略的不利之处在于:一是受到各国劳工政策和人力资源状况的限制;二是频繁在国家间转移管理人员会导致非常高的培训和安置费用。

(二)国际商务人员培训

任何一个人都不可能天生具有国际适应能力,因此培训就成为国际商务人员管理的一项重要内容。国际商务人员培训的主要内容包括文化培训、语言培训、生活培训等多项内容。

1. 文化培训。文化培训的主要目的是帮助外派人员了解东道国的文化,提高其与当地人员沟通的能力。文化培训的内容包括当地的文化、历史、政治、经济、宗教等方面的知识。

2. 语言培训。国际管理人员的主要工作语言通常为母国语言或英语,但一定程度地了解和掌握东道国语言对于国际管理人员与当地人员的沟通仍然具有十分重要的作用。首先,这会给予当地国际管理人员尊重当地语言文化,愿意与其建立和睦关系的感觉。其次,一定程度地掌握东道国语言对于国际管理人员理解当地文化和做法具有非常重要的作用。

3. 生活培训。生活培训的主要内容是帮助国际商务人员与他们的家庭更好地适应东道国的日常生活。良好的业余生活和精神状态对国际商务人员的工作成败所具有的作用是不能忽视的。

(三)国际商务人员的绩效评估和薪酬政策

对国际商务人员的绩效评估是一件十分棘手的工作。由于所处的地理位置和经营环境的不同,母公司很难直接对外派人员进行评价,而当地人员由于文化背景和地位上的差距也很难对外派人员特别是高层人员作出正确的评价。

与绩效评估同样棘手的是国际商务人员的薪酬政策。一般来说,国际企业在薪酬政策上将国际商务人员划分为国际雇员和当地雇员。对当地人员的薪酬政策是以当地的生活水平和薪酬水平作为确定薪酬的基本依据的。

而对国际雇员的薪酬支付主要参考母国的生活水平和薪酬水平。国际雇员的薪酬主要包括基本工资、生活津贴、外派补偿等项目。

国际雇员的基本工资一般与其在母国的类似职位水平相当,通常以母国货币支付,除非东道国的货币属于硬通货。

生活津贴是对国际雇员在国外生活产生的一些特殊支出的津贴,一般包括住房津贴、子女教育津贴、生活费用津贴等。生活津贴只适用于那些生活成本高于母国的国家,如生活费用很高的日本。

外派补偿是对国际人员远离家人、朋友、母国去适应异国生活和工作方式的一种特殊补偿。通常东道国越落后,与母公司所在国的差异越大,补偿费用越高。

除此以外,国际企业也可能在纳税和福利方面给予国际雇员一定的补贴,以使其享受同在母国类似的待遇。

课程案例 12-3

高露洁公司的全球人力资源管理政策

高露洁公司是年收入达 60 亿美元的全球个人用品巨头,大约 2/3 的收入来自美国本土之外。高露洁公司的基本业务模式是在本土开发产品,然后向全世界推广。每个主要子公司都负责自己在当地的生产和销售。子公司的高级管理职位由美国人担任,美国总部的经理则全部由美国人担任。

20 世纪 80 年代初期,高露洁公司认识到必须向跨国经营方向转变,并建立一支国际经理人员队伍,以适应不同的文化环境。

1997 年高露洁公司开始了一项国际培训计划,招聘了一批大学毕业生,条件是美国大学 MBA 学历、至少会一门外语、曾在美国以外的地区居住过、具有良好的计算机技能和商务经验。这些人员在美国接受了两年的培训,内容包括全球业务开发、公司产品介绍、语言训练、国际商务旅行等。这一培训结束后,他们被派往国外子公司担任产品经理助理。同时,高露洁公司还选拔各子公司的优秀年轻经理人员到美国接受类似的培训。

讨论题目:

1. 高露洁公司为什么要开展国际经理人员培训?
2. 国际经理人员培训计划可能在哪些方面提高其效率?

第十三章

国际商务竞争战略

第一节 企业竞争战略概述

一、企业竞争战略的含义

企业战略是企业最高管理层作出的有关企业长期发展目标和手段的一系列重大决定。美国学者罗伯特·格兰特在《当代竞争策略分析》(Contemporary Strategy Analysis)一书中指出,企业战略具有下面四个特征:

第一,战略的目标必须简单、一致、具有长期性。战略是对企业在一个较长时期内的发展方向的选择,它必须显示出长期性特征。例如,假设海尔、联想等中国企业提出要在10年或20年内进入世界500强或成为全球家电或信息产业领域的主流企业,这样一个目标就有了长期性。

企业战略的目标必须是简单明确的。企业通常会制定很多不同层次、不同领域的目标。就层次而言,存在整个企业的目标、各个业务单位的目标以至某一子公司的目标等。就领域而言,某一公司可以制定例如要在10年内销售额翻一番、利润翻两番、进入多个不同的产品领域、在技术上成为行业领导者等不同领域的目标。企业在制定战略过程中不能制定上述那么多层次、领域的目标,否则在多种目标的指导下,企业很难在长期内保持目标的明确和一致。企业战略的目标必须简单明确,清晰地勾勒出一个企业在一个较长时期内的目标和最终状况。例如,在10年内成为世界500强就是一个简单明确的目标。这一目标不像是一个简单的量化的指标,更像是一个质的定位。只要实现了这一目标,销售额、经营领域、行业地位必然达到一定水平。

企业战略的目标必须是一致的。目标的一致体现在两个方面,一是时间上的一致性,二是目标间的一致性。企业制定战略往往涉及不同阶段的目标,这些目标之间在指向上必须是一致的。例如,如果一个企业将自己的目标定义为在近期内实现利润最大化,在长期成为行业领导者,这两个目标可能就是矛盾的。为了实现利润最大化,企业可以选择进入不同的高利润的领域或更加注重销售策略,而要在长期内成为行业的领导者,企业必须专注于一个行业并且更加注重那些基本的能力,如技术能力、品牌提升、全球布局等。目标间的一致性强调企业在同一时期内的各种目标之间不能存在冲突和矛盾。例如,企业确定同时达到市场占有率和利润最大化,这两个目标可能就很难同时实现。市场占有率最大化,企业往往需要同时进入高、中、低端市场,并选择那些价值比较低的顾客作为自己的目标顾客,而利润最大化往往要求企业专注于自身具有最大优势、给企业带来较多利润的客户,而不是努力为所有的客户服务。

第二,战略必须反映对竞争环境的深刻理解。企业战略不仅要着眼于现在,更要着眼于未来。在制定战略目标时必须充分理解这些目标在未来企业竞争中的地位和意义。例如,企业提出要在10年内进入世界500强,可能是考虑到了经济全球化的世界经济趋势和本国市场的开放趋势,考虑到了行业内巨大的规模经济效应。

第三,在制定企业战略时必须客观评价自身的资源能力。扬长避短是企业在制定竞争策略时必须充分考虑的一个重要因素。例如,如果联想提出10年内进入世界500强,可能是在考虑了其国内IT行业一枝独秀的市场地位、明显的成本优势、突出的业务整合能力的优势和技术创新能力不足、品牌国际知名度不高等劣势之后,提出的一个比较客观、可行的目标。

第四,高效的执行能力。制定战略并不是目的,实现战略才是目的。企业在制定战略时必须考虑自己的实施能力。在这方面,通过建立合理的组织结构和管理制度是确保企业整合所有员工的能力和努力,持续为目标的实现作出努力的重要基础。

二、战略适应(strategic fit)

为了确保战略的成功,企业战略必须与其内外部环境相适应,这就是战略适应问题。

一个成功企业的战略必须达到以下几个方面的要求。

第一,企业战略必须与企业目标和价值观相一致。例如,对于通用电气这样一个强调创新、强调为顾客提供优质特色服务的企业来说,制定低成本竞争策略可能就是不合适的。

第二,企业战略必须与行业环境相一致。由于顾客需求性质、产品特性和竞争格局的不同,各个行业存在很大差异。各个企业必须在行业范围内寻求自己的发展机会。例如,1987年美国的菲利浦·莫里斯在经过了几年的努力之后出售了七喜(Seven-Up)饮料业务,原因在于菲利浦·莫里斯在烟草和啤酒行业长期成功的策略在七喜饮料业务中完全没有作用。探究起来,这背后的原因就是饮料行业与烟草和啤酒行业的经营环境存在很大不同,这种差异只有那些对行业具有很深知识和理解的人士才能感觉到。

第三,企业战略必须与企业的资源、能力相适应。战略决策一般需要企业资源的长期投入。如果一个战略所需要的资源、能力与一个企业拥有的资源和能力在数量和类型上不一致,企业的战略是很难实现的。例如,石油巨头埃克森(Exxon)公司曾采取多元化经营策略,进入了计算机和办公自动化行业,结果却失败了,失败的基本原因是埃克森公司不具有在计算机和办公自动化行业经营的资源和能力。20世纪80年代百事可乐公司在电子行业的遭遇与埃克森非常相似。此外,企业还应该注意到,在企业发展的不同阶段,对资源和能力的要求也是不一样的,企业必须拥有调整自身资源和特长的应变能力。

第四,企业战略必须与企业组织和制度相适应。组织和制度是战略实施的组织保证。20世纪20年代,通用汽车公司为了适应不同顾客群体的需要,将其汽车业务划分为若干独立的部门。而进入80年代以后,为了适应公司提高产品质量、降低成本、加快技术进步和提高对市场反应速度的新战略,原来的这些独立部门都相继被合并了,减少了公司的管理层次,而且为了提高产品质量和加快新产品研制,公司内部还建立了很多多职能的项目小组。

第五,企业战略内部的适应性。职能部门的战略必须与业务部门的战略相适应,各个业务部门的战略必须与企业总的战略相适应。这种适应是不容易做到的,各个不同的职能部门、业务部门之间总是存在矛盾,例如生产经理可能希望在一个固定的产能水平生产单一的产品,而销售经理则可能希望给予每一个顾客他所想要的产品。

三、核心竞争力与企业竞争战略

企业战略的目标是实现一个较长时期内的竞争优势和赢利目标,要做到这一点,企业必须具有某些超越其他企业的资源和特长,借以实施企业的战略。同时,我们还要看到,一旦其他企业看到某一企业的战略取得了成功,就会模仿成功企业的战略,埃克森进入计算机和办公自动化行业、百事可乐公司进入电子行业都体现了这种情况。事实上,对于企业来讲,创新与模仿是永恒的主题,有创新必然导致模仿,模仿必然导致新的创新。

在这种情况下,企业除了需要具备实施战略的资源和特长之外,还必须具有能够独享的资源和能力。这样就引出了核心竞争力(core competence)的概念。

所谓核心竞争力,是指对于企业战略和业绩水平发挥根本性作用的资源和特长。核心竞争力的概念不是独立存在的,它是相对于其他企业的资源和特长而言的。

核心竞争力的表现形式是多种多样的,在各个不同行业更是相去甚远。例如,对于通用电气、宝马汽车这样的企业,优异的品牌形象、顾客的忠诚已经成为重要的核心竞争力。实际上,在20世纪90年代的一次企业重组中,宝马汽车制造厂已经与宝马品牌相分离,但这丝毫没有影响宝马汽车在人们心目中的地位。而对于另外一些企业,如英特尔公司、朗讯公司,卓越的技术开发能力被视为它们的核心竞争力。而戴尔公司则是以营销模式和快速反应能力而成为计算机行业的领导者的。

一般来讲,可以视为企业核心竞争力的资源和能力应该是企业独有(如品牌优势)、其他企业很难模仿(如技术开发能力)或很难取得的(如德比尔斯公司拥有世界上绝大多数的钻石矿藏资源)。

不同行业、不同企业对核心竞争力的理解是不同的。企业制定和实施战略的过程从某种角度看,就是企业认识和培养自身核心竞争力的过程。

四、迈克尔·波特的竞争优势理论

美国哈佛大学的迈克尔·波特在1980年出版的《竞争优势》(Competitive Advantage)一书中提出了三种基本的竞争策略,即成本领先策略、差异化策略和集中策略。

(一)成本领先策略(cost leadership)

所谓成本领先策略,即企业以低于竞争对手的价格向顾客提供产品或服务。一个企业产品或服务的成本主要与投入成本、规模经济、学习经济、范围经济、产品设计、加工技术、设备利用率有关。

1. 投入成本(input cost)。任何产品或服务的生产都需要一定的人力、物力、资金、土地投入。这些要素的成本必然反映在产品成本上。如果一个企业能够取得廉价的资源,在竞争中就处于了优势地位。

在这方面,有两种策略是一些大型企业经常采用的,一是建立战略资源储备,垄断廉价资源供应。例如,西方的一些大石油公司非常注重收购世界各地的油气资源,从而在竞争中比那些必须按照市场价格购买油气的企业更有成本优势。二是在全球范围内配置资源,充分利用世界各地相对廉价的资源。例如,为了充分利用中国在土地、劳动力方面的廉价资源,越来越多的企业将其生产基地转移到中国。

2. 规模经济(economies of scale)。规模经济也称规模的经济性,是指随着产量增加,产品的平均生产成本不断下降的现象。产生规模经济的原因主要有三个,一是投入—产出的技术关系,如设备投资、人员费用、库存并不随着生产规模的上升等成比例增加。二是生产设施的不可分割性。企业规模越大,越采取效率更高的大型设备。三是专业化分工。生产规模越大,生产人员和设备、工艺、流程的专业化程度越高,效率也相应提高。

3. 学习经济(economies of learning)。学习经济又称学习曲线、经验曲线,这一概念是由波士顿咨询集团(BCG)在1968年提出来的,指随着累计生产量的增加,企业和生产者积累的经验越丰富,生产产品的单位成本会趋于下降。学习经济不仅是指随着生产数量增加单个生产者的效率提高,而且还包含着企业内部组织和协调经验的增加。之所以会出现这种现象,原因在于同一工作的重复进行可以提高劳动者的熟练程度,缩短进行同一工作所需的时间,降低浪费和废品率,改进不同工作间的协调程度,从而降低单位产品成本。一般来说,生产过程越复杂,学习经济的效果越明显。

4. 范围经济(economies of scope)。范围经济是指企业同时经营若干相关的产品所带来的成本下降。例如,一个经营冰箱的企业如果利用其技术、生产设施和销售渠道同时经营冰柜、空调,就可以降低分摊在每个产品上的成本。

5. 产品设计(product design)。产品设计是影响产品加工和维修成本的一个重要因素,现在企业大量采用的模块化设计就使得流水线技术被广泛采用,降低了装配成本。

6. 加工技术(processing techniques)。加工技术是企业竞争的一项重要手段。不同的加工技术在成本上存在很大差距。例如,皮尔金顿(Pilkington)公司发展的浮法生产技术大幅度降低了玻璃的生产成本而且提高了产品质量,索尼公司采用的自动组装技术也使其在成本上具有优势。

7. 设备利用率(equipment utility)。市场需求总是存在一定波动性。在需求强劲时企业的设备利用率比较高,单个产品分担的设备成本比较低,而当需求出现不足时设备的利用率比较低,单个产品分担的设备成本比较高。对于企业来说,能否根据需求变化调整生产能力,是能否控制成本的一个重要因素。在这方面,一些小型化、具有多种用途的设备是一些企业的理想选择。

(二)产品差异化战略(differentiation)

产品差异化是指企业生产出本行业中其他企业所没有的独特产品,形成独家经营的市场。产品差异化一般包括两种形式:①运用新技术、新材料和新工艺为产品增添新的功能和效用,使之与竞争产品产生显著差异。②在基本不改变产品性能和效用的基础上改变产品的非物质特性,使之具有符合消费者期望、为消费者使用产品着想、吸引消费者、树立优质的品牌形象等特性。前一类可以称为产品实体差异化,它一般需要以技术实力作为依靠;后一类可以称为产品观念差异化,它利用人们情感、心理、社会价值取向等方面的差异,利用相似的产品为人们提供额外的价值。第二类差异化的产品往往在质量和功能上很难为消费者所觉察和判断,在产品评价上要更多地依赖企业产品的宣传和品牌形象,这类产品也被称为体验产品,如化妆品、医疗服务和教育。

企业对产品实行差异化所关注的产品属性包括一致性(如麦当劳的汉堡)、可靠性(如戴尔的第二工作日上门维修)、质量(如诺基亚的手机)、技术创新(如朗讯)。

(三)集中战略(focus)

集中战略指企业把自己的目标集中在一个或少数几个子市场上。这种策略的优点是对企业资源总量的要求比较低,而且企业可以集中力量向某一特定子市场提供最好的服务,取得局部竞争优势。集中战略的主要缺点是放弃了其他的市场机会,同时市场风险也比较大。采用这种策略的多是资源有限的中小型企业。

第二节 国际竞争战略

一、国际竞争战略的含义

国际商务竞争战略是指企业制定的参与国际市场竞争的战略。

国际商务战略的基本原理、制定原则、手段与一般的企业竞争战略基本相同,但是在核心竞争力的着眼点上有一些特殊性。

一般来说,制定国际商务竞争战略的着眼点主要包括区位优势、规模经济政策适应和市场适应等要素。

(一)区位优势(location advantage)

世界各国在经济发展水平、自然条件等方面存在很大差异,如果企业将一部分甚至全部生产设施和加工环节转移到那些成本相对低廉的国家或地区,就为降低成本,获得更多的利润提供了可能。

由于现代经济中分工的高度发展,产品的分工已经从行业内的分工发展到产品内部的分工,使得企业的区位优势策略受到了很大限制。一个企业在将生产设施转移到低成本国家时,必须充分考虑供应商、客户保留在原来的地方生产所带来的一系列额外成本,包括高额库存、断货风险、协调费用、运输费用等。因此,最早实行区位策略的企业面临很大的风险。

但是,随着越来越多的企业采取区位优势策略,相关企业会加速向成本低廉地区的转移,形成所谓聚集效应,即若干相关企业都选择在某一个地方建立生产设施,这样做不仅降低了上、下游企业处在不同地点所带来的运输、协调费用,还大大降低了库存水平,提高了快速反应能力。

(二)规模经济

规模经济和范围经济是国际企业对外扩张的一个重要原因。由于受一国国内市场容量的限制,很多企业的产量达不到经济的产量,进入国际市场无疑扩大了企业的顾客规模,为进一步扩大规模提供了可能。此外,由于所选择的投资地点在劳工政策、投资政策、税收政策方面往往比在母国更加优惠,使得对外投资的成本优势更加明显。例如,欧盟国家在劳工待遇、工作时间方面的规定是非常严格的,即使零售企业也受到营业时间的限制不能保证每日营业,而在一些发展中国家,在这些方面或者规定很宽松或者基本没有规定。

(三)政策适应

为了保护国内市场,很多国家对于来自外国的产品都制定了关税壁垒和配额、技术壁垒、绿色壁垒、反倾销等非关税壁垒。对外直接投资是绕过这些壁垒的有效手段。

（四）市场适应

不同国家的需求往往存在一定差异，要更好地占领当地市场，企业需要生产更加适应当地需求的产品并采取更加有针对性、变化更加迅速的营销策略。这种要求，通过在母国生产出口的形式是很难满足的，如缺少当地特有的原材料、反应迟缓等。

课程案例 13-1

美国—墨西哥边境的美国工厂

从20世纪80年代中期开始，不计其数的美国公司在美国和墨西哥边界的墨西哥一侧投资数十亿美元开设了超过1 000家以上的工厂，雇佣着超过50万以上的墨西哥工人，装配美国生产的零部件，然后再运回美国包装成最终产品在美国市场销售。美国企业之所以这样做，是为了利用墨西哥廉价的人力资源（相同水平的劳动力在墨西哥的工资不到美国的1/6）。按照1966年的一项协议，墨西哥允许这些商品免税进入墨西哥，而美国只对运回美国的商品中增值的部分征收进口税。美国的工会组织认为这样做将减少美国的就业机会，经营这些工厂的美国企业则声称不这样做就无法与使用廉价劳动力的外国企业竞争。他们认为，这种选择是在墨西哥组装零部件，保留美国国内的部分就业与将整个生产转移到国外使美国丧失全部就业机会之间的一个选择。到1993年，墨西哥从这些加工装配业务中赚取的收入已经超过了石油出口的收入。1993年12月，美国、加拿大和墨西哥签署了北美自由贸易协定，1994年1月1日正式建立北美自由贸易区。该协定规定，在未来15年内，美国、加拿大和墨西哥将逐步取消所有的商品贸易限制。

讨论题目：
1. 美国和墨西哥为什么要建立自由贸易区？
2. 为什么美国企业将其制造企业转移到美国和墨西哥边界的墨西哥一侧？

二、国际竞争战略的类型

根据企业对国际市场的重视程度和参与国际竞争的方式，国际竞争战略可以分为国际战略、多国战略、全球战略、跨国战略等基本类型。

（一）国际战略

企业采取国际战略的基本着眼点是通过向国外市场转让当地缺乏的有价值的技能和产品来创造价值。采取这种策略的企业一般把企业经营活动的重心放在母国，产品研发、财务管理等核心职能一般放在母国，而把制造职能安排在每一个有业务的主要国家。在营销策略上，在国外市场基本采取与母国类似的做法，即使有所改变，也比较有限,公司总部对海外业务进行严密的控制和管理。

采用国际战略企业的赢利水平一般比较高,但不大适合对当地市场进行大规模开发。同时,由于在各国设立生产设施,提高了投资和生产成本,不利于规模经济优势的发挥,因此对于那些对成本比较敏感的行业不太适合。

(二)多国战略

企业采取多国战略的基本着眼点是最大限度适应各个区域市场的需求特点。采取这种策略的企业一般选择若干不同国别、不同地区、不同细分市场的国外市场作为其国际竞争的目标市场,并分别为不同市场制定不同的营销组合,通常在不同市场地域分别生产适应当地市场需求的产品。采取多国战略实际上就是在各个国家复制在母国的经营模式,很难利用区位优势和规模经济、学习经济降低产品成本。一般来说,在国际贸易壁垒比较高的国家比较适合采取这种战略。

(三)全球战略

采取全球战略的基本着眼点是在全球范围内综合利用各种有利的生产条件,求得成本的最小化。运用这种战略的企业一般根据各国条件的差异分别将研发、生产、营销等不同职能分别集中在若干个有利的地区,生产全球统一的标准化产品,充分利用价格、品牌优势占领全球市场。

这种战略比较适合于那些全球需求差异比较小的产品,如生产芯片和其他电子产品的英特尔公司、摩托罗拉公司都采取这种策略。

(四)跨国战略

采取跨国战略的基本着眼点是在全球范围内转移核心竞争力。运用这种战略的企业一般强调母公司与全球各个子公司之间都要建立一种相互传递核心竞争能力的机制,使企业的各个分支机构都具有全面的竞争优势,降低对母国和母公司的依赖。

跨国战略主要适合于那些成本压力和市场适应能力要求都比较高的国家。

课程案例13-2

宝洁公司国际竞争战略的演变

宝洁公司是世界著名的日用消费品制造商。在第二次世界大战以前,宝洁公司的业务主要集中在美国本土。第二次世界大战以后,宝洁公司通过实施国际竞争战略向西欧国家扩张。其基本做法是由美国公司进行新产品开发和设计营销策略,一旦在美国取得成功,则向西欧国家转移,通常不为适应西欧各国的差异进行大的修改。在国际化的前30年间,宝洁的这种策略在西欧和部分其他国家取得了成功。

20世纪70年代,宝洁公司进入日本市场,最初取得了一定成功,其一次性尿布的市场份额高达80%,但此后市场份额开始大幅度下滑,80年代初期下降到8%。原因在于宝洁公司在日本销售的尿布是在美国开发的，没有根据日本的情况进行修改，而日本花王公司开发的一次性尿布则更加符合日本消费者的需要。此后，为了重新赢得失去的市场份额，宝洁公司开发了适合日本市场的产品，市场份额回升到30%。

现在，宝洁公司已经在全球设立了80多个主要的分支机构，每年的全球销售额超过200亿美元，在洗涤剂、清洁用品和个人护理产品上处于全球领先地位。

讨论题目：

1. 为什么宝洁公司最初在西欧采取与美国一样的策略？为什么这种策略会取得成功？

2. 为什么宝洁公司最初的策略在日本遭受了巨大失败？宝洁公司是如何扭转这种不利状况的？

3. 你认为面对更加开放的全球市场，宝洁公司的国际竞争策略可能会发生哪些改变？

第十四章

国际营销管理

市场营销是企业为了实现自身目标、达到与目标顾客之间的交换,在适当的时间和适当的地方,以适当的价格、适当的信息沟通和促销手段,向适当的消费者提供适当产品和服务的过程。市场营销的基本原理是了解顾客需求特征,并针对顾客需求采取有针对性的市场营销策略。企业实施营销策略所依赖的手段被称为营销组合工具。最基本的营销组合工具包括产品(product)、价格(price)、渠道(place)和促销(promotion),由于这四个工具的英文名称都以 P 打头,一般被称为 4Ps。有些学者认为,在目前的经济环境下政府和公众的影响力很大,应该增加政治力量(political power)和公共关系(public relation)作为营销组合工具,成为 6Ps。此外,在服务营销领域,有些学者提出应该增加人员(people)和过程(process)作为营销组合工具。

营销管理是商务管理的重要内容之一。国际市场营销是市场营销职能从国内到国际的延伸,国际市场营销的基本理论、营销手段、营销技巧与市场营销学基本相同;两者的主要区别在于市场范围不同,国内市场通常同质性比较高,而国际市场则是由多个国别市场构成的,同质性比较低。因此,国际市场营销的核心和实质是分析和掌握国际市场多种多样的市场营销环境,并在此基础上采取有针对性的各种经营战略、手段和技巧。

本章围绕 4Ps 组合重点介绍国际市场营销的特殊性。

第一节 国际市场产品管理

一、整体产品的概念

市场营销学中的产品是指能够提供给市场、用于满足人们某种欲望和需要的任何事物,包括实物、服务、场所、组织、想法(策划)等,既包括有形的物体又包括无形的服务、观念。因此,市场营销学中的产品又称整体产品。整体产品概念中的产品由三个层次构成,即核心产品、有形产品和附加利益产品。

核心产品代表产品的功能和效用,是满足消费者需求的核心内容,也就是消费者购买产品所要获得的利益。有形产品指消费者能直接观察到的、反映产品内在和外部质量的部分特征,如产品品质、品牌和商标、包装、式样、特色等,是产品功能和效用的作用基础。附加利益产品指供应产品时伴随的各种服务,如送货、维护、保证、指导等,目的是给消费者以更大的满足。

二、国际市场产品管理的特殊性

(一)国际市场需求的特殊性

国际市场的产品需求与国内市场通常有一定差异,表现在使用习惯、用途、产品标准、产品基本要求等多个方面。

1. 国际市场顾客在产品使用习惯上的差异。各国的自然环境、经济环境、人文风俗都存在很大差异,必然对人们的消费习惯产生影响。

例如,仅仅是人们日常使用的炉子在西欧各国就存在很大不同。德国人喜欢烤炉的把手置于顶部,法国人则希望把手在前面。大多数法国人和德国人喜欢黑色和白色的炊具;英国人则需要各种不同颜色的炊具,包括桃色、鸽子蓝、薄荷绿。

再如,欧美发达国家人们的居住空间相对比较大,厨房面积较大,可以放置比较大的冰箱;同时,这些国家汽车普及率高,人们常常每周去郊外的超市集中采购食品。因此,这些国家通常需要容积比较大的冰箱。而在中国,由于厨房空间有限、汽车不普及和每周多次采购的习惯,一些中等容量的冰箱成为市场的主体。

2. 国际市场顾客在产品使用用途上的差异。与国际市场顾客在使用习惯上的差异相类似,各国消费者在产品使用用途上也存在很大差异。例如,德国大众汽车公司开发的桑塔纳轿车经济、实用、价格低廉,在德国是定位于家庭轿车市场的。但是,当20世纪80年代大众汽车公司将桑塔纳轿车引入中国市场时,由于当时中国消费者的购买能力有限,私人轿车还无法大规模进入家庭消费,轿车的主要购买对象是政府机构和企业,因此大众汽车公司将产品定位于公务车市场。这样,同一种类型的轿车在德国和中国分别用于不同的用途。

类似地,在中国,自行车一般被视为是代步工具,而在发达国家人们出行的主要工具是汽车,自行车是一种休闲、运动工具,特别是在西欧各国,自行车运动是一项深受大众欢迎的运动。这样,中国和西欧的自行车自然存在很大差异,中国的自行车价格多在100美元以下,而西欧的自行车1 000美元一辆也不稀奇。

3. 各国市场产品标准上的差异。各国政府处于维护消费者利益、保护环境、限制产品进口等方面的考虑,大多对产品制订有强制性标准。但由于各国经济发展水平的差异,这些标准往往相去甚远。总的来讲,发达国家的强制性产品标准通常比发展中国家要严格得多,这样就使得发展中国家的企业向发达国家出口商品面临很大的困难。

4. 国际市场顾客在产品基本要求方面的差异。不同国家的经济发展水平不同,在生产、消费上表现出不同的特点。一个国家经济发展水平不同,国民收入高低不同,对产品的需求就会有很大差异。一般来说,经济较发达的国家偏重于强调产品款式、性能及特色,对广告与营业推广手段运用较高,市场竞争表现为品质竞争多于价格竞争;而经济发展水平较低的国家,则侧重于产品的功能与实用性,产品推广以人际传播居多,消费者对价格较为敏感。就工业品市场而言,经济发达国家着重于投资虽大却能显著提高劳动生产率的、自动化程度较高的设备;而经济相对落后的国家困于资金短缺,通常只能选择价值不太高、简单易操作的设备。显然,对不同经济发展水平的国家,市场营销策略就需要变化。

(二)国际市场产品开发的特殊性

国际市场产品的开发可以分为三种情况。

第一种是由销售区域以外地区的产品开发机构进行开发,此时必然面临不了解当地市场的困难。第二种是由销售区域当地的产品开发机构进行开发,此时对当地研发机构的研发能力提出了很高的要求,这一点在那些发展中国家市场特别突出。第三种是由销售区域以外地区的产品开发机构和销售区域当地的产品开发机构联合进行开发,这样做可以克服前两种方式的缺陷,但协调起来比较困难,往往需要较多的时间和费用。

(三)国际市场产品生产的特殊性

国际市场产品的生产也分为三种情况。

第一种是在公司母国生产,特点是产品生产比较容易组织,质量也容易得到保证,不足之处一是容易受到各国对外贸易政策影响;二是需要承担关税费用;三是很难满足销售地的要求,如发达国家生产的产品价格较高,发展中国家生产的产品质量较低;四是在花色品种、数量上很难及时地满足国外市场需求。

第二种是在当地进行生产。这种方式一方面可以避开国际贸易壁垒,降低成本,同时也能根据当地市场的需求状况调整产品结构和数量。这种方式的缺陷一是当地市场需求必须达到一定规模,否则不经济;二是要求当地必须具备一定生产条件,如厂房、能源供应、原材料、零部件、人员。

第三种是在第三地集中生产。这种方式一般为大型跨国公司所采用,其特点是选择若干具有明显比较优势的地区作为全球生产和供应基地,集中生产产品。这样做的优点是可以充分利用某些地区在生产上的比较优势,降低生产成本。缺点是在某些地区集中生产、风险比较大,如果某一生产基地的条件发生不利变化或者遭受国际贸易壁垒限制,将对全球范围内的产品稳定供应产生不利影响。

(四)国际市场产品销售的特殊性

国际市场产品的销售必须满足不同国家对产品的强制性要求,如性能、成分、包装、标签、说明。

此外,各国市场的销售渠道、促销方式也存在很大差异。

三、国际市场产品开发的基本策略

国际市场产品开发的基本策略主要有四种,即产品延伸、产品适应、产品创新和国际产品。

（一）产品延伸

这种策略是将现有的标准化产品直接销往国际市场。优点是不需要开发新产品,产品生产成本低,可以迅速推向国际市场。缺点是适应性差,往往不能适应国外顾客的需求。这种策略一般在进入国际市场的初期采用,一些发达国家的新型产品少量进入发展中国家市场时大多采用这种策略。

（二）产品适应

这种策略是根据国际市场需求的特点对现有产品进行修改,以全部或部分解决原有产品不适应国外顾客需求的缺陷。这种方式生产的产品成本比较低,所需要的时间也比较短。不足之处是不能很好地适应当地市场的需求。这种策略一般在国外市场具备一定规模时采用。

（三）产品创新

这种策略是根据国际市场需求的特点开发全新的产品。优点是可以比较好地适应国外市场的需求,增强产品竞争力,不利之处是产品开发周期长、开发费用高。对某一国家市场的产品销售前景非常看好,企业往往采用这种策略。例如,为了更好地适应中国市场的需求,美国可口可乐公司在中国市场推出了"醒目"这一中国独有的产品。

（四）国际产品

所谓国际产品,是指在产品开发过程中,不是根据某个国家的市场需求开发新产品,而是根据若干国家的需求开发新产品,这样的产品虽然相对于每一个国家都可能不是最好的,但在每一个国家都可以采用类似的营销策略进行销售。采用这种策略开发出的产品称为国际产品。采用国际产品策略的优点是生产、销售成本都比较低,可以同时在多个国家树立良好的产品形象和声誉。美国宝洁公司(P&G)在其他国家销售洗涤用品时就经常采取这种策略。

四、国际市场的品牌策略

在国际市场产品开发过程中,品牌决策具有非常重要的作用。

首先,强大的品牌声誉是迅速打开国际市场、获得高额利润的重要保证。例如,德国宝马汽车公司在进入中国的 20 多年时间内从来没有以公司名义直接进行过产品的广告宣传和促销活动,但其产品却在中国具有非常高的声誉,人们也非常自然地接受其高昂的价格。

其次,很多国家的消费者往往把产品品牌的来源国作为衡量产品质量和价值的重要依据。那些来自发展中国家的产品品牌必须经过长期的努力和经营才有可能最终被外国消费者接受。为了缩短这一时间,降低品牌风险,很多进入国际市场的企业采取了贴牌(OEM)和品牌特许的方式出口产品。所谓贴牌,即应采购商的要求生产产品,产品采用采购商的品牌,产品的销售完全由采购商负责。贴牌形式类似于加工生产,生产方的利润很低。品牌特许即生产企业出资购买知名企业的品牌使用权,以其品牌出售产品。此外,一些企业也采取收购其他国家企业的方式,从而获得被收购企业的产品品牌、销售渠道。

再次,企业在国际经营过程中存在统一品牌和个别品牌的不同选择。所谓统一品牌,即在不同国家和地区采用相同的品牌。统一品牌的好处是有利于树立全球范围内统一的品牌形象,有利于今后打入其他国家市场,不足之处是不容易在各个国家都被同样接受。

在使用统一品牌中存在一个重要问题,即企业必须在各国都获得该品牌的合法使用权。例如,中国的著名IT企业联想集团自成立之后的近20年时间一直采用Legend这一英文品牌。但是,当联想集团准备以统一品牌大规模进入其他国家市场时却发现,Legend这一品牌在100多个国家的相关行业已经被注册,自己无法取得这一品牌的合法使用权,为此,联想集团不得不在2003开始采用Lenovo这一新的英文品牌。毫无疑问,联想集团必须为推广这一新的品牌支付高额费用。因此,准备采取统一品牌策略的企业必须先期做好有关品牌在各国的注册和保护工作。为了减少可能出现的品牌冲突,企业在选择品牌名称时,尽量要采用那些具有独特性的名称,而不是被广泛采用的名称。

个别品牌策略即在不同国家采用不同的品牌。这样做的好处是比较容易适应不同国家的品牌竞争环境,特别是通过收购其他国家品牌的方式打入该国市场,比较容易被当地市场接受,有利于快速打开当地市场。不利之处是不利于品牌在全球范围内的扩展,也不利于企业的品牌管理。

最后,同一品牌在不同语言中可能具有不同含义。美国福特汽车公司向一些发展中国家推出了"Feira"牌子的廉价卡车,销售却不理想,原因是该品牌在西班牙语中意味着"丑陋的老妇人"。类似地,福特汽车公司在墨西哥销售"Caiiente"牌高级轿车时也遇到了麻烦,原因在于"Caiiente"在当地俚语中是"妓女"的意思。美国阳光公司向德国市场推销用来喷雾定型的卷法铁棒,他们在广告中将这种产品称为"Mist-Stick",后来发现英文中的"喷雾"(Mist)在德文中的含义是粪便,可想而知这样的名称对产品的销售会产生什么样的影响。

一般来说,在为国际市场产品设计品牌时要注意以下几点:①品牌应具备显著特征,便于识别、传播和记忆,便于联想和区别。②品牌设计要符合商标法和社会公德,不能带有欺骗性、歧视性和夸大宣传。③品牌要尊重目标市场的民情风俗、文化传统和背景。④品牌名称应与产品的性质、品牌定位相符合。

第二节　国际营销的价格管理

一、影响国际营销定价的主要因素

国际市场价格的形成机制与国内市场基本相同,成本、供求关系、竞争、关税、中间商环节是影响价格决策的主要因素。

（一）成本

从事国际营销的企业来自不同国家和地区,因而在成本上常常存在很大差异,这一点与国内营销差别很大。具有成本优势的企业在价格决策上具有一定回旋余地。

在国际市场产品成本决定中,汇率也是一个重要因素。由于国际营销定价一般采用国际主流货币,因此即使本国的产品价格不变,以其他国家货币表示的价格也可能由于汇率变化而发生变化。汇率的变动将影响商品在最终消费国的销售价格。例如,某一从事国际营销的企业将商品价格确定为100美元,在1美元折合8.28元人民币的情况下,在中国的相应价格为828元;一旦人民币与美元的汇率变为1美元兑换10元人民币,则该商品在中国的相应价格就变为1 000人民币。虽然美元价格没有变化,但由于人民币汇率的变化,该商品的人民币价格却发生了很大的变化,其市场需求必然受到影响。一般来说,本国货币贬值,本国商品的外币价格将降低,出口增加;本国货币升值,本国商品的外币价格将上升,出口将减少。

（二）供求关系

国际市场的供求关系变化比国内市场更加频繁、剧烈,由于供求关系的经常变化,国际市场的价格也处于不断的调整之中。一般来说,国际市场需求的主体是发达国家,因此发达国家经济形势的变化决定了国际市场需求态势的主流趋势。

（三）竞争

从竞争方面看,市场结构对价格的高低存在很大影响。完全竞争市场上存在众多的供应商,产品基本不存在差异,产品价格完全是由市场上供求双方的力量对比所决定的,在整个国际市场范围内价格相差都很小。在垄断竞争市场由于产品存在一些差异,国际市场上会存在一定的价格差异。在寡头垄断市场,由于只存在很少的几家供应商,国际市场价格水平的高低在很大程度上取决于这些供应商采取合作还竞争的策略。如果这些寡头对目前的市场地位和市场份额都比较满意,那么它们就会倾向于保持现状并把价格保持在一个较高的水平,甚至通过"串谋"行为大幅度提高商品价格;如果其中的一家或几家企业对目前的市场地位和市场份额不满意,对其他企业采取进攻性策略,那么作为市场竞争重要手段之一的价格就可能被调低,甚至可能出现价格持续下降的"价格战"现象。在垄断市场,只存在一家,价格往往偏高。

（四）关税

关税会影响国际市场商品的最终消费价格,因为它们是商品成本的重要组成部分。按照税率水平的高低,关税分为普通关税、协议关税、最惠国关税、特惠关税等。按照征收关税的目的,各国政府对进口商品征收的关税可以分为财政关税与保护关税,前者的征收目的是为了增加政府的财政收入,后者的目的是为了保护国内市场。按照征收方式的不同,关税可以分为从量税、从价税、选择税和混合税(综合税)。除了进口关税外,很多国家对进口商品还征收一些其他的费用,如进口许可证费。

外国商品进入某一国家后,还可能面临很多国内税收,如消费税、增值税、零售税等。这些税费会进一步提高进口商品价格。例如,中国对于进口小轿车除了征收进口关税和一些其他费用外,还要征收17%的增值税和一定的消费税,再加上各个流转环节的利润和费用,结果使进口小轿车的国内零售价格比国外厂商的出口价格高出许多。

（五）中间商环节

在国际市场上,一国产品从它的生产者到达另一国的消费者往往要经过很多中间商环节,如进口商、批发商、零售商,其中批发环节还可以分为多个层次。这些环节会涉及运输费用、装卸与储存费用、进出口关税和其他手续费用、保险费用、国内税费以及中间商利润,导致商品成本和价格的上升。中间商环节越多,商品价格上涨越多。例如,中国的服装鞋类在美国的零售价格是中国出口价格的4倍以上。在欧洲,中间商的流通费用比美国还要高。因此,缩短流通渠道成为降低商品零售价格的重要手段。例如,近年来一些美国连锁零售企业已经开始到中国直接采购商品,其目的就是要降低商品采购成本,从而降低零售价格,增加企业赢利。

二、国际市场商品价格类型

（一）国家垄断价格

各个国家都采取宏观或微观经济政策调整或管理国内经济,价格管理就是其中的一个重要内容。各个国家既可以用财政、货币等间接手段,也可以采用限制产量、限制价格水平、补贴、管制进出口、国家经营进出口等方法影响国际市场价格。限价是各国政府常用的干预价格形成的手段,可以分为最高限价和最低限价。最低限价指政府制定高于均衡价格的市场价格,政府这样做为了阻止价格降到某一水平以下。例如,美国、欧盟、日本分别采取制定最低价格、给予价格、对进口农产品征收高额关税等方式维持农产品价格的高价。这些行为,大大提高了某些农产品的国际市场价格。最高限价是政府制定低于市场均衡价格的市场价格。

除了各个国家或经济联盟自身的价格政策外,各个国家还通过政府间协定来分割世界原材料或制成品市场,规定进出口限额、缓冲存货、制定最低(或最高)限价等来稳定国际市场商品价格。这方面的协定主要有国际小麦协定、国际咖啡协定、国际锡协定、国际多种纤维协定等。

(二)以跨国公司的国际市场经营为代表的国际垄断价格

跨国公司凭借其强大的市场垄断力量,往往在对外交易中采用明显高于成本的具有垄断性质的价格。

国际垄断价格具有两种,即卖方垄断和买方垄断。卖方垄断指跨国公司作为国际市场上某种或某类商品的主要供应者时,利用其垄断地位抬高国际市场商品价格,获取超额利润。买方垄断指跨国公司作为国际市场上某种或某类商品的主要购买者时,利用其垄断地位压低国际市场价格。后一种情况主要发生在跨国公司从发展中国家购买原材料等初级产品和跨国公司从一些中小企业购买零配件的时候。

在内部交易中,为了最大限度追求公司的整体利益,跨国公司也往往采取内部转移价格。

(三)世界自由市场价格

世界自由市场价格指在不受国家垄断力量和国际垄断干扰的条件下,供求双方在国际市场上自由竞争所形成的市场价格。这种价格是按照供求规律自发形成与波动的。一般来说,工业品的价格波动相对较小,而初级产品的国际市场价格波动比较大。

三、国际市场定价的目标

不同企业在不同时期、不同情况下的定价目标是不同的,可以分为利润目标、市场份额目标。

(一)利润目标

从长期看,追求利润最大化是企业的最终目标。从短期看,获得适当利润也是企业追求的重要目标之一。在国际市场价格高于国内市场价格的情况下,企业就会选择向国际市场出口产品。

(二)市场份额目标

在国际市场上企业对市场份额的争夺可以分为两种情况。

第一种是临时的市场争夺,如一国某个行业生产能力在短期内大幅度增加而需求没有相应增长或者在生产能力不变的情况下需求发生大幅度下降,为了给国内大量过剩的产品寻找出路,该国企业就会倾力争夺国际市场份额。这种情况一般会导致国际市场价格在短期内的大幅度下降。

第二种是长期的市场争夺。企业是通过向消费者提供适合其需要的产品或服务来实现其赢利目标的,因此,对市场的争夺就成为企业的长期目标。在某些竞争比较激烈的市场上,很多企业将市场占有率指标看得比短期利润更重要。一些企业甚至信奉"市场份额就是利润"的竞争原则,一些国际企业将国际市场份额的争夺作为企业的长期目标。

四、国际市场定价策略

在完全竞争条件下企业只能接受市场价格,而在完全垄断条件下企业可以完全决定市场价格。只有在垄断竞争和寡头竞争条件下,企业具有有限的定价能力,才存在定价策略的问题。

在垄断竞争条件下,企业可以根据产品的差异程度和消费者的需求强度,制定适当的价格策略。而在寡头竞争条件下,企业的价格策略具有更大的选择余地。

国际市场的竞争往往体现出寡头竞争的特点,企业可以根据自身状况和市场竞争态势,采取以下不同的定价策略:

(一) 领导价格策略

领导价格策略指在一个行业中由某一家厂商率先制定价格,其他企业则相应跟着定价或变价。

实行领导价格策略必须满足一定条件。成功的领导价格需要三个基本的要求。第一,在整个行业中,定价行为必须是公开(visibility)的。如果企业的价格是保密的,谁也不知道其他竞争企业是如何定价的,那么企业就很难从容地提高或降低价格。第二,整个行业必须有共同的动机(common motivation),即通过更好的定价来促进利润的增长,而不是为了销量的急剧增长。第三,在其他竞争企业内部一定要有坚持不懈地跟随价格领导的决心。成为一个真正的价格领导企业需要进行艰难的抉择,要放弃一些可能增加企业销量的客户,建立起对一线价格决策的强有力的控制,或者在提价的过程中把自己的行动清楚地表达给消费者。

实行价格领导策略的多半是行业中具有比较高市场份额或影响力的企业。

(二) 跟随价格策略

跟随价格策略即以市场领导企业的价格为基准,根据自身产品的状况制定相应的价格。采用这种策略的主要是一些实力较弱的中小企业。有时一些希望维持市场现状的大型企业也采取这种策略。这种策略的优点是,当市场上的大部分企业都采取这种策略时市场竞争态势比较稳定,不会由于部分企业大幅度降低产品价格导致市场激烈的价格战,从而造成大部分企业两败俱伤的行业不利状况。

(三) 进攻价格策略

进攻价格策略即企业根据某一市场的一般价格水平,制定明显偏低的价格,使自己的产品具有明显的性能价格比。采取这种策略的企业通常是对自身市场份额不满意并急于扩大市场份额的大企业或者刚刚进入国际市场的大行企业。

第三节 国际市场渠道管理

一、国际市场销售渠道概述

国际市场销售渠道指商品从一个国家的生产企业流向国外最终消费者或用户的流程,是商品所有权的转移所必须经过的途径及相应设置的中间机构。

(一)国际市场销售渠道的三个环节

国际市场常见的销售渠道包括三个环节。第一个环节是出口国国内的销售渠道,生产企业直接或间接将产品卖给从事出口业务的企业,包括企业自营出口机构和其他出口商。第二个环节是出口商与进口商之间的销售渠道,也就是我们通常所说的国际贸易环节,通过这一环节商品由本国市场进入其他国家市场。进口商包括一般进口商、进口代理商、进口佣金商等。第三个环节是进口国国内的销售渠道。

一般来说,在国际市场销售渠道中,对于一般消费品而言,只有生产企业、进口商和用户是必不可少的,生产企业可以同时扮演生产企业和出口商的角色,如一些大型跨国公司就是这样;进口商可以同时扮演批发商、零售商的角色,如像沃尔玛这样的大型商业企业。对于产业用品而言,进口商和用户也可能合二为一。具体采用什么样的销售渠道主要取决于生产企业的实力和国际市场营销策略。

国际贸易中常见的销售渠道如图14-1所示。

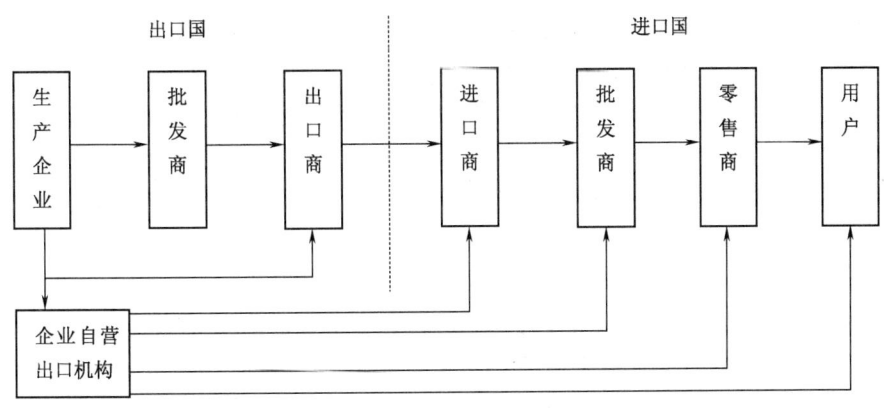

图14-1 国际市场销售渠道

(二)国际市场销售渠道的特点

由于市场因素的复杂性和经营范围的宽广性,国际市场销售渠道要比国内销售渠道复杂得多,其特点主要表现在以下三个方面。

1. 国际市场销售渠道长。国际市场销售渠道从出口国的生产企业开始,直至进口国的最终客户结束,中间通常要经过出口国和进口国的若干中间商,流转环节比国内销售渠道要多得多。

以我国企业向美国出口服装为例,一家小型生产企业生产出产品后,可以卖给一家较大的服装公司,后者再将产品转卖给专业从事服装出口的企业;出口公司将产品卖给美国的专业服装进口商,后者将产品再卖给美国的全国性服装批发商,这些批发商进一步将产品转卖给美国各地的地区性批发商,由后者将产品送达各种服装零售商,最后才能到达消费者手中。这样的流通渠道流转环节多,所需时间长,中间的商品装卸、搭配、包装、促销等费用都很高,其最终市场销售价格可能达到出口价格的4倍以上。

为了减少这些费用,当一种产品的出口或进口数量达到一定规模之后,国内生产企业或国外商业企业就可能越过中间环节直接到对方国家开展购销活动。例如,20世纪90年代末以来,一些中国的大型消费品出口企业开始在美国建立自己的销售机构,而美国的一些大型批发商、零售商则开始直接在中国国内采购商品。而因特网和电子商务的迅猛发展,为缩短国际流通渠道创造了进一步的可能。例如,美国一家大型五金销售企业在2000年将所有采购业务都搬上了其电子商务平台,将所有采购业务详细列出,欢迎全球特别是中国的生产企业直接向其提供产品。借助这种形式,即使一家规模很小的五金生产企业也可以与这家大型美国企业直接进行交易,流通渠道大大缩短。

2. 国际市场中间商的功能各异。国际市场上的中间商包括国内生产企业从事外贸职能的机构、商品生产国专门从事出口业务的中间商、商品进口国专门从事商品进口业务的中间商、商品进口国的批发商和零售商等。这些中间商的职能是不同的,国内生产企业从事外贸职能的机构其主要职能是直接或间接地搜寻国外需求信息;商品生产国专门从事出口业务的中间商主要职能是受生产企业委托或者自发地搜寻国际市场需求信息,办理商品出口所涉及的各种手续;商品进口国专门从事商品进口业务的中间商主要职能是受进口国批发企业委托或者自发地搜寻国际市场供货信息,办理商品进口所涉及的各种手续;商品进口国的批发商的主要职能是开发国内市场,包括国内分销渠道的建立和产品的促销等,这些企业在整个营销渠道中扮演着举足轻重的角色;零售商的主要职能是将产品送达最终消费者。

3. 社会文化习俗影响着中间商的经营方式。社会文化对销售渠道的影响表现在中间商的功能、形式和经营作风等方面。中间商的功能包括推销和促销、采购和配货、批量分割、库存、运输、资金融通、风险承担、提供市场信息、管理服务和咨询等。在不同国家,由于整个流通网络的结构不同、中间商的规模和能力不同、一般商业做法不一样,中间商在所承担的功能、采取的具体经营形式和经营作风等方面都存在明显的不同。例如,在日本,零售业规模小、流通层次多、渠道规范性、标准化程度比较低,商品交易重视信赖关系与长期稳定关系,交易回扣、退货制、期票制盛行;而在美国,零售企业多以连锁形式存在,规模大、功能全,流通环节比较少,整个行业的标准化、规范化程度都很高,一切以合同为准,交易回扣等不规范形式不仅不流行,而且非法;在大多数发展中国家,由于经济发展水平的限制,中间商规模、功能参差不齐,各种形式的中间商和经营做法都可能存在。

(三)国际市场中间商的类型

从事国际营销的企业和个人往往对国际市场缺乏完全的了解,这时候利用国外市场的各种中间商有利于缩短流通渠道,打开国外市场。

国际市场的中间商按照是否拥有商品的所有权可以分为经销商和代理商两大类。经销商指以自己的名义购买商品、拥有商品所有权并承担商品销售风险的中间商。代理商则以自己或委托人的身份销售商品,商品的所有权属于委托人,代理商不承担商品的销售风险。经销商包括各种进出口企业或国内经销商。

采用经销形式,经销商面临的经营风险比较大,生产企业承担的风险比较小,因此经销商通常只愿意对那些已经建立良好声誉的产品或者销路较好的产品采取经销形式。而对于缺乏良好声誉的产品或新产品,生产企业承担的风险比较大,商业企业往往只愿意采取代理的形式。

采用代理形式则相反,生产企业承担的风险比较大,代理商承担的经营风险比较小。刚刚进入国际市场的企业往往采取这种形式。

(四)各国国内流通渠道的类型

1. 各国国内消费品的流通渠道。各国国内消费品的流通渠道主要有四种:

(1)生产者—消费者。这是最短的销售渠道,即厂家直销。如农场主自行将农产品出售给消费者,企业以邮购的方式直接向消费者出售产品,生产企业自设网点销售等。由于市场发育比较完善,企业市场信誉高,各种消费信息的获取渠道较为畅通,以邮购为代表的直销形式在美国很发达。各种邮购机构(包括厂家直销和专门的邮购中间商)的销售额占到了美国零售额的10%左右。

(2)生产者—零售商—消费者。这种渠道常见于价值较高的耐用消费品。由于这些商品所需要的售后服务比较多,市场竞争也比较激烈,生产厂商通常选择若干百货商店或专业商店经销其产品。

(3)生产者—批发商—零售商—消费者。这种渠道常见于价值较低的日常消耗品,如食品、家庭用具等。这些商品一般不需要售后服务,但要求能够比较密集地覆盖市场,方便消费者购买。

(4)生产者—代理商—批发商—零售商—消费者。这种形式常见于市场分布面比较广的大众日常消费品,由于生产企业无力对整个产品销售市场进行管理,便在各个地区选择若干代理商负责产品的宣传、分销工作,一般采取地区独家代理的形式。

2. 各国国内生产资料的流通渠道。各国国内生产资料的流通渠道也主要有四种:

(1)生产者—工业用户,即直销形式,主要用于价值高、技术性强、需要企业上门推销和较多售后服务的产品。

(2)生产者—代理商—工业用户,主要用于财力不足或市场经验不足的中小企业。

(3)生产者—经销商—工业用户,主要用于生产企业较为分散,而经销商却比较集中的行业。在一些产品差异较小或售后服务较少的行业,如普通建材,往往采取这种渠道。

(4)生产者—代理商—经销商—工业用户。当生产企业面临的市场较大或开辟新市场时,常常采用这样的渠道。

二、国际市场销售渠道的区域特征

由于自然条件、社会文化、发展历史等方面的原因,在地理区域上比较接近的国家在经济发展上存在较为密切的联系,如大多数西欧国家、北美国家、大洋洲国家、中东国家、东欧国家、北非国家、撒哈拉以南非洲国家、东亚国家、南亚国家等在经济发展水平和商业做法上存在很多相似之处。这样,国际市场销售渠道也就显示出一些区域性特征。下面我们重点介绍一下区域特征十分突出而且在国际市场上非常重要的欧美、日本和中东地区的销售渠道的特征。

(一)美国的销售渠道

美国是世界上经济规模最大的国家,也是世界上最发达的国家之一。美国市场的特点是比较开放,进入障碍比较小,各种类型的中间商都比较发达。美国市场的另外一个重要特征是大型连锁商业企业比较多,如沃尔玛、凯马特都是世界知名的大型连锁商业企业。这些企业不仅具有覆盖整个美国市场的能力,而且具备直接在世界各地采购商品的能力。这样,就为外国产品迅速占领美国市场创造了良好的条件。

(二)西欧各国的销售渠道

由于经济发展水平比较接近和长期的密切经济联系,西欧和美国的流通渠道也比较相似。两者的主要区别在于西欧各国虽然总体规模与美国大体相当,但国家众多,单个国别市场比美国小得多,企业规模比美国也小一些,因此流通渠道相对较长,据估计,西欧各国的商品流通费用大体比美国高15%左右。

西欧各国销售渠道的特点一是进入障碍比较大,二是能够覆盖整个西欧地区的大型连锁商业企业比较少。

课程案例 14-1

Toys"R"Us—90'S 德国经验

Toys"R"Us是美国著名的玩具经销商,但是它在进入德国市场时遇到了很大麻烦。这种麻烦在于美国和德国销售模式的不同。在美国,很多玩具都是通过自我服务的超市来销售的,甚至存在专门销售玩具的连锁超市。而在德国,人们通常是在规模比较小、有专人服务的小型玩具店购买玩具,服务人员通常对玩具的使用方法进行详细的介绍。

在Toys"R"Us进入德国的初期,遭到了德国舆论的抨击,德国舆论界指责自我服务的玩具超市是不好的,对儿童不够负责。此外,在德国,人们也不喜欢包罗万象的大卖场,而是更青睐规模不大、但有特色的各种专门商店。

Toys"R"Us申请在科隆的郊区建立分店时,科隆市议员征询当地商会的意见,当地商会则指出玩具店应建在市中心而不是郊区。同时,德国玩具制造商协会质询为什么在Toys"R"Us的玩具商店里销售很多非玩具商品。

面对这些不利因素,Toys"R"Us认识到要做长期打算,短期内可能会亏损,只有必须不断说服、游说当地政府和同行,才能取得成功。

事实证明,Toys"R"Us的策略是正确的,现在Toys"R"Us已经在德国开了20家以上的分店。

讨论题目:
1. 为什么德国人和美国人的购买习惯不同?
2. 面对不同的销售环境,进入外国市场的企业有哪些选择?

(三)日本的销售渠道

1.日本销售渠道的特点。日本也是经济发达的资本主义国家,但其销售渠道与欧美国家明显不同。在欧美国家,制造商设立或控制的销售机构在整个商品流通渠道中居于主导地位,在产业用品方面尤其如此,而在日本的销售渠道中,占据主导地位的则是贸易商社。

日本的销售渠道是世界上最长、最复杂的,其基本特点是流通机构层次多,流通过程长、密度高。这主要表现在:

(1)日本的流通批发业多,不同功能的中间商具有多层次的特点。日本批发额与零售额的比值远远大于其他国家。在日本,基本的销售渠道模式为:生产者—总批发商—行业批发商—专业批发商—区域性批发商—地方批发商—零售商—消费者或用户。

(2)零售业的规模小,零散,分布密度高,流通层次多,渠道规范性、标准化程度比较低,商品交易重视信赖关系与长期稳定关系,交易回扣、退货制、期票制盛行。

日本的渠道体系相对比较封闭。以著名的松下公司为例,该公司拥有Panasonic、National、Technics、Quasar等品牌,控制着一家在日本拥有25 000家分店的连锁商店,公司50%以上的国内销售是通过该连锁商店实现的,产品从电池到电冰箱无所不包。该店同意以厂家建议价格销售,松下则保证25%的零售利润率,手段包括固定零售价格、厂家折扣、广告补贴。东芝、日立、三菱、三洋、索尼的情况类似。松下与索尼控制着全国7万家小型零售商店(占日本7.5%)。

此外,在日本建立新的销售渠道也比较困难。

1973年10月公布、1974年开始实施的大店法(Large Retail Store Law)规定,从事零售业、店铺面积在1 500平方米以上者(政令指定城市在3 000平方米以上者)在新设和增设店铺时要向主管的通产省(2001年1月1日起,通产省将更名为经济产业省)申报;通产省在接到申报后,审查大型店的这种活动是否会对周围的中小零售业发生相当程度的影响,如果发现确有影响,通产省在听取大店审议会意见基础上,得以对该大型店业主进行推迟开店3个月和缩小店铺面积的行政劝告。在不听从劝告的情况下,通产省可以发出进一步推迟开店时间、减少店铺面积的命令;在违反命令的情况下,通产省得以1年为限度命令业者停止全部或部分的营业。大型店在申报新设和增设销售面积之前,必须经过与当地商店业主们的协调,未经事前协调就没有资格申报。为了与地方商业势力进行协调,日本设立了"商业调整协议会"(简称商调协),由申请开设地区的商工会议所、商工会长、委托当地商业代表、消费者代表、学者等12人以上的人员组成。

2. 日本贸易商社的类型。日本全国有6 000多家贸易商社,经营着全国商品的80%和进口商品的70%。日本的贸易商社可以分为三类。

(1) 综合商社(keiretsus)。综合商社是日本贸易商社的主体。综合商社是金融、制造、贸易功能高度融合的企业集团,拥有巨额资产,各企业之间的联系把它们联结为纵向一体化的巨型公司,无需外部公司就可以进行产品的生产和销售。日本的综合商社的经营范围极为广泛,从资源开发到高尖端技术,几乎涵盖了所有产业领域。而且,它的经销品种不仅限于物,还包括咨询服务以及影像、音乐、电视节目等软件。综合商社的业务主要是贸易和投资,两者相辅相成,在金融、物流、调研、咨询、市场营销等功能的支持下,通过遍布世界各个角落的网络有条不紊地进行。因此,综合商社被冠于"产业组织者"的名称。

据日本贸易会统计数据显示,截至2000年末,日本政府正式认定的综合商社有18家,其中驰名世界的有九家,它们是:三井物产(Mitsui & Co., Ltd.)、三菱商事(Mitsubishi Corporation)、伊藤忠商事(Itochu Corporation)、丸红(marubeni corporation)、住友商事(Sumitomo Corporation)、日商岩井(Nissho Iwai)、东绵(Tomen Corporation)、兼松江商(Kanematsu)、日绵(Nichimen)。这18家综合商社在国内外拥有2 000多个网点,从业人员达8万多人。从营业额构成上看,国内占48%、第三国间贸易占22%、进口占16%、出口占15%;2000年日本总出口额的约30%、进口额的约50%是由综合商社所完成的。

在2002年美国《财富》杂志对全球500强企业经营规模的排名中,日本的三菱商事、三井物产、伊藤忠、住友商事、丸红、日商岩井、东绵、日绵分别列在第12位、13位、

17位、23位、25位、74位、255位和305位。最大的三菱商事2001年的销售额为1 058亿美元,最小的日绵销售额也有164.3亿美元,上述8大综合商社的销售额达5 263亿美元。

目前,日本传统的九大综合商社仅余5家,即三井物产、三菱商事、住友商事、伊藤忠商事、丸红商事。日商岩井、日绵、兼松江商等综合商社放弃综合经营,走向合并与专业化。2003年4月,日商岩井株式会社与日绵株式会社宣布合并,成立了日商岩井·日绵控股公司(Nissho Iwai/Nichimen,也称双日株式会社)。

综合商社经营活动具有三大特点:

一是经营商品结构和市场多元化,抗御国外贸易壁垒和贸易风险能力强。综合商社的经营商品体系从生产资料到消费材料,从原材料到成品,跨越上游至下游的各个领域。随着日本制造业大规模向海外转移,制造企业内部间交易趋多,商社的作用及在整体对外贸易中所占比率有所下降。除实体商品贸易外,商社还参与债券、金属(贵金属、非铁)、能源(原油、天然气、石脑油)、粮谷、天然橡胶等大宗重要商品的期货交易,以将价格变动风险降到最低。

二是建立起全球交易网络,交易方式多样化,保持内外市场协调平衡发展。综合商社的交易形态分为国内贸易、出口贸易、进口贸易和第三国间贸易四大类,所占比率分别为48%、15%、16%和21%。国内贸易约占半壁江山,第三国间贸易呈上升势头。从地域看,对欧美、亚洲各国的贸易具有较强的投资拉动贸易特色,与中南美、中东、非洲各国多为资金合作层面的经贸关系。

三是经营规模庞大,形成以商社为龙头的集团化经营,营业额及利润高。综合商社通过联合结算和持股形式,不断扩大和加强与国内外相关企业的合作,扩大交易规模,谋求利润最大化,产生"创造企业的企业"效应,八大综合商社的相关企业(联合结算子公司、持股公司)达4 858家,形成大型企业集团。2001年度八大综合商社的联结营业额达65.8万亿日元。2003年度三菱商事的营业额达15.17万亿日元,利润达7 693.8亿日元。

(2)专业商社。顾名思义,专业商社是指只在专业领域内从事经营活动的商社,而不像综合商社那样在金融、制造、贸易领域综合经营。日本的专业商社主要经营机械、汽车、化学品、服装、粮食、纤维、杂货等专门商品,其中比较大的有丰田汽车、日产汽车、本田汽车、东芝、松下、索尼等。

(3)中小贸易商社。第三类是中小贸易商社,数量较多,但销售额比较小。

(四)中东国家的销售渠道

中东国家是国际市场重要的组成部分,这是由于两个方面的原因。一方面,中东是世界上最大的石油输出地,巨额的石油销售收入使其人均国民生产总值比较高。另一方面,这些国家经济结构单一,有些国家石油销售收入占到了国民生产总值的80%以上,需要大量从国外进口各类物资。

中东国家销售渠道的主要特点是：

1. 中东国家的销售渠道有两种主要形式。一种是：进口商—批发商—零售商—消费者或用户。另一种是：代理商或进口分销商—佣金代理商—批发商—零售商—消费者或用户。

2. 普遍采用代理商或进口分销商。这些代理商或进口分销商一般只经营少数牌号的商品。

3. 中东国家的佣金代理商有时也起到进口代理商的作用，但并不完全执行进口商的全部职能。

4. 中东的批发商绝大多数是只有几个人的小批发商。

5. 中东国家的零售商规模一般都比较小。

三、国际市场销售渠道决策

（一）影响国际市场销售渠道决策的因素

渠道决策是企业整体营销决策密不可分的组成部分，直接影响到企业能否实现其经营目标。企业在进行渠道决策时，总是要考虑商品、环境、市场、出口企业自身条件等因素。

1. 产品因素

（1）产品的单价。产品的单价直接影响到销售渠道的长短。一般来说，产品单价越高，流通环节越少，这样可以防止产品最终销售价格的大幅度提高。高值产品往往由企业销售人员来销售。

（2）产品的体积和重量。产品的体积越大，重量越重，在流通过程中的运输、储存、装卸费用就越高，适宜采用短流通渠道。笨大的产品通常需要运输距离最短、搬运次数最少的渠道。而产品体积较小、质量较轻的商品则可以采用较长的流通渠道。

（3）商品的易腐性和易毁性。易腐产品为了避免拖延及重复处理所增加的腐坏风险，通常需要采用直接营销渠道。对于易损的产品，为了减少流通过程中的损害、损耗，也应采取较短的流通渠道。

（4）产品的技术性和服务的要求。非标准化产品由于难以找到熟悉产品的中间商，通常采取由企业销售人员直接推销的方式。需要安装、维修服务的产品通常由制造商或特许经销商来销售和维修。

（5）新产品。新产品在问世之初，由于中间商和顾客都缺乏了解，需要较多的推销工作和推销费用，中间商一般不愿意承担销售工作，一般由生产企业自设的出口机构进行销售。

2. 环境条件。各国市场的销售渠道往往受到该国政治、经济、文化、法律等方面因素的影响。这里侧重讲一下法律和经济方面的限制。

（1）法律规定和限制。各国政府都会制定一些法律法规对生产和流通过程加以限制和管理。一般来说,各国法律都不支持那些"可能导致明显降低竞争水平或产生垄断"的渠道安排。例如在美国,以下渠道安排可能引起法律上的纠纷:①制造商与某些中间商达成协议,不向其他经销商提供自己的产品;②制造商要求其经销商不得销售竞争对手的产品;③制造商企图强迫经销商销售其全部产品;④制造商随意取消或拒绝延续经销商的特许权;⑤制造商企图设定地区限制,以减少竞争压力。

(2)经济环境,指一个国家或地区的经济制度和经济活动水平,包括基本经济制度、人口分布、资源分布、经济周期、通货膨胀、科学技术发展水平等。经济环境影响着消费者的购买选择。以经济周期为例,经济高涨时,由于收入较高,消费者对价格的要求相对较低,而对渠道服务水平如空间上的便利性要求较高,此时应采用较长的渠道以提高渠道覆盖面和服务水平;反之,在经济萧条时期,由于收入下降,消费者对价格较为敏感,企业应选择较短的渠道,以消除不必要的服务,降低产品最终售价。

3. 市场环境。市场因素包括以下方面:

(1)消费者的数量和分布状况。当顾客数量众多或者分布分散时制造商倾向于利用每一层次都有很多中间商的长渠道;反之,如果顾客数量少而且分布集中,则可以选择短渠道。

(2)成交量大小。大批量成交的商品可以采取短渠道,而小批量成交的商品则适合采用中间商。

(3)潜在顾客数量。市场潜量越大,需要的营销努力和服务就越多,适宜采用中间商进行销售。

(4)消费者购买频率。如果消费者购买某种商品的频率较高,则适合采用每一层次都有很多中间商的长渠道,以方便顾客购买。

(5)消费者的购买习惯。消费者的购买行为可以分成三种类型,第一种是惯例化的购买行为,对于那些价值较低、购买频繁、消费者比较了解的消费品(如香烟、牙膏、口香糖)等,消费者一般不会花费时间和精力去寻找和比较不同品牌、型号的产品,而是随时随地就近购买,针对这种购买行为企业可以选择覆盖面比较大的长渠道。第二种是有限的解决问题,对于那些消费者了解产品的一般性能、特征,但是对不同品牌、型号的产品缺乏细致了解的产品,消费者在购买之前要花费一定时间、精力了解不同品牌产品的特征,企业要提供比较好的产品介绍和销售服务,因此企业可以采取中等长度和市场覆盖面的渠道,如:制造商—区域批发商—零售商—顾客。第三种是广泛的解决问题,对于那些消费者完全不熟悉的产品,消费者在购买前既要了解有关产品的一般信息,也要了解不同品牌产品的信息,消费者愿意为了解上述信息花费较多的时间和精力,此时企业适合选择比较短的销售渠道来满足顾客需求,例如采取直销形式。

(6)竞争者的渠道。在一些行业,制造商希望其产品能够在各种渠道与竞争者直接抗衡,而在另一些行业,制造商希望避免与竞争对手在渠道上直接对抗。一般来说,制造商要尽量避免和竞争者使用一样的销售渠道。如果竞争者使用和控制着传统的渠道,制造商应选择使用其他不同的渠道或途径来销售商品。如果由于市场上销售渠道的类型比较少或者由于消费者购买模式的制约,制造商必须选择使用与竞争对手一样的销售渠道,就必须在价格、产品包装、促销手段方面采取相应的措施。

4. 出口企业的条件。企业总体规模决定了其市场范围的大小、较大客户的数量以及迫使中间商采取合作态度的能力。

企业的财务实力决定了承担渠道职能的多少。

企业的产品组合决策也会影响其渠道选择:产品组合越宽(即产品种类较多),与顾客直接交易的能力越大(因顾客需求范围较广);产品组合越深(即同一种商品的花色品种较多),则选择独家代理或选择性代理越有利;产品组合的关联性越强,则各种产品越应集中使用相同的营销渠道。

企业过去的渠道策略、经验和其他营销策略也会影响企业的渠道设计;企业和顾客都可能由于时间的关系形成渠道偏好;企业的其他营销策略,如快速交货对中间商的职能、数目、辅助设施水平都会提出不同的要求,从而制约着渠道选择。

(二)国际市场销售渠道决策

国际市场销售渠道决策包括两个大的方面。首先,企业必须确定渠道目标。其次,企业必须根据渠道目标的要求作出各种有关渠道设计的决策。这些决策也包括两个方面,一是是否使用中间商的决策;二是选择国际市场中间商的决策,包括渠道长短的决策、渠道宽窄的决策以及选择具体渠道成员的决策等三方面内容。

1. 确定国际市场销售渠道的目标。所谓渠道目标,是指对渠道能力的要求。不同类型的企业、不同类型的产品对渠道的要求不同。第一,渠道系统必须能够接近企业的目标顾客。第二,渠道系统必须与企业及其产品的声誉相匹配。第三,渠道体系对市场的覆盖范围和能力必须与企业的销售目标相一致。第四,渠道体系的费用水平必须满足企业的要求。第五,企业对渠道体系具备所要求的控制能力。第六,渠道体系要能够适应市场的变化。

2. 确定是否使用中间商。利用中间商组织产品出口,可以大大简化企业的销售工作,节约在流通领域投入的人、财、物占用,缩短流通时间。因此,在开拓国际市场时,很多企业都注意采用间接出口形式。

但是,在很多情况下,由生产企业直接出口,也有很多优点。这表现在:①销售及时;②节约流通费用;③加强推销;④提供服务;⑤控制价格;⑥了解市场。

企业在决定采用直接出口形式或间接出口形式时,要综合考虑产品、市场、企业营销能力、控制渠道的要求、财务状况等因素。一般来说,销售量大而且市场集中时可以采取直接出口形式,这样企业可以在提供较高水平服务的基础上获得比较高的利润。在市场销售量较小或比较分散的情况下则适宜采取间接出口形式。

3. 选择国际市场的中间商。选择国际市场中间商的决策包括渠道长度、渠道宽度和渠道成员三个方面。

(1)出口销售渠道长度决策。渠道长度指产品从出口国生产者到进口国最终用户所经过的流通环节的多少,也就是渠道层次的多少。

渠道越短,流通时间越短,流通费用越低,信息传递越快,企业对渠道的控制能力越强,对制造商的要求越高。渠道越长,流通费用越高,信息传递越慢,企业对渠道的控制能力越低,对制造商的要求越少。有关渠道长度选择的因素可以参阅影响国际市场渠道决策的四个方面的因素。

(2)出口销售渠道宽度的决策。渠道宽度指销售渠道中的每个层次使用同种类型中间商数目的多少。企业在销售渠道宽度上有三种策略可供选择。

①密集分销(intensive distribution)。密集分销指制造商尽可能通过更多的批发商、零售商销售其产品。当消费者对购买地点的便利性要求较高时,提供较高的分销密集性是十分重要的。这种渠道策略一般用于香烟、汽油、肥皂、快餐食品、口香糖等便利品的销售。制造商通常倾向于从独家分销向选择分销以至密集分销转移,借此提高市场覆盖面和销售量。这样做有利于提高短期业绩水平但却会损害长期业绩水平。例如,一家公司从高档零售商向大众零售商扩张,就会在商品陈列、附加服务和价格上丧失一些控制能力,零售商之间可能爆发价格战,产品形象也可能受到损害。

②选择分销(selective distribution)。选择分销指制造商在某一地区仅仅通过少数几个精心选择的、愿意经销某一特殊产品的中间商销售其产品。这种形式既适用于已经能够正常运营的老公司,也适用于那些急于争取分销商的新公司。采用这种方式,制造商可以集中力量与选择出的中间商建立良好的工作关系,而不必在那些价值不高的中间商身上浪费资源。选择分销能够使制造商以比密集分销低的成本获得较高的渠道控制水平和市场覆盖度。

③独家分销(exclusive distribution)。独家分销指制造商在某一地区仅确定一家中间商销售其产品。这种方式严格限制经销其产品的中间商的数目,适用于那些制造商希望对经销商的服务水平保持较大控制的情形。独家分销通常涉及专销协议(exclusive dealing arrangements),即规定经销商不得同时经销竞争对手的产品。专销协议要求卖主与经销商之间建立较强的合作关系。通过授予独家分销权,制造商期望获得更具进取性、专业性的推销效果。独家分销一般会提高产品形象和毛利水平。在西方国家,这种渠道策略常见于汽车、电器和一些品牌的女性服饰的销售中。

(3)选择国际市场中间商。在确定了国际市场销售渠道的长度和宽度之后,国际营销企业就必须为每一个渠道层次选择具体的中间商。

在选定的渠道内制造商吸引合格中间商的能力是有所不同的。一些具有很高市场声誉的厂商很容易招募到所需的中间商,有些时候,作出独家分销或选择分销的承诺还可以吸引到大量申请者。另外一些市场声誉较低的企业则很难找到合格的中间商。不论那一种情况,都必须明确区分中间商优劣的特征。选择的标准主要包括中间商的可用性、中间商的服务成本费用、中间商履行职责的能力和效率、中间商的信誉、中间商的合作态度、中间商的策略等。一般来说,从业时间长短、产品线范围、增长和利润记录、清偿能力、合作精神、声誉等指标是制造商评估中间商的主要指标。如果所选中间商是销售代理商,制造商还需考察其产品线的数量和性质、推销人员的数量和质量;如果中间商是希望获得独家分销权的百货商店,制造商还要评估商店的位置、未来增长潜力和顾客类型。

(4) 评价各种渠道设计备选方案的标准。在前面所讲的有关渠道决策的各种选择时,都要进行若干分析、评价活动。在评价过程中,有三个主要的评价标准需要加以着重考虑,即经济性、控制性和适应性。

①经济性。每一个渠道备选方案都会带来一定销售额和成本。企业要估计使用不同渠道销售不同数量商品的成本变动情况,选择成本最低的渠道方案。

②控制性。通常企业不能完全拥有渠道体系的所有成员,因此能否获得外部渠道成员的合作就成为企业渠道决策能否贯彻实施的重要因素。一般来说,实力比较强的中间商控制性比较差,而控制性强的中间商往往实力较弱。企业一方面要在两者之间作出权衡,另一方面要加强自己的渠道管理能力。

③适应性。市场总是处于不断的变化之中,在一个快速变化、反复无常或者不确定的产品市场上,生产者所追求的是能够使其保持最大限度控制力和营销策略调整能力的渠道结构和政策。要做到这一点,既要求双方在一个较长时期内彼此间保持较高的相互承诺程度和投入,又对双方的应变能力提出了较高的要求。

四、国际市场销售渠道的管理和控制

(一)企业与经销商关系的管理

企业管理分销商的方式相差很大,它们可以利用不同的力量获得中间商的合作。制造商常用的力量有五种:①强制力量(coercive power)。制造商可以威胁中间商,如果中间商不采取合作关系,就将抽出投入的资源或终止关系。如果中间商对制造商依赖性很大,这种威胁会很有效,但会激起中间商的怨恨,影响长期效果。②奖赏力量(reward power)。制造商可以对某一方面作出突出表现的中间商给予额外利益。奖赏力量的效果通常比强制力量效果好,但中间商的胃口会越来越大,一旦制造商不堪重负而放弃奖赏,双方矛盾就可能会激化。③合法力量(legitimate power)。制造商可以利用合同关系和它在渠道中的领导地位要求中间商按照自己的要求去做。④专家力量(expert power)。由于制造商拥有中间商所需的专门知识,中间商为了获得这些专门知识会对制造商作出让步。但是,一旦中间商获得了这些专门知识,对制造商的依赖就会减弱,对此,制造商最好的解决办法是不断开发新的知识。⑤声望力量(reference power)。一些公司如 IBM、劳力士(Rolex)由于被广泛推崇,很多中间商都以与它们打交道为荣,因而会主动接受这些公司的安排。

制造商确定与中间商关系的基础有三种,即合作、伙伴和分销规划。

很多制造商认为,激励渠道成员也就是争取中间商合作的问题,所采取的手段就是"胡萝卜加大棒"。积极的刺激手段有高加成、特殊交易、奖赏、合作广告津贴、陈列津贴、销售竞赛、人员培训等。消极的刺激手段有降低加成、放慢交货、终止关系等。以合作确定与中间商关系的基础这种方式没有认真研究中间商的需要、问题和优缺点,只是粗暴地应用刺激—反应原理,并不能与中间商之间建立长期、稳定的关系。

由于合作模式的缺陷,一些有经验的公司寻求与中间商建立长期伙伴关系。这些制造商明确地向经销商表明它们在市场覆盖度、库存水平、市场开发、客户开发、技术咨询和服务、市场信息等方面的目标,期望经销商给予支持,并相应给予报酬。例如,一家公司改变直接支付35%佣金的方式,而是采取功能性补偿方式,即承担基本销售工作给予20%的佣金、保持60天销售的库存给予5%的佣金、及时支付货款给予5%的佣金、报告顾客购买信息给予5%的佣金。

分销规划是一种最先进的渠道安排,指建立一个有计划、实行专业化管理、同时考虑制造商和经销商需要的垂直营销系统。例如,制造商可以在公司内设立一个分销关系计划部门,其任务是了解分销商的需要、制订销售方案以帮助分销商取得最佳的经营效果。该部门可以与分销商共同制定销售目标、库存水平、商品陈列计划、销售培训要求、广告与促销计划等。这样做可以使分销商从整体角度考虑问题,加强合作,避免对抗。

(二)渠道成员的评价

企业要定期评价各个渠道成员的业绩水平,其评价标准主要有:①销售量;②市场份额;③平均库存水平、向顾客交货的时间长短、损坏和丢失商品的处理;④对用户的服务水平;⑤在促销和培训项目中的合作程度;⑥与其他成员的配合程度;⑦提供反馈的质量;⑧满意度的高低等。在评估的基础上,制造商必须确定如何改进中间商工作或是终止与某个中间商的关系。

当一家公司选定了渠道方案、选择了适当的中间商之后,还必须对单个中间商进行激励与评价。此外,随着时间推移也要对渠道进行改进。

(三)协调渠道冲突和竞争

企业通常希望渠道成员之间能够相互合作,这样做能够更有效地满足目标市场的要求,所产生的利益远比渠道成员各自为战高。但由于渠道成员追求各自利益的最大化,渠道冲突在所难免。渠道冲突有三种类型,即垂直渠道冲突、水平渠道冲突和多渠道冲突。垂直渠道冲突指同一渠道中不同层次成员之间的冲突,如制造商与批发商、批发商与零售商之间的矛盾。水平渠道冲突指同一渠道中同一渠道层次中的各个渠道成员之间的冲突。多渠道冲突指制造商实行多渠道策略,即通过两条或两条以上的渠道向同一市场销售产品时各条渠道相互竞争而产生的冲突,例如,如果服装商在利用专卖店销售的同时,增加利用百货商店销售,就会引起矛盾和冲突。

产生渠道冲突的原因很复杂。第一种是目标不一致,如制造商希望利用低价策略迅速扩张市场,经销商则希望通过高价格取得短期的高利润。第二种是角色和权利不明确,如 IBM 利用自己的推销人员向大客户销售个人电脑,而它的特许经销商也向大客户销售个人电脑,这主要是因为双方的权责划分不清楚。第三种是双方看法不一致,如制造商对近期经济形势持乐观态度并希望经销商增加库存,而经销商可能对近期经济形势持悲观态度而不愿增加库存。第四种是中间商对制造商依赖性太强,制造商的产品设计和价格决策直接决定了中间商利益的大小。

渠道冲突是渠道本身固有的一种现象,完全消除几乎是不可能的,但是渠道成员可以对其进行有效管理。管理方法有很多种。第一种是制定出整个系统的总体目标。渠道成员总能在一定程度上就一些功能性目标,如渠道生存、市场份额、质量水平、顾客满意度等达成一致。当渠道面临外部威胁,如更有效率的新渠道出现、不利的立法限制、消费需求转移时,渠道成员会认识到紧密合作是抵御威胁的有效手段,总体目标更容易达成。一般来说,渠道领导者在总体目标的形成中会起到很重要的作用。第二种是在不同渠道层次间短期交换人员,达到相互了解和认同的目的,如汽车制造商可以与其经销商短期互换经理人员。第三种是同化,即一个渠道成员接纳另一个渠道成员的领导进入自己的咨询委员会、董事会或类似机构,增加相互交流意见的机会。第四种是在各种同层次或不同层次渠道成员间建立行业组织,增进彼此间交流,如新加坡家具设计中心就是家具制造商和设计中心的共同机构。当渠道冲突十分严重时,就需要通过谈判、调解或仲裁的方式加以解决。

有经验表明,为了维护自己的利益,一些渠道成员非常注意加强渠道合作、减少渠道冲突。例如,一项调查表明,处于领导地位的工业分销商通过以下途径加强与制造商的联系:①与制造商进行充分的沟通,弄清制造商希望它们在营销渠道中所执行的职能;②通过访问工厂、参加制造商协会的会议和展览会深入理解、领会制造商的要求;③通过达到销售量目标、及时付清货款和及时反馈顾客信息,实现对制造商的承诺;④通过识别和提供增值服务帮助供应商。

第四节 国际营销促销决策

一、国际促销的特殊性

促销是销售促进的简称,指企业向消费者传达有关产品的信息,劝说他们购买的各项活动。

国际市场促销与国内市场促销在构成内容上并没有什么不同,都包括广告、人员推销、营业推广及公共关系四个要素。两者的区别在于:

第一,促销的对象不同。国内促销的对象是本国消费者,市场同质性比较高,国际促销的对象是外国消费者,而且不同国别消费者在文化背景、消费习惯、购买力水平、价值取向等方面存在很大的差异。

第二,面临的营销环境不同。国际促销所面临的营销环境在社会、政治、经济、法律等方面都具有特殊性。

第三,在传播渠道及费用等方面存在很多不同点。在世界上很多地方,传播媒体不发达,对广告活动产生严重制约。发达国家的人均广告费用往往是最不发达国家人均广告费用的数百倍甚至数千倍。

第四,国际促销常常受到国际关系因素的影响。一般来说,当两个国家的国际关系发生不利变化时,一国在另一国的企业往往会受到很大牵连,成为消费者拒绝或攻击的对象。例如,1992年在美国爆发了一场"反日运动",很多在美国的日本公司的业务受到了很大影响。类似地,2003年由于美国和法国在伊拉克问题上的分歧,导致前往欧洲的美国游客大幅度减少,在法国的欧洲迪斯尼乐园因此受到很大影响。与此同时,前往欧洲迪斯尼乐园的法国游客也有所减少。两方面作用的结果,使得欧洲迪斯尼乐园陷入了困境。由于这类原因,很多国际企业在促销中都尽量淡化外国色彩或强调当地身份。例如,日本丰田汽车在美国的广告词中突出强调产品的当地化程度来淡化外来公司色彩,而英国石油公司在收购了美孚石油公司在美国的加油站业务后将公司名称从"British petroleum"改为BP,以降低其英国色彩。

能否充分认识并在促销活动中体现各国市场的差异,是国际促销活动是否成功的关键。

课程案例 14—2

P&G 在日本

美国日用清洁用品公司宝洁公司(P&G)1972年进入日本市场。它在日本首先引入了尿不湿产品并很快占领了80%的市场份额,但1985年以后市场份额下降到8%。该公司在洗涤剂和个人保健品市场的强势地位也遭受重创。其日本子公司每年亏损4 000万美元。原因在于它把在其他地方的营销策略和产品渠道简单照搬到日本而没有考虑日本的文化差异。例如,当公司在日本推出浴室香皂时,在电视广告上展示了一个日本女人轻松地浸泡在充满泡沫的豪华浴缸内,这时她的丈夫走进浴室询问有关香皂的事。与此相同的广告在美国和欧洲效果都很好,但在日本却遭到惨败,原因是日本文化厌恶一个男人进入女人正在洗浴的浴室,哪怕那个女人是他的妻子。

讨论题目:

1. 你认为日本的消费文化与美国消费文化存在哪些不同?
2. 你认为一个在国外从事经营活动的公司应该采取标准化广告策略还是差异性

广告策略？两者各有哪些利弊？

3. 你认为进行国际投资前应考虑哪些文化差异？

二、国际广告开发策略

广告信息开发包括信息主题的确定，广告文案的撰写，情景的策划安排，图像画面的设计等。由于各国市场情况、消费习惯、购买动机、商业法律等存在很大不同，再加上语言上的障碍，使得国际广告信息的开发活动变得十分复杂。以下仅就国际广告的标准化、语言交流和法律限制问题做一些探讨。

（一）国际广告标准化与多样化问题

广告标准化是指在不同国家和地区，采用相同的广告策略、广告信息和创意，以及尽可能多相同的媒介。广告标准化的优点是可以降低广告制作成本和广告方面的管理费用，还有利于在全球范围内树立统一的企业形象。世界上使用标准化广告的主要是一些规模比较大、知名度比较高的大型跨国公司，例如，飞利浦公司的"让我们做得更好"（Let's make things better），德比尔公司（De Beers）的"钻石恒久远，一颗永流传"（A diamond is forever）等都是全球知名的广告用语。另外一些公司，如可口可乐公司、IBM公司虽然采取广告标准化策略，但广告的内容在不同时间则是不同的。

广告多样化指针对不同国家和地区分别做不同的广告。广告多样化的优点是可以充分考虑不同国家和地区的特殊性，针对性和适应性比较强。大多数公司都采取广告多样化策略。

企业是否实行标准化的广告决策，要考虑以下因素：

1. 各国消费者的购买动机是否一致。当各国消费者对某种产品具有大致相同的购买动机时，可以采取标准化战略；反之，则采取多样化策略。

2. 市场的共同点，如文化差异、受教育程度、购买力水平。各国市场越相近，越适宜采取标准化广告策略。

3. 产品的性质和潜在市场的大小。产品的差异越小，潜在市场的规模越大，越适宜采取标准化广告。例如，对于标准化的工业产品和消费用品，都可以采取标准化的广告，像可口可乐汽水、柯达胶卷、万宝路香烟。

（二）国际广告的语言交流问题

在国际广告中，语言是一个十分棘手的问题。目前还没有哪一种语言可以达到通行无阻的地步，对于普通消费者来说，语言的问题更加突出。

英语是世界上最为通行的语言，除了有英国、美国、加拿大、澳大利亚、新西兰等国家的6亿多人口以英语为母语外，西欧相当一部分的人口、发展中国家国家受教育水平比较高的人口都能比较熟练地使用英语。在商务领域，英语更是通行世界的标准语言。很多国际知名的跨国公司都以英语为其工作语言，即使其母公司所在国的母语并不是英语，如瑞士的雀巢公司、德国的奔驰公司、荷兰的ING集团、ABB集团等。

国际广告中的语言问题可以分为两大类,一类是多样化广告策略的企业能否准确使用当地语言的问题;另一类是采取标准化广告策略的企业如何将标准化广告翻译为多种语言。这里主要介绍一下第二类情况。

在制作广告原型时,企业有两种语言策略可供选择。一种是使用公司所在国的语言,当应用到其他国家时再翻译为当地的语言;另一种是使用英语,在应用到其他国家时,或者不做文字上的修改,或者做部分的修改,混合使用英文和当地语言。第一种是过去比较普遍的做法,但近年来随着经济全球化、企业国际化的发展,随着美国经济和文化的急剧对外扩张,采用第二种形式的企业越来越多。

如果企业广告文稿需要翻译,则应遵循以下原则:

1. 翻译人员的任务应该是翻译原文的思想和观点,而不是只提供字面解释。广告语言需要简洁、流畅、醒目,这是简单的字面翻译无法满足的。
2. 必要时可参照原文重新撰写广告稿本。
3. 避免使用生僻的成语或俚语。
4. 翻译人员的母语最好是广告稿本所需要翻译的语言。
5. 译稿必须经过当地人的核查,特别是代理商和经销商的核查。

(三)国际广告的法律限制及其他问题

由于广告在诱导消费者购买方面的特殊作用,广告行为直接影响消费者的利益,很多国家对广告的产品范围、形式、法律地位等方面均有比较严格的限制。

在产品范围方面,很多国家对烟草、酒类、药品等商品的广告进行限制,或者完全不允许做广告,或者对广告可以采用的媒体进行限制。

广告形式方面的限制比较多,主要有以下几种:

1. 一些国家限制采用比较和对比的方式宣传产品的功能。不允许使用"最好"、"比……更好"一类比较性语言,也不允许与竞争对手的产品进行对比,在德国和中国就是如此。
2. 一些国家对某些产品广告可供选择的媒体进行限制,如不允许采用电视、报刊媒体。
3. 一些国家对广告的内容进行限制,例如在中国,药品广告不允许出现有关疗效的宣传。
4. 大多数国家不允许广告中出现与当地历史文化、伦理道德、社会习俗相违背的内容。

在法律地位方面,有些国家如德国规定,广告属于广告主的要约行为,如果广告主拒绝按照广告中规定的条件与顾客达成交易,就属于违约行为,必须承担违约责任。

三、国际广告媒介选择

(一)国际广告媒介的类型

广告媒介是将广告信息传送给广大公众的工具。广告的效果不仅与广告传递的信息有关,也与广告主选用的广告媒介有关。各种广告媒介不仅效果不同,而且费用也不同。常见的广告媒介有印刷媒介、视听媒介、直邮广告、户外广告等几种。

1. 印刷媒介。印刷媒介主要包括报纸和杂志。报纸是一种使用最普遍的广告媒介,多为日报;杂志以月刊、周刊、季刊为主。报纸侧重于新闻性,杂志侧重于知识性和娱乐性。杂志可以分为综合性杂志和专业性杂志。综合性杂志的读者群分布比较广泛,而专业性杂志的读者群分布则比较集中,适用于刊登产业用品广告。

2. 视听媒介。视听媒介主要包括电视、广播和电影等。电视广告由于集声音、图像、色彩和活动四种功能于一体,而且收看率比较高,虽然产生时间较晚,但发展却十分迅速。电视广告心理作用强,形象生动,传播范围广,收看人数众多,刺激消费的效果好,因此在消费品广告中被广泛采用。近年来由于卫星电视和有限电视的发展,电视广告的覆盖面明显扩大,信息传播质量也有了很大提高。电视广告的局限性在于保存性比较差,而且费用很高。

在电视产生以前,无线电广播是最主要的广告媒体。由于电视的广泛普及和发展,目前无线电广播在广告媒体中已经降到了次要地位。但由于其费用较低,仍然为一些企业采用。在那些电视不发达,缺少报纸,文盲率比较高的国家,无线电广播仍然可能是最好的广告媒介。

3. 直邮广告(Direct Mail,缩写 DM)。直邮广告是广告主将印刷的广告物直接寄送给潜在用户。直邮的广告物包括样本、商品目录、说明书、通告函、订单、调查表等。直邮广告对广告对象的选择性和控制性较强。如果广告主能够获得准确的顾客需求信息,而且顾客对直邮广告信任度比较高,则直邮广告可以有非常好的效果。在美国,由于零售商可以通过银行、超级市场等机构获得比较准确的消费者信息,使得基于邮购商品目录的邮购业务比较发达,其销售额占到了美国市场商品零售额的 10%。而在中国,由于零售商无法获得准确的消费者信息,同时由于市场不规范,欺诈行为较多,消费者对直邮广告信任度较低,邮购业务的销售额很低。

4. 户外广告。户外广告有招贴画、广告牌、交通广告、灯箱广告等。它的特点是过路行人都可能看到,传播范围广,时效性长,费用相对低廉等。户外广告一般比较适合于在人口密集、交通流量比较大的闹市区、交通要道、接近居民区的道路旁采用。

5. 网络广告。网络广告就是在网络上做的广告,即利用网站上的广告横幅、文本链接、多媒体的方法,在互联网刊登或发布广告,通过网络传递到互联网用户的一种高科技广告运作方式。

与传统的四大传播媒体(报纸、杂志、电视、广播)广告及近来备受垂青的户外广告相比,网络广告具有得天独厚的优势,是实施现代营销媒体战略的重要一部分。互联网是一个全新的广告媒体,速度快,效果好,是中小企业扩展壮大的很好途径,对于广泛开展国际业务的公司更是如此。

目前网络广告的市场正在以惊人的速度增长,网络广告发挥的效用越来越显得重要,广告界甚至认为,互联网络将超越路牌,成为传统四大媒体之后的第五大媒体。因而众多国际级的广告公司都成立了专门的"网络媒体分部",以开拓网络广告的巨大市场。

网络广告的优势是覆盖范围广、主动性、积极性强、时间持久、费用相对较低、灵活性强;网络广告的劣势是广告对象范围不广、公信力弱、体系不健全。

(二)国际广告媒体的选择

由于各国社会、经济、文化的差异很大,传播媒介的状况和具体应用也存在很大不同,企业必须根据实际情况选择广告媒体。在媒体决策时,主要应考虑以下因素:

1. 媒介的国际性,即一种媒介覆盖若干个国家(国际性媒介)还是只覆盖一个国家或其内部的部分地区(国别媒介)。如果企业选择多样化广告策略,可以选择国别媒介;如果企业采取标准化广告战略,应尽量选择国际性媒介。国际媒介主要有:①电视方面。美国的 CNN(有线新闻网)、NBC(全国广播公司),英国的 SKY STATION(天空电视台)、BBC(英国广播公司)都是在国际上享有很高声誉的电视公司。此外,由于有线电视的发展,在北美和西欧,各个国家都可以收看到区域内其他国家的电视节目。②杂志方面。美国的《读者文摘》、《时代周刊》、《财富》、《美国新闻与世界报道》,英国的《经济学家》,都是世界上声誉很高,发行量很大的杂志。③报纸方面。美国的《纽约时报》、《华盛顿邮报》以及它们联合在欧洲发行的《国际先驱论坛报》,英国的《卫报》、《泰晤士报》,德国的《镜报》、法国的《费加罗报》等在国际上的影响和发行量都很大。④广播方面。由于受声波信号传播范围的限制,无线广播信号只能在一个国家或相邻的少数国家之间传播。由于大部分西欧国家国土面积都不大,大多数国家的广播节目都可以辐射到其他国家。

2. 媒介的可获得性。媒介的可获得性包括两个方面,一是各种媒体的发展程度,二是各国法律对于媒体广告使用的限制。

(1)媒体的发展程度。各国媒体的发展程度往往与各国经济的发展水平密切相关,在很多发展中国家,卫星电视、有线电视或者没有,或者覆盖率很低,报刊的发行量和覆盖面也很有限。

(2)法律限制。电视台可以分为国营电视台和商业电视台两大类。西欧国家对国营电视台的广告时间一般都有很严格的限制,甚至不允许播放任何广告,而对商业电视台的限制则相对较少。

3. 媒介的覆盖范围。这是指媒介的传播和影响范围,如报纸、杂志的发行量,电台、电视台的覆盖面,电影、路牌广告的观众数等。一般来说,范围越大,影响越广,广告效果越好。

4. 媒介的费用。在大多数国家,广告媒介的价格没有统一标准,主要取决于媒体的市场供给与需求状况。那些发行量大或收视(听)率、声誉高的媒体往往收费高昂,而一些收费低廉的媒体往往发行量或收视(听)率很低。

5. 媒介的质量。媒介的质量不仅指广告信息的制作和传播质量,如平面广告的印刷质量、视听广告的音像质量,而且包括媒介的社会威望与特点。媒介的社会威望指其信誉度,例如日本的《朝日新闻》由于严谨的作风和很强的社会责任感在日本国内各个阶层都具有很高的声誉。媒介的特点指媒介的专业性因素。从专业性角度看,媒介可以分为:综合性媒体,如大多数电台电视台,美国的《时代周刊》;政治性媒体,如美国《外交季刊》;经济性媒体,如英国《经济学家》杂志;文化生活媒体,如欧洲的一些家庭频道;体育娱乐媒体,如欧洲的 EUROSPORT 电视频道。

四、广告代理商的选择

广告的制作是专业性很强的工作,一般的公司都不会自己制作广告;而世界各国的广告媒体千差万别,从事国际营销的企业也不可能准确地加以选择。上述工作通常都会委托给广告代理商去做。广告代理商指专门从事广告经营的企业,即我们通常所说的广告公司。广告代理商受广告主委托,为其进行市场调研、制订广告计划、制作广告、购买媒体版面或时间等工作。在选择广告代理商方面,国际经营者有两种选择:①选择国内广告公司。这些国内广告公司必须在国外设有分支机构或与国外媒介有直接的业务联系。②选择国外广告公司。这些广告公司或者位于企业的目标市场国,或者在那些国家拥有分支机构。

各国广告代理机构的完备程度相差很大。一般来说,经济越发达的国家,广告代理机构的数量越高,服务质量越好。国际企业在选择广告代理商时,要考虑以下几点:

(一)覆盖范围

国际企业的目标市场往往涉及不同的国家或地区,从简化工作量、降低成本、保持企业促销工作的一致性等方面考虑,最好选择一家能够覆盖公司所有目标市场的广告代理商。

(二)服务质量

服务质量是广告主最关心的问题。不同的广告公司在服务质量上往往存在很大差异;即使在同一家广告公司内部,不同分支机构的服务质量也不尽相同。

(三)国际公司自身实力

一些实力强大的公司设有功能较强的广告部,负责制定公司的广告战略和广告管理工作,它们只委托广告代理机构处理一些具体的广告事务。而那些实力较弱的公司,往往需要广告代理机构提供全面的服务。

(四)联系与控制

一般来说,国际公司都希望与其广告代理机构保持经常性的联系并监督其工作。因此,最好选择在国外设有分支机构的国内广告公司或在国内设有分支机构的国外公司。

（五）国际协作的必要性

如果国际公司要在多个国家实行标准化广告策略，就必须在广告活动中协调行动以及统一管理，这样选择一家国际广告公司代理全部广告事务就是一种很好的选择。世界上很多知名的公司，如可口可乐、柯达等就只选择一家广告公司。

（六）形象

广告代理机构的市场形象往往影响到广告主在当地市场的形象。一家当地的代理机构有助于国际企业在当地消费者中留下良好印象，而一家国际代理机构则有助于企业树立国际性形象。

（七）公司组织

如果公司采取分权式组织结构，则选择广告代理机构的任务一般由各地的子公司完成；而在集权式的组织结构中，选择广告代理机构的任务一般由总公司负责。

五、产品策略与促销策略的配合

国际营销的各种策略之间存在密切的联系，沃伦·基根（Warren J. Keegan）将国际营销中产品开发与促销策略结合起来，提出五种国际营销策略，即：

策略一：产品扩展—促销扩展

该策略的做法是将现有的标准化产品直接销往国际市场，国际市场的促销方式直接沿用国内市场的促销方式。其优点是成本低，缺点是适应性差，对大多数消费品都不适用，使用时要慎重，否则可能带来灾难性后果。产品扩展—促销扩展战略虽然不要求从根本上改变产品及其促销方式，但对产品包装或装饰做一定修改还是必要的。

策略二：产品扩展—促销适应

该策略的做法是将现有的标准化产品直接销往国际市场，但国际市场的促销方式要根据目标市场的特殊情况作出改变。这也是一种低成本的策略。

策略三：产品适应—促销扩展

该策略的做法是根据目标市场的特殊情况改进产品，但国际市场的促销方式直接沿用国内市场的促销方式。该策略的成本比前面两种高，因为改进产品的成本比"促销适应"大。

策略四：产品适应—促销适应

该策略的做法是根据目标市场的特殊情况改进产品和促销方式。这种策略成本较高。

策略五：产品创新

该策略的做法是根据目标市场的特殊情况创造全新的产品。当现有产品与目标市场需求相去甚远时就需要采取这种策略，开发在性能、价格上适应目标市场需求的全新产品。这种策略成本最高,通常适用于发达国家和发展中国家的企业打入对方国家的市场时。

以上五种策略的基本特点如表 14-1 所示。

表 14-1　五种国际产品营销策略要点

策略	产品功能	产品使用条件	产品策略	促销策略	调整的相关成本*	产品实例
1	相同	相同	扩展	扩展	1	软饮料
2	不同	相同	扩展	适应	2	自行车
3	相同	不同	适应	扩展	3	清洁剂
4	不同	不同	适应	适应	4	服装
5	相同	——	创新	开发新促销方式	5	手动洗衣机

* 数字的大小代表成本的高低。

课程案例 14-3

海尔公司进入日本市场的营销策略

日本是个家电强国,也是世界上顾客最挑剔、外国产品最难进入的市场之一。韩国的 LG 企业为打入日本市场做了努力,但没有成功。

在对日本市场进入深入分析后,海尔决定进入日本市场。

首先,海尔对日本消费者的需求进行了深入研究,采取了为日本市场专门制造特色产品的策略。例如,海尔公司的设计人员在深入调查后发现,日本单身女性很多,这样的人住公寓,而且其需求和原来的需求完全不同,于是海尔专门设计了单人洗衣机产品,在日本市场一下走红,销量上涨,而且获得日本一个设计大奖。

在渠道策略上,为了解决日本市场渠道环节多,封闭性较强的问题,海尔采取了借用他人渠道的方法,而不是建立自己的渠道。2002 年 1 月,海尔与日本三洋电机株式会社合资成立"三洋海尔株式会社",通过三洋公司在日本的销售渠道销售海尔的电冰箱和洗衣机。

在促销决策上,海尔针对日本消费者崇尚名牌,看中企业实力的特点,于 2003 年在号称世界四大黄金广告地段的日本东京银座竖起了巨大的海尔广告标牌。

讨论题目:

1. 你认为海尔进入日本市场时采取了什么产品策略?这种策略有什么特点?
2. 你认为海尔进入日本市场的渠道策略有什么特点?为什么要这样做?
3. 你如何看待海尔在日本的品牌策略?

第十五章

国际生产管理

对于从事国际商务活动的国际企业来讲,选择合适的原材料和产品来源是获得其竞争优势的一个重要途径。在这方面,一个企业既可以采取外部采购的方式,也可以采用自己生产的方式。一旦选择自己生产,还存在在何地生产的问题。所有上述问题都必须根据企业的经营战略加以妥善协调和管理。

第一节 内部生产与外部采购

一个企业要获得自己所需要的产品,有两个基本的来源,一是由公司或其子公司进行生产,称为内部生产;二是从外部独立的供应商那里采购,称为外部采购。这两种方式各有自己的特点,企业可以根据自身的特点或战略目标加以选择。

一、企业生产决策的基本思路

企业要生存和发展,必须为企业的股东和其他利益集团包括员工、顾客、供货商以及所在地区和相关行业等创造价值,其总和即构成企业的"价值链"。

每一项经营管理活动就是这一价值链条上的一个环节。企业的价值链及其进行单个活动的方式,反映了该企业的历史、战略、实施战略的方式以及活动自身的主要经济状况。图15-1是波特在《竞争优势》一书中给出的企业基本价值链一般模型。

企业的价值链包括两个部分,一是基本活动,二是辅助活动。基本活动包括从原材料采购、生产、销售、售后服务的一系列纵向经营活动。辅助活动则包括企业基础设施、人力资源管理、产品研发等职能活动。

早期的企业几乎承担一个完整价值链内的所有活动,随着竞争的加剧和专业化的发展,越来越多的企业认识到并不是所有活动都能给企业带来竞争优势和利润,相反,那些企业不擅长的工作只能成为企业经营中的劣势。因此,企业在构建基本价值链模型的基础上,首先必须辨别价值链中各项活动的特殊性并确认做好该项活动必须具备的条件,然后根据企业自身的条件和战略选择自己的核心业务。

根据这一指导思想,一个企业如果认为自身在生产上具有优势,就可以采取自己生产产品的战略,即内部生产。反之,一个企业如果认为自己不具备生产产品的优势条件,就可以选择从其他具有生产优势的企业直接采购自己需要的产品,即外部采购,也称为外包或贴牌(out-sourcing)。

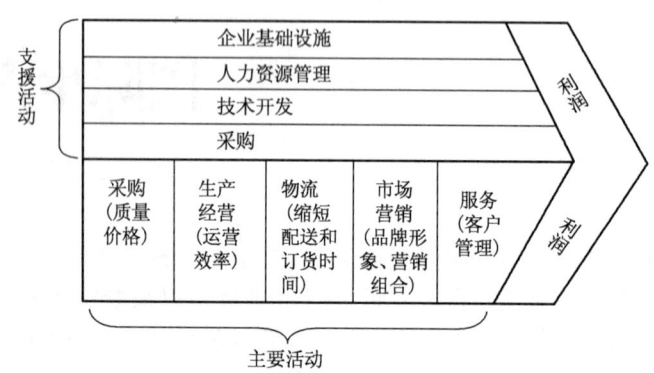

图 15-1　企业基本价值链模型

二、内部生产的优势和劣势

(一) 内部生产的优势

企业内部生产主要具有以下五个方面的优势:

1. 成本优势。如果一个企业在生产上比其他企业更有效率,尽管该企业可以很方便地从外部采购所需的产品,仍然可以考虑采取内部生产的方式。决定一个企业生产优势的因素包括区位优势、规模优势、技术优势、管理优势、产品特征等多种因素。

如果一个企业所处的地点能够以比较低的成本提供生产活动所需的各项条件,就构成了区位优势,如低廉的土地和劳动力成本、廉价的原材料供应、完善的基础设施、接近顾客等。一般来说,对于那些成本压力很大的中低技术产品,区位优势是一个重要的决定因素。

规模优势则取决于市场规模和企业的市场占有率两个方面。一般来说,高新技术产品由于需要支付较高的研发费用和生产技术不成熟,随着生产规模的扩大,产品成本将出现明显的下降。

技术优势则是企业具有一些独创的生产方法,如著名的玻璃生产企业皮尔金顿公司由于首先发明了浮法玻璃生产技术,在很长的一段时间内成为行业的领先者。

管理优势也是影响企业产品成本的重要因素,如日本丰田汽车公司由于率先采用了JIT、精益生产等生产管理技术,在20世纪七八十年代的相当长的一段时间内处于全球领先地位。

产品特征是指产品成本的构成特征,比较基本的分类特征是劳动密集、资本密集和技术密集。

一般来说,具有专门用途的产品,特别是生产设备,内部生产具有比较高的成本优势。

2. 独特的产品。一般来说,如果一个企业开发了自己独有的产品,通常很难从外部采购这种产品或零部件。即便这家企业提供足够的技术支持使其他企业能够生产产品或零部件,其他企业也未必愿意为其生产。这是因为,当一个企业为另外一个企业生产特殊产品时必须进行专业化的投资,购买或开发专门的设备,这些设备是不能为其他企业生产产品的。这样,零部件或产品的制造商对其采购商就会构成非常强的依赖关系,担心后者利用其唯一买主的地位压低价格。此外,制造商也会担心由于后者销售上的问题而使自身处于非常不利的地位。而从另一个方面看,这种产品的开发者也不愿意由其他企业生产这种产品,它会担心后者利用自己独家供应商的地位索要非常高的价格。

因此,当企业开发了独特的产品时,一般采取内部生产的方式。

3. 保护技术秘密。独特的生产技术是企业竞争优势的重要组成内容。如果一个企业委托其他企业生产该种产品或其零部件,就会面临技术外泄的风险。为了保护技术秘密、保持技术上的领先地位,很多企业宁愿采取内部生产的方式。

4. 有利于整个生产过程的协调。企业采取内部生产方式,可以根据自身的需要,及时、灵活地进行生产组织和安排,以降低库存和缺货的风险。

5. 有利于保持稳定的产品质量。如果依靠其他企业生产产品,产品质量往往不容易控制。在更换产品供应商或存在多个产品供应商的情况下,产品质量很难达到整齐划一。而采用内部生产的方式,产品质量很容易得到控制。

(二)内部生产的劣势

内部生产具有很大的优势,也存在一些不足之处。

1. 对企业资源和能力的要求较高。采取内部生产的方式,企业需要拥有自己的生产设施、人员,有时还要在产品技术开发和产品设计方面投入很大,对企业的产品开发、生产、原材料采购和资金需求较高。特别是内部生产需要占用较多的资金。

2. 内部生产的灵活性比较差。采用内部生产方式,企业就无法在不同企业之间进行选择,即便其他企业的成本比较低,为了不使自己的生产设施和人员处于闲置状态,也会采取内部生产的方式。更为严重的是,面对变化莫测的市场需求,企业必须保持一定规模的生产能力,不仅要经常面临生产能力过剩的问题,在需求旺盛的时候还会面临供不应求的困境。

三、外部采购的优势和劣势

（一）外部采购的优势

1. 战略上的灵活性。向独立供应商采购零部件的一个重要优势是可以保持战略上的灵活性，可以根据需要在不同的供应商之间转移订货并调整订货的数量。

在国际商务活动中，这种灵活性是非常重要的，因为随着汇率的变化和贸易壁垒的变化，最佳生产地点的变化是非常迅速的。选择外部采购不仅可以使企业随时可以从成本最低的国家和厂商订购产品，还可以避免在其他国家投资建立生产设施所面临的政治风险。

战略上的灵活性还表现在企业可以根据国际市场的需求随时调整自己的订购数量，在市场销售强劲时获得足够的产品供应，在销售不畅时减少库存的费用和产品无法销售的风险。在内部生产的情况下虽然也可以增加或减少产量，但通常存在一定限度，而且在减少生产时还面临着生产设施闲置的费用。

2. 成本优势。尽管内部生产经常被作为降低成本的方法，但在很多情况下外部采购可能更加有利于降低产品的成本。

首先，内部生产部门存在一定不足之处。由于存在一个稳定的客户，生产部门通常缺乏降低成本的动力，通常追求以比较高的内部转移价格将产品销售给其他部门。即使企业内部试图加强成本管理，也很难确定合理的价格。这样的问题在外部采购的情况下通常是不会发生的。即便在短期内存在，在长期内也会由于竞争的发展而消失。

其次，内部协调的成本可能比起外部的交易费用还要大。这种情况主要发生在公司规模非常大、协调和控制非常困难的大型跨国公司。公司越大，信息传递的层次越多，而协调与控制的难度是随着信息传递层次的增加而呈几何级数增加的。再考虑到国际企业分布在各个国家，在时间、语言、文化上的差异很大，企业内部管理的难度更大。

最后，产品和市场需求的特殊性也可能导致内部生产的成本很高。这些条件包括产品本身的生产非常复杂、产品规格品种繁多、市场波动非常大、产品各个组成零部件之间的技术含量差距较大。如果全部零部件都采取内部生产方式，不仅会导致生产过程极其复杂，而且随着市场需求的波动，还必须随时进行调整，很容易导致大量的库存和生产过程的混乱。而且将技术含量不同的产品集中在一起生产，也不利于降低成本。IT产业就属于这类明显具备上述特征的行业，因此外部采购在这一行业非常普遍。IT行业的企业一般只生产自己具有核心技术和优势的零部件，而将一般零部件的生产外包。

一般来说，外部采购的成本优势主要体现在一些通用产品方面。

3. 有利于绕开贸易壁垒。很多国家都面临贸易逆差和外汇短缺问题，因此在采购商品时通常要求供应商在本国采购一定数量的产品。在内部生产的情况下这样的条件很难得到满足,而在外部采购的情况下则比较容易实现。

（二）外部采购的劣势

在拥有巨大优势的同时,外部采购也有自己明显的缺点,表现在下面几个方面。

1. 很难获得专门的产品供应。为了避免彼此间高度的依赖性,多数企业一般不愿意建立专门的生产设施为其他企业生产和提供独特的零部件或产品。

2. 面临汇率和其他条件变化的风险。如果企业产品的采购和销售地点不同,那么两国之间汇率和其他条件的变化就会影响产品在销售地点的成本。尽管企业可以通过选择不同的供应商来尽量避免或减少这种风险,但在很多情况下这种风险是很难完全消除的,在产品生产集中在某一国家或地区的情况下尤其如此。例如,中国台湾地区是全球半导体产品生产的重要基地,台币与其他主要货币之间汇率的变化会明显影响到全球半导体产品的价格,其他一些因素如台湾地区的地震也会影响到全球的产品供应。

3. 价格波动幅度频繁而巨大。在内部生产条件下,企业主要根据整体经营策略确定产品的价格,而且为了避免因产品价格的变化而带来的经销渠道的频繁调整和稳定销售,在产品整体成本变化不大的情况下通常都会采取稳定产品价格的策略。而在外部采购的情况下,产品零部件的价格主要不是由成本而是由供需关系决定的,在产品需求上扬时供应商会借机提高产品价格,甚至为了提高价格人为地控制供应量,这样就会使零部件的市场价格处于频繁的调整之中,在达到一定幅度之后采购企业也不得不调整自己的产品价格,从而不利于企业产品的销售。

四、内部生产与外部采购之间的权衡

内部生产与外部采购之间各自拥有自己的优缺点,很难说哪一种更加有优势。但是在不同的内外部条件下,两者之间的差异还是很明显的。例如,对于只在国内经营的企业而言,市场环境相对稳定,企业内部的协调比较容易,内部生产方式的优势是很明显的。而对于国际化程度很高的企业,由于市场环境变化很大,全球管理的难度也很大,保持战略上的灵活性和加强组织控制非常重要,同时还要考虑各种各样的市场风险,采取外部采购的方式优势比较明显。

国际企业通常通过建立与供应商的战略联盟来协调内部生产与外部采购之间的矛盾。

战略联盟,是指两个或更多的企业,为实现某一战略目标而建立起的合作性的利益共同体。战略联盟与一般合作意义上的联盟有着不同的特定含义。这里的战略,指企业在同竞争对手的实力比较中,具有独特的经营要素上的优势,并能运用自身所具有的这些优势来更好地满足消费需求。只有具备了这种独特的比较优势,才能在相互竞争中显示其真实价值,只有那些旨在改变与竞争对手的相对实力并取得对竞

争者明确优势的企业行为,才能被视作战略或战略的组成部分。

战略联盟的目的,旨在增强企业间的长期竞争优势,从企业的基本任务和方向中衍生出经营目标,进而来赢得长远的相对优势。

企业与零部件制造商之间的战略联盟关系最早是由日本丰田等大汽车公司开创的。在日本,商社之间往往存在长期的密切关系,很多汽车厂商与它们的供应商保持长达数十年的合作关系。长期的合作关系,使得两者之间愿意在股权关系、产品设计、供应网络方面倾注一定资源,建立起一个既具有一定稳定性,又具有竞争性的关系网络。在战略联盟中,基本的关系仍然是市场买卖关系,一旦供应商提供的产品达不到采购商的要求或在价格上不具备竞争力,合同就可以终止。根据统计,日本丰田汽车公司只生产27%的零部件,其余的部分都来自外部采购。

现在这种战略联盟关系在国际企业中非常普遍,如日本的佳能公司为美国柯达公司生产复印机,日本索尼公司为美国苹果电脑公司生产笔记本电脑。

第二节 生产地点选择

国际企业通常通过将不同产品、零部件和工序在全球不同地域的合理分布达到成本最小化和提高产品质量的双重目标。

一、影响生产地点选择的因素

在选择进行国际生产的地点时,国际企业必须同时考虑多种因素,这些因素可以归纳为三大类,即国家因素、技术因素和产品因素。

(一)国家因素

从国家因素方面看,一国的政治、经济、文化、法律、技术等情况都属于基本的考虑因素。

在政治法律环境方面,政府的稳定性、政策的连续性、法律的完善性是重要的决定因素。

在经济方面存在多种决定因素,如土地、劳动力等生产要素的供给情况和价格,基础设施的完善程度,经济的开放程度,市场需求的水平等属于基本的决定因素。

在文化方面,不仅很多国家和地区缺少能够进行跨文化沟通的技术和管理人才,即使一般的生产人员也很难得到满足。现代的生产方式不仅要求员工具有不断学习的能力,而且要在工作时间上具有灵活性。很多国家的劳动力成本虽然很低,但却很难达到这种需要,在这些国家人们的进步欲望很弱,即使提高工资标准也不愿意加班或调整工作时间。

技术条件的重要性体现在,除了要满足企业生产要求的一般基础设施外,企业总是要在一定程度上从当地采购原材料或者零部件,即需要一些配套厂商。在一些技术比较落后的国家,寻找配套厂商是一件非常困难的事情。

(二)技术因素

这里讲的技术指企业的制造技术。一种产品的生产过程特点在很大程度上决定它适合在什么样的地点生产。在这方面,我们可以从固定成本水平、最小的效率规模和是否适合精益制造三个方面对产品的生产技术进行分析。

1. 固定成本水平。很多产品的生产需要花费巨额资本建立生产设施,例如,建立一个半导体芯片的工厂要花费10亿美元以上。在这种情况下,企业只能建立一个或少数几个工厂为全球范围内提供产品。此时,在选择生产地点时不仅要考虑成本的经济性,还要重点考虑供应的稳定性,包括生产环境的稳定性和金融环境的稳定性。

相反,如果一种产品的生产只需要较少的投资建立生产设施,就可以考虑在不同地点设立很多家生产设施,以便更好地满足不同地区的需求,并降低对单个生产地点的依赖性。

2. 最小的效率规模。很多产品的生产都具有明显的规模经济,在那些高新技术产品的生产过程中尤其如此。不过,当产量达到一定水平之后,生产的规模经济效果或者消失,或者非常不明显。我们将规模经济达到这一极限的产量水平称为最小的效率规模。

在达不到最小的效率规模的情况下生产是不可取的,因为在成本上具有明显的劣势。在达到最小的效率规模以后,企业可以按照这一规模建立几个不同的工厂进行生产,并将这些工厂分散在不同的地区以降低风险。

3. 是否适合精益制造。规模经济思想的核心是以低成本大量制造标准化的产品。这样做虽然可以降低生产成本,但却存在很大的缺陷。首先,大规模的生产导致大量库存的产生,占用了大量资金和空间。其次,生产准备所需的时间比较长,一旦生产准备出现问题,将产生大量存在缺陷的产品。最后,大规模标准化生产与需求的多样性相违背,很难满足顾客对产品的多样化偏好。

精益生产也称柔性制造,它是指以比较低的成本制造多品种的小批量产品的制造技术。精益生产是通过以下手段来实现上述目标的。

(1)减少复杂设备的生产准备时间和生产准备的次数。在减少复杂设备的生产准备时间和次数方面,一个基本手段是通过改进设备的设计,尽量减少生产前的准备时间。例如,丰田汽车公司精益生产系统的设计师大野泰一通过使用杠杆和滑轮系统,把换冲压机上冲垫的时间从1950年的一整天缩短到1971年的3分钟。这使得生产周期非常短,丰田公司能够根据顾客需求的变化迅速调整生产计划。

(2)通过更好地安排生产时间提高设备的利用率。提高设备利用率的基本手段是设计小型化的柔性机器单元。柔性制造单元是一个由若干台机器(通常为4～6台)组成,由一台计算机控制的生产单位,可以根据生产量的大小确定在一次生产中投入使用的机器的数目,并且可以很快在不同零部件和产品的生产之间进行切换。

通过这种改进,不仅可以提高设备的利用率,降低零部件库存的数量,而且由于生产出来的零部件迅速进入装配过程,可以很快发现产品的缺陷并加以改正,从而能够降低缺陷产品的数量。

利用柔性制造技术,不仅标准化的产品可以被大批量生产出来,就是多样化的产品也可以被大批量生产出来,这种生产方式被称做大规模定做(mass-customization)。如果一种产品的生产可以采用柔性制造技术,就可以实现在单一地点低成本地为各个国家差异化的需求提供不同的产品,不必在每个不同的国家建立生产设施以适应当地的需求特点。

(3)减少库存。减少库存的一项重要技术是 MRP。MRP 的基本原理是根据需要提供产品的时间,向前推演开始进行某一加工活动的最迟时间,并按照这一时间开始生产。通过 MRP 技术,企业可以实现 JIT(及时生产)方式的生产,理论上将库存降低为零。当然,JIT 生产方式要求设备具有很大的稳定性和灵活性,否则出现故障的生产环节必然会造成生产瓶颈。柔性制造单元正可以满足这种要求。

(三)产品因素

在产品因素方面,有两个方面对生产地点的选择是十分重要的。

一个是产品的价值重量比。产品的价值重量比是决定运输成本在产品总成本中比重的一个重要因素。一些质量很轻但价值很高的产品如电子元件,即使进行长途运输对成本的影响也是很小的,此时就可以考虑在最佳生产地点进行集中生产,反之则应考虑就近在多个国家进行生产。

另一个是产品需求的差异性。如果一种产品的需求在世界各地都是相似的,如工业原材料、计算机等电子产品,就可以在全球选择最佳生产地点生产;反之,就要考虑在不同地点生产。

二、生产地点选择决策

在生产地点的选择方面,存在两种基本的策略,一种是集中生产策略,即在一个地点进行集中生产并供应全球市场;另一种是分散生产策略,即在世界各地靠近市场的地方分别建立多处市场设施继续分散化的生产。

至于具体采用哪种策略,则要全面考虑前面分析的因素。一般来说,在以下情况下,可以优先考虑集中生产策略:

第一,各国之间在要素成本、政治经济和文化方面的差异很大,因而在制造成本上存在很大差异;

第二,贸易壁垒的程度比较低;

第三,主要相关货币之间的汇率相对稳定;

第四,生产过程中存在很大的固定成本,最小的效率规模很高,并且可以采用柔性制造技术;

第五,产品的价值重量比比较高;

第六,产品需求的全球差异比较小。

反之,在具备与上述条件相反的条件下则要优先考虑分散生产策略。具体情况,参见表15-1。

当然,在很多情况下支持集中生产策略和分散生产策略的因素是交叉存在的,在这种情况下,企业就需要分析哪些因素对企业的影响更大一些,并采取对应的策略。另外一个解决方案是划分全球区域市场,即将全球市场按照其差异性划分为几个内部比较相似的区域市场,在每个区域市场内部采取集中生产决策。例如,日本丰田汽车公司就将日本、北美和西欧作为三个独立的区域市场,在每个市场内部采取集中市场决策。

表15-1 影响因素和生产地址选择策略

	集中生产	分散生产
国家因素		
政治经济差异	大	小
文化差异	大	小
要素成本差异	大	小
贸易壁垒	少	多
技术因素		
固定成本	高	低
最小的效率规模	高	低
柔性制造技术	可以采用	无法采用
产品因素		
价值重量比	高	低
全球需求差异	小	大

课程案例 15-1

海尔集团的本土化制造策略

从1996年海尔在印度尼西亚设立第一家海外工厂至今,每年生产上百种产品,而且这些产品大部分在当地销售。这是海尔本土化制造的国际化道路上的关键一步。当1999年海尔在美国南卡罗来纳州投资设厂时,曾有人质疑海尔:舍弃国内劳动力成本低廉的优势,到人力成本昂贵、市场趋于饱和的欧美投资建厂,海尔是否明智?张瑞敏认为,从逆向思维出发,美国很多工厂到中国市场,所看好的是中国的廉价劳动力,我们现在唯一一个优势可能就是廉价劳动力,但如果我们总在家里的话,最后我们什么相对优势都没有了。到美国去,主要是获取人才、资本、技术这些优势。美国每两年提高一次家电的能耗标准,如果不在那里设厂,就很难跟上它的要求。到时光凭出口,光凭廉价劳动力,已经不可能再有优势了。海尔实现制造本土化还可以免除美国关税,减少产品运输成本和产品进入美国本土的成本。而且还可以消除一些美国零售商在售后服务和零部件供应等方面怕麻烦的顾虑。海尔南卡罗来纳工厂的产品打上"美国制造"这个标签往往是美国消费者取舍的微妙因素,这也可称之为本土品牌和制造的价值。

讨论题目:
1. 本土化制造策略有哪些优缺点?
2. 海尔为什么要在美国这样人工成本昂贵的国家设立工厂?

第三节 国际原材料供应系统的管理

一、原材料供应管理的重要性

获得所需的原材料是企业开展生产活动的必要前提。

原材料管理具有双重目标,一是通过降低库存来降低由于储存管理费用和产品过时带来的成本,二是降低顾客等待产品的时间以提高竞争优势。

通过提高原材料管理的效率,企业可以大幅度降低成本。在传统制造业,原材料成本可能占到销售价格的50%~70%,成本的小幅下降就可以大大提高利润率。实际上,物流被很多企业视为除了生产和销售之外的第三利润源泉。假定一家企业的年销售额为100万美元,原材料成本占销售额的50%,销售利润率为5%,则如果要使利润额增加15 000美元,采用增加销售额的方法来实现需要销售额增加30%,而采用降低原材料成本的方法则只需要原材料成本下降3%。显然,通过降低原材料成本来提高利润水平效果会更好。

国际原材料供应管理的复杂性对于一个制造设施遍布全球,同时销售活动业遍布全球的国际商务企业来讲,原材料管理的成本更高,复杂性更大,加强全球制造系统协调所带来的原材料管理成本的下降更加明显。

对于国际企业的一个生产工厂来说,其原材料有两个来源,一个是公司内部的采购,另外一个是外部采购。公司内部的采购是通过公司内部的管理系统进行的,其特点是常常能够得到优先的供应。外部采购通常是在全球范围内进行的,称为全球采购。

无论哪一种形式的采购都要求原材料在所需要的时间到达生产场所,不要太早,也不要太晚,最好是在刚好需要的时候到达,这就是所谓准时生产(JIT)的思想。

准时生产不仅能够降低成本,而且有助于提高产品质量。这是因为,由于不存在库存,零部件直接进入生产过程,有缺陷的零部件可以被及时发现,既避免了缺陷产品的出现,也有助于迅速找到问题的来源并加以解决。

要做到准时生产,国际企业内部必须建立起完整、高效的原材料供应体系,在这方面信息技术正发挥着越来越重要的作用。通过跟踪零部件在全球范围内流动直到到达装配厂的整个过程,信息系统可以使国际企业根据元件预计到达时间制定出最佳生产进度。

第十六章

国际商务财务管理

国际商务财务管理是国际企业的一项重要职能,具有其自身的特殊性。本章重点介绍国际商务财务管理中三个主要方面的内容,即国际投资决策、国际投资筹资决策和国际货币管理决策。

第一节 国际商务财务管理概述

一、国际商务财务管理的特点

国际企业在多个国家设立经营组织,而且多以独立法人形式存在,这样就形成了双重的融资渠道,一条是国际企业母公司的渠道,另一条是国际企业子公司的渠道。

同时,国际企业的财务管理战略具有全球性,即在世界范围内来考虑资金的筹集融通和调配使用,以实现公司的整体利益目标。

二、国际企业融资战略目标

国际企业在进行融资决策时,需要从各方面资金来源中,选择最佳机会以取得资金,将整个公司的资金成本降低到最低限度。国际企业选择最佳融资来源的目标(标准)是,经过外汇风险调整后,使公司外部资金成本降至最低;在选择公司集团内部资金时,使公司的全球性税负及政治风险降至最低,公司各个经营单位都应将谋求整个公司全球性综合资金成本最优化列为其经营目标。

国际企业的财务管理目标可以细分为两个方面。

第一,融资成本最低化。实现融资成本最低化的主要手段是三种策略原则,即避免或减少纳税、尽量利用各种补贴贷款、争取东道国当地信贷配额。

第二,避免或降低经营风险。与国内企业相比,国际企业的融资至少要承担两种经营风险。一是政治风险,主要是东道国或其他国家政府政治经济政策变化可能给企业海外资产运营造成的危害和损失,如征用、没收、冻结。为了避免和降低政治风险,国际企业的策略原则是:海外子公司尽量利用外部资金,而且扩大资金来源构成,尽量构成较大的由不同资金提供者形成的利益关系网,以抑制东道国或其他有关国家政府可能采取的过激行为,降低政治风险。二是外汇风险,指由于不确定的汇率波动造成的企业资产或负债价值的变化。避免或降低外汇风险,要求企业进行系统的情报信息搜集、汇率变动趋势分析和预测,谨慎地选择融资方式、来源和币种。

第二节 国际投资决策

关于国际投资活动必须考虑的政治、经济、文化、技术环境、企业的国际投资战略以及国际投资地点的选择等具体业务问题我们已经在前面的相关章节进行过介绍,本节重点介绍国际投资活动的资本预算和风险分析。

一、资本预算

资本预算(capital budget)是对投资的效益、成本和风险进行定量分析的活动。资本预算技术可以使企业管理层按照合理、客观的方式对不同的投资方案进行分析、比较和评估,从而做出更科学的投资决策。

国际投资项目的资本预算方法与国内投资基本相同,都包括现金流量估计和现金流量折现两个基本步骤。

所谓现金流量估计,就是估计在投资项目周期内各个时段的现金流量。一般来说,在投资初期,由于投资支出大于投资收入,现金流量将表现为负值。此后,随着投资收入的增加和投资支出的减少,现金流量将转变为正值。

在获得投资周期内各个时段的现金流量之后,接下去的工作就是进行折现,即按照一定的折现率将未来的现金流量折算为当期的净现值。折现的关键因素是确定合适的折现率。企业确定折现率的方法很多,常用的方法是以公司的资金成本或最低的预期收益率作为折现率。

如果一个投资项目的净现值大于零,就说明项目具有投资价值。至于是否采纳,还要进行风险分析并与其他项目进行比较后才能得出结论。

二、项目现金流量和母公司现金流量

对于从事国际投资的企业来说,仅仅按照通常的做法对投资项目进行净现值分析是不够的,因为与国内投资项目的现金流量直接成为公司现金流量不同,国际投资项目的现金流量不能直接转化为母公司的现金流量。例如,很多国家对流出本国的资金征收一定比例的所得税,一些国家对利润的汇出有限制。所有这些限制都导致母公司实际获得的现金流量与项目自身的现金流量不一致,而企业真正关心的不是项目现金流量而是母公司现金流量。

当然,国际企业通常有一些途径设法绕过投资东道国的法律限制而汇出资金,如

公司内部交易的转移价格、以向子公司提供技术专利和技术服务的名义收取费用。

因此,进行国际投资时要对项目的现金流量进行资本预算时,需要考虑实际能够汇出的现金流量。

三、风险调整

国际投资中面临的风险主要包括政治风险和经济风险。政治风险包括由于政府更迭、战争、动乱、政策变化、没收、征用、国有化等政治因素对企业经营业务和利润带来的风险。经济风险则指由于经济环境的变化对投资项目现金流量和利润产生的影响。典型的经济风险包括通货膨胀、汇率变化、需求变化、生产投入要素价格变化。

对于一个投资项目的风险评估是件非常困难的事情,特别是大多数政治风险事先很难准确预测。这些工作对于大多数企业是无法独立完成的,必须借助于专业的投资咨询公司。例如,著名的《欧洲货币》(euromoney)杂志每年都会公布"国家风险等级"资料。《欧洲货币》对国家风险的评估主要采用三种类型的指标,其中分析指标和市场指标分别占40%的比重,信用指标占20%。分析指标进一步划分为三类,政治风险占20%,经济风险占10%,经济指标占10%;其中的经济指标包括偿债与出口比率、国际收支与国民生产总值比率、外债与国民生产总值比率。信用指标分为两项,支付记录占15%,可展期性占5%。市场指标分为三项,进入债券市场占15%,短期筹资的便利性占10%,寻求并取得没收后资产折价款的可能性占15%。

在对风险进行评估后,企业必须对投资收益进行调整。在这方面,有两种方法应用比较普遍。第一种是根据风险的程度调高现金流量的折现率。投资风险越大,折现率越高。这种方法的优点是简便易行,但是对早期现金流量的现值估计过低,而对后期现金流量的现值估计过高。第二种方法是不改变折现率,而是根据风险程度降低项目未来的现金流量。

第三节　国际投资筹资决策

一、国际投资筹资来源与国际资本市场

(一)国际投资筹资来源

筹资来源指资金的供给来源。与纯粹的国内公司相比,国际企业筹集资金的来源要多得多,主要包括:

1. 公司内部融资,即跨国公司母公司与子公司、子公司与子公司之间的融资方式。具体形式有:①增股筹资,母公司通过购买子公司的股权,向子公司增加投资;②母公司向子公司提供贷款;③子公司之间相互贷款;④通过转移价格机制在内部进行资金转移。

2. 东道国融资,即在东道国发行股票、债券或取得贷款。

3. 第三国及多国融资。

4. 国际资本市场融资。比较重要的有欧洲货币市场、欧洲美元市场、欧洲债券市场。

5. 国际经济组织贷款。如从世界银行集团下属的世界银行(IBRD)、国际开发协会(IDA)、国际金融公司(IFC)、亚洲开发银行等组织中取得贷款。

(二) 国际资本市场

国际投资的来源可以分为国内资本市场和国际资本市场两大类。国际企业一般重视拓宽资金来源的选择范围,尽可能扩大来源构成,实行融资来源的多元化,增强融资的灵活性,降低融资风险。由于经济全球化的发展,国际投资的来源正不断向国际资本市场倾斜。这是因为,凭借规模和流动性等优势,全球资本市场的筹资成本一般要比许多国内资本市场更低,在规模较小、流动性较差的国内资本市场尤其如此。国际资本市场的来源主要包括欧洲货币市场资金、国际金融组织资金和各国政府资金。

1. 离岸货币市场。离岸货币指存放于货币发行国之外的货币,因这种业务最初出现于欧洲而被称为欧洲货币。经营离岸货币业务的市场被称为离岸货币市场。离岸货币的种类以欧洲美元为主体,此外也存在欧洲英镑等其他离岸货币市场。

离岸货币市场的资金供应主要来自以下几个方面:美国长期的巨额贸易赤字所形成的欧洲美元;各国政府和中央银行的外汇储备和外汇资金;跨国公司和跨国银行的闲置资金;石油输出国的石油美元;国际清算银行等国际金融机构的外汇资金等。

离岸货币市场的资金融通业务主要分成三大类,即一年以内的短期信贷业务、一年以上的长期信贷业务和欧洲债券市场。

与传统的国际金融市场相比,离岸货币市场具有资金充裕、经营自由、手续简便、成本低廉等特征。

2. 国际金融组织资金。国际金融组织也是国际资本市场的重要资金来源。国际金融组织按照其成员和业务活动范围的不同可以分为全球性国际金融组织和区域性国际金融组织。全球性国际金融组织主要有国际货币基金组织(IMF)和世界银行(World Bank,正式名称为国际复兴与开发银行,缩写 IBRD)。区域性国际金融组织主要有国际清算银行、亚洲开发银行、非洲开发银行、泛美开发银行、阿拉伯基金等。

3. 各国政府资金。各国政府的资金在国际资本市场上主要是以政府间贷款的方式存在,在资金的用途、使用范围、物资采购的方法和程序等方面一般都有特殊的规定。

二、国际投资筹资结构

(一) 债务融资和股本融资

筹资结构指以货币借贷、债券、股票等不同筹资工具筹资的比重结构。国际企业的融资形式多种多样,但大致可以归为两类,即股本融资和债务融资。其中,债务融资又可以分为借贷融资和债券融资。

货币借贷指通过借贷的方式取得资金,是国际投资和筹资的基本形式,包括一年以内的短期货币信贷和一年以上的长期货币信贷。用这种方式取得的只是临时资金,必须按借贷合同约定的时间、地点归还本金并支付利息。由于风险较大,长期货币信贷一般采取国际银团贷款的形式。

债券是债券发行人向其购买者发行的拥有固定期限和面值的债权证明。有些债券是定期支付利息、到期一次还本的;有些债券则不支付利息,到期一次支付本息。债券的利率既有固定利率形式,也有浮动利率形式,前者是在发行时一次确定,不再改变,后者则是确定基准利率和利差,发行以后随着基准利率的变化而变化,如可以以伦敦同业拆借市场利率(LIBOR)作为基准利率,再根据债券发行人的信用程度加上一定的利差。浮动利率债券的好处是购买者的利率风险比较小、比较容易被市场接受。债券的发行价格可以与面值不一致,高于面值的情况称为升水发行,低于面值的称为贴水发行,等于面值的称为平价发行。发行债券的主体既可以是政府也可以是私人机构,还可以是国际金融组织。

与货币信贷相比,债券的主要特点是面值较小、流动性强,适合于中小投资者购买。而且购买大批债券的投资机构还可以将不同时间的现金流量分拆开来出售(称为Strips),以适用不同投资者的需求。

股本融资指以发行公司股票的形式筹集资金,用这种方式取得的资金属于永久资金,无需偿还,资金成本取决于未来的股息和红利支付水平。在不考虑本金偿付差异的条件下,股本融资支付的累积成本通常要高于债务利息的支付。股票一般可以分为普通股和优先股。优先股的所有者可以根据事先确定的比率优先取得固定的股息,不论公司是否赢利,而普通股股东只能根据公司经营状况取得股息。

(二)选择融资形式的考虑因素

国际企业在选择融资形式时,要综合考虑以下三个方面的因素:

1. 债权人报酬。对募股融资而言,包括股息和红利,其支付水平事前不确定,事后根据公司经营业绩和公司政策支付。对借贷融资而言,支付的是利息,支付水平取决于利率水平,利率分为固定利率与浮动利率两种。浮动利率指在一个基准利率的基础上再加上一个固定的浮动水平,如国际金融上经常用伦敦银行间同业利率作为基准利率。浮动水平取决于公司及其所在国的信用评级。

2. 融资税负。不同国家对于境内债务人支付给债权人的报酬通常征收一定的所得税。目前世界上大多数国家对境内企业支付国外债务利息实行税收抵免政策,而股本红利支付则不能享受同等待遇。

3. 公司财务结构与经营控制。股本融资与债务融资对企业财务结构和经营控制产生着矛盾的影响。一方面,公司财务构成中股本资金所占比重高,有利于增强公司的融资能力和信用;另一方面,股本融资特别是外部股本融资又可能降低在子公司中的自有股本的比重,影响母公司对子公司的控制能力,妨碍公司长期经营战略的贯彻实施。

三、国际投资筹资的障碍

与国内筹资相比,国际筹资的难度和障碍要大得多。

首先,国际筹资受到本国经济发展水平和金融政策的制约。国际资本的提供方要根据一国经济发展水平和金融制度给予不同国家不同的信用评级。那些实行金融管制的发展中国家所获得的信用评级很低,意味着向这些国家的企业提供资金的风险很大。这样,这些国家的企业要想在国际市场上获得资金融通就很难。即使能够获得资金,所支付的成本也会很高,这无疑使从国际市场筹资变得更难。

其次,国际投资筹资的资金提供方往往要求资金的需求者提供合乎特定要求的申请资料,包括公司的财务报表、经营发展计划甚至特定的项目计划。由于各国财务制度的不同和业务经营模式的不同,资金需求方提供的资料很难获得资金提供方的认可。

最后,一些国家资本市场的发展水平比较低也阻碍了本国企业从国际资本市场取得资金。国际资本的提供者通常也希望自己的投资能够获得一定程度的保障和流动性,但这些条件在其他国家不一定能够得到满足。例如,对于一个实行外汇管制的国家,企业不可能提供外汇资产作为借款的抵押,国际投资者的债权也很难兑现为外汇现金。

第四节 国际货币管理决策

一、全球货币管理的目标

国际企业货币管理的目标主要包括两个方面,一是资金效率最大化,二是税收负担最小化。由于通过全球资金管理可以大大提高资金的使用效率,减少国际企业的税收负担,因此全球资金管理对于国际商务企业具有非常重要的意义。

(一)资金效率最大化

要最大限度地提高国际货币资金利用效率,国际企业努力使现金余额最小化的同时,还要尽量降低货币交易成本。

为了保证公司正常的支付活动,如应付账款、应付票据或意外支出,任何一个企业都需要保持有一定数量的现金余额。这些资金的收益率远远低于公司的资金成本或长期闲置资金的收益率。为了降低资金成本,提高资金收益率,企业必须尽量降低现金的持有量。这一目标对国际企业来说,比起单纯的国内企业要困难得多,因为国际企业的分支机构分布在世界各地，所使用的货币种类也不相同。

此外，由于对外投资和国际贸易的原因，国际企业的各个分支机构所持有的货币种类和所需要的货币种类之间也常常不一致，此时必须进行外汇交易，产生新的交易费用。

关于如何降低现金余额和货币交易成本，我们将在"全球货币管理技术"部分专门介绍。

（二）税收负担最小化

不同国家的税收制度存在很大差异。

首先，各国税收制度的差异表现在税种上的差异，世界各国的主要税种包括公司所得税、增值税、营业税、个人所得税、社会保障税、房地产税、车船使用税、财产税等，但各国的具体税种不完全相同。

其次，各国税收制度的差异表现在税率的差异上。以对公司影响比较大的公司所得税为例，德国的公司所得税率接近60%，而芬兰的公司所得税率只有25%。

最后，各国政府的税收抵免政策也存在一定差异。所谓税收抵免，是指一国政府允许企业以它在其他国家缴纳的税款冲抵本国政府的应征税款。税收抵免政策的主要目的是避免有国际业务的企业在业务所在国和母国遭受双重征税的额外负担。对此，各国政府之间往往通过签订避免双重征税协定的方式加以解决。

二、全球货币管理技术

为了有效实现国际货币管理的目标，国际企业通常采用一些全球货币管理技术，其中最重要的两种是集中存款和多边净额。

（一）集中存款

集中存款是指一个国际企业将母公司和所有外国子公司的现金余额存放在一个统一的存款中心。

每一个企业都需要保留一定的现金以应付正常的支付活动和意外的现金支出，但就单个企业来讲，确定这一合理现金规模的难度比较大，同时持有现金的成本也比较高。比较理想的方法是实行跨国公司整个公司系统的流动资金管理，使分散在各子公司的资金集中在公司的总部或地区总部，通盘协调财务和业务上的各种收支往来，使资金流向、数额和时间在整个公司内部的转移成本降至最低，加速公司各单位的国际资金移动速度，以实现经济效益最大化。

国际企业的多家子公司将现金统一放在集中存款中心具有如下优势：

首先，集中存款的总金额比较大，可以获得更高的利息收入。国际企业的现金余额一般存放在隔夜货币市场账户这样的流动账户中。这种存款的利率通常随着存款数量的增加而提高，因此集中存款可以比分散存款获得更高的利息收入。

其次，如果集中存款中心位于一个重要的国际金融中心，如英国伦敦、美国纽约、日本东京,则能获得更多短期投资的机会。

再次,集中存款中心可以聘请高素质的专业金融专家从事投资活动,大大提高投资的效率。

最后,集中存款可以降低整个公司储备现金的总规模。例如,如果一个公司的三家子公司独立存款各需要准备100万美元以备日常需求,即总共需要300万美元的现金,在采用集中存款方式后,由于各个子公司并不一定同时需要支付大量现金,也许只需要200万美元就可以满足三家子公司的现金需要。

(二)多边净额

多边净额是指一个国际企业的母公司与各个子公司之间并不就每一笔业务进行支付,而是先进行内部结算,只就各方间现金结算的余额进行支付。多边净额技术的直接好处就是大大降低了交易成本,这种成本既包括外汇交易成本也包括银行结算成本。

我们可以通过表16-1对多边净额技术的效果进行一下比较。

表16-1 单笔支付与多边净额的比较　　　单位:百万美元

收款子公司	支付子公司				单笔支付总额	多边净额
	英国	美国	日本	加拿大		
英国	—	3	4	5	12	-3
美国	4	—	2	3	9	-2
日本	5	3	—	1	9	1
加拿大	6	5	2	—	13	4
合计	15	11	8	9	43	

从表16-1中可以看出,如果采用单笔支付方式,四个子公司之间的支付总额将达到4 300万美元,而采用多边净额技术,四个子公司之间的支付金额只需要500万美元,即英国子公司向加拿大子公司支付300万美元,美国子公司分别向日本和加拿大子公司支付100万美元。

课程案例 16-1

摩托罗拉公司的全球现金管理系统

摩托罗拉公司创立于1928年,是全球芯片制造、电子通信的领导者,在全球80多个国家和地区拥有子公司,2007年总销售收入超过366亿美元。摩托罗拉公司的各个子公司独立运作,以市场价格相互进行跨国交易。长期以来,每家子公司自己管理与其他摩托罗拉子公司、独立供应商的收支往来以及自己的外汇交易。1976年,摩托罗拉全球现金管理系统建立,当时公司要开发一个用于内部交易的外汇净额系统。该系统的目标是通过减少涉及跨国支付所要求的现金流量和外汇交易量以节约成本。在这一系统中,摩托罗拉公司之间的所有外汇交易都由位于伦敦的财务管理中心每周向各摩托罗拉子公司做出的一次性支付或发送票据完成。该系统的效益体现为现金流量和外汇交易量的减少。

摩托罗拉公司运作这一系统的成功之处在于:首先,高级管理层把信息技术作为公司战略优势的一个重要来源,这样有助于克服子公司经理因为可能失去某些权力而产生抵触情绪。其次,摩托罗拉公司已经建立了各子公司之间分享制造和后勤数据的信息系统,该系统很容易扩展到把全球财务管理所要求的数据结合进来。最后,摩托罗拉公司采取了渐进的方式来运作这一系统,边推广边完善。到20世纪90年代初期,参与该系统的子公司已经从1983年的38家上升到106家。

当内部现金管理系统平稳运作以后,摩托罗拉公司开始将这一系统向主要供应商和客户扩展。所有这些支付都由花旗银行处理,花旗银行利用其全球信息网络为摩托罗拉公司系统有关各方转移资金,为此,摩托罗拉公司与花旗银行建立了密切的电子联系和兼容的系统网络。正是由于这一系统,1991年摩托罗拉公司内部的净现金流量只有24亿美元,外汇交易额只有13亿美元,而如果没有多边净额技术则需要43亿美元,即外汇交易额减少了30亿美元,相应节约了650万美元的外汇交易成本。

讨论题目:
1. 全球现金交易系统对摩托罗拉公司有什么战略性效益?
2. 摩托罗拉公司成功推广这一系统的关键因素是什么?
3. 花旗银行在其中扮演了什么角色?

第五节 跨国资金转移和外汇风险管理

为了降低政治风险和外汇风险,减少税收负担,国际企业经常进行跨国资金转移并对外汇风险进行管理。

一、跨国资金转移的主要手段

国际企业转移资金的主要手段包括股利返回、特许权使用费和其他服务收费、转移价格和弗罗廷贷款等。

(一)股利返回

股利返回是指子公司通过向股东发放股利的形式向母公司转移资金。股利返回是子公司向母公司转移资金的最常见形式。各个子公司的股利政策主要受税收制度、外汇风险、子公司所处的经营阶段、当地股东对股利的要求等因素影响。

一般来说,东道国政府对股利征收的税率越低,母公司越倾向于采用股利形式从子公司向外转移资金,在股利税率很高的情况下,国际企业通常优先考虑其他转移资金的方法。

外汇风险是决定国际企业股利返回政策的一个重要决定因素。为了避免可能的损失,国际企业会尽可能将闲置的资金从存在汇率贬值风险的国家转移到货币币值比较稳定或存在升值可能的国家。

子公司所处的经营阶段对股利返回政策的影响主要表现在处于不同经营阶段的企业对资金的需求不同。一般来说,经营比较成熟的子公司对资金的需求比较少,因而可以转移出较多的利润,而处于经营起步阶段的子公司对资金的需求很大,较少有闲置的资金可以转移。

国际企业通常需要认真考虑当地股东对投资回报的要求,这种要求在很大程度上会影响国际企业的股利返回政策。

(二)特许权使用费和其他服务收费

特许权使用费指被特许权人为了使用特许权人拥有的技术、专利、商标等无形资产向特许权人支付的费用。国际企业可以通过向子公司收取特许权使用费的方式转移资金。特许权使用费的收取方法有一次总付、提成、入门费加提成等不同方式。所谓提成,是指按照某一提成基础要素如生产量、销售额、利润额的一定比率在一定时间内收取费用。

除了特许权使用费,国际企业还可以通过向子公司提供专业服务或专门技术而收取一定费用。

采取特许权使用费和其他服务收费的方法转移资金的优点在于这种方式在纳税方面要比股利返回的方式优惠。当子公司所在国的所得税率明显比母国高时,这种优势非常明显,原因在于特许权使用费和其他服务收费通常可以以成本的形式在税前支付,从而降低子公司的税收负担。而采取股利返回方式向母公司转移的资金则属于子公司的税后利润。尽管母公司可以将子公司已经支付的预提税和所得税用于税收抵免,但当子公司的综合税率高于母公司的综合税率时,国际企业的整体税负仍然较高。

(三)转移价格

转移价格(transfer price)指跨国公司的母公司与子公司之间、子公司与子公司之间进行内部交易时所采用的价格。由于转移价格的水平可以不受市场正常价格限制,因此通过人为调高或调低交易价格就可以在母公司与子公司之间或者子公司之间实现转移资金的目的。例如,如果需要从某个子公司转移出资金,就可以通过降低该子公司出售给母公司或其他子公司的商品的价格或抬高母公司或其他子公司出售给该子公司的商品的价格的手段实现。

通过转移价格的手段转移资金有如下优势:

1. 通过转移价格把利润从高所得税率国家转移到低所得税率国家能够降低公司的税负水平。

2. 当预期某一国家的货币严重贬值时，可以利用转移价格迅速将资金转移出来。

3. 当以股利形式进行资金转移受到东道国制度政策的限制时，仍然可以采用转移价格形式将资金转移出来。

4. 利用转移价格可以降低进口关税。进口关税一般是按照进口商品的价值的一定百分比征收的，通过降低交易商品的价格就可以降低缴纳的关税金额。

不过，转移价格也存在一定问题。首先，大多数国家的政府都不认可转移价格行为。各国政府可以通过海关估价等形式重新调整交易商品的价格，使国际企业无法达到避税的目的，甚至受到东道国政府的制裁。其次，转移价格也会给国际企业自身带来一定问题，主要表现在对子公司的评价上。由于转移价格无法正确反映商品的市场价格，必然使国际企业的各个子公司的经营业绩受到扭曲，从而影响员工的士气和利益。

（四）弗罗廷贷款

弗罗廷贷款（fronting loan）指国际企业的母公司与子公司之间通过一家国际银行作为金融中介进行的贷款。

采用弗罗廷贷款的优势主要有两个：一个是可以绕过东道国政府为限制外国子公司将资金转移到母公司而设置的障碍，另一个是可以避税。东道国政府可能限制外国子公司向其母公司偿还贷款，但却很难限制外国子公司向国际银行偿还贷款的行为。弗罗廷贷款之所以避税，是因为外国子公司支付的利息是在税前列支的，实际成本低于利息总额，等于利息额扣除少缴纳的所得税的金额，而这些利息收入经过那些不对利息征收所得税或利息所得税率极低的避税地的中转可以转移到母公司手中。

二、外汇风险管理

（一）外汇风险的类型

国际企业的资产和负债、收入和支出都是以多种货币形式存在的，汇率的变化必然对其经营产生重大影响。按照作用对象的不同，外汇风险可以分为三大类，即交易风险、会计风险和经营风险。

交易风险指在交易的成交期和结算期之间由于汇率变化造成的损益。国际交易环节多、时间长，在交易的成交期和结算期之间如果汇率发生变化，就会影响到预期的收益。例如，中国某公司向美国出口一批货物，成交价100万美元，成交时汇率为1美元兑换6.8元人民币，出口预计收入为人民币680万元。3个月后双方结算，出口方获得出口收入100万美元，如果这段时间内人民币发生升值，汇率上升为1美元兑换6.6元人民币,则出口的实际人民币收入变为660万元,比签约时的预期少了20万元。

会计风险指国际企业在编制合并会计报表时,由于汇率的变化造成海外子公司资产负债值在母公司会计报表上的损益变化。会计风险损失与交易风险损失是不同的,会计风险损失并不导致实际资金的流动变化,变化的只是账面损益,海外子公司的实际资产、负债没有发生变化。只有在将海外子公司出售收回资金时才可能发生实际损益。

经营风险指汇率变化对企业经营、创新能力的影响。经营风险涉及对未来价格、销售额和成本的长期影响。

(二)减少外汇风险的方法

减少外汇风险的方法主要包括各种货币技术、收付款时间策略和国际生产策略。

1. 货币技术。减少外汇风险的货币技术是指通过产生一个与未来外汇流量数量相同但方向相反的外汇资金流的方式来消除外汇风险,主要包括远期外汇保值、现汇加资金市场保值、外汇期权、外汇掉期。

远期外汇保值指按照某一约定的价格提前购买或出售一定数量的外汇资金,从而与未来的外汇收入或支出相抵消。例如,一个美国企业如果在6个月后将有一笔200万英镑的收入,则该企业可以在外汇市场上以外汇期货的方式提前将该笔英镑收入出售;反之,一个美国企业如果在6个月后将支付一笔200万英镑的款项,则该企业即可以在外汇市场上以外汇期货的方式以约定的价格提前购买6个月后到期的英镑。

现汇加资金市场保值则指利用现汇市场和资金市场消除外汇风险。例如,一个美国企业如果在6个月后将有一笔200万英镑的收入,则该企业可以向银行申请一笔6个月后本息合计为200万英镑的贷款并将这些英镑贷款兑换为美元。反之,一个美国企业如果在6个月后将支付一笔200万英镑的款项,可以向银行申请一笔美元贷款,并将其兑换为英镑后存入银行,并使6个月后本息合计为200万英镑。

外汇期权是指按照某种价格(汇率)买进或卖出一定数量某种货币的权利。其优点是既可以防止由于汇率变化而产生的损失,又保留了由于汇率变化而获利的机会。不过,外汇期权本身是需要支付一定价格购买的。

外汇掉期(swap)是指在某一日期即期卖出甲货币,买进乙货币的同时,反方向买进远期甲货币,卖出乙货币,即把手中持有的甲货币来一个掉期。这样做的目的是在短期可以使用乙货币而在长期又能确保以甲货币的形式实现外汇保值。例如,一家美国公司在英国获得了英镑收入,但短期内英国子公司并不需要资金,而美国子公司可能需要资金,通过货币掉期,可以将手中的英镑转换为美元供美国子公司使用,同时又可以在未来美国子公司还回资金时不会因英镑升值而使英国子公司的英镑资金受损。

2. 收付款时间策略。收付款时间策略指国际企业可以根据汇率变化的趋势选择提前或推迟收账和付款。提前策略是指在预期外汇会贬值时,尽可能提前收到外汇应收款,并兑换为本币;而当预计外汇会升值时则尽量提前外汇账款的支付。推迟策略则指预计外汇升值时,尽可能推迟应收外汇账款的时间;当预计外汇即将贬值时尽量推迟应付账款的支付。

3. 国际生产策略。通过国际生产策略减少外汇风险是指通过国际投资将产品的生产和销售安排在同一国家,这样就可以避免由于汇率变化对成本和利润的影响。

三、跨国资金转移的法律后果

一般来说,各国对于跨国资金转移都有一些限制,即使是外汇完全自由兑换的发达国家也是如此,但不同资金转移的法律后果不完全相同。

第一,各国政府一般都不支持国际企业通过跨国资金转移降低自己的税负。在现实中,多数企业都试图利用各国相关法律的漏洞来"合理"避税。一旦被所在国政府认定为逃税,就要承担相应的法律后果。

第二,各国政府一般都不认可转移价格行为。各国政府可以通过海关估价等形式重新调整交易商品的价格,使国际企业无法达到避税的目的,同时根据本国法律对这种行为作出制裁。

第三,虽然很多国家认可股利返回的形式,但一旦所在国政府认为股利返回的水平超出了正常的水平,也会将其认定为非法资金转移,并作出相应处罚。

第四,各国政府对特许权使用费和其他服务收费的规定与股利返回形式基本相似。在正常范围内属于合法的行为,超出正常水平则可能受到惩罚。

第五,弗罗廷贷款的形式比较复杂。一是要取决于各国法律的具体规定,二要看各国金融管理制度的完善程度和有效性。总的来说,是否合法主要取决于各国金融监管机构的监管水平和监管力度。例如,美国政府一直对于像维尔京群岛(Virgin Islands)、开曼群岛(Cayman Islands)、百慕大群岛(Bermuda Islands)等避税天堂予以谴责,但企业通过这些地方避税的做法也无法完全消除或制止。

主要参考文献

[1] 世界银行. 2008年世界发展报告:以农业促发展[M]. 北京:清华大学出版社,2008.

[2] 世界银行. 2007年世界发展报告:发展与下一代[M]. 北京:清华大学出版社,2007.

[3] 世界银行. 2006年世界发展报告:公平与发展[M]. 北京:清华大学出版社,2006.

[4] 陈焰. 国际商务[M]. 北京:北京大学出版社,2009.

[5] 杜奇华. 国际投资[M]. 北京:对外经济贸易大学出版社,2009.

[6] 吴薇. 国际商法[M]. 北京:对外经济贸易大学出版社,2007.

[7] 余世明. 国际商务理论基础知识与实务[M]. 北京:对外经济贸易大学出版社,2006.

[8] 迈克尔,钦科陶,等. 国际商务基础[M]. 张珊,译. 北京:北京大学出版社 2006.

[9] 丁建忠. 商务谈判[M]. 北京:中国人民大学出版社,2006.

[10] 马春光. 国际企业管理[M]. 北京:对外经济贸易大学出版社,2005.

[11] 王文潭. 国际商务管理学[M]. 北京:高等教育出版社,2004.

[12] 张纪康. 跨国公司与直接投资[M]. 上海:复旦大学出版社,2004.

[13] 查尔斯·希尔. 国际商务[M]. 北京:中国人民大学出版社,2002.

[14] 国际商会中国国家委员会. 2000年国际贸易术语解释通则[M]. 北京:中信出版社,2000.

[15] 博克斯贝格. 全球化的十大谎言[M]. 北京:新华出版社,2000.

[16] 丹尼·罗德瑞克. 全球化走得太远了吗?[M]. 北京:北京出版社,2000.

[17] 樊纲. 国际经济新趋势——技术革命、经济全球化、全球的市场化[J]. 国际经济评论,2000(6).

[18] 黎孝先. 国际贸易实务[M]. 北京:对外经济贸易大学出版社,2000.

[19] 陈雨露. 国际金融[M]. 北京:中国人民大学出版社,2000.

[20] 白树强. 全球竞争论[M]. 北京:中国社会科学出版社,2000.

[21] 艾伦·鲁格曼,理查德·霍杰茨. 国际商务[M]. 北京:经济科学出版社,1999.

[22] 世界银行. 1998/1999世界发展报告[M]. 北京:中国财政经济出版

社,1999.

[23]吴世经,曾国安. 国际市场营销学[M]. 北京:中国人民大学出版社,1999.

[24]张德修,王跃生. 大波动——世界经济全球化的冲击[M]. 北京:经济日报出版社,1999.

[25]曹建明. 国际经济法学[M]. 北京:中国政法大学出版社,1999.

[26]塞缪尔·亨廷顿. 文明的冲突与世界秩序的重建[M]. 周琪等,译. 北京:新华出版社,1998.

[27]樊莹. 经济全球化与中国国家利益[J]. 世界经济与政治,1998(5).

[28]Warren J. Keegan. Global marketing management[M]. 北京:清华大学出版社,1997.

[29]陈同仇,薛荣久. 国际贸易[M]. 北京:对外经济贸易大学出版社,1997.

[30]Robert M Grant. Contemporary strategy analysis[M]. Blackwell Publisher Ltd,1995.

[31]丁建忠,彭荷英. 国际商业谈判的组织与谋略[M]. 北京:中国商业出版社,1994.

[32]王林生. 跨国经营理论与实务[M]. 北京:对外经济贸易大学出版社,1994.

[33]关安平. 国际商务新操作[M]. 北京:中信出版社,1994.

[34]新加坡南洋理工大学亚洲商业与经济研究中心. 新加坡发展经验[M]. 北京:中国对外贸易出版社,1994.

[35]John D. Daniels & Lee H. Radebaugh. International business[M]. Addison-Wesley Publishing Company,1994.

[36]李金轩,王文潭. 跨国公司[M]. 北京:华龄出版社,1993.

[37]雷胜强,许文剀. 国际工程承包实务[M]. 北京:对外贸易教育出版社,1993.

[38]乔治·佩里切利. 国际营销学[M]. 北京:对外贸易教育出版社,1993.

[39]韩健. 现代国际商事仲裁法的理论与实践[M]. 北京:法律出版社,1993.

[40]邹一峰. 中外投资项目评估[M]. 南京:南京大学出版社 1992.

[41]多米尼克·萨尔瓦多. 国际经济学[M]. 南京:江苏人民出版社,1992.

[42]王传纶. 国际税收[M]. 北京:中国人民大学出版社,1992.

[43]李翔. 经济谈判[M]. 北京:中国经济出版社,1991.

[44]冯大同. 国际商法[M]. 北京:对外贸易教育出版社,1991.

[45]理查德·罗宾逊. 企业国际化导论[M]. 北京:对外贸易教育出版社,1989.

[46]洪银兴,等. 发展外向型经济的战略思考和竞争策略[M]. 南京:江苏人民

出版社,1989.

[47] 小岛清. 对外贸易论[M]. 天津:南开大学出版社,1987.

[48] 唐纳德·基辛. 发展中国家的贸易政策[M]. 北京:中国财政经济出版社,1986.

后　　记

　　国际商务管理是现代商业和管理领域一门较为年轻的学科,它是随着经济全球化的发展而产生的一门新兴学科,20世纪70年代开始在西方发达国家出现了这一领域的专门著述。20世纪80年代以来,随着国际商务活动的蓬勃发展,国际商务管理领域的研究也日益获得人们的关注。

　　经过改革开放30年的发展,中国已经成为全球国际商务活动的重要参与国,从20世纪90年代开始,随着国际和国内情况的变化,我国国内一些学者也开始进行国际商务管理方面的研究、探讨。

　　本书的编写得到了首都经济贸易大学出版社孟岩岭编辑的鼎力支持。从开始约稿到付梓历时逾三载。笔者20世纪90年代后期在比利时鲁汶大学学习期间,初次接触到了西方的国际商务管理理论,回国后在中国人民大学商学院李金轩教授鼓励、支持下开始国际商务管理方面的学习、研究工作。十余年来,笔者一直致力于国际商务管理理论和实践方面资料的搜集、研究和整理工作,受益匪浅。但由于国际商务管理活动的复杂性、多变性,无论是国际还是国内关于国际商务管理方面的研究还处于不十分完善的状况,体系林立,侧重各异,难于把握,令笔者在写作该书过程中深感力不从心,写作中间几度停滞不前,在孟岩岭先生的多次鼓励和帮助下,始成拙作。

　　本书在写作过程中查阅、参考了大量国内外的文献资料,未能一一列出,在此一并表示感谢。在本书写作过程中,得到了中国人民大学李金轩教授、王亚星教授、谷克鉴教授等专家、学者的大力支持与帮助,在此谨向他们表示衷心的感谢!

　　由于美国次贷危机和欧元区债务危机的发生,以及新兴市场的进一步崛起,在过去五年间,世界经济的基本格局和国际商务活动的热点领域与区域都发生了很大变化。这使得第一版中相当多的内容,特别是有关国际商务环境的描述,已经无法准确反映当前快速发展的国际商务环境的主要特征。为了充分反映这些变化,以更好地适应教学和学习活动的需要,在孟岩岭编辑的大力支持下,本书作者在第一版基础上进行了再版修订。

王文潭
2014年1月

图书在版编目(CIP)数据

国际商务管理/王文潭著. —2 版. —北京:首都经济贸易大学出版社,2014.3
ISBN 978-7-5638-2202-7

Ⅰ.①国… Ⅱ.①王… Ⅲ.①国际商务—商业管理 Ⅳ.①F740.4

中国版本图书馆 CIP 数据核字(2014)第 028384 号

国际商务管理(第 2 版)
王文潭 著

出版发行	首都经济贸易大学出版社
地　　址	北京市朝阳区红庙(邮编 100026)
电　　话	(010)65976483　65065761　65071505(传真)
网　　址	http://www.sjmcb.com
E - mail	publish@cueb.edu.cn
经　　销	全国新华书店
照　　排	首都经济贸易大学出版社激光照排服务部
印　　刷	北京地泰德印刷有限责任公司
开　　本	787 毫米×980 毫米　1/16
字　　数	571 千字
印　　张	30
版　　次	2010 年 4 月第 1 版　**2014 年 3 月第 2 版** 2015 年 7 月总第 4 次印刷
印　　数	6 001 ~ 8 500
书　　号	ISBN 978-7-5638-2202-7/F·1255
定　　价	45.00 元

图书印装若有质量问题,本社负责调换
版权所有　侵权必究